Bronisław Geremek

Reinhold Vetter

Bronisław Geremek

Der Stratege der polnischen Revolution

BWV · BERLINER WISSENSCHAFTS-VERLAG

Bibliografische Information der Deutschen Nationalbibliothek

Die Deutsche Nationalbibliothek verzeichnet diese Publikation in der Deutschen Nationalbibliografie; detaillierte bibliografische Daten sind im Internet über http://dnb.d-nb.de abrufbar.

ISBN 978-3-8305-3251-4

Wydano z finansowym wsparciem
Fundacji Współpracy Polsko-Niemieckiej

Herausgegeben mit finanzieller Unterstützung
der Stiftung für deutsch-polnische Zusammenarbeit

Umschlagabbildung Vorderseite: Porträt Bronisław Geremek, fot. Darek Redos/REPORTER
Umschlagabbildung Rückseite: Porträt Reinhold Vetter, Fotografin Teresa Vetter

© 2014 BWV · BERLINER WISSENSCHAFTS-VERLAG GmbH,
Markgrafenstraße 12–14, 10969 Berlin
E-Mail: bwv@bwv-verlag.de, Internet: http://www.bwv-verlag.de
Printed in Germany. Alle Rechte, auch die des Nachdrucks von Auszügen, der photomechanischen Wiedergabe und der Übersetzung, vorbehalten.

Inhalt

Vorwort 9

1. Erfahrungen, die das ganze Leben prägen 13
    1.1. Jüdisch, aber nicht traditionell – Kindheit in Warschau 13
    1.2. Das Trauma des Ghettos 21
        1.2.1. Deutsche Schreckensherrschaft 21
        1.2.2. Flucht und Leben im Verborgenen 26
    1.3. Aufbruch in eine neue Existenz 34
        1.3.1. Polen nach dem Zweiten Weltkrieg 34
        1.3.2. Katholische Erziehung in der Provinz 38
        1.3.3. Das linke Warschauer Milieu 43

2. Mittelalterhistoriker mit einem Faible für Frankreich 46
    2.1. Warum Mediävistik? 46
    2.2. Fasziniert von Paris – Die Historiker der „Annales" 52
    2.3. Besondere polnisch-französische Wissenschaftsbeziehungen 55
    2.4. Geremek leitet das polnische Kulturinstitut an der Sorbonne 59
    2.5. Wissenschaftliche Arbeit im Zentrum 62

3. Kommunismus und Revisionismus 65
    3.1. Wenig beeindruckt vom „polnischen Oktober" 65
    3.2. „Kleine Stabilisierung", Kuroń und Modzelewski, März 1968 74
    3.3. Parteisekretär bei PAN, „gemäßigter Revisionist" 90
    3.4. Austritt aus der Partei als moralische Entscheidung. Warum erst 1968? 95

4. Der kritische Intellektuelle im Umkreis der politischen Opposition 99
    4.1. Arbeiterrevolte im Dezember 1970 – Gierek ersetzt Gomułka 99
    4.2. XI. Kongress der polnischen Historiker, Votum gegen die Todesstrafe 105
    4.3. Helsinki-Prozess, Verfassungsdebatte 108
    4.4. „Über die Grenze zur Opposition" 114
    4.5. Am Woodrow Wilson Center 123
    4.6. Führender Kopf der „Fliegenden Universität" 126

5. Mitten im „Polnischen Karneval" der Jahre 1980/81 131
    5.1. Sprung in die Politik: Experte auf der Danziger Lenin-Werft 134

5.2.	Führender Berater der Gewerkschaftsspitze	144
5.3.	Geremek und das Programm für die „selbstverwaltete Republik"	161

6. Vom Kriegsrecht zum *Runden Tisch* — 182

6.1.	Ausharren im Internierungslager	182
6.2.	Widerstand blieb erfolglos – „Solidarität" im Untergrund	188
6.3.	Geremek und Wałęsa – Politik der kleinen Schritte	194
6.4.	Reaktionen des Westens – Enttäuschender Besuch Willy Brandts	199
6.5.	Lagebericht von Geremek, Mazowiecki und anderen	205
6.6.	Neue Rahmenbedingungen durch Gorbatschow	213
6.7.	Kampf um Legalität – Geremek und der „Antikrisenpakt"	214
6.8.	Der *Runde Tisch* – Startschuss für die Transformation	226

7. Parlamentarischer Anwalt der Regierung Mazowiecki — 243

7.1.	Plebiszit gegen die Kommunisten: Die Wahl im Juni 1989	243
7.2.	Warum Geremek nicht Premier werden konnte	252
7.3	Eine komplizierte Aufgabe: Tadeusz Mazowiecki und seine Regierung	260
7.4.	Geremek als Chef der Parlamentsfraktion der „Solidarität"	269
7.5.	„Poczta Geremka" – 2000 Wählerbriefe an den Fraktionsvorsitzenden	276
7.6.	„Krieg an der Spitze": Wałęsa wird Staatspräsident – Konflikt mit Geremek, Mazowiecki, Michnik und anderen	278

8. Das neue System in der Erprobungsphase — 289

8.1.	Machtwechsel nach jeder Wahl	290
8.2.	Fraktionsvorsitz, außenpolitische Arbeit, Verfassungsdebatte	295
8.3.	Geremeks Beziehungen zu den Präsidenten Wałęsa und Kwaśniewski	297

9. Als Außenminister ein Glücksfall — 301

9.1.	Wo stand Polen außenpolitisch im Jahr 1997?	302
9.2.	Die konservativ-liberale Buzek-Regierung	308
9.3.	Lernprozess in Sachen *OSZE*	310
9.4.	Das unwiderrufliche Ende der Jalta-Ordnung: Beitritt zur *NATO*, Beginn der Verhandlungen mit der *EU*	319
9.5.	Karlspreis für einen Polen, gefragter Laudator	332
9.6.	Ministerfreundschaft: Bronisław Geremek und Joschka Fischer	338
9.7.	Als Parteipolitiker wenig erfolgreich	341
9.8.	Mahnender Redner im Bundestag	343
9.9.	Mit den USA „durch dick und dünn"? Der Irak-Krieg	345
9.10.	Hochschullehrer in Sachen Europa	348

10. Mitglied des Europäischen Parlaments – Schwarz-roter Filz verhindert die Wahl zum Präsidenten	349
10.1. Persönlicher Erfolg für Geremek in Warschau	349
10.2. „Technische Absprachen" zwischen Schwarz und Rot	350
10.3. EU-Verfassungsdebatte	354
10.4. Dönhoff-Preis in Deutschland – „Durchleuchtung" in Polen	359
11. Tod	366
12. Schlussbetrachtung	372
Bibliographie	389
Archive	389
Dissertationen, Habilitationsschriften, Monograhien, Sammelbände	389
Zeitungen, Zeitschriften, Periodika	398
Gespräche	400
Personenregister	401
Sachregister	410
Fotonachweis	415

Vorwort

Der epochale europäische Umbruch von 1989 stellt die Geschichtswissenschaft vor neue Herausforderungen. Historiker in Ost und West haben begonnen, Europa neu zu denken, zu analysieren und zu begreifen. Vieles erscheint in neuem Licht: die Defizite des „europäischen" Denkens im Westen vor 1989, die europäischen Hoffnungen und Konzepte im kommunistischen Ostmitteleuropa, die Beziehungen zwischen Ost und West vor dem Fall der Mauer und des „Eisernen Vorhangs". Gerade polnische und deutsche Historiker haben das Problem erkannt.[1]

Und so spielt Polen eine wichtige Rolle im Rahmen dieser gesamteuropäischen Forschungsbemühungen. Man fragt sich, welchen Beitrag dieses Land zum Entstehen des neuen Europa geleistet hat und was spezifisch polnisch bzw. ostmitteleuropäisch oder gar europäisch war an der Transformation, wie sie in diesem Land ab 1988–89 in Gang gesetzt wurde. Die entsprechenden Spezialisten unter den Zeithistorikern finden hier reichhaltiges Recherchematerial.

Im Rahmen dieser Forschungen sollten, so meint man, die einflussreichen Akteure jener Jahre eine wichtige Rolle spielen. Das gilt nicht zuletzt für Bronisław Geremek, der als Historiker einen wichtigen Beitrag zur Fortentwicklung der Europäischen Mediävistik geleistet hat und als einer der Väter der polnischen Transformation und der europäischen Integration seines Landes nach 1989 gilt.

Doch die wissenschaftliche und politische Realität ist eine andere. Im Westen, speziell in Deutschland, geht das Interesse an Europäern wie Geremek nicht über das Milieu der sachkundigen Wissenschaftler, wenn überhaupt, sowie der wenigen an Polen interessierten Politiker und Aktivisten deutsch-polnischer bzw. polnisch-europäischer Zusammenhänge hinaus. Generell scheint man im Westen noch nicht richtig begriffen zu haben, wie wichtig die nach 1989 eingeleitete europäische Einigung für die Staaten Ostmitteleuropas war und ist.

In Polen wiederum teilt Geremek das bekannte Schicksal vieler „Helden" dieses Landes. Entweder werden sie mystifiziert und unkritisch verehrt oder verdammt. Lediglich die Warschauer Geremek-Stiftung, bestimmte intellektuelle Milieus sowie einzelne Medien sind bemüht, dieses Schwarz-Weiß-Denken zu durchbrechen.

Generell fehlt es heute in Ost und West an Politikern, die das „europäische Projekt" mit einer Intellektualität und Emphase wie Geremek betreiben. Gerade in einer Phase der tiefen Krise der Demokratie, der legislativen Grundlagen und des europäischen

---

[1] Siehe u. a. Holzer, Jerzy: Polen und Europa. Land, Geschichte, Identität. Bonn 2007. Loew, Peter Oliver: Polen denkt Europa. Politische Texte aus zwei Jahrhunderten. Frankfurt am Main 2004. Kraft, Claudia/Steffen, Katrin: Europas Platz in Polen. Polnische Europa-Konzeptionen vom Mittelalter bis zum EU-Beitritt. Osnabrück 2007. Borodziej, W./Duchardt, H./Morawiec, M./Romsics, I. (Hg.): Option Europa. Deutsche, polnische und ungarische Europapläne des 19. und 20. Jahrhunderts. Band I, II und III. Göttingen 2005.

Bewusstseins der Bürger in der Europäischen Union wäre es sinnvoll, sich an große Europäer wie Geremek zu erinnern.

Das Problem besteht nur darin, dass Geremek in keine der bereitgestellten „Schubladen" passt.

In Polen sind es seine jüdische Herkunft und seine jugendliche Begeisterung für den Kommunismus, die Ressentiments hervorrufen bzw. für Kontroversen sorgen. Nur selten denkt man an der Weichsel darüber nach, ob nicht ein Zusammenhang zwischen Geremeks jüdischem Schicksal während der deutschen Besetzung Polens im Zweiten Weltkrieg und seiner Begeisterung für den kommunistisch gesteuerten Wiederaufbau seiner Heimat ab 1945 besteht. Geht es um die Verdienste für die Transformation der Jahre 1988–90, dann wird in der polnischen Öffentlichkeit der Name von Tadeusz Mazowiecki viel öfter genannt als der von Geremek. Lech Wałęsa wiederum teilt das Schicksal Geremeks, wenn es um die Bewertung seiner historischen Rolle in Polen geht.

Mir persönlich ist die Biografie von Bronisław Geremek sehr sympathisch, weil ich, wie er, die Begeisterung für linksradikale Auffassungen (in meinem Fall in den 1970er Jahren, also unter anderen historischen Voraussetzungen – R.V.) erlebt und daraus ein neues Verständnis für die „Mitte", für den politischen Kompromiss gewonnen habe. Geremek reifte vom Kommunisten zum Sozialdemokraten, genauer: zum gemäßigten, autonomen Linken, den man in Deutschland fälschlicherweise in die Schublade des „Liberalen" steckte. Parteipolitik empfand er immer als Pflichterfüllung, nicht als Herzensangelegenheit.

Im Westen denkt man zu wenig darüber nach, warum ein Linker wie Geremek für den Nato-Einsatz im Jugoslawien- und für den Irak-Krieg votiert hat. Seine Erfahrungen mit terroristischer Herrschaft während der deutschen Besetzung Polens im Zweiten Weltkrieg und auch sein hautnahes Erleben stalinistisch-kommunistischer Machtausübung in den 1950er und 1960er Jahren führten ihn dazu, später immer und überall gegen Diktatoren und für die Freiheit aufzutreten – was im Falle des Irak auch zu Irrtümern führte.

Schon sein Interesse als Mediävist für die Randgruppen im Mittelalter schärfte sein Bewusstsein für soziale Ungerechtigkeit auch in heutigen Zeiten. Als Agnostiker lehnte er den Glauben an überirdische, metaphysische Autoritäten ab, wusste aber ebenso christliche Verhaltensweisen im Alltag zu schätzen. Ideologische Dogmen waren ihm ein Gräuel.

Der Lebenslauf von Bronisław Geremek weckt die Lust am Schreiben von Biografien, die mehr Freiraum für das Erzählen lassen als klassische Geschichtsbücher. Erzählen bedeutet dabei nicht, auf die strengen Regeln der Historiografie und speziell die Prüfung jedweder Art von Quellen zu verzichten. Biografien gewinnen nur dann an Aussagekraft, wenn man sie in Beziehung zur jeweiligen historisch-politischen und ökonomisch-sozialen Situation und Entwicklung setzt.

Im Titel des Buches ist von „Revolution" die Rede. Das mag auf den ersten Blick als unpräzise oder irreführend erscheinen, denkt man an die Französische bzw. Russische Revolution oder andere derartige Phänomene. Doch für mich hat der polnische

Transformationsprozess der Jahre 1988–90 tatsächlich etwas Revolutionäres. Auf eine originelle, historisch bis dato nicht erprobte Weise, wurden Politik, Wirtschaft und Gesellschaft einem radikalen Wandel unterzogen, ohne dass dabei Gewalt eine Rolle spielte.

Geht es um den Bestand an Primär- und Sekundärquellen für die Erarbeitung dieser Biografie, dann erwiesen sich die Recherche und Analyse der Kindheit und Jugend von Bronisław Geremek als relativ schwierig, weil für diese Lebensphasen kaum Quellen vorliegen. So ließen sich einzelne Phänomene und Ereignisse – mit aller Vorsicht – nur auf der Basis von Interviews mit Zeitzeugen rekonstruieren. Mag sein, dass zu einem späteren Zeitpunkt weitere Dokumente bekannt werden. Für die späteren Lebensphasen Geremeks ist der Quellenbestand gut bis sehr gut.

In diesem Buch sind russische Namen und Bezeichnungen entsprechend der üblichen deutschen Schreibweise vereinheitlicht worden – also bspw. Gorbatschow statt Gorbačev.

Mein Dank gilt vor allem den Zeitzeugen[2], mit denen ich sehr interessante Gespräche führen konnte. Auch Robert Kubaś und Justyna Orysiak vom Archiv des polnischen Senats und Adam Gąsiewicz von der Geremek-Stiftung in Warschau sowie die Mitarbeiterinnen und Mitarbeiter des Archivs des polnischen Außenministeriums, des Archivs der Warschauer Universität und des politischen Archivs des Auswärtigen Amtes in Berlin sowie anderer polnischer und deutscher Archive bzw. Stiftungen und Bibliotheken haben mir sehr geholfen. Ich danke Lidia Łukasik für die kritische Durchsicht des Manuskripts. Schließlich danke ich dem Berliner Wissenschafts-Verlag, dass er dieses Buch herausgebracht hat.

Reinhold Vetter
Berlin, im Januar 2014

---

2   Siehe die Liste im Anhang.

1. Erfahrungen, die das ganze Leben prägen

1.1. Jüdisch, aber nicht traditionell – Kindheit in Warschau

Als Benjamin Lewartow[3] am 6. März 1932 in Warschau in einem jüdischen Elternhaus zur Welt kam, lebten in der polnischen Hauptstadt mehr als 350 000 Juden.[4] Ihr Anteil an der Stadtbevölkerung von insgesamt 1,17 Mio. betrug über 30 %. Damit beherbergte Warschau die größte jüdische Gemeinde der Welt. Bis 1938 stieg die Zahl sogar auf knapp 370 000 an (Warschau insgesamt 1,27 Mio.). Und auch in der polnischen Stadt Łódź lebten mehr Juden (über 330 000) als in Wien (knapp 92 000) und Berlin (annähernd 83 000). In zahlreichen ostpolnischen Städten und Gemeinden bildeten sie sogar die Mehrheit. Insgesamt stellten die Juden in der polnischen Republik der Zwischenkriegszeit mit gut 3 Mio. Menschen rund 10 % der gesamten Bevölkerung. Bis 1941, also zwei Jahre nach Kriegsbeginn, stieg die Zahl sogar auf knapp 3,4 Mio.[5] Polen war damals das Land mit dem höchsten jüdischen Bevölkerungsanteil in Europa.

Auch wenn es schon in den 1920er Jahren antijüdische Stimmungen gab, entfaltete sich die jüdische Kultur zu neuer Blüte. So schlug sich der Aufschwung des Jiddischen in der Presse, im Theaterleben und auch in der Literatur nieder. Im Rahmen der Forschung spielten das *Jiddische Wissenschaftliche Institut (Yidisher visnshaftlekher Institut – YIVO)*[6] sowie das 1928 in Warschau eröffnete *Institut für Judaistische Wissenschaften (Instytut Nauk Judaistycznych)*[7], dessen Leitung der Rabbiner Mojzesz Schorr übernahm, der auch Mitglied des polnisches Senats war, eine wichtige Rolle. Besonders in den kulturpolitischen Debatten ging es nicht zuletzt um die Frage, worin eigentlich das spezifisch „Jüdische" bestehe.

Andererseits zeigten sich auch Tendenzen der Säkularisierung und der Distanzierung vom traditionellen Judentum. Um 1930 besuchten nur noch ein Viertel der jüdischen Schüler Polens einen *Cheder (Chadarim)*[8]. Mehr und mehr Juden, besonders in den größeren Städten des Landes, glichen sich in Sitten, Kleidung und Sprache polnischen Gewohnheiten an. Auch zwischen den vielen jüdischen politischen Gruppierungen, deren Existenz verdeutlichte, dass die Juden in Polen durchaus Entfaltungsmöglichkeiten hatten, zeigten sich enorme kulturelle Unterschiede. Ihre politisch-gesellschaft-

---

3   Diesen Namen trug Bronisław Geremek bis in den zweiten Weltkrieg hinein.
4   Zalewska, Gabriela: Ludność żydowska w Warszawie w okresie międzywojennym. Warszawa 1996, S. 53.
5   Stankowski, Albert/Weiser, Piotr: Demograficzne skutki Holokaustu. In: Tych, Feliks/Adamczyk-Garbowska, Monika: Następstwa zagłady Żydów – Polska 1944–2010. Lublin 2011, S. 15.
6   Das 1925 in Berlin gegründete Institut hatte seinen Hauptsitz in Wilna/Vilnius und wurde 1940 nach New York verlegt. Eine der Außenstellen existierte in Warschau.
7   Einer der Vorläufer des heutigen *Żydowski Instytut Historyczny* in Warschau.
8   Bezeichnung für die traditionellen, religiös geprägten Schulen.

lichen Zielsetzungen reichten von weitgehender Anpassung an die polnische Gesellschaft oder gar Assimilation bis hin zu Träumen von Autonomie im Land selbst oder Emigration.

Schon im Jahr 1931 wohnten zwei Drittel der Warschauer Juden in Bezirken wie Leszno, Muranów und Powązki, also gleich nördlich des Stadtzentrums, und dort besonders in Straßen wie Pańska, Twarda, Żelazna, Smocza, Pawia, Okopowa, Młocińska, Bonifraterska, Konwiktorska, Nowolipki, Bielańska, Senatorska und Królewska.[9] Durch den Zustrom aus anderen Bezirken Warschaus und auch aus anderen Städten Polens stieg ihre Zahl in den folgenden Jahren sogar noch an, so dass zu Beginn des Zweiten Weltkriegs drei Viertel der Warschauer Juden dort wohnten. „In den jüdischen Wohngebieten herrschten gewaltige gesellschaftliche Unterschiede. Außer einflussreichen Kaufleuten und Großhändlern existierten dort die kleinen Straßenverkäufer, deren gesamte Habe in einen Korb passte, den sie mit sich umher trugen. Eng beieinander wohnten arme, noch ärmere und allerärmste Juden – Tagelöhner, Besitzer kleiner Geschäfte und Handwerker, und auch vermögende Juden, ebenso Chassiden und Orthodoxe, die nie ihre Fransen und Käppchen ablegten, sowie Neureiche, die sich wie englische Lords kleideten".[10] Neben gepflegten Häusern, die für damalige Verhältnisse modern waren, standen solche aus dem 19. Jahrhundert, deren Besitzern das Geld für eine Erneuerung fehlte. Im Parterre oder ersten Stock residierten oft

Benjamin Lewartow (Bronisław Geremek), vorne links, mit seiner Mutter Alicja Wallenstein, seinem Vater Borys Lewartow und seinem älteren Bruder Israel (Jerry Lewart) in Warschau

---

9   Zalewska, Gabriela: Ludność ... a.a.O., S. 63.
10 Kaliciński, Z.: O Starówce, Pradze i ciepokach. Wspomnienia. Warszawa 1983. Zit. nach ebd. S. 68.

wohlhabende Familien, während in den höheren Stockwerken, sowie auf den Dachböden und in den Hinterhäusern die Ärmeren wohnten.

Da der gewaltige Zustrom kaum mit dem Bau neuer Häuser sowie der Renovierung bestehender Gebäude einher ging, herrschten vielfach katastrophale wohnliche und sanitäre Verhältnisse. Im Jahr 1938 mussten sich durchschnittlich acht Personen eine Kammer teilen. Viele Juden zogen in diese Stadtviertel, weil die Mieten dort niedriger waren und sie sich unter ihresgleichen sicherer fühlten. Wer es sich leisten konnte und das nötige Selbstbewusstsein aufbrachte bzw. über gesellschaftliches Renommee verfügte, wohnte vielfach in anderen Bezirken Warschaus. Das galt besonders für jüdische Wissenschaftler und Künstler wie für Ärzte, Anwälte und natürlich Familien reicher Industrieller und Bankiers wie die Kronenbergs, Wawelbergs und Natansons. Bronisław Geremek, d.h. Benjamin Lewartow, und seine Eltern wohnten in der ul. Mławska (Nr. 3), also nicht sehr weit vom Stadtzentrum Warschaus entfernt.

Nach einer Statistik aus dem Jahr 1931 waren 46% der jüdischen Erwerbstätigen Warschaus in Industrie und im Handwerk tätig, gut 34% im Handel und Versicherungswesen, knapp 8% im öffentlichen Dienst und in freien Berufen, sowie annähernd 5% im Verkehrswesen. Mit einem Anteil von 64% stellten die Juden zwei Drittel der Beschäftigten im Warenhandel der Stadt.[11] Akzeptiert man die Kategorien dieser Statistik, dann zählten gut 5% der Warschauer Juden zum Großbürgertum, mehr als 45% zum breit gefassten Kleinbürgertum, knapp 13% zur weit verstandenen Intelligenz, gut 27% zur Arbeiterschaft, 5% zu den Heimarbeitern und 4% zu den Arbeitslosen.

Die dramatische Wirtschaftskrise seit Ende der 1920er Jahre führte auch in Polen zu einem Aufflackern judenfeindlicher Stimmungen. Der wirtschaftliche Einbruch des Landes war dramatisch. Besonders in den ländlichen Regionen nahm die Krise Züge einer zivilisatorischen Katastrophe an.[12] Elend und Hunger wurden zu einer massenhaften Erscheinung. Wie in anderen europäischen Staaten standen auch die wechselnden Regierungen in Polen der Krise weitgehend hilflos gegenüber. So rückte die „jüdische Frage" in den Mittelpunkt der gesellschaftspolitischen Debatten. Vielfach wurde die Frage gestellt, ob nicht die Vielzahl der Juden und ihr großes Engagement in bestimmten beruflichen Bereichen „schuld" an der Krise seien. Nicht zuletzt der katholische Klerus förderte judenfeindliche Tendenzen und schreckte nicht davor zurück, von Juden als einem ökonomisch lästigen und minderwertigen Element zu sprechen.[13]

Dabei konzentrierten sich die Auseinandersetzungen vor allem auf den Handel. Besonders in den Jahren 1936 und 1937 kam es gerade bei Wochenmärkten zu antijü-

---

11 Zalewska, Gabriela: Ludność ... a.a.O., S. 139.
12 Ausführlich bei Wrzos, Konrad: Oko w oko z kryzysem. Reportaż z podróży po Polsce. Warszawa 1933.
13 Siehe Haumann, Heiko: Polen und Litauen. In: Kotowski, E./Schoeps, J./Wallenborn, H. (Hg.): Handbuch zur Geschichte der Juden in Europa. Band 1 – Ländern und Regionen. Darmstadt 2001, S. 270.

Benjamin, vorne links, bei einem Ausflug mit der Mutter und dem Bruder in Józefów bei Warschau

dischen Pogromen, bei denen mindestens 20 Menschen starben (vor allem Juden, aber auch Polen) und tausende verletzt wurden.[14] Regierung und Behörden lehnten zwar Gewalt gegen Juden ab und ließen die Polizei einschreiten, zeigten sich aber prinzipiell einverstanden mit dem wirtschaftlichen Boykott gegen die Juden. Der Antisemitismus fand nicht zuletzt im Mittelstand und unter Akademikern Rückhalt, da sich diese gesellschaftlichen Schichten durch die Wirtschaftskrise besonders bedroht fühlten. Eine Art Verdrängungswettbewerb gegenüber den Juden war die Folge.

Die Regierungspolitik zielte auf eine Förderung der jüdischen Emigration, wobei vor allem die Idee einer zwischen mehreren Staaten koordinierten Aussiedlung auf die Insel Madagaskar ins Spiel gebracht wurde. Allerdings scheiterten alle diesbezüglichen Pläne und auch die propagandistische Unterstützung des Kampfes der Juden um Palästina. Im Jahr 1938 wurde das Land sogar gezwungen, knapp 18 000 in Deutschland lebende Juden mit polnischem Pass aufzunehmen.[15]

Wirksamer war ein Numerus clausus für jüdische Studenten, der gegen den Widerstand liberaler und linker Hochschullehrer und Studenten eingeführt wurde. Dieser

---

14 Siehe u. a. Kassow, Samuel D.: Ringelblums Vermächtnis. Das geheime Archiv des Warschauer Ghettos. Reinbek bei Hamburg 2010, S. 158.
15 Zu ihnen zählte auch der Literaturkritiker Marcel Reich-Ranicki. Siehe R.-R., M: Mein Leben. Stuttgart 1999, S. 157 f.

führte dazu, dass der Anteil jüdischer Studenten von mehr als 20 % Mitte der 1920er Jahre auf 10 % kurz vor Kriegsbeginn sank. An verschiedenen Universitäten wurden jüdische Studenten während der Lehrveranstaltungen gezwungen, auf speziellen Bänken (so genannte „Ghetto-Bänke") Platz zu nehmen.

Trotz des grassierenden Antisemitismus und einer weit verbreiteten Abneigung gegenüber den Juden in der polnischen Gesellschaft war die Ausübung ihrer Religion kaum gefährdet, hatten sie das Recht, sich frei zu Wort melden, Zeitungen zu unterhalten und ihre Kinder in ihrer Tradition zu erziehen, auch wenn jüdische Schulen nicht vom Staat finanziert wurden, konnten sie ihre gesellschaftlichen Vereinigungen und politischen Parteien unterhalten.[16] So existierte ein buntes jüdisches politisches Leben. Die wichtigsten Parteien waren der linke *Allgemeine jüdische Arbeiterbund (Algemener Jidiszer Arbeter Bund in Rusland, Lite un Pojln – Powszechny Żydowski Związek Robotniczy Rosji, Litwy i Polski)*, die sozialdemokratische Partei *Poalej Syjon* sowie die polnische Abteilung der international als hebräisch-sozialistische Partei auftretenden *Hitahadut*, wobei sich der *Arbeiterbund* zur stärksten jüdischen politischen Partei entwickelte.[17] Gerade jungen Juden in Warschau gefiel es, dass der Bund in den Stadtvierteln schlagkräftige Selbstschutz-Einheiten organisierte. Bei den Kommunalwahlen der Jahre 1938/39 konnte er in den Großstädten eine führende Position unter den jüdischen Organisationen einnehmen. Auch in der *Kommunistischen Partei Polens (Komunistyczna Partia Polski)*, die allerdings gesellschaftlich ziemlich isoliert war, spielten Juden eine wichtige Rolle. Im Jahr 1931 bestand die Mitgliedschaft der Partei zu 75 % aus Polen, 22 % aus Juden und 3 % Ukrainern und Weißrussen. 1936 waren im Zentralkomitee der Partei 15 Polen, 12 Juden, zwei Ukrainer und ein Weißrusse.[18] Generell zeigten die meisten Juden in Polen reges politisches Interesse.

Unter welchen Umständen die Kindheit von Benjamin Lewartow angesichts dieser politisch-gesellschaftlichen Rahmenbedingungen verlief, lässt sich nur in Umrissen rekonstruieren.[19] Gleiches gilt für die Beantwortung der Frage nach den Vorfahren der Eltern. Benjamin, sein älterer Bruder Israel sowie die Eltern waren zwar Juden, betrachteten sich aber in erster Linie als Polen bzw. polnische Staatsbürger und lebten entsprechend angepasst. Religion und jüdische Traditionen spielten in ihrem Leben kaum eine Rolle.

Die Mutter Benjamins, die den, für polnische Verhältnisse eher ungewöhnlichen Namen Alicja Wallenstein trug, stammte aus einer wohlhabenden jüdischen Familie,

---

16 Siehe u. a. Śpiewak, Paweł: Żydokomuna. Warszawa 2012, S. 138.
17 Zu seinen Mitgliedern zählte auch Marek Edelman, der 1943 am jüdischen Aufstand im Warschauer Ghetto teilnahm und in den 1970er/1980er Jahren zu den Mitgliedern der demokratischen Opposition in Polen zählte. Siehe Bereś, W./Burnetko, K.: Marek Edelman. Życie. Po prostu. Warszawa 2008.
18 Śpiewak, Paweł: Żydokumuna ... a.a.O, S. 153.
19 Im westlichen reduzieren sich die Quellen auf Erinnerungen und Erzählungen von Verwandten sowie auf kurze Berichte von Bronisław Geremek selbst. Familiendokumente oder andere schriftliche Quellen konnten bislang nicht ausfindig gemacht werden.

die möglicherweise im 18. Jahrhundert aus Deutschland nach Polen gekommen war, wie Zofia Żukowska[20] berichtet:

> „Ohne Zweifel stammte der Name Wallenstein aus Deutschland. In Polen hätte niemand einen solchen Namen gehabt. Möglicherweise hat ein Grundbesitzer namens Wallenstein seinen Namen jüdischen Bediensteten gegeben. Das gab es ja auch in Polen, wo die Magnaten den Untertanen, die auf ihren Ländereien wohnten, ihre Namen aufzwangen. Zeitweise trug die Familie auch den Namen Heller Wallenstein, was auf mögliche dynastische Beziehungen zu dem spätmittelalterlichen Philosophen Rivka Heller Wallenstein verweist."[21]

Die Familie des Vaters Borys (ursprünglich Baruch[22]) Lewartow kam Anfang des 20. Jahrhunderts aus Chişinău (Kischinew) nach Polen – möglicherweise im Zusammenhang mit dem dortigen antijüdischen Pogrom im Jahr 1903.[23]

Wichtigste Bezugsperson des Jungen Benjamin war die Mutter und blieb dies auch in der Nachkriegszeit. Gerade in den 1930er Jahren und auch später, als es um das nackte Überleben im Ghetto und auf der Flucht ging, war Alicja Wallenstein eine ungewöhnlich entschlossene und äußerst arbeitsame Frau.

Vor dem Krieg scheute sie wiederholt nicht davor zurück, Gelegenheitsarbeiten etwa in der öffentlichen Verwaltung zu übernehmen, wenn die Situation der Familie dies erforderte. Außerdem entsprach es ihrem Charakter, anderen Menschen offen ihre Meinung ins Gesicht zu sagen, ohne mögliche Konsequenzen in Betracht zu ziehen – eine *weredyczka (deutsch: Predigerin der Wahrheit)*, wie man im Polnischen sagt. Benjamin war ihr in dieser Hinsicht ähnlich, trug seine Meinung in der Regel aber diplomatischer vor.

Demgegenüber fehlte dem Vater der Sinn für die Realität. Borys Lewartow erwies sich als Idealist, ungewöhnlich belesen, aber in der Regel hilflos im Alltag. Von Beruf Lehrer, war er in der Geschichte der Philosophie bestens bewandert. Die Religionsphilosophie betrachtete er als sein Steckenpferd. Als er seine Arbeit als Lehrer verlor, musste er sich notgedrungen anderen Erwerbstätigkeiten zuwenden.[24] So arbeitete er unter anderem als Schneider, Schornsteinfeger und Gerber, auch hat er mit Leder gehandelt, das er aus Chişinău importierte. Wenn Benjamin etwas vom Vater geerbt hat, dann war es die Liebe zu den Büchern.

---

20 Zofia Żukowska, geboren 1936, ist eine Cousine von Bronisław Geremek, die teilweise die schlimme Zeit im Warschauer Ghetto mit ihm verbrachte und später bis zu seinem Tod im Jahr 2008 immer engen Kontakt zu ihm unterhielt. Ihre Mutter und Alicja Wallenstein waren Schwestern.
21 Zofia Żukowska im Gespräch mit dem Autor am 23.2.2012. Rivka Heller Wallenstein (1462–1515) war ein jüdischer Philosoph, der in den letzten Jahren vor seinem Tod in Prag lebte.
22 Baruch = der Gesegnete.
23 Wie ganz Bessarabien gehörte die Stadt bis 1918 zum zaristischen Russland und ist heute Hauptstadt der Republik Moldau.
24 Juden wurde damals das Recht entzogen, als Lehrer tätig zu sein. Siehe den Lebenslauf, den Bronisław Geremek seinem Antrag auf Aufnahme des Studiums vom 1.7.1950 beifügte: Podanie, Akta WH 19.483, Archiwum Uniwersytetu Warszawskiego.

Wie Marcin Geremek[25] berichtet, empfand man in der Familie der Mutter ihre Ehe mit Borys Lewartow nicht gerade als standesgemäß. Der Vater kannte die Schriften von Theodor Herzl und die Geschichte der von ihm inszenierten Bewegung, war aber nicht gerade ein überzeugter Zionist. So hat er sich für keine der zionistisch geprägten Organisationen in Polen interessiert. Überhaupt stand ihm der Sinn nicht nach Politik. Immerhin unternahmen Alicja und Borys 1926 eine Reise nach Palästina, um eine mögliche Übersiedlung dorthin zu prüfen. Allerdings ging diese Erkundungstour hauptsächlich auf den Einfluss des Großvaters mütterlicherseits zurück, der gläubiger, traditionsbewusster Jude war. Nach der Geburt des Sohnes Israel in Palästina kehrte die Familie nach Warschau zurück. Auch Alicja Wallenstein gehörte keiner jüdischen Organisation oder Partei an.

Benjamin war ein begabter, wissbegieriger Junge, dessen frühreifer Verstand mitunter sogar den Eltern etwas auf die Nerven ging. Zofia Żukowska:

> „In der Familie erzählte man sich, dass niemand so genau registriert habe, wann er (Benjamin – R.V.) eigentlich lesen gelernt habe. Immerhin verschlang er Zeitungen schon im Alter von vier Jahren. So diskutierte er mit dem Vater, ob ein Krieg ausbrechen werde. Der Vater beharrte darauf, dass dies nicht der Fall sein werde, und erläuterte Bronek[26], dass die Deutschen keinerlei Interesse daran hätten, die Welt zu zerstören. Aber Bronek wiederholte, dass es Krieg geben werde, und zum Beweis seiner Worte präsentierte er entsprechende Beispiele aus den Zeitungen."[27]

Vermutlich dachte der Junge schon politischer als sein philosophierender Vater. Kontakt zu Kindergruppen jüdischer politischer oder sozialer Organisationen hatte er allerdings keinen.

Später, im Warschauer Ghetto, sollte er vor allem die Schriften von Janusz Korczak[28] lesen, der ihm sehr imponierte und dem er nacheifern wollte.

Vor Beginn des Krieges konnte er noch zwei Jahre zur Grundschule gehen. Nebenbei hat ihn auch sein Vater zu Hause unterrichtet, wobei dies in der Regel so ablief, dass der Sohn Fragen stellte, die sich aus seiner Lektüre von Zeitungen und Büchern ergaben, und der Vater Antworten gab.

Marcin Geremek berichtet, Jiddisch sei Benjamins „erste Fremdsprache"[29] gewesen – wohl unter dem Einfluss der Großeltern mütterlicherseits.

Da die materielle Situation der Familie wegen der unsteten beruflichen Tätigkeit des Vaters erheblichen Schwankungen unterworfen war, musste der Großvater wieder-

---

25 Im Gespräch mit dem Autor am 17.1.2012. Marcin ist einer der beiden Söhne von Bronisław Geremek.
26 Frau Żukowska gebraucht die Koseform des späteren Vornamens.
27 Bronek, mój brat. Zofia Żukowska im Gespräch mit Aleksandra Klich. In: *Gazeta Wyborcza*, Duży Format, 21.7.2008, S. 5.
28 Der Arzt und Pädagoge Janusz Korczak zog 1940 als Leiter des Warschauer Waisenhauses für jüdische Kinder mit ihnen ins Ghetto und wurde 1942 im Konzentrations- und Vernichtungslager Treblinka ermordet.
29 Marcin Geremek ... (Fn. 25).

holt eingreifen und finanziellen Beistand leisten. Er war ein wohlhabender Mensch, auch wenn er zwischendurch viel Geld verlor, weil er einen Freund unterstützte, dessen Geschäfte dann aber mit einem Bankrott endeten. So war er unter anderem Besitzer großer Waldgebiete im Stadtbezirk Józefów.

Wie alle gläubigen, traditionsbewussten Juden legte er großen Wert auf eine solide Ausbildung seiner Kinder, also der Mutter von Benjamin und ihrer Schwester, der Mutter von Zofia Żukowska. Ebenso versuchte er, Einfluss auf die Erziehung von Benjamin und dessen Bruder zu nehmen. Nach der Rückkehr der Familie aus Israel wurde der dort geborene Bruder zeitweise bei den Großeltern erzogen. „Sein bildungsbeflissener Habitus hat die Familie geprägt", betont Frau Żukowska. Benjamin war sieben Jahre alt, als der Großvater zu Beginn des Krieges starb.

Er und seine Eltern wohnten in der ul. Mławska Nr. 3 in der so genannten Neustadt (Nowe Miasto), die zusammen mit der Altstadt (Stare Miasto) zu den ältesten Vierteln Warschaus gehört. Die ul. Mławska lag zwischen den Straßen ul. Bonifraterska, ul. Franciszkańska und ul. Sapieżyńska, existiert aber seit dem Ende des Zweiten Weltkriegs nicht mehr. Nur eine kleine Gedenktafel erinnert an sie. Zeitweise wohnte Benjamin auch beim Großvater in der nahegelegenen ul. Sapieżyńska.

Erst auf den Stadtplänen, die nach dem Ersten Weltkrieg erschienen, ist die ul. Mławska verzeichnet.[30] Es handelte sich um eine kleine Straße, in der nur sieben oder acht Gebäude standen. Das Haus Nr. 3 mit mehreren Stockwerken, in dem Benjamin und seine Eltern wohnten, gehörte der jüdischen Familie Landau. Auf der gegenüberliegenden Seite in den einstöckigen Häusern Nr. 2, 4 und 6 wohnten sehr arme Familien. Im Haus Nr. 8 praktizierte der renommierte Kinderarzt Rajmund Barański, der im Nachkriegspolen Professor an der Medizinischen Akademie in Warschau und Gesundheitsminister war. Wie in dem gesamten Stadtviertel dominierten in ul. Mławska der Groß- und Einzelhandel sowie kleinere Werkstätten. Durch die deutschen Bombardements im September 1939 wurde das Viertel arg in Mitleidenschaft gezogen, wobei die ul. Mławska noch relativ glimpflich davon kam.

Ob Benjamin in der Schule Probleme wegen seiner jüdischen Herkunft hatte, wissen wir nicht – zumindest hat er nie darüber gesprochen. Er und seine Eltern haben auch nach außen hin nie demonstriert, dass sie Juden waren. Aber natürlich waren sich Freunde, Bekannte und Nachbarn dieser Tatsache bewusst.

In einem Interview aus dem Jahr 2008 sagte sein Bruder Israel, der damals unter dem Namen Jerry Lewart schon lange in den USA gelebt hatte, die Vorkriegsjahre seien glücklich und unbeschwert gewesen.[31]

---

30 Vergleiche u. a. Kur, Tadeusz: Ulica Mławska. In: Tygodnik Stolica z roku 1968. http://franciszkanska.blogspot.de/2010/01/ulica-mlawska.html.
31 Jerry Lewart, brat Bronisława Geremka: Mój wielki brat. In: *Przegląd*, Nr. 30/2008. http://www.przeglad-tygodnik.pl/pl/artykul/moj-wielki-brat.

1.2. Das Trauma des Ghettos

1.2.1. Deutsche Schreckensherrschaft

Am 1. September 1939 begannen jene schlimmen Jahre, die Bronisław Geremek sein Leben lang beschäftigten, wenngleich er äußerst selten darüber sprach – kaum auch mit Menschen, die ihm sehr nahe standen. Sein Trauma muss schrecklich gewesen sein.[32]

Als die deutsche Wehrmacht Polen überfiel, befand sich das Land militärisch in einer aussichtslosen Lage. Innerhalb weniger Tage wurde die polnische Abwehr auf ganzer Front zerschlagen. Großbritannien und Frankreich erklärten Deutschland den Krieg, eilten Polen aber nicht zu Hilfe. Schon am 8. September erreichten die ersten deutschen Panzer Warschau, am 27. September musste die polnische Hauptstadt kapitulieren.

Auch viele Warschauer Juden beteiligten sich an der Verteidigung ihrer Stadt. Sie leisteten militärischen Einsatz, beteiligten sich am Aufbau der Zivilverteidigung und kümmerten sich um Verwundete. Auch Emanuel Ringelblum, der Schöpfer des berühmten Archivs des Warschauer Ghettos, meldete sich zum Dienst bei der zivilen *Liga für Luft- und Gasabwehr (Liga Obrony Powietrznej i Przeciwgazowej – LOPP)*. Nach dem Sieg der deutschen Wehrmacht flohen viele Juden wie auch polnische Staatsbürger in die Sowjetunion. Dabei waren es vor allem Mitglieder des jüdischen Bürgertums, die sich den großen Menschentrauben anschlossen, die über die Weichselbrücken Richtung Osten strömten.

Die deutschen Angreifer hatten den Krieg gegen Polen so gut wie gewonnen, als die Rote Armee am 17. September in Ostpolen einmarschierte. Am 28. September unterzeichneten die Außenminister Deutschlands und der Sowjetunion, Joachim von Ribbentrop und Watscheslaw Molotow, einen Grenzvertrag sowie ein geheimes Zusatzprotokoll, in dem die „Interessenspähren", die schon im August vereinbart worden waren, noch einmal geändert wurden. Deutschland besetzte nun knapp 50 % des polnischen Staatsgebiets mit fast zwei Dritteln der Bevölkerung, die Sowjetunion gut 50 % des Territoriums mit mehr als einem Drittel der Staatsbürger. Damit war Polen in drei Teile gegliedert: die in das deutsche Reich direkt eingegliederten Gebiete West- und Zentralpolens, das so genannte Generalgouvernement und die sowjetische Besatzungszone. Zu denjenigen, die den sowjetischen Einmarsch im damals ostpolnischen Lemberg (polnisch Lwów, heute ukrainisch L'viv), gehörte der polnisch-jüdische Schriftsteller Julian Stryjkowski. Seine Erfahrungen hat er in dem Roman *Wielki Strach* geschildert.

Die Schrecken der Eingliederung polnischer Gebiete in das deutsche Reich und des deutschen Besatzungsregimes im Generalgouvernement sowie die radikale Sow-

---

32 Auch für das Schicksal Geremeks im Zweiten Weltkrieg können nur wenige Quellen herangezogen werden. Sie reduzieren sich auf seine eigenen Hinweise und auf Berichte von Verwandten.

jetisierung Ostpolens wurden vielfach beschrieben.³³ Zur brutalen „Germanisierung" der eingegliederten Gebiete gehörten die massenhafte Erschießung polnischer Eliten und auch von Juden, die Vertreibung der als „überflüssig" eingestuften Teile der Bevölkerung, die Ansiedlung „Volksdeutscher" aus Gebieten außerhalb Deutschlands und die Separierung der ansässigen Bevölkerung nach Rassenkriterien. Auch in den sowjetisch besetzten Gebieten zählten Verhaftungen und Erschießungen bzw. Verurteilungen sowie Deportationen in die UdSSR zu den alltäglichen Erfahrungen der Menschen. Dort traten an die Stelle polnischer Beamter ortsansässige Ukrainer, Weißrussen und auch polnische Juden. Im Generalgouvernement umfasste der deutsche Terror „außerordentliche Befriedungsaktionen" mit tausenden von Toten und öffentliche Geiselerschießungen, Sondergerichte und das so genannte „Polenstrafrecht", Deportationen in Konzentrationslager und Verschleppung zur Zwangsarbeit.

Im Generalgouvernement wurden bald auch die ersten Sondererlasse bekannt, die sich gegen die Juden richteten. Dazu zählte das Verbot, mehr als 2 000 Zloty in bar zu besitzen. Bahnfahrten durften Juden nur noch mit besonderen Ausweisen unternehmen. Ab Dezember 1939 wurden sie dann auch gezwungen, in der Öffentlichkeit sichtbar das Armband mit dem Judenstern zu tragen. Juden wurden auf offener Straße zur Zwangsarbeit verschleppt, deutsche Militärs und Zivilisten drangen in jüdische Wohnungen ein und plünderten das Inventar.

Immerhin ist die dramatische Geschichte der Millionen von Juden, die schließlich in die Ghettos auf polnischem Territorium gezwungen wurden, in Hunderten von wissenschaftlichen Monographien, Augenzeugenberichten und persönlichen Schilderungen dargestellt worden – auch die Geschichte ihres bewaffneten Widerstandes. Das gilt besonders für das Warschauer Ghetto.³⁴

Am 13. September 1940 erließ der deutsche Generalgouverneur Hans Frank eine Verordnung zur Bildung geschlossener Wohnbezirke für die Juden. Einen Monat später teilten die Besatzungsbehörden den Warschauer Juden mit, dass sie knapp zwei Wochen Zeit hätten, in den entsprechenden Bezirk der Stadt zu übersiedeln.³⁵ Nach

---

33 Siehe u. a. Borodziej, Włodzimierz: Geschichte Polens im 20. Jahrhundert. München 2010, S. 192 ff.
34 Siehe u. a. Engelking, B./Leociak, J.: Getto warszawskie. Przewodnik po nieistniejącym mieście. Warszawa 2001. Bereś ... (Fn. 17). Mieszkowska, Anna: Die Mutter der Holocaust-Kinder. Irena Sendler und die geretteten Kinder aus dem Warschauer Ghetto. München 2007. Bartoszewski, W.: Das Warschauer Ghetto – wie es wirklich war. Frankfurt am Main 1983. Ders.: Uns eint vergossenes Blut. Juden und Polen in der Zeit der „Endlösung". Frankfurt am Main 1987. Grynberg, M.: (opracował): Pamiętniki z getta warszawskiego. Warszawa 1993. Gutman, I.: Żydzi warszawscy 1939–1943. Warszawa 1993. Heydecker, J.J.: Das Warschauer Getto. Foto-Dokumente eines deutschen Soldaten aus dem Jahr 1941. München 1983. Lustiger, Arno: Zum Kampf auf Leben und Tod! Vom Widerstand der Juden 1933–1945. Köln 1994. Sakowska, R.: Ludzie z dzielnicy zamkniętej. Warszawa 1993.Wolff, K. (Hg.): Hiob 1943. Ein Requiem für das Warschauer Getto. Neukirchen-Vluyn 1983. Literarisch: Andrzejewski, J.: Warschauer Karwoche. Frankfurt am Main 1978.
35 Das Ghetto wurde in den Stadtvierteln gebildet, in denen eh schon viele Juden wohnten und wo eine hohe Bevölkerungsdichte herrschte.

einer Verlängerung der Frist wurde das Ghetto schließlich am 15. November abgeriegelt.

Die offizielle Einwohnerzahl des Ghettos schwankte. Im Januar 1941 waren es gut 380 000 Menschen, im Juli 1941 mehr als 430 000 und im Mai 1942 etwa 400 000. Sie litten unter Entwurzelung, Einschränkung der Bewegungsfreiheit und Arbeitslosigkeit, bald auch unter dramatischem Hunger. Die offiziellen Lebensmittelzuteilungen lagen bei maximal 300 Kalorien, 80 % der im Ghetto verbrauchten Lebensmittel stammten aus dem Schmuggel. Die chronische Unterernährung sowie der eklatante Mangel an einfachsten Hygienemitteln führten zu Krankheiten und schließlich auch zu Epidemien. Allein im Jahr 1941 starben im Warschauer Ghetto etwa 55 000 Menschen.

Um die jüdischen Einwohner Warschaus, die schließlich in das Ghetto gezwungen wurden, wirksam zu kontrollieren, hatten die deutschen Besatzer schon im Oktober 1939 einen „Judenrat" gebildet, an dessen Spitze Adam Czerniaków[36] stand. Andererseits gelang es jüdischen Selbsthilfeorganisationen, die zum Teil schon vor Beginn des Krieges gegründet worden waren, ein Minimum an Hilfe für die besonders Bedürftigen zu organisieren. Diese Organisationen schlossen sich im Oktober 1940 zur *Jüdischen Gesellschaft für öffentliche Wohlfahrt (Żydowskie Towarzystwo Opieki Społecznej – ŻTOS)* zusammen. Mit ihrer Hilfe entstanden innerhalb weniger Monate zahlreiche Suppenküchen, die kostenlose oder verbilligte Mahlzeiten an die Ärmsten in Ghetto verteilten. Eine besondere Rolle spielten die so genannten Hauskomitees, die Geld für die Bedürftigsten sammelten, Streitereien zwischen Bewohnern eines Hauses schlichteten, kulturelle Veranstaltungen organisierten und insbesondere die jüdischen Frauen als „Rückgrat" des Überlebens in speziellen Gruppen zusammenführten. Der amerikanische Historiker Samuel D. Kassow schreibt:

> „Das Dasein im Ghetto war zwar größtenteils ein groteskes Zerrbild eines normalen gesellschaftlichen Lebens, doch lebten darin Rudimente des Wertesystems und Kulturlebens der Vorkriegszeit. Es wäre sicher überzogen, von einer ‚Zivilgesellschaft' im Warschauer Ghetto zu sprechen, aber es gab dort ein ausgeprägtes politisches Leben und ein weitläufiges und dichtes Netz von Organisationen mit der Aleynhilf im Zentrum. Auch nach den massenhaften Auswanderungen von 1939 gab es im Warschauer Ghetto noch eine große, kritische Masse von Journalisten, Intellektuellen, Sozialarbeitern und anderen Aktivisten."[37]

Mitte Juli 1942 befahl Heinrich Himmler, seit 1929 „Reichsführer SS" und ab 1939 auch „Reichskommissar für die Festigung des deutschen Volkstums", „dass die Umsiedlung der gesamten jüdischen Bevölkerung des Generalgouvernements bis Dezember 1942 durchgeführt und beendet werden soll".[38] Dieser Befehl galt insbesondere für

---

36 Er nahm sich im Juli 1942 das Leben, als die Nazis ihn zwingen wollten, bei der Deportation der Juden nach Treblinka mitzuwirken.
37 Kassow, Samuel D.: Ringelblums ... a.a.O., S. 152.
38 Witte, P./Wildt, M./Voigt, M.: Der Dienstkalender Heinrich Himmlers 1941/42. Hamburg 1999, S. 496.

Warschau. Die ersten Transporte mit etwa 500 Juden aus der Hauptstadt ins Vernichtungslager Treblinka gingen am 23. Juli ab.

Die große Mehrheit der polnischen Juden (annähernd 1,8 Millionen Menschen) wurde zwischen März 1942 und November 1943 im Zuge der „Aktion Reinhardt" vor allem in den Vernichtungslagern und durch Massenerschießungen ermordet: in Treblinka 800 000, in Bełżec 500 000, in Auschwitz-Birkenau 300 000, in Sobibor 150 000 und in Majdanek 60 000.[39] Weitere 1,7 Millionen dort ermordete Juden aus anderen europäischen Ländern und aus Polen kamen hinzu. Bemühungen der polnischen Exilregierung, die Alliierten zu Hilfsaktionen zu bemühen, scheiterten. Aus den Statistiken des Ringelblum-Archivs geht hervor, dass 99% der Kinder des Warschauer Ghettos deportiert wurden.[40] Yankiel Wiernik, einer der wenigen Juden, die den Abtransport aus dem Warschauer Ghetto nach Treblinka überlebt haben, schrieb: „Mein Blick erfasste jeden und alles, aber ich konnte die Größe meines Unglücks nicht begreifen."[41]

Der Aufstand im Warschauer Ghetto im April 1943 begann, als die meisten Juden der Stadt schon ermordet worden waren.[42] Er stand unter der Führung der *Jüdischen Kampforganisation (Żydowska Organizacja Bojowa – ŻOB)*, zu deren wichtigsten Kämpfern Mordechaj Anielewicz, Jizchak Zuckerman, der schon erwähnte Marek Edelman, Zivia Lubetkin, Pinkus Kartin, Arje Wilner und Michał Klepfisz gehörten. Sie leisteten Widerstand, obwohl sie nur schlecht mit Waffen ausgerüstet waren und keine Chance auf einen militärischen Erfolg gegen die gewaltige deutsche Übermacht hatten. Trotzdem wurde die Erhebung zur größten jüdischen Widerstandsaktion unter deutscher Besatzung. Zu Aufständen kam es auch in Lemberg im Juni 1943 sowie in Białystok im August und in Wilna im September des gleichen Jahres.

> „Schon lange gehörte es zu den gängigen Klischees, Juden – und gerade Ostjuden – als unterwürfig und feige hinzustellen. Ihre Geschichte beweist, dass sie in bestimmten Situationen durchaus kämpfen und Widerstand leisten konnten. Aber die bewaffnete Aktion galt nicht als Tugend. In der Regel antwortete man duldend auf Gewalt."[43]

Während des Aufstandes und in den Tagen danach wurden noch einmal 60 000 Bewohner des Ghettos getötet – einige Tausend vor Ort, mindestens 50 000 in Treblinka.

Als der Aufstand im April 1943 ausbrach, waren Benjamin und seine Familie nicht mehr im Ghetto. Wir wissen nicht, ob der Junge noch während des Krieges oder erst später davon erfahren hat.

---

39 Stankowski/Weiser: Demograficzne… a.a.O., S. 24.
40 Zit. nach Kassow, Samuel D.: Ringelblums … a.a.O., S. 539.
41 Wiernik, Yankiel: A Year in Treblinka. New York 1944, S. 28.
42 Zu den wichtigsten Aspekten des Aufstandes siehe insbesondere Lustiger, Arno: Zum Kampf … a.a.O., S. 79 ff.
    Bereś/Burnetko: Marek Edelman … a.a.O., S. 23 ff.
43 Haumann, Heiko: Polen… a.a.O., S. 272.

Wie viele Juden sich nach dem Ghetto-Aufstand noch in Warschau befanden, ist nicht genau bekannt. Die Angaben der Historiker bewegen sich zwischen 10 000 und 15 000 Personen. Zu ihnen zählten Personen, die sich mit falschen Pässen relativ ungehindert bewegen konnten, und solche, die ohne geeignete Papiere in ihren Verstecken ausharrten. Eine kleinere Gruppe wurde im Pawiak-Gefängnis und im Konzentrationslager in der ul. Gęsia festgehalten.

Viele der verbliebenen Juden beteiligten sich am Warschauer Aufstand, der am 1. August 1944 begann und 63 Tage andauerte. Einige taten dies in den Reihen der *Landesarmee (Armia Krajowa – AK)*, der großen, verschiedene politische Strömungen umfassenden polnischen Untergrund- und Widerstandsorganisation, eine größere Anzahl von ihnen als Kämpfer der kommunistischen, weit weniger einflussreichen *Volksarmee (Armia Ludowa – AL)*. In der AK wurden mitkämpfende Juden eher widerwillig geduldet. Gleich zu Beginn des Warschauer Aufstandes wurden Juden durch Angehörige der rechtsextremen, antisemitischen *Nationalen Streitkräfte (Narodowe Siły Zbrojne – NSZ)* ermordet. Teile der NSZ hatten sich der AK angeschlossen und beteiligten sich am Aufstand.

Der Warschauer Aufstand richtete sich militärisch gegen die deutschen Besatzer, politisch aber gegen die Moskauer Machthaber und deren Einheiten der Roten Armee, die schon die östlichen Vororte der Hauptstadt erreicht hatten. Die Aufständischen wollten ihre Stadt von den Deutschen befreien, damit eine anschließend gebildete polnische Zivilverwaltung den Sowjets als „Hausherr" entgegentreten konnte.

Nach anfänglichen Erfolgen zeigte sich bald die gewaltige Übermacht der deutschen Einheiten, die den Aufstand mit unglaublicher Brutalität niederschlugen. Dazu zählten Massenerschießungen von Zivilisten schon in den ersten Tagen des Aufstandes. Insgesamt 150 000 bis 180 000 Menschen starben, die große Mehrheit von ihnen waren Zivilisten. Fast alle Überlebenden wurden nach der Niederschlagung des Aufstandes aus Warschau ausgesiedelt, von denen viele in Konzentrationslager oder als Zwangsarbeiter nach Deutschland gebracht wurden.

Angesichts der damaligen gewaltigen militärischen Übermacht der Deutschen, der mangelnden Hilfsbereitschaft der westlichen Alliierten und des politisch kalkulierten Abwartens der Sowjets wird in Polen bis heute kontrovers diskutiert, ob es richtig war, den Aufstand von 1944 zu wagen.

Schon nach der Niederschlagung des Ghetto-Aufstandes 1943 hatten die deutschen Besatzer die jüdischen Stadtteile niedergebrannt und gesprengt. Dem Aufstand im August/September 1944 folgte dann die fast vollständige Zerstörung des gesamten Stadtgebiets am westlichen Weichselufer. Zusammen mit den ungeheuren menschlichen Verlusten hat sich die brutale Vernichtung der materiellen und kulturellen Substanz der Hauptstadt im Denken der Polen symbolhaft für ihr Leiden im Zweiten Weltkrieg eingeprägt.

1.2.2. Flucht und Leben im Verborgenen

Über das Leben von Benjamin und seiner Familie im Warschauer Ghetto wissen wir nicht sehr viel – nicht zuletzt deshalb, weil Bronisław Geremek später kaum darüber sprechen wollte. Trotzdem lassen sich einige Fakten anführen sowie Erlebnisse wiedergeben. Auch wenn das familiäre Geschehen nicht vollständig rekonstruiert werden kann, wird deutlich, dass Benjamin alle Schrecken der Realität im Ghetto erlebt hat, wenn auch nicht immer in letzter Konsequenz.

Schon zu Beginn des Krieges beschloss man in der Familie, sich aufzuteilen. Nur dadurch, so die brutale Erkenntnis der Eltern, werde man eine Chance haben, überleben zu können. Vater Borys suchte zusammen mit dem älteren Sohn Israel eine neue Unterkunft, während Mutter Alicja mit Benjamin in der bisherigen Wohnung blieb – mit ihrem *beniaminek* (Nesthäkchen, Lieblingskind), wie sie ihn zärtlich nannte. Als Hans Frank am 23. November 1939 den Befehl erteilte, dass alle Juden im „Generalgouvernement" ab dem 12. Lebensjahr den berüchtigten „Judenstern" zu tragen hätten, fügten sich auch die Eltern dieser Anweisung.

Im Oktober 1940 wurde die ul. Mławska, in der Mutter und Sohn wohnten, dem Terrain des jüdischen Ghettos in Warschau zugeteilt.[44] Ein gutes Jahr später änderten die deutschen Besatzer allerdings die Grenzen des Ghettos, so dass sich die ul. Mławska fortan außerhalb des Terrains verblieb. Den Nazis war die Bebauung der Straße samt ihren Kellern ein Dorn im Auge, weil sie Kontakte zwischen den Menschen diesseits und jenseits der Ghettomauer ermöglichte. Deshalb mussten auch Benjamin und seine Mutter eine andere Unterkunft in Ghetto suchen.

Von da an bis zum Warschauer Aufstand im September/Oktober 1944 hatte die ul. Mławska eine bewegte Geschichte. So versteckten polnische Familien in den Häusern Nr. 3 und 4 Juden, die nicht ins Ghetto gegangen bzw. von dort geflohen waren. Im Haus Nr. 5 befand sich ein Büro des geheimen Hilfsrats für Juden (Rada Pomocy Żydom – RPŻ) mit dem Decknamen Żegota, der sich um verfolgte und verelendete Juden kümmerte. Zu seinen Mitgliedern zählte auch Władysław Bartoszewski.[45] Im Haus Nr. 3 wurden außerdem Lehrveranstaltungen der Untergrunduniversität abgehalten. Generell änderte das ganze Viertel seinen Charakter, weil die Polen, die nach der Bildung des Ghettos hier angesiedelt worden waren, keinen Handel betrieben, zwar hier wohnten, täglich aber zu ihren Arbeitsplätzen in anderen Stadtteilen fuhren. Während des Aufstandes im jüdischen Ghetto 1943 und des Warschauer Aufstandes 1944 war auch die ul. Mławska wiederholt Schauplatz der Kämpfe. Durch die Bombardierungen während der Niederschlagung des Warschauer Aufstandes wurde auch diese Straße dem Erdboden gleichgemacht. Nach der Befreiung Warschaus stellte man zwischen den Trümmern des Hauses Nr. 3 ein Kreuz auf, das an aufständische AK-Soldaten erinnerte, die hier beerdigt worden waren. Beim späteren Wiederaufbau blie-

---

44　Kur, Tadeusz … (Fn. 30).
45　Siehe Bartoszewski, Władysław: Das Warschauer Ghetto … a.a.O.

ben zwar die umliegenden Straßen wie die Franciszkańska erhalten, die ul. Mławska wurde aber nicht wieder mit eingeplant.

Im Ghetto bestritt Mutter Alicja den Lebensunterhalt für sich und ihren Sohn, indem sie Schmuck, Kleidung, Schuhe und Pantoffeln verkaufte. Der wohlhabende Großvater hatte vor Beginn des Krieges wiederholt dafür gesorgt, dass die ganze Familie mit derlei Gegenständen gut ausgestattet war. Zusätzlich hatten sich Borys und Alicja in der kurzen Zeit, als das Ghetto noch nicht vollständig abgeregelt war, bemüht, zusätzliche Vorräte anzulegen. Der Vater lebte zusammen mit Israel von einer kleineren Summe amerikanischer Dollar, die er vor 1939 „für schlechte Zeiten" aufbewahrt hatte. Zofia Żukowska, die zusammen mit ihrer Mutter zeitweise in der gleichen Wohnung wie Alicja und Benjamin wohnte, berichtet von kleinen, angenehmen Erlebnissen, die es durchaus auch in Ghetto gab:

> „Tante und Mama gingen los, um etwas zu verdienen, während Bronek[46] und ich allein zu Hause blieben, oft bis spät abends. Man ließ uns irgendeine dünne Suppe zurück, die wir dann aufgewärmt haben. Zu unseren Aufgaben zählte das Bohnern des Fußbodens, wobei ich aber immer betont habe, dass ich dafür zu klein sei und keine Kraft habe. Ich habe mich dann immer auf die Bohnerbürste gesetzt und Bronek hat mich hin und her geschoben. Bei dieser Gelegenheit sagte er einmal zu mir: ‚Du bis ziemlich schlau. Um das zu erledigen, bist du etwas zu klein, aber wenn es darum geht, etwas Angenehmes zu machen, bis du schon ziemlich groß.'"[47]

Bei der Einrichtung des Ghettos war Frau Żukowska vier Jahre als, während ihr Cousin Benjamin immerhin schon acht Jahre zählte. Es gab einige jüdische Schulen im Ghetto, aber offenbar für ihn nicht die Möglichkeit, eine dieser Schulen zu besuchen.

Hunger, Krankheiten und Tod waren für die beiden Kinder allgegenwärtig, auch wenn es ihren Müttern einigermaßen gelang, sie am Leben zu erhalten. Lange Zeit später hat Bronisław Geremek bei einem Abendessen im Februar 2008 in Warschau einige seiner damaligen Erfahrungen geschildert:

> „Ich erinnere mich an ein befreundetes, gleichaltriges Mädchen, wie es regungslos auf dem Bürgersteig lag. Auch ich war entkräftet, musste aber noch Schlimmeres mit ansehen, da ich mich vorerst auf den Beinen halten konnte. Ich erinnere mich an meine Verzweiflung, weil ich spürte, dass sie starb und ich nichts hatte, was ich ihr hätte zu Essen geben können. Ohnmächtig habe ich sie angesehen, wie sie von uns ging."[48]

Wer überleben wollte, musste versuchen, die Ghettomauern zu überwinden. Geremek:

> „Wenig später wurde ich krank. Im Ghetto hatte ich keine Überlebenschance, weil es keinerlei erforderliche Medikamente gab. Die einzige Möglichkeit bestand darin, auf

---

46 Siehe Fn. 23.
47 Zofia Żukowska ... (Fn. 21).
48 Zit. nach Bojarski, Piotr/Nowak, Włodzimierz: Chudy chłopak w czterech swetrach. In: Gazeta Wyborcza, 21.7.2008.

die arische Seite zu wechseln. Mama hat an alles gedacht und mir die entsprechenden Instruktionen gegeben. Jemand führte mich durch ein Loch in der Ghettomauer. Wie mir Mama aufgetragen hatte, setzte ich mich auf der Höhe des heutigen Plac Bankowy in eine Straßenbahn und stieg in der Nähe der ul. Wilcza wieder aus, von wo ich zu polnischen Freunden meiner Eltern ging, die sich meiner annahmen. Dabei vergesse ich nicht die Fahrt entlang einiger Haltestellen. Alle Fahrgäste im ‚polnischen' Teil der Straßenbahn sahen mich sprachlos an. Sie hatten ein verhärmtes, vor Kälteschauern zitterndes Kind vor sich. Es herrschte Augusthitze, aber ich trug vier Pullover. Es gab keinen Zweifel daran, dass ich aus dem Ghetto kam. Aber niemand hat mich denunziert. Im Gegenteil – zumindest in diesem Fall – spürte ich Solidarität. Ich erntete freundliche Blicke. Jemand sagte mir, ich solle mich vor einem Deutschen in Acht nehmen, der im Teil des Waggons ‚Nur für Deutsche' saß. Ich habe mich sicher gefühlt. Nach einigen Wochen der Heilung kehrte ich gesund und wieder aufgelebt zu den Eltern ins Ghetto zurück."[49]

Seit Beginn des Krieges musste auch Benjamins Familie ebenso wie Zofia Żukowska und ihre Mutter sehr stark auf die so genannten *Szmalcowniki* aufpassen. So wurden Polen genannt, die Juden erpressten und ausraubten. Später trieben diese Leute ihr Unwesen auch diesseits und jenseits des Ghettos. Frau Żukowska berichtet:

„Im Verlauf des Krieges hatte ich insgesamt 11 Geburtsurkunden. Und wissen wie warum? Immer dann, wenn wir die Aufmerksamkeit eines Szmalcownik auf uns gezogen hatten, achtete meine Mutter besonders darauf, dass sie ihre Kennkarte und meine Geburtsurkunde in der Handtasche hatte, wenn wir die Wohnung verließen. Man konnte ja nicht wissen, ob wir noch einmal zurückkehren würden. Denn diese Leute forderten von uns, alle paar Tage eine bestimmte Summe zu zahlen, wollten wir nicht an die Nazis verraten werden. Und das war natürlich besonders bedrohlich, wenn meine Mutter kein Geld mehr hatte. Jedes Mal, wenn wir in eine neue Wohnung kamen, musste meine Mutter eine neue Kennkarte für sich und eine neue Geburtsurkunde für mich besorgen. Wenn ich morgens wach wurde, fragte sie mich dann oft: Wie heißt du heute? Name? Geburtsname? Vornamen der Eltern? Mutter bemühte sich immer, Geburtsurkunden von Kindern zu besorgen, die gestorben waren."[50]

Seit seiner Kindheit träumte Geremek davon, Schriftsteller zu werden. Darüber sprach er auch mit Janusz Korczak[51], den er 1939 kennengelernt hatte und den er auch im Ghetto mehrfach traf. Korczak war auch erster Leser einiger literarischer Versuche, die der junge Benjamin unternommen hatte. Über eines dieser Gespräche berichtete Geremek im Jahr 2008:

„Korczak unterhielt sich mit mir wie mit einem Erwachsenen, behandelte mich vollkommen ernsthaft. Er fragte mich, ob ich meine Wahl gut überlegt habe. Zur Begründung fügte er an, dass ein Schriftsteller ein sehr kluger Mensch sein und selbst sehr viel lesen müsse, um gut schreiben zu können. Und auch, dass er die Welt verstehen müsse,

---

49 Ebd.
50 Zofia Żukowska … (Fn. 21).
51 Vgl. Fn. 28.

selbst wenn dies eine verbrecherische, schlechte und ungerechte Welt sein sollte. ‚Wirst Du in der Lage sein, die Welt zu verstehen?', fragte mich Korczak. Und so bin ich nie Schriftsteller geworden. Mir wurde klar, dass ich nie imstande sein würde, Tod, Hunger und das Leid der Menschen zu begreifen. Ich war nicht imstande, den Albtraum zu begreifen, der mich im Warschauer Ghetto umgab."[52]

Als im Sommer 1942 die ersten Juden ins Vernichtungslager Treblinka transportiert wurden, beschloss Alicja Wallenstein, die Flucht aus dem Ghetto zu wagen, und entschied dabei, dass Benjamin und sie dies getrennt versuchen sollten. Geradezu dramatisch war dann die Art und Weise, wie der Junge entkam:

„Die Mauern um das Ghetto wurden zunehmend schärfer durch die deutsche Gendarmerie bewacht. Die günstigste Möglichkeit bestand in einer Flucht über den jüdischen Friedhof, der sich zwar außerhalb der Ghettomauern befand, aber weiterhin als Begräbnisstätte genutzt wurde. Man musste sich also einem Trauerzug dorthin anzuschließen, der jeweils von deutscher Gendarmerie eskortiert wurde. Die Gendarmen waren allerdings nicht immer in der Lage, alle Teilnehmer des Zuges zu bewachen. So kam es, dass der Trauerzug plötzlich in alle Richtungen auseinanderlief und die Menschen auf die arische Seite flüchteten, obwohl die Gendarmen schossen. Auf diese Weise bin ich aus dem Ghetto geflohen."[53]

Doch damit war Benjamin noch lange nicht in Sicherheit.

„Ich gelangte zu einer patriotischen polnischen Familie, die zahlreiche Kontakte zum Untergrund hatte … Eines Tages, als niemand außer mir zu Hause war, klopfte ein stattlicher Herr an die Tür, der, wie er betonte, ein Cousin des Hausherrn war. Ich weiß nicht, ob ihm vorher meine Anwesenheit bekannt war. Er gehörte den *Nationalen Streitkräften*[54] an. Ich habe mich eine halbe Stunde mit ihm unterhalten, ohne dass einer der Hausgehilfen erschien. Er zog eine Waffe, wackelte mit seinem Stuhl und spielte mit der Pistole herum. Er fragte mich aus, woher ich käme und was ich hier machen würde. Nie vorher oder nachher habe ich so um mein Leben gefürchtet wie damals. Er kam später nicht noch einmal zurück, hat mich aber auch nie verraten."[55]

Wenig später gelang auch der Mutter die Flucht aus dem Ghetto. Zusammen versteckten sie sich in einem unterirdischen Bunker in einem der Wälder rund um Warschau und an anderen Stellen. Vermutlich seit der Flucht hatten sie gefälschte Papiere unter dem Namen Maria und Bronisław Wachlewscy[56] Schließlich schafften sie es auf allerlei Umwegen, Kontakt zu Stefan Geremek aufzunehmen, den die Mutter aus der Zeit vor dem Krieg kannte.

Geremek stammte aus Leszno in Großpolen nahe der alten deutsch-polnischen Grenze zu Schlesien, betrieb aber inzwischen ein kleines Unternehmen in Zawichost,

---

52 Bojarski/Novak … (Fn. 48).
53 Ebd.
54 Narodowe Siły Zbrojne (NSZ) siehe S. 16.
55 Bojarski/Novak … (Fn. 48).
56 Plural von Wachlewski.

etwa 200 Kilometer südöstlich von Warschau. Zeitweise hielt er sich auch in der Hauptstadt auf, um seinen besten Freund, einen Warschauer Bankier zu besuchen. Als Geremek Benjamins Mutter vorschlug, bei ihm in Zawichost unterzutauchen und ihm nebenbei ein wenig im Geschäft zu helfen, willigte sie sofort ein. Aber es war nicht nur die Hilfsbereitschaft, die Geremek bewegte. Zofia Żukowska:

> „Meine Tante war eine sehr schöne Frau, und sie gefiel auch Geremek. Andererseits war er ein passionierter Junggeselle, der sich eigentlich nicht binden wollte. Sie wiederum lebte in der Ungewissheit über das Schicksal ihres Mannes Borys und des zweiten Sohnes Israel."[57]

Als Benjamin und seine Mutter in Zawichost ankamen, hielten sich dort nur noch einige Juden in verschiedenen Verstecken auf. Im Oktober 1942 hatten die deutschen Besatzer das dortige Ghetto liquidiert und die meisten der etwa 5000 Juden der Stadt ins Vernichtungslager Bełżec transportiert. Unter der Obhut von Geremek überstanden Mutter und Sohn die Zeit bis zum Abzug der deutschen Besatzer aus Ostpolen.

Sein ganzes Leben lang sollte sich Geremek daran erinnern, dass deutsche Soldaten das Lied „O Tannenbaum" anstimmten, wenn sie sich dem Ort näherten. Jahre später, bei einem Zusammentreffen mit dem deutschen Historiker Heinrich August Winkler und seiner Frau Dörte in Washington, sagte er zu den beiden:

> „Bitte stimmen sie dieses Lied nicht an. Das haben die Soldaten immer gesunden, wenn sie in unser Dorf kamen. Dann wusste ich sofort, dass ich mich verstecken musste."[58]

Ganz anders verlief das Schicksal des Vaters und des zweiten Sohnes Israel. Immerhin gelang es beiden im Spätsommer 1942, aus dem Ghetto zu flüchten, indem der Vater Polizisten der jüdischen Ghetto-Polizei bestach. Israel war damals schon schwer krank und hätte wohl nur noch einige Wochen im Ghetto überlebt. Anschließend versteckten sich beide an verschiedenen Stellen in Warschau, polnische Ärzte versorgten Israel.

Gegen den Willen von Mutter Alicja, die eine Provokation ahnte, meldeten sich beide Ende des Jahres 1942 im so genannten „Hotel Polski" in der ul. Długa 23 am Rande der Warschauer Altstadt. Das Hotel, betrieben von zwei jüdischen Organisationen aus der Schweiz, wurde zur Anlaufstelle für Juden aus dem Ghetto, die sich dort verstecken wollten und auf einen Pass hofften, mit dem sie vor allem in verschiedene Länder Südamerikas ausreisen konnten. Allerdings geriet es bald unter den Einfluss der deutschen Gestapo, die auf diesem Weg Juden aufspürte, die aus dem Ghetto geflohen waren. Von den insgesamt 2 500 Personen, die sich zeitweise im „Hotel Polski" aufhielten, konnten nur etwa 600 ausreisen, die verbleibende Mehrheit wurde von den deutschen Besatzern im Frühjahr 1943 ins KZ Bergen-Belsen transportiert. Den Vater und die meisten anderen dieser Häftlinge brachte man wenig später nach Auschwitz,

---

57 Zofia Żukowska … (Fn. 21).
58 Dörte Winkler im Gespräch mit dem Autor am 15.4.2013.

wo sie ermordet wurden.[59] Israel Lewartow überlebte die Zeit bis April 1945, als britische Einheiten das Konzentrationslager erreichten, und ging dann mit einem der ersten Transporte jüdischer Kinder und Jugendlicher nach Palästina.[60]

Dort, zwei Jahre nach der Gründung des Staates Israel erreichte ihn ein Brief aus Warschau mit der Nachricht, dass Mutter und Bruder überlebt hatten. Er beendete seinen Militärdienst und fuhr zu seinen Verwandten in die polnische Hauptstadt.

> „Das war der wohl schönste Moment in meinem Leben. Es erwies sich, dass ich nicht allein auf der Welt war ... Meine Familie wohnte damals in Praga (Warschauer Stadtteil am östlichen Weichselufer – R.V.). Bronek studierte. Er war voller Enthusiasmus und der festen Überzeugung, dass Polen seine große Chance sei ... Aber ich fühlte mich dort schon fremd. Mir wurde schlichtweg klar, dass ich mir einen anderen Platz auf der Welt suchen musste ... Nach drei Monaten verabschiedete ich mich von der Familie und fuhr nach Deutschland, wo ich mich zur Emigration in die USA meldete. In den letzten Tagen des Jahres 1951 kam ich in New York an."[61]

Jerry Lewart, wie sich Israel Lewartow fortan nannte, arbeitete in verschiedenen Berufen, bevor er 1968 eine eigene Baufirma aufbauen konnte. Er bewunderte seinen Bruder und traf sich jedes Mal mit ihm, wenn Bronisław Geremek als Wissenschaftler oder Politiker in die USA kam. Seine Frau und seine Kinder reisten mehrfach nach Warschau, um Geremek sowie seine Frau und die beiden Söhne Marcin und Maciej zu besuchen. Selbst an Krebs erkrankt, konnte er an der Beerdigung seines Bruders am 21. Juli 2008 nicht mehr teilnehmen. Wenig später starb auch er.

Es war eine Verknüpfung vieler glücklicher Umstände, die Bronisław Geremek das Überleben im Zweiten Weltkrieg ermöglichten. Man könnte auch von einem Wunder sprechen. Die Lebensumstände im Ghetto, die Flucht und das anschließende Untertauchen, auch die solidarische Hilfe von Stefan Geremek dürften die dramatischsten Erfahrungen seines Lebens gewesen sein – sieht man einmal von Gefängnisaufenthalten in den 1980er Jahren und vom Tod seiner Frau ab. Solche Erfahrungen prägen. Spätere Lebensentscheidungen Geremeks und auch seine Haltung zu bestimmten historischen, politischen und gesellschaftlichen Fragen sind nur vor diesem Hintergrund verstehbar. Polnische und deutsche Wissenschaftler haben sich eingehend mit den

---

59 So die Angaben von Marcin Geremek und Zofia Żukowska. Bronisław Geremek schrieb 1950, sein Vater sei im KZ Bergen-Belsen umgekommen. Siehe Podanie (Antrag auf Aufnahme zum Studium vom 1.7.1950). Archiwum Uniwersytetu Warszawskiego (AUW), Syg. WH 19.483, Akta, Stud. Geremek, Bronisław.
60 Die Geschichte des „Hotel Polski" ist bis heute nicht vollständig aufgeklärt. Siehe dazu insbesondere Haska, Agnieszka: „Jestem Żydem, chcę wejść". Hotel Polski w Warszawie, 1943. Warszawa 2006, S. 141 f. Haska weist die vielfach geäußerte These zurück, das „Hotel Polski" sei von Anfang an eine Falle der Gestapo gewesen, um Juden, die aus dem Ghetto geflüchtet waren, aufzuspüren, finanziell auszunehmen und schließlich in die Todeslager zu bringen.
61 Lewart, Jerry: Mój wielki brat. Rozmawiał Waldemar Piasecki. In: Tygodnik „Przegląd", nr. 30/2008. http://www.przeglad-tygodnik.pl/artykul/moj-wielki-brat.

Kriegs- und besonders den Ghettoerfahrungen jüdischer Kinder befasst.[62] Wer die zu diesem Zweck geführten lebensgeschichtlichen Interviews liest, kann ermessen, was Bronisław Geremek durchgemacht hat.

Diese Erfahrungen prägten auch seine Worte, als er Hauptredner bei einer Veranstaltung im Deutschen Bundestag zum Tag des Gedenkens an die Opfer des Nationalsozialismus am 28. Januar 2002 war. Geremek sagte u. a.:

> „Ich habe beinahe mein ganzes Leben in Warschau zugebracht. Die Geschichte ist mit meiner Stadt grausam umgesprungen – zuerst die Bombeangriffe im September 1939, dann, im Mai 1943, nach dem Aufstand im Ghetto, das systematische Niederbrennen jenes reduzierten Streifchens Stadt, schließlich das Niederbrennen fast der ganzen Stadt, 1944, nach dem Warschauer Aufstand. Die Straßennamen aber sind geblieben. Sie erinnern an die Geschicke der Stadt und ihrer Bewohner, an Märtyrertum und Heldentum, an Erniedrigung und Kampf ... Von der Altstadt bis zu den Schienensträngen des Danziger Bahnhofs und zu der Magistrale, die den Stadtteil Wola mit dem anderen Ufer der Weichsel verbindet – auf Schritt und Tritt Erinnerungen. Hin und wieder führt mich mein Weg dort entlang. Ich finde keines von den Häusern meiner Kindheit wieder, keinen der Orte, wo ich gewohnt und wo meine Angehörigen gewohnt haben. Diese Orte gibt es nicht, es gibt keine Spur, welche bezeugt, dass diese Menschen existierten ... In den Registern des Lagers Auschwitz findet sich ein Eintrag über einen Transport aus Bergen-Belsen, in dem auch Warschauer Juden waren. Und das ist die einzige Nachricht über den Vater, die der Sohn besitzt."[63]

Ähnlich wie Bronisław Geremek, der nicht zuletzt deshalb überlebte, weil ihn sein späterer Stiefvater Stefan vor den Häschern der SS und der Wehrmacht verbarg, ging es dem früheren polnischen Außenminister Adam Daniel Rotfeld, den griechisch-katholische Mönche ab Ende 1941 in einem Kloster in der Nähe von Lemberg versteckten.[64] Wie der verstorbene Geremek ist auch Rotfeld jüdischer Abstammung.

Die große Hilfsbereitschaft zahlreicher katholischer Polen gegenüber verfolgten und verelendeten Juden ist in den letzten Jahrzehnten wiederholt beschrieben worden.[65] Es gab einige polnische Hilfsorganisationen und auch zahlreiche Unterstützung von Einzelpersonen. In Yad Vashem, der Gedächtnisstätte in Jerusalem, werden Tausende von Polen geehrt, die während des Zweiten Weltkriegs Hilfe geleistet haben.

---

62 Tych, F./Kenkmann, A./Kohlhaas, E./Eberhardt, A.: Kinder über den Holocaust. Frühe Zeugnisse 1944–1948. Interviewprotokolle der Zentralen Jüdischen Historischen Kommission in Polen. Berlin 2008. Siehe auch Kenkmann, A./Kohlhaas, E.: Frühe Zeugnisse über den Holocaust. Die Befragungen von Kindern in Polen nach der Befreiung von der deutschen Herrschaft. In: BIOS. Zeitschrift für Biographieforschung, Oral History und Lebensverlaufsanalysen. Jg. 23 (2010), Heft 1, S. 138 ff.
63 Prof. Bronisław Geremek zum Tag des Gedenkens an die Opfer des Nationalsozialismus. Rede im Deutschen Bundestag am 28.2. 2002. webarchiv.bundestag.de/cgi/show/php?fileToLoad=8 15&id=1062. Siehe auch Fn. 59.
64 Rotfeld, Adam Daniel: W cieniu. 12 Rozmów z Marcinem Wojciechowskim. Warszawa 2012, S. 46 ff.
65 Siehe u. a. Bartoszewski, Władysław: Uns eint vergossenes Blut. Juden und Polen in der Zeit der Endlösung. Frankfurt am Main 1987, S. 100 ff. Haumann, Heiko: Polen ... a.a.O., S. 272 f.

Dabei muss man wissen, dass zahlreiche Hilfsaktionen erfolglos blieben oder nicht bekannt wurden und dass zahlreiche Polen, die zwar helfen wollten, dies nicht in die Tat umsetzten, weil sie Angst vor Repressionen der Nazis hatten. Denn auf Hilfe für Juden stand im besetzten Polen die Todesstrafe. Und viele Polen bangten selbst um Familienmitglieder, die im KZ oder Gefängnis saßen bzw. Zwangsarbeit leisten mussten.

Aber das war nur die eine Seite der Medaille. In den letzten zehn Jahren haben polnische Forscher mehrfach wissenschaftliche Untersuchungen vorgelegt, in denen auch die Schattenseiten der damaligen Stimmungen und Haltungen in der polnischen Gesellschaft gegenüber den Juden beschrieben und analysiert werden.[66] Danach dominierten unter den christlichen Polen Gleichgültigkeit oder gar Ablehnung gegenüber den Juden, auch wenn spätestens seit 1942 der massenhafte Mord an den Juden allgemein bekannt war.

> „Sicherlich blieb die große Mehrheit der Zuschauer passiv und nahm das Geschehen widerwillig, gleichgültig oder staunend zur Kenntnis. In unzähligen Fällen – und sie beziehen sich durchaus auf diese Mehrheit – sind Berichte überliefert, in denen der Massenmord mit Schulterzucken oder mit einer mehr oder minder offenen Schadenfreude registriert wurde. Dieser Hintergrund und die ihm innewohnende Kälte der Nachbarn spielte die Hauptrolle im Roulette, dem sich Juden aussetzten, wenn sie auf der ‚arischen' Seite zu überleben versuchten."[67]

Wie schon erwähnt, lebten Polen davon, untergetauchte Juden aufzuspüren und zu erpressen. Andere eigneten sich das Vermögen ermordeter Juden an. Und es kam sogar zu Übergriffen wie in Jedwabne, Radziłów, Wąsosz und anderen ostpolnischen Ortschaften, wo Polen im Sommer 1941 jüdische Mitbürger ermordeten. Antijüdische Attacken wie diese und überhaupt der polnische Antisemitismus waren Gegenstand einer breiten Debatte in der polnischen Gesellschaft in den Jahren 2000/2001.

Gegenstand der wissenschaftlichen Untersuchungen waren natürlich auch die Hintergründe für die damaligen Stimmungen und Haltungen in der polnischen Gesellschaft: der Antisemitismus der Vorkriegszeit, die Armut und Rückständigkeit besonders in den ländlichen Regionen, die allgemeine Verrohung in Kriegszeiten und die Anstiftung durch die deutschen Besatzer.

In Publikationen des polnischen Untergrunds von 1942 wurde das Bild eines „dreigeteilten Warschaus" gebraucht:

> „Im ‚ersten' Warschau, dem kämpfenden und heldenhaften, ‚wohnte' ein Viertel der Einwohner der Stadt. Im ‚zweiten' Warschau, wo man lebte, um zu überleben, etwa

---

66 So besonders Grabowski, Jan: Ja tego … a.a.O., Ebenso Engelking, Barbara: Jest taki piękny słoneczny dzień. Losy Żydów szukających ratunku na wsi polskiej 1942–1945. Warszawa 2005. Zum Überblick auch Borodziej, Włodzimierz: Geschichte … a.a.O., S. 206 f.
67 Borodziej, Włodzimierz: Geschichte … a.a.O., S. 207.

70 % der Einwohner. Und im ‚dritten' Warschau, dem niederträchtigen, verblieben etwa 5 % der Bevölkerung, umschrieben mit ‚der Stadt des Vergnügens und des Mobs'."[68]

Nach Schätzungen des Historikers Tomasz Szarota wohnten im „niederträchtigen" Warschau zwischen 30 000 und 60 000 Menschen.[69]

1.3. Aufbruch in eine neue Existenz

1.3.1. Polen nach dem Zweiten Weltkrieg

Die neue äußere und innere Realität, in der sich Polen nach dem Krieg wiederfand, spiegelte sich natürlich auch in der Nachkriegsexistenz von Bronisław Geremek. So lebte er drei Jahre lang in dem niederschlesischen Städtchen Wschowa, das vorher unter dem Namen Fraustadt zu Deutschland gehört hatte. Als Schüler spielte er in Häusern, die Deutsche zuvor verlassen mussten. Sein späterer Stiefvater Stefan Geremek erhielt in Wschowa den Posten des Landrates (polnisch „starosta"), weil er einer der wichtigen Parteien der Vor- und Nachkriegszeit angehörte, der Bauernpartei *Polskie Stronnictwo Ludowe (Polnische Volkspartei)*.

Bekanntlich hatten sich die Alliierten Stalin, Roosevelt und Churchill schon während ihres Gipfeltreffens in Teheran im Nov./Dez. 1943 auf eine gigantische Westverschiebung Polens verständigt und diese Einigung dann während ihrer Beratungen in Jalta im Februar 1945 bekräftigt. Während der Konferenz in Potsdam im Juli/August 1945 setzte Stalin dann die Oder-Neisse-Linie als künftige polnische Westgrenze durch. Danach musste mehr als ein Drittel des bisherigen polnischen Staatsgebietes im Osten an die Sowjetunion abgetreten werden, während Polen im Gegenzug die vormals deutschen Territorien östlich von Oder und Neiße erhielt. Die Fläche des polnischen Staates ist dadurch um etwa 20 % kleiner geworden.

Es war die Rote Armee, die Polen von den deutschen Besatzern befreite, nicht die Streitkräfte der westlichen Alliierten. Deshalb wähnten sich die polnischen Kommunisten auf der Straße der späteren Sieger, obwohl sie in der Gesellschaft kaum verankert waren. In der „Provisorischen Regierung der Nationalen Einheit", die im Juni 1945 gebildet wurde, übernahmen sie 10 von 14 Kabinettsposten. Neben der kommunistischen PPR und ihren Satellitenparteien PPS, SL und SD sowie der Bauernpartei PSL gab es keinerlei konservative, nationaldemokratische oder rechtsradikale Parteien mehr. Immerhin agierte die PSL in dem Pseudoparlament *Krajowa Rada Narodowa (KRN)* als kleine, aber deutlich vernehmbare oppositionelle Minderheit. Mit der Wahl vom 30. Juni 1946, deren Ergebnisse massiv zugunsten der Kommunisten gefälscht wurden, war die innenpolitische Auseinandersetzung letztendlich entschieden.

Der Wiederaufbau der Nachkriegsjahre basierte auf Grundsatzentscheidungen, die vor allem die Verstaatlichung der Produktionsmittel, den Wiederaufbau der Schwer-

---

68 Grabowski, Jan: Ja tego ... a.a.O,, S. 36.
69 Szarota, Tomasz: Okupowanej Warszawy dzień powszedni, S. 543 f. Zit. nach ebd.

industrie, die Bodenreform, die Rekonstruktion der Infrastruktur, die Umgestaltung des Bildungswesens und die Integration der ehemals deutschen Gebiete betrafen. Die Stalinisierung Polens fand ihren Abschluss mit der Bildung der *Polnischen Vereinigten Arbeiterpartei (Polska Zjednoczona Partia Robotnicza – PZPR)* im Dezember 1948, in der die Kommunisten eindeutig gegenüber den Sozialisten dominierten. Zuvor schon war der einheitliche *Bund der polnischen Jugend (Związek Młodzieży Polskiej – ZMP)* entstanden.

Durch die Ausschaltung der Opposition und die Zwangsvereinigung der linken Parteien wurden der Staatsapparat gesäubert und die Organe der regionalen und lokalen Selbstverwaltung zur Bedeutungslosigkeit verurteilt. Wirtschaftliche Organe, Medien und natürlich die Zensurbehörde waren in der Hand der Kommunisten, der antikommunistische Untergrund aus dem Zweiten Weltkrieg spielte keine Rolle mehr. Lediglich die Universitäten konnten sich noch etwas dem festen Zugriff der Arbeiterpartei entziehen.

Schon bald nach Beginn des Zweiten Weltkrieges wurde das besetzte Polen zum Schauplatz von Massenumsiedlungen, Deportationen und Vertreibungen. Denken wir nur an die Vertreibung einer halben Million Warschauer aus der Stadt zwischen August und Oktober 1944. Zieht man alle späteren Massenmigrationen in Betracht, dann erlebt das Land in den Jahren 1944 bis 1947 die größte Völkerwanderung seiner Geschichte.[70] So begann im Herbst 1944 entlang der neuen polnischen Ostgrenze ein gewaltiger Bevölkerungsaustausch. Etwa eine halbe Million Ukrainer und 36 000 Belarussen wurden in die Sowjetunion ausgesiedelt. Im Gegenzug kamen aus den ehemaligen polnischen Ostgebieten sowie aus Ansiedlungen und Lagern in verschiedenen Teilen der Sowjetunion etwa 1,5 Millionen Polen, darunter 250 000 Juden. Im Westen, also in den ehemaligen deutschen Gebieten, wurden die dort bis Mai 1945 lebenden vier bis fünf Millionen Deutschen zum großen Teil schon vor der Potsdamer Konferenz vertrieben, später zur „freiwilligen" Ausreise genötigt und ab Februar 1946 aufgrund entsprechender Abkommen mit den sowjetischen und britischen Besatzungsbehörden in die entsprechenden Zonen ausgesiedelt. In den ehemaligen deutschen Gebieten entstand eine neue Gesellschaft, die mehrheitlich aus Umsiedlern aus Zentralpolen, aber auch aus angesiedelten Polen aus den früheren polnischen Ostgebieten und anderen Regionen der Sowjetunion, sowie aus „repolonisierten" Schlesiern, Ermländern und Masuren bestand. Hinzu kamen 140 000 Ukrainer, die im Rahmen der „Aktion Weichsel" im Frühjahr 1947 aus ihrer Heimat im äußersten Südosten Polens nach Westen und Norden hin zwangsumgesiedelt worden waren. Die Vertrei-

---

70 Siehe insbesondere Brandes, D./Sundhaussen, H./Troebst, S. (Hg.): Lexikon der Vertreibungen. Deportation, Zwangsaussiedlung und ethnische Säuberung im Europa des 20. Jahrhunderts, Wien/Köln/Weimar 2010. Bundeszentrale für politische Bildung: Zwangsumsiedlung, Flucht und Vertreibung 1939–1959, Bonn 2010. Borodziej. W./Lemberg, H. (pod redakcją): Niemcy w Polsce 1945–1950. Wybór dokumentów, Warszawa 2000. Borodziej, W./Hajnicz, A. (Redakcja): Kompleks wypędzenia, Kraków 1998. Bachmann, K./Kranz, J. (Hg.): Verlorene Heimat. Die Vertreibungsdebatte in Polen, Bonn 1998.

bung der Deutschen und auch die tragischen Ereignisse der polnisch-ukrainischen Geschichte besonders während und nach dem Zweiten Weltkrieg waren nach 1989 mehrfach Gegenstand intensiver öffentlicher Debatten in Polen.

Aber Polen war in den Nachkriegsjahren nicht nur Schauplatz einer rücksichtslosen kommunistischen Machtergreifung. Angesichts der gewaltigen Verluste und Schäden durch den Krieg hatten die Bürger des Landes eine gewaltige Aufbauleistung zu vollbringen, die natürlich vielfach durch ideologische Vorgaben der Kommunisten gesteuert wurde. Nach offiziellen Angaben von 1947 für den Teil des Staatsgebiets, der bei Polen verblieb, betrug die Zahl der Todesopfer mehr als sechs Millionen Menschen (85–90% ermordete Juden, 12% Tote bei den Polen), die Höhe der materiellen Verluste wurde auf etwa 258 Milliarden Zloty (knapp 49 Milliarden US-Dollar zum Kurs von 1939) geschätzt.[71] Unter den Städten hatte insbesondere Warschau extrem gelitten, Infrastrukturen wie das Bahnwesen waren weitgehend zerstört. Die Gesellschaft hatte einen beträchtlichen Teil ihrer Eliten verloren: 57% der Rechtsanwälte, 39% der Ärzte, 27% der römisch-katholischen Geistlichen und 29% der Hochschullehrer. Diese Verluste und die massenhafte Zuwanderung vom Land führten dazu, dass die Städte bäuerlicher und proletarischer wurden. Der berufliche und soziale Aufstieg stand vor allem den Mitgliedern der Arbeiterpartei offen.

Für viele Juden, die im Land überlebt hatten oder zurückgekehrt waren, hatten die Leiden auch mit dem Ende des Krieges und der Besatzungszeit noch kein Ende. Die Gleichgültigkeit der Mehrheit der Polen ihnen gegenüber oder sogar der Hass auf sie war keineswegs verschwunden.[72] Verschiedentlich lud sich die gesellschaftliche Situation so gefährlich auf, dass es zu Pogromen von Polen gegen jüdische Mitbürger kam. So ermordete eine aufgeputschte Menge am 4. Juli 1946 im mittelpolnischen Kielce 40 Juden, zwei weitere erlagen ihren Verletzungen im Krankenhaus. Polizisten, Soldaten und Angehörige des Korps für Innere Sicherheit nahmen an den Übergriffen teil oder schauten stundenlang ungerührt zu. Bei den Pogromen kamen zwischen 650 und 750 Juden[73] zu Tode, nach anderen Schätzungen über 1000. Sie wurden umgebracht, weil sie Juden waren oder weil sie Anspruch auf ihr Vermögen stellten, das sich Polen vorher angeeignet hatten. Diese Verbrechen sorgten für ein Gefühl großer Unsicherheit bei vielen Juden im ganzen Land. Außerdem wurde ihr Leben durch kleinliche Schikanen der Behörden erschwert. Mehrfach wurde unter polnischen Historikern die These diskutiert, die Übergriffe seien Ausdruck der Traumata breiter Schichten der polnischen Gesellschaft gewesen, die dem Holocaust zugeschaut hatten und nun durch die Überlebenden nicht an ihr eigenes Versagen erinnert werden wollten. Auch die vielfach geäußerte Auffassung, die Machtübernahme durch die Kommunisten sei

---

71 Zit. nach Borodziej, Włodzimierz: Geschichte ... a.a.O., S. 257.
72 Siehe insbesondere Skibińska, Alina: Powroty ocalałych i stosunek do nich społeczeństwa polskiego. In: Tych/Adamczyk-Garbowska: Następstwa.. a.a.O., S. 41 ff.
73 Żbikowski, Andrzej: Morderstwa popełniane na Żydach w pierwszych latach po wojnie. In: ebd., S. 93.

ein „Sieg der Juden" gewesen, dürfte eine Rolle gespielt haben.[74] Auf jeden Fall reihen sich diese Ereignisse in das Phänomen allgemeiner Brutalität ein, die Polen in den Jahren 1945/46 gegenüber vermeintlichen Feinden und Fremden an den Tag legten.[75] Außer den Juden wurden auch Deutsche und Ukrainer immer wieder Opfer von Gewalt, Erniedrigung und Verachtung. Die allgemeine Verrohung und Entwurzelung durch Krieg und Besatzung hatte also dramatische Folgen.

Die überlebenden oder gerade erst zurückgekehrten Juden, zwischen 250 000 und 300 000 Personen, reagierten darauf mit zweierlei Verhaltensmustern. Die Mehrheit von ihnen verließ in den Jahren 1945–50 in mehreren Emigrationswellen das Land, um nach Palästina bzw. Israel und in die USA zu gehen.[76] Besonders stark war die Emigration in den Monaten nach dem Pogrom von Kielce. Vor allem die zionistischen Organisationen warben für eine Auswanderung. Teilweise wurde dies auch durch die kommunistische Führung gefördert – gegen den Widerstand einiger jüdischer Kommunisten in der Partei, die für ein Verbleiben in Polen votierten.

Die Minderheit der Juden entschloss sich ganz bewusst, in Polen zu bleiben und den Wiederaufbau des Landes auch als ihre Chance zu begreifen.[77] Viele taten dies als Mitglieder der kommunistischen PPR, später PZPR, oder engagierten sich bei den Sozialisten, auch als Mitarbeiter staatlicher und öffentlicher Behörden auf allen Ebenen. Schon 1939 hatte eine Minderheit der Juden in Ostpolen, vor allem junge Leute, Arbeiter und landlose Bauern, den Einmarsch der Roten Armee begrüßt. In den Jahren 1945–1954 waren unter den etwa 450 führenden Beamten des Ministeriums für Öffentliche Sicherheit (Ministerstwo Bezpieczeństwa Publicznego), also der Zentrale des staatlichen Sicherheits- und Repressionsapparates, ein Drittel Juden, die sich zum Teil Verbrechen zuschulden kommen ließen.

Wenn eine Minderheit der Juden auf das neue, linke Polen setzte, dann tat sie das in der Hoffnung, endlich einmal in einem Land zu leben, in dem sie gleich behandelt würden und nicht um ihre Sicherheit fürchten müssten. Ihre zum Teil schlimmen Erfahrungen im autoritären, unterentwickelten und antisemitischen Polen der Zwischenkriegszeit sowie der Zusammenbruch der bisherigen Zivilisation im Zweiten Weltkrieg bestärkten sie darin. „In Polen konnte man nur bleiben, wenn man große Hoffnungen auf die neue Ordnung richtete", betont der jüdisch-polnische Ökonom Kazimierz Łaski, der 1968 in den Westen ging.[78] In der Hochzeit des Stalinismus ab 1948 wurden dann auch die selbständigen jüdischen Organisationen liquidiert und jüdische Parteifunktionäre ausgeschaltet. Dies verlief allerdings nicht so blutig wie in Ungarn oder der ČSSR.

---

74 Siehe auch S. 87 f. dieses Buches.
75 Vergleiche Borodziej, Włodzimierz: Geschichte ... a.a.O., S. 269.
76 Stola, Dariusz: Kraj bez wyjścia? Migracje z Polski 1949–1989. Warszawa 2010, S. 49 ff.
77 Grabski, August: Żydzi a polskie życie polityczne (1944–1949). In: Tych/Adamczyk-Garbowska: Następstwa ... a.a.O., S. 157 ff.
78 Kazimierz Łaski im Gespräch mit dem Autor am 2.2.2011.

1.3.2. Katholische Erziehung in der Provinz

Auch Bronisław Geremek erlebte seine „Westwanderung". In den ersten Nachkriegsjahren wohnte er in dem Städtchen Wschowa (Fraustadt), das auf eine bewegte deutsch-polnische Vergangenheit zurückblickt. An der alten Handelsroute zwischen Poznań (Posen) und der Lausitz gelegen, gehörte es im 13. und 14. Jahrhundert mal zu den alten piastischen Ländern Schlesiens, mal zur polnischen Provinz Wielkopolska (Großpolen). 1346 kam es für einige Jahrhunderte zum polnischen Staat. Wegen der liberalen Konfessionspolitik der polnischen Könige wurde Wschowa zum Zufluchtsort für Verfolgte verschiedener Religionen aus Westeuropa. Im 18. Jahrhundert führte der Zustrom von Handwerkern aus den deutschen Ländern zu einem wirtschaftlichen Aufschwung des Ortes und der ganzen Region. Durch die Teilungen Polens kam Wschowa 1815 an Preußen und später zu Deutschland. Seit 1945 gehört es wieder zum polnischen Staat.

> „Schon zu Bismarcks Zeiten war Wschowa ein Sprungbrett nach Westen. Viele Menschen aus dem russischen Teilungsgebiet Polens kamen, um von hier aus weiterzuziehen. Nach Berlin und in andere deutsche Städte war es dann nicht mehr weit. Von zwei Lehrern war einer Pole und einer Deutscher, erzählt der pensionierte Kardiologe Józef Wilczyński in Wschowa."[79]

Als die Rote Armee am 1. Februar 1945 in Wschowa einmarschierte, war das Städtchen nicht sehr stark zerstört. Bald nach der Vertreibung der meisten Deutschen kamen die ersten polnischen Zuwanderer aus Wolhynien, das heute zu Belarus und der Ukraine gehört, sowie aus Lemberg, aus zentralpolnischen Gebieten und Großpolen rund um Posen. Ihre Ansiedlung verlief nicht ohne Widersprüche.

> „Damals konnte man auf den Straßen durchaus Sprüche hören wie ‚Da kommen die Flegel von jenseits des Bug' oder ‚Das sind die Brandstifter aus Posen'",

berichtet Jadwiga Macewicz, die selbst aus dem Gebiet des heute zu Belarus gehörenden Grodno kam und lange Jahre als Lehrerin in Wschowa gearbeitet hat.[80]

So mancher der neuen Ansiedler brachte auch Krankheiten wie Malaria und eine schwere Angina mit aus dem Osten. Die wenigen verbliebenen Deutschen wohnten noch einige Jahre in Wschowa, bevor auch sie Polen in Richtung Westen verlassen mussten. Noch heute gibt es Bürger des Ortes, die aus polnisch-deutschen Familien stammen und verwandtschaftliche Beziehungen nach Deutschland pflegen.

Bronisław Geremek kam mit seiner Mutter und seinem späteren Stiefvater Stefan Geremek im Mai 1945 nach Wschowa. Schon vor dem Zweiten Weltkrieg hatte der Stiefvater als junger Beamter der Landratsverwaltung (starostwo powiatowe) von Leszno, unweit von Fraustadt (Wschowa) auf der polnischen Seite der Grenze, zu den Anhängern der polnischen Bauernbewegung um Wincenty Witos gehört. Gleich nach dem Krieg fand er einige seiner Parteifreunde aus der PSL wieder, die ihn davon über-

---

79 Józef Wilczyński im Gespräch mit dem Autor am 28.4.2012.
80 Zit. nach Bojarski/Nowak ... (Fn. 48).

zeugten, das Amt des Landrats (starosta) in Wschowa zu übernehmen. Zunächst amtierte er als Stellvertreter, dann als Leiter der Behörde. Geremek war bald beliebt, weil er sich erfolgreich bemühte, einige der drängenden Nachkriegsprobleme zu lösen – so etwa die Wiederinbetriebnahme der Schulen.

Erst nach einiger Zeit heirateten Stefan und die Mutter, obwohl sie schon bei ihrer Ankunft in Wschowa eine gemeinsame Wohnung mit Bronisław bezogen hatten. Die standesamtliche Trauung fand in einer anderen Ortschaft statt, damit nicht weiter auffiel, dass sie schon vorher in „wilder Ehe" miteinander gelebt hatten. Das Haus, in dem sie wohnten, steht noch (ul. Daszyńskiego Ecke ul. ks. Kostki im Zentrum von Wschowa). Seit damals wohnt Stefan Maćkowiak im Nachbarhaus, wo er heute (2012 – R.V.) ein Geschäft für Spielzeug und Papierwaren betreibt. Schmunzelnd berichtet er, dass damals, wie ihm seine Eltern später anvertrauten, so mancher Mann in Wschowa ein Auge auf Geremeks hübsche Ehefrau geworfen habe.[81]

Die Familie des Landrats genoss bei vielen Bürgern ein gewisses Ansehen, gehörte quasi zur Elite zur Stadt. Stefan Geremek war gläubiger Katholik, der regelmäßig die hl. Messe besuchte. Wiederholte Kirchenbesuche mit Ehefrau und Stiefsohn waren auch deshalb angesagt, weil trotz der anbrechenden kommunistischen Zeiten immer noch viele offizielle staatliche oder städtische Feierlichkeiten in oder vor den Kirchen stattfanden. Maria Geremek sah keinen Anlass, zum katholischen Glauben überzutreten, und ging deshalb allein nicht in die Kirche. Schon in ihrer jüdischen Familie vor dem Krieg hatte sie sich als Agnostikerin verstanden. Nach dem Krieg trat sie der 1942 gegründeten kommunistischen Polnischen Arbeiterpartei (Polska Partia Robotnicza – PPR) und später deren 1948 geschaffenen Nachfolgeorganisation Polnische Vereinigte Arbeiterpartei (Polska Zjednoczona Partia Robotnicza – PZPR) bei.[82]

Der Rang der Familie im städtischen Leben bedeute natürlich auch für Bronisław Geremek eine gewisse gesellschaftliche und materielle Stabilität. Der Stiefvater liebte Bronek, wie auch er ihn nannte, über alles und behandelte ihn wie einen leiblichen Lieblingssohn. Nach einiger Zeit hat er ihn auch adoptiert. Die Adoptionsurkunde, ausgestellt von einem Notar in Posen, gehört zu den wichtigsten Andenken, die Marcin Geremek, einer der beiden Söhne von Bronislaw, in seinem Haus in Warschau aufbewahrt.[83]

Trotzdem blieb die Mutter die wichtigste Bezugsperson für Bronek. Gerade sie gab ihm ein Gefühl großer Sicherheit nach den tragischen Erfahrungen während des Kriegs. Maria Geremek hielt ihren Sohn dazu an, eifrig zu lernen, und achtete immer darauf, dass er korrekt gekleidet zur Schule oder zu offiziellen Anlässen ging.

Zofia Żukowska, die in jener Zeit zusammen mit ihrer Mutter ebenfalls in Wschowa wohnte, wurde später einmal gefragt, was ihr schon damals besonders an ihrem Cousin Bronek gefallen habe. Ihre Antwort:

---

81 Stefan Maćkowiak im Gespräch mit dem Autor am 28.4.2012.
82 Siehe Podanie ... (Fn. 59).
83 Marcin Geremek ... (Fn. 25).

„Er ironisierte gerne. Aber seine Sticheleien waren nicht verletzend, nur leicht ironisch. Sogar seiner Mutter gegenüber verhielt er sich manchmal so. Aber diese Ironie ermöglichte es ihm, sich von vielen Dingen zu distanzieren. Natürlich konnte er auch Gefühle zeigen. Ich erinnere mich, wie ungeheuer glücklich er war, als sein Sohn Marcin geboren wurde, und wie unglaublich er mitfühlte, als seine Frau Hania erkrankte. Ich mochte ihn auch wegen seiner Leidenschaft und der Härte gegen sich selbst. Er stellte höllische Ansprüche an sich."[84]

Im Zuge der Stalinisierung und der Ausschaltung oppositioneller Parteien verlor auch Stefan Geremek als Mitglied der Bauernpartei PSL seinen Posten als Landrat. Er verhielt sich nicht gerade unterwürfig gegenüber dem Kreiskomitee der kommunistischen PVAP und wurde deshalb nach Pisz (deutsch Johannisburg) in den Masuren versetzt, wo man ihn aber auch nicht lange duldete und schließlich völlig aus dem Staatsdienst entfernte. Nach dem Weggang der Familie aus Pisz arbeitete die Mutter in verschiedenen Geschäftsstellen der polnischen Landwirtschaftsbank.[85]

Der Stiefvater kannte die stalinistischen Praktiken der Verdächtigung und Denunziation und verbot Bronek deshalb strikt, später, wo auch immer, Kontakt nach Wschowa aufzunehmen und über den dortigen Aufenthalt zu sprechen.

Broneks damaliger Mitschüler Józef Wilczyński berichtet:

> „1948 war Schluss in Wschowa. Ich erinnere mich, wie die Familie abfuhr. Der Vater hatte Bronek verboten, Kontakt aufzunehmen. Auf die Briefe, die wir Bronek schrieben, nachdem wir nach langem Suchen seine neue Adresse erfahren hatten, hat er nie geantwortet. Bei einem späteren Treffen sagte er zu mir: ‚Mein Vater wollte damals, dass wir den Kontakt völlig abbrechen, damit seine Tätigkeit in Wschowa nicht später einmal gegen uns verwendet werden könnte.'"[86]

In Wschowa besuchte Bronisław Geremek das allgemeinbildende Gymnasium *Gimnazjum Ogólnokształcące Królowej Jadwigi i Władysława Jagiełło*. Im gleichen Gebäude an der ul. Kopernika 7 befindet sich heute das *Gimnazjum nr. 1* von Wschowa. Sein Wissensdurst und sein Eifer brachten ihn schnell an die Spitze seiner Klasse. In der Stadt nannte man ihn ein Wunderkind. Wie die Zeugnisse im Archiv der Schule zeigen, erhielt er in der Regel Bestnoten (in polnischen Gymnasien die Note fünf) in fast allen Fächern, hin und wieder auch die Note vier (die zweitbeste Note) in den Naturwissenschaften und in Geschichte (!). Wurde ein Lehrer krank, bat der Direktor Bronek, den Unterricht zu übernehmen – vor allem in polnischer Philologie.

Dabei war er nicht jemand, der intensiv büffeln musste. Es reichte, wenn er intensiv seinen Interessen nachging. Seine Passion waren besonders die Sprachen, vor allem die lateinische, die er schließlich sehr gut beherrschte. Stieß er zwischendurch etwa auf die Astronomie, dann las er alle entsprechenden Bücher, die in der Schulbibliothek vorhan-

---

84 Bronek ... (Fn. 27).
85 Siehe Zaświadczenie o pochodzeniu społecznym. Archiwum Uniwersytetu Warszawskiego (AUW). Akta. Stud. Geremek, Bronisław. Syg. WH 19483.
86 Józef Wilczyński ... (Fn. 79).

Das Gymnasium in Wschowa im Juni 2013, das Bronisław Geremek in den Jahren 1945/48 besuchte

den waren. Bald nach seiner Ankunft in Wschowa stürzte er sich auch auf die französische Literatur und las die Werke von Honoré de Balzac, Stendhal und Gustave Flaubert. Im Juni 1948 machte er das so genannte „kleine Abitur". Die Versetzung seines Vaters auf den Posten des Landrats in Pisz fiel zusammen mit seiner Erkenntnis, dass er auf dem „provinziellen" Gymnasium in Wschowa wohl nichts mehr lernen könne und deshalb auf ein Lyceum[87] in Warschau wechseln müsse, um dort das „große" Abitur zu machen, obwohl das Lehrpersonal in Wschowa nicht schlecht war. „Gebildete Leute, die aus angesehenen polnischen Familien kamen und zum Teil in Deutschland oder anderen europäischen Staaten studiert hatten", wie Józef Wilczyński berichtet.

Alle Klassenkameraden nannten Bronisław Geremek von Anfang an Bronek. Und das änderte sich auch nicht, als sie einige Monate später erfuhren, dass er jüdischer Abstammung war und sein Geburtsname Benjamin Lewartow lautete.

Wilczyński: „Er verstand sich als Pole, und soweit ich mich erinnere, gab es darüber auch keine Diskussion."[88]

---

87 So nennt man in Polen die Oberstufe des Gymnasiums, die zum Abitur führt.
88 Józef Wilczyński … (Fn. 79).

Außerdem war Bronisław Geremek Ministrant, und er schloss sich der katholischen Laienbewegung *Sodalicja Mariańska bzw. Kongregacja Mariańska (lat. Congregacio Mariana)* an.[89] Über diese Hinwendung zum Katholizismus schrieb der renommierte polnische Historiker Karol Modzelewski, wie Geremek Mediävist, kurz nach Geremeks Tod im Jahr 2008:

> „Gerettet aus dem Vorhof der Vernichtung und adoptiert durch seinen Erretter, gewann ... Bronek eine neue religiöse und kulturelle Identität, und der angenommene Vater kümmerte sich um eine sorgfältige katholische Erziehung. Eben damals wechselte der künftige Historiker zum ersten Mal seine Haut. Das war keine Maskerade, vielmehr ein Reflex des Überlebens, ein authentischer Wandel."[90]

Diese neue Identität ging nicht zuletzt auf den Einfluss des katholischen Geistlichen Andrzej Bardecki zurück, der Religion in Broneks Klasse unterrichtete. Bardecki (1916–2001), der aus Südostpolen stammte und in Lemberg ausgebildet worden war, übernahm im Zweiten Weltkrieg die gefährliche Aufgabe, sich, unter dem Decknamen Stanisław Owczarski, um polnische Zwangsarbeiter in Dortmund zu kümmern. 1944 fiel er in die Hand der Gestapo. 1945, nach einem Aufenthalt im KZ Buchenwald, gelang es ihm, aus dem Arbeitslager Ohrdruf zu fliehen. Später gehörte er zu den bekannten Publizisten der renommierten katholischen Wochenzeitung *Tygodnik Powszechny*. Ebenso war er als Berater des verstorbenen Papstes Johannes Paul II. tätig, als dieser noch Kardinal in Krakau war.

Bei allem Lerneifer war Bronisław Geremek während seiner Schulzeit in Wschowa gewiss kein weltfremder Streber, der nur zu Hause oder in der Bibliothek hinter seinen Büchern saß. So spielte er zeitweise Fußball mit seinen Klassenkameraden, bevor er begann, sich bei diesem Spiel zu langweilen. Zu seinen Freizeitabenteuern gehörte es auch, zusammen mit anderen Schülern mutig und unerschrocken leerstehende Häuser zu entern, in denen zuvor Deutsche gewohnt hatten. Ebenso war er als katholischer Pfadfinder aktiv.

Dabei lag immer auch ein Schatten über dem vordergründig unbeschwert wirkenden Leben der Jugendlichen wie Bronek. Zofia Żukowska:

> „Wir waren brave, gut erzogene Kinder. Aber Kinder des Krieges. Sozusagen kleine Erwachsene. Deutlich älter als die Gleichaltrigen, die nicht das Ghetto und die Okkupation überlebt hatten. Viele Jahre sollten vergehen, in denen sich unsere Erfahrungen, Stimmungen und Verhaltensweisen unterschieden. Und möglicherweise sollten sie sich niemals nicht unterscheiden?"[91]

So dürfte es auch der schrecklichen Zeit im Warschauer Ghetto zuzuschreiben sein, dass Bronislaw Geremek in Wschowa zwischenzeitlich an einem starken Gelenk-

---

89 Zur Geschichte dieser Organisation siehe Łacek, Mieczysław: Historia Sodalicji Mariańkich w Polsce. http://www.sodalicjamarianska.pl/historia/sodalicja_marianska_w_polsce.html.
90 Modzelewski, Karol: Bronisław Geremek – historia i doświadczenie. In: Nauka. Kwartalnik Polskiej Akademii Nauk, nr. 3/2088, S. 7.
91 Bronek ... (Fn. 27).

rheuma erkrankte, das ihn wochenlang ans Bett fesselte – eine Krankheit, die ihn auch später in den 1980er Jahren mehrfach während seiner Gefängnisaufenthalte einholte.

Fazit: Die Jahre in Wschowa brachten das Leben von Bronisław Geremek wieder einigermaßen ins Lot. Sein Alltag als Jugendlicher wurde normal, nach den „unnormalen" Zeiten während des Krieges und besonders im Ghetto – auch wenn diese Erfahrungen immer noch schwer auf seinem Bewusstsein lasteten. Es schien, als wolle er einen ersten Strich unter sein bisheriges Leben ziehen und den Blick nach vorne richten. Keineswegs vergaß er seine jüdische Herkunft, entschied sich aber bewusst für ein Leben als Pole in seiner polnischen Heimat.[92] Seine sozialen Beziehungen zu Mitschülern und anderen Jugendlichen seines Alters verstand er als das Miteinander eines Polen mit anderen Polen. Sein distanziertes Verhalten, das er oft an den Tag legte, spricht nicht dagegen, dass er dieses Miteinander nicht intensiv erlebt hätte. Außerdem hat Bronisław Geremek in Wschowa wichtige Grundlagen im Rahmen seiner Ausbildung gelegt. All das passierte in einem Städtchen, das von den polnischen Nachkriegswirren nicht völlig verschont blieb, aber doch nicht in eine solche Zerrissenheit geriet, wie sie in anderen Städten und Regionen des Landes herrschte. Wschowa schuf die Grundlage dafür, den Sprung nach Warschau zu wagen.

Im November 2000 stattete Bronisław Geremek dem Städtchen noch einmal einen Besuch ab. Bei dieser Gelegenheit schenkte ihm die Stadtverwaltung jenen Schreibtisch, an dem sein Stiefvater nach dem Krieg gearbeitet hatte. Während einer Begegnung mit den Schülerinnen und Schülern in seiner alten Schule rief er diesen zu: „Lernt Fremdsprachen!"[93]

1.3.3. Das linke Warschauer Milieu

In Warschau besuchte Bronisław Geremek zwei Jahre lang das allgemeinbildende Gymnasium *I. Liceum Ogólnokszałcące im. Bolesława Limanowskiego* in der ul. Felińskiego 15 im Stadtteil Żoliborz, bevor er dort 1950 das „große" Abitur ablegte.[94] Dabei handelte es sich um eine nicht konfessionell gebundene Schule, an der kein Religionsunterricht erteilt wurde. Das Gymnasium war 1934 auf Initiative der *Gesellschaft der Freunde der Kinder (Towarzystwo Przyjaciół Dzieci – TPD)* entstanden. Diese Gesellschaft stand der nichtkommunistischen Linken in Gestalt *Polska Partia Socjalistyczna – PPS* sowie der 1921 entstandenen Wohnungsgenossenschaft *Warszawska Spółdzielnia Mieszkaniowa – WSM* in Żoliborz nahe. Insgesamt ergriff *TPD* eine Fülle von Initiativen zur sozialen, gesundheitlichen, pädagogischen und

---

92 Wenige Jahre später schrieb er in seinem Antrag auf Zulassung zum Studium vom 1.7. 1950: „Ich bin polnischer Nationalität, besitze die polnische Staatsangehörigkeit, meine Muttersprache ist das Polnische." In: Podanie ... (Fn. 59).
93 Bojarski/Novak ... (Fn. 48).
94 Sein Reifezeugnis besteht nur aus Bestnoten („bardzo dobry") und einigen wenigen guten Noten („dobry"). Wegen seiner Gelenkprobleme wurde er allerdings vom Sport befreit. Siehe Świadectwo dojrzałości szkoły ogólnokszałcącej stopnia licealnego, 26 maja 1950. In: Akta ... (Fn. 85).

kulturellen Betreuung von Kindern vor allem aus sozial schwachen Familien. Der Historiker, Soziologe und Politiker Bolesław Limanowski (1835–1935) gilt als einer der Gründerväter der Sozialisten in Polen. Während seiner Schul- und Studentenzeit wohnte Geremek im TPD-Wohnheim „Nasz Dom" („Unser Haus") am pl. Konfederacji ebenfalls im Stadtteil Żoliborz.

Schon vor dem Zweiten Weltkrieg war Żoliborz ein Stadtteil, in dem viele Angehörige der Warschauer Intelligenz wohnten, die in der Regel politisch links dachten und zum Teil auch Anhänger des sozialistischen, zunehmend autoritärer regierenden polnischen Staatsführer Józef Piłsudski waren. Diese linke Orientierung blieb auch nach dem Krieg erhalten, wenngleich die Sozialisten mehr und mehr durch die Kommunisten in den Hintergrund gedrängt wurden. So war das Limanowski-Gymnasium auch ein Hort für die Kinder der linken Intelligenz. Zu denen, die damals mit Geremek diese Schule besuchten, gehörten unter anderem der Schauspieler Zbigniew Zapasiewicz, der Kardiologe Zbigniew Religa und der Historiker Andrzej Garlicki.

Auf dem Warschauer Gymnasium kam es erneut zu einem Sinneswandel von Bronisław Geremek. Unter dem Einfluss der Lehrer und des sozialistischen intellektuellen Milieus in Żoliborz orientierte er sich zunehmend links und trat schließlich dem kommunistisch dominierten *Związek Młodzieży Polskiej – ZMP (Verband der polnischen Jugend)* bei, der im Juli 1948 aus dem, während des Kriegs als Teil des linken Widerstand gegen die deutschen Besatzer gegründeten *Związek Walki Młodych – ZWM (Verband der kämpfenen Jugend)* entstanden war.[95] Im Jahr 1950 wurde Geremek im Alter von 18 Jahren auch Mitglied der kommunistischen Staatspartei *PZPR*. Karol Modzelewski:

> „Ähnlich wie viele seiner Altergenossen trennte sich Bronisław Geremek von der Kirche, um Aktivist des ZMP und der Partei zu werden. Auch in diesem Fall haben wir es mit einem authentischen Wandel der Weltanschauung zu tun, nicht mit einem Akt des Konformismus. Der Kommunismus zog damals junge Leute an, und oft auch erwachsene Intellektuelle, die dem Ideal gesellschaftlicher Gerechtigkeit folgten. Der Marxismus lockte zudem mit geistiger Harmonie, indem er eine kohärente Interpretation aller Verwicklungen der Welt anbot. Das war ein gewaltiger Magnet. Seine Anziehungskraft müssen wir in Betracht ziehen, wenn wir etwas von den Zeiten der PRL verstehen wollen."[96]

Geremek selbst sagte im Rahmen eines längeren Interviews mit dem Journalisten Jacek Żakowski aus dem Jahr 2008:

> „Bitte stellen sie sich vor: Wir schreiben das Jahr 1948. Ein junger Bursche, Mitglied der katholischen Vereinigung Sodalicja Mariańska kommt aus einer Provinzstadt in die Metropole, als die ihm Warschau erschien. Er nimmt die Welt anderer Bücher in sich auf – andere als die, die er zu Hause gelesen hatte. In diesen Büchern spürt er den

---

95 Im ZMP stieg er schnell zum Vorsitzenden der entsprechenden Gruppe am Gymnasium auf. Später übernahm er auch Funktionen in der Stadtteilgruppe (Stadtteil Warszawa-Północ) des Verbandes, u. a. die als Schulungsleiter für Marxismus, schließlich als Mitglied des Präsidiums. Siehe Lebenslauf (życiorys) in: Podanie … (Fn. 59).
96 Modzelewski … (Fn. 90).

Protest gegen menschliches Leiden. Durch sie erfährt er etwas über die Welt, über Europa, lernt er die Idee der gesellschaftlichen Gerechtigkeit und die Kritik der westlichen Demokratie kennen, erkennt er die Unvermeidlichkeit bestimmter unerlässlicher Nebenwirkungen, die auftreten, wenn man sich auf breiter Front um gesellschaftliche Gerechtigkeit bemüht. Ich dachte damals, dass der Kommunismus die Jugend der Welt symbolisiert."[97]

Geremek entschied sich für die Kommunisten, andere junge Leute blieben bei ihren linken, aber nicht kommunistischen oder konservativen bzw. katholischen Überzeugen, wenngleich dies im Zuge der Stalinisierung immer schwieriger, wenn nicht unmöglich wurde.[98]

Seine exzellenten schulischen Noten und sein gesellschaftliches, sprich kommunistisches Engagement verhalfen Bronisław Geremek zu dem auch damals eher seltenen Privileg, ein Hochschulstudium ohne entsprechende Aufnahmeprüfung zu beginnen. In einer diesbezüglichen „Bescheinigung" des Gymnasiums hieß es:

„Charakeristik: Der Schüler Geremek Bronisław ist sehr begabt, intelligent, ehrgeizig, fleißig. Auch gemeinschaftlich orientiert und sehr lebenserfahren, aktives Mitglied des ZMP ... Die schulische Aufnahmekommission ist der Auffassung, dass er sich vollkommen für die Aufnahme eines Studiums eignet. Die Kommission stellt ihm somit das Zeugnis aus, das ihn von einer Aufnahmeprüfung für ein solches Studium befreit."[99]

---

97 ROK 1989. Geremek opowiada, Żakowski pyta. Warszawa 2008, S. 112.
98 Auf die Entwicklung und die Hintergründe der „kommunistischen Phase" Geremeks gehe ich genauer in Abschnitt 4 dieses Buches ein.
99 Siehe Zaświadczenie ... (Fn. 85).

2. Mittelalterhistoriker mit einem Faible für Frankreich

2.1. Warum Mediävistik?

Schon bald nach Beginn seines Geschichtsstudiums am Historischen Institut der Universität Warschau im Jahr 1950 entdeckte Bronisław Geremek sein Herz für das Mittelalter, nachdem er anfangs auch darüber nachgedacht hatte, sich dem Altertum zuzuwenden. Auch seiner Cousine Zofia (Żukowska – R.V.) empfahl der damals, Geschichte zu studieren. „Wenn Du erst einmal beginnst, das Mittelalter zu untersuchen, wirst du sehen, wie spannend das ist"[100], schrieb er als Widmung in ein Buch, das er ihr schenkte. Sein Bruder Jerry (ursprünglich Israel – R.V.) erzählte später: „Als Bronek mit dem Studium begann, war er voller Optimismus und fest davon überzeugt, dass Polen seine große Chance sei."[101]

Drei Gründe dürften sein Votum für die Mediävistik beeinflusst haben. Zum einen hatte er erkannt, dass gerade die wissenschaftliche Erkundung des Mittelalters noch weiße Flecken aufwies. Dies kam seinem Entdecker- und Forschergeist entgegen, der ihn schon während seiner Schulzeit ausgezeichnet hatte, als er Bücher diverser Fachrichtungen verschlang. Der junge Geremek spürte, dass es gerade in der Mediävistik auf die fachübergreifende Forschung durch Historiker, Philologen, Anthropologen, Theologen und Wissenschaftler anderer Fachrichtungen ankam. Das Mittelalter hatte er schon durch die Lektüre der Schriften von François Villon, dem bedeutendsten Dichter des französischen Spätmittelalters, kennengelernt.

Einen zweiten Grund nennt der Historiker Karol Modzelewski, der sich wie Geremek auf die Mediävistik spezialisiert hat:

> „Es liegt in der Natur der Sache, dass es ein Mediävist mit Kulturen zu tun hat, die weit entfernt von unseren heutigen sind. Das bedeutet – und in diesem Sinne äußerten sich auch die französischen, unter dem Einfluss des Strukturalismus stehenden Historiker aus dem Kreis der *Annales*, besonders Marc Bloch – dass ein solcher Historiker wie ein Übersetzer zwischen den Kulturen wirkt: zwischen unserer Kultur und der von damals. Und Bronek war eben jemand, der eigentlich drei Mal seine kulturelle Identität gewechselt hatte: von der jüdischen in der Familie zur katholischen nach der Flucht aus dem Ghetto und schließlich zur linken, marxistischen im Jugendverband ZMP."[102]

Und drittens war es auch Geremek, der sich immerhin als linker, mit dem Kommunismus sympathisierender Intellektueller empfand, schon damals nicht verborgen geblieben, dass die machthabenden Stalinisten wenig Interesse für die Mediävisten an den Tag legten und sie deshalb mehr oder weniger „in Ruhe ließen", während sie andere Wissenschafter und gerade auch Historiker des 19. und 20. Jahrhunderts auf ihre ideologischen Formeln verpflichteten. Modzelewski:

---

100 Bronek ... (Fn. 27).
101 Jerry Lewart ... (Fn. 31).
102 Karol Modzelewski im Gespräch mit dem Autor am 10.4.2012.

„Unter den damaligen Bedingungen, als die politisch Mächtigen das Ziel verfolgten, die kollektive Erinnerung monopolistisch zu kontrollieren, herrschte unter den Mediävisten ein Geist der Unabhängigkeit. Sie verstanden das als eine Art Asyl. Die Ideologen, Aufseher und Zensoren der Partei interessierten sich vor allem für die neueste Geschichte, während sie das Altertum und das Mittelalter mit einem weniger wachsamen Auge betrachteten. Die Forscher dieser fernen Epochen konnten freier arbeiten, schreiben und publizieren als die Historiker des 20. Jahrhunderts, weil sie nicht die ständige Anwesenheit der politischen Kommissare auf ihren Schultern spürten."[103]

Wichtigster akademischer Lehrer des jungen Geschichtsstudenten Geremek war der jüdisch-polnische Historiker Marian Małowist (1909–1988), der während des Zweiten Weltkriegs ebenfalls dramatische Erfahrungen gemacht hatte und dessen wissenschaftliche Methoden und historische Arbeitsschwerpunkte sowie politische Ansichten den Interessen Geremeks entgegen kamen und diese zur Entfaltung brachten. Auch Małowist, ein Schüler des renommierten Historikers Marceli Handelsman, musste zusammen mit seiner Frau ins jüdische Ghetto von Warschau, wo er an verschiedenen Schulen unterrichtete und nebenbei Material für das berühmte Archiv von Emanuel Ringelblum sammelte. Seine Frau starb 1942 im Vernichtungslager Treblinka. Später gelang ihm die Flucht aus dem Ghetto.

Von 1949 bis 1980 war Małowist als Professor an der Universität Warschau tätig. Zu seinen Arbeitsschwerpunkten zählten die Wirtschaft Europas im Mittelalter und in der frühen Neuzeit, speziell im baltischen Raum, sowie die wirtschaftlichen Beziehungen des Kontinents zum Orient.

Małowist bemühte sich, seine Studenten mit den Arbeitsergebnissen und den fachlichen Debatten westlicher Historiker vertraut zu machen und ihnen Studienaufenthalte in westlichen Ländern zu ermöglichen, auch wenn dies angesichts der politischen Verhältnisse in Polen und den daraus resultierenden Beschränkungen schwierig war. Mit allem Nachdruck sorgte er dafür, dass die angehenden Historiker ihre Fremdsprachenkenntnisse vertieften. Seine Seminare waren durch lebhafte Debatten geprägt.

Małowist war ein Linker, der schon 1923 der kommunistischen Jugend beitrat, sich aber bald von den polnischen Kommunisten abwandte, weil er deren stalinistische Methoden ablehnte. Auch nach dem Krieg empfand er sich als Marxist, weigerte sich aber, der kommunistischen Staatspartei PZPR beizutreten. In den späten 1970er Jahren engagierte er sich in der *Gesellschaft für wissenschaftliche Kurse (Towarzystwo Kursów Naukowych – TKN)* systemkritischer Intellektueller, der so genannten Fliegenden Universität.

In der Nachkriegszeit gehörten die Seminare von Małowist über Wirtschaftsgeschichte zu den renommiertesten Lehrveranstaltungen an der Warschauer Universität. Seine Tätigkeit hat eine ganze Generation polnischer Historiker, insbesondere Spezialisten für das Mittelalter und die frühe Neuzeit geprägt, darunter Stanisław Trawkowski und Tadeusz Lalik, später Benedykt Zientara, Antoni Mączak und

---

103 Modzelewski ... (Fn. 90).

Henryk Samsonowicz, schließlich Maria Bogucka, Jan Kieniewicz, Marcin Kula, Janusz Tazbir, Andrzej Wyrobisz, Jerzy Holzer, Karol Modzelewski und eben Bronisław Geremek.[104]

Bis heute gehört das Historische Institut der Universität Warschau, das am 21. Oktober 2010 den 80. Jahrestag seiner Gründung beging, zu den führenden geschichtswissenschaftlichen Forschungs- und Lehranstalten Polens. Gründervater des Instituts war der Neuzeithistoriker Marceli Handelsman, der zu den renommiertesten polnischen Geschichtswissenschaftlern in der ersten Hälfte des 20. Jahrhunderts zählte. Handelsman, jüdischer Herkunft, starb im März 1945 im Konzentrationslager Dora-Nordhausen. Einer seiner Schüler, der Mediävist Tadeusz Manteuffel, übernahm nach dem Zweiten Weltkrieg den Wiederaufbau des Instituts und hatte auch dessen Leitung inne. In den Jahren 1955 bis 1975 stand Aleksander Gieysztor an der Spitze des Instituts, wie Manteuffel Mediävist und Schüler von Handelsman. Auch Manteuffel und Gieysztor werden in Polen als führende Historiker des 20. Jahrhunderts angesehen.

Während Bronisław Geremek und die meisten seiner Mitstudenten in den frühen 1950er Jahren der kommunistischen PZPR oder zumindest deren Jugendverband angehörten, waren die verantwortlichen Wissenschaftler des Instituts wie Manteuffel und Stanisław Herbst parteilos. Während des Zweiten Weltkriegs hatten sie zusammen mit Gieysztor dem Informations- und Propagandabüro der antikommunistischen *Heimatarmee (Armia Krajowa – AK)* angehört, die die Hauptlast des Widerstandes gegen die deutsche Besatzungsmacht in Polen trug.

Bleibt die Frage, wieso die kommunistische Staatspartei PZPR diesen renommierten, aber parteilosen Wissenschaftlern den Aufbau und die Führung des Historischen Instituts der Warschauer Universität gestattete und sie auch in den Hochzeiten des Stalinismus (1949–1955) weitgehend unabhängig arbeiten lies. Denn generell waren die Bedingungen an den Hochschulen in der stalinistischen „Blütezeit" ganz anders. In der Regel wurde der Marxismus-Leninismus als „wissenschaftliche Grundlage" fast aller Fächer und Disziplinen durchgesetzt. Viele Assistenten und Doktoranden, die aus der Arbeiterschaft und dem Bauerntum stammten und Parteimitglieder waren, verkörperten ein wesentliches Merkmal des Systems, das dem Nachwuchs aus diesen

---

104 Von diesen Historikern ist in deutscher Sprache u. a. erschienen: Bogucka, Maria: Das alte Polen. Leipzig 1983. Dies.: Das alte Danzig. Leipzig 1987. Geremek, Bronisław: Geschichte der Armut. Elend und Barmherzigkeit in Europa. München/Zürich 1988. Holzer, Jerzy: „Solidarität". Die Geschichte einer freien Gewerkschaft in Polen. München 1985. Mączak, Antoni: Ungleiche Freundschaft. Klientelbeziehungen von der Antike bis zur Gegenwart. Osnabrück 2005. Modzelewski, Karol: Das barbarische Europa. Zur sozialen Ordnung von Germanen und Slawen im frühen Mittelalter. Osnabrück 2011. Samsonowicz, Henryk: Untersuchungen über das Danziger Bürgerkapital in der zweiten Hälfte des 15. Jahrhunderts. Weimar 1969. Ders.: Das lange 10. Jahrhundert. Über die Entstehung Europas. Osnabrück 2009. Tazbir, Janusz: Polen an den Wendepunkten der Geschichte. Herne 2000. Trawkowski, Stanisław/Leitsch, Walter: Polen und Österreich im 16. Jahrhundert. Wien, 1998. Zientara, Benedykt/Engel, Evamaria: Feudalstruktur, Lehnbürgertum und Fernhandel im spätmittelalterlichen Brandenburg. Wien 1967. Dies.: Heinrich der Bärtige und seine Zeit: Politik und Gesellschaft im mittelalterlichen Schlesien. München 2001.

Schichten die Perspektive eines schnellen beruflichen und sozialen Fortkommens eröffnete. Der Historiker Włodzimierz Borodziej schreibt:

„Die Mitgliedschaft in der Staatspartei wurde faktisch zu einer entscheidenden Voraussetzung für den beruflichen Aufstieg. Selbst in der Wirtschaft machte sich eine zunehmende Deprofessionalisierung deutlich bemerkbar, zumal von der beruflichen Karriere jene ausgeschlossen blieben, deren Kaderakte eine ‚schlechte' Herkunft auswies oder die eines ‚Fehlverhaltens' in den vergangenen Jahrzehnten verdächtigt wurden. Unerwünschter Herkunft waren im Prinzip alle, die aus besitzenden bzw. gebildeten Schichten stammten, ebenso Personen mit Verwandten im Ausland. Das Spektrum verdächtigen Verhaltens reichte noch weiter: Darunter fielen etwa Aktivitäten außerhalb der KP vor 1939, die Zugehörigkeit zum ‚reaktionären Untergrund' unter deutscher Besatzung (vor allem zur *Armia Krajowa*), Sympathie für die antikommunistische Opposition nach 1945, ‚Klerikalismus' usw. Andererseits wurden die Reste der ‚alten' Intelligenz, die den Krieg überlebt hatten, allein wegen ihrer Herkunft in der Regel weder physisch bedroht noch umgebracht, wie im klassischen Stalinismus üblich. Und auch auf deren berufliche Qualifikationen verzichtete der Staat nicht ganz. Die meisten durften weiterarbeiten, wenngleich nicht in Führungsstellen. ‚Verdächtigen' Professoren wurden Lehrstuhl und Lehrerlaubnis entzogen, sie wurden aber nicht in die Bergwerke geschickt."[105]

Offensichtlich ließen die herrschenden Kommunisten Manteuffel, Herbst, Gieysztor und andere Geschichtswissenschaftler am Historischen Seminar weitgehend gewähren, weil diese sich auf die Mediävistik und nicht auf die Geschichte des 19. und 20. Jahrhunderts konzentrierten. Mag sein, dass sich die Parteifunktionäre auch ein wenig im Glanz dieser Koryphäen sonnen wollten, ohne dass es gefährlich wurde. Die Geschichtsstudenten wiederum versuchte man in den Parteizirkeln „auf Linie zu bringen". Und noch ein vierter Aspekt kam hinzu. Der Historiker Karol Modzelewski, selbst Student des Instituts in den 1950er Jahren, betont:

„Die Mehrheit der damaligen führenden Köpfe des Warschauer Historikermilieus hatten eine soldatische Vergangenheit in den Reihen der Armia Krajowa und der Teilnahme am Warschauer Aufstand hinter sich. Unmittelbar nach dem Krieg trafen sie aber eine Wahl, die sich am besten in dem klaren Wort von Tadeusz Manteuffel widerspiegelt: ‚Jetzt werden wir keinen Partisanenkampf mehr führen, sondern nur an der Universität arbeiten.' Die Romantiker von gestern wurden zu Positivisten, und oft wurde in diesem Milieu die Maxime wiederholt, dass es darum gehe, die ‚Substanz' der Nationalkultur zu verteidigen, wie sich das schon im Begriff der ‚organischen Arbeit' ausgedrückt hatte."[106]

Der jüdisch-polnische Ökonom Kazimierz Łaski, der 1968 von Warschau in den Westen ging, berichtet:

---

105 Borodziej, Włodzimierz: Geschichte… a.a.O., S. 281.
106 Modzelewski … (Fn. 90).

„Während des Krieges hatten sich bestimmte Energien gesammelt, die man ab 1945 freisetzen wollte. Viele sehnten sich nach Normalität, wollten Schulen besuchen und studieren, Kinder bekommen, ohne Angst auf die Straße gehen."[107]

Es war eine weitere glückliche Fügung im Leben von Bronisław Geremek, dass er in den Jahren 1950 bis 1955 an diesem Institut studieren und solche Koryphäen der polnischen Historikerzunft wie Małowist, Manteuffel, Gieysztor, Kieniewicz, Arnold und Iza Bieżuńska zu seinen Lehrern zählen durfte. Auch die Lehrveranstaltungen des Ökonomieprofessors Edward Lipiński, Sozialist alter Schule und in den 1970er Jahren Mitglied des *Komitees zur Verteidigung der Arbeiter*, gehörten zu seinen studentischen Pflichten. Bei Adam Schaff vertiefte Geremek seine Kenntnis der Funktionsweise des historischen und dialektischen Materialismus Marxscher Prägung.

Sicher spielte dabei auch seine Mitgliedschaft im kommunistischen Jugendverband ZMP und in der Staatspartei PZPR eine Rolle, als es darum ging, einen solchen Studienplatz zu bekommen – und dies, obwohl sein Stiefvater als Anhänger der traditionellen Bauernbewegung kein Hehl aus seiner Ablehnung des Stalinismus machte, auch wenn er diese oppositionelle Haltung nicht offen vortrug. Wir wissen nicht, ob es familiäre Konflikte gab, als der Sohn in die PZPR eintrat. Die Mutter, selbst Parteimitglied, billigte diesen Schritt des Sohnes, weil ihr seine persönliche und berufliche Zukunft am Herzen lag. Sie spürte seinen Enthusiasmus, obwohl sie inzwischen auch Zweifel hinsichtlich der künftigen, kommunistisch gesteuerten Entwicklung Polens hegte.

Und Geremek stürzte sich mit all dem ihm eigenen Optimismus und Entdeckergeist in das Studium. Eines der wenigen Fotos aus jener Zeit zeigt ihn während einer Exkursion unter Leitung von Professor Manteuffel, bei der die berühmte romanische Basilika von Tum nahe der mittelpolnischen Stadt Łęczyca besichtigt wurde.[108] Enthusiasten wie Geremek waren auch Jerzy Holzer sowie Krystyna und Adam Kersten, die ebenfalls in den frühen 1950 Jahren Geschichte studierten und dann 1954 bzw. 1955 ihr Magisterexamen ablegten. Holzer (geb. 1930) trat später vor allem mit Arbeiten zur Kommunismusforschung sowie zur polnischen Parteiengeschichte hervor und engagierte sich im Rahmen der deutsch-polnischen Beziehungen.[109] Krystyna Kersten (1931–2008) legte den Grundstein für die Erforschung des polnischen Stalinismus und befasste sich auch mit den polnisch-jüdischen Beziehungen. Ihr Mann Adam Kersten (1930–1983) war vor allem ein exzellenter Fachmann für das 17. Jahrhundert in Polen.

---

107 Kazimierz Łaski … (Fn. 78).
108 *Gazeta Wyborcza,* 21. Juli 2008. Bronisław Geremek mit Schlägermütze ganz rechts, neben ihm Professor Tadeusz Manteuffel.
109 In deutscher Sprache erschienen u. a. Holzer, Jerzy: „Solidarität". Die Geschichte einer freien Gewerkschaft in Polen. München 1985. Ders.: Polen und Europa. Land, Geschichte, Identität. Bonn 2007. Holzer,J./Jähling, W./Hahn, H. H.: Der Kommunismus in Europa. Politische Bewegung und Herrschaftssystem. Frankfurt/Main 1998.

Unter der Leitung von Professor Marian Małowist legte Bronisław Geremek Anfang Mai 1955 seine Magisterarbeit an der Historischen Fakultät der Universität Warschau vor. Ihr Titel lautete „Konflikte zwischen dem Bürgertum und dem Adel im Ordensstaat in der ersten Hälfte des 15. Jahrhunderts – mit einer Erörterung der Widersprüche zwischen Stadt und Land in der feudalen Ordnung". Die Arbeit besticht nicht zuletzt durch die Fülle des empirischen Materials, das Geremek ausbreitet, etwa zur Verdeutlichung des Systems der Steuern und Abgaben im preußischen Ordensstaat.

Ohne Zweifel handelt es sich um eine marxistische Arbeit, die den Prämissen und Kategorien des Historischen Materialismus und der Marxschen Klassentheorie folgt. Der Autor bemüht sich, seine Schlussfolgerungen mit Zitaten aus den Werken der marxistischen „Klassiker" zu belegen. Auch Historiker, die den Marxismus als Erkenntnismethode ablehnen, sehen Geremeks Magisterarbeit bis heute als eine innovative Grundlage zur Analyse der feudalen politischen, gesellschaftlichen und ökonomischen Verhältnisse im damaligen Ordensstaat.[110]

Seine mündliche Magisterprüfung absolvierte Geremek am 14. Mai 1955 mit der Bestnote („bardzo dobry"). Prüfer waren die Professoren Marian Małowist, Aleksander Gieysztor und Stanisław Herbst.[111] Diese Abschlussnote entsprach den Bewertungen, die er im gesamten Verlauf seines ganzen Studiums erhalten hatte.[112]

Schon die schriftliche Magisterarbeit zeigt, und anhand seiner späteren wissenschaftlichen Werke wird dies noch deutlicher, dass Geremek großen Wert auf handwerkliche Präzision legte. Vielfach verfasste er die erste Version eines Textes handschriftlich, meistens halbseitig auf einem DIN-A4-Blatt, bevor er diesen durch mehrfache Korrekturen in seine endgültige, maschinell erstellte Form brachte. Bald ging er dazu über, Notizen und Texte auch in französischer und englischer Sprache zu verfassen.[113]

Das intensive Studium hatte ihn nicht davon abgehalten, am 7. September 1952, also in seinem zwanzigsten Lebensjahr, Hanna Teresa Büttner zu heiraten, die aus einer linken Intellektuellenfamilie stammte.[114]

---

110 Siehe u. a. Samsonowicz, Henryk: Bronisław Geremek. In: Krajowa Szkoła Administracji Publicznej XX Lat. Warszawa 2010.
111 Protokół komisji egzaminu dyplomowego Wydział Historyczny z dnia 14. V. 1955. In: Akta: ... Fn. 22.
112 Siehe u. a. Karta egzaminacyjna nr. 37226, Karta egzaminczyna nr. 37214, Karta egzaminacyjna nr. 37225 und Karta egzaminacyjna nr. 37227. In: Akta ... (Fn. 85).
113 Siehe u. a. Geremek, Bronisław: Socjalizm. Materiały dla TKN? 1975–1980. Artykuły. Fundacja Bronisława Geremka. Centrum dokumentacji i badań. Syg. CBG/ZP/S_HP/160.
114 Urząd Stanu Cywilnego: Odpis skrócony aktu małżeństwa. In: Akta ... (Fn. 85).

Bronisław Geremek und Hanna Teresa Büttner am Tag der Hochzeit (7. September 1952)

2.2. Fasziniert von Paris – Die Historiker der „Annales"

Noch vor Abschluss seines Studiums absolvierte Bronisław Geremek 1954 ein mehrwöchiges wissenschaftliches Praktikum an der Smithsonian Institution in Washington D.C., das er aufgrund seiner sehr guten Kenntnisse des Englischen mühelos bewältigte. Es ist nur verständlich, dass der gewaltige Komplex am Jefferson Drive zwischen dem Washington Monument und dem Capitol Hill, der diverse Museen, Forschungseinrichtungen und Bibliotheken umfasst, den jungen Geschichtsstudenten aus dem sozialistischen Nachkriegspolen mächtig beeindruckte. Das Praktikum wurde durch ein Stipendium der Ford Foundation finanziert. Während des Aufenthalts in den USA traf er auch mit seinem Bruder Jerry zusammen, der inzwischen in New York beruflich Fuß gefasst hatte.

Ausgestattet mit dem wissenschaftlichen Grad des Magisters, begann Geremek 1955 seine Tätigkeit am Historischen Institut der Polnischen Akademie der Wissenschaften (Polska Akademia Nauk), die, mit Unterbrechungen, bis 1985 andauern sollte. Zunächst wurde er dort als Aspirant beschäftigt („na aspiraturę"), wie in Polen die Ausbildung von Nachwuchslehrkräften an Hochschulen und anderen wissenschaftlichen Einrichtungen genannt wird, später dann als Assistent („na asystenturę").

Ein Jahr später ging er dann zu seinem ersten Aufenthalt nach Paris, um dort ein Graduiertenstudium für seine Promotion zu absolvieren. Zunächst finanzierte er dieses Studium mit familiären Mitteln, später erhielt er ein zwölfmonatiges Stipendium der französischen Regierung. Für eine solche finanzielle Unterstützung Geremeks und anderer polnischen Studentinnen und Studenten hatte sich vor allem Professor Tadeusz Manteuffel, damals Direktor des Historischen Instituts der Polnischen Akademie der Wissenschaften, eingesetzt, der sich zu diesem Zweck und auch für eigene historische Studien im Mai/Juni 1957 in Paris aufhielt.[115] Manteuffel verhandelte dabei vor allem mit der Direktion für kulturelle Beziehungen im französischen Außenministerium, auch dem „Centre national de la recherche scientifiques" und der Sechsten Sektion der „École pratique des hautes études" (EPHE). Basis des Erfolgs dieser Bemühungen waren insbesondere seine erprobten Kontakte zum Gründer und Leiter der Sechsten Sektion, dem renommierten französischen Historiker Fernand Braudel. Mit viel Geschick überwand Manteuffel auch Widerstände bei den polnischen Behörden, wenn diese all zu zögerlich bei der Ausstellung von Pässen für die Studienaufenthalte in Frankreich waren. Geremeks Mitgliedschaft in der Partei dürfte dabei ebenfalls hilfreich gewesen sein. Der polnische Historiker Marcin Kula, der wie sein Vater Witold, ebenfalls Geschichtswissenschaftler, schon früh Kontakt zu französischen Fachkollegen in Paris hielt, schrieb in einem im Jahr 2010 erschienen Erinnerungsbuch: „Heute können wir scherzhaft feststellen, dass das in damaligen Zeiten an Geremek vergebene Stipendium die beste Investition Frankreichs in Polen war."[116]

Geremek traf in Paris auf zwei Institutionen bzw. Milieus, die für seine weitere wissenschaftliche Ausbildung sowie sein persönliches Netzwerk unter Historikern von entscheidender Bedeutung sein würden. Zum einen waren dies die Sechste Sektion der „École pratique des hautes études" bzw. das „Centre des Recherches Historiques", beides von Fernand Braudel geleitet, zum anderen die Historikergruppe „Annales", in der ebenfalls Braudel und auch Georges Duby sowie später ebenfalls Jacques Le Goff eine führende Rolle spielten. Geremek hörte Vorlesungen seiner „Meister" und knüpfte auch persönliche Kontakte zu ihnen, die zum Teil ein halbes Jahrhundert halten sollten. Im November 2009 schrieb der französische Historiker Maurice Aymard, ein Schüler von Fernand Braudel, in der polnischen Zeitschrift *Liberté*:

> „Bronisław Geremek hatte das seltene Glück, auf ein für ihn günstiges Geflecht von Umständen zu treffen: denn er lebte sich in ein Milieu ein, das gerade zu diesem Zeitpunkt den Zufluss frischen Blutes brauchte und seine Pforten weit für neue intellektuelle und institutionelle Impulse öffnete, damals also, als Geremek selbst an der Schwelle seiner Karriere stand und als 25jähriger seinen Platz im Leben suchte."[117]

Mit „Annales" lernte Geremek eine Schule von Historikern kennen, die, unter dem Einfluss von Soziologen wie Emile Durkheim, „die Wissenschaft von der Geschichte

---

115 Siehe u. a. Pasztor, Maria: Między Paryżem, Warszawą i Moskwą. Toruń 2003, S. 219 u. S. 263–64. Ebenfalls Pleskot, Patryk: Intelektualni Sąsiedzi. Kontakty historyków polskich ze środowiskiem „Annales" 1945–1989. Warszawa 2010, s. 162.
116 Kula, Marcin: Mimo wszystko. Bliżej Paryża niż Moskwy. Warszawa 2010, S. 20.
117 Aymard, Maurice: Geremek i Francja. In: Liberté, numer 11, listopad 7, 2009. http://liberte.pl/geremek-i-francja/.

als eine Sozialwissenschaft, als eine historische Anthropologie verstanden".[118] Marc Bloch, Lucièn Fèbvre, Fernand Braudel und die anderen Vertreter dieser Denkrichtung favorisierten eine analytische, keine bloß erzählende Geschichte. Sie wollten eine Geschichte des Handelns von Menschen aller gesellschaftlichen Schichten, des Handelns im nationalen, regionalen und lokalen Rahmen, nicht nur eine politische Geschichte als Aneinanderreihung von Ereignissen.

Der Mediävist Geremek fühlte sich davon angesprochen, dass Bloch und Fèbvre als „Väter" der „Annales" der Geschichtsschreibung des Mittelalters und der Frühen Neuzeit verbunden waren. Schon als Student der Geschichte hatte er sich mit einigen ihrer Schriften beschäftigt, was für ihn kein Problem war, da er die französische Sprache exzellent beherrschte. Er wusste genau, dass man durch die Beschäftigung mit andersartigen, weit zurück liegenden Lebenswelten, etwa des Mittelalters, auch etwas über das moderne Leben erfahren kann. Erst die Analyse des alltäglichen Lebens der Menschen in früheren Epochen, so sein Credo, verdeutliche auch die Spezifika des Alltags in modernen Gesellschaften. Braudel und Kollegen weckten erneut das Forscherinteresse des Historikers Geremek, der seine Kenntnisse aus der Geschichte für die Bedürfnisse und Wünsche in der Gegenwart verständlich und nutzbar machen wollte – ein Impetus, der schon seine Warschauer Entscheidung für Mediävistik beeinflusst hatte.

In Paris vertiefte Geremek sein Interesse für soziale Gruppen und deren Ziele, für den ökonomischen und sozialen Auf- und Abstieg gesellschaftlicher Gruppen, für Inhalte und Formen sozialer Auseinandersetzungen, für die Strukturen und Wirkungsweisen sowie den historischen Wandel kollektiver Denkweisen und Auffassungen. Aus dem Buch von Philippe Ariès über die Geschichte der Kindheit hatte er gelernt, dass man im Mittelalter Kinder im Alter von sieben Jahren bereits als Erwachsene behandelt habe – eine Erkenntnis, die ihn nicht zuletzt an seine Erfahrungen im jüdischen Ghetto von Warschau und deren Folgen für sein Verhalten während der Schulzeit in Wschowa und Warschau erinnerte.

Diese „methodische Schulung" kam ihm auch in den 1980er Jahren zugute, als es von Seiten der demokratischen, antikommunistischen Opposition in Polen darum ging, Stimmungen in der Arbeiterschaft und in anderen gesellschaftlichen Schichten zu analysieren und daraus politische Schritte für eine Transformation des sozialistischen Systems abzuleiten.

Für Geremek war außerdem wichtig, dass sich die Historiker der „Annales" der interdisziplinären wissenschaftlichen Arbeit verpflichtet fühlten, also der Kooperation mit Soziologen, Sozialpsychologen, Ökonomen, Geografen, Ethnologen und Linguisten. Bloch, Fèbvre und ihre Nachfolger öffneten die Geschichtswissenschaft für makroökonomische Analysen, anthropologische Verfahren und Methoden der Statistik.

---

118 Baberowski, Jörg: Der Sinn der Geschichte. Geschichtstheorien von Hegel bis Foucault. München 2005, S. 141.

Schon als Schüler, später auch als Student hatte Geremek immer versucht, sich in diverse Wissensgebiete einzuarbeiten.

Bei aller Wertschätzung für die Historiker der „Annales" unterschied sich Geremek von ihnen, wenn es um die Ziele der Erforschung des Mittelalters ging. Während Braudel und seine Kollegen schwerpunktmäßig die großen Gruppen der Gesellschaft wie Adel, Stadtbürgertum, Bauern und Arbeiter im Blick hatten und deren Charakteristika analysierten, wandte sich Geremek eher den Randgruppen der Gesellschaft zu und versuchte zu klären, wo die Gründe für deren Marginalisierung lagen. Auf diesem Wege erhoffte er sich mehr Einsicht in die gesellschaftlichen Zustände des Mittelalters und die Motive, die das Handeln der Menschen bestimmten. Auf diese Weise demonstrierte er, der offiziell weiterhin der kommunistischen PZPR in Polen angehörte, eine gewisse Distanz zu den Historikern der „Annales", die bis in die 1970er Jahre noch unter einem gewissen Einfluss der marxistischen Klassentheorie standen, auch wenn sie nicht der französischen KP angehörten bzw. diese nach den Ereignissen in Ostberlin 1953 sowie in Budapest und Posen 1956 verlassen hatten.[119]

Dies erklärt auch, warum einige seiner wichtigen damaligen Arbeiten über Entlohnung Pariser Handwerker im 18. und 19. Jahrhundert, über Pariser Randgruppen im 14. und 15. Jahrhundert sowie über Diebstahl und Armut in Europa in den Jahren 1350–1600 erst nach 1968 auch in französischer Sprache erschienen.

Andererseits hat Geremek später wiederholt erklärt, dass der Marxismus für ihn in den 1960er Jahren durchaus ein wichtiges Instrument zur Untersuchung und Analyse gesellschaftlicher Zustände im Mittelalter gewesen sei – viel besser geeignet als die bis dato gängigen Methoden zur Erforschung des Feudalismus. Das damalige intellektuelle Klima in Paris, das ja undogmatische, gegenüber sowjetischen Zuständen kritisch eingestellte Linke wie Albert Camus ebenso umfasste wie dogmatisch die Sowjetunion verteidigende Intellektuelle wie Jean Paul Sartre, habe ihn aber auch gelehrt, sich von der orthodoxen Parteidoktrin abzusetzen.[120] Trotzdem habe er sich weiterhin als Linker verstanden.

2.3. Besondere polnisch-französische Wissenschaftsbeziehungen

Der erste Aufenthalt von Bronisław Geremek in Paris in den Jahren 1956–58 ist ein wichtiges Beispiel für die engen Beziehungen zwischen polnischen und französischen Wissenschaftlern in den 1950er und 1960er Jahren.[121] Unter allen westlichen Staaten, mit denen Polen nach dem Zweiten Weltkrieg wissenschaftliche Kontakte unterhielt, nahm Frankreich sogar eine Spitzenposition ein, besonders auf dem Gebiet der Geschichtswissenschaft. Warum? Polnische Historiker führen vor allem zwei Gründe

---

119 Vergl. Aymard ... (Fn. 117).
120 Das wohl beste Buch über das damalige intellektuelle Klima in Frankreich stammt von Judt, Tony: Past imperfect. French intellectuells, 1944–1956. New York/London 2011.
121 Vgl. Pleskot, Patryk: Intelektualni ... a.a.O.; Pasztor, Maria: Między ... a.a.O.; Kula, Marcin: Mimo ... a.a.O.

ins Feld: Zum einen die französische Außenpolitik gegenüber der Sowjetunion und Ostmitteleuropa ab 1944–45, zum anderen die lange Tradition kulturell-wissenschaftlicher Beziehungen zwischen Frankreich und Polen. Schon im Dezember 1944, so betonen Dariusz Jarosz und Maria Pasztor, habe der französische Gesandte bei der vorläufigen polnischen Regierung PKWN (Polski Komitet Wyzwolenia Narodowego), Christian Fouchet, die Nachkriegspolitik Frankreichs gegenüber Polen definiert und darauf hingewiesen, dass sein Land keine antisowjetische Politik betreiben wolle. Man verzichte, wie er erklärte, auf ernsthaften politischen Einfluss in der Region und werde stattdessen die intellektuellen und kulturellen Kontakte entwickeln.[122] Offenbar sollte, wie die beiden Wissenschaftler schreiben,

> „angesichts einer Schwächung der politischen Position Frankreichs nach dem Krieg kulturelle Einflussnahme in größerem Ausmaß als zuvor die Ambition befriedigen, eine dominierende Position in der Region einzunehmen. In den Augen der regierenden französischen Eliten, die aus der Resistance kamen, hatte Kulturpolitik eine grundlegende Bedeutung. Die lange Tradition des intellektuellen Einflusses (Frankreichs – R.V.), das Hinwirken auf gesellschaftliche Emanzipation seitens des ‚Vaterlandes der Menschenrechte', kulturelle Verwurzelung, schließlich das Netz kultureller Einrichtungen – das waren Trümpfe, die es erlaubten, sich wirksam angelsächsischem, deutschem und schließlich russischem Einfluss in diesem Teil Europas zu widersetzen."[123]

Andererseits dürfte auch die relative Autonomie, die polnische wissenschaftliche Einrichtungen in den ersten Nachkriegsjahren vor der Verfestigung des Stalinismus 1948–49 genossen, dazu beigetragen haben, Beziehungen zwischen Forschern Polens und Frankreichs aufzubauen.

Schon in den Jahren 1945 und 1946 kam es zu ersten Kontakten, die aber noch nicht auf vertraglichen Vereinbarungen zwischen beiden Staaten basierten. Kleinere Delegationen polnischer Wissenschaftler machten sich nach Frankreich auf den Weg, ebenso kamen französische Forscher nach Polen. Daraus resultierten erste gemeinsame Forschungsprojekte von Historikern und anderen Geisteswissenschaftlern.

Diese Kontakte konnten auch während der „Blütezeit" des Stalinismus in den Jahren 1949–54 mehr oder weniger aufrechterhalten werden, obwohl die kommunistischen Machthaber um Bolesław Bierut natürlich bestrebt waren, das Land und seine Bürger möglichst effektiv von Beziehungen zur Außenwelt abzuschirmen.[124] Vermutlich spielte bei diesen „kleinen Fluchten" die Sonderstellung eine gewisse Rolle, die insbesondere Historiker wie Tadeusz Manteuffel genossen[125]. Er und andere Wissenschaftler konzentrierten sich auf ihre Forschungsarbeit jenseits der Politik und waren außerdem auf Fachgebieten wie der Mediävistik tätig, für die sich die Parteiideolo-

---

122 Jarosz, Dariusz/Pasztor, Maria: Robineau, Bassaler i inni. Z dziejów stosunków polsko-francuskich w latach 1948–1953. Toruń 2001, S. 20.
123 Ebd. S. 51.. Siehe auch Judt, Tony: Nachdenken über das 20. Jahrhundert. München 2013, S. 226 f.
124 Siehe Borodziej, Włodzimierz: Geschichte ... a.a.O., S. 284.
125 Siehe S. 48/49 dieses Buches.

gen kaum interessierten. Natürlich hat auch so mancher polnische Wissenschaftler nur deshalb einen Pass für eine Reise nach Frankreich bekommen, weil er Mitglied der kommunistischen PZPR war.

Nach 1955 kam dann mehr Bewegung in die polnisch-französischen Wissenschaftsbeziehungen. Der „Polnische Oktober" 1956 sowie die Revisionismusdebatte in und um die kommunistische Partei waren dabei der entscheidende politische Hintergrund.[126] So wurde auf staatlicher Ebene am 9. Juli 1957 eine polnisch-französische Deklaration über Zusammenarbeit im kulturellen Bereich unterzeichnet. Damit verbunden war die Vereinbarung eines Programms, das den jährlichen Austausch von Wissenschaftlern und Kulturschaffenden beider Länder regelte. Das Beispiel Geremek zeigt, dass vermehrt auch Stipendien seitens der Regierung und anderer Institutionen in Frankreich an junge polnische Forscher vergeben wurden.

Treibende Kraft auf polnischer Seite war die Polnische Akademie der Wissenschaften (Polska Akademia Nauk – PAN). Ihr gelang es am 27. Oktober, eine Vereinbarung zur Kooperation mit dem Centre national de la recherche scientifique in Paris zu unterzeichnen. Daraus resultierte dann eine spezielle Vereinbarung zwischen der Abteilung I von PAN (Geistes- und Gesellschaftswissenschaften) und der Sechsten Sektion der École pratique des hautes études (EPHE) in Paris vom 29. April 1958.

Peu á peu führte die Kooperation auch zu gemeinsamen wissenschaftlichen Publikationen insbesondere polnischer und französischer Historiker. Nun konnten auch Arbeiten polnischer Historiker in französischen Verlagen erscheinen. Französische Historiker publizierten Aufsätze in der polnischen Fachzeitschrift *Kwartalnik Historyczny*, während ihre polnischen Kollegen Texte in *Annales* veröffentlichten, unter ihnen Marian Małowist, Witold Kula und eben Bronisław Geremek.[127] Autoren aus Polen beteiligten sich mit Beiträgen an Festschriften für französische Historiker.

Geben wir noch einmal dem französischen Historiker Maurice Aymard das Wort:

> „Damals, zum Ende des Jahres 1958, Geremek war kaum 27 Jahre alt, schien es so, als habe er schon einen stabilen Karriereweg in Übereinstimmung mit den geltenden Regeln eingeschlagen. Doch so geschah es nicht, weil sich herausstellte, dass jene Jahre nur der erste eines ganzen Zyklus von Umbrüchen waren, die jene europäische Ordnung veränderten, die sich am Ende des Zweiten Weltkriegs herausgebildet hatte. Die Periode 1956–58 öffnete einen Spaltbreit die Tür zwischen West- und Mitteleuropa. Obwohl der Kontinent noch weitere 30 Jahre geteilt blieb, öffnete sich diese Tür immer mehr, und Polen gehörte zur Avantgarde dieses Prozesses. Dank seines im Jahr 1956 beginnenden Aufenthalts (in Paris – R.V.) wurde Geremek zweifelsohne zu einem der Pioniere dieses Prozesses."[128]

Aber nicht nur die französischen Wissenschaftler in Paris faszinierten Geremek. Vielmehr war es die ganze Stadt, die ihn in ihren Bann zog. „In diesem Paris des Jahres

---

126 Siehe S. 65 ff. und S. 90 ff. dieses Buches.
127 Siehe Pleskot, Patryk: Intelektualni … a.a.O., S. 480 f und S. 487 f.
128 Aymard … (Fn. 117).

1956 stand Geremek unter dem gewaltigen Eindruck der Malerei und des Films, der Bürger und ihrer Stadt, des französischen Zugangs zur Geschichte", berichtete der französische Historiker Georges Duby. Bald kannte Geremek eine Reihe von Restaurants, die er regelmäßig besuchte, darunter das „Chez Marius" nahe der Halles aux Vins. Freunde und andere Besucher aus Warschau lud er mitunter zum Frühstück in das Café der Nationalbibliothek ein. Dabei ist es nur verständlich, dass ein junger, nachdenklicher Wissenschaftler aus dem sozialistischen Warschau und mit einer derart dramatischen Lebensgeschichte in diesem bunten, lebenslustigen Paris regelrecht „aufging".

Natürlich hatte er auch einige, eher belanglose Anpassungsprobleme. Seine Cousine Zofia Żukowska erzählt:

> „Vor Broneks Abreise nach Paris ließ Tante (Geremeks Mutter – R.V.) einen Anzug aus dunkler, graumelierter Wolle und einen Mantel für ihn schneidern. Damit lief er dann in Paris auch ständig herum, weil er kein Geld für andere Kleidung ausgeben wollte. Dort aber war schon alles bunt, die Männer trugen im Alltag keine Krawatten mehr und bewegten sich auch nicht von morgens bis abends in Anzügen. Und da reiste so eine Rotznase aus Warschau an, blass, mit sehr heller Haut. Ich stelle mir immer wieder vor, wie das aussah: Sicher sehr seriös, aber wie aus einer ganz anderen Welt."[129]

Auch bestimmte, vom französischen Bürgertum geschätzte Umgangsformen musste er noch lernen. Frau Żukowska:

> „Eines Tages lud ihn Fernand Braudel, den er schnell kennengelernt hatte, zum Mittagessen nach Hause ein. Offenbar verstand Bronek noch nicht so ganz, welche Ehre darin bestand, nach Hause und nicht in ein Restaurant eingeladen zu werden. Madame Braudel reichte verschiedene Vorspeisen, und dann die Hauptspeise, wohl Gans oder Ente. Aber gegen alles gute Benehmen begann Bronek schon während der Vorspeise mit einer regen und ernsthaften Diskussion über ein mediävistisches Thema. Professor Braudel, ein Gentleman vom Scheitel bis zur Sohle, versuchte die Debatte etwas aufzuhalten, damit seine Frau genug Zeit zum Servieren hatte. Sie beeilte sich und reichte bald den zweiten Gang, um schneller zum leichteren Nachtisch zu kommen, bei dem man bekanntlich intensiver über ernsthafte Dinge diskutieren kann. Aber Bronek sprach und sprach von Anfang an und achtete dabei auch überhaupt nicht darauf, was er aß. Dabei fiel ihm auch nicht auf, dass sie nicht aßen. Erst nachdem er zwei Portionen der Hauptspeise gegessen hatte, fiel ihm auf, dass sie noch nichts zu sich genommen hatten. Letztendlich schadete es dem jungen Menschen nicht. Aber richtig hat er das erst später begriffen. So verlief sein erster Besuch bei Professor Braudel."[130]

---

129 Zofia Żukowska ... (Fn. 21).
130 Ebd.

2.4. Geremek leitet das polnische Kulturinstitut an der Sorbonne

Dem ersten Aufenthalt in Paris folgten zwischen 1958 und 1962 vier Jahre intensiver Forschungsarbeit an der Akademie der Wissenschaften in Warschau. Geremek konzentrierte sich dabei insbesondere auf seine Dissertation über die Entlohnung der Pariser Handwerker im 13. bis 15. Jahrhundert, mit der er seine Reflexionen über den mittelalterlichen Arbeitskräftemarkt fortsetzte und ausbaute. Die Doktorarbeit, die er schließlich 1960 vorlegte und verteidigte, basierte vor allem auf seinem Studium der entsprechenden, reichhaltigen Quellen in Pariser Archiven, dem Besuch von Vorlesungen und Vorträgen an der Sorbonne und seinen Gesprächen mit den Historikern der „Annales".

Natürlich nutzte Geremek in diesen Jahren auch von Warschau aus seine Kontakte zum wissenschaftlichen Milieu in Frankreich – etwa dann, wenn befreundete polnische Historiker zwischen Warschau und Paris hin- und herfuhren und dabei Bücher, Materialien und Briefe transportierten. Regelmäßig gab es dabei Probleme mit den polnischen Grenz- und Zollbeamten. Im Juni 1961 schrieb der polnische Historiker Marcin Kula von Paris aus an seinen Vater Witold in Warschau:

> „In seiner Funktion als Zensor war der Zoll nicht kalkulierbar. Die Zöllner konnten sich für alles interessieren … Eine besondere Sache war dabei die Zensur von Büchern. Es wäre sinnlos gewesen, Bücher per Post zu verschicken, die die Aufmerksamkeit der Zöllner erregt hätten. Andererseits garantierte auch das Mitnehmen von Büchern im eigenen Gepäck nicht deren ungehinderten Transport, eröffnete aber größere Chancen. Die Zöllner waren nicht in der Lage, wirklich alles zu durchstöbern, eine Durchleuchtung gab es damals noch nicht, und wir hatten natürlich eine gewisse Routine, wenn es ums Verpacken ging. Darüber hinaus mussten die Zöllner ein gewisses Tempo bei ihrer Arbeit vorlegen, und im Allgemeinen waren sie schlecht ausgebildet. Vor allem interessierten sie sich für Bücher in polnischer Sprache, die im Westen publiziert wurden, insbesondere in Emigrantenkreisen, und die sie besonders für ‚nicht koscher' hielten."[131]

Neben der Fertigstellung seiner Dissertation beteiligte sich Geremek mit Vorträgen und Konferenzbeiträgen an der Arbeit der Akademie der Wissenschaften. Außerdem schrieb er diverse Texte für historische Fachzeitschriften.[132]

Im Jahr 1962 ging Bronisław Geremek erneut nach Paris, um dort das polnische Kulturinstitut Centre d´Études et de Civilisation Polonaise (Ośrodek Studiów i Cywilizacji Polskiej) an der Sorbonne aufzubauen und bis 1965 zu leiten. Das Institut, das am 10. Dezember 1962 seine Arbeit aufnahm und bis heute besteht, war und ist quasi eine Außenstelle der Polnischen Akademie der Wissenschaften (PAN) in Paris. Auch wenn die Gründung des Instituts auf polnischer Seite vor allem von den Historikern des geschichtswissenschaftlichen Instituts der Akademie betrieben wurde, waren sein Entstehen und die Berufung von Geremek als Gründungsdirektor vermutlich auch mit

---

131 Kula, Marcin: Autor do Ojca, z Warszawy do Paryża, 8 V 1961. In: Kula, Marcin: Mimo … a.a.O., S. 128.
132 Siehe auch S. 61 f.

der Parteiführung und der Regierung in Warschau abgesprochen. Am Tag der Eröffnung schrieb Geremek an Witold Kula in Warschau:

> „Inzwischen treiben mich die Geburtswehen des Polnischen Kulturinstituts ans Ende meiner Kräfte. Die feierliche Eröffnung schon hinter mir, fühle ich mich wie der Herrscher meines Reiches. Die Eröffnung selbst war – sieht man vom brillanten und subtilen Vortrag Gieysztors ab – wie üblich reine Inszenierung. Alles, was sich in den Räumlichkeiten in der rue Champollion befand, war geliehen – Möbel, Bücher, Alben. Die einzigen realen Gegenstände – abgesehen von den Gästen – waren der Portwein (ausgetrunken), der eher sparsam vorhandene Champagner, sowie eine wunderbare Toilette, die tatsächlich zu meinem Reich gehört."[133]

Während dieses zweiten längeren Aufenthalts in Paris wohnte Geremek im Maison d'Italie im Universitätsviertel Cité Universitaire.

Zu den Aufgaben des Instituts gehörten fortan die Organisierung des wissenschaftlichen Austausches zwischen Polen und Frankreich, die Betreuung polnischer Studenten und Graduierter in Paris, die Gestaltung von Ausstellungen zu bestimmten Anlässen wie dem 600. Jahrestag der Gründung der Krakauer Universität (Uniwersytet Jagielloński), sowie die Veranstaltung von Symposien, Vorträgen, Konzerten und Filmvorführungen. Auch Sprachkurse gehörten zum Angebot des Instituts. Bald entstand auch die jährliche erscheinende Zeitschrift *Les Nouveaux Cahiers Franco-Polonais – Aspects Sociologiques et Antropologiques de la Traduction*, in der polnische wie französische Autoren publizierten. Zu deren, teilweise im Exil lebenden polnischen Autoren gehörten Gustaw Herling-Grudziński, Kazimierz Brandys, Agnieszka Grudzińska, Marek Tomaszewski, Krzysztof Pomian und Zdzisław Kudelski.

Der Charakter des Instituts und dessen Aufgaben brachten es mit sich, dass Geremek auch Termine in anderen französischen Städten wahrnehmen musste und auf diese Weise das Land besser kennenlernte. So zeigt ihn ein Foto zusammen mit seiner Frau Hanna und dem polnischen Historiker Witold Kula 1964 in Poitiers.[134] Kula schrieb anschließend an seine Frau in Warschau:

> „Meine Expedition mit den Geremeks nach Poitiers war auf eine andere Weise unterhaltsam als die nach Toulouse. Er (Geremek – R.V.) war dort wegen der Eröffnung irgendeiner Austellung eingeladen worden und hielt auch einen Vortrag über das ‚milenium' (die Feiern zum tausendjährigen Bestehen des polnischen Staates – R.V.) bei einer Versammlung der Gesellschaft für polnisch-französische Freundschaft. Das war etwas offiziös, ebenso wie das Abendessen bei einem der Honoratioren und das Mittagessen bei einem anderen. Alles zusammen war sehr interessant in landeskundlicher Hinsicht: das Milieu der Honoratioren in der Provinz, der Bürgermeister, Vizebürgermeister und Räte."[135]

---

133 Bronisław Geremek do Ojca , z Paryża do Warszawy, 10 XII 1962. In: Kula, Marcin: Mimo ... a.a.O., S. 592.
134 Ebd., S. 307.
135 Ojciec do Matki, z Paryża do Warszawy, 21 I 1964. In: ebd..

Im Herbst 1965 gab Geremek die Leitung an Stanisław Frybes ab, der später über die Arbeit des Instituts wiederholt in polnischen Medien berichtet hat.[136]

Schon im Jahr 1958 hatte man versucht, mit der Gründung eines Zentrums für Studien der Geschichte und Kultur Polens (Ośrodek Studiów nad Historią i Cywilizacją Polską) an der Sechsten Sektion der École pratique des hautes études (EPHE) einen Schwerpunkt für Polenstudien in Paris zu schaffen. Anfangs wurde das Zentrum durch den renommierten polnischen Historiker Marian Małowist geleitet. Zu den Lehrenden dort gehörten unter anderem der Philosoph Leszek Kołakowski, der Kunsthistoriker Stanisław Lorentz, die Historiker Witold Kula und Tadeusz Manteuffel, die Ökonomen Oskar Lange und Kazimierz Łaski, die schon damals in Polen und zum Teil auch im Westen einen Namen hatten, aber auch weniger renommierte polnische Wissenschaftler. Die Arbeit dieses Zentrums wurde aber nie richtig institutionalisiert insbesondere deshalb, weil es unter den französischen Historikern wiederholt Kritik an der, wie sie meinten, mangelnden wissenschaftlichen Qualität der Vorträge einzelner polnischer Gastredner gab.

Es konnte wohl auch nicht ausbleiben, dass es zwischen dem von Geremek geleiteten polnischen Kulturinstitut und anderen polnischen Milieus bzw. Gruppen polnischer Emigranten im Westen immer wieder zu Konflikten kam, wenn es um die Organisation wissenschaftlicher und kultureller Kongresse und dabei die Einladung polnischer Referenten aus Warschau sowie andere, mit Polen in Verbindung stehende Aktivitäten ging. Immer schon war das polnische Milieu im Westen, besonders das der Emigranten, dafür bekannt, dass seine Mitglieder untereinander konkurrierten oder gar Streitigkeiten austrugen, die wenig mit inhaltlichen Differenzen, aber viel mit dem Geltungsbewusstsein der Streithähne zu tun hatten. So war Mitte der 1960er Jahre der Freundes- und Bekanntenkreis um den Ökonomen Julian Hochfeld eines der tonangebenden polnischen Milieus in Paris. Der marxistische Ökonom Hochfeld gehörte zu den Funktionären der PZPR, war aber seit den polnischen Oktoberereignissen im Jahr 1956 einer der „Revisionisten", die eine Demokratisierung des sozialistischen Systems in Polen forderten.

Französisches Gegenstück zum polnischen Kulturinstitut in Paris war und ist das Centre de Civilisation Francaise (Ośrodek Kultury Francuskiej) an der Warschauer Universität, das schon im Februar 1958, also fast fünf Jahre zuvor, eingerichtet wurde. Seit seiner Gründung wird dieses Zentrum von französischen Wissenschaftlern geleitet, die aus unterschiedlichen Fachrichtungen kommen.

Neben seiner Arbeit als Leiter des polnischen Kulturinstituts in Paris war Bronisław Geremek auch als Dozent und akkreditierter Wissenschaftler an anderen französischen Institutionen tätig. Schon im Oktober 1960 war er offiziell in das Forscherkollegium des Centre national de la recherche scientifique (CNRS) aufgenommen worden, zwei Jahre später auch an den internationalen Lehrstuhl des Collège Français, zusammen

---

136 Siehe u. a. Frybes, Stanisław: Polska na Sorbonne. In: *Rzeczpospolita*, 23.11.2002.

mit solchen Persönlichkeiten wie Harald Weinrich und Umberto Eco. Der französische Historiker Maurice Aymard schrieb:

> „Inzwischen war er zu einem Fels in der Brandung der polnischen historischen Schule geworden, deren Reichtum frühzeitig von den Franzosen entdeckt worden war. Diese Schule wurde repräsentiert durch solche Größen wie ... Tadeusz Manteuffel, Marian Małowist und Aleksander Gieysztor, aber auch Witold Kula, Andrzej Wyczański, Henryk Samsonowicz, sowie Karol Modzelewski als jüngster in diesem Kreis. Ihre Errungenschaften provozierten Braudel zu der Erklärung, dass es ‚in seinen Augen auf der Welt nur zwei historische Schulen gebe – die französische und die polnische'. Die französische Seite entlehnte von der polnischen viele Elemente, wie beispielsweise die Einsicht in die Bedeutung der Archäologie ..."[137]

2.5. Wissenschaftliche Arbeit im Zentrum

1965 zurückgekehrt nach Warschau, setzte Geremek seine wissenschaftliche Arbeit am Historischen Institut der Polnischen Akademie der Wissenschaften fort, wobei weiterhin die Gesellschaften des Mittelalters im Zentrum seines Interesses standen. Dabei nahm er insbesondere Kurs auf seine Habilitationsschrift, die den Außenseitern im mittelalterlichen Paris des XIV und XV Jahrhundert gewidmet war und die er im Jahr 1971 abschloss.[138]

In seinem, in deutscher und italienischer Sprache erschienenen Aufsatz „Der Außenseiter" analysiert Bronisław Geremek die Randgruppen der mittelalterlichen Gesellschaften in Europa, indem er „die Prozesse der Entfremdung und der Ausschließung aus der Gesellschaft ... und ... die zeitlichen Variablen ..., welche die Dynamik der Marginalisierungsprozesse bestimmen" untersucht.[139] Dabei befasst er sich mit den Hintergründen und Ursachen sowie den Formen und Folgen der Ausgrenzung. Geremek:

> „Der Mensch der Randgruppen kommt in Zeugnissen des mittelalterlichen gesellschaftlichen Bewusstseins nicht explizit vor. Er taucht nicht in den Schriften auf, in denen die gesellschaftliche Gliederung frühmittelalterlicher Epochen untersucht wird; auch fehlt er in dem spätmittelalterlichen Bild des ‚Totentanzes', in dem Gevatter Hein das Defilee der gesellschaftlichen Gruppen und Typen jener Zeit anführt. Und dennoch ist er im Leben der mittelalterlichen Gesellschaften gegenwärtig, als Ausdruck und Folge einer individuellen oder kollektiven Ablehnung der herrschenden Ordnung, der herkömmlichen Grundsätze des Zusammenlebens, der geltenden Normen und Gebote. So entsteht eine gesellschaftliche Welt *an sich*, deren innerer Zusammenhalt schwach ist, die aber von der Gesellschaft andersartig wahrgenommen wird. Die Palette dieser Anders-

---

137 Aymard ... (Fn. 117).
138 Geremek, Bronisław: Les marginaux parisiens aux XIV et XV siècles, Paris 1976. Siehe auch Ders.: Criminalité, vagabondage, pauperisme. La marginalité à l'aube des temps modernes. In: Revue d'Histoire moderne et contemporaine 21, 1974, S. 337–375. Ders.: Geschichte der Armut. Elend und Barmherzigkeit in Europa, München/Zürich 1988. Ders.: Der Außenseiter. In: Le Goff, Jacques: Der Mensch des Mittelalters, Frankfurt/Main 1996, S. 374 ff.
139 Der Außenseiter ... ebd., S. 375.

artigkeit ist reichhaltig, sowohl im Hinblick auf die unterschiedlichen Tätigkeiten, als auch was den Grad der Trennung von der ordentlichen Gesellschaft angeht."[140]

Wenn er über Exkommunizierung und Kirchenbann, über die Aberkennung aller Rechte sowie über Verbannung und Deportation schreibt, spürt man, wie sehr die mittelalterlichen Gesellschaften den Mediävisten Geremek faszinieren und seinen Forscherdrang wecken. Sein Aufsatz weckt aber auch das Bedürfnis, über die Ausgrenzung und Diskriminierung von gesellschaftlichen Minderheiten in anderen historischen Epochen und gesellschaftlichen Formationen nachzudenken, etwa über die Juden in Polen vor und nach dem Zweiten Weltkrieg oder die protestierenden polnischen Studenten des Jahres 1968, auch die streikenden polnischen Arbeiter der Ostseeküste in den Jahren 1970/71 und die oppositionelle Warschauer Intelligenz vor 1980.

Nach allem was wir wissen, hat sich Geremek nie dazu geäußert, ob es einen Zusammenhang zwischen seinen dramatischen Erfahrung im Warschauer Ghetto sowie der anschließenden jahrelangen Flucht vor den deutschen Besatzern, die ja auch eine äußerst drastische Form von Ausgrenzung und Verbannung waren, und seinem regen Interesse für das Schicksal von Randgruppen besonders im Mittelalter gab. Trotzdem lässt sich vermuten, dass dieser Zusammenhang bestand. Das wissenschaftliche Œuvre Geremeks aus den 1950er und 1960er ist gewaltig. Zwischen dem Abschluss seiner Magisterarbeit 1955 und der Vorlage seiner Habilitationsschrift 1971 hat er eine Fülle längerer und kürzerer Arbeiten vorgelegt.[141] Nimmt man die 1970er Jahre hinzu, dann war dieses Vierteljahrhundert seine produktivste Zeit als Historiker überhaupt. Geremeks Aufsätze erschienen in polnischen Zeitschriften wie *Argumenty, Acta Poloniae Historica, Kwartalnik Historii Kultury Materialnej, Książka i Wiedza, Mówią Wieki, Nowe Książki, Przegląd Historyczny, Studia Historiae Oecomicae, Wiedza Powszechna* sowie in italienischen, französischen und schweizerischen Publikationen wie *Rivista storica italiana, Studi Storici, Annales* und *Revue Suisse d'Histoire*. Im Jahr 1962 veröffentlichte der polnische Wissenschaftsverlag *Polskie Wydawnictwo Naukowe* sein Buch über die Entlohnung der Pariser Handwerker im 13. bis 15. Jahrhundert. Seine wichtigsten Themen waren:

- Kartografie und Gesellschaftsgeschichte
- Zur mathematischen Methode – skeptische Anmerkungen eines Polonisten
- Mentalität und Gruppenpsychologie in der Geschichte
- Bettler im Italien des späten Mittelalters
- Der Handel Nowgorods mit dem Westen im Mittelalter
- Paris – die größte Stadt des Westens im Mittelalter?
- Der hl. Antonius aus Florenz über Bettler und Almosen

---

140 Ebd. S. 374.
141 Siehe u. a. Geremek, Bronisław: Wykaz prac drukowanych, Książki, Artykuły. Centrum im. Prof. Bronisława Geremka, Archiwum, CBG/ZP/NPNZ/74, PAN bibliografia, 1954–1975. CBG/ZP/NP./75, PAN działalność naukowa 1966–1977.

Hinzu kamen Veröffentlichungen über Einzelaspekte seiner Magisterarbeit, Dissertation und Habilitationsschrift. Geremek war außerdem ein eifriger Verfasser von Rezensionen. In den 1970er und 1980er Jahren erschienen seine Bücher auch in ausländischen Verlagen wie Gallimard, Flammarion und Artemis.

3. Kommunismus und Revisionismus

Im Leben von Bronisław Geremek waren die Jahre zwischen 1950 und 1968 vor allem eine Zeit der wissenschaftlichen Ausbildung und Weiterqualifizierung, zunächst am Historischen Institut der Warschauer Universität, dann an der Polnischen Akademie der Wissenschaften. Hinzu kamen Studienaufenthalte und wissenschaftliche Tätigkeiten im Ausland, besonders in Frankreich, die seinen Werdegang als Forscher und Hochschullehrer entscheidend beeinflusst haben.

Für ihn waren es aber auch Jahre des marxistischen Denkens und des Glaubens an den Kommunismus, des Hoffens auf eine neue Gesellschaft und einen „neuen Menschen". Nicht umsonst betätigte sich Geremek zunächst als kleiner, kommunistischer Studentenfunktionär an der Universität, dann als Parteisekretär an der Akademie der Wissenschaften.

Auf den ersten Blick hatten wissenschaftliche und politische Tätigkeit kaum etwas miteinander zu tun. Das stimmt einerseits, andererseits aber auch nicht. Es gab durchaus Wechselwirkungen, wie wir sehen werden. Viel spricht aber auch dafür, dass die Wissenschaft eindeutig im Vordergrund stand. So war es durchaus legitim, zunächst den Werdegang Geremeks als Historiker zu beschreiben und zu analysieren, um nun im Anschluss daran seine politische Entwicklung darzustellen und mögliche Zusammenhänge zwischen Wissenschaft und Politik aufzuspüren.

3.1. Wenig beeindruckt vom „polnischen Oktober"

Schon in den frühen 1950er Jahren war die stalinistische Staatspartei *PVAP* (polnisch *PZPR*) keine monolithische Einheit mehr. Der Sicherheitsdienst bespitzelte selbst höchste Funktionäre der Partei. Säuberungen waren an der Tagesordnung. Sie betrafen nicht nur „rechte und nationalistische Abweichler" wie den früheren Parteichef Władysław Gomułka sowie seine Anhänger und auch ehemalige Mitglieder der sozialistischen *PPS*, sondern auch Gruppen von Parteifunktionären, die durch Alkoholismus, Diebstahl von Parteieigentum oder mangelnde Disziplin bzw. Unterordnung aufgefallen waren.

Symbolfigur für die Säuberungen war der berüchtigte Oberstleutnant Józef Światło, der als stellvertretender Leiter eines Spezialbüros im Ministerium für Öffentliche Sicherheit sein Unwesen trieb. Als Światło wegen des zunehmenden Machtkampfes um das Erbe Stalins in Moskau und der Amtsenthebung des NKWD-Chefs Lavrentji Berija im Sommer 1953 sein Amt gefährdet sah, setzte er sich in den Westen ab und berichtete dort freimütig über das Luxusleben der führenden Parteifunktionäre in Warschau und die Mechanismen in den oberen Etagen der PVAP, was dort beträchtliche Unruhe auslöste.

Gomułka war im August 1951 verhaftet worden, ließ sich aber in der Haft nicht „umdrehen". Schon zuvor hatte man den Parteiapparat weitgehend von seinen Anhängern gesäubert. Unter dem Druck der Ereignisse wurde Gomułka im Dezember 1954

65

entlassen, im Jahr darauf folgte die Auflösung des Ministeriums für Öffentliche Sicherheit. Bei vielen Polen galt Gomułka inzwischen als ehrlicher, patriotischer Kommunist, der für seinen Widerstand gegen den von Moskau dirigierten Stalinismus gelitten hatte. Innerhalb der PVAP verschärften sich die Machtkämpfe zwischen verschiedenen „Netzwerken" von Funktionären, die sich gegenseitig die Verantwortung für die jüngste Vergangenheit in die Schuhe schieben wollten.

Mit der langsamen Lockerung der Zensur wuchs die Zahl kritischer Stimmen gerade in der Jugend, die sich mehr und mehr auch öffentlich artikulierten. Zum Sprachrohr der jungen Leute wurde die studentische Wochenzeitung *Po Prostu*, die nicht nur erste, realistische Reportagen über die graue Lebenswelt im sozialistischen Polen veröffentlichte, sondern auch zunehmend kritische politische Fragen stellte zu den Konflikten zwischen Lenin und Stalin, zur Ermordung polnischer, kommunistischer Parteiführer 1937 in der Sowjetunion, zum Warschauer Aufstand 1944 und natürlich zu den Hintergründen der Inhaftierung Gomułkas.[142] Dabei betonten die Autoren von *Po Prostu*, dass sie ihren Glauben an eine gute Zukunft des Komunismus nicht verloren hätten.

Ein wichtiges Stimulans für die damalige Stimmung in der polnischen Jugend waren sicher die Weltjugendfestpiele im Sommer 1955 in Warschau, die zu einem Ort spontaner und kaum kontrollierter Begegnung zwischen 150 000 Polen und Gästen aller Hautfarben aus 100 Ländern wurden. Ebenfalls im Jahr 1955 entstand in Warschau auf Initiative von Jan Józef Lipski, Ewa Garztecka und Juliusz Garztecki der „Klub Krzywego Koła" (wörtlich „Klub des Krummen Kreises", so benannt nach einer Straße in der Warschauer Altstadt), der Wissenschaftler, Künstler und Literaten zu freimütigen Diskussionen zusammenführte. Im Laufe der Zeit zählten auch Paweł Jasienica, Leszek Kołakowski, Tadeusz Kowalik, Jacek Kuroń, Edward Lipiński, Adam Michnik und Karol Modzelewski zu den Mitgliedern des Klubs.

In dieser gesellschaftlich und politisch widersprüchlichen Situation brachte die „Geheimrede" von Nikita Chruschtschow auf dem XX. Parteitag der KPdSU am 25. Februar 1956 das Fass zum Überlaufen. Mit seinen Enthüllungen über den Personenkult und die Verbrechen Stalins zerstörte er das Fundament der Ideologie, die bisher auch an der Weichsel, zumindest offiziell, gegolten hatte. Schon im April des gleichen Jahres zirkulierte die Rede innerhalb der PVAP, bald auch in verschiedenen gesellschaftlichen Milieus. In ganz Polen entwickelte sich eine Debatte, die bald von der PVAP nicht mehr kontrolliert werden konnte. Viele junge Menschen, gerade auch außerhalb der Partei, die noch an Marx und den Kommunismus glaubten, zeigten sich erschüttert. Der polnische Historiker Paweł Machcewicz schreibt:

> „Von entscheidender Bedeutung war die Tatsache, dass sich die Barriere der Angst gesenkt hatte. Die Menschen begannen, offen sogar über besonders brennende Fragen zu sprechen. Bei öffentlichen Parteiversammlungen, als das Referat von Chruschtschow über die stalinistischen Verbrechen verlesen wurde, stellen die Teilnehmer Fragen zum

---

142 Siehe u. a. Michnik, Adam: Wściekłość i wstyd. Warszawa 2005, S. 133.

Thema Katyn[143], zum Molotow-Ribbentrop-Pakt[144], zur Verbannung von Polen in das Innere der UdSSR, zum Verlust von Wilno (heute Vilnius) und Lwów (heute Lwiw)[145], aber auch zu Fragen der Gegenwart: die Dominanz sowjetischer Offiziere und Berater im polnischen Militär und der Abtransport polnischer Kohle für einen Spottpreis Richtung Osten."[146]

Zu den direkten Folgen der Rede Chruschtschows in Polen gehörte eine große Amnestie, die mehr als 9000 Personen, vor allem politische Häftlinge, die Freiheit brachte. Schon kurz vor dem XX. Parteitag der KPdSU war die 1937/38 auf Geheiß Stalins liquidierte Polnische Kommunistische Partei rehabilitiert worden.

Die politische Krise des herrschenden Systems geriet in eine neue Phase, als die Arbeiter in Posen am 28. Juni 1956 ihre Betriebe verließen und auf den Straßen der Stadt gegen Normenerhöhungen und andere soziale Ungerechtigkeiten demonstrierten. Durch Losungen wie „Nieder mit dem Kommunismus" und „Sowjets raus" verliehen viele protestierende Arbeit dem Aufstand auch eine politisch-patriotische Qualität. Nachdem die Demonstranten vor das Gebäude des Sicherheitsdienstes gezogen waren, hörte man sogar Rufe, in denen der Unterdrückungsapparat mit SS und Gestapo verglichen wurde.

Schließlich setzte die Staatsmacht Tausende von Soldaten ein, die den Aufstand mit aller Gewalt niederschlugen. 73 Personen kamen ums Leben, Hunderte wurden verletzt. Doch schon bald scheiterten die offiziellen Propagandisten, die den Aufstand „westlichen Agenten und anderen Provokateuren" in die Schuhe schieben wollten. Die Staats- und Parteiführung und mit ihr die Staatsanwaltschaft mussten mehr oder weniger den Rückzug antreten. Bei mindestens 1000 Verhafteten und etwa 120 Anklagen wurden schließlich „nur" zwölf Personen verurteilt, die Freiheitsstrafen bis zu sechs Jahren vor allem wegen Körperverletzung erhielten.

Fast zwangsläufig tauchte die Forderung nach einer Rückkehr von Władysław Gomułka in der polnischen Öffentlichkeit auf, ebenso wurde die Freilassung des seit 1953 internierten Primas der Katholischen Kirche, Stefan Kardinal Wyszyński, erhoben. In wichtigen Zeitungen des Landes entwickelten sich Debatten über Arbeiterräte und Demokratisierung des Systems, über Sozialismus und Rechtsstaatlichkeit.

---

143 In einem Wald nahe Katyn wurden zwischen dem 3. April und dem 19. Mai 1940 etwa 4400 polnische Offiziere sowie Polizei- und Grenzbeamte durch Angehörige des NKWD ermordet.
144 Deutsch-sowjetischer Nichtangriffspakt vom 24. August 1939 (mit Datum vom 23. August 1939)
145 Vilnius war ab 1918 Hauptstadt des litauischen Staates, ab 1922 wieder Teil Polens, nach dem Zweiten Weltkrieg Hauptstadt der der Sozialistischen Sowjetrepublik Litauen, und ist seit 1990 Hauptstadt des unabhängigen Litauen. Lwiw gehörte ab 1918 zu Polen, war nach dem Zweiten Weltkrieg Teil der Ukrainischen Sowjetrepublik und ist seit 1991 Teil der unabhängigen Ukraine.
146 Machcewicz, Paweł: Czerwiec '56 – ostatnie powstanie. In: Ders.: Spory o historię. Kraków 2012, S. 55.

Innerhalb der kommunistischen PVAP eskalierten die Rivalitäten besonders zwischen zwei Fraktionen: den „Natolińczycy"[147], moskautreu und antisemitisch infiziert, sowie den „Puławianie"[148], in der jüdischstämmige kommunistische Funktionäre dominierten, die kaum liberaler als ihre Gegner waren. Beide Gruppierungen trugen Verantwortung für die Auswüchse des Stalinismus, sahen schließlich aber ein, dass nur eine Rückkehr Gomułkas an die Macht das erodierende System wieder festigen konnte. So wurde dieser zur Sitzung des Politbüros am 12. Oktober 1956 eingeladen, wo er seine politische Linie erläutern konnte: stärkere Wahrnehmung polnischer Interessen bei Anerkennung der sowjetischen Führungsrolle im Ostblock, Verzicht auf die Zwangskollektivierung der Landwirtschaft, flexiblere Wirtschafts- und Sozialpolitik. Wenig später wurde Gomułka auch wieder zum Mitglied des Zentralkomitees der PVAP gewählt.

Die revolutionären Vorgänge in Polen sorgten natürlich für große Unruhe bei der sowjetischen Führung. Auf verbale Ermahnungen in Moskau folgten militärische Drohgebärden in Polen, als sich am Morgen des 19. Oktober sowjetische Panzerdivisionen Richtung Warschau in Bewegung setzten. Am gleichen Tag landete eine sowjetische Delegation mit einem aufgebrachten Chruschtschow auf dem Warschauer Flughafen, um in Verhandlungen mit einer polnischen Delegation unter Leitung von Gomułka drei Ziele durchzusetzen:

- die Verpflichtung Polens auf die sowjetische Machtdoktrin im Ostblock,
- den Verbleib des sowjetischen Marschalls Konstanty Rokossowski in der Parteiführung der PVAP, der zu diesem Zeitpunkt als Politbüromitglied, Vizepremier, stellvertretender Verteidigungsminister und Sejmabgeordneter in Polen fungierte,
- zu verhindern, dass Gomułka zum Ersten Sekretär der PVAP gewählt wurde.

Die erbitterten Verhandlungen wurden begleitet von Protestkundgebungen der Arbeiter im Warschauer Stadtteil Żerań und vor dem Politechnikum im Zentrum der Stadt.[149] Auch in Nowa Huta vor den Toren Krakaus und an der Universität der Stadt protestierten Arbeiter und Studenten. Unter den Arbeitern Warschaus spielte Lechosław Goździk aus der Autofabrik in Żerań (Fabryka Samochodów Osobowych – FSO) eine führende Rolle.[150] Warschauer Studenten diskutierten, wie man sich am besten gegen die sowjetischen Panzer wehren könne. Die Proteste gipfelten in dem Schlagwort: „Wir oder Moskau."

Dem Verhandlungsgeschick Gomułkas war es zu verdanken, dass Nikita Chruschtschow und seine Delegation am Morgen des 20. Oktober unverrichteter Dinge wie-

---

147 So genannt nach dem Warschauer Vorort Natolin, wo sich diese Gruppe traf.
148 Nach der Stadt Puławy südöstlich von Warschau, wo diese Fraktion ihre Taktik ausarbeitete.
149 Siehe u. a. Friszke, Andrzej: Anatomia Buntu. Kraków 2010, S. 35 f.
150 Siehe Praca zbiorowa: Wasz Goździk naszym Goździkiem. Droga życiowa i aktywność polityczny Lechosława Goździka. Warszawa 1994.

der abreisen mussten.[151] Gomułka hatte ihnen vor allem entgegen gehalten, dass das „Bündnis" mit der Sowjetunion nur mit einer neuen Parteiführung in Polen gesichert werden könnte.

Tatsächlich sah Gomułka in dem in der Gesellschaft aufkommenden Patriotismus und den Emanzipationsbestrebungen verschiedener Schichten eine Gefahr für die kommunistische Herrschaft in Polen. So ging es ihm vor allem darum, die revolutionäre Stimmung zu dämpfen und für Ruhe zu sorgen. Am 24. Oktober hielt er vor Hunderttausenden, die am Warschauer Kulturpalast demonstrierten, eine patriotische Rede und betonte gleichzeitig, dass nun die Zeit gekommen sei, an die Arbeit zurückzukehren.

Trotzdem kam mit dem „polnischen Oktober" vieles in Bewegung. „Das ... massenhafte Auftreten (von Teilen der Gesellschaft – R.V.) – im Juni in Posen und im Oktober 1956 im ganzen Land – entschied darüber, dass die Entstalinisierung breiter und tiefer als in anderen Ländern des Ostblocks war…", schreibt Paweł Machcewicz.[152] So wurde fortan der Sicherheitsapparat reduziert und nicht mehr so repressiv eingesetzt wie im Stalinismus. Auch die Zwangskollektivierung der Landwirtschaft nahm ein Ende. Des Weiteren erlangte die Katholische Kirche mehr Autonomie. Der Druck auf Wissenschaft, Kultur und Kunst verringerte sich, der „sozialistische Realismus" wanderte ins Reich der Vergangenheit. Die Parteiführung war nicht mehr erpicht darauf, das gesellschaftliche Leben mit Gewalt zu sowjetisieren und russifizieren. In der Parteipropaganda verlagerte sich der ideologische Schwerpunkt vom Marxismus-Leninismus auf nationale und patriotische Aspekte. Das Jahr 1956 bedeutete außerdem das definitive Ende aller bewaffneten Widerstandsaktionen konservativ-bürgerlicher Kräfte, die es bis dato noch vereinzelt gegeben hatte.[153]

Trotz seiner Beschwichtigungsversuche war Władysław Gemułka im Spätherbst 1956 sehr populär. Kaum ein anderer polnischer Politiker des 20. Jahrhunderts genoss ein ähnliches Ansehen. Selbst in aktuellen Meinungsumfragen, in denen nach den wichtigsten Persönlichkeiten des Landes der letzten 100 Jahre gefragt wird, blitzt diese Tatsache noch ein wenig auf. Es war die Volksbewegung und deren Hoffnung auf einen Sozialismus „mit menschlichem Antlitz"[154], die Gomułka zurück an die Macht gebracht hatte. Doch in nicht allzu ferner Zukunft sollte er sein wahres Gesicht zeigen.

Wie schon erwähnt, war Bronisław Geremek im Jahr 1950, also in der Blütezeit des Stalinismus, der kommunistischen PVAP beigetreten. Seinen Austritt vollzog er erst 1968. Das bedeutet, dass die revolutionären Ereignisse Mitte der 1950er Jahre und speziell der „polnische Oktober" in seine Zeit als Parteimitglied fielen. Einschränkend muss dazu gesagt werden, dass er, wie schon dargestellt, im Jahr 1954 einen mehrwöchigen Studienaufenthalt in den USA absolvierte und 1956, noch vor dem Arbei-

---

151 Ebd. S. 38.
152 Machcewicz, Paweł: Czerwiec … a.a.O., S. 57.
153 Vgl. ebd. S. 58–63.
154 Ein Begriff, der vor allem im „Prager Frühling" 1968 eine Rolle spielte.

teraufstand im Juni und den dramatischen Ereignissen im Oktober zu einem zweijährigen Graduiertenstudium nach Paris ging.

Der Historiker Andrzej Friske charakterisiert das Bewusstsein junger Geschichtsstudenten wie Geremek in den frühen 1950er Jahren:

> „Das (die Parteimitgliedschaft – R.V.) war keine Ausnahme in dieser Generation, auch in dieser Generation von Historikern. Auch Prof. Małowist und ein Teil seiner Schüler waren Parteimitglieder. Zu den Gründen, die sie veranlassten, sich in die Partei einzuschreiben, zählten die Wissenschaftler dieser Generation, unter ihnen enge Freunde (Geremeks – R.V.): die Identifizierung des neuen Systems mit gesellschaftlichem Fortschritt sowie kulturellem und zivilisatorischen Aufstieg bisher benachteiligter Volksschichten; das Gefühl der Vereinsamung, besonders stark bei Menschen jüdischer Herkunft, und der Wunsch nach Zugehörigkeit zu Gruppen starker gegenseitiger Bindung; die Ablehnung nationalistisch-klerikaler Ausdrucksformen des Polentums; der Wunsch, im sozialen Bereich aktiv zu sein, was mit der Zugehörigkeit zur PVAP in Verbindung gebracht wurde; eine gewisse Faszination des Marxismus im Milieu der Historiker, zu dessen Elementen ja auch die These gehört, dass kulturelle und politische Veränderungen von der ökonomischen Basis abhängig seien, was das Interesse der Forscher auf die ökonomische Sphäre richtete."[155]

Geremeks Cousine Zofia Żukowska berichtet über Diskussionen mit seinem Stiefvater Stefan:

> „Onkel Geremek, der an seiner Vorkriegssysmpathie für die Bauernpartei PSL festhielt, war sehr kritisch gegenüber den Kommunisten. Ständig beschäftigte er uns mit Mahnungen wie: ‚Lasst Euch nicht betrügen, das ist alles nicht wahr. Sucht Euch einen Kompass für das Leben. Fragt Euch, ob eine Ideologie für oder gegen den Menschen ist. Und wenn Ihr mir sagt, dass der Kommunismus dem Menschern diene, dann beginne ich sofort mit Euch zu diskutieren. Ihr lebt in einer Lüge.' Das sagte er uns. Und wir waren der Meinung, dass er schrecklich konservativ sei, dass ein Bauer vom Dorf von Natur aus konservativ sein müsse. Er hält an seinem Boden fest und ist konservativ. Das hat er mit der Muttermilch aufgesogen."[156]

In Geremeks Bewusstsein bestand ein Zusammenhang zwischen Studium und Parteimitgliedschaft, zwischen Wissenschaft und Politik. Seine Ausbildung zum Historiker und seine folgende wissenschaftliche Tätigkeit verstand er ebenso wie seine Arbeit in der PVAP als Beitrag zum Aufbau eines neuen Polen, in dem eben die Partei eine führende Rolle spielte. Bis zu seiner Abreise nach Paris war er Mitglied der Parteizelle (Podstawowa Organizacja Partyjna – POP) am Historischen Institut und auch zweiter Sekretär der Zelle der Warschauer Universität.

Die wenigen, bislang erreichbaren diesbezüglichen Quellen vermitteln den Eindruck, dass Geremek seine Parteitätigkeit vor allem als Ansporn sowie Kontroll- und Disziplinierungsinstrument für sich selbst und auch seine Mitstudenten verstanden

---

155 Friszke, Andrzej: Bronisława Geremka droga do wolnej Polski. In: *WIĘŹ* 2008, nr. 9. Mit Verweis auf Bajer, Magdalena: Blizny po ukąszeniu. Biblioteka WIĘZI, Warszawa 2005.
156 Zofia Żukowska ... (Fn. 21).

hat. Anders formuliert: Wer für ein neues Polen eintritt, muss auch dafür sorgen, dass das Land über gute, wenn nicht gar hervorragende Historiker und andere Wissenschaftler verfügt, die ihre ganze Energie in die eigene Ausbildung und Weiterbildung stecken. Das verweist natürlich auf ein gewisses Elitebewusstsein. Geremek interessierte sich weniger dafür, die Sitzungen seiner Parteizelle für allgemeine Debatten über innen- und außenpolitische Fragen zu nutzen.

Das zeigte sich beispielsweise anhand eines „Kadergesprächs", das er zusammen mit Jerzy Holzer[157] und Adam Kersten[158] sowie anderen Genossen der Parteizelle am Historischen Institut der Warschauer Universität am 30. Juni 1952 führte.[159] Bei der Unterredung ging es um den Antrag von Ryszard Kapuściński[160], als Kandidat und später als Mitglied „in die Reihen" der PVAP aufgenommen zu werden. Kapuściński studierte damals zwei Semester unter Geremek. Der Antragsteller legte zu diesem Zweck einen handschriftlichen Lebenslauf und eine selbstkritische Würdigung seines Studienverlaufs und seiner bisherigen politischen Tätigkeit vor. Für eine Parteimitgliedschaft Kapuścińskis hatte sich unter anderem der Poet Wiktor Woroszylski[161] eingesetzt.

In einer schriftlichen Stellungnahme begründete Geremek seine Befürwortung einer Aufnahme des Kandidaten mit dessen Opferbereitschaft, Enthusiasmus, Kampfeswillen und bisherigen politischen Leistungen, kritisierte aber auch dessen fehlende Einsicht in die führende Rolle der Partei auch am Historischen Institut, sein mangelndes Verständnis für kollektives Arbeiten sowie seinen zeitweise erlahmenden Eifer in Studium und Wissenschaft. Kersten dagegen betonte, dass sich Kapuściński in jüngster Zeit beim Studium mehr angestrengt habe, während Holzer lobend dessen gute Arbeit im Institutsvorstand des Jugendverbandes ZMP hervorhob. Schließlich befürworteten die Genossen einstimmig die Aufnahme des Antragstellers als Kandidat. Reguläres Parteimitglied wurde Kapuściński erst am 11. April 1953.

Das Gespräch verlief im damals üblichen Duktus der kommunistischen Partei, wobei Begriffe wie Kader und Disziplin, Kritik und Selbstkritik, führende Rolle der Partei und Geschlossenheit deren Reihen eine wichtige Rolle spielten. Andererseits fällt auf, dass einzelne Elemente der Parteiideologie sowie konkrete politische Fragen nicht zur Sprache kamen. Im Vordergrund stand der unermüdliche Einsatz für Studium und Wissenschaft.

---

157 Jerzy Holzer (geb. 1930), polnischer Historiker, in Deutschland vor allem durch sein Buch über die „Solidarität", seine Kommunismusstudien und seine Tätigkeit im Rahmen des Deutsch-Polnischen Forums bekannt.
158 Adam Kersten (1930–1983), polnischer Historiker mit dem 17. Jahrhundert als Spezialgebiet, nach seinem Austritt aus der kommunistischen Partei (1978) Mitarbeiter der „Fliegenden Universität" und später auch Mitglied der „Solidarität".
159 Siehe Domosławski, Artur: Kapuściński Non-Fiction. Warszawa 2010, S. 82 ff.
160 Ebd.
161 Wiktor Woroszylski (1927–1996), Lyriker, Erzähler, Übersetzer, damals Protagonist des „sozialistischen Realismus", auch Kulturredakteur der kommunistischen Jugendzeitschrift *Sztandar Młodych.*, nach seinem Austritt aus der kommunistischen Partei (1966) Mitarbeiter des „Komitees zur Verteidigung der Arbeiter" und der „Fliegenden Universität".

Der Politikwissenschaftler Aleksander Smolar[162] meint:

> „Solche Geschichten lassen sich auch aus dem Leben Kołakowskis erzählen – generell über die Generation dieser begabten Menschen, die später eine wesentliche Rolle in der polnischen Kultur spielten, damals aber leidenschaftlich dem „neuen Glauben" anhingen und an die Chance glaubten, die dieser ihrer Auffassung nach für Polen eröffne."

Tatsächlich war der berühmte Philosoph Leszek Kołakowski zum damaligen Zeitpunkt Mitarbeiter eines Instituts des Zentralkomitees der kommunistischen PVAP, an dem wissenschaftliche Kader für die Parteitätigkeit ausgebildet wurden, bevor er sich später von der Partei und dem sozialistischen System in Polen überhaupt lossagte und den Marxismus einer grundlegenden Kritik unterzog.

Smolar betont auch, dass es falsch sei, Geremek zu unterstellen, er sei allein deshalb in die Partei gegangen, weil er als Historiker Karriere machen wollte. Andererseits lässt sich nicht leugnen, dass ihm die Parteimitgliedschaft geholfen hat, als Student und Wissenschaftler vorwärts zu kommen. Dass daraus eine exzellente wissenschaftliche Karriere entsprang, resultierte aber in erster Linie aus seiner Intelligenz sowie seinem Eifer als Lernender und Forscher.

Offensichtlich entwickelten spätere Dissidenten wie Jacek Kuroń (geb. 1932) und Karol Modzelewski (geb. 1937), in jenen Jahren ebenfalls Studenten am Historischen Institut der Warschauer Universität, schneller als Geremek kritisches Bewusstsein gegenüber der kommunistischen Partei und dem in Polen herrschenden System. Möglichweise hatten sie auch früher konkretere Informationen über die Schwächen oder gar Verbrechen des Systems als Geremek, der sich sehr stark auf die Wissenschaft konzentrierte. Immerhin, wie bereits dargestellt, war gerade auch das Historische Institut schon vor 1956 ein Hort kritischen oder gar aufmüpfigen Denkens.

Jahrzehnte später sagte Geremek in einem Gespräch mit dem polnischen Journalisten Jacek Żakowski:

> „Natürlich ist jeder Mensch für seine Dummheiten und Verrücktheiten verantwortlich. Meine Akzeptanz für den Stalinismus hatte von beidem etwas. Das war auch eine Art Ausweg aus meiner Kriegsbiografie, der Biografie eines Kindes, das den Krieg unter schrecklichen Bedingungen überlebt hatte. Diese Periode (des Stalinismus – R.V.) schließt eine Zeit in meinem Leben ab, an die man sich nie erinnern möchte. Ich bin nie zu den Erfahrungen meiner Kindheit zurückgekehrt, auch wenn sie mich natürlich geformt haben. Damals war die Welt vor meinen Augen in Flammen aufgegangen. Das galt auch für das Fortbestehen der Familie, das immer auch mit dem Fortbestehen bestimmter Werte, Grundsätze und Regeln verbunden ist. In meinem Leben als Kind fiel die Welt ständig auseinander. Auch das trug zu meiner späteren Sensibilität bei.

---

162 Aleksander Smolar im Gespräch mit dem Autor am 23.11.2011. Smolar gehörte in den Jahren 1954–57 dem kommunistischen Jugendverband ZMP an und war bis 1968 auch Mitglied der kommunistischen PVAP, bevor er wegen seiner Unterstützung für Leszek Kołakowski ausgeschlossen wurde. Später pflegte er enge Beziehungen zur antikommunistischen Opposition und war ab 1989 auch mehrfach Regierungsberater. Seit langem ist er Direktor des unabhängigen „think tanks" Fundacja im. Stefana Batorego in Warschau.

Die Sicherung meiner Existenz in der Phase des Stalinismus ist Teil meiner Lebensgeschichte. Zu Beginn des Studiums der Geschichte, beschloss ich, mich mit der Historie des 20. Jahrhunderts zu beschäftigen. Allerdings traf ich in einem Seminar für neueste Geschichte auf Personen, die besonders das stalinistische historische Denken repräsentierten. Nach einigen Sitzungen hatte ich das Gefühl zu ersticken. Und deshalb floh ich so weit weg, wie es ging – dorthin, wo es keine ständige politische Bezugnahme und verpflichtende Instruktionen gab, wo vielmehr freies Denken der Maßstab war."[163]

Bronisław Geremek hat die revolutionären Ereignisse im Sommer und Herbst 1956 in Warschau nicht direkt erlebt. Ihm fehlten die Eindrücke und Erfahrungen von den Versammlungen bei FSO in Żeran und am Politechnikum, von den Begegnungen zwischen Arbeitern und Studenten und von den Auftritten eines Arbeiterführers wie Lechosław Goździk, von den erbitterten Debatten im kommunistischen Jugendverband ZMP und dem Auftritt Gomułkas am 24. Oktober vor Hunderttausenden am Kulturpalast. Alles das hat er erst im Nachhinein intensiv zur Kenntnis genommen. Aktivisten wie Jacek Kuroń und Karol Modzelewski hatten ihm also vieles voraus.

Geremek zu Żakowski:

„Im Jahr 1956 war ich ... in Frankreich. Die Juniereignisse in Posen und auch Budapest (der ungarische Aufstand gegen Stalinismus und sowjetische Fremdherrschaft – R.V.) habe ich in Paris verfolgt, und vorn dort aus schien mir das weit entfernt zu sein. Erst nach meiner Rückkehr nach Polen (1958 – R.V.) habe ich gelernt, was das Jahr 1956 bedeutete. Im übrigen weckten die ersten Jahre Gomułkas Hoffnung – 1956, 1957 und sogar der Beginn des Jahres 1958. Selbst die Zerschlagung von *Po Prostu* erschien mir nicht als Symptom einer unvermeidlichen Rückkehr zum Stalinismus. Polen hatte sich in erheblichem Maße von der russischen Vorherrschaft befreit, vom russischen Modell des Kommunismus, von der Kollektivierung, von der an den Hals gehenden Zensur. Nach wie vor lebten wir deutlich freier als zu Beginn der 1950er Jahre. Budapest empfand ich nicht als eine Niederlage der Hoffnung, vielmehr als Teil eines schlechten Szenariums. Außer des ungarischen gab es doch auch das polnische Szenarium, das einen positiven Anschein erweckte. 1968 fehlte ein solches positives Drehbuch."[164]

Geremek setzte also Hoffnungen auf den Machtantritt Gomułkas im Herbst 1956. „Dessen bin ich mir sicher", betont Karol Modzelewski.[165] Jacek Kuroń trat schon im Mai 1956 wieder in die Partei ein. Für Geremek waren all die Dinge wichtig, die ab Herbst 1956 in Gang kamen: die Lockerung der staatlichen Repression, die liberalere Politik gegenüber der Kirche, die Rücknahme der Kollektivierung, die Lockerung des Sowjetisierungs- und Russifizierungsdrucks auf die Gesellschaft sowie die Schaffung von mehr Freiraum für Wissenschaft, Kunst und Kultur. Vielleicht hat er auch darauf gehofft, dass die 1945 in Jalta begründete hegemoniale Ordnung irgendwann ihrem Ende entgegengehen könnte.

---

163 ROK 1989. Geremek ... a.a.O., S. 116.
164 Ebd. S. 115. Siehe auch Żyliński, E. (Mieszczanek, A.): Prywatny horyzont wolności. In: *Karta*, nr. 4/1987, S. 120 f.
165 Modzelewski .... (Fn. 90).

Die politische Entwicklung Kurońs und Modzelewskis vor Augen, fällt es auf den ersten Blick schwer, die anfängliche Distanz Geremeks zu den Ereignissen von 1956 zu verstehen. Ebenso spricht aus seiner nachträglichen Einschätzung seiner Haltung die Sicht des Historikers, der in längeren Zeiträumen denkt. Vermutlich spielte auch die Tatsache eine Rolle, dass er in den 1950er und 1960er Jahren sehr stark in die Welt der Wissenschaft eintauchte und konkrete politische Ereignisse nur am Rand registrierte – trotz seiner Mitgliedschaft in der Partei. Noch dazu zeitweise in der faszinierenden Weltstadt Paris. Der Historiker Henryk Samsonowicz betont:

> „Er war (schon damals – R.V.) Europäer. Er hörte in die Welt hinein und lernte Prozesse kennen, die sich jenseits von Polen abspielten. Das bedeutet natürlich nicht, dass er historische Erfahrungen des Vaterlandes negierte. Aber Bronek ... gelangte schnell zur westlichen Elite und war dort mit sich selbst im Reinen."[166]

3.2. „Kleine Stabilisierung", Kuroń und Modzelewski, März 1968

Besonders seit den Ereignissen von 1956 war Władysław Gomułka als Erster Sekretär der PVAP sehr populär, doch es fehlte ihm noch die innenpolitische Legitimierung. Bis dato konnte er nur auf das Votum des Zentralkomitees der PVAP, das ihn gewählt hatte, und auf die Akklamation der Zuhörer bei seinen öffentlich Auftritten insbesondere am 24. Oktober verweisen. So stilisierte die Parteipropaganda die Wahl zum Sejm am 20. Januar 1957 als Plebiszit für oder gegen den neuen Parteichef. Immerhin wurden die meisten der exponierten Stalinisten nicht mehr als Kandidaten aufgestellt, viele neue Namen tauchten auf den Listen auf. Aber die Wähler konnten nicht wirklich zwischen alternativen Kandidaten entscheiden. Parteilose Bewerber oder auch Parteimitglieder, die für die PVAP-Spitze unbequem waren, hatten kaum eine Chance. Trotzdem fiel der Sieg Gomułkas mit 98 Prozent der Stimmen für die Parteikandidaten auf den vorderen Listenplätzen mehr als deutlich aus, bei einer Wahlbeteiligung von 94 %. Die Gestaltung der Wahl zeigte, dass der Erste Sekretär vielleicht ein Volkstribun, aber beileibe kein Demokrat war.

So machten sich Gomułka und seine Mitstreiter auch bald daran, den eingeleiteten Reformen die Spitze abzubrechen. Auf dem IX. Plenum des Zentralkomitees im Mai 1957 sprach Gomułka zwar von einem „polnischen Weg" zum Sozialismus und erwähnte in diesem Zusammenhang Mitbestimmungsrechte der Arbeiterräte in den Fabriken, mehr Bewegungsfreiheit für die regionalen und lokalen „Selbstverwaltungen" sowie die Organe der Bauern und auch eine gewisse Koexistenz mit der katholischen Kirche, bekannte sich aber auch zu den kommunistischen Prinzipien wie Diktatur des Proletariats, demokratischer Zentralismus als Organisations- und Führungsprinzip sowie Planwirtschaft. Seine Abrechnung mit einigen Exponenten des stalinistischen

---

166 Inny Bronek. Z prof. Henrykiem Samsonowiczem rozmawia Rafał Kalukin. In: *Gazeta Wyborcza*, 21 lipca 2008.

Terrors wirkte blass gegenüber seinen scharfen Angriffen auf die „Revisionisten"[167] um den Philosophen Leszek Kołakowski, die für einen demokratischen Sozialismus bzw. „Sozialismus mit menschlichem Antlitz" eintraten. Im Oktober 1957 beschloss das Zentralkomitee der PVAP die Einstellung des studentischen Wochenblattes *Po Prostu*, das sich durch brillante Reportagen sowie scharfe Analysen und Kommentare zu einem führenden Sprecher des „polnischen Oktober" entwickelt hatte. Bei studentischen Protesten gegen die Absetzung, die mehrere Tage anhielten und von der Polizei brutal niedergeschlagen wurden, gab es zwei Tote, etwa 180 Verletzte (auch Polizisten) und annähernd 500 Festnahmen. Ebenso wurde die Zensur wieder verschärft, die Arbeiterräte ließ man kaum zur Entfaltung kommen.

Innerhalb der PVAP sicherte Gomułka seine dominierende Position ab, indem er das Politbüro als oberstes Entscheidungsorgan nur noch selten zusammentreten ließ und de facto entmachtete. Entscheidungen über ideologische Fragen, den Kurs in der Wirtschaftspolitik und in Personalfragen traf er entweder allein oder aber in einem „informellen" Kreis von einigen wenigen führenden Funktionären. Auch die Regierung in Gestalt des Ministerrats war nur noch Befehlsempfänger und ausführendes Organ.

Gomułka nutzte seine Machtposition außerdem, um die „Liberalen" in der Partei („Puławianie"[168]) auszuschalten, die in den folgenden Jahren fast alle ihre wichtigen Posten in Politik, Militär, Verwaltung und Kultur verloren. Die Parteigänger Moskaus („Natolińczycy"[169]) ließ er gewähren ohne dass sie als funktionierende Gruppe Einfluss ausübten. Parallel dazu begann innerhalb der Partei der Aufstieg der nationalistischen, mehr und mehr antisemitisch eingefärbten Strömung der „Partisanen" (polnisch „partyzanci") um den späteren Innenminister Mieczysław Moczar, der kommunistische Widerstandskämpfer aus dem Zweiten Weltkrieg, einige der Moskautreuen von 1956 sowie jüngere, karrierebewusste Parteifunktionäre, denen Gomułkas alternde Genossen den Aufstieg versperrten, um sich scharte. Moczar und seine Mitstreiter wetterten gegen die „Juden" (kommunistische Funktionäre, die 1944 aus der Sowjetunion zurückgekehrt waren) lobten stattdessen diejenigen kommunistischen Widerstandskämpfer, die während des Zweiten Weltkriegs „im Land ausgeharrt" hatten. Diese Bewegung blieb lange Zeit organisatorisch und politisch schwach, verschaffte sich aber als nationalistische, antisemitische, antiintellektuelle und antideutsche Kraft lautstark Gehör.

Ab 1958 zog die PVAP auch wieder gegen den „Klerikalismus" zu Felde, was aber nicht unbedingt Verhaftungen und Verurteilungen von Geistlichen bedeutete. Allerdings wurde der Religionsunterricht aus den Schulen in die Kirchen verbannt. Da der Bau von Kirchen in Neubausiedlungen verboten wurde, kam es zu lokalen Konflikten, in denen die Gläubigen um ihr Gotteshaus kämpfen. Bekannt wurde vor allem

---

167 Siehe besonders S. 65 ff dieses Buches.
168 Siehe S. 74 f.
169 Ebd.

die Auseinandersetzung im Krakauer Arbeiterstadtteil Nowa Huta, wo im Laufe eines massiven Polizeieinsatzes Demonstranten verletzt und verhaftet wurden.

Der Historiker Włodzimierz Borodziej spricht von einem regelrechten Kulturkampf, den die Partei gegen die Katholische Kirche inszenierte.[170] Dabei geriet besonders der Brief der polnischen Bischöfe an ihre deutschen Amtsbrüder vom 18. November 1965 ins Visier der Parteipropaganda. Darin befassten sich die Bischöfe ausführlich mit der Geschichte der deutsch-polnischen Nachbarschaft und ließen auch das Thema der Vertreibung der Deutschen ab 1945 nicht aus. Ihr Schreiben gipfelte in dem berühmten Satz: „Wir gewähren Vergebung und bitten um Vergebung." Die Bitte um Vergebung betraf offensichtlich die polnische Mitschuld an der Vertreibung.

Gerade diese versöhnliche Haltung der katholischen Bischöfe zog eine massive Propagandakampagne von Partei und Staat nach sich. Mit einer Flut von Veranstaltungen, bei denen Parteifunktionäre auftraten, und in zahllosen Zeitungsartikel wurden die Bischöfe angeklagt, die polnische Staatsräson verraten und die Interessen des Landes an den westdeutschen Revanchismus verraten zu haben. Die Kirche, so Gomułka, solle nicht mehr der Illusion anhängen, dass sie die Hegemonie über die Seelen der Menschen ausübe, und solle aufhören, Polen als Bollwerk gegen den Kommunismus und die Sowjetunion zu betrachten.

Allerdings zeigte auch die Kirche, dass sie etwas von Propaganda versteht, als sie die 1000-Jahr-Feier des Beginns der Christianisierung Polens im Jahr 966 als Bekräftigung ihrer Schlüsselrolle in der polnischen Geschichte inszenierte. Als das Bild der Schwarzen Madonna von Tschenstochau durch Polen getragen wurde und Hunderttausende an den religiösen Feiern teilnahmen, reagierten Partei und Staat mit einem Polizeieinsatz, bei dem das Bild nach Tschenstochau zurückgebracht und bewacht wurde.

Allerdings konnten die Machthabenden gegen den Einfluss kirchlicher Symbolik wenig ausrichten. Und obwohl die Mehrheit der Gesellschaft die Bitte um Vergebung an die deutschen Bischöfe eher ablehnte, trieb sie die Penetranz der antikirchlichen Propaganda noch stärker auf die Seite der Kirche. In der Folgezeit beschränkten sich Partei und Staat im Wesentlichen auf die Überwachung des Klerus durch den Sicherheitsdienst sowie einzelne Repressionen etwa beim Kirchenbau. Zeitweise schien es so, als betrachteten die Machthaber die Kirche als eine Art Partner bei der Aufrechterhaltung von Sicherheit und Ordnung.

Ebenso wichtig wie das Pochen der Katholischen Kirche auf „ihre" Rolle in Geschichte und Gesellschaft, bei aller überzogenen Selbstgerechtigkeit der Bischöfe, war das Auftreten der Kulturschaffenden, die mit dem „polnischen Oktober" neuen Mut, aber auch einen selbstkritischen Blick auf ihre Rolle im Stalinismus gewannen. Natürlich erlangten diese nicht so einen Masseneinfluss wie die Kirche. Aber es war schon eindrucksvoll, als Kazimierz Brandys, vordem ein renommierter Verfechter des „sozialistischen Realismus", mit dem 1957 erschienen Roman „Matka Królów" (wört-

---

170 Borodziej, Włodzimierz: Geschichte … a.a.O., S. 309.

lich „Mutter der Könige")[171] den Stalinismus einer scharfen Kritik unterzog. Marek Hłasko wiederum befasste sich in seinen Büchern wie „Ósmy dzień tygodnia" („Der achte Wochentag") mit dem Alltag des realen Sozialismus: Wohnungsnot und Alkoholismus, jugendliche Langeweile und Repression.[172] Wie der Schauspieler Zbigniew Cybulski galt Hłasko als „polnischer James Dean".

Populäre Filme wurden zum Ausgangspunkt wichtiger historischer und kultureller Debatten. So sorgte Andrzej Wajdas Verfilmung des Romans „Popioły" (wörtlich: Totenasche, Stefan Żeromski, 1904) für eine Diskussion über den in Polen populären Mythos der Napoleonischen Kriege. Denn die jungen Polen, die sich um 1800 als Soldaten Napoleon angeschlossen hatten, kämpften dabei nicht für die Befreiung ihres Vaterlandes, sondern beteiligten sich auch an der Unterjochung anderer Nationen wie etwa der Spanier. Der Film war ein wesentliches Element der Auseinandersetzung um eine „nationale" oder kritische Sicht der Nationalgeschichte und damit auch eine wichtige Begleitmusik zu dem parteiinternen Aufstieg der „Partisanen" um Mieczysław Moczar, die sich ja als Hüter solcher Werte wie der „bewaffneten" und des kämpferischen Patriotismus verstanden. Nicht zufällig wurde Wajda gerade von den Wortführern der „Partisanen" angegriffen. Die Nationalkommunisten selbst haben keinen namhaften Künstler oder Schriftsteller hervorgebracht, dessen Werke sie als kulturelles Leitbild hätten funktionalisieren können.

Wenn das politische, stark mit dem Namen Gomułkas verbundene System Polens bis weit in die 1960er Jahre eine relative Stabilität aufwies, dann hing das nicht zuletzt mit der wirtschaftspolitischen Weichenstellung zusammen. So wurde der Ausbau der Schwerindustrie verlangsamt, wodurch die Wirtschaft mehr Verbrauchsgüter für die Bevölkerung produzieren konnte. Die weitgehende Auflösung der landwirtschaftlichen Produktionsgesellschaften und die Stärkung privater bäuerlicher Betriebe trugen zur Verbesserung der Lebensmittelversorgung und damit zur Hebung des Lebensstandards bei. Private Dienstleistungen in Gestalt von Geschäften, Cafés, Restaurants und Bars waren wieder erlaubt.[173] Im Ergebnis war die Grundversorgung weitgehend gesichert. Die Gesellschaft genoss keinen Wohlstand auf westlichem Niveau, musste aber auch nicht mehr ums Überleben kämpfen wir in den 1930er Jahren oder gar während des Zweiten Weltkriegs. Fortschritte gab es auch bei der medizinischen Grundversorgung, das Analphabetentum konnte gesenkt werden. Die Zahl der Studenten und damit der Bürger mit Hochschulbildung stieg erheblich an. Es gab weitaus mehr Lehrer, Ärzte und Ingenieure als in den ersten Jahren nach dem Zweiten Weltkrieg. Einige

---

171 Brandys, Kazimierz: Matka Królów. Warszawa 2010. 1982 drehte Janusz Zaorski aufgrund der Romanvorlage einen gleichnamigen Film. Brandys, ab 1946 Mitglied der kommunistischen PPR und später der PVAP, trat 1966 wegen der Repressionen gegen Leszek Kołakowski aus der Partei aus.
172 Der Roman erschien in Polen erstmals im Jahr 1957. Ein Jahr später drehte Aleksander Ford nach der Romanvorlage einen gleichnamigen Film. Deutsche Ausgabe des Buches: Hłasko, Marek: Der achte Tag der Woche. Köln, 1990.
173 Vgl. Kaliński, Janusz: Gospodarka polska w latach 1944–1989. Przemiany strukturalne. Warszawa 1995, S. 79 ff.

Schwächen konnten allerdings kaum überwunden werden: der Mangel an Wohnraum, die schlechte Versorgung mit Telefonen und geringe Ausstattung der Gesellschaft mit Pkw. Immerhin gab es mehr Radios, mit der Zeit auch Fernsehapparate sowie andere Haushaltsgeräte wie Kühlschränke und halbautomatische Waschmaschinen.

Auch wenn die Machthabenden mehr Rücksicht auf die Bedürfnisse der Gesellschaft nahmen, hatten sie ihre alten ideologischen Prämissen nicht vergessen. Andererseits standen sie in den 1960er Jahren wegen der wachsenden Bevölkerungszahl vor der Aufgabe, mindestens zwei Millionen neue Arbeitsplätze schaffen zu müssen. Deshalb verzichtete man keineswegs auf den Ausbau der Industrie. Im Bewusstsein der Funktionäre war die quantitative Zunahme der Industrieproduktion immer noch der entscheidende Hebel zur Modernisierung des Landes, aber auch zur Stärkung der Macht von Partei und Staat.

So konnte es nicht ausbleiben, dass bald wieder die alten Widersprüche sichtbar wurden. Auch wenn die Versorgung insgesamt besser war, bedeutete das nicht, dass sie einigermaßen gleichmäßig erfolgte. Bestimmte Regionen des Landes, Städte und Stadtviertel waren weiterhin chronisch unterversorgt. Dabei fiel auf, dass die Situation in den westlichen und nordöstlichen Regionen, also in den ehemaligen deutschen Ostgebieten, wegen der mangelnden zivilisatorischen Entwicklung fatal an die Bedingungen im östlichen Vorkriegspolen erinnerte, das nunmehr zur Sowjetunion gehörte.

Außenpolitisch verfolgte Gomułka einen mittleren Kurs. Ging es um polnische Interessen, dann gab er sich national und verhandelte hart über eine möglichst gleichberechtigte Beachtung polnischer und sowjetischer Wirtschaftsinteressen sowie einen partiellen finanziellen Ausgleich für die Ausbeutung Polens durch die Sowjetunion während des Stalinismus. Andererseits stand er in der Auseinandersetzung zwischen China und der Sowjetunion sowie während der Konflikte der 1960er Jahre um Berlin, Kuba, Israel und Vietnam voll auf der Seite Moskaus. Aber er versuchte auch eigenständig, eine Anerkennung der polnischen Westgrenze durch die Bundesrepublik zu erreichen, weil er ein neues deutsch-sowjetisches „Rapallo" bezüglich der Grenze nicht ausschloss. Während des „Prager Frühlings" soll Gomułka einer derjenigen gewesen sei, die Moskau zur Intervention in der Tschechoslowakei drängten.

Polnische Historiker bezeichnen die 1960er Jahre als Phase der „kleinen Stabilisierung". Die meisten Polen mochten das System nicht, aber sie arrangierten sich. Die Obrigkeit war irgendwie kalkulierbar. Sie verlangte eine gewisse Loyalität an staatlichen Feiertagen und offiziellen Veranstaltungen, auch in Parteisitzungen auf lokaler und regionaler Ebene, verzichtete aber auch auf eine penetrante Mobilisierung wie in den stalinistischen Jahren. Zensur gab es weiterhin, aber sie konnte das demonstrative Auftreten der Katholischen Kirche, bestimmte kulturpolitische Debatten und ein gewisses unkonventionelles Auftreten der Jugend in den größeren Städten nicht verhindern. Vielleicht wollte sie es auch nicht immer.

Das interessanteste politisch-ideologische und kulturelle Phänomen während des „polnischen Oktober" und des nachfolgenden Jahrzehnts war sicher die intellektuelle Strömung des Revisionismus. Diesen Begriff verwendeten allerdings nicht die Exponenten diese Strömung selbst, sondern die Führung der PVAP und ihre Ideologen, um alle jene zu attackieren, die innerhalb der Partei oder im Rahmen des Marxismus verschiedene kommunistische Dogmen kritisierten. Der Revisionismus in Polen und anderen Staaten des sowjetischen Blocks resultierte aber nicht aus einer Rezeption der Schriften des deutschen sozialdemokratischen Theoretikers Eduard Bernstein, sondern aus den Erfahrungen in der stalinistischen Zeit.

Den Revisionisten ging es vor allem um eine allgemeine Demokratisierung, die Stärkung der nationalen Souveränität und einen dritten Weg zwischen Staatssozialismus und Marktwirtschaft in der Wirtschaftsverwaltung. Sie beriefen sich nicht auf nationalistische oder katholische Traditionen oder Werte, sondern auf sozialistische und marxistische Ideen bzw. Theorien. So mancher von ihnen plädierte für eine Rückkehr „zu den Quellen" oder einem „authentischen Marxismus", einzelne versuchten auch, Lenin gegen den Stalinismus auszuspielen. Die Revisionisten kritisierten die Armut an belastbaren Begriffen und Kategorien im leninistisch-stalinistischen Marxismus und betonten, dass der Marxismus, wenn er lebensfähig bleiben wolle, sich mit den empirischen und logischen Mitteln verteidigen müsse, die in der Wissenschaft allgemein anerkannt seien.[174]

Exponenten des Revisionismus in Polen waren hauptsächlich Philosophen, Soziologen, Historiker, Ökonomen, Schriftsteller und Journalisten, die der PVAP angehörten. Ihre Beiträge erschienen vor allem in politischen und literarischen Wochenzeitungen wie *Po Prostu* und *Nowa Kultura*, aber auch in Fachzeitschriften der einzelnen wissenschaftlichen Disziplinen. Die bekanntesten Köpfe dieser Strömungen waren die Philosophen Leszek Kołakowski und Zygmunt Bauman, der Historiker Krzysztof Pomian, der Essayist Roman Zimand, sowie die Ökonomen Michał Kalecki, Oskar Lange, Włodzimierz Brus, Edward Lipiński, Kazimierz Łaski und Tadeusz Kowalik.

Im Jahr 1994 würdigte der Bürgerrechtler und Publizist Adam Michnik den polnischen Revisionismus in einem bemerkenswerten Beitrag. Michnik schrieb:

„Der Revisionismus war keine Fraktion in der kommunistischen Partei oder im Parteiapparat. Es war ein Stil, eine kulturelle Formation, eine Mode. Es war eine Kritik am stalinistischen System, die seine Nachkommenschaft übte. Es war die wütende Reaktion von Menschen, die der Versuchung der kommunistischen Utopie erlegen waren. Es war die Scham derjenigen, die verblendet an der totalitären Destruktion teilgenommen hatten."[175]

Michnik betont, dass nur Häretiker, nicht aber Andersgläubige „die Kirche" des Kommunismus derart von innen heraus hätten ideologisch zerstören können. Die Revisionisten seien immer bemüht gewesen, sich von der nationalistischen Sprache der polnischen Rechten sowie deren Phobien und Forderungen wie „Nieder mit den Russen" und „Polen allein den Polen" abzusetzen. Immer hätten sie sich vom Geist der Aufklä-

---

174 Siehe Kołakowski, Leszek: Die Hauptströmungen des Marxismus. Entstehung-Entwicklung-Zerfall. Dritter Band. München/Zürich 1989, S. 496 ff.
175 Michnik, Adam: Wściekłość ... a.a.O., S.131.

rung leiten lassen, so Michnik. Innerhalb der PVAP seien sie zwar politisch schwach, aber intellektuell mächtig gewesen.

> „Man kann sich kaum vorstellen, dass ohne sie die Verständigung im August 1980 (die Zulassung freier Gewerkschaften nach dem Streik in Danzig – R.V.) und der Runde Tisch 1989 möglich gewesen wäre."[176]

Neben den Genannten zählte Adam Michnik auch Bronisław Geremek zu den Revisionisten, ebenso wie die Schriftsteller und Lyriker Wiktor Woroszylski, Kazimierz Brandys und Adam Ważyk, den Historiker Witold Kula, den Essayisten Jacek Bocheński und den Journalisten Stefan Bratkowski.

Vermutlich haben sich die revisionistischen Ideen am längsten unter den Ökonomen gehalten. Im September 1988 schrieben Włodzimierz Brus und Kazimierz Łaski im Vorwort ihres Buches „Von Marx zum Markt":

> „Als wir – ab Mitte der 50er Jahre – aufgrund der bedrückenden Erfahrungen mit der Kommandowirtschaft in unserer Heimat Polen und im ganzen sowjetischen Einflussbereich nach Reformansätzen Ausschau hielten, waren wir immer noch um eine Kompromisslösung bemüht; um eine Mischung aus makroökonomischer Zentralplanung und autonomen, marktregulierten Staatsunternehmen. Die kontinuierliche und sorgfältige Beobachtung der schmerzhaften Reformprozesse, auch des chinesischen Weges während der letzten zehn Jahre, führte uns zu dem heutzutage freilich nicht mehr besonders originellen Schluss, dass der Kompromissentwurf unhaltbar war und dass die Einführung der Marktwirtschaft – wenn die entsprechende Weichenstellung richtig ist – konsequent verfolgt werden musste. Praktisch zeigte sich in den 80er Jahren in den meisten Ländern, in denen Reformen eingesetzt hatten, die Tendenz zu einem voll ausgebildeten Marktsozialismus."[177]

Aus dem revisionistischen Milieu kamen immer wieder Initiativen und Versuche, Zensur und Gängelung abzuschütteln oder zumindest zu lockern. Schon im Jahr 1957 entwickelten einige von ihnen das Projekt einer Monatszeitschrift namens *Europa*, das aber am Widerstand der PVAP-Führung scheiterte. Am 14. März 1964 übergab der Schriftsteller Antoni Słonimski in der Kanzlei des polnischen Ministerpräsidenten Józef Cyrankiewicz einen Brief von 34 prominenten Intellektuellen, die damit gegen die Verschärfung der Zensur und die politisch bedingte mangelnde Versorgung mit Papier zum Druck von Büchern protestierten. Neben Słonimski gehörten zu den Unterzeichnern Maria Dąbrowska, Maria Ossowska, Jerzy Andrzejewski, Paweł Jasienica, Mieczysław Jastrun, Jerzy Turowicz, Stefan Kisielewski und Aleksander Gieysztor. Sie schrieben:

> „Weil wir die geltende öffentliche Meinung kennen und das Recht auf Kritik, freie Diskussion und zuverlässige Information als notwendiges Element des Fortschritts respektieren, und aus staatsbürgerlicher Sorge verlangen wir eine Änderung der polnischen

---

176 Ebd. S. 137.
177 Brus, W./Łaski, K.: Von Marx zum Markt. Der Sozialismus auf der Suche nach einem neuen Wirtschaftssystem. Marburg 1990.

Kulturpolitik im Geiste der Rechte, die durch die Verfassung des polnischen Staates garantiert sind, und zum Wohle der Nation."[178]

Der Brief fand auch Widerhall an der Warschauer Universität, als er am gleichen Tag während einer Protestversammlung vor einigen hundert Studenten verlesen wurde. Besonders Modzelewski bemühte sich, an verschiedenen Fakultäten Diskussionen über den Brief zu initiieren, was ihm teilweise auch gelang.

Sieht man einmal ab vom Milieu des Revisionismus und seinen Exponenten, die ja durch individuelle Stellungsnahmen von sich reden machten und nicht als organisierte Gruppe auftraten, dann gab es in den frühen 1960er Jahren kaum Ansätze einer politisch-organisatorischen Opposition in Polen. Eine Ausnahme bildete der politische Diskussionsklub von Studenten und Assistenten der Warschauer Universität, der am 25. Oktober 1962 zum ersten Mal zusammentrat.[179] Die Sitzung ging zurück auf eine Initiative von Karol Modzelewski und Jacek Kuroń, zu den Teilnehmern zählten auch Aleksander Smolar, Stanisław Gomułka, Waldemar Kuczyński, Stefan Meller, Bożena Mańkowska und Eugeniusz Chyla. Die Gruppe berief sich nicht zuletzt auf die kritischen Schriften des Ökonomen Włodzimierz Brus, der zusammen mit dem Philosophen Zygmunt Bauman und anderen Revisionisten als Referenten zu den folgenden Sitzungen des Klubs eingeladen wurden. Diskutiert wurde auch über die verschiedenen konservativen und linken Denktraditionen in Polen sowie über die Rolle der Kirche und des Katholizismus. In der Regel waren es Kuroń und Modzelewski, die bei den Sitzungen die schärfste politische und ökonomische Kritik am sozialistischen System übten.

Der Sicherheitsdienst begann sich stärker für den Klub zu interessieren, als seine Mitglieder anfingen, die freie Debatte stärker in einzelne Fakultäten der Warschauer Universität und auch in den kommunistischen Jugendverband ZMS und verschiedene Gruppen des Pfandfinderbundes ZHP zu tragen. Im Laufe des Jahres 1963 verstärkte sich die Spitzeltätigkeit des Sicherheitsdienstes gegenüber diesen Initiativen. Die Behörden begannen mit repressiven „Spielchen", indem beispielsweise Kuroń zu einer militärischen Sonderübung eingezogen wurde. Als im Oktober auf Initiative des Klubs Mieczysław Rakowski, Chefredakteur der *Polityka*, als Referent zu einer Debatte über außenpolitische Fragen und besonders den politisch-ideologischen Konflikt zwischen der Sowjetunion und der Volksrepublik China eingeladen wurde, versammelten sich im Czarnowski-Saal der Warschauer Universität etwa 200 Personen, darunter auch so mancher Spitzel des Sicherheitsdienstes SB. Rakowski spricht zwar in verschiedenen Eintragungen seines Tagebuchs vom sowjetisch-russischen Konflikt, erwähnt diese Versammlung aber nicht.[180] Schließlich traf man im November 1963 in Partei- und Geheimdienstkreisen die Entscheidung zur Auflösung des Klubs, dessen Mitglieder sich im Laufe des Jahres 1965 auch zu konspirativen Sitzungen versam-

---

178 Zit. nach Friszke, Andrzej: Anatomia… a.a.O., S. 127.
179 Zur Gründungsphase und weiteren Entwicklung des Klubs siehe ebd., S. 82 ff.
180 Rakowski, Mieczysław F.:Dzienniki polityczne 1963–1966. Warszawa 1999, S. 84 ff.

melten und dabei über ein oppositionelles politisches Programm diskutierten. Diese Debatten mündeten in ein 124 Seiten starkes Memorandum, das Kuroń und Modzelewski im November 1964 vorlegten.

Im März 1965 entschieden sich die beiden, das Memorandum als „Offenen Brief an die Polnische Vereinigte Arbeiterpartei"[181] zu verbreiten. Sie begründeten dies mit ihrem zuvor erfolgten Ausschluss aus der PVAP bzw. dem sozialistischen Jugendverband und die dadurch fehlende Möglichkeit, den Text einem breiteren Publikum bekannt zu machen und ausführlich zu diskutieren. Und sie verweisen auch darauf, dass die in dem Brief geäußerten Auffassungen Ergebnis eines längeren Meinungsbildungsprozesses waren. Beide hatten fast ein Jahr lang an dem Memorandum gearbeitet. Den per Schreibmaschine erstellten Text verteilten sie in 17 Exemplaren vor allem an politische Mitstreiter und befreundete Studenten. Adam Michnik wurde später von der Universität verwiesen, weil er sich an der Verbreitung des Briefes beteiligt hatte.

In ihrem Text unternahmen Kuroń und Modzelewski den Versuch, mit Marxschen Kategorien die damalige Erscheinungsform des Sozialismus in Polen zu beschreiben. Ihrer Auffassung nach handelte es sich dabei um die Diktatur einer monopolistischen und monolithischen Partei. Über das gesellschaftlich erzeugte Produkt verfügten nicht die, die es geschaffen hätten, die Arbeiter, sondern die, die sich das Mehrprodukt aneigneten: die Monopolbürokratie. Die Zugehörigkeit zu dieser Gruppe, so die beiden Autoren, werde durch die gesellschaftliche Funktion ihrer Mitglieder als kollektiver Disponent des Staatskapitals bestimmt. In dieser Funktion erweise sie sich als herrschende Klasse, und die von ihr organisierte Gesellschaft als Klassengesellschaft.

Kuroń und Modzelewski plädierten für eine Arbeiterdemokratie, basierend auf wirtschaftlichen selbständigen Unternehmen und Arbeiterräten, sowie für ein Mehrparteiensystem, unabhängige Gewerkschaften, Abschaffung der präventiven Zensur, der politischen Polizei und der Berufsarmee. Der Text erinnerte etwa an das berühmte Buch „Die neue Klasse" des jugoslawischen Kommunisten und späteren Dissidenten Milovan Djilas[182] sowie an die Arbeiten trotzkistischer Autoren. Später erzählte Modzelewski, er habe damals durchaus einige Texte von Trotzki gekannt und auch Kontakt zu französischen Trotzkisten gehabt, sich dadurch aber bei der Abfassung des Textes kaum beeinflussen lassen.[183]

Am 19. März 1965 wurden beide verhaftet und vor Gericht gestellt, der Prozess vor dem Warschauer Woiwodschaftsgericht begann vier Monate später am 13. Juli

---

181 Genauer Titel: „List otwarty do członków POP PZPR i do członków uczelnianej organizacji ZMS przy Uniwersytecie Warszawskim", wörtlich: Offener Brief an die Parteizelle (Podstawowa Organizacja Partyjna – POP) und die Mitglieder des Hochschulkomitees des Sozialistischen Jugendverbandes (Związek Młodzieży Socjalistycznej – ZMS) an der Warschauer Universität. Wortlaut: Kuroń, J/Modzelewski, K.: List otwarty do Partii, Paryż 1966. Biblioteka „Kultury" t. 81, seria „Dokumenty". Deutsch: Kuroń, J./Modzelewski, K.: Monopolsozialismus. Offener Brief an die Polnische Vereinigte Arbeiterpartei. Hamburg 1969.
182 Djilas, Milovan: Die neue Klasse. Eine Analyse des kommunistischen Systems. München 1964.
183 Karol Modzelewski ... (Fn. 102).

1965.[184] In der Anklageschrift wurde ihnen vorgeworfen, „einen gewaltsamen Umsturz des politischen und gesellschaftlich-ökonomischen Systems" zu propagieren und falsche Informationen über die in Polen und in anderen sozialistischen Ländern herrschenden politischen und gesellschaftlich-wirtschaftlichen Beziehungen" zu verbreiten[185]. Das nur wenige Tage später am 16. Juli ergangene Urteil basierte auf der Strafgesetzordnung von 1932 und deren Novellierung von 1945. Kuroń erhielt drei Jahre, Modzelewski dreieinhalb Jahre Gefängnis. Die von den Anwälten eingelegte Berufung wurde am 19. Oktober 1965 vom Obersten Gerichtshof abgewiesen. Immerhin konnten beide das Gefängnis vorzeitig verlassen: Kuroń am 2. Mai 1967, Modzelewski wenige Monate später am 3. August. Die Haft verbrachten sie vor allem in den Gefängnissen von Barczewo nahe Olsztyn (Alleinstein), Sztum südlich von Malbork (Marienburg) und Potulice westlich von Bydgoszcz (Bromberg).

Der Leiter der polnischen Exilzeitschrift *Kultura*, Jerzy Giedroyc, schrieb im Jahr 1966 über den „offenen Brief":

> „Meiner Auffassung nach ist das Buch mehr als nur bedeutsam. Polnische Marxisten haben erstmals ein alternatives Programm erarbeitet. Die Analyse ist ausgezeichnet – tiefgründiger als bei Djilas, weil sie vollständig auf der Marxschen Methode beruht ... Die einzige erfolgreiche Verteidigung vor allen Übergriffen des Staates sind mächtige Gewerkschaften. Nur sie können eine gerechte Verteilung des Nationaleinkommens gewährleisten. Auf jeden Fall sollte der ‚offene Brief' eine Diskussion in der Linken der ganzen Welt initiieren."[186]

In den folgenden Jahren wurde der „offene Brief" unter anderem im Großbritannien, Deutschland, Italien, Schweden, Japan und in der Tschechoslowakei jeweils in der Landessprache verbreitet.

Bei alldem darf nicht vergessen werden, dass der Text in Polen selbst doch eher begrenzte Wirkung erzielte. Der polnische Historiker Paweł Machcewicz meint:

> „Kuroń und Modzelewski (und ihre direkten Anhänger – R.V.) ... bildeten aufgrund ihres konsequenten Widerstandes eine eher kleine Gruppe, die lediglich auf die Unterstützung eines Teils der Professoren und Literaten zählen konnten, also eine Handvoll von Fürsprechern. Aber wichtiger, weil heute weniger augenfällig, ist jedoch etwas anderes. Ihre linke Weltanschauung und ihre marxistische Sprache verurteilte Kuroń und Modzelewski nicht zu gesellschaftlicher Isolation. In diesen Kategorien dachte ein bedeutender Teil der intellektuellen Elite, die kritisch gegenüber der Wirklichkeit unter Gomułka eingestellt war."[187]

---

184 Gleich in den ersten Tagen nach der Verhaftung protestierten Studenten und Assistenten bei verschiedenen kleineren Treffen gegen die Verhaftung.
185 Zit. nach Friszke, Andrzej: Anatomia ... a.a.O., S. 273.
186 List J. Giedroyca do W. Jedlickiego z 25 sierpnia 1966. Archiwum „Kultury" w Maisons-Lafitte. Zit. nach ebd. S. 221.
187 Machcewicz, Paweł: Kto walczył z PRL-em? Wokół książki *Anatomia buntu: Kuroń, Modzelewski i komandosi*. In: Ders. ... (Fn. 146), S. 104.

Włodzimierz Borodziej, ebenfalls ein renommierter polnischer Historiker, spricht von „Randerscheinungen in der Gesellschaft".[188] Andrzej Friszke, der sich intensiv mit allen Spielarten der demokratichen Opposition im sozialistischen Polen auseinandergesetzt hat, schreibt:

> „Die Ermittlungen und der Prozess gegen Kuroń und Modzelewski sowie anschließend ihre Inhaftierung waren äußerst wichtige Ereignisse ... im Prozess der Herausbildung oppositioneller Milieus, weil sie in Polen und im Ausland eine persönliche und politische Legende um die Autoren des ‚offenen Briefes' schufen."[189]

Immerhin missbilligten sogar prominente Mitglieder der PVAP das vom Zentralkomitee der Partei forcierte harte Vorgehen gegen die „Rädelsführer", wie es im Parteijargon hieß.

Ein wichtiges Symbol für die direkte Konfrontation zwischen renommierten Intellektuellen und der PVAP bzw. für ihren endgültigen Bruch mit der Partei war die Rede des Philosophen Leszek Kołakowski, des wichtigsten Kopfs der Revisionisten, in einer öffentlichen Veranstaltung am Historischen Institut der Universität Warschau am 21. Oktober 1966. Kołakowski zog darin eine vernichtende Bilanz des seit dem „polnischen Oktober" vergangenen Jahrzehnts. Vor einigen hundert Zuhörern innerhalb und außerhalb des Hörsaales sagte er u. a.:

> „Hierzulande fehlt eine echte Demokratie. Es besteht kaum die Möglichkeit, die Führung durch die Allgemeinheit wählen zu lassen. Deshalb wird diese Führung ... eingebildet und überheblich. Es existiert keine Opposition und folglich auch keine Auseinandersetzung zwischen jenen an der Macht und jenen ohne Macht. Daher regieren in unserem System Unfähigkeit und Bürokratismus. Die Regierung fühlt sich der Nation nicht verantwortlich. Es herrscht ein System von Privilegien für einige wenige, die sich über das Gesetz stellen. Der Wortlaut der Verfassung kann verschieden und willkürlich ausgelegt werden ... Es fehlt öffentliche Kritik. Die Versammlungsfreiheit existiert nicht. Die Zensur ist sehr scharf. In der Literaturkritik, der modernen Soziologie und Zeitgeschichte ist die Situation womöglich noch schlimmer ... Das alles hat unsere Gesellschaft geschwächt, denn es gibt keine Perspektiven, keine Hoffnung. Der Staat, die Partei, die Gesellschaft insgesamt werden Opfer dieser Stagnation. Es gibt nichts zu feiern."[190]

Im Anschluss an Kołakowskis Rede gab es eine stürmische Debatte, in der vor allem Studenten den Philosophen energisch unterstützten, während sich kaum eine Stimme zugunsten der Partei erhob. Mieczysław Rakowski, damals Chefredakteur der *Polityka*, notierte lapidar in seinem politischen Tagebuch:

---

188 Borodziej, Włodzimierz: Geschichte ... a.a.O., S. 329.
189 Friszke, Andrzej: Anatomia ... a.a.O., S.353.
190 Wortlaut der Rede in: Romek, Z.: Droga Leszka Kołakowskiego ku antykommunistycznej opozycji. Od ortodoksyjnej ideologii ku wolności myślenia. „Dzieje Najnowsze" 1999, nr. 4. Siehe auch Raina, Peter K.: Die Krise der Intellektuellen. Die Rebellion für die Freiheit in Polen. Freiburg im Breisgau 1968, S. 69 f.

„Er (Kołakowski – R.V.) sprach zum zehnten Jahrestag des Oktobers. Angeblich hat er ziemlich extreme Ansichten geäußert. Er sagte unter anderem, man könne das alles noch ertragen, wenn die Tatsache darin bestünde, dass Polen keine wirtschaftlichen Perspektiven hat. Der Saal reagierte sehr lebhaft und jemand stellte den Antrag, eine Petition für die Freilassung von Kuroń und Modzelewski abzuschicken. Ein anderer meinte, es habe keinen Sinn, eine Resolution an diejenigen zu schicken, die sie eingesperrt hätten. Ich kenne nicht den gesamten Verlauf der Versammlung, befürchte aber, dass sie neue Konflikte zwischen der Führung und der schöpferischen Intelligenz, den Studenten und den wissenschaftlichen Mitarbeiter nach sich ziehen wird."[191]

Die Reaktion der PVAP-Führung ließ nicht lange auf sich warten. Am 27. Oktober wurde Kołakowski aus der Partei ausgeschlossen. In einer Sitzung der Parteizelle der Warschauer Universität am 15. November 1966 wetterte der ebenfalls anwesende ZK-Sekretär Zenon Kliszko, Politbüromitglied und zweiter Mann hinter Gomułka:

„Kołakowski steht in Opposition zur Partei. Er hat das Parteistatut verletzt. Er darf keinen Vorteil aus der privilegierten Position ziehen, die er in den vergangenen neun Jahren an der Universität hatte. Kołakowskis Ansichten richten sich vor allem gegen die Partei. Als Alternative offeriert er eine andere Partei, nämlich die Sozialdemokratie. Sein Referat auf der Versammlung im Historischen Institut war ein Bruch der Parteidisziplin. Warum duldeten wir ihn bisher? Warum haben wir ihn erst jetzt ausgeschlossen? Schuld ist die schwache Parteiorganisation der Universität. Aber auch das Zentralkomitee wollte nicht gleich die schwerste Strafe verhängen. Jedoch haben nun seine Handlungen die Grenze der Duldung durch die Partei überschritten. Es liegt im Interesse des Landes und der Erziehung unserer Jugend, dass so scharfe Maßnahmen gegen ihn ergriffen wurden."[192]

Einige der Anwesenden ließen es sich nicht nehmen, scharf auf die Ausfälle Kliszkos zu reagieren. So sagte der Historiker Jerzy Holzer, damals Assistent am Historischen Institut der Warschauer Universität:

„Die Partei ist über die Versammlung im Historischen Institut nicht genau informiert; es war die einzige in ganz Warschau zur Feier des 10. Jahrestages der Oktoberrevolution. Jugend ist immer radikal und lebendig; das ist keine Überraschung. Wohl aber ist es überraschend, dass wir deswegen angeklagt werden, wir hätten bourgeois-liberale Ideen. Die Freilassung Modzelewskis und Kuronś ist keine schlechte Sache. Man muss sie freilassen. Der ‚Kleine Strafkodex' aus dem Jahr 1945 muss verschwinden. Kołakowski ist einer unserer großen politischen Intellektuellen. Er ist eine große Gestalt. Und wenn die Partei tatsächlich in einer Phase der Stabilisierung ist: ist es dann richtig, dass sie eine so drastische Maßregelung vornimmt? ... Die Freiheit der Rede ist unentbehrlich."[193]

In einer weiteren Parteiversammlung an der Universität am 11. Dezember kritisierten auch die Professoren und Assistenten Włodzimierz Brus, Bronisław Baczko, Nina

---

191 Rakowski, Mieczysław F.: Dzienniki polityczne 1963–1966. Warszawa 1999, S. 429.
192 Zit nach Raina, Peter K.: Die Krise ... a.a.O., S. 75.
193 Ebd. S. 76.

Assorodobraj, Władysław Krajewski, Janina Walukowa, Aleksandra Jasińska, Leszek Lernell, Antoni Mączak und ein weiteres Mal Holzer den Parteiausschluss von Kołakowski und Krzysztof Pomian, den man am 22. November ebenfalls aus der Partei entfernt hatte.

Auch 15 Schriftsteller schlossen sich dem Protest an. Am 19. November schrieben sie in einem Brief an das Politbüro der PVAP:

> „Wir … wollen hiermit unsere Bedenken gegen den Parteiausschluss des Genossen Leszek Kołakowski ausdrücken. Genosse Kołakowski hat sich als Theoretiker des Marxismus, als Philosoph und Schriftsteller nicht nur in Polen, sondern über die Landesgrenzen hinaus einen bedeutenden Ruf geschaffen. Er wurde zu einem der bekanntesten Exponenten einer Geisteshaltung, die den Begriff des Sozialismus mit uneingeschränkter schöpferischer Aktivität verbindet … Es wäre nur zum Schaden der Partei, wenn man ihn weiterhin ausgeschlossen ließe, um über ihn hinweg zum nächsten Punkt der Tagesordnung überzugehen."[194]

Wenige Tage später traten einige der Unterzeichner aus der Partei aus, darunter Igor Newerly, Marian Brandys, Julian Stryjkowski, Wiktor Woroszylski, Tadeusz Konwicki, Jacek Bocheński und Paweł Beylin.

Die Auseinandersetzung um Kołakowski veranlasste auch die oppositionellen Studenten der Warschauer Universität, über neue Protestformen nachzudenken und diese dann auch in die Tat umzusetzen.

Das gilt vor allem für die Gruppe der „komandosi" (wörtlich: Angehörige einer Spezialeinheit), deren Auftreten an Gruppen der damaligen Studentenbewegung im Westen erinnerte, die aber inhaltlich natürlich andere Ziele verfolgte. Zu den Köpfen dieser Gruppe zählten Adam Michnik, Józef Dajczgewandt, Henryk Szlajfer, Irena Lasota, Teresa Bogucka, Jan Lityński und Jan Tomasz Gross, die Kontakt zu Jacek Kuroń und Karol Modzelewski sowie anderen Assistenten der Warschauer Universität hielten, insbesondere auch zu den Wissenschaftlern, die sich 1966 mit Leszek Kołakowski solidarisiert hatten. Die „komandosi" kamen aus kommunistisch oder anderweitig links orientierten Familien, dachten weitgehend marxistisch und betrachteten den „offenen Brief" als wichtige Analyse. Zum Teil waren sie auch jüdisch-polnischer Abstammung.

Mit der Zeit mehrte sich in dieser und in anderen oppositionellen universitären Gruppen aber auch die Kritik am radikalen marxistischen Auftreten insbesondere von Kuroń. Zu denjenigen, die gemäßigte Positionen vertraten, gehörte beispielsweise Jan Józef Lipski[195], der sich zwar als Linker verstand, aber die Heroisierung der Arbeiterklasse und den Mythos der klassenlosen Gesellschaft ablehnte und für Demo-

---

194 Ebd. S. 83 f.
195 Jan Józef Lipski (1926–1991), Literaturwissenschaftler, Teilnehmer am Warschauer Aufstand 1944, Mitglied der Redaktion von „Po Prostu" (1956–57), Mitglied des „Komitees zur Verteidigung der Arbeiter – KOR" und Mitarbeiter der „Fliegenden Universität", Autor des berühmten Textes „Zwei Vaterländer, zwei Patriotismen" (1981) und einer Monografie über das KOR (1983).

kratie, Freiheit und Rechtsstaatlichkeit im Rahmen des Sozialismus votierte. Andere äußerten ihre Sympathie für die westliche Demokratie noch deutlicher. Ökonomen wie Stanisław Gomułka[196] kritisierten die wirtschaftlichen Prämissen des „offenen Briefes", weil sie diese als dogmatisch marxistisch empfanden.

Die Gruppe um Michnik begann schließlich, Flugblätter an der Warschauer Universität zu verteilen. Dazu zählte sogar ein Text zum Vietnamkrieg vom 27. Oktober 1967, den Modzelewski, Kuroń und Michnik verfasst hatten. Darin hieß es, ganz im Stil revolutionärer Studenten in Westberlin, Nanterre oder Berkeley, aber auch mit einer deutlichen antisowjetischen Note:

> „Die vietnamesischen Partisanen kämpfen für ein Ziel, das auch das unsrige ist: das Recht auf eine Revolution gegen gesellschaftliche und die damit verbundene nationale Unterdrückung, für Freiheit von Ausbeutung, gegen innere Diktatur und das Diktat großer Supermächte über kleine Nationen. In dieser Situation können wir, die polnische Linke, nicht schweigen. Wir können nicht schweigen, weil wir uns an die verbrecherische Gleichgültigkeit der Unterzeichner des Münchener Abkommens erinnern. Wir können auch deshalb nicht schweigen, weil wir uns an die fremde Intervention zur Erstickung der ungarischen Revolution erinnern. Wir können nicht schweigen, weil das Ziel, für das Che Guevara sein Leben gab und für das täglich tausende Menschen in Lateinamerika und Vietnam sterben, auch die Freiheit jedes kleinen Landes betrifft, das sich im Kampf mit einer großen Supermacht befindet. Indem wir für ein souveränes und sozialistisches Vietnam kämpfen, kämpfen wir auch um ein souveränes und sozialistisches Polen ... Deshalb sind wir solidarisch mit der sowjetischen Linken (den Dissidenten – R.V.). Wir solidarisieren uns mit den westdeutschen Studenten, der französischen Linken und den tschechischen Intellektuellen ... Fremd ist uns die provokative Politik der chinesischen Bürokratie. Allen, die die Souveränität der arbeitenden Menschen in welchem Land auch immer mit Füßen treten wollen, muss die Losung der spanischen Antifaschisten entgegen gehalten werden: NO PASARAN."[197]

Mit dem Sechstagekrieg im Juni 1967 gewann ein innenpolitisches Thema wieder an Bedeutung, das bis dato eher tabuisiert worden war: das Verhältnis zwischen der polnischen Mehrheitsbevölkerung und den jüdisch-polnischen Mitbürgern. Parteichef Władysław Gomułka nahm die scharfe antiisraelische Reaktion Moskaus und den Abbruch der diplomatischen Beziehungen Polens und anderer Ostblockstaaten zu Israel zum Anlass, den Kampf gegen den „Zionismus" zu einem zentralen Bestandteil der Parteipropaganda zu machen. Mit Blick auf die polnischen Juden scheute er in einer Rede auf einem Gewerkschaftskongress am 19. Juni 1967 nicht davor zurück, von einer „fünften Kolonne" zu sprechen und ihnen indirekt die baldige Emigration zu empfehlen. Der Begriff „fünfte Kolonne" wurde später in der vom Parteiorgan publizierten Version der Rede gestrichen. Gomułkas Auftritt bestärkte die nationalistische, antisemitische Strömung der „Partisanen" in der PVAP, gegen jüdischstämmige Parteifunktionäre und auch gegen jüdische Intellektuelle öffentlich Front zu machen und dies

---

196 Siehe Friszke, Andrzej: Anatomia ... a.a.O., S. 486.
197 Zit. nach ebd., S. 493.

auch im innerparteilichen Machtkampf zu nutzen. Das vom Führer der „Partisanen", Mieczysław Moczar, geleitete Innenministerium begann im Herbst 1967 mit einer ersten „Verifizierung" von Partei- und Staatsfunktionären jüdischer Herkunft. Diese Entwicklung wurde auch zu einem Diskussionsthema innerhalb der oppositionellen studentischen Gruppen wie der „komandosi", deren Mitglieder ja teilweise jüdischer Herkunft waren und die mit großer Sorge auf die Parteipropaganda reagierten.

Ausgangspunkt für die dramatischen Ereignisse des Jahres 1968 war die Entscheidung der Parteiführung, das klassische Theaterstück „Dziady"[198] abzusetzen, das seit dem 27. November 1967 im Warschauer Nationaltheater aufgeführt wurde. Das Stück hatte dem Publikum mehrfach Anlass zu „antirussischen" Beifallskundgebungen gegeben, wie es in der Parteipropaganda hieß. Als Studenten, Lehrkräfte und Intellektuelle insbesondere am 30. Januar gegen die Absetzung protestierten, kam es zu Verhaftungen, Adam Michnik und Henryk Szlajfer wurden von der Universität Warschau relegiert.[199]

Die Absetzung brachte die gesamte Warschauer Intelligenz in Aufruhr. Während einer Versammlung der Warschauer Abteilung des Polnischen Schriftstellerverbandes wurde auf Initiative von Antoni Słonimski, Jerzy Andrzejewski, Paweł Jasienica und Stefan Kisielewski eine Entschließung verabschiedet, in der die Literaten die staatliche Kulturpolitik verurteilten und mehr Freiheit für die Kunst forderten. Auch 23 Professoren formulierten ihren Protest in einer gemeinsamen Erklärung, unter ihnen der Kunsthistoriker Jan Białostocki, die Ökonomen Michał Kalecki, Włodzimierz Brus und Edward Lipiński, der Philosoph Leszek Kołakowski und die Historiker Tadeusz Manteuffel und Bronisław Baczko.

Am 8. März versammelten sich etwa 2500 Studenten zu einer Protestversammlung auf dem Gelände der Universität, die von Polizisten und „Parteiaktivisten" in Zivil brutal aufgelöst wurde. Eine erneute Demonstration am 11. März entwickelte sich zu einer regelrechten Straßenschlacht im Zentrum von Warschau. Bei beiden Aktionen wurden hunderte Demonstranten verhaftet, unter ihnen Kuroń, Modzelewski, Michnik, Szlajfer und Blumsztajn sowie Barbara Toruńczyk. Der Protest weitete sich auch auf andere Städte aus. So kam es in Kraków, Wrocław, Łódź, Poznań, Gdańsk, Katowice und Opole zu Solidaritätsstreiks und Demonstrationen. Ende März verebbte die Bewegung, ohne dass mit den Studenten über ihre Forderungen verhandelt wurde. Ende März betrug die Gesamtzahl der Verhafteten mindestens 2200, davon ein Viertel Studenten.[200]

---

198 „Dziady" („Die Totenfeier"), 3.Teil. Das Stück, das der Nationaldichter Adam Mickiewicz 1832 geschrieben hat, thematisiert u. a. das Aufbegehren junger Romantiker gegen die Abhängigkeit Polens von Russland.
199 Zu den Ereignissen am 30. Januar, den nachfolgenden Debatten in der Opposition sowie der im ganzen Land aufwallenden Studentenbewegung siehe sehr detailliert Friszke, Andrzej: Anatomia ... a.a.O., S. 513 ff.
200 Friszke, Andrzej: Anatomia ... a.a.O., S. 589.

Ein Blick auf die verschiedenen Erklärungen und Resolutionen, die im Rahmen dieser Proteste verabschiedet wurden, macht deutlich, dass die studentische Bewegung weit über die Grenzen des damals in Polen herrschenden sozialistischen Systems hinausgegangen ist. Das Wort „Sozialismus" taucht zwar in allen diesen Dokumenten auf, doch dahinter verbargen sich, wenn überhaupt präzise formuliert, ganz verschiedene Vorstellungen. Vor allem aber konnten sich die protestierenden Studenten keinen Sozialismus ohne Rechtsstaat, Selbstverwaltung, Freiheit der Presse und allgemeines Wahlrecht vorstellen. Der „Prager Frühling" war auch in Polen populär.

Die Propaganda von Staat und Regierung schreckte nicht davor zurück, die protestierenden Studenten als willenlose Marionetten einer zionistischen, von ehemaligen und amtierenden PVAP-Spitzenfunktionären jüdischer Abstammung orchestrierten Verschwörung zu denunzieren. Das Innenministerium unter Mieczysław Moczar übernahm die Drecksarbeit, indem es den Journalisten in den Medien, die mit den „Partisanen" sympathisierten, „Material" über die jüdische Herkunft der Beteiligten zuspielte. In vielen Parteiversammlungen gefielen sich Funktionäre darin, die Entfernung der „Unruhestifter" und ihre Auswanderung nach Israel zu fordern. Auch Gomułka trat mehrfach bei solchen Versammlungen auf und legte den „Sympathisanten Israels" die Emigration nahe.

Und die Propaganda trug Früchte. Bis Herbst 1968 wurden etwa 800 Personen der zentralen Partei- und Staatsnomenklatur entlassen, darunter einige Minister und mehr als 20 stellvertretende Ressortleiter. Im Militär mussten etwa 2000 Offiziere abtreten.[201] Annähernd 13 000 Personen jüdischer Herkunft verließen „freiwillig" das Land, darunter viele Wissenschaftler, Kulturschaffende und Mitarbeiter der Medien. An der Warschauer Universität und anderen wissenschaftlichen Einrichtungen waren die Verluste besonders hoch. Zu denjenigen, die Polen verlassen mussten oder von sich aus gingen, gehörten Leszek Kołakowski, Zygmunt Bauman und Kazmierz Łaski, einige Zeit später auch Włodzimierz Brus. Insbesondere die polnischen Geisteswissenschaften mussten einen starken Aderlass hinnehmen. Das internationale Renommee des „Nationalkommunisten" Władysław Gomułka gehörte nun endgültig der Vergangenheit an. Gerade die antisemitischen Tendenzen in Polen wurden im westlichen Ausland genau registriert.

Am 15. Januar 1969 wurden Jacek Kuroń und Karol Modzelewski wegen ihrer oppositionellen Arbeit im Jahr 1967 und ihrer Teilnahme an den Protesten in den ersten Monaten des Jahres 1968 zu je dreieinhalb Jahren Haft verurteilt. Gut drei Wochen später wurden gegen Adam Michnik, Henryk Szlajfer, Barbara Toruńczyk und andere Aktivisten der Studentenbewegung Gefängnisstrafen zwischen zwei und drei Jahren verhängt.

Im Land konnte Gomułka seine Macht noch einmal stabilisieren, indem er den bis dato erfolgreichen Vormarsch der „Partisanen" bremste und die Niederlage des „Pra-

---

201 Zu derjenigen, die damals im Militär für die antijüdischen Säuberungen verantwortlich waren, gehörte auch der spätere Ministerpräsident und Staatschef Wojciech Jaruzelski.

ger Frühlings" in seinem Sinne zu nutzen wusste. Allerdings begünstigen die Märzereignisse den Aufstieg einer Gruppe jüngerer PVAP-Funktionäre, die im Wesentlichen bis 1989, also lange nach dem Abgang Gomułkas im Dezember 1970, an der Macht blieb.

In seinem 1978 erschienenen berühmten Werk „Die Hauptströmungen des Marxismus" schrieb Leszek Kołakowski:

> „Die Analyse (der „offene Brief" von Kuroń und Modzelewski – R.V.), die den Autoren mehrere Jahre Gefängnis einbrachte, wurde bedeutsam für die Bildung der oppositionellen Studentenbewegung. Als diese Bewegung sich im März 1968 in Gestalt ziemlich massenhafter Unruhen äußerte, konnte jedoch kaum die Rede davon sein, dass der Kommunismus ihre ideologische Grundlage bildete; die Mehrheit der Studenten protestierte im Namen der bürgerlichen und akademischen Freiheiten, nicht aber, weil diese Freiheiten irgendeinen spezifisch kommunistischen oder auch nur sozialistischen Sinn gehabt hätten. Nachdem die Unruhen unterdrückt waren, kam es zu einem kulturellen Pogrom (das übrigens in einem engen Zusammenhang mit dem damaligen Kampf der innerparteilichne Cliquen um die Macht stand); dabei stellte sich heraus, dass der Antisemitismus die ideelle Grundlage der Partei bildete. Mit dem Jahr 1968, in das zugleich die sowjetische Invasion in der Tschechoslowakei fiel, endete im Grunde der Revisionismus als eine gesonderte geistige Strömung in Polen. Die Opposition, die heute (in der zweiten Hälfte der 1970er Jahre – R.V.) auf diese oder jene Weise ihre Existenz artikuliert, bedient sich kaum noch der marxistischen und kommunistischen Phraseologie; ihr reichen die national-konservative Tradition, religiöse Ideen und herkömmliche demokratische bzw. sozialdemokratische Parolen vollständig aus. Der Kommunismus ist überhaupt kein intellektuelles Problem mehr und nur noch eine Frage von Herrschaft und Repression."[202]

3.3. Parteisekretär bei PAN, „gemäßigter Revisionist"

Wie schon ausführlich dargestellt, waren die fünfziger und sechziger Jahre eine Phase intensiver wissenschaftlicher Arbeit im Leben von Bronisław Geremek. Dem Studienabschluss 1955 folgten die Vorlage der Dissertation im Jahr 1960 und die Arbeit an der Habilitationsschrift, die er 1971 abschloss. Hinzu kamen Studien- und Forschungsaufenthalte besonders in Frankreich. Aber nach dem Abwürgen des „polnischen Oktober" waren die sechziger Jahre auch eine Phase zunehmender Kritik intellektueller Milieus am Regime des Władysław Gomułka und auch der Entwicklung oppositioneller Ansätze, die schließlich in die Märzereignisse des Jahres 1968 mündeten. Das führt zu der Frage, welche Haltung Geremek zur politischen Entwicklung Polens in den sechziger Jahren eingenommen hat und wie er seine bis 1968 andauernde Mitgliedschaft in der PVAP verstand. Das politische Umfeld, in dem der Wissenschaftler Geremek agierte, wurde bereits ausführlich erläutert.

---

202 Zit. nach Kołakowski, Leszek: Die Hauptströmungen ... a.a.O., S. 506 f. Polnische Erstausgabe: Kołakowski, Leszek: Główne Nurty Marksizmu. Paryż 1978.

Mit Beginn seiner Tätigkeit an der Polnischen Akademie der Wissenschaften im Jahr 1955 engagierte sich Geremek auch in der Parteizelle (Podstawowa Organizacja Partyjna – POP) des dortigen Historischen Instituts, als deren Sekretär er in den sechziger Jahren, mit Ausnahme seines Aufenthalts in Paris 1962–65, tätig war. Karol Modzelewski:

> „Natürlich hatte diese Tätigkeit eine gewisse Bedeutung, weil von den Entscheidungen dieses Komitees die personelle und inhaltliche Entwicklung in der Polnischen Akademie der Wissenschaften (genauer: im Historischen Institut – R.V.) abhing. Schon damals war die Akademie eine Körperschaft wie die Accademia Nazionale dei Lincei in Italien oder das Institut de France in Frankreich, die nicht unter der direkten Kontrolle der staatlichen Verwaltung stand. Andererseits übte der wissenschaftliche Sekretär des Zentralkomitees ohne Zweifel eine gewisse Aufsicht aus, der wiederum den politischen Machthabern verantwortlich war. Trotzdem hatte das Parteikomitee an der Akademie erheblichen Spielraum."[203]

So war die Parteizelle am Historischen Institut hauptsächlich damit beschäftigt, wissenschaftliche Programme zu entwickeln, die personellen Ressourcen dafür bereitzustellen und die Finanzierung mit den staatlichen Stellen abzusprechen. Das Ethos des engagierten Historikers Geremek war die Grundlage dafür, dass bei den entsprechenden Entscheidungen hauptsächlich wissenschaftlich-fachliche und nicht politisch-ideologische Kriterien eine Rolle spielten.

Der Historiker Andrzej Friszke kommt zu der Einschätzung:

> „Er (Geremek – R.V.) hat keine exponierte Stellung in der PVAP eingenommen, wenngleich er in die Führung der Parteiorganisation am Historischen Institut von PAN eintrat, wo er seit 1955 arbeitete. Hinsichtlich seiner Auffassungen und seiner persönlichen Beziehungen hielten ihn die Machthabenden für einen Repräsentanten des ‚Revisionismus'."[204]

Karol Modzelewski gewinnt der damaligen Parteitätigkeit Geremeks positive Seiten ab:

> „Jede Einordnung ist in gewisser Weise auch eine Vereinfachung, aber ich denke dennoch, dass Bronisław Geremek damals seinen Platz in der Strömung des gemäßigten Revisionismus gesehen hat. Die Zusammenarbeit dieser Strömung mit den, auf ‚organische Arbeit' eingestellten Gelehrten der älteren Generation erlaubte dem polnischen akademischen Milieu, sich die in den Jahren 1956–1968 rechtlich garantierte universitäre Autonomie nutzbar zu machen und – trotz Schäden, die von der Zensur angerichtet wurden – eine Zone beträchtlicher wissenschaftlicher Freiheit und auch des philosophischen en Pluralismus zu schaffen. Für die polnische Humanistik war dies eine fruchtbare Zeit."[205]

---

203 Karol Modzelewski ... (Fn. 102).
204 Friszke ... (Fn. 155).
205 Modzelewski ... (Fn. 90), S. 9.

Bei Prüfung der einschlägigen Quellen und Analysen von Zeithistorikern sowie in Gesprächen mit Zeitzeugen zeigt sich, und dies entsprach wohl seiner „gemäßigten" Grundhaltung, dass Geremek in den sechziger Jahren nicht in öffentliche systemkritische Debatten und Initiativen oder gar in oppositionelle Aktivitäten involviert war. So findet sich sein Name auf keiner der bereits erwähnten Resolutionen und öffentlichen Erklärungen von Wissenschaftlern und Kulturschaffenden.

Sein „systemkritisches Potential" entfaltete sich eher in privaten Gesprächen und Diskussionen mit befreundeten Wissenschaftlern wie etwa dem Ökonomen Tadeusz Kowalik[206], die sich in Geremeks Wohnung in der Warschauer Altstadt und an anderen Orten versammelten.[207]

Der französische, mit Geremek befreundete Historiker Jacques Le Goff schrieb 1987, er habe sich schon während seines ersten Aufenthalts in Polen Ende der fünfziger Jahre gewundert, dass dieser noch einer Tätigkeit innerhalb der Partei nachging:

„Es war für mich eine Überraschung, dass er weiterhin eine wichtige (sic! – R.V.) offizielle Funktion in der Partei ausübte, obwohl er sehr kritisch gegenüber ihren Führern eingestellt war. Er sagte mir, dass er aus Treue bis 1968 Mitglied der Partei geblieben sei.[208]

Als Bronisław Geremek am 10. Dezember 1962 die Leitung des polnischen Kulturinstituts in Paris übernahm, geschah dies mit Genehmigung bzw. Duldung durch die Parteiverantwortlichen im Zentralkomitee und in der Regierung. Allein die Erlangung eines Reisepasses wäre anders gar nicht möglich gewesen. Dabei darf allerdings nicht vergessen werden, dass das Institut eine Einrichtung der Sorbonne und nicht der polnischen Regierung im Ausland war. Geremek war also schon voll mit den Vorbereitungen für die Institutsgründung beschäftigt, als am 25. Oktober 1962 der politische Diskussionsklub von Studenten und Assistenten der Warschauer Universität, den Karol Modzelewski und Jacek Kuroń initiiert hatten, zum ersten Mal zusammen trat.[209] Wir wissen nicht, ob Geremek davon erfahren hat und, wenn ja, was er darüber dachte.

---

206 Der am 30. Juli 2012 verstorbene Tadeusz Kowalik, bis Oktober 1968 Mitglied der PVAP, war 1956–57 Chefredakteur der Wirtschaftszeitung *Życie Gospodarcze*, die damals ein Sprachrohr der Revisionisten war, organisierte in den sechziger Jahren private Seminare, an denen auch Leszek Kołakowski, Włodzimierz Brus, Bronisław Baczko und Krzysztof Pomian teilnahmen, gehörte in den späten siebziger Jahren zu den Mitarbeitern des „Komitees zur Verteidigung der Arbeiter" und der „Fliegenden Universität", war im August 1980 einer der Berater der streikenden Arbeiter der Danziger Leninwerft und zählte 1989 zu den schärfsten Kritikern der marktwirtschaftlichen „Schocktherapie" des damaligen Finanzministers Leszek Balcerowicz.
207 Siehe unter anderem Kowalik, Tadeusz: Musztarda przed obiadem. Trzech na jednego. www.polskatransformacja.muza.com.pl/?page=46.
208 J. Le Goff, L'appetit de l'histoire. Essais d'ego-histoire. M. Agulhon, P. Chaunu, G. Duby, R. Girardet, J. Le Goff, M. Perrot, R. Rémond, red. P. Nora, Paris 1987, S. 211; Nieautoryzowany wywiad z prof. Jacques'em Le Goffem, 11.1.2005r. Zit. nach Pleskot, Patryk: Intelektualni … a.a.O., S. 385.
209 Siehe S. 81 dieses Buches.

Sein Aufenthalt in Paris bis zum Herbst 1965 bestand dann hauptsächlich darin, das Institut zu leiten, Vorlesungen zu halten und Archivstudien für seine Habilitation zu betreiben.

Den Kontakt zur Heimat hielt Geremek über die Besuche von Freunden und Wissenschaftlerkollegen in Paris, über Briefe und über das Studium verfügbarer Medien. So war er über die politische Entwicklung in Polen informiert, vielleicht nicht in allen Einzelheiten über systemkritische oder oppositionelle Aktivitäten in Warschau. Der Historiker Heinrich August Winkler, der mit Geremek seit einem gemeinsamen Aufenthalt am Woodrow-Wilson-International-Center for Scholars in Washington in den Jahren 1977–78 befreundet war, berichtet von Gesprächen mit ihm und seiner Frau Hanna in den achtziger Jahren, in denen Geremek zugegeben habe, schon in seiner Pariser Zeit starke Zweifel an der sozialistischen Realität in Polen und an der führenden Rolle der Partei gehegt zu haben.[210]

Geremek war noch in Paris, als Jacek Kuroń und Karol Modzelewski im Juli 1965 wegen ihres „offenen Briefes" zu mehrjährigen Haftstrafen verurteilt wurden.[211] Gefragt, wie denn Geremek zum Inhalt des Briefes und den Haftstrafen gestanden habe, antwortete Karol Modzelewski:

> „Auf jeden Fall hat sich Bronek solidarisiert mit uns als Menschen, die von Repressionen betroffen waren. Aber ebenso gehe ich nicht davon aus, dass er mit dem übereinstimmte, was wir in dem Brief geschrieben hatten. Ich habe mit ihm nicht direkt über das Thema diskutiert ... Er hoffte – sowie die Mehrheit der Revisionisten, besonders der gemäßigten – auf die Möglichkeit einer schrittweisen Liberalisierung des Systems in Richtung demokratischer Normen und Standards und Vergrößerung der Autonomie oder gar Unabhängigkeit von Moskau. Diese Hoffnung starb eben erst im Jahr 1968 mit dem Einmarsch in die Tschechoslowakei. Für uns dagegen war das eine rein ideologische Sache, für uns, die jüngsten und radikalsten. Uns erschien es, dass das System praktisch alle Ideale zerstörte, die es in der Theorie postulierte ... Und wenn ein System schlecht ist – und wie uns in den marxistischen Lehrveranstaltungen beigebracht wurde, was dann zu tun ist – dann muss man es durch eine Revolution zerstören, und die Revolution macht die Arbeiterklasse nicht allein, sondern zusammen mit der Intelligenz, die gegenüber der Arbeiterklasse ein revolutionäres Bewusstsein an den Tag legt. Wir beschlossen, das zu machen, und darauf beruhte der ‚offene Brief', der natürlich ein Appell zur revolutionären Zerstörung des Systems war. Bronek, auch wenn er uns das nie im Leben gesagt hätte, betrachtete das, was wir geschrieben hatten, sicher als Verrücktheit. Möglicherweise hatte er sogar recht – möglicherweise bis zu einem bestimmen Grad und bis zu einem gewissen Zeitpunkt."[212]

Die Radikalität der Analyse von Kuroń und Modzelewski gingen Geremek zu weit, auch wenn seine Kritik am System wuchs. Ebenso war er nicht mit den revolutionären Vorschlägen der beiden zum Kampf gegen das System einverstanden. Ebenso waren

---

210 Heinrich August Winkler im Gespräch mit dem Autor am 10. November 2011.
211 Siehe S. 81 f. dieses Buches.
212 Karol Modzelewski ... (Fn. 102).

konspirative, nachgerade geheimbündlerische Treffen nicht gerade sein Metier, auch wenn er die offene Debatte im Kreis von Vertrauten liebte. Außerdem spürte er, dass die Initiative von Kuroń und Modzelewski noch nicht jene politische Sprengkraft besaß, die eine demokratische Erneuerung des Systems oder gar seine Überwindung, und dies unter den weiter bestehenden Bedingungen sowjetischer Hegemonie, hätte auslösen können. Es war wohl erst der berühmte Arbeiterstreik in Danzig im August 1980, der für Geremek eine solche Sprengkraft besaß.

Als Leszek Kołakowski am 21. Oktober 1966 seine berühmte Rede am Historischen Institut der Warschauer Universität hielt und eine Woche später aus der Partei ausgeschlossen wurde, befand sich Bronisław Geremek schon seit knapp einem Jahr wieder in Warschau. Er war allerdings nicht bei der Rede anwesend, auch findet sich sein Name unter keiner der Erklärungen und Resolutionen, mit denen gegen den Parteiausschluss Kołakowskis protestiert wurde. Ebenso ist von einer Wortmeldung Geremeks bei einer der Parteiversammlungen jener Tage nichts bekannt. Offenbar war selbst die schonungslose Kritik des renommierten Philosophen noch kein Auslöser für einen Bruch Geremeks mit der Partei. Beileibe sind auch nicht gleich alle jene intellektuellen Parteimitglieder ausgetreten, die ihre Stimme bei Versammlungen gegen den Rauswurf Kołakowskis erhoben. Denken wir beispielsweise an den Historiker Jerzy Holzer.

Mit Emphase erinnert sich Karol Modzelewski an die Solidarität, die Bronisław Geremek ihm entgegenbrachte, als er nach seiner Entlassung aus der Haft, die er wegen des „offenen Briefes" verbüsst hatte, ab August 1967 vergeblich versuchte, eine wissenschaftliche Anstellung zu bekommen.[213] Alle Arbeitsgesuche, die Modzelewski unter anderem bei der Polnischen Akademie der Wissenschaften und der staatlichen Archivverwaltung (Naczelna Dyrekcja Archiwów Państwowych) einreichte, wurden abgelehnt. Auch sein Gesuch an den Rektor der Warschauer Universität um eine Fortsetzung des im Januar 1965 unterbrochenen Doktorandenstudiums fand kein Gehör. In dieser Situation besorgte Geremek für ihn Aufträge zur Übersetzung wissenschaftlicher Texte aus dem Russischen, Italienischen und Französischen – unter anderem bei der historischen Redaktion des staatlichen Wissenschaftsverlags PWN. „Bronek unterschrieb die Verträge, ich übersetzte, worauf er die Honorare in Empfang nahm und an mich auszahlte", erzählt Modzelewski.[214] Auch andere Historiker wie Witold Kula bekundeten auf diese Weise ihre Solidarität.

Selbst die dramatischen Ereignisse in den ersten Monaten des Jahres 1968[215] waren für Bronisław Geremek noch nicht der direkte Auslöser dafür, der PVAP den Rücken zu kehren. Er sympathisierte mit bestimmten Inhalten der Studentenbewegung, hielt aber deren Ausdrucksformen, insbesondere die der „komandosi" für waghalsig oder

---

213 Ebd.
214 Ebd.
215 Siehe S. 88 f. dieses Buches.

gar unverantwortlich. Ein Flugblatt wie das zum Vietnamkrieg[216] hätte er nie unterschreiben können.

Andererseits beobachtete er mit großer Sorge die repressive Vorgehensweise der PVAP-Führung, die antisemitische Propaganda und die beginnende zwangsweise Emigration. Er spürte, dass auch ihm eine Entscheidung bevorstand. „Natürlich war der März für ihn etwas Abscheuliches", betont der Historiker Henryk Samsonowicz.[217] Dabei hielt Geremek besonders im Februar und März 1968 intensiven Kontakt zu Karol Modzelewski und anderen Exponenten deren damaligen Protestbewegung. Aber er zählte nicht zu den 23 renommierten Professoren, die gegen die Absetzung des Stückes „Dziady" protestierten sowie mehr Freiheit in Kunst und Kultur forderten.[218]

Erst der Einmarsch der Staaten des Warschauer Pakts in die Tschechoslowakei am 21. August 1968 brauchte auch bei ihm das Fass zum Überlaufen.

3.4. Austritt aus der Partei als moralische Entscheidung. Warum erst 1968?

In jenen Tagen war Geremek wie elektrisiert.

> „So hörte ich Tag und Nacht tschechisches (tschechoslowakisches – R.V.) Radio, solange es unabhängig war. Ich hörte den Sprecher des tschechischen Parlaments, meinen Freund, den Historiker Josef Macek, wie er sich im letzten Moment an die internationale Öffentlichkeit wandte."[219]

Erschüttert nahm er zur Kenntnis, dass auch polnische Truppen an dem Überfall beteiligt waren.[220] Am 22. August, also gleich nach dem Einmarsch, gab er sein Parteibuch zurück. Später berichtete er:

> „Als ich im August 1968 aus der Partei austrat, war dies ein Protest gegen das, was sich seit März dieses Jahres ereignet hatte, und auch eine Reaktion auf den Verlust der Hoffnung, ausgelöst durch die Niederschlagung des Prager Frühlings. Beim Austritt aus der Partei war ich mir dessen voll bewusst, dass ich dies gewissermaßen aus den gleichen Gründen tat, aus denen ich zuvor eingetreten war. Damit meine ich bestimmte Werte, die mich zunächst veranlasst hatten, mich sozialistisch zu engagieren, später aber der Partei entfremdet hatten. Damals wusste ich, dass das den Rückzug von jedweder Parteitätigkeit bedeutete. Damit meine ich nicht, dass ich, als ich in der Partei war, an politischer Arbeit teilgenommen hätte[221]. Aber ich hatte das Gefühl, eine gewisse Mitverantwortung für das zu übernehmen, was geschah. Nun aber sagte ich mir, dass ich keine

---

216 Siehe S. 87 dieses Buches.
217 Inny Bronek ... (Fn. 166).
218 Siehe S. 88 dieses Buches.
219 ROK 1989. Geremek ... a.a.O., S. 115. Siehe in deutscher Sprache Macek, Josef: Die hussitische revolutionäre Bewegung. Berlin 1958 (noch stark auf der Basis des Marxismus-Leninismus – R.V.).
220 Mehr als 20 000 Soldaten, dazu 700 Panzer und 600 gepanzerte Fahrzeuge.
221 Das kann man unterschiedlich interpretieren. Immerhin war Geremek Sekretär der Parteizelle am Historischen Institut der Akademie der Wissenschaften. Doch er verstand seine Parteitä-

Verantwortung mehr übernehmen wollte, dass das Verbleiben in der Partei in einer solchen Situation eine zu große Last werden würde. Mein grundlegendes Betätigungsfeld war die Wissenschaft, mehr noch, das sollte auch so bleiben."²²²

Es waren also vorrangig moralische Gründe, die ihn zum Austritt veranlassten. An anderer Stelle sagte er:

„Das, was in der Tschechoslowakei vor der Invasion geschah, bestätigte mich in meinen Hoffnungen. Damals hatte ich dort viele Freunde. Ich verfolgte ihre Arbeit, las ihre Artikel und teilte ihre Freude darüber, dass bei ihnen etwas gelang. Der Erfolg in Prag schuf für uns die Perspektive einer menschlichen Form des realen Sozialismus."²²³

So wie Geremek gaben auch andere profilierte Wissenschaftler nach der gewaltsamen Niederschlagung des Prager Frühlings ihr Parteibuch zurück, darunter die Historikerin Krystyna Kersten und der Soziologe Jerzy Jedlicki.²²⁴

Die Reaktion der Parteibürokraten ließ nicht lange auf sich warten. Zwar widersetzte sich Tadeusz Manteuffel als Leiter des Historischen Instituts der Polnischen Akademie der Wissenschaften erfolgreich der Forderung von PVAP-Funktionären nach Entlassung von Geremek, Kersten und Jedlicki. Doch mussten die Betroffenen fortan mit beruflichen Repressalien leben, indem man ihnen Pässe für Auslandsreisen verweigerte und die Publikation ihrer wissenschaftlichen Arbeiten blockierte. Im Falle Geremeks protestierten französische Historiker wie Fernand Braudel mehrfach gegen diese Schikane, hatten aber keinen Erfolg damit.²²⁵

Mit seinem Austritt aus der PVAP lenkte Bronisław Geremek auch das Interesse des Geheimdienstes SB (Służba Bezpieczeństwa) auf sich, der ihn „antisozialistischer Tätigkeit" verdächtigte. Wiederholt musste er Fragebogen beantworten, die ihm der SB vorlegte. Im Jahr 1970 bescheinigte man ihm, „negativen Einfluss auf die Haltung vieler Mitarbeiter des Historischen Instituts von PAN auszuüben".²²⁶

Natürlich ist die Frage berechtigt, warum Geremek erst im Jahr 1968 die Partei verlassen hat, obwohl ihn schon viel früher erheblich Zweifel bewegten. Andere Revisionisten gingen schon früher bzw. wurden ausgeschlossen wie etwa Leszek Kołakowski oder landeten sogar im Gefängnis wie Jacek Kuroń und Karol Modzelewski, weil sie ihre scharfe Kritik am System auch in politische Opposition umsetzten. Wieder an-

---

tigkeit wohl hauptsächlich als Dienst an der Wissenschaft und an der Fortentwicklung seines Landes, nicht aber parteipolitisch oder gar ideologisch. Siehe S. 91 f. dieses Buches.
222 Geremek, Bronisław: Jak zostałem ekspertem Lecha. In: *Widnokrąg* 3/4 1986. Zit. nach *Gazeta Wyborcza*, 21.7.2008.
223 ROK 1989. Geremek… a.a.O., S. 115.
224 Krystyna Kersten (1931–2008) befasste sich insbesondere mit der polnisch-jüdischen Geschichte und schrieb ein Standardwerk über die Geschichte Polens zwischen 1944 und 1956. Jerzy Jedlicki (geb. 1930) gilt als Spezialist der Ideengeschichte. Von ihm erschien in deutscher Sprache: Die entartete Welt – Die Kritiker der Moderne, ihre Ängste und Urteile. Frankfurt/Main 2007.
225 Siehe Pleskot, Patryk: Intelektualni … a.a.O., S.176.
226 So in einer Notiz aus dem Innenministerium vom 8. Dezember 1970. Siehe Archiwum Akt Nowych, PZPR 237/XVI-612, k. 195–200.

dere kehrten der Partei erst viel später den Rücken oder wurden ausgeschlossen. Zu ihnen zählten der Historiker Adam Kersten, dem man 1978 die Parteimitgliedschaft entzog, der Soziologe Jan Strzelecki und der Historiker Jerzy Holzer, die im Jahr 1979 die PVAP verließen, sowie der Historiker Henryk Samsonowicz, der erst nach Verhängung des Kriegsrechts im Jahr 1981 sein Parteibuch zurückgab.

In diesem Zusammenhang muss auch erwähnt werden, dass ein katholischer und sehr sozial denkender, aber nicht der PVAP angehörender Politiker wie Tadeusz Mazowiecki zusammen mit anderen Abgeordneten der Gruppe *Znak* bis 1972 im Parlament ausharrte, um dort im Rahmen der legalen Möglichkeiten, aber unabhängig von der PVAP Politik zu betreiben.

Bronisław Geremek war in den sechziger Jahren ein gemäßigter Revisionist, ein Revisionist der Kultur, der geistigen Haltung und der intellektuellen Redlichkeit, nicht aber ein politischer Aktivist wie Jacek Kuroń und Karol Modzelewski. Schon früh entdeckte er seine intellektuelle Seeelenverwandtschaft zu dem Philosophen Leszek Kołakowski. So erzählte er später über seine erste Begegnung mit Kołakowski im Jahr 1948:

> „Plötzlich entdeckte ich einen Menschen, der die gleichen Bücher las und in den gleichen Kategorien wie ich dachte."[227]

Auch auf Geremek trifft Kołakowskis Feststellung zu, dass der Revisionismus als geistige Strömung im Jahr 1968 geendet habe.

Der späte Austritt aus der Partei entsprach dem intellektuellen Habitus des Historikers Geremek, in längeren historischen Abschnitten zu denken und, wie seine französischen Freunde der „Annales", dem Prinzip der *Longue durée* zu folgen. Vermutlich haben ihn auch seine Erfahrungen mit Extremen wie dem deutschen Faschismus und dem polnischen Stalinismus zur Vorsicht erzogen mit der Maßgabe, „endgültige" Entscheidungen wie den Parteiaustritt erst nach langer Überlegung und wiederholter Konfrontation solcher Pläne mit der Wirklichkeit zu treffen. Ebenso dürfte der intensive Kontakt zu den Historikern der „Annales", die politisch eher links orientiert waren, Geremek lange in der Hoffnung bestärkt haben, aus der PVAP könne doch noch irgendwann eine Reformpartei im Sinne des Prager Frühlings werden.[228] Seine Cousine Zofia Żukowska bezeichnet ihn als einen Menschen, der immer sehr loyal gewesen sei und deshalb eingegangene Verpflichtungen ernst genommen habe – gerade auch gegenüber Staat und Partei in Polen.[229]

An dieser Stelle sei noch eine Bemerkung zu dem Literaturwissenschaftler Lyriker und Nobelpreisträger Czesław Miłosz erlaubt, der mit „Verführtes Denken" eines der besten Bücher über den polnischen Stalinismus und die Beeinflussbarkeit von Menschen in totalitären Systemen geschrieben hat. Miłosz ging im Februar 1951 in den Westen, weil er nicht mehr in stalinistischen Polen leben konnte und wollte – ge-

---

227 So berichtete es Jan Lityński in einem Gespräch mit dem Autor am 24.5.2011.
228 Siehe Friszke ... (Fn. 155).
229 Zofia Żukowska ... (Fn. 21).

rade für einen Dichter, der seinen heimatlichen Sprachraum verlässt, eine dramatische Entscheidung. Demgegenüber war für Bronisław Geremek immer klar, dass Polen das Land war, in dem er leben wollte, auch wenn es ihm mitunter fast die Hoffnung raubte. Natürlich haben auch die Aufenthalte in Paris dazu beigetragen, das Leben in Polen zu meistern.

Geremeks Haltung verdient Hochachtung, ebenso wie die von Miłosz.

Aber im Unterschied zu Miłosz hat er hautnah erlebt, wie sich Polen, wenn auch mühsam, vom Stalinismus und später auch vom realen Sozialismus löste. Und er hat vor Ort kräftig dazu beigetragen. Innere Emigration im eigenen Land war nicht nach seinem Geschmack. In dieser Hinsicht leistete er eine praktische Selbstkritik angesichts seiner Verführbarkeit im Stalinismus.[230]

Mit dem Austritt aus der PVAP begann für Bronisław Geremek eine neue Zeitrechnung. Karol Modzelewski:

> „In den siebziger Jahren überschritt Bronisław Geremek die Grenze hin zur Opposition, die gegen das System eingestellt war."[231]

---

230 So auch die Bewertung von Aleksander Smolar ... (Fn. 162).
231 Karol Modzelewski ... (Fn. 102).

4. Der kritische Intellektuelle im Umkreis der politischen Opposition

4.1. Arbeiterrevolte im Dezember 1970 – Gierek ersetzt Gomułka

Durch die Niederschlagung der Studentenbewegung, die Säuberung des Staats- und Parteiapparats sowie das Zurückdrängen der innerparteilichen Fraktion der „Partisanen" hatte Parteichef Władysław Gomułka seine Spitzenposition noch einmal gefestigt – allerdings nur kurzfristig, wie sich bald herausstellen sollte. Immerhin gelang es ihm in der Spätphase seiner Macht, noch einen großen außenpolitischen Erfolg zu erringen.

Auf seinen Vorschlag hin begannen im Februar 1970 Gespräche zwischen der polnischen Führung und der seit Oktober 1969 in Bonn amtierenden sozialliberalen Koalition über eine Normalisierung des Verhältnisses zwischen beiden Staaten, die bis dato keine diplomatischen Beziehungen unterhalten hatten. Die Gespräche mündeten schließlich in die Unterzeichnung des „Normalisierungsvertrags" am 7. Dezember 1970 in Warschau. Unter dem Vorbehalt der Bundesregierung, dass sie nur im Namen der Bundesrepublik und nicht im Vorgriff auf ein künftiges vereintes Deutschland handle, wurde damit ein Vierteljahrhundert nach dem Ende des Zweiten Weltkriegs die polnische Westgrenze durch Bonn anerkannt.

Für Gomułka war dies ein großer Erfolg, auch wenn der 7. Dezember eine Vorgeschichte hatte, die dem Parteichef nicht gefiel. Denn bereits mit dem Moskauer Vertrag vom 12. August 1970 hatten sich die Sowjetunion und die Bundesrepublik auf den Grundsatz der Unverletzlichkeit der Grenzen in Europa geeinigt. Erwähnt wurde dabei ausdrücklich auch die polnische Westgrenze, also die Grenze zwischen Polen und der DDR, ohne dass Vertreter dieser beiden Staaten zu den entsprechenden Vertragsverhandlungen hinzugezogen worden waren. Gomułka empfand dies als eine gewisse Missachtung Polens und eine Bekräftigung der Abhängigkeit seines Landes von Moskau.

Schließlich wurden die Ereignisse im Dezember 1970 dem Parteichef zum Verhängnis. Am 11.12. beschloss das Politbüro der PVAP Preiserhöhungen für subventionierte Grundnahrungsmittel in zweistelliger Höhe, die zwei Tage später in Kraft treten sollten. Die Parteiführung rechtfertigte diesen Schritt mit dem Hinweis, die Preiserhöhung für insgesamt 45 Produkte, insbesondere Fleisch, Wurst, Mehl und Nudeln, solle mit Preissenkungen bei Industriewaren wie Haushaltsgeräte und Radios einhergehen. Dieser Schritt traf die Arbeiterfamilien besonders hart, da sie etwa die Hälfte ihres verfügbaren Einkommens für Lebensmittel ausgaben. Die Entscheidung des Politbüros stieß sogar bei vielen Parteimitgliedern auf Kritik.

Die Protestaktionen begannen am 14. Dezember auf der Lenin-Werft in Danzig und breiteten sich schnell auf andere Betriebe der Stadt aus.[232] In verschiedenen Fabriken wurden Streikkomitees oder kleinere Räte aus Arbeitern und Ingenieuren gegründet, die aber bald ihren Einfluss verloren, je mehr sich der Protest auf die Straße verlagert. Schon am Nachmittag des 14. kam es zu ersten Straßenkämpfen zwischen Demonstranten und der Polizei. Lech Wałęsa, einer der aktivsten Teilnehmer des Protestes in Danzig, versuchte vergeblich, ein Blutvergießen zu verhindern.[233]

Für den engsten Führungskreis um Parteichef Gomułka kam von Anfang an nur eine gewaltsame Unterdrückung des Arbeiterwiderstandes in Frage. Etwaige Gespräche oder Verhandlungen mit den Streikenden zog man erst gar nicht in Erwägung. Am Morgen des 15. Dezember ließ Gomułka den Einsatzkräften in Danzig den Schießbefehl erteilen, am Abend des gleichen Tages wurde der Ausnahmezustand über die Dreistadt (Danzig, Zoppot, Gdingen) verhängt. Als Parteihäuser in Brand gesetzt wurden und Arbeiter einzelne Gefängnisse stürmten, wurden schließlich neben der Polizei (MO) und Milizreserven auch Soldaten und Panzer eingesetzt.

Ab dem 17. Dezember wurde Stettin zu einem zweiten Zentrum des Protestes. Das Streikkomitee der dortigen Warski-Werft stellte den umfangreichsten Forderungskatalog aller protestierenden Betriebe des Landes auf. Gefordert wurden vor allem die Rücknahme der Preiserhöhungen, Entschädigungen für die Angehörigen getöteter Arbeiter, Freilassung der Verhafteten, Bestrafung der Verantwortlichen für den Militär- und Polizeieinsatz, aber auch Abschaffung der Privilegien für Parteifunktionäre, Aufhebung der Nachrichtensperre und die Zulassung unabhängiger Gewerkschaften. In der Woche zwischen dem 14. und 21. Dezember kam es auch zu Protestaktionen unter anderem in Warschau, Elbing, Stolp, Breslau, Łódź und Bielsko-Biała.

Nach offiziellen Angaben gab es bei den Kämpfen 45 Tote und annähernd 1200 Verletzte, allein in der Dreistadt wurden etwa 2300 Personen festgenommen. Bis heute konnten diese Zahlen nicht vollständig verifiziert werden. Der polnische Historiker Paweł Machcewicz schrieb:

> „Die Befriedung der Küste gilt als eines der brutalsten Kapitel in der Geschichte der Volksrepublik … Die Bestialität der Miliz war noch über Wochen ein Thema der Gespräche der Arbeiter."[234]

Tadeusz Mazowiecki, damals Abgeordneter der katholischen Gruppierung *Znak* im Sejm, setzte sich, allerdings erfolglos, dafür ein, dass eine Kommission des Parlaments die Dezemberereignisse untersuchen solle.

---

232 Zu den Unruhen 1970/71 siehe insbesondere Edition Spotkania: Grudzień 1970, Paris 1986. Wałęsa, Lech: Droga do prawdy. Autobiografia, Warszawa 2008, S. 34 ff. Rote Fahnen über Polen. Seit wann schießt die Arbeiterklasse auf sich selbst, München 1972. Koenen, G./Koenen, K./Kuhn, H.: Freiheit, Unabhängigkeit und Brot. Zur Geschichte und den Kampfzielen der Arbeiterbewegung in Polen, Frankfurt am Main 1982, S. 173 ff.
233 Vetter, Reinhold: Polens eigensinniger Held. Wie Lech Wałęsa die Kommunisten überlistete. Berlin 2010, S. 23 f.
234 Machcewicz, Paweł: Grudzień '70. Krajobraz po bitwie. In: *Gazeta Wyborcza*, 9.6.2008.

Eine Mitverantwortung für den militärischen Einsatz gegen die protestierenden Arbeiter trägt auch Wojciech Jaruzelski, damals Verteidigungsminister und Kandidat des Politbüros der PVAP, später auch Ministerpräsident, Parteichef und Staatspräsident. So betont der polnische Historiker Jerzy Eisler:

> „Wir wissen, dass Jaruzelski bei der Beratung (des Politbüros – R.V.) am Morgen des 15. Dezember, als die Entscheidung für den Einsatz von Schusswaffen fiel, anwesend war. Richtig ist, dass Gomułka die verhängnisvolle Entscheidung traf, aber die entsprechenden Befehle kamen aus dem MON (Verteidigungsministerium – R.V.) ... Jaruzelski war in allen wichtigsten Momenten dieser Woche mit dabei."[235]

Jaruzelski trat in jenen Tagen nicht offen in Erscheinung, zog aber im Hintergrund die Fäden.[236] Schon in den Tagen zuvor hatte er verschiedene Entscheidungen für einen möglichen Einsatz des Militärs „im Kampf mit feindlichen Aktivitäten" getroffen.[237] Demgegenüber hat Jaruzelski später wiederholt betont, die Entscheidung für den Einsatz von Schusswaffen sei nur vom Ersten Sekretär der Partei, dem Ministerpräsidenten und dem Staatsratsvorsitzenden unter Umgehung des Verteidigungsministers und des Innenministers getroffen worden.[238] Der frühere Innenminister Czesław Kiszczak behauptete im Jahr 1990, dass sich im Dezember 1970 eine Gruppe höherer Offiziere mit Jaruzelski an der Spitze strikt gegen einen Einsatz der Armee ausgesprochen habe.[239]

Immerhin bildete sich im Politbüro der PVAP nach den tragischen Ereignissen eine Mehrheit für einen taktischen Rückzug gegenüber den protestierenden Arbeitern. Auch aus Moskau kam das Verlangen nach einem Wechsel an der Parteispitze. Vom Krankenbett aus willigte Gomułka am 19. Dezember 1970 in seinen Rücktritt ein. Einen Tag später wählte das Zentralkomitee der PVAP den oberschlesischen Parteichef Edward Gierek zum neuen Ersten Sekretär. Entgegen seinen Versprechungen von 1956 hatte Gomułka das System der kommunistischen Machtausübung nie wirklich angetastet. Auf der internationalen Bühne sprach nur der deutsch-polnische Vertrag für ihn, während die antisemitische Kampagne von 1968 und Polens Beteiligung an der Niederschlagung des Prager Frühlings sein, 1956/57 im Tauziehen mit der sowjetischen Führung errungenes Ansehen weitgehend ruiniert hatten.

Edward Gierek entstammte einer oberschlesischen Bergarbeiterfamilie und kannte deshalb die Wirklichkeit des täglichen Existenzkampfes, als Bergarbeiter in Belgien und Aktivist der dortigen kommunistischen Partei hatte er internationale Erfahrung gesammelt. In seiner Fernsehansprache am Abend des 20. Dezember stellte er soziale Gerechtigkeit, einen Dialog zwischen der politischen Führung des Landes und den Ar-

---

235 Stare kruk i lis z Katowic (rok 1970). Rozmowa z Jerzym Eislerem. In: Brzeziecki, Andrzej: Lekcje historii PRL w rozmowach. Warszawa 2009, S. 174.
236 Siehe Kowalski, Lech: Jaruzelski – generał ze skazą. Poznań 2012, S. 431.
237 Ebd. S. 429. Zu den Hintergründen der Ereignisse im Jahr 1970 siehe außerdem Seidler, Barbara: Kto kazał strzelać. Grudzień '70. Gdańsk 2010.
238 Siehe Berger, Manfred E.: Jaruzelski. Düsseldorf/Wien/New York 1990, S. 264.
239 Zit. nach ebd. S. 263.

beitern sowie eine Anhebung des Lebensniveaus in Aussicht. Den Protest der Arbeiter erklärte er mit falschen ökonomischen Entscheidungen seines Vorgängers Gomułka.

Ohne Zweifel gewann Gierek an Renommee durch seine, mehr als neun Stunden dauernde Diskussion mit den Mitgliedern des Streikkomitees der Stettiner Warski-Werft am 24./25. Januar 1971.[240] Gierek hörte sich die Beschwerden der Arbeiter ruhig an und ging argumentativ auf sie ein, wälzte allerdings immer die Schuld auf Gomułka ab und bat um Vertrauen in eine neue, von ihm angestrebte Wirtschafts- und Sozialpolitik. Außerdem versprach er Sicherheitsgarantien für die Streikführer der Werft und anderer Betriebe sowie Neuwahlen in den betrieblichen Gewerkschaftsgruppen. Es war die erste derartige Debatte eines Parteiführers mit den Streikenden. Eine ähnliche Diskussion absolvierte Gierek auch auf der Danziger Lenin-Werft. Mit diesen Auftritten erreichte der neue Parteichef, dass viele polnische Arbeiter, unter ihnen Lech Wałęsa, erst einmal Vertrauen auf die neue polnische Führung setzten.

Ziel dieser Propagandaoffensive war es aber auch, einen Mantel über die schrecklichen Einzelheiten der Dezemberereignisse zu decken. Die Kehrseite des Kurses der neuen Parteiführung um Gierek war die schmutzige Arbeit des Sicherheitsdienstes. Ende Dezember 1970 startete der Sicherheitsdienst SB die Aktion *Jesień 70* (Herbst 70), die zum Ziel hatte, möglichst vollständige Listen der Mitglieder aller Streikkomitees aufzustellen und die Stimmung in den wichtigsten Fabriken des Landes zu erkunden, um weitere Proteste wie die im Dezember zu verhindern. Im Rahmen dieser Aktion erstellte man Listen von 3000 Arbeitern, die man für „Aktivisten" der Proteste im Dezember 1970 hielt. Mindestens ein Drittel von ihnen unterwarf man in den folgenden Monaten einer intensiven „Bearbeitung", wie es damals im Jargon des Geheimdienstes hieß. Das bedeutete Entlassung am Arbeitsplatz, Einberufung zum Militär und Annullierung polizeilicher Anmeldungen, was die Betroffenen zwang, ihren bisherigen Wohnort zu verlassen und anderswo nach Arbeit zu suchen.[241]

Zu denjenigen, die nach den Protesten an der polnischen Ostseeküste verhaftet und später freigelassen wurden, zählte auch Lech Wałęsa. Auch nach seiner Freilassung wurde er wiederholt zu Gesprächen mit dem Sicherheitsdienst vorgeladen. Bist heute zählt zu den Legenden polnischer Geschichtsschreibung nationalkonservativer Provenienz, Wałęsa sei Agent des SB gewesen. Schlagkräftige Beweise liegen bislang nicht vor.

Die Ära des polnischen Parteichefs Edward Gierek gliederte sich in zwei Perioden. Für Jahre 1971–1975 nutzte der polnische Historiker Andrzej Paczkowski den Begriff der „Belle Époque"[242], während sein Kollege Włodzimierz Borodziej schreibt, in dieser Periode habe sowohl bei den Machthabenden als auch bei der Mehrheit der Be-

---

240 Den Wortlaut der Debatte siehe bei Paziewski, Michał: Debata robotników z Gierkiem. Szczecin 1971. Warszawa 2010.
241 Zu den Repressionen siehe unter anderem Machcewicz ... (Fn. 234). Ebenso Wałęsa, Lech: Milicja wyparła ludzi. In: *Gazeta Wyborcza*, 24.6.2008.
242 Borodziej, Włodzimierz: Geschichte ... a.a.O., S. 344.

völkerung das Bewusstsein vorgeherrscht, Polen befinde sich auf der Überholspur.[243] Demgegenüber waren die Jahre 1975–1980 eine Periode zunehmender Krisenanfälligkeit des Systems, die schließlich in den berühmten Streik auf der Danziger Lenin-Werft im August 1980 und damit eine neue Zeitrechnung für Polen mündete.

Zunächst allerdings agierte Giereks Equipe in einem Land, dessen Gesellschaft durch die Arbeiterproteste im Dezember aufgeschreckt und aufgewühlt war. Allerdings hatte der Aufruhr kein eigenständiges politisches Programm wie etwa den Revisionismus um 1956 hervorgebracht. Die Intellektuellen hatten diesmal keine Rolle gespielt. Landesweit ging es den Werktätigen um die Rücknahme der Preiserhöhungen und eine Bestrafung der Schuldigen, nicht um eine Alternative zum herrschenden System.

Geschickt brachte Gierek seinen Pragmatismus und seine, in Oberschlesien erworbene administrative Erfahrung ins Spiel, und konsequent arbeitete er an seinem Profil des bürgernahen Parteichefs, der unermüdlich durchs Land reist und mit den Arbeitern spricht. In einer Zeit, in der sich Fernsehen zum zentralen Massenmedium entwickelte, erwies sich Giereks souveränes öffentliches Auftreten als wirksames Instrument politischer Machtausübung.

Unter dem Druck des großen Streiks in der Textilmetropole Lodz wurden dann Mitte Februar 1971 die Preiserhöhungen zurückgenommen. Die Beschäftigten der Textilbranche, vorwiegend Frauen, litten besonders unter extrem veralteten Produktionsbedingungen und vergleichsweise niedrigen Löhnen. Bald folgte auch ein großes sozioökonomisches Programm, das vom Politbüro unter Giereks Führung verabschiedet wurde. Zentrales Element dieses Programms war die Erhöhung der Löhne und Renten für mehr als 5 Millionen Menschen.[244]

Aber die neue Führung des Landes bemühte sich nicht nur um eine schrittweise Anhebung des Landesstandards. Sie öffnete auch die Schleusen für eine massenhafte Übernahme westlicher Lebensformen. Die *Trójka*, das staatliche dritte Hörfunkprogramm, gewann stark an Popularität, weil es neben der polnischen auch westliche Rockmusik sendete. Das Tragen von Jeans und Miniröcken wurde erlaubt, Jugendliche konnten nun ungestraft ihre Haare wachsen lassen. Die einheitliche Grundschulkleidung für Mädchen und Jungen wanderte nach und nach in die Requisitenkammer. Viele Bürger in Warschau verbinden die Gierek-Ära mit prestigeträchtigen Investitionen wie dem Bau des zentralen Bahnhof und der Stadtautobahn sowie mit dem Beginn des Wiederaufbaus des Warschauer Königsschlosses am Rande der Altstadt, das 1944 von den deutschen Besatzern zerstört worden war. In Oberschlesien entstand die gewaltige Stahlhütte *Huta Katowice*, in Danzig baute man eine große Raffinerie und einen neuen Hafen. Die polnischen Bauern freuten sich über die Erhöhung der Ankaufpreise für landwirtschaftliche Produkte, die Beendigung der Zwangsablieferungen sowie die Einführung einer kostenlosen Krankenversicherung. Der Woh-

---

243 Ebd., S. 348.
244 Vgl. Kaliński, Janusz: Gospodarka Polski w latach 1944–1989. Warszawa 1995, S. 148 ff.

nungsbau wurde gewaltig angekurbelt, der Fiat 126, liebevoll „Maluch" (der Kleine) genannt, entwickelte sich zum ersten Massenauto in der Geschichte Polens. Bis 1975 stieg die Zahl der Passagiere der staatlichen Luftlinie *LOT* um zwei Drittel, wobei die Auslandsflüge das Übergewicht gegenüber den Inlandsflügen gewannen. Gerade die Flüge in das „nichtsozialistische Ausland", sprich in den Westen, aber auch die in die „sozialistischen Bruderländer" nahmen zu.

In diesem Zusammenhang spielten zwei zwischenstaatliche Errungenschaften eine wichtige Rolle. Die eine betraf einen Neubeginn der Beziehungen zwischen der Volksrepublik Polen und der DDR, auf den sich Edward Gierek und Erich Honecker verständigten. Ab dem 1. Januar war die Grenze zwischen beiden Staaten offen, als Reisedokument genügte der Personalausweis. Die zweite Errungenschaft bestand darin, dass im Mai 1972 in Bonn nach heftigen Auseinandersetzungen der Warschauer Vertrag von 1970 ratifiziert wurde, was einer erneuten Bestätigung der polnischen Westgrenze gleich kam und den Besuchsverkehr zwischen der Bundesrepublik und Polen forcierte.

Aber mit der Normalisierung von 1972 kam auch die Emigration polnischer Staatsbürger insbesondere aus Schlesien und Ostpreußen in die Bundesrepublik stärker in Gang. Der polnische Historiker Dariusz Stola schreibt:

> „Die Dominanz der Abwanderung nach Deutschland (war) ... das wichtigste Merkmal dieser Dekade. In den Jahren 1971–1980 reisten etwa 260 000 Menschen mit dem ‚Ziel eines ständigen Aufenthalts' aus der Volksrepublik aus, davon gingen 74% in die Bundesrepublik und 5% in die DDR ... 8% begaben sich in die USA, 2% nach Kanada, jeweils 1,5 bis 2% nach Schweden und Frankreich. Andere Länder blieben bei Werten unter 1%."[245]

Eine wichtige Folge der Verständigung zwischen Polen und der Bundesrepublik war außerdem die Intensivierung der bilateralen Wirtschaftsbeziehungen. Parteichef Edward Gierek und der damalige Bundeskanzler Helmut Schmidt einigten sich außerdem auf ein Bündel von Maßnahmen, in dessen Rahmen insbesondere ein Pauschalbetrag von 1,3 Milliarden D-Mark für Rentenansprüche ehemaliger polnischer Zwangsarbeiter sowie ein Kredit von einer Milliarde D-Mark zu vorteilhaften Bedingungen gegen Ausreisegenehmigungen für 125 000 polnische Staatsbürger Richtung Westen „verrechnet" wurden. In jenen Jahren nahm Polen aber noch weitere große Kredite auf, so dass die Staatsverschuldung im Jahr 1975 bereits acht Milliarden US-Dollar betrug. Damit erreichte der Schuldendienst ein Viertel des Exports. Das geliehene Geld wurde vor allem für Investitionen in bestimmte Industriezweige und für die Versorgung des polnischen Marktes mit importierten Produkten verwendet. Gierek und seine engsten Mitstreiter waren sich im Unklaren darüber bzw. wollten es nicht wahrhaben, dass damit eine finanzielle Zeitbombe für das Land tickte.

Auffallend für die Gierek-Zeit war außerdem der weitgehende Verzicht auf ideologische Zuspitzungen bzw. das partielle Fehlen der Ideologie in der offiziellen Propa-

---

245 Stola, Dariusz: Kraj bez wyjścia? Migracje z Polski 1949–1989. Warszawa 2010, S. 209.

ganda. Einschlägige Formeln aus der Mottenkiste des Marxismus-Leninismus tauchten nur hin und wieder auf – etwa bei Parteikonferenzen, an staatlichen Feiertagen oder auf den Titelseiten der Zeitungen. Die „Diktatur des Proletariats" verschwand zugunsten der „moralisch-politischen Einheit der Nation", der nur erklärte Gegner des Sozialismus nicht zugerechnet wurden, katholische Kirche und Bauernschaft wurden nicht mehr systematisch angegriffen, sondern nur gelegentlich schikaniert. Karriere machte der Begriff des „parteilosen Fachmanns", der immer wieder als Maßstab für Professionalität hervorgehoben wurde. Schriftsteller, Dramatiker, Regisseure und Schauspieler genossen ein gewisses Maß an Freiheit. Nur wer mit politischen und publizistischen Aktionen dezidiert gegen die von der Partei vorgegebene „Einheit" verstieß, musste mit dem Zorn der Funktionäre und der Zensur rechnen.

4.2. XI. Kongress der polnischen Historiker, Votum gegen die Todesstrafe

Getreu seiner Ankündigung konzentrierte sich Bronisław Geremek nach seinem Austritt aus der PVAP im Jahr 1968 fast ausschließlich auf die Wissenschaft. Politische Analysen und Bewertungen trug er vorerst nur noch im kleinen Kreis von Freunden und Wissenschaftlerkollegen vor.[246] Zunächst stand der Abschluss seiner Habilitationsschrift im Zentrum seiner wissenschaftlichen Arbeit, die er 1971 vorlegte und im zugehörigen Kolloquium verteidigte. Dann betrieb er weitere intensive Forschungen besonders auf seinen Spezialgebieten im Rahmen der Mediävistik, die sich in diversen Publikationen im In- und Ausland niederschlugen.[247] Zu seinen Themen zählten u. a.:

– Kulturgeschichte des mittelalterlichen Polens
– Symbole im Mittelalter
– neuzeitliche wohltätige Reformen im Venedig der Renaissance
– Rolle der Phantasie in der mittelalterlichen Geschichtsschreibung
– Westeuropa im Mittelalter – mittelalterliche Aufrührer [248]

Außerdem beteiligte er sich an Debatten, in denen die Arbeit der Historiker an der Polnischen Akademie der Wissenschaften geplant und koordiniert wurde.[249]

Im September 1974 war er Sekretär des XI. Allgemeinen Kongresses der Polnischen Historiker in Thorn und als solcher zuständig für die Gestaltung, Organisation und Berichterstattung.[250] Zu den Themen des Kongresses zählte unter anderem

---

246 Bislang konnte keine Quelle ermittelt werden, die Auskunft darüber gibt, ob und wie sich Bronisław Geremek zu den Arbeiterprotesten im Dezember 1970 und der nachfolgenden Repressionswelle geäußert hat.
247 Siehe S. 62 ff. dieses Buches.
248 Ebd.
249 Siehe u. a. Plan koordynacyjny na lata 1971–1975 dla problemu resortowego PAN-36. „Polska kultura narodowa: dziedzictwo historyczne i współczesne tendencje rozwojowe". Centrum im. Prof. Bronisława Geremka, Archiwum, Syg. CBG/ZP/NP/68.
250 Deutsche Übersetzung des Kongressberichts von Geremek, Zbigniew Landau und Jerzy Tomaszewski in *Jahrbuch für Wirtschaftsgeschichte 1975/III*, S. 255 f.

die Soziotopographie der Städte in der Epoche des Feudalismus. Bereits im Dezember 1972 hatte der Vorstand der Polnischen Historischen Gesellschaft (Polskie Towarzystwo Historyczne) Geremek einstimmig als Sekretär benannt.[251] Zwischenzeitlich erwog er, diese Funktion nicht zu übernehmen, nachdem vor allem Historiker, die der PVAP nahestanden, gegen seine Berufung Einspruch erhoben hatten, blieb dann aber bei seiner Entscheidung – auch, weil sich viele parteilose Wissenschaftler mit ihm solidarisierten. Der Sachverstand triumphierte also über kleinliche politische Intrigen.

Obwohl der Geheimdienst SB bereits ein Auge auf Geremek geworfen hatte, gelang es ihm mehrfach, einen Pass für eine Auslandsreise zu bekommen. So hielt er sich im Oktober 1970 zu einem kurzen Besuch in Paris auf, um insbesondere Gespräche mit den französischen Historikern Fernand Braudel und Jacques Le Goff zu führen. Ausgestattet mit einem Stipendium der Sechsten Sektion der École pratique des hautes études (EPHE) reiste er dann im Januar 1973 für zwei Monate in die französische Hauptstadt, um dort Vorträge zu halten, Seminare zu leiten sowie Archiv- und Bibliotheksstudien zu betreiben.[252] Das Visum für diese Reise bekam er allerdings erst, nachdem Braudel und Le Goff gegen eine anfängliche Verweigerung seitens der Warschauer Behörden protestiert hatten. Einen dritten, einwöchigen Besuch in Paris absolvierte er im November 1974. Bei seinen Aufenthalten in der französischen Hauptstadt sammelte er gerade auch Material für ein Buch über die Pest im Mittelalter („Czarna Śmierć"), das er dann aber nicht fertig stellen konnte.[253]

Auch in den 1970er Jahren veröffentliche die Pariser Historikerzeitschrift „Annales" wissenschaftliche Texte von Geremek sowie u. a. von Bronisław Baczko, Celina Bobińska, Witold Hensel, Witold Kula, Stanisław Lorentz, Marian Małowist, Karol Modzelewski, Henryk Samsonowicz, Janusz Tazbir und Irena Turnau.

Auch wenn die Kulturszene in Polen in den frühen 1970er Jahren gewisse Freiheiten genoss, waren öffentliche politische Meinungsäußerungen oder gar Aktivitäten von unabhängigen oder gar oppositionellen Intellektuellen vor 1975 kaum zu registrieren. Der Historiker Włodzimierz Borodziej betont:

> „Die Intellektuellen hatten diesmal kein Sprachrohr in Gestalt von kämpferischen Meinungsblätter, keine neuen Diskussionsforen, und die Lösungsansätze, die sie jetzt vorschlugen, blieben nach dem Aderlass von 1968 weit hinter den Horizonten von 1956 zurück."[254]

---

251 Brief des Vorsitzenden der Gesellschaft, Prof. Stanisław Herbst, vom 12.12.1972 an Geremek. Centrum im. prof. Bronisława Geremka, Archiwum, XI Powszechny Zjazd Historyków Polskich, Toruń, Syg. CBG/ZP/NP/69.
252 Siehe seinen anschließenden, bei der Polnischen Akademie der Wissenschaften vorgelegten Arbeitsbericht: Sprawozdanie z wyjazdu do Francji, Syg. CBG/ZP/HP/125.
253 Centrum im. prof. Bronisława Geremka, Archiwum, „Czarna Śmierć", Syg. CBG/ZP/HP/126.
254 Borodziej, Włodzimierz: Geschichte … a.a.O., S. 341.

Und Adam Michnik, einer der Aktivisten von 1968, schrieb später:

> „Die Opposition wirkte eigentümlich zerschlagen. Weiterhin existierte ein bestimmtes Milieu, aber es zeigten sich keine Formen aktiven Handelns. Die Intelligenz leckte ihre Wunden aus der Zeit nach dem März (1968 – R.V.), die Gesellschaft erfreute sich an der ‚Erneuerung' durch Gierek, die Führer der Streiks im Dezember 1970 hatte man schrittweise ausgeschaltet. Wir, die ‚Komandosi' des März, gingen nach der Freilassung aus dem Gefängnis irgendwelchen Arbeiten nach, um Geld zu verdienen, nahmen unterbrochene Studien wieder auf, konspirierten vorsichtig. Wir vertrieben Publikationen aus dem Exil, schmuggelten den Mitschnitt der Begegnung Giereks mit den Stettiner Werftarbeitern zur Pariser ‚Kultura'. Es passierte nicht viel, aber ebenso erwartete niemand von uns mehr."[255]

Wenn Bronisław Geremek in jenen Jahren sein Hauptaugenmerk auf die Wissenschaft richtete, dann bedeutete das nicht, dass er auf jedwede Intervention in Sachen Menschen- und Bürgerrechte verzichtete. So schrieb er am 3. Januar 1973 einen Brief an den damaligen Staatsratsvorsitzenden Henryk Jabłoński, in dem es hieß:

> „Vor einigen Wochen hat das Oberste Gericht das Todesurteil im Fall von Jerzy Kowalczyk bestätigt. Aus den spärlichen Nachrichten, die der Öffentlichkeit bekannt wurden, geht hervor, dass die Brüder Kowalczyk eine Tat verübt haben, deren terroristischer Charakter und durch sie entstehende Gefahr für die Gesellschaft außer Frage stehen und bestraft werden müssen. Doch in Anbetracht dessen, dass die Tat keinerlei menschliche Opfer mit sich brachte, wende ich mich an den Staatsrat mit der dringenden Bitte, vom Recht der Begandigung Gebrauch zu machen, was meiner Überzeugung nach dem gesellschaftlichen Gerechtigkeitsempfinden entsprechen würde."[256]

Was war geschehen? Die Brüder Ryszard und Jerzy Kowalczyk hatten in der Aula der Pädagogischen Hochschule im oberschlesischen Oppeln eine Bombe deponiert, die am 6. Oktober kurz nach Mitternacht deponierte. Das Gebäude wurde vollständig zerstört. Menschen kamen nicht zu Schaden, weil die Brüder die Uhrzeit bewusst gewählt hatten und darauf achteten, dass sich niemand in dem Gebäude befand.

Mit ihrem Anschlag protestierten die Brüder gegen eine Festveranstaltung der Bürgermiliz (Polizei – R.V.) und des Sicherheitsdienstes, die am 6. Oktober in dem Gebäude stattfinden sollte. Ryszard und Jerzy Kowalczyk war bekannt, dass an dieser Feier auch der Polizeioberst Julian Urantówka teilnehmen sollte, der für die Erschießung von 16 Arbeitern während der Proteste in Stettin im Dezember 1970 verantwortlich war.

Die Brüder wurden am 29. Februar 1971 verhaftet und nach einem zweiwöchigen Prozess vor dem Woiwodschaftsgericht in Oppeln verurteilt. Ryszard Kowalczyk erhielt 25 Jahre Gefängnis, sein Bruder Jerzy wurde sogar zum Tode verurteilt. Das Oberste Gericht bestätigte die Urteile im Dezember 1972, während der Staatsrat im

---

255 Michnik, Adam: Karol z Krainy Rogatych Dusz. Opowieść o przyjaźni i rewolucji. In: *Gazeta Wyborcza*, 27.6.2011.
256 Syg. CBG/ZP/HP/16. Der Staatsrat fungierte in sozialistischen Zeiten als kollektives Staatsoberhaupt, das aber politisch weitgehend von Parteientscheidungen abhängig war.

Januar 1973 Jerzy Kowalczyk begandigte und sein Urteil ebenfalls in eine Gefängnisstrafe von 25 Jahren umwandelte. In den 1980er Jahren wurden die Brüder vorzeitig aus der Haft entlassen.

Dabei war Bronisław Geremek nicht der Einzige, der für eine Begnadigung plädiert hatte. Ein entsprechendes Gesuch unterzeichneten mehr als 6 000 Bürger, zu denen auch die Lyrikerin Wisława Szymborska, der Schriftsteller Stanisław Lem und der Schauspieler Daniel Olbrychski gehörten. Ebenso äußerte sich die katholische Bischofskonferenz.

Der polnische Historiker Jerzy Eisler sagte über das Gerichtsverfahren:

> „Es besteht kein Zweifel, dass die Brüder Kowalczyk politische Gefangene der Volksrepublik waren (so hatte sich Jerzy Kowalczyk in den Verhören zu seiner antikommunistischen Einstellung bekannt – R.V.). Man kann sie auch als Gesinnungshäftlinge bezeichnen, die ihrem Gewissen gefolgt waren, eben wie Menschen, die wegen des Schreibens eines Buches bzw. von Gedichten oder ihrer unabhängigen wissenschaftlichen Tätigkeit im Gefängnis landeten. Aber ebenso ist klar, dass sie unabhängig von ihren Motiven einen terroristischen Akt begangen haben."[257]

4.3. Helsinki-Prozess, Verfassungsdebatte

Schon ab 1974 gab es erste Anzeichen dafür, dass das wirtschaftspolitische Konzept der Equipe um Edward Gierek strategisch gesehen nicht aufgehen würde. Der polnische Ökonom Janusz Kaliński gab seiner Analyse der damaligen Entwicklung den Titel „Verwehte Hoffnungen" („Rozwiane Nadzieje").[258] Ohne Zweifel trug die Öffnung Richtung Westen maßgeblich dazu bei, Polens Wirtschaft zu modernisieren. Aber ebenso stieg die Auslandsverschuldung rapide an, so dass die polnischen Verbindlichkeiten gegenüber dem Westen schon im Jahr 1976 ein Viertel der gesamten Verschuldung aller Länder des COMECON betrugen und der Schuldendienst immer schwieriger wurde.

Ebenso verhängnisvoll war der unerschütterliche Glaube an die Funktionalität großer wirtschaftlicher Einheiten. Schon zur Mitte des Jahrzehnts wurden zwei Drittel der Industrieproduktion durch gut 100 Kombinate erwirtschaftet, in denen annähernd die Hälfte der polnischen Industriearbeiter beschäftigt. Diese Kombinate waren kaum in der Lage, auf nationale Bedürfnisse und internationale Einflüsse zu reagieren. In der Hoffnung, mit den Einnahmen aus dem Export die Schulden bezahlen zu können, wurde die Kohleförderung immer weiter erhöht, obwohl man im Westen begann, den Energieverbrauch zu rationalisieren. Ebenso lief das gewaltige Investitionsprogramm in modernen Industriezweigen wie Elektroindustrie, Fahrzeugbau und Chemie immer mehr aus dem Ruder, zwei Drittel der angefangenen Investitionen konnten nicht termingerecht oder überhaupt nicht abgeschlossen werden.

---

257 Eisler, Jerzy: Bracia Kowalczykowie byli więźniami politycznymi. In: *Rzeczpospolita*, 18.8.2011.
258 Kaliński, Janusz: Gospodarka ... a.a.O., S. 177 f.

Zusätzliche Schwierigkeiten bei der Lebensmittelversorgung ergaben sich aus der Missernte des Jahres 1975. Insgesamt öffnet sich die Schere zwischen der höheren Kaufkraft durch die erheblich gestiegen Löhne und dem Warenangebot. Vor den Geschäften bildeten sich wieder Schlangen, die doch eigentlich der Vergangenheit angehören sollten. Außerdem zeigte sich, dass die zahlreichen Sozialprogramme mehr und mehr die Finanzkraft des polnischen Staates überstiegen.

In dieser ökonomisch und finanziell komplizierten Situation zeigte sich auch erstmals die politische Krisenanfälligkeit des Giereckschen System. Bereits der VI. Parteitag der PVAP 1971 hatte beschlossen, den Entwurf für eine neue Verfassung ausarbeiten zu lassen, der das Grundgesetz von 1952 ablösen sollte. Im September 1975 präzisierte der VII. Parteitag durch eine entsprechende Direktive die angestrebten Änderungen. So sollte die bisherige Bezeichnung „Volksrepublik" durch „Sozialistische Republik" ersetzt werden. Des Weiteren wollte man „die führende Rolle der PVAP" festschreiben sowie die „unantastbare brüderliche Verbundenheit mit der Sowjetunion" verfassungsmäßig verankern – letzteres eine klare Reaktion auf die von Breschnew verkündete Doktrin der begrenzten Souveränität der Staaten im sowjetischen Herrschaftsbereich.

Die Sache war politisch brisant, weil Verfassungen in der polnischen Geschichte mehrfach symbolische Bedeutung für Freiheitsbestrebungen und Reformanstrengungen hatten. Das gilt besonders für die Verfassung vom 3. Mai 1791, die damals vom Sejm im Königsschloss verabschiedet wurde.[259] Dabei handelte es sich um die erste geschriebene Verfassung in Europa und die zweite überhaupt nach der Verfassung der Vereinigten Staaten. In dem Grundgesetz wurden zentrale Aspekte der französischen Aufklärung sowie innerpolnischer Reformdebatten aufgenommen. Auf Jean-Jacques Rousseau ging das Prinzip der Souveränität des Volkes zurück, von Montesquieu übernahm man das Prinzip der Gewaltenteilung in Judikative, Exekutive und Legislative. Allerdings bleib das Parlament auf den Adel beschränkt mit einigen Mitspracherechten für das wohlhabende Bürgertum. Polen blieb allerdings kaum Zeit, eine neue Verfassungsrealität zu gestalten, weil die neue Verfassung im Rahmen der Zweiten Teilung Polens 1793 außer Kraft gesetzt wurde.

Verfassungspolitische Auseinandersetzungen gab es es auch am Ende des Zweiten Weltkriegs, weil das von der Sowjetunion lancierte und von polnischen Kommunisten beherrschte „Lubliner Komitee", von dem die Gestaltung der politischen Nachkriegsverhältnisse in Polen ausging, die Verfassung von 1921 als verbindlich betrachtete, während die polnische Exilregierung in London die Verfassung von 1935 als ihre Legitimationsbasis ansah.[260] In der Tat erwies sich letztere als weitaus weniger demokratisch als die Verfassung von 1921, weil sie dem Staatspräsidenten eine große Machtfülle gewährte und die Rechte des Sejm als erster Kammer gegenüber dem Senat stark einschränkte, war aber im Sinne des Völkerrechts weiterhin gültig. Wenn das

---

259 Vgl. Graczyk, Roman: Konstytucja dla Polski. Tradycje, Doświadczenia, Spory. Kraków 1997, S. 13 f.
260 Zu beiden Verfassungen siehe ebd., S. 17 f.

„Lubliner Komitee" die mangelnde demokratische Substanz der Verfassung von 1935 anprangerte, entsprang dies natürlich auch aus dem Bemühen, sich als legitimer Vertreter eines unabhängigen und demokratischen Polen zu stilisieren.

Im heutigen Polen ist der 3. Mai Nationalfeiertag, während der 22. Juli (1944) als Tag des Gedenkens an die Gründung des „Lubliner Komitees" seit dem Ende der sozialistischen Zeiten in Polen nicht mehr offiziell begangen wird.

Obwohl die im Juli 1973 begonnene Konferenz über Sicherheit und Zusammenarbeit in Europa (KSZE) von einzelnen Oppositionellen wie Jan Józef Lipski als eine Art Alibiveranstaltung für die Sowjetunion scharf kritisiert wurde[261], erwies sich die KSZE-Schlußakte vom August 1975 mit dem dortigen Bekenntnis zur Achtung der Menschen- und Bürgerrechte als wirksames Instrument der oppositionellen bzw. kritischen Intellektuellen in Polen – wie in der Sowjetunion, der Tschechoslowakei und in anderen Ländern des „Ostblocks".[262] Mit Verweis auf den Helsinki-Prozess gab es schon in den Monaten vor der Verfassungsdebatte einzelne Initiativen, die dem Kampf gegen die staatliche Repression dienen sollten. So bemühten sich Jacek Kuroń, Jan Józef Lipski, Jan Olszewski und andere um die Gründung einer polnischen Sektion von Amnesty International, kamen aber über die Formulierung einiger Grundsätze nicht hinaus.

In der Verfassungsdebatte waren es zunächst Vertreter der Katholischen Kirche, die sich kritisch gegenüber den von der PVAP angestrebten Änderungen im Text des Grundgesetzes äußerten.[263] Das galt besonders für Stefan Kardinal Wyszyński und den Sekretär des Episkopats, Bischof Bronisław Dąbrowski, und schließlich die Bischofskonferenz selbst.

Wichtigstes Dokument der öffentlichen Kritik war dann der „Brief der 59", den Edward Lipiński am 5. Dezember 1975 zusammen mit den entsprechenden Unterschriften an die Kanzlei des Sejm schickte, wo er am 8. Dezember eintraf.[264] Ausdrücklich nahmen die Unterzeichner des Briefs Bezug auf die KSZE-Schlussakte und betonten anschließend, dass die Verfassung und die auf ihr basierende Gesetzgebung garantieren sollten:

---

261 So jedenfalls steht es in den Akten des Sicherheitsdienstes: Archiwum Instytutu Pamięci Narodowej (AIPN) 0204/1421, t. 4, Informacja operacyjna, 28. VII 1975, k. 296. Danach soll Lipski Vergleiche zum Wiener Kongress und zur Konferenz von Jalta gezogen haben.
262 Skórzyński, Jan: Siła bezsilnych. Historia Komitetu Obrony Robotników. Warszawa 2012, S. 58 ff.
263 Siehe insbesondere Raina, Peter: Kościół w PRL. Kościół katolicki a państwo w świetle dokumentów 1945–1989, Poznań/Pelplin 1996, t.3, S. 14 f, S. 21 f, S. 27 f.
264 Original des Briefes: AIPN, 0678/159, t. 4, k. 260. Auch in: Ptaczek, Józef (Hg.): Memoriał 59 i inne dokumenty protestu, Monachium 1975, S. 5 f. Ebenso in *Kultura* 1976, nr. 1–2, S. 235 f. Zur Genese des Briefes siehe Kuroń, Jacek: Wiara i wina. Do i od komunizmu, Warszawa 1990, S. 352 ff. Friszke, Andrzej: Otwarty sprzeciw. In: *Znak*, nr. 677, http://www.miesiecznik. znak.com.pl/index.php?tekst=1124&p=all . Friszke, Andrzej: Czas KOR-u ... Fn. S. 83 ff. Skórzyński, Jan: Siła bezsilnych. Historia Komitetu Obrony Robotników. Warszawa 2012, S. 65 ff. Hirsch, Helga: Bewegungen für Demokratie und Unabhängigkeit in Polen 1976–1980. Mainz/München 1985, S. 34 f.

- Freiheit des Gewissens und der Religionsausübung,
- Freiheit der Ausübung der Arbeit,
- Informations- und Meinungsfreiheit,
- Freiheit der Wissenschaft.

Und wörtlich heißt es in dem Brief:

> „Die Garantie dieser grundlegenden Freiheiten lässt sich nicht mit der gegenwärtig angestrebten führenden Rolle einer einzigen Partei im System der staatlichen Macht vereinbaren. Eine solche verfassungsmäßige Festlegung übertrüge einer politischen Partei die Rolle eines staatlichen Machtorgans, das der Gesellschaft gegenüber nicht verantwortlich wäre und auch von ihr nicht kontrolliert werden könnte. Unter solchen Bedingungen könnte der Sejm nicht als höchstes Organ der gesetzgebenden Gewalt angesehen werden, die Regierung wäre nicht das höchste exekutive Organ, und die Justiz nicht unabhängig."[265]

Zu den Unterzeichnern, deren Zahl dann noch auf 66 anschwoll, gehörten Wissenschaftler, Schriftsteller und Künstler, darunter 18 Mitglieder des später gegründeten *Komitees zur Verteidigung der Arbeiter* wie Aniela Steinsbergowa, Halina Mikołajska, Stanisław Barańczak, Edward Lipiński, Jacek Kuroń, Jan Józef Lipski und Adam Michnik, Anwälte wie Władysław Siła-Nowicki und Jan Olszewski, Wissenschaftler, Schriftsteller und Kulturschaffende wie Zbigniew Herbert, Stefan Kisielewski, Wisława Szymborska, Adam Zagajewski und Andrzej Drawicz, katholische Geistliche wie Jan Zieja, Jacek Salij und Stanisław Małkowski, Emigranten wie Leszek Kołakowski und Krzysztof Pomian, Vertreter der älteren Generation der Linken und der Heimatarmee wie Ludwik Cohn und Antoni Pajdak.

Öffentliche Aufmerksamkeit erreichte auch der „Brief der 7" vom 6. Dezember 1975, dessen politische Analyse systematischer war als die des „Brief(es) der 59". Dieser Text, der an die Delegierten des für Ende Ende Dezember des Jahres geplanten VII. Kongresses der PVAP gerichtet war, wurde insbesondere von Bronisław Geremek, Krystyna Kersten, Jan Strzelecki und Tadeusz Kowalik unterzeichnet – Wissenschaftlern also, die bis 1968 der Partei angehört hatten oder noch angehörten. In dem Brief hieß es unter anderem:

> „Besonders beunruhigt uns die Diskrepanz zwischen der Sprache der offiziellen Propaganda und der Realität des Alltags, die Schizophrenie des gesellschaftlichen Lebens, d.h. der Widerspruch zwischen dem, was man privat denkt und sagt, und dem, was öffentlich erklärt wird, die immer weiter gehende Beschränkung der Freiheit des geistigen Lebens, die nachlassende Beteiligung der Bürger am politischen Leben des Landes. Immer häufiger spricht man von ‚wir' und ‚sie' als zwei einander fremde und sich nicht verstehende Welten."[266]

---

265 Memorial „59-ciu". In: *Kultura* 1976, nr. 1–2, S. 235–236.
266 Do Delegatów na VII Zjazd PZPR na ręce I Sekretarza Tow. Edwarda Gierka. Centrum im. prof. Bronisława Geremka. Archiwum.

Die Unterzeichner forderten vor allem
- eine Reform des Wahlrechts,
- eine angemessene Information der Gesellschaft über die reale wirtschaftliche und soziale Entwicklung sowie eine offene Diskussionen über mögliche Varianten und Pläne,
- eine Garantie für die Arbeit der Arbeiterräte und der Gewerkschaften entsprechend ihrer tatsächlichen Funktion,
- ein neues Pressegesetz entsprechend der Grundsätze der Helsinki-Schlussakte,
- mehr Schutz der Bürgerrechte durch juristische Kontrolle administrativer Entscheidungen und eine Reform des Strafrechts,
- Rückkehr zur Selbstverwaltung der Universitäten und anderer wissenschaftlicher Einrichtungen.[267]

In einem Brief an Edward Lipiński, in dem er Entstehung und Inhalt des „Briefs der 7" erläuterte, schrieb Geremek unter anderem:

> „Unter dem Brief finden sich sieben Unterschriften. Wir haben jedoch ausreichend Grund zu der Annahme, dass viele Menschen diesen Standpunkt teilen. Die (in dem Brief – R.V.) gestellten Fragen und vorgenommenen Bewertungen haben wir im Kreis wissenschaftlicher Mitarbeiter verschiedener Fachrichtungen der Gesellschaftswissenschaften diskutiert, sowohl Parteimitglieder als auch solche, die der Partei nicht angehören, sich aber für das Schicksal des Sozialismus in Polen verantwortlich fühlen. (Die Unterzeichner) … sind darüber hinaus der Auffassung, dass sich die in Polen vollziehenden gesellschaftlichen Prozesse, insbesondere die, die zu der massiven Arbeiterrevolte im Dezember 1970 führten, ebenso wie die, die darauf zurückgehen, große internationale Bedeutung haben."[268]

Der Brief an Lipiński machte deutlich, dass Bronisław Geremek und seine Mitunterzeichner zur Mitte der 1970er Jahre die Hoffnung auf einen „Sozialismus mit menschlichem Antlitz" bzw. einen dritten Weg zwischen Staatssozialismus und Kapitalismus in Form eines Selbstverwaltungssozialismus noch nicht aufgegeben hatten.

Außer dem „Brief der 59" und dem „Brief der 7" gab es im Rahmen der Verfassungsdebatte eine ganze Reihe weiterer öffentlicher Meinungsäußerungen von Einzelpersonen und Gruppen, die auf ein gewisses Potential bürgerlichen Ungehorsams in der Gesellschaft hindeuteten. So erreichte Mitte Februar 1976 ein Brief den Sejm, den 92 Studenten aus der Dreistadt (Danzig-Zoppot-Gdingen) sowie von der katholischen Universität in Lublin unterzeichnet hatten, darunter Bogdan Borusewicz (heute Sejm-Marschall), Aleksander Hall (1989 Minister im Kabinett von Tadeusz Mazowiecki) und Janusz Lewandowski (heute EU-Kommissar).[269] Die Unterzeichner betonten, die Bestrebungen der PVAP zur Änderung der Verfassung hätten nichts mit Demokratie

---

267 Ebd.
268 Centrum im. Prof. Bronisława Geremka. Archiwum.
269 Brief in *Kultura*, Nr. 9/1976, S. 66 f.

zu tun, auch nichts mit einer sozialistischen Demokratie. In dem „Brief der 101", den der Schriftsteller Jerzy Andrzejewski initiiert hatte, hieß es wiederum:

> „Man darf die Bürgerrechte nicht den Menschen entziehen, deren politische Auffassungen nicht mit denen der Partei übereinstimmen ... auch nicht denjenigen, die eine kritische Haltung gegenüber den aktuellen Methoden der Ausübung der Macht einnehmen."[270]

Damit wandten sich die Unterzeichner dieses Schreibens gegen die geplante Ergänzung des Artikels 57 der Verfassung, wonach die Rechte der Bürger unzertrennlich mit der ehrlichen und gewissenhaften Pflichterfüllung gegenüber dem Staat verbunden sein sollten.

Große Bedeutung hatte schließlich ein gemeinsamer Brief der Vorsitzenden der Clubs der Katholischen Intelligenz und der Chefredaktion des katholischen Magazins Znak, „weil dieser ein grundsätzliches Zeichen des Nonkonformismus der offiziellen Führer dieser Bewegung war und deren zuvor eingenommene Haltung der Selbstbeschränkung überwand", wie der polnische Historiker Andrzej Friszke meint.[271]

Offenbar sah selbst ein gestandener Parteifunktionär wie Mieczysław Rakowski, damals ZK-Mitglied und Chefredakteur der *Polityka* keinen großen Sinn in den Verfassungsänderungen. In seinem Tagebuch schrieb er:

> „Die Genossen in der Führung beschlossen, in die Verfassung zu schreiben, dass die Partei in unserem Land eine führende Rolle ausübt. Das weckt Vorbehalte bei vielen Menschen. Warum soll die Partei einen speziellen Platz in der Verfassung haben? Ich verstehe nicht, warum um alles in der Welt eine solche Formulierung ein Dokument enthalten soll, das die Polen für eine gesamtnationale Errungenschaft halten."[272]

Auch wenn die Parteiführung bemüht war, die öffentlichen Proteste mit Schweigen zu übergehen, sah sie sich doch veranlasst, kleinere Zugeständnisse zu machen. Die Formel von der „uantastbaren brüderlichen Verbundenheit mit der Sowjetunion" wurde durch „Freundschaft und Zusammenarbeit" ersetzt, Polen blieb eine „Volksrepublik", auch wenn der Staat als „sozialistisch" charakterisiert wurde, die geplante Ergänzung des Artikels 57 wurde gestrichen und durch eine abgeschwächte Formulierung ersetzt. Am 10. Februar 1976 nahm der Sejm die revidierten Ergänzungen an. Der katholische Abgeordnete Stanisław Stomma enthielt sich der Stimme, was de facto das Ende seiner parlamentarischen Tätigkeit bedeutete.

Auch wenn die Protestwelle in Form diverser Briefe und Erklärungen verfassungsrechtlich eher wenig erreichte, war sie im politisch-strategischen Sinn ein Erfolg. Mit vollem Recht sprach der Slawist und Literaturwissenschaftler Andrzej Drawicz, einer der Unterzeichner des „Brief(es) der 59", von der „Geburt einer neuen Phase der

---

270 Brief in *Kultura*, Nr. 3/1976, S. 28 f.
271 Friszke, Andrzej: Czas KOR-U. Jacek Kuroń a geneza Solidarności. Kraków 2011, S. 90.
272 Rakowski, Mieczysław F.: Dzienniki polityczne 1972–1975. t. 5. Warszawa 2002, S. 386 f.

polnischen oppositionellen Bewegung".[273] Der polnische Historiker Jan Skórzyński schreibt:

> „Die Schlacht um die Verfassung war für das Milieu, das gegen das politische System der Volksrepublik auftrat, die Gelegenheit, seine Stärke zu messen und auch eine Prüfung zivilen Ungehorsams. Diese Prüfung bestanden viele Menschen, die sich vorher nicht im Widerspruch geübt hatten. Es stellte sich heraus, dass zu einem weitergehenden, andererseits aber auch zurückhaltenden staatsbürgerlichen Protest neben den erklärten Oppositionellen auch Schriftsteller, Schauspieler und Professoren bereit sind, die zur geistigen und künstlerischen Elite des Landes gehörten. Die bis dato marginalisierten Gruppen der Opposition überwanden die Isolation der Angst und der Passivität und wurden durch das offizielle Establishment der Volksrepublik als genuiner Teil der Gesellschaft begriffen."[274]

Form und Inhalt des Widerstandes gegen die Verfassungsänderung verwies auf den künftigen Charakter der Opposition. Es handelte sich um eine Bewegung, die weitgehend unabhängig vom Staat und von der Partei war und ihren Protest im legalen Rahmen vortrug, eine Art ideelle, breit angelegte Einheitsfront demokratischer Kräfte unterschiedlicher Tradition und Weltanschauung, deren Meinungsäußerung fast Bereiche des politischen und gesellschaftlichen Lebens umfasste.

4.4. „Über die Grenze zur Opposition"

Nach der Verfassungsdebatte waren die Arbeiterproteste im Juni 1976 und der sich daraus entwickelnde Reifeprozess der demokratischen Opposition ein zweites, untrügliches System für den Niedergang des Machtsystems Gierekscher Prägung.

Am Abend des 24. Juni, die Schulferien standen vor der Tür, präsentierte Ministerpräsident Piotr Jaroszewicz den vom Politbüro der PVAP abgesegneten Plan für eine drastische Erhöhung der Lebensmittelpreise, die seit 1971 im Wesentlichen gleich geblieben waren. Für viele polnische Familien war dies eine dramatische Nachricht. So sollte der Preis für Zucker um 90% steigen, für Fleisch, Fleischprodukte und Fisch um durchschnittlich 70%, für Butter und Käse um 60%. Diese Aufschläge waren beträchtlich höher als die, die Giereks Vorgänger Władysław Gomułka im Dezember 1970 durchsetzen wollte. Da die Ausgaben für Lebensmittel einen beträchtlichen Teil der Einkommen der polnischen Familien absorbierten, war der Unmut in der Gesellschaft mehr als verständlich. Dies umso mehr, als die Ankündigung von Jaroszewicz zeigte, dass die seit 1971 betriebene Parteipropaganda von der stetigen Erhöhung des Lebensstandards, die zwischenzeitlich ja auch Erfolge vorweisen konnte, jetzt nur noch leeres Gerede war.

---

273 Drawicz, Andrzej: Polnische demokratische Opposition – Gegenwart und Perspektive. In: Pelikan, Jiri/Wilke, Manfred (Hg.): Opposition ohne Hoffnung. Hamburg 1979, S. 192.
274 Skórzyński, Jan: Siła… a.a.O., S. 70.

So war die Tatsache, dass Jaroszewicz seinen Plan im Sejm präsentierte und, wenn auch vergebens, die Katholische Kirche für sein Vorhaben gewinnen wollte, ein untrügliches Zeichen dafür, dass die Parteiführung Befürchtungen hegte und mit Protesten rechnete.

Diese ließen auch nicht lange auf sich warten. Schon am nächten Tag kam es zu Streiks und Protestaktionen in vielen Betrieben des Landes, insbesondere in Radom, im Warschauer Stadtteil Ursus, sowie in Breslau, Stettin, Posen, Lodz, Elbing, Graudenz und Starachowice. Wenn die staatlichen Behörden von etwa 80 000 Teilnehmern dieser Proteste sprachen, so war dies wahrscheinlich die optimistische Variante in der Einschätzung des gesamten Ausmaßes des Aufruhrs.[275]

In der zentralpolnischen Stadt Radom südlich von Warschau waren es vor allem die Arbeiter der großen Waffenfabrik „Predom-Łucznik im. gen. Waltera", die den Protest vortrugen. Die Löhne in dieser Stadt zählten damals zu den niedrigsten im Landesdurchschnitt, Radom zählte zu den am wenigsten entwickelten 49 Hauptstädten der polnischen Woiwodschaften. Die Arbeiter beließen es nicht bei ihrem Streik und Demonstrationen im Zentrum, sondern setzten das örtliche Parteigebäude in Brand und bemühten sich, durch Barrikaden vor dem Haus die Anfahrt der Feuerwehr zu verhindern. Der antikommunistische Charakter der Revolte zeigte sich in Parolen wie „Nieder mit der PVAP". Gegen abend des 25. Juni hatten die kasernierte Polizei ZOMO und Miliz die Stadt „pazifiziert". Zwei Arbeiter starben unter den Rädern von Feuerwehrfahrzeugen.

Berühmt wurden die Bilder aus dem Warschauer Stadtteil Ursus, weil die 14 000 Arbeiter der dortigen Traktorenfabrik nicht nur in den Streik traten, sondern auch die Eisenbahnlinien Warschau-Berlin und Warschau Skierniewice blockierten, indem sie Schienen abmontierten bzw. eine Lokomotive auf die Gleise stellten. Erst in den Morgenstunden gelang es den staatlichen Einsatzkäften mit brutaler Gewalt, den Widerstand zu brechen.

In der mittelpolnischen Stadt Płock streikten die Arbeiter der großen Raffinerie und zogen vor das örtliche Parteigebäude. Zum Glück kam es dort zu keinen größeren Auseinandersetzungen mit ZOMO und Miliz. Allerdings wurde einige der protestierenden Arbeiter festgenommen.

Schon am Abend des 25. Juni sahen sich Parteiführung und Regierung gezwungen, mit einer über Fernsehen und Hörfunk verbreiteten Erklärung die Preiserhöhungen zurückzunehmen. Andererseits setzten die Behörden alles daran, ein Exempel zu statuieren. Noch während der Streiks setzte eine massive Verhaftungswelle ein, bei der nach offiziellen Angaben allein in Radom, Ursus und Płock annähernd 900 Arbeiter festgenommen wurden.[276] Nach Angaben der Opposition dürften im ganzen Land etwa 2 500 Personen verhaftet worden sein. Wie schon nach dem Aufruhr von 1970 kam es in den Kommissariaten und Polizeigefängnissen zu regelrechten Prügelorgien

---

275 Siehe die ausführliche Schilderung bei Skórzyński, Jan: Siła ... a.a.O., S. 84 ff.
276 Skórzyński, Jan: Siła... a.a.O., S. 91.

und bestialischen Misshandlungen, bei denen viele der Verhafteten verletzt wurden. Pfarrer Roman Kotlarz aus Radom, der sich mit den Streikenden solidarisiert hatte, starb an den Verletzungen, die ihm Polizeibeamte und Sicherheitsdienstleute nach einer Messe in der der Gemeinde Pelagów zugefügt hatten.

Ebenso entfesselten die staatlichen Medien einen Propagandafeldzug, mit dem die an den Protesten beteiligten Arbeiter als „kriminelle Elemente", „Aufrührer" und „Unruhestifter" denunziert wurden. PVAP-Funktionäre organisierten „spontane Kundgebungen" und Versammlungen in den Fabriken, die Ausdruck des „Volkszorns" über die Streikenden sein sollten. Allein in Radom wurden 25 Personen zu Gefängnisstrafen zwischen zwei und zehn Jahren verurteilt. Insgesamt kam es zu etwa 300 Verurteilungen.

Teil der Repression waren außerdem fristlose Entlassungen, die einige tausend Arbeiter in ganz Polen betrafen. In Radom verloren über 1000 Beschäftigte ihren Arbeitsplatz, in Ursus waren es über 200 und selbst in der südpolnischen Stadt Nowy Targ 183.

Die Misshandlungen der Festgenommenen und die massenhaften Strafurteile bedeuteten nicht anderes als die Rückkehr zu den, seit 1970/71 nicht mehr praktizierten Methoden staatlicher Herrschaft. Außerdem zerstörten sie endgültig den „Gesellschaftsvertrag" zwischen den sich zeitweilig moderat und „modern" gebenden Parteiführern um Edward Gierek und der Bevölkerung, der ohnehin nie schriftlich fixiert worden war.

Protest und Repression mündeten in eine Entwicklung, die der Opposition gegen das kommunistische Regime eine neue politische Qualität und Dynamik verlieh. Nun bestand eine Chance für ein Bündnis zwischen verschiedenen Schichten der Gesellschaft, insbesondere zwischen Intellektuellen und Arbeitern, das während der Studentenbewegung im Jahr 1968 und der Arbeiterunruhen im Dezember 1970 noch kaum möglich war. Von den Streiks und Protesten im Juni 1976 zieht sich eine Linie bis zur Gründung der unabhängigen Gewerkschaft *Solidarität* im Sommer 1980 und der gesellschaftlichen Massenbewegung der Jahre 1980/81, dem „polnischen Karneval", wie es damals halb realistisch, halb ironisch hieß.[277]

Die neue Qualität der Opposition manifestierte sich vor allem in der Entstehung des *Komitees zur Verteidigung der Arbeiter (Komitet Obrony Robotników – KOR)* das am 23. September 1976 gegründet wurde, dessen Vorgeschichte aber schon zwei Monate vorher begonnen hatte.[278] Das Komitee, das mit der Zeit auf fast 40 Mitglieder anschwoll, umfasste Personen unterschiedlicher weltanschaulicher und politischer Orientierungen, wenngleich linke, aber vom herrschenden kommunistischen System unabhängige Positionen dominierten. Zu den Mitgliedern zählten Geistes- und Natur-

---

277 Siehe S. 131 ff. in diesem Buch.
278 Zur Gründung und Entwicklung des KOR siehe insbesondere Skórzyński, Jan: Siła … a.a.O. Friszke, Andrzej: Czas … a.a.O. Borodziej: Włodzimierz: Geschichte … a.a.O., S. 353 ff. Lipski, Jan Józef: KOR. Londyn 1983. Hirsch, Helga: Bewegungen für Demokratie und Unabhängigkeit in Polen 1976–1980. Mainz/München 1985.

wissenschaftler, auch Anwälte, Pädagogen und Geistliche, sowie Schriftsteller und Künstler, darunter Leszek Kołakowski, Edward Lipiński, Jerzy Andrzejewski, Jan Józef Lipski, Jacek Kuroń, Adam Michnik, Aniela Steinsbergowa, Halina Mikołajska, Anka Kowalska, Ewa Milewicz, Antoni Macierewicz, Mirosław Chojecki, Bogdan Borusewicz, Andrzej Celiński, Zbigniew Romaszewski, Jan Lityński und Henryk Wujec. So mancher von ihnen hatte schon vorher oppositionelle Erfahrungen gesammelt und dafür im Gefängnis gesessen. Rund um das Komitee entstand nach und nach ein breiter Kreis von Sympathisanten und Helfern.

Sogar der Parteifunktionär Mieczysław Rakowski, damals ZK-Mitglied und Chefredakteur der *Polityka*, schrieb in sein Tagebuch:

> „Zum ersten Mal seit 20 Jahren hat die traditionelle Opposition – die Grüppchen der Intellektuellen – die Chance auf eine Erweiterung des Kreises seiner Anhänger. Ich bin gespannt, wie die Genossen der Führung (der Partei – R.V.) auf das *KOR* und dessen Tätigkeit reagieren werden."[279]

Das Komitee verstand sich als Gremium bekannter Persönlichkeiten, das mehr oder weniger öffentlich tätig war. Seine Mitglieder und Helfer organisierten materielle, soziale und juristische Hilfeleistungen für die betroffenen Arbeiter bzw. deren Familien und verstanden sich auch als Zentrale für das Sammeln und Weitergeben einschlägiger Informationen. Diese sowie Prozessberichte und andere Reportagen und Analysen wurden in Informationsbulletins und Kommunikees veröffentlicht. Wichtigster Redakteur der Kommunikees war bis September Antoni Macierewicz, der heute extrem konservative bis nationale Anschauungen pflegt und damit fast am rechten Rand des politischen Spektrums angesiedelt ist.

Wenige Tage nach seiner Gründung richtete das *KOR* einen Appell an die Gesellschaft sowie an die Partei- und Staatsführung, in dem die Juni-Ereignisse als berechtigter Widerstand und die anschließenden Repressionen als Bruch geltenden Rechts charakterisiert wurden. In dem Appell hieß es u. a.:

> „Die Opfer der gegenwärtigen Repression können mit keinerlei Hilfe und Verteidigung seitens derjenigen Institutionen rechen, die eigentlich dazu berufen sind, etwa der Gewerkschaften, die eine jämmerliche Rolle spielen. Hilfe verweigern auch die Filialen der sozialen Einrichtungen. In dieser Situation muss die Gesellschaft, deren Interesse die Verfolgten ja vertraten, diese Rolle selbst übernehmen. Denn die Gesellschaft verfügt über keine anderen Mittel zur Verteidigung gegen Unrecht als Solidarität und gegenseitige Hilfe."[280]

Im späten Frühjahr 1977 schien es so, als sollte das *KOR* zumindest in politischer Hinsicht eine Niederlage erleiden. Im Auftrag der Partei inszenierten die staatlichen Medien eine regelrechte Hasskampagne gegen sie. Gleichzeitig nutzen der Sicherheitsdienst und die Behörden die altbekannten Methoden der Repression: Festnahmen und

---

279 Rakowski, Mieczysław: Dzienniki polityczne 1976–1978, t. 6. Warszawa 2002, S. 122.
280 Lipski, Jan Józef: KOR... a.a.O., S. 393.

Verhöre, Bespitzelung, anonyme Anrufe und Drohbriefe, Entlassung vom Arbeitsplatz, Druckverbot für Journalisten, Verweigerung eines Reisepasses. Der Krakauer Student Stanisław Pyjas starb im Mai 1977 an den Folgen der Verletzungen, die ihm Sicherheitsbeamte bzw. von ihnen gedungene Schläger zugefügt hatten. Gegen einige verhaftete *KOR*-Mitglieder wurden Prozesse vorbereitet. Doch am 19. Juli 1977 verabschiedete der polnische Staatsrat eine Amnestie für die meisten der in Radom und Urusus verurteilten Arbeiter, auf deren Grundlage auch die Verfahren gegen die *KOR*-Mitglieder eingestellt wurden. Ohne Zweifel glaubte die Führung um Gierek, mit der neuen Opposition auch ohne größere Missachtung der KSZE-Schlussakte und der polnischen Verfassung fertig zu werden. Allerdings blieb es für die meisten der betroffenen Arbeiter bei der Entlassung vom Arbeitsplatz aus disziplinarischen Gründen, ebenso erhielten sie keine Entschädigung für ihre körperlichen Schäden und ihre materiellen Verluste.

In den folgenden Debatten im *KOR* und auch in seinem Umkreis setzte sich eine Mehrheit mit der Auffassung durch, die Arbeit des Komitees müsse eine neue Dimension erhalten, was bedeutete, das Konzept einer weitgehenden Selbstverteidigung und Selbstorganisation der Gesellschaft auch unter den Rahmenbedingungen im sowjetisch dominierten Ostblock zu entwickeln. Die entsprechende Strategie fand dann auch ihren Niederschlag in der Umwandlung des Gremiums in das *Komitee zur gesellschaftlichen Selbstverteidigung (Komitet Samoobrony Społecznej – KSS „KOR")*, die Ende September 1977 erfolgte. Für die Bürgerrechtler stand fortan der Kampf um institutionelle Absicherung der bürgerlichen Rechte und Freiheiten, gegen die Missachtung der geltenden Rechtsordnung, gegen politische und weltanschauliche Diskriminierung sowie weiterhin die juristische und materielle Hilfe für Verfolgte im Vordergrund.

Mitglieder, Sympathisanten und Mitarbeiter des *KSS „KOR"* bemühten sich außerdem, in verschiedenen gesellschaftlichen Schichten und Milieus unabhängige und selbstverwaltete Organisationen und Interessengruppen aufzubauen – insbesondere unter den Arbeiter und Bauern, auch in Wissenschaft und Bildung.[281] Von den diversen Zeitschriften, die im Umkreis des Komitees erschienen, entwickelte sich *Robotnik* zum entscheidenden publizistischen Hebel für die Bildung unabhängiger Arbeitermilieus, die dann auch für den politischen Werdegang von Lech Wałęsa eine wichtige Rolle spielten.[282] Die Redaktion setze sich zum Ziel

- den Zusammenhang der Belegschaften besonders in den großen Betrieben zu stärken,

---

281 Zur *Gesellschaft für wissenschaftliche Kurse (Towarzystwo Kursów Naukowych – TKN)* und der Rolle, die Bronisław Geremek in dieser *Fliegenden Universität* spielte, siehe S. 126 ff. dieses Buches.
282 Friszke, Andrzej: Robotnik 1977–1981: http://www.pismo-robotnik.pl/html/napisali_friszke.html. Alle Ausgaben des *Robotnik* unter: http://www.pismo-robotnik.pl/html/robotnik.html. Zu Wałęsas Werdegang siehe Vetter, Reinhold: Polens eigensinniger Held. Wie Lech Wałęsa die Kommunisten überlistete. Berlin 2010, S. 40 ff.

- den Einfluss der Arbeiter auf die Gestaltung der Löhne, Normen und Arbeitsbedingungen zu erhöhen,
- die Bildung selbständiger Vertretungen der Arbeiter unabhängig von den offiziellen Gewerkschaften zu fördern.[283]

Die Auflage des *Robotnik* entwickelte sich von 400 Exemplaren in der Anfangszeit auf 70 000 während des berühmten Streiks auf der Danziger Lenin-Werft im August 1980.

Zunächst widmete sich die Redaktion der Zeitschrift vor allem den oft katastrophalen Zuständen in den Betrieben. Berichte über kleinere Protestversammlungen, Arbeitsniederlegungen und Petitionen kamen hinzu. Mit der Zeit enthielt *Robotnik* auch Texte über die allgemeine wirtschaftliche Situation Polens sowie politische und historische Abhandlungen über die Entspannungspolitik, den Molotow-Ribbentrop-Pakt von 1939, den NKWD-Mord an polnischen Offizieren, Polizisten und Grenzbeamten in Katyń im Frühjahr 1940 und den Warschauer Aufstand gegen die deutschen Besatzer im August/September 1944.

Ein entscheidender Schritt zur Bindung oppositioneller Arbeitermilieus an die Redaktion des *Robotnik* und zum Teil auch an das *KSS „KOR"* war die Veröffentlichung der *Charta der Arbeiterrechte (Karta Praw Robotniczych)* im Sommer 1979.[284]

> „Das Dokument war eine Art Manifest des politischen und ökonomischen Kampfes für Arbeiterinteressen und enthielt insbesondere die Forderung nach Mindestlöhnen, Lohnausgleich für Preiserhöhungen, mehr Arbeitssicherheit, Änderung des Arbeitsrechts und Abschaffung von Privilegien für die Arbeiter bestimmter Branchen. Organisatorisch empfahl die Charta sowohl engagierte Arbeit in den bestehenden Gewerkschaften wie auch die Bildung unabhängiger Arbeiterorganisationen."[285]

In Danzig entstand schließlich eine der ersten Initiativen für eine freie, unabhängige Gewerkschaft, die am 28. April 1978 mit einer ersten Erklärung hervortrat.[286] Zu ihren Mitgliedern zählten nach und nach Bogdan Borusewicz, Krzysztof Wyszkowski, Joanna Duda-Gwiazda und Andrzej Gwiazda, Anna Walentynowicz, Maryla Płońska, Alina Pieńkowska, Andrzej Kołodziej, Bogdan Lis und natürlich Lech Wałęsa. Mit *Robotnik Wybrzeża („Arbeiter der Küste")*[287] gab die Gruppe eine eigene Zeitschrift heraus. Ihrem Einfluss war es zu verdanken, dass sich auf der Lenin-Werft eine Gruppe junger, aktiver Arbeiter herausbildete, die später, besonders in der Anfangsphase des Streiks im August 1980 eine wichtige Rolle spielen sollten. Auch in Oberschlesien entstand eine solche Keimzelle freier Gewerkschaften.

---

283 Letzeres war in der Redaktion allerdings umstritten.
284 Karta Praw Robotniczych, in: *Robotnik*, Nr. 35: http://www.pismo-robotnik.pl/html/robotnik_numer_35.html. Siehe auch Skórzyński ... (Fn. 262), S. 402 f.
285 Vetter, Reinhold: Polens ... a.a.O., S. 37.
286 In: *Robotnik*: http://www.pismo-robotnik.pl/html/robotnik_numer_14.html.
287 Robotnik Wybrzeża. Pismo komitetu założycielskiego Wolnych Związków Zawodowych Wybrzeża. 1 Sierpień 1978, Nr. 1. Im Archiv des Autors.

Charakteristisch für die Tätigkeit des *KSS „KOR"* waren nicht zuletzt seine Anstrengungen, eine unabhängige Publizistik zu schaffen. Mitglieder des Komitees gründeten die *Unabhängige Verlagsanstalt (Niezależna Oficyna Wydawnicza – NOWA*, in der zahlreiche Werke zeitgenössischer Schriftsteller sowie wissenschaftliche und publizistische Texte erschienen. Bei *NOWA* oder auch unabhängig von diesem Verlag erschienen unter anderem die schon erwähnten Informationsdienste und Zeitschriften *Biuletyn Informacyjny*, *Komunikat* und *Robotnik*, auch die Quartalsschrift *Krytyka*, die literarischen Zeitschriften *Puls* und *Zapis* sowie die für die Bauern bestimmte Zeitung *Placówka* (deutsch Vorposten, auch Filiale).

Aber das *KSS „KOR"* war beileibe nicht die einzige oppositionelle Gruppierung, die in der zweiten Hälfte der 1970er Jahre in Polen gebildet wurde. So entstand am 25. März 1977 die *Bewegung der Menschen- und Bürgerrechte (Ruch Obrony Praw Człowieka i Obywatela – ROPCiO)*, die sich stärker auf nationale bis nationalistische, katholische und bäuerlich-konservative Traditionen berief. Diese Gruppe war stark von der Maxime des „Alles oder Nichts" beeinflusst, wobei die Frage nach der Realisierbarkeit von Zielen unter den gegebenen innen- und geopolitischen Bedingungen fast schon als Verrat am Geist der Bewegung angesehen wurde. Anfang Oktober 1979 kam es zu einer Spaltung in *ROPCiO*, als die Gruppe um den Nationalisten Leszek Moczulski austrat und die *Konföderation Unabhängiges Polen (Konfederacja Polski Niepodległej – KPN)* gründete, die sich explizit als eigenständige politische Partei verstand. Ebenso aus *ROPCiO* ging die *Bewegung Junges Polen (Ruch Młodej Polski – RMP)*, die sich aber kaum inhaltlich unterschied, sondern eher die junge Generation in der Bewegung repräsentierte. Ihr Gründungskern war schon 1968 entstanden. Ab Oktober1977 gab sie mit *Bratniak*[288] ihre eigene Zeitschrift heraus.

Eine Sonderstellung nahm die *Polnische Verständigung für Unabhängigkeit (Polskie Porozumienie Niepodległościowe – PPN)* ein, die schon im Mai 1976, also vor den Juni-Ereignissen, entstanden war.[289] Sie verstand sich als Gruppe, die zu grundsätzlichen Fragen in Geschichte, Politik, Wirtschaft und Kultur Stellung nahm, sich aber nicht tagespolitisch engagierte. Zu ihren strategischen Zielen zählte sie staatliche Souveränität, Gewährung staatsbürgerlicher Freiheit, eine Mehrparteiendemokratie, soziale Marktwirtschaft sowie freie Entfaltung von Wissenschaft und Kultur. *PPN* befasst sich nicht zuletzt auch mit den deutsch-polnischen Beziehungen und veröffentlichte dazu vier Analysen. Deren Grundtenor bestand darin, dass *PPN* die Teilung Deutschlands ebenso wie die internationale Abhängigkeit Polens auf die in Jalta und Potsdam vollzogene Aufteilung der Einflusssphären zurückführte. Ein vereintes Deutschland, so hieß, werde den Polen nicht als Bedrohung erscheinen, wenn die deutsche Seite vorbehaltlos und endgültig die polnische Westgrenze anerkenne und die Integration Deutschlands in die Europäische Gemeinschaft fortsetze. Würde die Vereinigung Deutschlands unter diesen Voraussetzungen vollzogen, käme dies dem

---

288 Eine umgangssprachliche Formulierung für „Bratnia pomoc" (deutsch: brüderliche Hilfe).
289 Siehe unter anderem Skórzyński, Jan: Siła … a.a.O., S. 72 f.

polnischen Interesse an einer „Rückkehr nach Europa", d.h. der Einbindung in europäische Zusammenhänge entgegen.[290]

Bronisław Geremek bewahrte nach den Ereignissen vom Juni 1976 zunächst eine vorsichtige Distanz zur organisierten Opposition, zu dem, „was ich damals als dissidentisches Phänomen wahrnahm", wie er sich später einmal ausdrückte.[291] „Trotzdem wurde mir bewusst, dass es nicht ausreicht, ‚richtig' zu denken. Und ich begann zu verstehen, dass es notwendig ist, etwa konkretes zu tun, das diesem Denken entsprach."[292] So organisierte er eine Sammlung unter Wissenschaftlerkollegen für die Familien der inhaftierten Arbeiter und brachte das Geld nach Radom. Wegen dieser Aktion wurde er dort für einige Stunden festgenommen.[293]

Bronisław Geremek trat dem *KSS „KOR"* nicht bei, hielt aber Kontakt zu vielen seiner Mitglieder. Marcin Geremek enthusiastisch:

> „Er kannte sie alle, war mit vielen von ihnen befreundet, arbeitete mit ihnen zusammen."[294]

Henryk Samsonowicz, wie Geremek Mediävist, sagte später einmal:

> „Das *KOR* machte großen Eindruck auf ihn."[295]

Möglicherweise wurde er von Komiteemitgliedern auch bei der Abfassung von Dokumenten und Erklärungen konsultiert.[296]

Im Juni 1977 schrieb er zusammen mit Maria Dziewiecka, Helena Hagemejer, Tadeusz Kowalik, Karol Modzelewski und Jan Strzelecki, allesamt Wissenschaftler, einen Brief an den Ersten Sekretär der PVAP, Edward Gierek, und an den Premier, Piotr Jaroszewicz, in dem auch die Arbeit des *KSS „KOR"* gewürdigt wurde. Darin hieß es unter anderem:

> „Die Ereignisse im Juni 1976 sind weiterhin brennend aktuell ... Wir sind sogar der Überzeugung, dass sich die Situation im Verlauf der letzten Monate in einem erschreckenden Masse noch zugespitzt hat. Dazu zählt die fortlaufende Propaganda gegen die Arbeiter, auch die Tatsache, dass nur ein Teil der Urteile gemildert wurde und nur wenige zunächst entlassene Arbeiter an ihren Arbeitsplatz zurückkehren konnten. An die Öffentlichkeit gelangten auch verlässliche Informationen über die Methoden körperlicher Gewalt, die in Radom und Ursus angewandt wurden, über die Missachtung geltenden Rechts im Verlauf der Verhöre durch die Miliz. Das alles weckt verständliche Empörung und tiefe Unruhe. Vor diesem Hintergrund entfaltete das *Komitee zur Ver-*

---

290 Zespół Problemowy PPN: Polska i Niemcy. Zit. nach ebd., S. 73.
291 Żyliński, E. (Mieszczanek, A.): Prywatny horyzont wolności. Rozmowa z Bronisławem Geremkiem, in: *Karta*, nr. 4/1987, S. 122.
292 Ebd.
293 Marcin Geremek im Gespräch mit dem Autor am 17.1.2012.
294 Ebd.
295 Inny Bronek ... (Fn. 166).
296 Dies behauptete zumindest ein Offizier des Sicherheitsdienstes. Siehe AIPN, Sygn. 0222/1443, t. 1, k. 21–23.

teidigung der Arbeiter seine Tätigkeit. Solche gesellschaftliche Initiativen des Protestes, die sich zunehmend breiterer Zustimmung in der Bevölkerung erfreuen, sind Ausdruck staatsbürgerlichen Protestes gegen die Missachtung des Rechts, nicht Anzeichen von Anarchie."[297]

Die Autoren des Textes schickten auch einen Brief an das *KOR*-Mitglied Edward Lipiński, in dem sie über ihre Initiative berichteten.[298]

So konnte es nicht ausbleiben, dass der Sicherheitsdienst schon ab November 1976 „operativ" tätig wurde und unter dem Stichwort „Lis" (deutsch Fuchs) Material gegen Geremek sammelte, was nicht zuletzt die Überwachung seiner Wohnung in der Warschauer Altstadt bedeutete. Für die Geheimdienstler war er damit in die Kategorie „Oppositioneller" vorgerückt.

Doch wichtiger sind die Stimmen aus dem oppositionellen Milieu selbst. Karol Modzelewski schrieb:

> „In den 1970er Jahren überschritt Bronisław Geremek die Grenze zur Opposition gegen das System."[299]

Modzelewski weiter:

> „Bronek war nicht Mitglied des *KOR*. Er hat sich nicht für eine Mitgliedschaft entschieden. Wenn er dies getan hätte, wäre er ohne Schwierigkeiten Mitglied geworden. Wenn Bronek sich nicht für eine Mitgliedschaft entschieden hat, dann lag das nicht daran, dass er sich nur mit dem Mittelalter beschäftigen wollte, sondern daran, dass für ihn oppostionelle Tätigkeit vor allem im Bereich der Kultur und der Geschichtswissenschaft vorstellbar war."[300]

Ähnlich sieht dies Jan Lityński, der damals zu den Aktivisten des *KSS „KOR"* gehörte:

> „Die Definition der damaligen Opposition ist schwierig. Das Ausmaß des jeweiligen Engagements war unterschiedlich. Man konnte oppositionelle Zeitungen kaufen, sich aber auch direkt engagieren. Das gilt auch für Geremek, der eine gewisse Distanz zur Opposition wahrte, sich aber in der ‚Fliegenden Universität' betätigte."[301]

Auch der polnische Politologe Aleksander Smolar, eng mit der damaligen Opposition verbunden, sieht Geremek als Intellektuellen, der sich inhaltlich und organisatorisch nicht direkt mit der organisierten Opposition verband, aber im Grunde seines Herzens auf ihrer Seite stand.[302]

---

297 Centrum im. prof. Bronisława Geremka, Archiwum. Siehe auch Lipski, Jan Józef: KOR ... a.a.O., S. 136.
298 Centrum im. Prof. Bronisława Geremka, Archiwum.
299 Modzelewski ... (Fn. 90), S. 11.
300 Karol Modzelewski ... (Fn 102).
301 Jan Lityński im Gespräch mit den Autor 24.5.2011.
302 Aleksander Smolar ... (Fn. 162).

4.5. Am Woodrow Wilson Center

Trotz des kritischen Briefes im Juni 1977 erhielt Bronisław Geremek noch im gleichen Jahr einen Reisepass, der es ihm ermöglichte, für ein Jahr an das *Woodrow Wilson International Center for Scholars* in Washington zu gehen – ausgestattet mit einem Forschungsstipendium dieses international sehr renommierten „Think Tanks". Die Berufung an das Institut, das schon damals wie ein Magnet auf Forscher aus der ganzen Welt wirkte, sprach für den guten wissenschaftlichen Ruf, den sich Geremek bis dato schon erworben hatte. Gegenstand der hochkarätigen Konferenzen und Vorträge, die dort organisiert werden, waren und sind nahezu alle wesentlichen nationalen und internationalen Themen aus Politik, Wirtschaft und Kultur. Das Institut gibt auch eigene Publikationen heraus.

Für Bronisław Geremek war der Aufenthalt in Washington eine hervorragende Gelegenheit, seine Archiv- und Bibliotheksrecherchen zu Themen des Mittelalters auch in amerikanischen Einrichtungen zu betreiben und wissenschaftlichen Austausch mit Mediävisten des Landes zu pflegen.[303] Aus Washington kehrte er mit zwei Manuskripten nach Warschau zurück, in denen es vor allem Lepra und Pest sowie die Behandlung „Aussätziger" im Mittelalter ging. Ebenso hatte er die Möglichkeit, die Arbeit der beiden Kammern des amerikanischen Kongresses durch Hospitationen und Begegnungen vor Ort zu studieren. Seine Frau Hanna arbeitete in dieser Zeit am Forschungsinstitut *Dumbarton Oaks* in Georgetown, wo vor allem Altertumsstudien betrieben und griechische, römische und byzantinische Exponate aus der damaligen Zeit ausgestellt werden. *Dumbarton Oaks* ist eine Einrichtung der Harvard University in Cambridge/Massachusetts.

Seither war Bronisław Geremek bis zu seinem Tod im Jahr 2008 wiederholt Gast des *Woodrow Wilson Center* zu Vorträgen und Konferenzen.[304] Auch einzelne Texte hat er dort publiziert.

Während seines damaligen Aufenthalts in Washington knüpfte Geremek außerdem Kontakte zu Wissenschaftlern, Kulturschaffenden und Journalisten aus verschiedenen Ländern – insbesondere zu dem renommierten deutschen Historiker Heinrich August Winkler. Dieser erzählt:

> „Am *Woodrow Wilson Center* arbeitete auch ein anderer polnischer Gelehrter, nämlich Andrzej Walicki, der mich eines Tages mit Bronisław Geremek bekannt machte. Wir haben uns binnen kurzem angefreundet. Ich las damals die Korrekturfahnen eines kleinen Aufsatzbandes unter dem Titel ‚Revolution, Staat, Faschismus – zur Revision des historischen Materialismus'. Das war ein Bändchen mit meiner Freiburger Antrittsvorlesung über das Verhältnis von bürgerlicher und proletarischer Revolution bei Marx und Engels, sodann einem Aufsatz über das Staatsverständnis von Marx und Engels unter

---
303 S „Trąd", materiały do książki o „spisku trędowatych", Syg. Centrum im. prof. Bronisława Geremeka. Archiwum, CBG/ZP/HP/32. „Czarna Śmierć", Sygn. CBG/ZP/HP/126.
304 Siehe u. a. European Studies. Events, September 26, 2002. Ignacy Paderewski and Woodrow Wilson: A Legacy of Freedom and Democracy, http://www.wilsoncenter.org/event/ignacy-paderewski-and-woodrow-wilson-legacy-freedom-and-democracy.

dem Aspekt ‚Primat der Politik' und schließlich einer Kritik der neomarxistischen Faschismustheorien. Geremek fragte, ob er das mitlesen könne, und er las überaus produktiv mit. Schließlich sagte er: Diese Art der kritischen Auseinandersetzung mit Marx ist genau das, worauf es ankommt, und die einzige Art, in der man sich heute noch produktiv mit Marx auseinandersetzen kann."[305]

Geremek konnte sich auch ironisch über den Marxismus äußern, wie Winkler berichtet:

„Ein besonderes Erlebnis war die Einladung beim stellvertretenden Leiter des *Wilson Centers*. Der amerikanische Gastgeber fragte Geremek, wie er es sich erkläre, dass in Polen und Ungarn, verglichen mit anderen Staaten, die Verhältnisse vergleichsweise liberal seien, worauf Geremek zu einer Antwort aushollte, die sich wie ein jüdischer Witz anhörte. Er sagte: ‚Woran liegt es, dass es den Intellektuellen in Polen und Ungarn relativ gut geht? Die ungarische Wirtschaft floriert. Also kann Kadar es sich leisten, politisch tolerant zu sein. Die polnische Wirtschaft wiederum ist in einer schlechten Verfassung. Also kann Gierek es sich nicht leisten, bestehende Freiheiten aufzuheben. Was folgt daraus? Wir sehen, dass es immer die materielle Basis ist, die den Überbau bestimmt. Aber man kann vorher nie genau sagen wie.' Das war die alteuropäische oder auch jüdische Ironie, die eine schwer erklärbare Situation mit wenigen Sätzen auf den Punkt bringt."[306]

Schließlich entstand auch ein privat-politischer Gesprächskreis, zu dem sich die Ehepaare Geremek, Winkler und Walicki zusammenfanden. Noch einmal Winkler:

„Wir, d. h. meine Frau und ich, haben in jenen Monaten sehr viel über die polnische Zivilgesellschaft und die Tradition der Untergrunduniversität gelernt."[307]

Bald nach der gemeinsamen Zeit in Washington hielt Bronisław Geremek einen Vortrag an der Universität in Freiburg. Winkler wiederum reiste nach Warschau, um dort an der Polnischen Akademie der Wissenschaften zu sprechen.

Die in Washington entstandene Freundschaft zwischen den Geremeks und den Winklers setzte sich später auch durch gemeine Urlaubsreisen nach Masuren fort, an denen auch der polnische Historiker Jerzy Holzer[308] und seine Frau Barbara teilnahmen. Dabei ging es in den abendlichen Unterhaltungen wiederholt um die Perspektiven Polens unter den Bedingungen der sowjetischen Hegemonie in Ostmitteleuropa:

„Wir diskutierten die Frage, wie sich Polen entwickeln müsse, um wieder Anschluss an seine westlich-europäischen Traditionen zu finden und sein politisches System entspre-

---

305 Heinrich August Winkler im Gespräch mit dem Autor am 10.11.2011. Andrzej Walicki, der sich vor allem mit Studien zur Geschichte der politischen Ideen und Theorien einen Namen gemacht hat, ist emeritierter Professor der Universität Notre Dame (USA) und Mitglied der Polnischen Akademie der Wissenschaften.
306 Ebd.
307 Ebd.
308 Von Jerzy Holzer in deutscher Sprache erschienen: „Solidarität". Die Geschichte einer freien Gewerkschaft in Polen. München 1985.

chend organisieren zu können. Geremek und Holzer waren davon überzeugt, dass wir das noch erleben würden. Ich fragte Holzer, ob sich die Zäsur von 1945 als so tief erweisen würde wie vorher nur die der Reformation. Nein, antwortete er, so wie die des Wiener Kongresses. Und das traf den Nagel auf den Kopf."[309]

So Heinrich August Winkler über eines dieser Gespräche im Jahr 1983, als in Polen noch das Kriegsrecht gültig war, das General Wojciech Jaruzelski und seine kommunistischen Mitstreiter im Dezember 1981 verhängt hatten.

Ein gutes Jahr zuvor, im Februar 1982, hatte sich Winkler entschlossen für Geremek eingesetzt, nachdem dieser im Zuge des Kriegsrechts inhaftiert worden war. Wie Adam Michnik, Jacek Kuroń, Karol Modzelewski, Janusz Onyszkiewicz und andere führende Mitglieder und Berater der Gewerkschaft „Solidarität" befand sich Geremek zunächst in einem Internierungslager im Warschauer Stadtteil Białołęka, bevor er um den 23. Januar 1982 herum in ein anders Lager in pommerschen Drawsko verlegt wurde. Wegen der Haftbedingungen und der Schikanen der Wärter trat Geremek in Białołęka zeitweise in Hungerstreik. Winkler schrieb im Februar 1982 in der *ZEIT*:

> „Zur Zielscheibe Nummer eins ihrer innenpolitischen Propaganda haben die polnischen Altstalinisten in den letzten Wochen einen Mann gemacht, den Warschauer Historiker Bronisław Geremek, der vor dem Militärputsch vom 13. Dezember der wichtigste Berater Lech Wałęsas war. Seit Ende Dezember ist gegen ihn eine Verleumdungskampagne im Gange, die sich an Perfidie kaum überbieten lässt. Als Rabbinersohn, der seinen wahren Namen verberge, wird er von Radio Warschau bezeichnet; er sei Spezialist für Fragen der Prostitution in Frankreich und unterhalte enge Verbindungen zu Pariser Freimaurerlogen. Die Armeezeitung nennt ihn einen ‚Abenteurer', einen der intellektuellen Extremisten, die als Berater der ‚Solidarität' eine unheilvolle Rolle gespielt hätten ... Die antisemitischen Untertöne der Kampagne gegen Geremek sind nicht neu. Bereits im letzten Sommer tauchten in Polen anonyme Flugblätter auf, in denen die Anhänger der ‚Solidarität' vor jüdischen Beratern Lech Wałęsas gewarnt wurden ... Seit der Machtübernahme der Militärs haben die antisemitischen Kräfte beträchtlich an Boden gewonnen. Sie brauchen nun nicht mehr anonym zu agitieren, sondern dürfen offiziell Jagd auf Sündenböcke machen ... Neu ist freilich, dass sich die Angriffe der Stalinisten auf Geremek konzentrieren, der im Beraterkreis Wałęsas eine ‚Taube' gewesen ist."[310]

Geremek wurde am 23. Dezember 1982 aus der Internierung entlassen.[311]

Historisch gesehen kann die deutsche Sozialdemokratie nur froh sein, dass es in ihren Reihen einige wenige prominente Mitglieder wie Winkler[312] gab, die nicht nur wissenschaftlichen, sondern gerade auch politischen Kontakt zur demokratischen Op-

---

309 Heinrich August Winkler ... (Fn. 305). Der Historiker hat sein Buch „Weimar 1918–1933. Die Geschichte der ersten deutschen Demokratie" (München 1993) Hanna und Bronisław Geremek sowie Barbara und Jerzy Holzer gewidmet.
310 Ders.: Polens Stalinisten suchen Sündenböcke. Wałęsas Berater Geremek wurde in den Hungerstreik getrieben. In: *ZEIT*, 5.2.1982.
311 Zur Verhängung des Kriegsrechts, den Internierungen und dem persönlichen Schicksal Geremeks siehe S. 182 ff. in diesem Buch.
312 Seit 1962 SPD-Mitglied.

position in Polen hielten, während die Mehrheit gerade auch in der Führung der SPD Entspannungs- und Ostpolitik in den 1970er und 1980er Jahren hauptsächlich als Kooperation mit den Machthabenden in Polen verstand.[313]

4.6. Führender Kopf der „Fliegenden Universität"

Noch vor seiner Abreise nach Washington im Jahr 1977 beteiligte sich Bronisław Geremek an den Planungen für die Bildung der *Gesellschaft für wissenschaftliche Kurse (Towarzystwo Kursów Naukowych – TKN)*, die umgangsprachlich dann auch *Fliegende Universität (Uniwersytet Latający)* genannt wurde.[314] An deren Arbeit konnte er allerdings erst nach seiner Rückkehr im Jahr darauf teilnehmen.

Die Gesellschaft trat am 12. Februar 1978 mit einer öffentlichen Erklärung hervor, in der es hieß:

> „Wenn die Menschen nicht nach Wahrheit über die Welt und sich selbst suchen, können sie keine kreativen, selbständigen staatsbürgerlichen Haltungen entwickeln. Dazu reicht der an anderer Stelle unerlässliche Erwerb spezieller Qualifikationen nicht aus. Notwendig ist auch Verständnis für die Gesamtheit des öffentlichen Lebens, ein tieferes Wissen über die historischen Grundlagen unserer Gegenwart."[315]

Die Erklärung wurde zunächst von 54 Personen unterzeichnet, deren Zahl sich dann im Laufe des Jahres auf 70 erhöhte. Zu den Unterzeichnern gehörten insbesondere renommierte, politisch eher ungebundene oder zum Teil noch der *PVAP* angehörende Wissenschaftler wie Maria Janion, Barbara Skarga, Marian Małowist, Adam Kersten, Bohdan Cywiński, Jerzy Jedlicki, Tadeusz Kowalik, Jan Strzelecki und Władysław Kunicki-Goldfinger, sowie ältere und jüngere Mitglieder bzw. Unterstützer des *KSS „KOR"* wie Leszek Kołakowski, Edward Lipiński, Waldemar Kuczyński, Marcin Król, Paweł Śpiewak, Jan Józef Lipski und Adam Michnik und auch führende Vertreter des katholischen Milieus wie Tadeusz Mazowiecki und Władysław Bartoszewski.[316]

So mancher von ihnen konnte schon seit Jahren keine Lehrtätigkeit an polnischen Universitäten mehr ausüben und unterlag außerdem einem Publikationsverbot. Der polnische Historiker Jan Skórzyński schreibt:

---

313 Zum Verhalten der SPD gegenüber der polnischen Opposition und Geremeks Meinung über diese sozialdemokratische Politik siehe insbesondere S. 200 f. in diesem Buch.
314 Siehe u. a. Lipski, Jan Józef: KOR ... a.a.O., S. 182 f. Borodziej, Włodzimierz: Geschichte ... a.a.O., S. 355. Terlecki, R.: Uniwersytet Latający. In: Skórzyński, Jan: Siła ... a.a.O., S. 372 ff.
315 Deklaracja TKN. Zit. nach *Tygodnik Solidarność*, Nr. 17, 24.7.1981.
316 Skórzyński, Jan: Siła ... a.a.O., S. 306.

„Es handelte sich um ein breites Spektrum der unabhängig denkenden Intelligenz – von den erklärten Oppositionellen bis zu Personen, die sich bislang darauf beschänkt hatten, Protestbriefe zu unterschreiben."[317]

Die Unterzeichner bildeten einen Rat, der für die Programmatik von *TKN* verantwortlich zeichnete. Ihm gehörten u. a. Tadeusz Mazowiecki, Bohdan Cywiński und Jerzy Jedlicki und Tadeusz Kowalik an.

Wie so oft in der polnischen Geschichte, orientierte sich die Gründung der *Fliegenden Universität* an historischen Vorbildern. So gab es gegen Ende des 19. Jahrhunderts, als Polen noch unter der Fremdherrschaft Russlands, Deutschlands und Österreich-Ungarns litt, eine Einrichtung gleichen Namens im Warschauer Untergrund, die der Fortbildung gesellschaftlich und politisch aktiver Frauen diente. Sie hörten Vorlesungen von renommierten Wissenschaftlern wie Władysław Smoleński, Piotr Chmielowski, Stanisław Norblin und Józef Siemaszko über philosophische, historische, pädagogische und naturwissenschaftliche Themen. Auch in den letzten Jahren vor dem Zweiten Weltkrieg war eine *Gesellschaft Wissenschaftlicher Kurse* in Warschau aktiv.

Die unabhängigen Vorlesungen, die schließlich in die offizielle Gründung von *TKN* im Februar 1978 mündeten, hatten allerdings schon im November 1977 begonnen. Bohdan Cywiński, Jerzy Jedlicki, Tadeusz Kowalik, Adam Michnik, Jacek Kuroń, Jan Strzelecki, Andrzej Drawicz lasen über polnisches politisches Denken in der Zeit der Teilungen im 19. Jahrhundert, die Geschichte neuzeitlicher politischer Theorien, Polens Wirtschaftsgeschichte, die Entwicklung der polnischen Volksrepublik nach 1945, die gesellschaftspolitischen Debatten in der Frühzeit der Volksrepublik, russische Literaturgeschichte und Erziehungspolitik.

Schon bis Ende 1977 hatten etwa 500 Personen die Veranstaltungen von *TKN* besucht, insbesondere Studenten der Fächer Geschichte, Soziologie und Mathematik. Im gesamten akademischen Jahr 1977/78 kam es zu etwa 120 Veranstaltungen, an denen mindestens 1000 Zuhörer teilnahmen.

Angesichts dieses großen Erfolgs ließen staatliche Repressalien nicht lange auf sich warten. Sie zeigten aber auch, wie nervös die Staatsmacht geworden war.[318] So wurde Adam Michnik vor einer geplanten Vorlesung in Krakau zusammengeschlagen, die Schriftsteller Andrzej Kijowski und Wiktor Woroszylski kamen zeitweise in Haft. In Danzig löste die Polizei eine Veranstaltung mit Tränengas auf, der Wohnungsinhaber Bogdan Borusewicz wurde zu drei Wochen Haft verurteilt. Mit Beginn des neuen Studienjahres im Herbst 1978/79 gingen Polizei und Sicherheitsdienst dazu über, Schlägertrupps in Zivil die Teilnehmer von Vorlesungen überfallen zu lassen. Dabei wurden Adam Michnik, Konrad Bieliński, Henryk Wujec, Seweryn Blumsztajn und Jacek Kuroń sowie dessen Frau Grażyna und beider Sohn Maciej im Frühjahr 1979 erheblich verletzt.

---

317 Ebd.
318 Vgl. Friszke, Andrzej: Czas … a.a.O., S. 375 ff. Skórzyński, Jan: Siła … a.a.O., S. 372 ff.

In einem Brief an Parteichef Edward Gierek protestierten führende Vertreter von *TKN* wie Jan Kielanowski, Andrzej Kijowski und Tadeusz Kowalik gegen diese Überfälle.[319] In einem Brief an den Programmrat von *TKN* schlugen Adam Michnik und Jacek Kuroń vor, öffentliche Vorlesungen erst einmal auszusetzen, um die Teilnehmer nicht zu gefährden. Darauf hin entschloss sich der Programmrat zu einem flexibleren Vorgehen. *TKN* ging zu geschlossenen Vorlesungen, Seminaren und Kolloquien über, die nur nach schriftlicher Anmeldung besucht werden konnten. Gleichzeitig begann man, die entsprechenden Manuskripte im unabhängigen Verlag *Nowa* zu veröffentlichen. Nach der einzigen öffentlichen Veranstaltung, in der Władysław Bartoszewski über den polnischen Untergrundstaat der Jahre 1939–1944 las, wurden er und Piotr Naimski, der seine Wohnung dafür zur Verfügung gestellt hatte, zu Geldstrafen verurteilt.

Nach seiner Rückkehr aus Washington im Herbst 1978 trat auch Bronisław Geremek dem Programmrat von *TKN* bei, wo er sich wegen seines intellektuellen Ranges, seines internationalen Kontakte und seines präzisen politischen Denkens schnell als einer der führenden Köpfe erwies. Aus dieser Zeit sind einige Materialen von ihm, insbesondere Skizzen, Exposes und Kurzprotokolle von Gesprächen mit anderen Wissenschaftlern erhalten geblieben, in denen er sich als exzellenter Kenner der Schriften linker Theoretiker von Marx, über Schumpeter, Kautsky, Rosa Luxemburg und Liebknecht bis hin zu Lange sowie als scharfer Kritiker stalinistischer bzw. sowjetischer Wirtschaftspolitik erweist, andererseits aber offenbar weiterhin an sozialistische Modelle zur Organisation der Wirtschaft dachte.[320] Wenig später, in einem Interview mit der österreichischen Journalistin Barbara Coudenhove-Kalergi im Februar 1980, bezeichnete sich Geremek in ideeller Hinsicht als Vertreter der polnischen Linken und einer der Erben der Tradition der *Polnischen Sozialistischen Partei (Polska Partia Socjalistyczna – PPS)*.[321]

Bürgerlich-liberale bzw. katholische Teilnehmer von *TKN* wie Andrzej Kijowski, Jan Olszewski und Władysław Bartoszewski hielten Kontakt zur *Polnischen Verständigung für Unabhängigkeit (Polskie Porozumienie Niepodległościowe – PPN)*[322], die sich mit historischen, politischen und ökonomischen Analysen zu Wort meldete.

Bronisław Geremek hielt engen Kontakt zur Gruppe *Erfahrung und Zukunft (Doświadczenie i Przyszłość – DIP),* die 1978 entstanden war. Zu ihren Mitgliedern zählten PVAP-Mitglieder wie Stefan Bratkowski und Jan Malanowski, parteilose Wissenschaftler und Journalisten wie Klemens Szaniawski und Kazimierz Dziewanowski, später polnischer Botschafter in Washington, sowie katholische Publizisten wie Andrzej Wielowieyski und Andrzej Krasiński. *DIP* war ein Kreis von Experten, die

---

319 Archiwum Akt Nowych, KC PZPR, XI B – 228, k. 49–50.
320 Siehe u. a. Geremek, Bronisław: Socjalizm. Materiały dla TKN? Archiwum Centrum im. prof. Bronisawa Geremka, CBG/ZP/S_HP/160. Aus diesen Quellen geht nicht eindeutig hervor, ob diese Materialien im Zusammenhang mit seiner Arbeit im *TKN*-Programmrat standen.
321 Zit. nach Friszke ... (Fn. 155)
322 Siehe S. 120 dieses Buches.

sich seit Jahren auf ökonomische, soziologische und rechtliche Themen spezialisiert hatten. Berühmt wurde ihr *Bericht über die Situation der Republik und Wege, die zu ihrer Genesung führen (Raport o stanie Rzeczypospolitej i drogach wiodących do jej naprawy)*, in dem die damalige, dramatische Krise in vielen Bereichen der Wirtschaft, des gesellschaftlichen Lebens und das Funktionieren des Staates schonungslos analysiert wurde.[323]

Auf jeden Fall ist dem polnischen Historiker Anrzej Friszke zuzustimmen, wenn er feststellt, dass Geremek im Vorfeld des großen Streiks in Danzig im August 1980 eine bedeutsame Persönlichkeit innerhalb des gesamten oppositionellen Milieus, insbesondere als einer der intellektuellen und organisatorischen Führer der *TKN*, gewesen sei und sich dabei bemüht habe, die politischen Inhalte der Opposition insbesondere durch die Suche nach einer gemeinsamen Plattform mit der Gruppe *DIP* zu erweitern. Aus dieser Zeit, so Friszke, stammten auch Geremeks enge Bekanntschaft zu Tadeusz Mazowiecki und das gegenseitige gute Verstehen mit diesem Mann, der ja auch der Führung von *TKN* angehörte.[324] Der Politologe Aleksander Smolar meint, Geremek habe eben die klassische Rolle des Intellektuellen in der Opposition eingenommen.[325] Einer der späteren engen Freunde Geremeks, der Historiker Jerzy Holzer, sieht ihn sogar als „Nummer 1" von *TKN*.[326] Er selbst sagte Jahre später:

> „Die Kontakte mit der Jugend, besonders den Studenten, ihre Fragen und Sorgen, waren ein Element, das mich veranlasste, mich mit voller Kraft an der Initiative der *Fliegenden Universität* und der *Gesellschaft für wissenschaftliche Kurse* zu beteiligen. Mit wurde mehr und mehr bewusst, dass ein gewisser Druck auf jener Generation lastete, die sich auf das Leben in der Gesellschaft vorbereitete und deshalb einen Rat suchte, wie sie leben und existieren sollte. Die Initiative der *Fliegenden Universität* und der *TKN* kam diesen Erwartungen entgegen, weil sie Hoffnung weckte auf die Formung einer politischen Kultur der jungen Generation. Es ist bezeichnend, dass ich im Rahmen der Tätigkeit von *TKN* bis zum August 1980 sehr engagiert war und dass die Erwartungen unter den jungen Menschen und ihre Suche nach einem glücklichen Leben im realen Sozialismus auf mich großen Eindruck machten. Ich hatte sogar den Eindruck, dass sich diese Frage für sie sogar sehr dramatisch stellte: Kann man ehrlich in diesem System leben? Kann man nicht einfach aus diesem realen Sozialismus heraustreten – sich zurückziehen ins Privatleben, ins Familienleben, in den Kreis der Freunde? D.h., dass das, was wir in den 1960er, 1950er und 1940er Jahren erlebt haben, als eine ganze Generation mit dieser Frage jene Zeiten durchlebte ... So kam ich zu dem Schluss, wie pessimistisch auch immer ich die Situation einschätzte, es eine moralische, eine Bürgerpflicht gibt, nach weniger schlechten Lösungen zu suchen."[327]

---

323 Der Bericht wurde u. a. publiziert von *NOW-a* und dem Instytut Literacki in Paris.
324 Friszke ... (Fn. 155).
325 Aleksander Smolar ... (Fn. 162).
326 Holzer im Gespräch mit dem Autor am 14.9.2011.
327 Bronisław Geremek jedzie do stoczni. Wspomnienia o Sierpniu, 80. Jak zostałem ekspertem Lecha. *Gazeta Wyborcza*, Duży Format, 21.7.2008.

Deutlich wird, dass Geremek Opposition nicht in erster Linie als direkte politische Aktion verstand, sondern als Ausdruck einer intellektuellen, wissenschaftlichen und kulturellen Haltung desjenigen, der sich verpflichtet fühlt, zum Wohl des Staates und seiner Bürger zu arbeiten.

Für diese Haltung und konkret für seine Tätigkeit in der *Fliegenden Universität* zahlte er einen hohen Preis. So wurde seine Berufung zum ordentlichen Professor, die schon in diesen Jahren dringend geboten gewesen wäre, von den Verantwortlichen erst einmal auf die lange Bank geschoben.

Auch Bronisław Geremek zeigte sich stark beeindruckt, als der polnische Papst Johannes Paul II. seinen ersten Auslandsbesuch im Juni 1979 in Polen absolvierte.[328] Heinrich August Winkler berichtet:

> „Geremek hat uns später gesagt, dass mit diesem Papstbesuch die Weichen gestellt worden seien. Die Papstwahl und sein erster Besuch in Polen hätten eine Konstellation geschaffen, auf der die ‚Solidarität' dann habe aufbauen können. Ohne beides wäre die Gründung dieser freien Gewerkschaft nicht möglich gewesen. Bronek äußerte sich mit höchstem Respekt über diesen Papst und hat ihn ja auch persönlich gekannt. Nach der Papstwahl hat er mehrfach an längeren Diskussionen mit dem Oberhaupt der katholischen Kirche in Rom teilgenommen."[329]

Tatsächlich wirkte das Auftreten von Johannes Paul II. in seiner Heimat wie ein Erdbeben. Es schien, als habe er die polnische Gesellschaft zu einer neuen Gemeinschaft zusammen geführt. Seine Zuhörer bei den großen Messen, an denen Millionen teilnehmen, fühlten sich angesprochen als einzelne Gläubige und Bürger und ebenso herausgefordert als ganze Nation, mehr aus ihrem bis dato reichlich tristen Leben zu machen. Besonders gefährlich für die Machthabenden in Partei und Staat waren die Predigten und Ansprachen, in denen sich der Papst ganz offen zu politischen und historischen Fragen äußerte: die Perspektive der Einheit Europas, die Zugehörigkeit der Slawen zur christlichen Gemeinschaft, das Gedenken an den Warschauer Aufstand von 1944, sowie die vielen menschlichen Opfer, die der Zweite Weltkrieg und die nachfolgende Teilung Europas aufgrund von Jalta und Potsdam gefordert hatten.

---

328 Zum Papsbesuch siehe u. a. Friszke, Andrzej: Czas … a.a.O., S. 412 ff. Borodziej, Włodzimierz: Geschichte … a.a.O., S. 357 ff.
329 Heinrich August Winkler … (Fn. 305).

5. Mitten im „Polnischen Karneval" der Jahre 1980/81

Die sechzehn Monate zwischen dem berühmten Streik auf der Danziger Lenin-Werft im August 1980 und der Verhängung des Kriegsrechts am 13. Dezember 1981 gehören zu den lebendigsten, interessantesten und wohl auch dramatischsten Perioden, die Polen nach dem Zweiten Weltkrieg erlebt hat. In der kollektiven Erinnerung ist dieser Zeitraum als „polnischer Karneval" haften geblieben.

> „Es schien, als wollte sich die polnische Gesellschaft neu erfinden. Vieles von dem, was jahrzehntelang unterdrückt, verschwiegen und verdrängt worden war, kam an die Oberfläche. Viele Menschen erkannten nun deutlicher ihre Macht und Ohnmacht, ihre Stärken und Schwächen, ihre Hoffnungen und Chancen. Polen wurde zu einem gewaltigen Experimentierfeld. Jeder nutzte die neue Freiheit auf seine Weise, solidarisch und verantwortungsbewusst der eine, egoistisch der andere. Es gab kaum ein Thema aus Politik, Wirtschaft, Kultur und Gesellschaft, das nicht zur Sprache kam."[330]

Es war äußerst ungewöhnlich für die Verhältnisse im damaligen „Ostblock", dass in Polen mit der „Solidarität" eine freie Gewerkschaft entstand. Die Jahre 1980–81 prägten Polen ähnlich wie die Ereignisse in Ungarn 1956 und in der Tschechoslowakei 1968. Der „polnische Karneval" ist ein wesentlicher Teil der Vorgeschichte der Transformation von 1989–90. Die gewaltige Volksbewegung, die rund um die „Solidarität" entand, schuf aber auch die Illusion, es könne einen einheitlichen, dauerhaften Widerstand des Volkes gegen die kommunistische Herrschaft bis zum Sieg geben – eine Illusion, die dann Mitte der 1980er Jahre, als die Gesellschaft unter den Nachwirkungen des Kriegsrechts litt, endgültig zerstob.[331]

Für Bronisław Geremek begann mit dem August 1980 der Abschnitt seines Lebens, in dem die Politik mehr und mehr Dominanz gegenüber der Wissenschaft gewann.

Gegen Ende der 1970er Jahre hatte sich mit aller Deutlichkeit gezeigt, dass die Partei- und Staatsführung um Edward Gierek nicht in der Lage war, die tiefen ökonomischen Widersprüche des sozialistischen Systems in den Griff zu bekommen. Alle krisenhaften Tendenzen, die bis 1976 hauptsächlich von Fachleuten wahrgenommen worden waren, zeigten sich nun in aller Offenheit.

Die gewaltigen Investitionen in den ersten Regierungsjahren Giereks hatten das System nicht produktiver gemacht. In einer Analyse, die das Präsidium der Plankommission beim Ministerrat dem Politbüro der PVAP zu seiner Sitzung am 3. Juni 1980 vorlegte, hieß es in der typischen Sprache der Bürokraten:

---

330 Vetter, Reinhold: Polens ... a.a.O., S. 82.
331 Vgl. Holzer, Jerzy: Solidarność i iluzja społeczeństwa bezkonfliktowego. In: Europejskie Centrum Solidarności: Wolność i Solidarność. Studia dziejów opozycji wobec komunizmu i dyktatury, nr. 2/2011, S. 6 ff.

> „Eine aktuelle Bewertung der wirtschaftlichen Situation des Landes zeigt, dass sich die Bedingungen für die Verwirklichung des Nationalen gesellschaftlich-wirtschaftlichen Plans deutlich verschlechtern."[332]

Und das, obwohl Polen massive Kredithilfe aus dem Ausland erhielt. Zur Jahresmitte 1980 erreichte die Auslandsverschuldung die gigantische Summe von 40 Milliarden D-Mark und verschlang damit etwa 80 Prozent der Exporterlöse. Zu allem Überfluss hatte zum Jahreswechsel 1978–79 ein Wintereinbruch das Land lahmgelegt und die letzten Illusionen über Giereksche Wirtschaftswunder verfliegen lassen.

Die Leidtragenden der chronischen Krise waren alle diejenigen, die nicht zur herrschenden Machtelite oder ihr nahestehenden Gruppen der Gesellschaft zählten. Ihr Alltag bestand aus einem dramatischen Rückgang der landwirtschaftlichen Produktion, extremen Versorgungsschwierigkeiten, Stillstand im Wohnungsbau und einer schlechten medizinischen Versorgung, katastrophalen Arbeitsbedingungen und erzwungenen Überstunden in den Betrieben. Zur wirtschaftlichen Krise kamen die alltägliche Repression von Polizei und Sicherheitsdienst, die quasi im rechtsfreien Raum handelten, sowie der Niedergang von Wissenschaft und Kultur.

Schon im Sommer 1978 hatte es erste Streiks unzufriedener Belegschaften gegeben. Die dann im Sommer 1979 durch die Zeitschrift *Robotnik* veröffentlichte *Charta der Arbeiterrechte*[333] erwies sich als wirksame Plattform aktiver Arbeiter vor allem außerhalb der offiziellen Gewerschaften, aber auch innerhalb dieser Verbände. Diesem Dokument entnahmen die Arbeiter ökonomische, soziale und betriebliche Kampfziele, auch Grundregeln für die Organisierung von Streiks sowie Informationen über rechtliche Aspekte bei Verhaftungen. Nach einer erneuten Erhöhung der Preise vor allem für Fleisch und Fleischprodukte kam es zur nächsten Protestwelle, die vor allem Streiks in Warschau, Lublin sowie in Danzig und Umgebung umfasste. Wenn sich die Arbeiter der Danziger Lenin-Werft zunächst nicht beteiligten, dann lag das daran, dass das Lohnniveau in ihrem Betrieb höher als in vielen anderen Fabriken des Landes war. Doch schließlich wuchs auch dort die Unruhe. Wichtigster Anlass dafür war die Entlassung der langjährigen Kranführerin Anna Walentynowicz am 7. August 1980, der die Betriebesleitung vor allem ihre Tätigkeit in der Initiative für freie Gewerkschaften[334] ankreidete. Diese Gruppe um das *KOR*-Mitglied Bogdan Borusewicz überzeugte Lech Wałęsa davon, die Führung des Streiks zu übernehmen, dessen Beginn dann für den 14. August festgelegt wurde. Der polnische Historiker Andrzej Friszke betonte:

> „Tatsächlich begann es auf der Werft verhältnismäßig spät, während in ganz Polen die Streiks schon seit Anfang Juli andauerten. Aber als es dann los ging, war dies wirklich

---

332 Prezydium Komisji Planowania przy Radzie Ministrów: Notatka w sprawie aktualnej oceny warunków realizacji Narodowego Planu Społeczno-Gospodarczego na rok 1980. In: Włodek, Zbigniew (opracowanie): Tajne dokumenty Biura Politycznego. PZPR a „Solidarność" 1980–1981, Londyn 1992, S. 9.
333 Siehe S. 119 dieses Buches.
334 Ebd.

ein gut organisierter Streik, der nicht gleich wieder erlosch. Die Werft war ein besonderer Betrieb, nicht nur wegen der Ereignisse im Jahr 1970, sondern auch als Zentrum der (Initiative – R.V.) Freien Gewerkschaften. Diese waren sich darüber im Klaren, dass sie das Signal zum Streik nicht zu früh geben durften. Notwendig war eine entsprechende Stimmung."[335]

Der siebzehntägige Streik war an Dramatik kaum zu überbieten. Die Arbeiter der Werft erlebten ein ständiges Wechselbad aus Hoffen und Bangen, Enthusiasmus und Niedergeschlagenheit, Fortschritten und Rückschlägen. Am Morgen des 14. August erwiesen sich vor allem jüngere Facharbeiter wie Jerzy Borowczak, Bogdan Felski und Ludwik Prądzyński, die seit einiger Zeit Kontakt zur Initiative für freie Gewerkschaften hielten, als Initiatoren des Ausstandes. Während einer ersten Versammlung am Vormittag tauchte dann auch Lech Wałęsa auf und verkündete im Namen des eine zuvor gegründeten Streikkomitees den Besetzungsstreik. Jacek Kuroń, der als Aktivist des *KSS „KOR"* seit Tagen in Warschau sehnsüchtig auf eine Nachricht vom Beginn der Streiks wartete, erzählte später, wie ihn Alina Pieńkowska von der Initiative für freie Gewerkschaften per Telefon über die Versammlung informierte:

„Jacek, wir haben begonnen (Sie saß an einem Fenster des Gesundheitszentrums der Werft und berichtete, was sie sah). Die Arbeiter versammeln sich vor dem Büro des Werftdirektors, vorneweg einige mit Transparenten, dahinter die herbeiströmende Menge. Wałęsa ist bei ihnen. Er hat sich an die Spitze gesetzt und spricht zu den Versammelten. Dann der Direktor. Dann wieder Wałęsa."[336]

Der Streik verlief von Beginn an unter anderen Voraussetzungen, weil die Forderungen nach Lohnerhöhung, Anhebung des Kindergeldes und Arbeitsplatzgarantien für die Mitglieder des Streikkomitees begleitet wurden von dem Postulat nach Wiedereinstellung von Anna Walentynowicz und Lech Wałęsa, der schon zwei Jahre zuvor seinen Arbeitsplatz auf der Werft verloren hatte, sowie nach Errichtung eines Denkmals für die im Jahr 1970 erschossenen Arbeiter. Schon am 15. August schlossen sich andere Betriebe aus der „Dreistadt" Danzig, Zoppot und Gdingen dem Ausstand an.

Einen Tag später geriet der Arbeiterprotest in eine Krise, weil Wałęsa voreilig den Ausstand auf der Werft für beendet erklärte, weil sich die Werftdirektion bereit erklärte, die Forderungen des Streikkomitees zu erfüllen. Doch es waren vor allem Frauen wie Anna Walentynowicz und Alina Pieńkowska, die erfolgreich für eine Fortsetzung des Streiks votieren – nicht zuletzt aus Solidarität mit den anderen bestreikten Betrieben in der Region.

Noch in der Nacht zum 17. August erarbeiteten insbesondere Walentynowicz, Pieńkowska, Wałęsa, Borusewicz und das Ehepaar Gwiazda den berühmten Katalog der „21 Forderungen", der insbesondere das Postulat der freien, unabhängigen Gewerkschaften enthielt. Hinzu kamen u.a. die Forderungen nach Garantie des

---

335 Rewolucja to nie karnawał. Rozmowa z Andrzejem Friszkem. In:Brzeziecki, Andrzej: Lekcje historii. PRL w rozmowach. Warszawa 2009, S. 214.
336 Kuroń, Jacek: Gwiezdny czas. „Wiary i winy" dalszy ciąg. Londyn 1991, S. 111.

Streiksrechts, Meinungsfreiheit, Freilassung politischer Häftlinge sowie zahlreiche ökonomische und soziale Forderungen.[337] Ebenfalls in dieser Nacht entstand das *Überbetriebliche Streikkomitee (Międzyzakładowy Komitet Strajkowy – MKS)*, dem sich 21 Betriebe vor allem aus der „Dreistadt" anschlossen und das fortan auf der Lenin-Werft tagte.

Die Parteiführung um Edward Gierek zeigte sich besonders irritiert von der Forderung nach freien, unabhängigen Gewerkschaft und dem Einfluss „antisozialistischer Elemente", wie das *KSS „KOR"* von den Parteifunktionären genannt wurde. Gierek und seine Mitstreiter waren nicht in der Lage, ein wirksames Gegenkonzept zu entwickeln. Die Protokolle der Politbürositzungen dieser Tage zeugen von dieser Ratlosigkeit.[338] Zumindest setzte sich unter dem Einfluss des Politbüromitglieds Stanisław Kania die Linie durch, „die schwierige Situation mit politischen Mitteln zu lösen" und damit auf den Einsatz von Gewalt durch das Militär und die kasernierte Sonderpolizei *ZOMO* gegen die Streikenden zu verzichten, wobei allerdings einige Mitglieder des Gremiums am liebsten Gierek sofort als Sündenbock geopfert hätten und auf die streikenden Arbeiter schießen lassen wollten. Am 19. August, dem sechsten Streiktag, lag die Zahl der streikenden, am *MKS* beteiligten Betriebe bereits bei 254. Einen Tag später scheiterte die Mission des Parteibeauftragten, Vizepremier Tadeusz Pyka, mit einzelnen Betrieben separat zu verhandeln und so die Streikfront aufzuweichen.

5.1. Sprung in die Politik: Experte auf der Danziger Lenin-Werft

Der Verzicht auf einen massiven Einsatz des staatlichen Gewaltapparats bedeutete keineswegs, die Streikenden und deren Unterstützer nicht zu schikanieren. So wurden Delegierte bestreikter Betriebe, die zur Werft wollten, langwierigen Kontrollen unterzogen oder für kurze Zeit inhaftiert. Polizisten beschlagnahmten Flugblätter und Dokumente. Am 20. August, dem 7. Streiktag, stieg die Zahl der in Warschau inhaftierten *KSS „KOR"*-Mitglieder auf 18, unter ihnen Adam Michnik und Jacek Kuroń.

Angesichts dieses Vorgehens der Staatsmacht unterzeichneten am gleichen Tag 64 Intellektuelle einen Appell, den sie sowohl an die Parteiführung, als auch an das übertriebliche Streikkomitee in Danzig richteten. Zu den Unterzeichnern zählten Mitglieder der Opposition, Vertreter katholischer Milieus und auch Angehörige der Partei, neben Bronisław Geremek und Tadeusz Mazowiecki unter anderem Marian Brandys, Władysław Bartoszewski, Aleksander Gieysztor, Artur Hajnicz, Szymon Jakubowicz, Maria Janion, Jerzy Jedlicki, Tadeusz Konwicki, Tadeusz Kowalik, Marcin Król, Marian Małowist, Jacek Salij, Jan Strzelecki, Klemens Szaniawski, Paweł Śpiewak, Wojciech Wieczorek und Kazimierz Wóycicki. In dem Appell hieß es u. a.:

---

337 Międzyzakładowy Komitet Strajkowy: Strajkowy Biuletyn Informacyjny. Żądania strajkujących załóg. Gdańsk, dnia 22 sierpnia 1980 r.
338 Siehe die Protokolle der Sitzungen vom 15., 16. und 18. August 1980. In: Włodek, Zbigniew: Tajne … a.a.O., S. 28 ff.

> „Wir appellieren an die politische Macht und die streikenden Arbeiter, den Weg für Gespräche und Kompromisse zu ebnen. Niemand hat das Recht, das Los des Landes und die Hoffnung auf eine bessere Zukunft leichtsinnig aufs Spiel zu setzen. Niemand darf Zuflucht zu Gesetzlosigkeit und Gewalt nehmen und damit eine Kraftprobe auslösen. Die Tragödie von vor zehn Jahren darf sich nicht wiederholen, ebenso darf kein Blut wie damals fließen. Die Staatsräson erfordert sofortige Gespräche zwischen der Regierungskommission und dem überbetrieblichen Streikomitee."[339]

Die Zahl der Unterzeichner erhöhte sich in den folgenden Tagen auf mehr als 200. Der polnische Historiker Jan Skórzyński schrieb später über diesen Text:

> „(Darin) finden sich jene Grundsätze wieder, denen Bronisław Geremek auf seinem weiteren Weg folgen sollte: Unantastbarkeit der Bürgerrechte, Kompromiss als Konfliktlösung, kategorische Ablehnung von Gewalt, Verknüpfung von Besonnenheit und Vorstellungskraft."[340]

Zu Kontroversen innerhalb der Opposition führte die Entscheidung der Initiatoren, nicht auch die Mitglieder des *KSS „KOR"*, zumindest diejenigen, die nicht in Haft saßen, um ihre Unterschrift unter den Text zu bitten. Tadeusz Kowalik, einer der Unterzeichner, begründete dies später mit den Worten:

> „Wir wollten nicht mit den Namen der Dissidenten jene Menschen abschrecken, die bis dato selten die Schwelle jenes Handelns überschritten hatten, das die Macht erlaubte bzw. tolerierte. Ich bestreite aber auch nicht, dass zumindest bei einigen von uns (auf jeden Fall bei mir), auch ein inhaltliches Argument eine Rolle spielte. Wir haben einen Appell für einen Kompromiss erarbeitet, für einen Dialog zwischen den Streikenden und der Macht, für eine politische Lösung eines Konflikts, der sich gefährlich zuspitzte. Wir waren der Auffassung, dass die Gesellschaft mit der Macht gemeinsam handeln sollte, um einen Ausweg aus der Krise zu finden."[341]

Offensichtlich beeindruckte diese Vorgehensweise die Machthabenden. In einer Sitzung des Politbüros sagte Stanisław Kania:

> „Ein neues Element ist der Appell der Intellektuellen …, die zwar nicht auf unserer Seite stehen, andererseits aber auch keine antisozialistische Haltung einnehmen, weshalb man sie auch nicht einheitlich bewerten darf."[342]

Der Text des Appells entstand in der Wohnung von Bronisław Geremek in der Warschauer Altstadt, wo er auch von den meisten der 64 Erstunterzeichner unterschrieben wurde. Geremek und Mazowiecki übernahmen den Auftrag, den Text sowohl

---

339 Solidarność. Strajkowy Biuletyn Informacyjny, nr. 2, 24.8.1980. Siehe auch Solidarność. XX lat historii. Warszawa 2000, S. 82.
340 Skórzyński, Jan: Bronisław Geremek i Solidarność. Realizm wartości. In: Liberté! Nummer 11, S. 85.
341 Kowalik, Tadeusz: Wspomnienia ze Stoczni Gdańskiej. Pierwodruk w *Zeszyty Literackie*, Nr. 2/1983.
342 Protokół nr. 22 z posiedzenia Biura Politycznego KC PZPR 22 sierpnia 1980 r.: In: Włodek, Zbigniew: Tajne ... a.a.O., S. 44.

den streikenden Arbeitern als auch den kommunistischen Machthabern zu überbringen. Anschließend übergab Geremek den Appell der Poststelle des Zentralkomitees der PVAP und machte ihn auch ausländischen Journalisten in Warschau zugänglich. Dem Historiker Adam Kersten, ein Freund und Kollege von Geremek, gelang es auf Umwegen, genug Benzin zu besorgen, damit die beiden nach Danzig fahren konnten. Benzin war damals in Polen rationiert.

Geremek berichtete später über die Diskussionen unter den Unterzeichnern und auch die Überlegungen, die ihm und Mazowiecki vor ihrer Abreise durch den Kopf gingen:

> „Nicht einen Augenblick dachte ich daran, mit der Absicht dorthin zu fahren, die Arbeiter nur einfach zur Ruhe zu bringen ... Allerdings hatten wir damals noch keine Vorstellung davon, als Berater (am Danziger Geschehen – R.V.) teilzunehmen. Wohl keiner unserer Gesprächspartner dachte an so etwas. Schon während wir über die Formulierungen in dem Brief brüteten, waren wir uns darüber einig, dass wir nicht eine mittlere Position zwischen den beiden Konfliktparteien einnehmen dürfen ... Vielmehr standen wir auf einer Seite, nämlich der Seite der Danziger Arbeiter ... Davon ausgehend wollten wir uns um eine Analyse der Situation bemühen und auch mit den Machthabenden sprechen, die allerdings kaum Vertrauen hatten zu denjenigen, die den Brief unterzeichnet haben ... Mazowiecki sagte in diesem Zusammenhang: ,Wir müssen damit rechnen, dass wir entweder nur den Brief abgeben und unsere Rolle damit beendet ist, oder dass sich etwas findet, das wir machen können, und wenn das so ist, werden wir das vor Ort tun müssen' ... Mit dieser Absicht fuhren wir nach Danzig ... Im Kreis der unterzeichneten Intellektuellen gab es durchaus auch die Meinung, dass man die Arbeiter zur Ruhe bringen müsse, da sie zu weit gingen, aber diese Haltung beeinflusste nicht unser weiteres Handeln. Diese Meinung entstand aus dem Gefühl der Bedrohung, doch die Interessen der Gesellschaft waren ein übergeordneter Wert, und selbst wenn den Machthabenden das Verständnis dafür fehlte, war es unsere Pflicht, das auszusprechen ... Deshalb sind wir auf der Seite der Arbeiter und müssen gemeinsam darüber nachdenken, wo die Grenzen liegen und welche Möglichkeiten sich bieten."[343]

Am 22. August machten sich Geremek und Mazowiecki auf den Weg nach Danzig. Geremek erinnerte sich:

> „Man muss sich diese Fahrt vorstellen. Wir fahren mit meinem Auto, ständig von einer Eskorte (des Sicherheitsdienstes – R.V.) begleitet, der wir zu entkommen suchen. Wir waren uns darüber einig, nicht den direkten Weg zu fahren, vielmehr fuhren wir einen ,verschlüsselten' über Thorn, Bromberg, auf Seitenstraße, mitunter Feldwegen, bis wir dann in einem bestimmten Moment von einer anderen Beobachtergruppe ,übernommen' wurden, dann Kontrolle der Dokumente. Mit der Zeit fühlten wir uns wie Verfolgte, wie Ausreißer, die in einer Mission unterwegs waren, die doch eine große Chance auf Verwirklichung hatte."[344]

---

343 Bronisław Geremek jedzie ... (Fn. 327).
344 Ebd.

Da die beiden Emissäre nicht genau wussten, wie sie auf die Lenin-Werft gelangen sollten, wandten sie sich an die Pallottiner-Mönche in Danzig. Einer von ihnen brachte sie zur Werft. Geremek:

> „Erst dort begriffen wir, dass Danzig eine freie Stadt war. Unser erster Kontakt mit der Werft bestand darin, dass uns die Arbeiter am Tor sehr herzlich begrüßten. Dort richtete sich unser Blick auf die Aufschrift ‚Lenin-Werft' über dem Tor, darunter das Porträt von Johannes Paul II. Im Inneren freie und fröhliche Menschen. Aber der Wissensstand auf der Werft bestand darin, dass Danzig umgeben sei von Militär- und Polizeieinheiten, verborgen in den Wäldern, und dass es Meldungen über sowjetische Flottenbewegungen (in der Ostsee – R.V.) gab. Und trotzdem herrschte diese Stimmung der Freiheit und Fröhlichkeit."[345]

Auf der Werft mussten Mazowiecki und Geremek erst einmal warten, weil das Präsidium des *Überbetrieblichen Streikkomitees* tagte, nachdem die Verhandlungsmission von Tadeusz Pyka gescheitert war und statt seiner ein anderes Mitglied des Politbüros, Vizepremier Mieczysław Jagielski, Verhandlungen aufnehmen sollte. Tadeusz Mazowiecki war beeindruckt von der Situation auf der Werft:

> „Uns fiel die große Ordnung und Disziplin bei der Organisierung des Streiks auf. So existierte ein Ordnungsdienst aus Arbeitern. Im Saal, wo sich die Delegierten versammelten, gab es Essen, Kaffee und Tee."[346]

Schließlich kam Lech Wałęsa zu den beiden. Geremek schilderte seine erste Begegnung mit dem Vorsitzenden des Streikkomitees so:

> „Damals wusste ich nur so viel über ihn, wie mir Kollegen erzählt hatten, die als Oppositionelle mit ihm in Kontakt standen, ebenso von Journalisten, die aus Danzig zurückgekehrt waren, sowie das, was man in den Zeitungen lesen und in den ausländischen Medien hören konnte. Wir übergaben den Brief. Er las und sagte dann, dass dieser eine ausgezeichnete Liste von Namen enthalte. ‚Die Personen, die hier unterschrieben haben, kenne ich, aber sagt mir, was wir machen sollen?', fragte er. ‚Da wir in einer solchen dramatischen Situation sind, wäre es gut, wenn uns jemand helfen würde', sagte er. So antwortete ich, dass wir Experten auf verschiedenen Sachgebieten seien und nicht ein politisches Milieu darstellten. Und Wałęsa verschwand. Nach fünf, vielleicht zehn Minuten kehrte er mit einem Beschluss des Streikkomitees zurück, wonach Tadeusz Mazowiecki und ich eine Expertenkommission beim Streikkomitee bilden sollten. Ich hatte den Eindruck, dass wir mit einem entschlossenen Menschen sprechen, der die Situation kennt und versteht, in der sich das Land befindet, und der wirksam handeln will, der Entscheidungen treffen kann und der eine Reaktion erwartet."[347]

---

345 Geremek, Bronisław: Gdańsk był wolnym miastem. *Gazeta Wyborcza*, 31.8.2005.
346 Tadeusz Mazowiecki im Gespräch mit dem Autor am 15.9.2011.
347 Zit. nach Wałęsa, Lech: Droga do prawdy. Autobiografia. Warszawa 2008, S. 99.

Tadeusz Mazowiecki erging es ebenso:

> „Als er (Wałęsa – R.V.) uns fragte, wie wir den Streikenden konkret helfen könnten, hat mir das sehr gefallen. Als starke Persönlichkeit hat er einen sehr guten Eindruck auf mich gemacht."[348]

Es war schon tiefe Nacht, als sich Mazowiecki und Geremek endlich schlafen legen konnten. Mazowiecki:

> „Es hat auch großen Eindruck auf mich gemacht, als Bogdan Borusewicz einen Schlafplatz auf der Werft für uns bereit stellte. Es gab dabei keinerlei Privilegien für die Intellektuellen, die aus Warschau gekommen waren. Wie alle anderen auch legten wir uns nebeneinander auf zweier dieser Feldbetten, Bronek und ich und schliefen so in dieser Nacht. Da gingen wir beide auch zum Du über. Wir verstanden, dass wir gemeinsam an einer großen Sache teilnahmen."[349]

Am nächsten Tag hielt Mazowiecki vor den Mitgliedern des *Überbetrieblichen Streikkomitees* eine Rede, in der er darüber informierte, dass man eine Kommision aus Experten bilden wolle:

> „Als ich fertig war, meldete sich eine Stimme: ‚Wie lange werdet ihr hier sein?' und meine Antwort lautete: ‚Bis zum Ende.' Das war eine klare Erklärung, die mögliches Misstrauen überwand. Aber dabei war ja nicht klar, wie das Ende aussehen würde. Man konnte ja mit vielem rechnen. Diese Erklärung war sehr wichtig."[350]

An diesem Tag gaben Geremek und Mazowiecki auch ein Exemplar des Appells im Amt des Danziger Woiwoden (vergleichbar dem Regierungspräsidenten in Deutschland – R.V.) ab, um Gesprächsbereitschaft zu demonstrieren.

Beide bemühten sich, die Kommission vor allem aus Ökonomen, Juristen und Soziologen zu bilden, mit denen sie schon im Rahmen der *Fliegenden Universität*[351] und der Gruppe *Erfahrung und Zukunft*[352] zusammengearbeitet hatten. Sie umfasste zunächst Mazowiecki als Vorsitzender, Geremek, Jadwiga Staniszkis, Bohdan Cywiński, Tadeusz Kowalik, Waldemar Kuczyński und Andrzej Wielowieyski, später kamen Andrzej Stelmachowski, Jerzy Stembrowicz und Jan Strzelecki hinzu. Am 24. August, dem elften Streiktag, tagte das Präsidium des *Überbetrieblichen Streikkomitees* zum ersten Mal zusammen mit der Kommission. In der Diskussion ging es vor allem darum, wie man freie, unabhängige Gewerkschaften gründen könne und wie diese arbeiten sollten.[353] Geremek berichtete später:

> „Das war auch für mich persönlich ein entscheidender Moment. Wałęsa bat mich, meinen Standpunkt bezüglich freier Gewerkschaften zu erläutern … So erläuterte ich zwei Kon-

---

348 Tadeusz Mazowiecki … (Fn. 346).
349 Ebd.
350 Ebd.
351 Siehe S. 126 f. dieses Buches.
352 Siehe S. 128 f. dieses Buches.
353 Siehe Międzyzakładowy Komitet Strajkowy: Komunikat. Gdańsk dn. 24.08.1980 r.

zeptionen: Sollten neue Gewerkschaften gründet oder die alten reformiert werden? Was spricht für die erste Variante? Wir haben das Recht dazu, weil Polen die (entsprechende – R.V.) internationale Konvention unterzeichnet hat, auf die sich auch die Arbeiter berufen. Was spricht dagegen? Sie passt nicht so recht in das Konzept der Diktatur des Proletariats, die von der regierenden Partei als eines der wichtigsten Elemente ihres Programms betrachtet wird. Was würde dafür sprechen, die alten Gewerkschaften mit neuem Inhalt zu füllen? Das wäre für die andere Seite zu akzeptieren. Was würde dagegen sprechen? Die negativen Erfahrungen von Stettin im Jahre 1970.[354] Und nachdem ich die Argumente dafür und dagegen vorgestellt hatte, auch die rechtlichen Aspekte im ersten und zweiten Fall, trat ein Moment der Stille ein. Schließlich stand ein älterer Arbeiter auf und sagte: ‚Sie haben uns das Für und Wider erläutert, aber wir würden gerne wissen, wie ihre Meinung aussieht, weil wir Euch vertrauen und Eure Stimme für uns Bedeutung hat.' In diesem Moment wurde mir vollständig klar, dass ich das Gewand des intellektuellen Analytikers ablegen musste. Ich sagte, dass die einzige Lösung, die zumindest eine Chance auf einen begrenzten Erfolg eröffne, neue von Grund auf gebildete Gewerkschaften seien."[355]

Anschließend diskutierte das Präsidium mit den Experten auch die Taktik für die Verhandlungen mit der Regierungsseite. Geremek und die anderen Intellektuellen wiesen darauf hin, das der Begriff „freie Gewerkschaften" in der Propaganda der Gegenseite negativ besetzt sei, weil dieser auch von der Brüsseler Zentrale der antikommunistischen Gewerkschaften benutzt werde, scharf bekämpft von den kommunistischen Gewerkschaften, die ihren Sitz in Prag hatten. Geremek:

„Wir schlugen deshalb das Wort ‚unabhängig' vor, da das doch ‚frei' bedeutet. Und wenn sie mit ‚frei' nicht einverstanden sind, dann eben ‚selbstverwaltet', weil das nicht so einen scharfen Beigeschmack hat. Und wenn sie auch das nicht akzeptieren, dann eben ‚Gewerkschaft Solidarność', weil dieser Begriff seit dem Durchbruch des Streiks allgemein bekannt ist und genutzt wird. Ich unterstreiche: das wären drei Verhandlungspositionen. Als es dann zu den Verhandlungen kam, sagte Lech Wałęsa: ‚Wir schlagen vor, dass die ‚Unabhängige Selbstverwaltete Gewerkschaft Solidarność' entsteht.' Also alle drei Varianten miteinander verbunden, und – wie wir wissen – hatte er recht, denn genau das wurde später akzeptiert."[356]

Auf Anweisung der Parteiführung lehnte auch der neue Verhandlungsführer der Regierung, Vizepremier Mieczysław Jagielski, die zentrale Forderung der Streikenden nach unabhängigen, selbstverwalteten Gewerkschaft zunächst einmal ab. Doch dann breiteten sich die Streiks im ganzen Land aus. In den Ausstand traten unter anderem die Belegschaften der Steinkohlezechen in Niederschlesien, der städtischen Verkehrsbetriebe insbesondere in Łódź, der Lenin-Stahlhütte in Nowa Huta bei Krakau, der Cegielski-Werke in Posen sowie einiger Betriebe in Allenstein. Angesichts dieser

---

354 Die Arbeiterproteste an der Ostseeküste im Dezember 1970 verliefen weitgehend unorganisiert. Bald danach vertrauten viele Arbeiter auf die neue Parteiführung unter Edward Gierek und damit auch auf die offiziellen Gewerkschaften, die natürlich stark unter dem Einfluss der kommunistischen PVAP standen.
355 Geremek ... (Fn. 345).
356 Ebd.

Entwicklung willigte Jagielski zumindest ein, einen gemeinsamen Ausschuss der Verhandlungspartner zu gründen, der die Forderung nach Bildung unabhängiger Gewerkschaften prüfen sollte.

Für Ernüchterung und Enttäuschung unter den Streikenden im ganzen Land sorgte eine Predigt des Primas der katholischen Kirche, Stefan Kardinal Wyszyński, in der er zwar die Regierung kritisierte, aber auch vor einer Ausdehnung der Streiks warnte. Aber schon einen Tag später korrigierte der Hauptrat (Rada Główna) des Episkopats diese Äußerung, indem er erklärte, dass zu den Grundlagen einer möglichen Verständigung zwischen den Streikenden und der Regierung insbesondere auch die Achtung der Vereinigungsfreiheit und damit das Recht auf Bildung selbständiger Vertretungen der Arbeiter gehöre.[357]

Als im Laufe des fünfzehnten Streiktages (28. August) nach und nach Delegationen bestreikter Betriebe aus dem ganzen Land auf der Lenin-Werft in Danzig eintrafen, machte Jagielski erste Zugeständnisse. So garantierte er insbesondere die Wiedereinstellung der Arbeiter, die wegen ihrer Beteiligung an den Protesten 1970 und 1976 entlassen worden waren. Bei parallelen Verhandlungen in Stettin zwischen dem dortigen Streikkomitee und einer Regierungsdelegation wurde am 30. August eine Vereinbarung unterzeichnet, die allerdings unklare Formulierungen zur Gewerkschaftsfrage enthielt. So war nicht ausdrücklich die Rede von der Bildung neuer, unabhängiger Gewerkschaften. Polnische Historiker vermuten, dass dies vor allem auf die Unterwanderung des Streikkomitees durch Mitarbeiter bzw. Informanten des Sicherheitsdienstes SB zurückzuführen war. So stellte sich später heraus, dass der Vorsitzende des Komitees, Marian Jurczyk, schon seit den frühen 1970er Jahren Kontakte zum SB unterhalten hatte.

Am gleichen Tag trat in Warschau das Zentralkomitee der *PVAP* zusammen und gab grünes Licht für die Erfüllung der wichtigsten Danziger Forderungen. Schon zuvor hatte sich die Mehrheit des Politbüros darauf verständigt. Die für den 31. August geplante Unterzeichnung der Vereinbarung zwischen dem Streikkomitee und der Regierungskommission schien aber gefährdet, als sich Jagielski weiterhin der Forderung widersetzte, alle inhaftierten Oppositionellen, insbesondere des *KSS „KOR"*, deren Namen das Streikkomitee aufgelistet hatte, unverzüglich freizulassen.[358] Erst als Lech Wałęsa ausdrücklich auf Erfüllung dieser Forderung bestand, gab Jagielski nach und kündigte nach einem Telefonat mit der Warschauer Parteizentrale die Freilassung der Inhaftierten für den kommenden Tag an. Am späten Nachmittag des 31. fand dann die feierliche Unterzeichnung des Abkommens[359] statt, die auch im Fernsehen übertragen

---

357 Sekretariat Episkopatu Polski: Komunikat z posiedzenia Rady Głównej Episkopatu Polski, Warszawa, 27.8.1980. Auch verbreitet als Bulletin des überbetrieblichen Streikkomitees in Danzig.
358 Siehe Komitet Samoobrony Społecznej „KOR": Oświadczenie i Apel. Warszawa 25.08.80 r.
359 Protokół porozumienia zawartego przez Komisję Rządową a Międzyzakładowy Komitet Strajkowy w dniu 31 sierpnia 1980 r. w Stoczni Gdańskiej. Kopie des maschinengeschriebenen Exemplars in der Sammlung der Forschungsstelle Osteuropa der Universität Bremen. Deutsch u. a. in: Büscher, Barbara et al. (Hg.): Solidarność. Die polnische Gewerkschaft „Solidarität" in Dokumenten, Diskussionen und Beiträgen. Köln 1983, S. 36 f.

wurde. So erfuhr das ganze Land von der nun möglichen Gründung unabhängiger Gewerkschaften und den anderen Festlegungen des Abkommens. In den Tagen nach der Unterzeichnung veröffentlichten zahlreiche polnische Zeitungen die Texte der Abkommen von Danzig und Stettin. Die Freilassung der meisten inhaftierten Oppositionellen erfolgte tatsächlich am 1. September. Zwei Tage später kam es auch zu einer entsprechenden Vereinbarung mit dem Streikkomitee der Bergleute in Oberschlesien. Am 5. September trat Edward Gierek als Parteichef zurück und wurde durch den Sekretär für Sicherheitsfragen, Stanisław Kania, ersetzt.

Das „Danziger Abkommen" war ein unglaublicher Erfolg, der allerdings, historisch gesehen, noch nicht irreversibel war, wie die Verhängung des Kriegsrechts im Dezember 1981 zeigen sollte. Erst mit der Transformation der Jahre 1989–90 wurde auch die Vereinigungsfreiheit in Polen auf Dauer garantiert.

Immerhin hatten die Streikenden den kommunistischen Machthabern Zugeständnisse abgerungen, wie es sie bis dato im ganzen „Ostblock" nicht gegeben hatte. Sie setzten das Recht zur Gründung neuer, selbstverwalteter Gewerkschaften als authentische Vertretung der Arbeiterschaft durch. Diese sollten künftig auch das Recht haben, ökonomisch-soziale Grundsatzentscheidungen wie die Gestaltung der Wirtschaftspläne, Investitionen sowie die Gestaltung der Preise und Löhne öffentlich zu bewerten. Das „Danziger Abkommen" enthielt auch den Auftrag, das Streikrecht sowie Regeln für die Durchführung von Streiks im Gewerkschaftsgesetz zu verankern.

Bronisław Geremek (links) zusammen mit Anna Walentynowicz (Mitte) und Tadeusz Mazowiecki (rechts) nach der Unterzeichnung des „Danziger Abkommen" am 31. August 1980

Von großer politischer Bedeutung waren weiterhin die im Abkommen enthaltenen Regeln zur Beschränkung der Zensur. Außerdem sollte künftig der Grundsatz gelten, dass Führungskräfte in Staat und Gesellschaft künftig aufgrund ihrer Ausbildung und Kompetenz und nicht abhängig von ihrer Parteizugehörigkeit berufen werden sollten.

Mit den Streiks im August 1980 war eine linke, basisdemokratische Arbeiterbewegung gegen die herrschenden „Linken" entstanden, die Rückhalt in weiten Teilen der Gesellschaft genoss. Noch ging es den Streikenden nicht darum, die kommunistische Ordnung durch ein demokratisch-parlamentarisches System und eine soziale Marktwirtschaft zu ersetzten. Aber der Glaube an eine eigenständige, reformerische Initiative der kommunistischen *PVAP*, der noch 1970–71 bei der Unterstützung vieler Arbeiter für Gierek eine Rolle gespielt hatte, war fast vollständig verschwunden. Wenn im „Danziger Abkommen" die führende Rolle der *PVAP* anerkannt wurde, dann war das ein taktisches Zugeständnis, das den Weg für den Abschluss der Verhandlungen frei machte, für das Bewusstsein der Streikenden kaum Bedeutung hatte.

Um die Rolle der Experten um Geremek und Mazowiecki analysieren zu können, ist es notwendig, einen kurzen Blick auf die wichtigsten Exponenten des damaligen Geschehens in Danzig zu werfen. Die Seele des Streiks auf der Lenin-Werft war natürlich Lech Wałęsa, dem die Arbeiter vertrauten, weil er einer der ihren war. Er verstand es, die jeweilige Stimmung einzufangen und auf den Punkt zu bringen. Wałęsa war an der Ausarbeitung der 21 Forderungen des *Überbetrieblichen Streikkomitees* beteiligt, er achtete darauf, dass es bei der Besetzung der Betriebe als wichtigster Kampfform blieb und auf gefährliche Straßendemonstrationen verzichtet wurde. Kraft seiner Autorität war er es dann auch, der sich in der Regel mit seinen Auffassungen bei Entscheidungen im Präsidium des Streikkomitees durchsetzte. Außerdem erwies er sich schnell als harter, systematisch vorgehender Verhandlungspartner.

Politisch-strategischer Kopf des Streiks war Bogdan Borusewicz, der als Mitglied des *Komitees zur Verteidigung der Arbeiter KSS „KOR"* in den späten 1970er Jahren die Bildung oppositioneller Strukturen an der Ostseeküste vorangetrieben hatte. Er gab in der Regel die wichtigen Impulse wenn strategische und taktische Entscheidungen über den Fortgang des Streiks getroffen werden mussten, und nahm auch maßgeblichen Einfluss auf die personelle Zusammensetzung wichtiger Gremien wie etwa des Präsidiums des Streikskomitees. Eine führende Rolle bei der Vorbreitung und Durchführung des Streiks spielten auch die Kranführerin Anna Walentynowicz, der Ingenieur Andrzej Gwiazda und seine Frau Joanna Duda-Gwiazda, der Facharbeiter Bogdan Lis, die Krankenschwester Alina Pieńkowska, die Zeitungsverkäuferin Ewa Osowska sowie die jungen Werftarbeiter Jerzy Borowczak, Bogdan Felski und Ludwik Prądzyński. In meiner Wałęsa-Biografie habe ich geschrieben:

> „Die Rolle der Expertenkommission ... bestand vor allem darin, Lech Wałęsa und den anderen Verhandlungsführern der Streikenden politisch und fachlich zur Seite zu stehen. Das Gremium war kein direktes Streikorgan. Aber seine Mitglieder nahmen doch beträchtlichen Einfluss auf die Verhandlungen, indem sie ihre politischen Erfahrungen,

ihr juristisches Wissen und ihre Kenntnis internationaler Vereinbarungen zu Fragen des Arbeits- und Gewerkschaftsrechts ins Spiel brachten. Sie halfen dem überbetrieblichen Streikkomitee, Tricks und Fallen zu entgehen, mit denen die Regierungskommission operierte. Dass diese Kommission auf der Danziger Lenin-Werft tätig wurde, war auch ein wichtiges Signal dafür, dass es den die Macht ausübenden Kommunisten, anders als bei den Protesten im Dezember 1970 diesmal nicht mehr gelang, Arbeiter und Intellektuelle auseinanderzudividieren."[360]

Die Expertenkommission bildete auch Arbeitsgruppen, um einzelne Forderungen der Streikenden genauer zu diskutieren und Strategien für die Verhandlungen durchzuspielen. Natürlich gerieten Geremek, Mazowiecki und ihre Mitstreiter mitunter in Widerspruch zu einzelnen Arbeitern – etwa dann, wenn diese eine sofortige und vollständige Abschaffung der Zensur forderten, während die Experten vorschlugen, man solle sich für eine schrittweise Milderung der Zensur einsetzen. Die Forderung nach Freilassung der inhaftierten Oppositionellen wurde sogar innerhalb der Expertengruppe unterschiedlich bewertet. Der polnische Historiker Jan Skórzyński kam zu dem Ergebnis:

„Die Rolle, die Geremek und seine Kollegen aus der Kommission im Verlauf der Verhandlungen spielten, ist kaum zu überschätzen. Sie arbeiteten für den Erfolg des Streiks, indem sie dem MKS (dem Streikkomitee – R.V.) die günstigsten Lösungen und Vorgehensweisen zur Durchsetzung aller Forderungen vorschlugen."[361]

Und Skórzyńskis Kollege Andrzej Friszke schrieb:

„Die Berater spielten in den am 26. August mit der Regierungskommission aufgenommenen Verhandlungen eine Schlüsselrolle. Sie übernahmen die Funktion eines intellektuellen Reservoirs des Präsidiums des MKS, auch wenn die letztendlichen Entscheidungen dem Präsidium vorbehalten blieben und durch das gesamt MKS akzeptiert werden mussten. Nichtsdestoweniger hatten das Wissen und das Verhandlungsgeschick sowie ihre Fähigkeit zu argumentieren grundlegenden Einfluss auf den Verlauf der Verhandlungen."[362]

Für Geremek war außerdem dass Agieren in einer Gemeinschaft mit den Arbeitern und auch innerhalb der Expertenkommission sehr wichtig. Wenige Tage nach Beendigung des Streiks sagte er im Rahmen einer Diskussion im Warschauer Klub der katholischen Intelligenz:

„... möchte ich etwas unterstreichen, das man kaum wiedergeben und beschreiben kann. Nicht in Form von Prosa. Das ist – ich spreche darüber mit einer gewissen Verlegenheit – ein bestimmtes Gefühl der Gemeinschaft, das einen von außen kommenden Menschen, der diese Erfahrung nicht hat, beinahe sofort ergreift. Und dieses Gefühl der Gemeinschaft, der Zugehörigkeit und der Bindung spürten wir auch dann, wenn wir ... zu unserem Expertentreffen ... am anderen Ende der Werft eilten und wir unterwegs

---

360 Vetter, Reinhold: Polens ... a.a.O., S. 80.
361 Skórzyński: Geremek ... (Fn. 340), S. 86.
362 Friszke, Andrzej: Czas ... a.a.O., S. 563.

Arbeiter trafen, mit denen wir uns ein wenig unterhalten konnten. Auch das Gefühl einer gewissen Gemeinschaft und Solidarität in unserem Kreis, in dieser kleinen Gruppe der Experten, die eine wichtige Rolle spielte und nicht immer sicher war, ob sie eine Lösung nahelegte oder vorschlug, für die sie tatsächlich die volle intellektuelle Verantwortung übernehmen konnte."[363]

Und weiter:

> „Ich denke, dass wir alle, die teilgenommen haben an dem, was sich in diesen wenigen Danziger Wochen abspielte, mit großem Erstaunen die Reife der Menschen, diese Bewegung anführten, zur Kenntnis genommen haben. Mit großem Erstaunen deshalb, weil in dieser seit Jahrzehnten herrschenden Wüste, wie sich das politische Leben in unserem Land darstellte, Menschen zu einer vollkommenen Reife gelangen konnten, die sich für ihre Worte und Taten und damit für das Land verantwortlich fühlten."[364]

Während dieser Diskussion sparte Geremek auch nicht mit Lob für Tadeusz Mazowiecki:

> „In diesen Verhandlungen, und das möchte ich sehr stark unterstreichen, spielte Tadeusz Mazowiecki eine enorm wichtige Rolle. Seine Fähigkeit, einen Kompromiss zu finden und in einer Sprache zu sprechen, die auch für die andere Seite verständlich war, ohne gleichzeitig als grundlegende Einstellung die Loyalität gegenüber denjenigen aufzugeben, die uns ihr ganzes Vertrauen entgegenbrachten."[365]

Natürlich wurde der Einfluss der Expertengruppe von einigen führenden Mitgliedern des Streikkomitees auch mit einem gewissen Unbehagen gesehen. Das gilt beispielsweise für Andrzej Gwiazda, der gerne mehr Einfluss als die Experten auf Wałęsa gehabt hätte und letztendlich dessen Rolle am liebsten selbst gespielt hätte. Das mindert keineswegs die großen Verdienste, die sich Gwiazda im Rahmen der Danziger Ereignisse erworben hat.

5.2. Führender Berater der Gewerkschaftsspitze

Der Gründungsprozess der neuen Gewerkschaft „Solidarität" verlief sehr schnell und erfasste innerhalb weniger Wochen alle größeren und mittleren Fabriken des Landes. Schon am 4. September 1980 versammelten sich im Warschauer Traktorenwerk *Ursus*, das schon bei den Arbeiterprotesten im Jahr 1976 eine wichtige Rolle gespielt hatte, die Vertreter wichtiger Betriebe der Hauptstadt und bildeten ein Gründungskomitee für eine *Unabhängige Selbstverwaltete Gewerkschaft (Niezależny Samorządny Związek – NSZZ)*. Am 17. September kamen in Danzig Repräsentanten von 30 sol-

---

[363] Wielki egzamin. Spotkanie z ekspertami międzyzakładowego komitetu strajkowego w Gdańsku w warszawskim Klubie Inteligencji Katolickiej 3 Września 1980. In: Europejskie Centrum Solidarności : Wolność i Solidarność, nr 2/2011, S. 115.
[364] Ebd. S. 114.
[365] Ebd. S. 115.

cher Initiativen zusammen, die zum Teil ganze Regionen, zum Teil einzelne Städte vertraten und schon zu diesem Zeitpunkt einen massenhaften Zulauf beitrittswilliger Arbeiter verzeichneten. Die Rede war von 3 Millionen (!) Menschen aus etwa 3 500 Betrieben.[366]

Wichtigstes Thema der Danziger Beratungen war die künftige Organisationsform der Gewerkschaft, wobei drei Modelle zur Debatte standen:

- einzelne, dezentrale Gewerkschaften, deren Zusammenarbeit durch ein koordinierendes Organ gewährleistet wird,
- eine Föderation regionaler Gewerkschaften unter einer einheitlichen Führung, die aber jeweils selbständige Rechtssubjekte sind,
- eine einheitliche, zentral geleitete Gewerkschaft.

Schließlich einigte man sich auf eine Kompromissformel, die einstimmig beschlossen wurde. Ziel war die Gründung einer einzigen Gewerkschaft, wobei die Regionen eine gewisse Autonomie behalten und die zentralen Instanzen lediglich eine koordinierende Rolle spielen sollten.[367] Der polnische Historiker Andrzej Friszke erklärte dazu in einem Gespräch:

„Das war eine ernste Auseinandersetzung. Es wurde befürchtet, dass beim Entstehen einer einzigen, einheitlichen Gewerkschaft, deren Vorstand die Kontrolle über die Mehrheit der regionalen Initiativen ausübt, dies zu deren völliger Unterordnung führen würde."[368]

Die Erfahrungen mit den kommunistisch gelenkten Gewerkschaften standen allen Beteiligten deutlich vor Augen.

Bei der Ausarbeitung des entsprechenden Statuts spielte Tadeusz Mazoiwiecki als Jurist und politisch erfahrener Beobachter eine führende Rolle.[369] In Danzig wurde als zentrales Organ eine so genannte *Landesverständigungskommission (Krajowa Komisja Porozumiewawcza)* gewählt, deren Vorsitz Lech Wałęsa übernahm. Allerdings wurden die getroffenen organisatorischen Beschlüsse mit der Zeit modifiziert. Die Kommission entwickelte sich vom koordinierenden Organ zur leitenden Instanz, da sie sich angesichts permanenter Konflikte gezwungen sah, einheitliche, landesweit verbindliche Positionen der „Solidarität" festzulegen. Dies mündete auch in die Berufung eines Präsidiums der Kommission im Februar 1981.

Konflikte gab es insbesondere deshalb, weil die regionalen und lokalen Behörden sowie die Polizei und der Sicherheitsdienst bemüht waren, den Gründungsprozess der „Solidarität" zu behindern. Zu Schikanen kam es vor allem in der Provinz sowie

---

366 Komunikat o spotkaniu delegatów Niezależnych Samorządnych Związków Zawodowych. Dokumenty Krajowej Komisji Porozumiewawczej i Komisji Krajowej 1980–1981, S. 10. http://www.archsol.pl/modules.php?name=News&file=article&sid=20
367 Siehe Statut NSZZ „Solidarność". Początki NSZZ „Solidarność". Posiedzenia Krajowej Komisji Porozumiewawczej w dniach 22 września 1980 r. i 6 października 1980 r., S. 11. Ebd.
368 Brzeziecki, Andrzej: Lekcje ... a.a.O., S. 225.
369 Siehe u. a. Początki NSZZ. In: Komunikat ... (Fn. 366), S. 2 f.

in mittleren und kleinen Betrieben, weniger in den großen Städten bedeutsamen Fabriken des Landes. Die Angriffe richteten sich auch gerade gegen die als „antisozialistisch" eingestuften Gruppen der demokratischen Opposition wie das *Komitee zur Verteidigung der Arbeiter (KSS „KOR")*, die natürlich bemüht waren, in der entstehenden Gewerkschaft an Einfluss zu gewinnen. Andererseits riefen auch kommunistische Parteifunktionäre die Mitglieder der PVAP auf, in die „Solidarität" einzutreten, um so den Spaltpilz in die junge Organisation zu tragen. Die Gewerkschaft antwortete am 3. Oktober mit einem einstündigen landesweiten Warnstreik, an dem sich viele Belegschaften im ganzen Land beteiligten.[370]

Der Aufbau der „Solidarität" ging einher mit dem Kampf um ihre juristische Verankerung. Auch dabei zeigte sich, dass Parteiführung, Regierung und Justiz nicht ohne weiteres bereit waren, den Inhalt des „Danziger Abkommens" zügig umzusetzen. So erhob der zuständige Richter des Warschauer Woiwodschaftsgerichts, Zdzisław Kościelniak, Bedenken gegen das von der „Solidarität" vorgelegte Statut und bezweifelte generell, dass es in Polen überhaupt rechtens sei, eine neue, landesweit tätige Gewerkschaft zu gründen. Wie eine Provokation auf die Mitglieder der jungen Organisation musste es wirken, als das Gericht am 24. Oktober die „Solidarität" zwar registrierte, dabei aber eigenmächtig gravierende Veränderungen an dem von ihr vorgelegten Statut vornahm. Gestrichen wurde unter anderem der ganze Passus über die Ausrufung und Organisierung von Streiks.

Die Gewerkschaft sah sich also gezwungen, ihre Popularität in der Bevölkerung und damit ihre wachsende politische Bedeutung in die Waagschale zu werfen und sogar erneute Streiks und Straßendemonstrationen ins Auge zu fassen, ohne gleich wieder in eine grundlegende Konfrontation mit den Machthabenden zu steuern. Immerhin zählte sie inzwischen mehr als fünf Millionen Mitglieder. In den Diskussionen der *Landesverständigungskommission* war es vor allem Bronisław Geremek, der aufgrund seiner Kenntnis des Völkerrechts und speziell internationaler Konventionen zum Thema Arbeits- und Gewerkschaftsrecht die Entscheidung des Woiwodschaftsgerichts einer grundlegenden Kritik unterzog.[371] Am 12. November erklärte die Gewerkschaft ihre landesweite Streikbereitschaft.

Unter diesem Druck kündigte eine Regierungsdelegation bei einem Treffen mit Lech Wałęsa und anderen Gewerkschaftsführern an, dass bis zum 10. November eine gerichtliche Entscheidung über die von der Gewerkschaft eingelegte Berufung gegen den Beschluss des Woiwodschaftsgerichts zu erwarten sei. Tatsächlich hob der Oberste Gerichtshof die Entscheidung aus erster Instanz auf.[372] Das Statut blieb un-

---

370 Siehe den entsprechenden Aufruf der Gewerkschaftsführung vom 20.9.1980: Krajowa Komisja Porozumiewawcza NSZZ „Solidarność": Oświadczenie (ws. Realizacja porozumień – zapowiedź strajku 3 X 1980). In: Dokumenty ... (Fn. 366), S. 20 f.
371 Siehe Posiedzenie KKP z 6 października 1980 r. ... (Fn. 366).
372 Siehe Ku rejestracji NSZZ „Solidarność". Wydarzenia w Sądzie Najwyższym 10 Listopada 1980 r. ... (Fn. 366).

verändert, allerdings wurde in einem Anhang ein Passus über die führende Rolle der PVAP in Staat und Gesellschaft aufgenommen.

Für die *Landesverständigungskommission* der „Solidarität" war dieses Ergebnis akzeptabel in einer Situation, die erneut auf eine politische Zuspitzung hindeutete. So sickerte durch, dass einzelne Mitglieder der Staats- und Parteiführung schon zu diesem Zeitpunkt mit dem Gedanken an eine Verhängung des Kriegsrechts spielten bzw. eine sowjetische Intervention für denkbar oder gar wünschenswert hielten. Im Rahmen des *Landesverteidigungskomitees (Komitet Obrony Kraju)* sowie des Generalstabs der polnischen Militäts hatte man begonnen, juristische Grundlagen für eine mögliche Verhängung auszuarbeiten. Mitglied beider Gremien war der damalige Verteidigungsminister Wojciech Jaruzelski, der ein Jahr später wichtigster Akteur bei der tatsächlichen Ausrufung des Kriegsrechts sein sollte.

Wichtiges Element des Kampfes der „Solidarität" um Legalität war auch die Durchsetzung des Rechts auf eine eigene, möglichst unzensierte Presse sowie Präsenz in den vorhandenen Medien.[373] Denn die bestehenden zentralen und lokalen Zeitungen wurden von der PVAP kontrolliert und als propagandistisches Werkzeug genutzt. Ihre Aufgabe war die Gestaltung der öffentlichen Meinung nach den Bedürfnissen der Machthabenden. Nachrichten über den Aufbauprozess der „Solidarität" blieben eine Seltenheit, stattdessen waren diese Blätter ein Ort ständiger Angriffe auf die Gewerkschaft. Immerhin entstanden schon bald nach der Unterzeichnung des „Danziger Abkommen" viele gewerkschaftseigene Publikationen, die aber nur regionalen oder lokalen Charakter hatten sowie hauptsächlich innerhalb der eigenen Organisation kursierten.

So regte sich in der Gewerkschaftsführung schon bald das Bedürfnis nach der Herausgabe einer legalen und gewerkschaftseigenen landesweit erscheinenden Presse, insbesondere einer Wochenzeitung. Einen diesbezüglichen Beschluss fasste die *Landesverständigungskommission* am 6. Oktober[374], der dann auch Grundlage für einen entsprechenden Brief von Lech Wałęsa an Vizepremier Mieczysław Jagielski war[375]. Beschluss und Brief enthielten hauptsächlich vier Forderungen:

- Herausgabe einer eigenen Wochenzeitung in einer Auflage, die der von *Głos Pracy*[376] entsprach,
- Herausgabe regionaler Zeitungen und Zeitschriften,
- das Recht auf Publikation eigener Bücher und Broschüren,
- Zugang zu Fernsehen und Hörfunk.

---

373 Siehe dazu u. a. Friszke, Andrzej: *Tygodnik Solidarność* 1981. In: Biuletyn Instytutu Pamięci Narodowej, Nr. 07–08/2005.
374 Krajowa Komisja Porozumiewawcza: Uchwała ws. dostępu do ośrodków masowego przekazu. ... (Fn. 365), S. 29.
375 Wałęsa, Lech: Pismo do wicepremiera Mieczysława Jagielskiego, 6 październik 1980 r. In: Ebd., S. 30.
376 Zeitung der bestehenden, regimetreuen Gewerkschaften.

Doch die Behörden spielten erst einmal auf Zeit.[377] Diverse Gespräche zwischen Vertretern der Gewerkschaft und der Regierung führten zu keinem Ergebnis. Erst eine Entscheidung des Politbüros der PVAP vom 23. Dezember 1980[378] machte den Weg für eine Wochenzeitung frei.

Es stand zu erwarten, dass verschiedene, die „Solidarität" unterstützende oppositionelle Gruppen und intellektuelle Milieus um dominierenden Einfluss auf die künftige Wochenzeitung ringen würden. Dabei handelte es sich insbesondere um das *Komitee zur Verteidigung der Arbeiter (KSS „KOR")*, zu dessen Mitgliedern gerade auch Adam Michnik und Jacek Kuroń zählten, sowie die Gruppe der Experten um Tadeusz Mazowiecki und Bronisław Geremek. Letztere setzte sich durch, was gerade auch dem maßgeblichen Einfluss von Lech Wałęsa zu verdanken war. Allerdings bedeutete das nicht, dass das zweite Lager ohne jeglichen Einfluss auf die später entstehende Redaktion blieb. Während ihrer Sitzung am 7./8. Januar 1981 in Danzig berief die *Landesverständigungskommission*, ebenfalls auf Initiative von Wałęsa, Tadeusz Mazowiecki zum Leiter der Redaktion, in die dann auch Bohdan Cywiński und Waldemar Kuczyński als stellvertretende Chefredakteure eintraten.[379]

Die neue Wochenzeitung *Tygodnik Solidarność* erschien zwischen April und Dezember 1981 insgesamt 37mal. Tadeusz Mazowiecki formte die Zeitung zu einem Blatt, das die Bürger des Landes, anders als die von der PVAP gesteuerten Medien, über wichtige Ereignisse und Entwicklungen informierte, der Analyse politischer, wirtschaftlicher, kultureller und zeithistorischer Phänomene breiten Raum bot und außerdem eine Plattform für die programmatische Debatte über die Reform der politisch-gesellschaftlichen Verhältnisse Polens bildete. Entsprechende Leitlinien hatte Mazowiecki in der ersten Ausgabe der Wochenzeitung entwickelt.[380] So zeichnete sich schon in den ersten Monaten nach Unterzeichnung des „Danziger Abkommens" am 31. August 1980 ab, dass Tadeusz Mazowiecki und Bronisław Geremek künftig großen Einfluss auf die Führung der neuen Gewerkschaft haben würden.

Mit der Berufung der Redaktion des *Tygodnik Solidarność* war das Bestreben verschiedener oppositioneller Gruppen und intellektueller bzw. wissenschaftlicher Milieus, gestaltenden oder gar dominierenden Einfluss in der „Solidarität" zu gewinnen, natürlich nicht zu Ende. Diese Konkurrenz bedeutete allerdings nicht, dass man nicht auch zu Kooperation und solidarischem Handeln bereit war – besonders gegenüber der Regierungsseite und in komplizierten politischen Situationen wie etwa dem Konflikt von Bydgoszcz/Bromberg. So waren am Sitz der Gewerkschaftszentrale in Danzig sowohl das von Bronisław Geremek und Tadeusz Mazowiecki geleitete Team

---

377 Siehe dazu die Diskussion bei der Sitzung der *Landesverständigungskommission* am 19.11.1980 in Stettin: Posiedzenie Krajowej Komisji Porozumiewawczej NSZZ „Solidarność" 19 listopada 1980 roku w Szczecinie ... (Fn. 366). Auch Friszke ... (Fn. 373), S. 22.
378 Friszke ... (Fn. 373), S. 28.
379 Siehe KKP 7–8 stycznia 1981 r. Uchwała w sprawie tygodnika ogólnozwiązkowego ... (Fn. 366), S. 52 f.
380 Mazowiecki, Tadeusz: Początek rozmów. In: *Tygodnik Solidarność*, Nr. 1, 3.4.1981.

von Experten und eine Gruppe von Beratern aus dem Umkreis des Primas der Katholischen Kirche[381] als auch Jacek Kuroń vom *Komitee zur Verteidigung der Arbeiter (KSS „KOR")* tätig. In Warschau arbeiteten Adam Michnik, Henryk Wujec und Antoni Macierewicz (Mitglieder des *KSS „KOR")* als Berater des Regionalvorstandes der neuen Gewerkschaft. Im niederschlesischen Wałbrzych/Waldenburg unterstützte Jan Lityński den Aufbauprozess der „Solidarität".

Letztendlich war es die Gruppe um Geremek und Mazowiecki, die den größten Einfluss ausübte. Andrzej Friszke:

> „Mazowiecki und Geremek waren die wichtigsten Berater der *Landesverständigungskommission* der ‚Solidarität' und speziell Wałęsas. Das bedeutete politische Beratung, die sowohl den Aufbau der Gewerkschaft als auch die Gestaltung der polnischen Wirklichkeit umfasste, ohne dabei eine sowjetische Intervention oder eine große Konfrontation im Land zu riskieren. Ziel der Berater war es, in der Auseinandersetzung mit den Machthabenden eine gegenseitige Blockade oder gar einen Bürgerkrieg zu vermeiden, vielmehr einen kontinuierlichen Aufbau der Gewerkschaft und damit eine schrittweise Ausdehnung des Spielraums für unabhängiges Handeln zu gewährleisten, was zunehmend als möglich erschien … Wenn Geremek und Mazowiecki ihr Team aufbauten, dann stützten sie sich dabei besonders auf ihre Bekannten und Mitarbeiter aus drei Milieus – TKN, DiP und KIK.[382] In den ersten Monaten nach dem ‚Danziger Abkommen' gab es sogar eine Art inoffizielle Abstimmung zwischen diesen drei Milieus. Die Bildung eines solchen Beratergremiums erfolgte nicht zuletzt aus der Überlegung, den Einfluss des KSS ‚KOR' zu beschränken, weil dieser Ursache für viele politische und inneroppositionelle Konflikte war. Indem sie sich dafür entschieden, dominierenden Einfluss der *KSS ‚KOR'*-Mitglieder zu verhindern, folgten Geremek und Mazowiecki ihrer Auffassung, dass diese eine zu radikale Strömung repräsentierten – insbesondere Kuroń und Michnik – und politische Ziele formulierten, die darauf hinaus liefen, Polen zu einem vollkommen selbstverwalteten Staat zu machen und die Kontrolle der PVAP auf ein Minimum zu reduzieren, was zu Reaktionen der Partei und in Moskau führen musste. Gleichzeitig unternahm die Führung des Episkopats den Versuch, die ‚Solidarität' ihrem (des Episkopats – R.V.) Beraterkreis unterzuordnen."[383]

Wenn Geremek und Mazowiecki zusammen mit ihrer Gruppe von Beratern maßgeblichen Einfluss auf Wałęsa ausübten, dann bedeutete das nicht, dass dieser nicht auch seine Eigenständigkeit bewahrt und wichtige Entscheidungen der Gewerkschaftsführung vorgegeben hätte. Jan Skórzyński:

---

381 Der katholische Publizist Andrzej Wielowieyski leitete eine Gruppe, die arbeits- und gesellschaftspolitische Expertisen für den Gewerkschaftsvorstand erarbeitete.
382 TKN: Towarzystwo Kursów Naukowyh – die „Fliegende Universität" – Siehe S. 126 ff. dieses Buches. DiP: Konserwatorium „Doświadczenie i Przyszłość" – Siehe S. 128 f. dieses Buches. KIK: Klub Inteligencji Katolickiej. Die „Klubs der katholischen Intelligenz" entstanden zum Teil schon im Oktober 1956 und pflegten seither eine Tradition des kritischen, nicht systemkonformen Denkens. Zeitweise hatten sie mit Tadeusz Mazowiecki, Stanisław Stomma und anderen Politikern sogar ihre eigene kleine Fraktion im Sejm.
383 Friszke … (Fn. 155), S. 3.

„Er war kein Radikaler ... Man sah ihn eher als Mann der Mitte an, der gegen besonders radikale Auffassungen kämpfte. Diese gemäßigte Haltung Wałęsas bekräftigten seine engsten Mitarbeiter, vorsichtige Politiker, die sich eher für eine Festigung des bis dato Erreichten und gegen die Eröffnung neuer Konfliktfelder sowie die Belegung von unnötigen Konflikten mit den Machthabenden aussprachen – Tadeusz Mazowiecki, Bronisław Geremek, Wiesław Chrzanowski, Władysław Siła-Nowicki, Andrzej Wielowieyski. Eine solche Rolle spielte auch Andrzej Celiński als Sekretär der KPP (*Landesverständigungskommission* – R.V.)."[384]

Auch Jacek Kuroń, der politische Fuchs, hatte dies genau erkannt:

„Mitunter geriet das Präsidium (der ‚Solidarität' – R.V.) in Konflikt mit den Beratern, mit Wielowieyski, Mazowiecki, Geremek. Wałęsa hat diese dann verteidigt. Ich meine, dass Wałęsa relativ schnell begriffen hat, dass er ein Zentrist sein musste, denn wäre er das nicht, dann könnte er nicht nur nicht auf Dauer Führer der ‚Solidarität' sein, sondern er würde diese Gewerkschaft zerstören, wenn er sich auf die Seite einer der Strömungen schlagen würde. Und das sehe sich als Ausdruck der Genialität dieses Kerls an."[385]

Karol Modzelewski sagte über die direkte Beziehung zwischen Wałęsa und Bronisław Geremek:

„Bronek war neben ihm die wichtigste Persönlichkeit. Ich bin nicht geneigt, Wałęsa zu unterschätzen, und seine Bedeutung wurde ja oft unterstrichen ... Bronek hatte die Gabe, mit ihm zu sprechen, das ist das Brilliante an ihm. Ich gebe zu bedenken, ob er das ohne seinen Hintergrund als Historiker gekonnt hätte. Bronek verfiel nie in eine Verhaltensweise, die für Intellektuelle charakteristisch sein mag."[386]

Die gemäßigte Haltung von Geremek und Mazowiecki basierte auf der Einschätzung, dass es damals zwei Tendenzen gab. Die eine bestand in dem Versuch der Partei, die neue Gewerkschaft zu beaufsichtigen, und in dem Bemühen des Sicherheitsdienstes, Gewerkschaftsmitglieder zu manipulieren. Die zweite zeigte sich in den Versuchen, die „Solidarität" zu radikalisieren, was bedeutete, möglichst schnell alle Bürgerrechte durchzusetzen, die sowjetische Bedrohung und die Fähigkeit der Machthabenden zu einem Gegenschlag zu unterschätzen.

Hinzu kam ein wachsender Widerspruch zwischen Wałęsa und jungen aufstrebenden Gewerkschaftsführern wie Zbigniew Bujak in Warschau, Władysław Frasyniuk in Breslau, Andrzej Słowik in Łódź und Jan Rulewski in Bromberg, denen seine Machtfülle zu groß war und die ihm zum Teil seinen Erfolg missgönnten. Auch Wałęsas ehemalige Kampfgefährten in Danzig wie Anna Walentynowicz sowie Joanna Duda-Gwiazda und Andrzej Gwiazda gingen zunehmend zu ihm auf Distanz.

Im Januar 1981 berief die *Landesverständigungskommission* einen *Rat für Programmentwicklung und Konsultation (Rada Programowo-Konsultacyjna)*, dessen

---

384 Skórzyński, Jan: Zadra. Biografia Lech Wałęsy. Gdańsk 2009, S. 74.
385 Kuroń, Jacek: Gwiezdny czas. „Wiara i winy" dalszy ciąg. Londyn 1991, S. 141.
386 Karol Modzelewski ... (Fn. 102).

Vorsitz Bronisław Geremek übernahm und zu dessen Mitgliedern sowohl Wissenschaftler aus seinem bisherigen Beraterteam und Oppositionelle wie Jacek Kuroń als auch katholische Experten aus dem Umkreis des Episkopats wie Wiesław Chrzanowski berufen wurden. Dieser Rat sollte bis zum Dezember 1981 eine wichtige Rolle spielen. Jan Skórzyński:

> „Dieser Rat ... war der hauptsächliche *Think Tank* der ‚Solidarität'. Er gehörte zum gemäßigten Flügel der Bewegung, der diese vor einer scharfen Konfrontation mit den Kommunisten bewahren wollte."[387]

In dieser Funktion und als Vertrauter von Lech Wałęsa nahm Geremek zusammen mit Tadeusz Mazowiecki und anderen Experten im Laufe des Jahres 1981 an fast allen wichtigen Verhandlungen zwischen Vertretern der Gewerkschaft und der Regierung teil, etwa im Januar 1981, als es um die Gewährung arbeitsfreier Samstage ging.[388] Auch bei Wałęsas Auslandsreisen gehörte Geremek in der Regel zu seiner Delegation.[389]

So hatte Bronisław Geremek in den Jahren 1980–81 kaum Zeit, sich in seine „Werkstatt" als Historiker zurückzuziehen. Vielmehr war er maßgeblich an wichtigen Schritten und Entscheidungen der „Solidarität" beteiligt. Die fünfzehn Monate der „Doppelherrschaft" erwiesen sich als ein fortwährendes Kräftemessen zwischen der Volksbewegung der „Solidarität" und der kommunistischen Macht, als ein ständiges Auf und Ab von Konfrontation und Kooperation bzw. Zuspitzung und Entspannung, das schließlich mit der Verhängung des Kriegsrechts am 13. Dezember 1981 endete. Dabei wiederholte sich immer wieder die Grundstruktur der Ereignisse: Empörte Arbeiter erzwangen durch Streiks Gespräche zwischen Vertretern der „Solidarität" und der Regierung wobei die staatliche Führung unter dem Druck von unten von ihrer bisherigen Politik der Verweigerung abwich, beschwichtigte, auch Verbesserungen versprach, diese aber kaum unsetzte. Die Fülle der Konflikte in diesem Zeitraum ist kaum überschaubar. Diese entzündeten sich nicht nur beim Aufbau und der juristischen Verankerung der „Solidarität", sondern drehten sich mehr und mehr um den ganzen Katalog der Forderungen, Ansprüche und Hoffnungen, die von breiten Teilen der Gesellschaft artikuliert wurden. Es ging um die Demokratisierung des öffentlichen Lebens, die Gewährleistung der Menschen und Bürgerrechte, die Reform der Wirtschaft, die Lösung drängender sozialer Probleme, um Rechtsstaat und Justiz, Kultur und Medien, um einen ehrlichen Umgang mit der Geschichte. In einem Beschluss der *Landesverständigungskommission* der „Solidarität" vom 12. Februar 1981 hieß es:

> „Wir erleben die tiefste wirtschaftliche, soziale und politische Krise in der Nachkriegsgeschichte. Sie resultiert aus den Jahren, in denen Regierungen willkürlich agierten, die keinerlei demokratischer Kontrolle unterworfen waren und keine Rücksicht auf die Ge-

---
387 Skórzyński: Geremek ... (Fn. 340), S. 86.
388 Siehe Posiedzenie Krajowej Komisji Porozumiewawczej NSZZ „Solidarność" w dniu 28 stycznia 1981 roku w Gdańsku. In: Dokumenty ... (Fn. 366).
389 Siehe unter anderem Wałęsa, Lech: Droga do prawdy. Autobiografia, S. 141.

sellschaft nahmen. Wir sind nicht schuld an dieser Krise, aber seit 1980 ist die Gesellschaft, unter anderem unsere Gewerkschaft, eine eine Kraft, die maßgeblichen Einfluss auf den Verlauf der Ereignisse nehmen kann. Die sich vertiefende Krise gefährdet die Grundlagen der nationalen Existenz. Unsere Gewerkschaft ist der wichtigste Garant für einen Ausweg, der auf Vereinbarungen der Streiks (Ende August 1980 – R.V.) basiert. Die gewaltige Zuspitzung der letzten Wochen resultiert unter anderem aus der Verzögerung der Verwirklichung dieser Vereinbarungen und der Unfähigkeit der Machthabenden, sich konsequent auf ein Regierungshandeln umzustellen, das den gesellschaftlichen Realitäten seit dem August entspricht."[390]

In dieser konfliktreichen Zeit, und das ist auch der maßgebliche Hintergrund für die Rolle Geremeks in der Gewerkschaft, wuchs die „Solidarität" mehr und mehr in eine umfassend politische Rolle hinein. Sie war es, die in der Regel Themen und Inhalte vorgab, während Partei und Regierung hauptsächlich reagierten und kaum inhaltlich überzeugende Gegenkonzepte bzw. Kompromissvorschläge entwickeln konnte.[391]

Auch wenn sich in den 15 Monaten der „Doppelherrschaft" Phasen von Zuspitzung und Entspannung abwechselten, ist doch aus zeithistorischer Perspektive eine aufsteigende Linie der Konfrontation erkennbar. Etwas vereinfacht lässt sich der gesamte Zeitabschnitt in drei Phasen einteilen:

– Vom „Danziger Abkommen" am 31. August 1980 bis zum Konflikt von Bydgość/Bromberg im März 1981
– Die Zuspitzung im Sommer bis zum Kongress der „Solidarität" im Frühherbst
– Die letzten Bemühungen um Verständigung vor der Verhängung des Kriegsrechts am 13. Dezember 1981

Schon zur Jahresmitte 1981, also sieben Monate nach Beginn ihrer legalen Existenz, hatte die „Solidarität" fast 10 Millionen Mitglieder. Außerdem gab es eine Bauerngewerkschaft und eine Studentenvereinigung, die ihr nahe standen.

Die Stimmungen, Meinungen und Weltanschauungen in der jungen Bewegung waren vielschichtig. Sie reichten von sozialistisch und sozialdemokratisch bis zu katholisch-traditionell und national-fundamentalistisch. Bei der „Solidarität" handelte es sich um eine Mischung aus Gewerkschaft und politischer Partei, aus Debattierclub und Kampforganisation, aus Kirche und Bürgergesellschaft. Nationale Traditionen waren für sie ebenso wichtig wie die Erfahrungen der sozialistisch-industriellen Gesellschaft. Auffallend waren ihr moralischer Impetus und das Bekenntnis zur Gewalt-

---

390 KKP 12 lutego 1981. Uchwała w sprawie celów i metod działania Związku. In: Dokumenty ... Fn. 366, S. 68. Den besten Überblick über die Konflikte gibt Holzer Jerzy: „Solidarität". Die Geschichte einer freien Gewerkschaft in Polen. München 1985, S. 183 ff. Desgleichen die Wochenzeitung *Tygodnik Solidarność* ab April 1981. siehe außerdem die Chronik der *Encaklopedia Solidarności*: http://encyklopedia-solidarnosci.pl/wiki/index.php?title=SG_kalendarium.
391 Dokumente der Hilflosigkeit sind die Protokolle der Sitzungen des Politbüros der PVAP ab 17. Januar 1981. In: Włodek, Zbigniew: Tajne ... a.a.O., S. 226 ff.

losigkeit – Werte also, zu denen sich alle Strömungen innerhalb der „Solidarität" bekannten.

Für die kommunistische PVAP war diese Massenbewegung eine gewaltige Herausforderung. Sie verlor in den Jahren 1980–81 mehr als eine Million ihrer Mitglieder, von denen viele der „Solidarität" beitraten – sei es aus Überzeugung, sei es aus taktischen Gründen. Mehrere Phänomene bestimmten den Gärungsprozess in der Partei. Zum einen war dies die Entstehung der so genannten *horizontalen Strukturen*, die von Parteimitgliedern abseits der offiziellen Parteigliederungen gegründet wurden. Sie forderten ein Ende des Entscheidungsmonopols der Parteizentrale sowie eine Lösung der Parteipresse vom Einfluss des Apparats, wurden aber nach und nach von der Parteiführung marginalisiert. Im Gegenzug entstanden innerparteiliche Gruppierungen wie die traditionalistische *Patriotische Vereinigung Grunwald* und das *Kattowitzer Forum*, die der Parteiführung vorwarfen, zu nachgiebig gegenüber der „Konterrevolution" zu sein.

Entscheidend war die Tatsache, dass nach und nach Militärs in der Partei und damit auch in der Staatsführung die Schaltstellen übernahmen – eine deutliche Reaktion auf den politischen Verfall der Partei- und Regierungsstrukturen. So wurde der langjährige Verteidigungsminister, General Wojciech Jaruzelski, im Februar 1981 Ministerpräsident und übernahm im Oktober des gleichen Jahres auch anstelle des erfolglosen Stanisław Kania als erster Sekretär die Führung der PVAP.

Die Jahre 1980–81 waren auch eine Periode intensiver äußerer Einflussnahme. Der gesellschaftliche Aufschwung der „Solidarität" und die tiefe Krise der kommunistischen PVAP waren ein höchst beunruhigendes Zeichen für Moskau. Ebenso sorgte die offensichtliche Unfähigkeit der Partei, die Lage in Polen unter Kontrolle zu bringen, für Alarmstimmung in Ostberlin und Prag. Schon im Dezember 1980 standen sowjetische und mit ihnen verbündete Truppen zum Einmarsch in Polen bereit. Allerdings zögerte Moskau, möglicherweise unter dem Druck Washingtons. In mehreren Gesprächsrunden forderten sowjetische Vertreter von der PVAP-Führung, endlich zu verhandeln, wollten sie eine Intervention vermeiden. Ihre Präferenz für eine „innere Lösung" zeigte sich aber mehr und mehr.

Natürlich war die sowjetische Einflussnahme auch Gegenstand von Debatten in der Gewerkschaftsführung, desgleichen bei den Tagungen des katholischen Episkopats, wobei die Besorgnis der Kirchenoberen in der Regel größer war als die der Gewerkschaftsfunktionäre. Nicht selten nutzten Parteiführung und Regierung die sowjetische Einmischung, um die Führung der „Solidarität" unter Druck zu setzen. Das offizielle Fernsehen sendete regelmäßig dramatisch aufgeladene Berichte über sowjetisch-polnische Politikertreffen.

Auch im Mittelpunkt der Nato-Tagung am 9. Dezember 1980 stand die Bewertung von Geheimdienstberichten über die Lage in Polen und an den Grenzen des Landes. Laut Zeitungsberichten kam man aber zu keiner einheitlichen Einschätzung, ob es sich um eine tiefe Krise im gesamten damaligen Ostblock handle und damit möglicherweise eine ernsthafte Bedrohung für den Westen verbunden sei.[392] Spätestens zum Jahresbeginn war die Führung in Washington über eine mögliche Verhängung des Kriegsrechts in Polen und die Truppenbewegungen des Warschauer Pakts informiert. Der frühere amerikanische Sicherheitsberater Zbigniew Brzeziński äußerte später die Ansicht, dass am ehesten im Dezember 1980 ein sowjetischer Einmarsch gedroht habe, weniger aber im Dezember 1981, weil dann schon klar gewesen sei, dass die Verhängung des Kriegsrechts als „interne Lösung" bevorstand.[393]

Eine zentrale Rolle spielte Bronisław Geremek im Frühjahr 1981, als es darum ging, den Konflikt von Bromberg/Bydgoszcz friedlich beizulegen. Die dortigen Ereignisse am 19. März führten zu den schärfsten Auseinandersetzungen zwischen der „Solidarität" und den Machthabenden seit dem August 1980.[394] Hintergrund war die bis dato verweigerte behördliche Registrierung der „Solidarität" der selbständigen Landwirte. Der Konflikt entspann sich nicht zufällig in Bromberg, weil die gewerkschaftlich interessierten Bauern in der dortigen Region besonders aktiv waren und dabei an die Tradition bäuerlicher Selbstverwaltung anknüpften. Jan Rulewski machte sich als Bromberger Regionalvorsitzender der „Solidarität" der Arbeiter die Forderung der Bauern zu eigen und protestierte zusammen mit anderen Gewerkschaftern während einer Sitzung des Regionalparlaments gegen die Verzögerung der Registrierung. Beim dann erfolgenden Polizeieinsatz wurden Rulewski, der den Auftritt bei der Parlamentsverwaltung angekündigt hatte, sowie seine Mitstreiter Mariusz Łabentowicz und Michał Bartoszcze krankenhausreif geschlagen. Das Präsidium der *Landesverständigungskommission* der „Solidarität" kündigte daraufhin Streikbereitschaft der gesamten Gewerkschaft an.

Angesichts der Tatsache, dass die Polizei am Morgen des 19. März insgesamt 1.300 Beamte in Bromberg zusammengezogen hatte, fühlte sich Lech Wałęsa in seiner Vermutung bestärkt, bei dem gewaltsamen Einsatz habe es sich um eine gezielte Provokation der Behörden gehandelt. Schon kurz zuvor hatte der Gewerkschaftsvorsitzende Rulewski zu einem besonnenen Auftreten geraten, was dieser aber nicht besonders ernst nahm. Wałęsa spürte, dass die Ereignisse in Bromberg ein Szenario darstellten, das sich künftig, und zwar auf landesweiter Ebene wiederholen könnte. In der Tat sprach viel für eine von Warschauer Hardlinern in der Partei gesteuerte Provokation, was aber nie eindeutig nachgewiesen werden konnte – eine Provokation auch gegen führende Parteifunktionäre, die nach einer Verständigung mit der „Solidarität" suchten.

Jacek Kuroń berichtete später:

> „Wir waren entsetzt. Das war ein Funke, der uns und die Machthabenden provozieren konnte. Es schien mir wenig wahrscheinlich, dass eine Regierung, die kurz zuvor

---

392 Siehe unter anderem Strick, Hans-Josef: Sowjetischer Aufmarsch an Polens Grenzen beunruhigt Verteidigungsminister der NATO. *Süddeutsche Zeitung*, 10. Dezember 1980, S. 1.
393 Ebenso Chinciński, Tomasz: Kryzys bydgoski. In: Rewolucja Solidarności. Polityka, Wydanie specjalne, 8 Sierpnia 2005, S. 55 f.
394 Siehe besonders die spannende Schilderung der Ereignisse in Kuroń, Jacek: Gwiezdny ... a.a.O., S. 179 ff. Kryzys bydgoski. In: Rewolucja Solidarności. Polityka, Wydanie specjalne, 8 Sipernia 2005, S. 55 f.

noch zu 90 Tagen Ruhe aufgefordert hatte, nun eine Konfrontation wollte. Uns kam das auch nicht sehr gelegen, weil die *horizontalen Strukturen*, auf deren Herausbildung in der Partei wir warteten, noch nicht gefestigt waren. Sehr wahrscheinlich schien, dass irgendwelche düsteren Kräfte Jaruzelski zwingen wollten, sehr radikal aufzutreten, indem er die Spannungen nutzte, die in Bromberg entstanden waren."[395]

Der Primas der katholischen Kirche, Kardinal Stefan Wyszyński, richtete mahnende Worte an die Machthabenden und die „Solidarität" und forderte eine friedliche Beilegung des Konflikts. In einem Gespräch mit Premier Wojciech Jaruzelski verlangte der Primas außerdem eine Legalisierung der „Solidarität" der Landwirte.

Gleich nach dem brutalen Polizeieinsatz fuhren Geremek und Wałęsa nach Bromberg, um die Möglichkeiten für eine friedliche Beilegung des Konflikts zu sondieren. Gerade für den Gewerkschaftsvorsitzenden war die Lage kompliziert. Einerseits konnte seine Gewerkschaft nicht die Brutalität der Polizei und die sich mehrenden provozierenden Stimmen in der PVAP hinnehmen, andererseits deutete ein angepeilter Generalstreik auf eine eine gewaltsame Auseinandersetzung hin, aus der nur die Machthabenden als Sieger hervorgehen konnten. Natürlich dachte Wałęsa auch an die Möglichkeit einer sowjetischen Intervention.

Ab dem 22. März fanden Gespräche zwischen Vertretern der „Solidarität" und der Regierung statt, die aber vorerst zu keinerlei Ergebnissen führten. Einen Tag später kam in Bromberg die *Landesverständigungskommission* der „Solidarität" zusammen, die nach einem beherzten Auftritt von Wałęsa zwar einen landesweiten Warnstreik für den 27. März ankündigte, einen gesamtpolnischen Generalstreik aber erst für den Fall in Aussicht stellte, dass die Ereignisse in Bromberg nicht restlos aufgeklärt werden sollten.[396] Wałęsa kam der Regierung entgegen, indem er erklärte, seine Gewerkschaft habe nicht vor, sich in eine politische Partei umzuwandeln und auf eine Entmachtung der Kommunisten hinzuarbeiten. Aber auch in dem Gespräch am 25. März zeigte Vizepremier Mieczysław Rakowski keinerlei Kompromissbereitschaft. Schließlich fand am 27. März ein vierstündiger landesweiter Streik in den Betrieben statt, deren Belegschaften fest hinter der „Solidarität" standen. Aber auch dort, wo nicht gestreikt wurde, waren die Arbeiter eher regierungsfeindlich eingestellt.

Wałęsa brachte das Dilemma auf den Punkt, in dem er sich aufgrund seiner gemäßigten Position befand:

„Die Radikalen (in der Gewerkschaft – R.V.) wollten kämpfen. Aber womit, frage ich. Mit Brechstangen gegen die ZOMO (die kasernierten Polizeieinheiten – R.V.)? Ich war mir dessen bewusst, das Verhandlungen die einzige Lösung sein würden. Wir hatten recht, und die Unterstützung der Gesellschaft war unsere Stärke. Sie (die Machthabenden – R.V.) hatten das Militär, die Polizei und den Unterdrückungsapparat. Man

---

395 Kuroń, Jacek: Gwiezdny ... a.a.O., S. 180 f.
396 Siehe KKP 23–24 marca 1981r. Oświadczenie Krajowej Komisji Porozumiewawczej NSZZ „Solidarność" w sprawie ogłoszenia strajku ostrzegawszcego i strajku powszechnego. In: Dokumenty ... (Fn. 366), S. 74.

musste das klug lösen. Deshalb bemühte ich mich, die Stimmungen zu dämpfen und zu einer Einigung in solchen Fragen zu kommen. Viele hielten das für Verrat. Aber ich wollte keine Wiederholung der Tragödien im Dezember (die blutig niedergeschlagenen Proteste im Jahr 1970 – R.V.) und in Ursus (die Arbeiterproteste im Jahr 1976 – R.V.)."

Andere wie Jacek Kuroń befürchteten, Wałęsa und seine wichtigsten Berater könnten hinter den Kulissen eine Verhandlungslösung suchen und diese dann der Führung der „Solidarität" aufzwingen. Kuroń:

„Ich hatte die Befürchtung, dass Geremek und Mazowiecki zusammen mit Wałęsa auch diesmal zu den traditionellen Gewohnheiten ihrer Kabinettspolitik greifen würden, dass sie den Streik in einer Weise absagen, die für die breitere Masse der Gewerkschaftsaktivisten nicht verständlich sein würde und deshalb von der ganzen Bewegung als ihre Niederlage verstanden werden würde."[397]

Aber genau so kam es. Nach mehrstündigen Verhandlungen unterschrieben Wałęsa, Geremek und Wiesław Chrzanowski als Vertreter der „Solidarität" am Abend des 30. März, also am Vorabend des geplanten Generalstreiks, eine vorläufige Vereinbarung mit Vertretern der Regierung, in der diese einräumte, dass das geltende Recht (in Bromberg – R.V.) verletzt worden sei und die dafür Verantwortlichen bestraft werden sollten, während im Gegenzug die Gewerkschaft den Generalstreik absagen werde. Außerdem wurde den Bauern die behördliche Registrierung ihrer Gewerkschaft „Solidarität" in Aussicht gestellt. Das Kommunikee über die Absage des Streiks verlas Andrzej Gwiazda im polnischen Fernsehen.

Während der Sitzung der *Landesverständigungskommission* der „Solidarität" am 31. März und 1. April in Danzig sorgte diese Vereinbarung für scharfe Auseinandersetzungen. Wałęsa und den anderen Unterzeichnern wurde vor allem vorgeworfen, sie hätten eigenmächtig ohne Zustimmung der Kommission gehandelt. Der Gewerkschaftsvorsitzende verteidigte sich, indem er auf die vielen, zustimmenden Telexmeldungen verwies, die er von vielen Gewerkschaftsgliederungen im ganzen Land erhalten hatte, und die Radikalen im Gewerkschaftsvorstand wie Andrzej Słowik ostentativ fragte, wen sie eigentlich repräsentieren würden.

Schließlich sagte die Kommission ihrerseits den Generalstreik ab.[398] Aus Protest gegen diese Entscheidung und das „monarchistische Verhalten" Wałęsas, wie er sich ausdrückte, legte Karol Modzelewski sein Amt als Sprecher der Gewerkschaftsführung nieder. Vorwürfe der Art, Wałęsa und seine Berater wie Geremek benähmen sich wie eine Art Königshof, sollten sich fortan immer wiederholen. Tatsache ist jedoch, dass die Vereinbarung vom 30. März der „Solidarität" weitere Monate legaler Existenz eröffneten. Wieder einmal hatte Bronisław Geremek, dem diese Einigung haupt-

---

397 Kuroń, Jacek: Gwiezdny ... a.a.O., S. 182.
398 KKP 31 marca – 1 kwietnia 1981 r. In: Dokumenty ... (Fn. 366), S. 74 f.

sächlich zu verdanken war, sein Gespür für strategische und taktische Gegebenheiten bewiesen.[399]

Die Ereignisse rund um Bromberg zeigten erneut die Relevanz einer Debatte, die schon seit dem „Danziger Abkommen" vom August 1980 geführt worden war. So hatte Jacek Kuroń Mitte September in seinem Text „*Wie weiter?*"[400] erklärt, dass die Machthabenden in Polen nicht mehr in der Lage seien, Polen friedlich eine bestimmte Entwicklungsrichtung vorzugeben, sondern nur noch militärisch oder durch den Einsatz fremder Treppen Entscheidungen herbeiführen könnten. In dieser Situation dürfe die Volksbewegung rund um die „Solidarität" nicht zum Sturz des Regimes aufrufen, sondern müsse dem Apparat helfen, das Land etwa durch eine Wirtschaftsreform nach vorne zu bringen. Parallel dazu, so Kuroń, müsse die gesellschaftliche Selbstverwaltung ausgebaut werden: durch die Wahl unabhängiger Betriebräte und auch Beauftragter für die Einrichtungen der Sozialversicherung, für Bildung, Wissenschaft und Kultur. Unerlässlich sei außerdem die Verteidigung der Menschen- und Bürgerrechte. Kuroń glaubte offenbar, das Land unter den damaligen geostrategischen Bedingungen vorsichtige reformieren zu können – eine Hoffnung, die sich im Dezember 1981 erst einmal als Illusion erweisen sollte. Ähnliche Gedanken äußerte Adam Michnik in seinen Text „*Was wir wollen, was wir können*" vom November 1980.[401]

Im Sommer 1981 verschlechterte sich die Stimmung in der polnischen Bevölkerung rapide. In vielen Familien wuchs die Unruhe, Existenzangst griff um sich. So konnte es nicht ausbleiben, dass die Zahl der Proteste, Demonstrationen und Streiks im ganzen Land anstieg. Die dabei zu beobachtende Radikalisierung war ein ernstes Signal. Berechtigter Protest und Hooliganismus griffen ineinander. Beispiel dafür waren die Vorfälle in Otwock südöstlich von Warschau, wo zwei betrunkene Männer verhaftet wurden, weil sie eine Polizeiwache an einer Station der S-Bahn mit Steinen beworfen hatten.[402] Anschließend belagerte eine große Menschenmenge die Polizeiwache und drohte die Beamten zu lynchen. Nur dem beherzten Eingreifen der Bürgerrechtler Adam Michnik und Zbigniew Romaszewski sowie einiger Funktionäre der „Solidarität" wie Zbigniew Bujak war es zu verdanken, dass die Verhafteten wieder freigelassen wurden und der Konflikt nicht weiter eskalierte.

> „Michnik griff nach dem Megafon und stellte sich als Berater der Regionalführung der ‚Solidarität' vor. Die Menge antwortete mit Geheul und lauten Rufen. Er begann noch einmal und sagte lauter: ‚Ich heiße Adam Michnik und bin eine ‚antisozialistische Kraft'. Mit dieser Bemerkung brachte er die Menge auf seine Seite. Er erklärte den Anwesenden, dass ihr Anliegen erfüllt sei und die Festgenommenen freigelassen würden. Als ihn jemand fragte, welche Garantien es denn dafür gebe, antwortete er, dass er

---

399 Skórzyński: Bronisław Geremek ... (Fn. 340), S. 86.
400 Zit. nach Büscher, Barbara: Solidarność ... a.a.O., S. 65 f.
401 Ebd. S. 67.
402 Siehe die detaillierte Beschreibung und Analyse in Kozłowski, Tomasz: „Siły antysocjalistyczne" w obronie milicjantów. Otwock, 7 Maja 1981. In: Europejskie Centrum Solidarności: Wolność i Solidarność, nr. 2/2011, S. 35 ff.

selbst Häftling gewesen sowie dabei geschlagen worden sei und jetzt mit seinem Wort dafür einstehe – als ‚antisozialistische Kraft'. Er versprach, erneut zu dieser Polizeiwache zu kommen, sollten die Betroffen wieder inhaftet werden, und wenn ich nicht komme, dann bedeutet das, dass sie auch mich festgenommen haben'."[403]

Die Liste derartiger Konflikte ließe sich beliebig verlängern. So wurde in Lublin ein sowjetisches Ehrenmal mit Farbe begossen. In Kattowitz kippten Jugendliche Taxis um und warfen die Schaufensterscheiben von Geschäften ein. Im nordostpolnischen Kuźnica Białostocka drohte die Regionalführung der „Solidarität" mit einem flächendeckenden Streik, weil ein Invalide von Polizeibeamten zusammengeschlagen worden war, und sagte den Protest erst ab, nachdem die dortige Staatsanwaltschaft Ermittlungen gegen die Verantwortlichen aufgenommen hatte.

Ursache der großen Unruhe in der polnischen Gesellschaft war die dramatische Verschlechterung der Lebensbedingungen, die sich vor allem durch einen empfindlichen Mangel an Grundnahrungsmitteln bemerkbar machte. Es fehlte insbesondere an Fleisch, Wurstwaren, Fisch, Käse, Milch, Gemüse Mehl und Teigwaren. Mehrmals reduzierten die Behörden die Menge der Lebensmittel, die nur auf Bezugskarten erhältlich waren. Mediziner registrierten bei vielen Bürgern einen gefährlichen Eiweißmangel. Hinzu kam die katastrophale Versorgung mit Medikamenten, Hygieneartikeln, Waschmitteln, Zigaretten und Streichhölzern. Am 27. Juli 1981 stellte die Führung der „Solidarität" fest,

> „…das die gesellschaftlich-wirtschaftliche Krise mehr und mehr drastische Formen annimmt. Von Tag zu Tag schrumpft die Versorgung mit Lebensmitteln und Industriegütern des täglichen Bedarfs, und der Mangel an Rohstoffen, Ersatzteilen und Energie droht, die Produktion in einer wachsenden Zahl von Betrieben zum Stillstand zu bringen. Das tägliche Leben der Menschen wird zur Qual."[404]

Der polnische Historiker Włodzimierz Borodziej schreibt:

> „(Polen) … verkam zu einem Armenhaus, in dem die Versorgungsschwierigkeiten der 1960er und 1970er Jahre als paradiesische Zustände erscheinen mochten."[405]

Das wirtschaftliche Desaster des Landes lag offen zutage, die Industrie nutzte im Durchschnitt nur noch etwa zwei Drittel ihrer Kapazitäten aus. Viele staatliche Betriebe mussten ihre Produktion drosseln, weil sie aufgrund ihrer hohen Verschuldung nicht mehr in der Lage waren ausreichende Mengen an Grundstoffen und Produktionsmitteln zu beziehen. Wieder einmal zeigte sich das grundlegende Manko der sozialistischen Planwirtschaft, in der das überzogene Ausmaß der Schwerindustrie zu Lasten der Leichtindustrie ging. Das bürokratisierte staatliche System der Distribution war kaum in der Lage, die Waren je nach den Bedürfnissen in den Städten und

---

403 Zit. nach ebd., S. 37.
404 KKP 24–26 lipca 1981 r. Komunikat o posiedzeniu KKP, 26.7.81. In: Dokumenty … (Fn. 366), S. 103.
405 Borodziej, Włodzimierz: Geschichte … a.a.O., S. 366.

Regionen anzuliefern. Die scherzhafte Bemerkung, dass es zwar in Zakopane in den Bergen Meeresfische in den Läden gebe, nicht aber in den Städten an der Ostseeküste, symbolisierte die Realität. Die Behörden waren auch nicht in der Lage, an alle bezugsberechtigten Familien Lebensmittelkarten auszugeben.

Schließlich kam es zu regelrechten Hungermärschen in verschiedenen polnischen Städten. Besonders schwierig war die Versorgungssituation in Polens zweitgrößter Stadt Łódź, wo Zehntausende an solchen Märschen teilnahmen. Oft waren aber auch mittlere und kleine Städte im ganzen Land Schauplatz solcher Märsche. Dass gerade die Teilnehmer solcher Demonstrationen sehr verantwortungsbewusst waren und auf Streiks verzichteten, die angesichts der herrschenden ökonomischen Situation eher kontraproduktiv gewesen wären, zeigt ein Bericht aus Łódź:

> „Besonders dramatisch war der Hungermarsch in Łódź ... (Den Teilnehmern – R.V.) ging es darum, ohne regionalen Streik zu protestieren, was im Einklang mit den Plänen der *Landesverständigungskommission* (der „Solidarität" – R.V.) stand, aber trotzdem etwas zu tun, das in einem Land wahrgenommen wurde, welches ohnehin schon an Proteste gewöhnt war. Während des Marsches ... wurden Transparente getragen mit Aufschriften wie ‚Wir stehen 24 Stunden in der Schlage', ‚Sozialismus ist eine Doktrin des Hungers', ‚Wir sind nicht einverstanden mit einer Senkung der Lebensmittelrationen'."[406]

Schon der Tod des Primas der katholischen Kirche, Stefan Kardinal Wyszyński, am 28. Mai hatte die Gefühle der polnischen Nation in Wallung gebracht, auch wenn der Kirchenfürst wiederholt versucht hatte, mäßigend auf seine Landsleute einzuwirken. Sein Tod hinterließ einerseits eine gewisse Mutlosigkeit und Verzweiflung in der Gesellschaft, förderte andrerseits aber auch den Impetus des trotzigen Aufbegehrens. Zwei Wochen zuvor am 13. Mai hatte auch das Attentat auf den polnischen Papst Johannes Paul II, den früheren Krakauer Kardinal Karol Wojtyła, wie ein Schock auf die polnische Gesellschaft gewirkt.

Das wachsende Aufbegehren der polnischen Gesellschaft sowie das hilflose Agieren von Partei und Regierung veranlasste die Führung in Moskau, den Druck auf Warschau noch einmal zu erhöhen. Wie eine letzte Warnung hatte schon der Brief des Zentralkomitees der Kommunistischen Partei der Sowjetunion an das polnische ZK vom 5. Juni gewirkt, der als einzige „Lösung" nur noch den Einsatz von Gewalt suggerierte.[407] In diesem Brief erinnerte die Moskauer Führung mahnend an ihre Botschaften vom 5. Dezember 1980 sowie vom 4. Februar und 23. April 1981. Darin hieß es, die *PVAP* sei unter dem Druck der „Konterrevolution" Schritt für Schritt zurückgewichen und habe endlos Zugeständnisse gegenüber den „antisozialistischen Kräften" gemacht. Notwendig seien nun mehr Autorität der Sicherheitsorgane, also von Armee und Polizei, sowie eine strikte Kontrolle über die Massenmedien und die Lösung der Widersprüche in der Partei.

---

406 Leszczyński, Adam: Teatr rewolucji. In: Rewolucja Solidarności. *Polityka,* 8.8.2005, S. 48 ff.
407 Siehe Holzer: „Solidarität"... a.a.O., S. 270 f.

Doch der Druck aus Moskau traf eine Partei, die orientierungslos war, weil die Existenz verschiedene Strömungen und Fraktionen gemeinsames Handeln verhinderte. Wenn beim Parteitag im Juli 1981 die Reden der führenden Funktionäre mit frenetischem Beifall aller Delegierten begrüßte wurden, obwohl sie sehr unterschiedliche Lageanalysen präsentierten und Vorgehensweisen propagierten, dann zeigte das deutlich diese Zerrissenheit. Die Spannweite reichte von Mieczysław Rakowski und dessen Werben für eine Politik der Verständigung bis hin zu Parteichef Stanisław Kania, der den alten marxistischen-leninistischen Geist wiederbeleben wollte, und Albin Siwak, der gegen die antisozialistischen Konterrevolution in Gestalt der „Solidarität" vom Leder zog. So war der Parteitag auch nicht in der Lage, ein konkretes Programm für die Wirtschaftsreform, die Umgestaltung der Arbeitnehmerselbstverwaltung in den Betrieben und das geplante neue Gewerkschaftsgesetz zu verabschieden. Die Spaltung setzte sich bis ins neue Politbüro fort, wo neben eher gemäßigten Spitzenfunktionären wie Rakowski, Wojciech Jaruzelski und Czesław Kiszczak auch verstockte Dogmatiker wie Siwak und Stefan Olszowski sowie Vertreter der *horizontalen Strukturen* wie Hieronim Kubiak Platz nahmen. Den schwachen Kania wählten die Delegierten erneut zum Ersten Sekretär. Des Weiteren fiel auf, dass zahlreiche Offiziere neu ins Zentralkomitee aufgenommen wurden.

Angesichts der inhatlichen Schwäche der Partei bedienten sich auch gemäßigte Funktionäre wie Rakowski fortan einer aggressiveren Sprache gegenüber der „Solidarität". Gerade Rakowski ging dazu über, den rapiden Zerfall der staatlichen Strukturen auf zentraler, regionaler und lokaler Ebene der „Solidarität" in die Schuhe zu schieben. Lech Wałęsa sprach von einer „Propaganda des Chaos'".[408]

Die Zerfahrenheit der politisch-gesellschaftlichen Situation förderte aber auch die Widersprüche in der „Solidarität", wenn es darum ging, einen Ausweg zu finden, der eine gewaltsame Konfrontation verhindern konnte. Deutlich wurde dies während der Sitzung der *Landesverständigungskommission* der „Solidarität" vom 24. bis 26. Juli in Danzig. [409] So plädierten Berater wie Bronisław Geremek, Jan Strzelecki, Karol Modzelewski und Jacek Kuroń sowie Gewerkschaftsführer wie Zbigniew Bujak und Władysław Frasyniuk für eine gewisse Selbstbeschränkung, weil ihrer Ansicht nach eine vollständige Entmachtung der Partei entweder zu einer sowjetischen Intervention oder einer gewaltsame Konfrontation im Inneren führen könne. Die einzige Möglichkeit für die „Solidarität", so meinten sie, bestünde darin, die gesellschaftliche Selbstverwaltung in den Betrieben, den lokalen Verwaltungen und sozialen Körperschaften zu stärken mit dem Ziel, die drängenden Probleme der Menschen zu lösen. Auch Verhandlungen mit der Regierung und den Behörden fassten sie ins Auge, sahen diese aber eher skeptisch. Lech Wałęsa neigte eher dieser gemäßigten Haltung zu. Die spätere Entwicklung, insbesondere die Verhängung des Kriegsrechts im Dezember 1981 zeigte, dass auch diese Pläne illusionär waren.

---

408 Wałęsa, Lech: Ein Weg der Hoffnung. Wien/Hamburg 1987, S. 266.
409 Siehe KKP 24–26 lipca 1981 r. In Dokumenty ... (Fn. 366), S. 103 ff. Dazu auch Holzer: „Solidarität" ... a.a.O., S. 298 ff.

Vordergründig allerdings sprach die konkrete Situation für diese Position. Das Informations- und Organisationsmonopol der Partei gehörte vorerst der Vergangenheit an, auch die offiziellen Zeitungen publizierten Texte, in denen das Elend vielen Menschen deutlich beschrieben wurde. In vielen privaten und halböffentlichen Zirkeln wurde Klartext geredet. Durch demokratische Wahlen gelang es der „Solidarität", in vielen Betrieben, gesellschaftlichen Organisationen sowie Berufsverbänden und selbst in lokalen Verwaltungsstrukturen neue „Machtverhältnisse" herzustellen.

Die Gegenposition vertraten Radikale wie Jan Rulewski, der offen dafür plädierte, die Selbstverwaltung auf die oberen Staatsorgane wie den Sejm (das Parlament – R.V.) sowie die regionalen Parlamente und Behörden auszudehnen. Das war eine offene Kampfansage an die herrschenden Verhältnisse. Damit wurde, trotz der geopolitischen Lage Polens im Ostblock, die Macht- und Systemfrage gestellt. Ein absurdes Unterfangen, aber angesichts der realen Situation im Sommer 1981 durchaus verständlich.

Natürlich ahnten auch die Oberen der katholischen Kirche, dass angesichts des Zerfalls der Partei- und Staatsstrukturen einerseits und der Radikalisierung der Volksbewegung anderseits eine gewaltsame Konfrontation drohte, sollte es nicht möglich sein, einen friedlichen Ausweg zu finden. In diesem Sinne argumentierten die Kardinäle und Bischöfe in einer Erklärung zum Abschluss einer Konferenz des Episkopats am 25./26. Juni.[410]

5.3. Geremek und das Programm für die „selbstverwaltete Republik"

Der erste Landesdelegiertenkongress der „Solidarität" zeigte einmal mehr, dass Bronisław Geremek in der Gewerkschaft und in der ganzen Bewegung zu den führenden Köpfen zählte, wenn es um programmatische Fragen sowie um strategische und taktische Überlegungen ging. Fast 900 Delegierte versammelten sich in der Sporthalle von Danzig-Oliwa, um in zwei Runden vom 5. bis 10. September und vom 26. September bis 7. Oktober 1981 über die Zukunft der „Solidarität" zu beraten. An den Delegiertenwahlen in den Sommermonaten zuvor hatten sich 8,9 von 9,5 Millionen Mitgliedern der Gewerkschaft beteiligt.[411] Naturgemäß dominierten unter den Delegierten die in den großen und mittleren Betrieben tätigen Gewerkschafter mit großer Kampferfahrung, dynamischem Auftreten und oft auch entschiedener Kompromisslosigkeit.

Die in Danzig Versammelten standen unter einem großen Druck, weil sie genau wussten, dass die Stimmung in der polnischen Gesellschaft gefährlich aufgeladen war und viele Menschen von der „Solidarität" eine Besserung ihrer Lage erwarteten. Andererseits kämpfte die Führung der PVAP um größere Glaubwürdigkeit gegenüber

---
410 Holzer: „Solidarität" ... a.a.O., S. 282 f.
411 Majchrzak, Grzegorz/Owsiński, Jan Marek (opracowanie i redakcja): I Krajowy Zjazd Delegatów NSZZ „Solidarność". Stenogramy, t. 1- I tura. Warszawa 2011, S. 18.

den Machthabenden in der Sowjetunion. Am 14. August waren Parteichef Stanisław Kania und Premier Wojciech Jaruzelski auf die Krim gereist, um dem Generalsekretär der KPdSU, Leonid Breschnew, Rede und Antwort zu stehen. Bei dieser Gelegenheit wurden auch die nächsten Manöver der Roten Armee in Belarus, den baltischen Republiken und auf der Ostsee angekündigt, die gleichzeitig mit dem Kongress der „Solidarität" stattfinden sollten. Demonstrativ übernahm der damalige sowjetische Verteidigungsminister Dmitri Ustinov den Oberbefehl für die Manöver.

Während der Beratungen des Zentralkomitees der PVAP am 2. und 3. September erklangen aggressive, ja erpresserisch wirkende Töne. Parteichef Kania erklärte in schonungsloser Offenheit:

> „Unsere Feinde verkünden, dass die Regierung ganz sicher nicht den Ausnahmezustand über Polen verhängen wird. Ich möchte mit aller Entschiedenheit und in aller Ruhe erklären, dass die Regierung zur Verteidigung des Sozialismus alle Mittel einsetzen wird, die dafür notwendig sind. Wir wollen das nicht, und wir drohen auch nicht mit dieser Waffe."[412]

Man werde, so der Erste Sekretär, das Urteil über die „Solidarität" vom Verlauf des Kongress abhängig machen. An die Adresse der Gewerkschaft und auch an die sowjetische Führung bzw. die Parteichefs in den anderen sozialistischen Ländern gerichtet, erklärte Kania:

> „Alle unsere Freunde sind beunruhigt über die Schwierigkeiten, die unser Land durchlebt. Sie beeinträchtigen die Stärke der ganzen Gemeinschaft. Denn Polen liegt im Sicherheitsbereich der Sowjetunion."[413]

Wie eine Provokation gegenüber der ganzen „Solidarität" musste es wirken, als am 2. September das Untersuchungsverfahren wegen der Bromberger Ereignisse vom März 1981 eingestellt wurde. In dem entsprechenden Gerichtsbeschluss wurde der damalige brutale Einsatz der Einsatz der Polizei damit erklärt, dass die protestierenden Gewerkschafter hätten abgeführt werden müssen. Die Entscheidung war auch eine persönliche Niederlage für Bronisław Geremek, hatte er doch den Kompromiss vom 30. März mit ausgehandelt, wonach die Regierung versprach, dass die Verantwortlichen für den Polizeieinsatz bestraft werden sollten, während die „Solidarität" im Gegenzug den geplanten Generalstreik absagte.

Kurz vor Beginn der zweiten Runde des Gewerkschaftskongresses sagte der stellvertretende Premier Mieczysław Rakowski in einem Interview:

> „Was die Zusammenarbeit zwischen der Regierung und der ‚Solidarität' im weiteren Sinne angeht, so ist von dieser Idee praktisch nichts geblieben. Wenigstens zurzeit. Die Beerdigung dieser Idee, der sich sehr verbunden war und bin, hat bereits stattgefunden."[414]

---

412 Zit. nach Holzer: „Solidarität" ... a.a.O., S.315.
413 Ebd.
414 Ebd. S. 324.

Und Gewerkschaftsminister Stanisław Ciosek betonte im Rahmen einer Pressekonferenz:

> „Gewiß wird die Regierung bis zum letzten Moment alles versuchen, um das Land mit friedlichen Mitteln aus der Krise herauszuführen, obwohl das in der jetzigen ungewöhnlichen Situation in Polen auch außergewöhnliche Mittel sind."[415]

Beide Äußerungen klangen so, als stehe die Verhängung des Kriegsrechts bevor. Tatsächlich hatten die Vorbereitungen für diesen einschneidenden Schritt schon Monate zuvor begonnen.

Somit stand die „Solidarität" bei ihrem Kongress vor der Quadratur des Kreises. Bronisław Geremek hat dieses Dilemma später benannt:

> „Das war eine revolutionäre Situation. Aber Führer der Bewegung war ein Mensch (Lech Wałęsa – R.V.), der eine Revolution zurückwies, der Veränderungen wollte, aber ohne Blutvergießen. Doch jede Revolution ist mit Blutvergießen verbunden. Gleichzeitig hat sich das gesellschaftliche Bewusstsein radikalisiert, verstärkten sich die patologischen Züge des Systems, das uns umgab. Lech Wałęsa war in der Lage, Konflikte zu entschärfen. Dass er dies tat, hat nicht allen gefallen."[416]

Der Kongress war ein absolutes Novum in der polnischen Nachkriegsgeschichte.

> „Seit dem Jahr 1946, als der Kongress der PSL (der polnischen Bauernpartei – R.V.) tagte, war dies die erste Versammlung von Bürgern, die in demokratischen Wahlen ausgewählt worden waren",

erläutert der polnische Historiker Andrzej Friszke.[417] Alle Wünsche und Hoffnungen sowie Ängste und Agressionen, die damals das Stimmungsbild in der Gesellschaft prägten, bestimmten auch das Kongressgeschehen. In der Diskussion wurde all das thematisiert, was sich im Laufe eines Jahres aufgestaut hatte. Die Debatte und Beschlussfassung während der beiden Tagungsperioden war lebendig und interessant, oft auch umständlich, ziellos, unsolidarisch und mitunter sogar aggressiv.

Doch das konnte auch gar nicht anders sein. In der Diskussion trafen unterschiedliche Weltanschauungen, kontroverse politische Meinungen und widersprüchliche Lebenserfahrungen aufeinander. Deutlich wurde auch der Widerspruch zwischen den „einfachen" Delegierten, die weniger Gefühl für das „Machbare" hatten, und den erfahrenen regionalen Gewerkschaftsführern sowie den intellektuellen Beratern der Gewerkschaftsführung, die mehr Erfahrung im Umgang mit den Machthabern in Partei und Regierung hatten.

In der ersten Phase des Kongresses standen keine strategischen Beschlüsse im Vordergrund. Vielmehr ging es um eine Einschätzung der Arbeit seit dem Herbst 1980

---

415 Ebd.
416 Zit. nach Wałęsa: Droga … a.a.O. S. 158.
417 Friszke, Andrzej: „Solidarność" 1980–1981. In: Jankowska, Janina: Portrety niedokończone. Rozmowy z twórcami „Solidarności" 1980. 1981. Biblioteka „WIĘZI", Warszawa 2003, S. 29.

Bronisław Geremek während des ersten Landesdelegiertenkongresses der „Solidarität" im September/Oktober 1981 in Danzig

und eine Bestandsaufnahme der Stimmungen und Meinungen in der Gewerkschaft und der gesamten Volksbewegung. Lebendiger Stoff für die Geschichtsbücher ist sicher die „Botschaft an die Arbeiter Osteuropas"[418], die am 8. September verabschiedet wurde. Die Initiative für einen solchen Beschluss ergriffen Gewerkschafter aus Großpolen, den endgültigen Text, der schließlich von den Delegierten ohne vorherige Diskussion angenommen wurde, formulierte das Mitglied des *KSS „KOR"* Jan Lityński.[419] In der „Botschaft" hieß es:

> „Als erste unabhängige Gewerkschaft spüren wir tief unser gemeinsames Schicksal. Wir versichern Euch, dass wir trotz der Lügen, die in Euren Ländern verbreitet werden, eine authentische Organisation der Werktätigen sind, die zehn Millionen Mitglieder umfasst und aus Arbeiterstreiks heraus entstanden ist. Unser Ziel ist der Kampf für die

---

418 Posłanie I Zjazdu Delegatów NSZZ „Solidarność" do ludzi pracy Europy Wschodniej, in: *Tygodnik Solidarność,* Nr. 25, 18.9.1981. Deutsche Übersetzung in: *Osteuropa,* Heft 3/82, S. A 133.

419 Siehe Majchrzak, Grzegorz: Niebezpieczny Dokument. Posłanie do ludzi pracy Europy wschodniej. In: Europejskie Centrum Solidarności: Wolność i Solidarność, Nr. 2/2011, S. 95 f. Ebenso Szostkiewicz, Adam: Posłanie, które wstrząsnęło blokiem. In: Rewolucja Solidarności ... (Fn. 406), S. 67 f.

Verbesserung der Lebensbedingungen der Arbeiter. Wir unterstützen diejenigen unter Euch, die sich entschlossen haben, den schwierigen Weg des Kampfes um freie Gewerkschaften zu gehen."[420]

Sowohl Lech Wałęsa und andere prominente Führer der „Solidarität" als auch Berater wie Bronisław Geremek, Tadeusz Mazowiecki und Jacek Kuroń wurden durch den Beschluss überrascht und hielten die „Botschaft" für einen schweren Fehler. Als Andrzej Gwiazda, wie Wałęsa ein Held des Danziger August 1980, lautstark für eine Abstimmung über den Text vortierte, rief Geremek:

> „Herr Andrzej, Herr Andrzej, was fordern Sie da, das ist doch Schwachsinn."[421]

Wir wissen nicht, ob die Mehrheit der Delegierten tatsächlich der Meinung war, dass auch in den anderen Staaten des sozialistischen Blocks bald derartige Bewegungen für freie Gewerkschaften entstehen könnten. Allerdings konnte man spüren, dass es vielen Anwesenden einfach darum ging, der konzentrierten Hetzkampagne in den anderen Hauptstädten die Wahrheit über die „Solidarität" entgegenzusetzen. Ideengeschichtlich gesehen, handelt es sich ohne Zweifel um ein wichtiges Dokument. Politisch allerdings dürfte es dafür gesorgt haben, dass die Machthabenden in Warschau hinter den Kulissen die Vorbereitungen für die Verhängung des Kriegsrechts intensiviert haben. Diese Wahrheit vor Augen, ist dem polnischen Historiker Jerzy Holzer zuzustimmen, der die „Botschaft" das „Zeugnis eines realitätsfernen Messianismus" nannte.[422]

Auf jeden Fall öffnete dieser Beschluss die Schleusen für das gedankliche Überschreiten gewisser Barrieren. Mehrere Redner gingen sogar so weit, baldige freie Parlamentswahlen zu fordern. Grzegorz Palka, der spätere Stadtpräsident von Łódź, und andere Radikale verlangten, die „Solidarität" müsse die nationale Souveränität Polens verteidigen und dabei auf das militärische Bündnis mit der Sowjetunion und wirtschaftliche Kontakte zu den anderen Staaten der Region verzichten – ein Ansinnen, das die damalige geopolitische Lage Polens völlig negierte.

So ließen die Reaktionen der Machthabenden nicht lange auf sich warten. Kaum war der Beschluss gefallen, verhängte die staatliche Zensur in Warschau ein generelles Veröffentlichungsverbot für alle Medien des Landes. Noch am gleichen Tag sagte Józef Czyrek in einer Sitzung des Politbüros des Zentralkomitees der PVAP:

> „Die vom Kongress der Solidarność angenommene Botschaft ... hat eine neue taktische Qualität. Dazu muss man sich offiziell verhalten. Der bisherige Verlauf des Kongresses zeigt, dass die Solidarność nicht bereit ist, ihren Teil der gemeinsamen Verantwortung zu übernehmen."[423]

---

420 Posłanie ... (Fn. 418).
421 Zit. nach Kuroń: Gwiezdny ... (Fn. 385), S. 218.
422 Holzer: „Solidarität" ... a.a.O., S. 317.
423 Zit. nach Włodek: Tajne ... (Fn. 332), S. 462.

Der Generalsekretär der KPdSU, Leonid Breschnew, nannte die „Botschaft" ein provokatives und gefährliches Dokument, das durch die Mobilisierung unterschiedlicher Gruppen von Abtrünnigen Unruhen in den sozialistischen Ländern hervorrufen könne.[424]

Die während der ersten Kongressphase laut gewordenen radikalen Töne veranlassten einige führende Gewerkschaftsfunktionäre und Berater der „Solidarität", über die Gestaltung der bevorstehenden zweiten Phase nachzudenken. In einer Diskussion mit Bronisław Geremek, Tadeusz Mazowiecki, Jacek Kuroń, Zigniew Bujak und Seweryn Jaworski sagte Lech Wałęsa:

> „Partner unserer Gewerkschaft ist die Regierung. 36 Millionen Polen werden nicht an den Premier schreiben. Wir müssen der Regierung einen gemeinsamen Brief schicken. Wir sollten bedenken, das 80 Prozent der Menschen weder Abgeordnete noch Berater sein werden, und sie werden sich nicht dafür interessieren, wer da sein wird, ob Wałęsa, Kuroń oder Geremek. Sie wollen Brot, und sie wollen sich nicht zu sehr in Gefahr begeben."[425]

Geremek vertrat die Auffassung, dass die Regierenden die Gewerkschaft absichtlich zu einem radikalen Kurs drängten. Er stellte fest:

> „Deshalb müssen wir uns fragen, ob die Gewerkschaft in dieser Atmosphäre (während des Kongresses – R.V.) in der Lage war, eine Politik der Selbstbeschränkung zu umreißen und zu verwirklichen, wie sie während des ganzen Jahres verfolgt worden war, und ob sie den Kontakt zur Gesellschaft aufrechterhalten konnte? Diese Frage ist gegenwärtig schwer zu beantworten. Man kann sagen, dass wir hinsichtlich der Selbstbeschränkung gewisse Barrieren überschritten haben. Es ist eine Situation entstanden, in der die Stabilität des Landes in gewisser Weise bedroht ist ... Wichtig für die Gewerkschaft ist, dass sie die Masse der Menschen im Auge behält, die Angst vor dem Hunger hat, die Schlange steht und sich vor dem Winter fürchtet."[426]

Alle Teilnehmer der Diskussion stimmten darin überein, dass die zweite Phase des Kongresses friedlicher und programmatisch konstruktiver gestaltet werden sollte.

Beim genaueren Hinsehen erkennt man jedoch, dass die Beschlüsse in der ersten Kongressphase, sieht man einmal von der „Botschaft" ab, im Großen und Ganzen jenen Rahmen nicht überschritten hatten, der schon seit dem Herbst 1980 die gängige Praxis umfasste. So wurde zwar darum diskutiert, den Passus über die führende Rolle der Partei aus dem Anhang zum Statut der „Solidarität" zu streichen, nicht aber abgestimmt. Ebenso verhielt es sich mit der Frage, ob vorgezogene demokratische Wahlen zum Sejm gefordert werden sollten. Die verabschiedete Resolution zur Arbeiterselbstverwaltung in den Betrieben eröffnete durchaus Raum für Verhandlungen und Kompromisse mit der Regierung.

---

424 Posiedzenie Biura Politycznego KC KPZR, 10. IX. 1981. In: Generał Pawłow. Byłem rezydentem KGB w Polsce. Warszawa 1994, S. 349 f.
425 Demokracja czy dyktatura? In: *Tygodnik Solidarność*, Nr. 25, 18.9.1981, S. 8 f.
426 Ebd.

Erster wichtiger Punkt der Tagesordnung der zweiten Kongressphase vom 26. September bis 7. Oktober 1981 war die Wahl des Gewerkschaftsvorsitzenden. Der Kongressregie war es zu verdanken, dass die Wahl vor der Debatte des Programms stattfand, um diese nicht auf die Reden zu beschränken, mit denen sich die Kandidaten vorstellten. Neben Lech Wałęsa, bis dato Vorsitzender der *Landesverständigungskommission* und Symbol der ganzen Bewegung, gingen Marian Jurczyk aus Stettin, Andrzej Gwiazda aus Danzig und Jan Rulewski aus Bromberg ins Rennen. Bronisław Geremek und andere Berater sowie führende Gewerkschafter aus verschiedenen Regionen sprachen sich für Wałęsa aus, auch wenn sie verschiedene Bedenken gegen ihn hegten bzw. einzelne seiner selbstherrlichen Auftritte kritisierten.

In seiner Rede gab sich Wałęsa einmal mehr gemäßigt und realistisch, als er u. a. sagte:

„Es beunruhigt mich, dass wir den Partner unterschätzen. Wir haben zu sehr an uns selbst geglaubt. Wir registrieren nicht die Reden, Mittel und Schwierigkeiten, mit denen wir geschlagen werden können. Wenn wir schon mit einem Partner spielen, dann dürfen wir weder vergessen, dass wir sowohl von dem, der an der Spitze der *Landesverständigungskommission* steht, als auch von diesem Kongress Verantwortungsbewußtsein verlangen müssen, auch das Wissen, wie dieser Partner seinerseits spielt. Ich habe den Eindruck, dass wir das nicht genügend beachten. Ich weiß natürlich, dass unser Kampf schwer ist, und dass die Chance zu gewinnen minimal ist, wenn wir unüberlegt handeln. Ich will niemandem Angst einjagen, aber die Chancen sind wirklich minimal, weil wir den Partner unterschätzen. Wir unterschätzen ihn, wir bemerken nicht, dass er uns sehr einfach und sehr schnell mit dem Hunger besiegen kann."[427]

Natürlich wusste Wałęsa, dass der Hunger nur e i n Ausgangspunkt für die Regierung war, um gegen die „Solidarität" vorzugehen. Aber er nutzte dieses Phänomen gezielt, um vor einer Unterschätzung der kommunistischen Machthaber zu warnen. Im Nachhinein könnte man seine prophetische Gabe rühmen, stand doch die Verhängung des Kriegsrechts bevor.

Weniger realistisch traten seine Konkurrenten auf. Jurczyk behauptete, nur freie Wahlen zum Sejm könnten das Land aus der Krise führen.[428] Rulewski wiederum warnte die „Solidarität" davor, sich mit Blick auf eine tatsächliche oder eingebildete Bedrohung seitens der Sowjetunion selbst Beschränkungen aufzuerlegen.[429] Gwiazdas Rede klang kompromissbereiter, wenngleich er betonte: „Wir sind nicht nach vorne gegangen (bei verschiedenen Konflikten – R.V.), sondern haben uns zurückgezogen, anstatt scharf auf die Angriffe seitens der Regierung zu antworten."[430]

Schließlich entschied Wałęsa das Rennen mit 55,20 Prozent der Stimmen für sich. Jurczyk erhielt 24,01 Prozent, während auf Gwiazda 8,84 Prozent und auf Rulewski 6,21 Prozent entfielen. Die Mehrheit der Delegierten verstand, dass Wałęsa der Ga-

---

427 *Tygodnik Solidarność*, Nr. 28, 9.10.1981, S. 9.
428 Ebd.
429 Ebd.
430 Ebd.

rant dafür war, dass die Volksbewegung mögliche Erfolge erzielte. Sein Erfolg ermöglichte es außerdem, dass in der Führung der „Solidarität" die eher gemäßigten Berater wie Geremek entscheidenden Einfluss behielten – zumindest in den verbleibenden Wochen legaler Existenz der Gewerkschaft.

Bronisław Geremek berichtete später:

> „Die Spaltungen waren tief, und sie fanden ihren Niederschlag in der damaligen Abstimmung, deren Ergebnis Lech Wałęsa enttäuschte. Ich habe ihn davon überzeugt, dass das ein sehr gutes Resultat ist. Es zeigte, dass er sich als Führer erwiesen hatte, auch wenn einige das anders sahen. Die ‚Solidarität' war ein demokratisches Unterfangen: Es gewann derjenige, der der Beste war."[431]

Der Historiker Andrzej Friszke kam zu der Einschätzung:

> „Als Führer der Gewerkschaft gab er sich er sich genug radikal in seinem Worten und Ansichten, aber gleichzeitig auch gemäßigt, nicht streitsüchtig, er konnte die Atmosphäre auflockern."[432]

Aber gemäßigte Kräfte erlitten während des Gewerkschaftskongresses auch Niederlagen. Das galt nicht zuletzt für Bronisław Geremek, der bei der Wahl der *Landeskommission (Komisja Krajowa)*, wie künftig das führende Gremium der „Solidarität" heißen sollte, scheiterte.[433] Er verstand dies einerseits als persönliche Niederlage, wusste aber andererseits auch, dass demokratische Prozeduren nicht immer zum Erfolg für die Besten führen können.[434] Vermutlich war die Propaganda der Machthabenden gegen ihn und andere Berater der „Solidarität" nicht gänzlich ohne Wirkung auf die Delegierten geblieben.

Doch diese Niederlage bedeutete nicht, dass Geremek nicht großen, wenn nicht gar entscheidenden Einfluss auf die künftige Programmatik der „Solidarität" nehmen konnte. So trat er an die Spitze einer Programmkommission, die sich aus insgesamt 13 Arbeitsgruppen zusammensetze. In diesen Arbeitsgruppen, an deren Arbeit sich viele Delegierte beteiligten, wurde diskutiert über

- die Funktion der Gewerkschaften in einer Demokratie,
- ein vernünftiges Verhältnis zwischen Protesten und Verhandlungen mit der Regierung,
- Wirtschaftsreformen und Funktionieren des Marktes,
- Sozialpolitik,
- Menschen und Bürgerrechte,
- nationale Erziehung und gewerkschaftliche Bildungsarbeit,
- die Rolle der Medien.

---

431 Zit. nach Wałęsa, Lech: Droga do prawdy … a.a.O., S. 159.
432 Ebd. S. 161.
433 Siehe Majchrzak/Owsiński: I Krajowy Zjazd … a.a.O., S. 42 und S. 50 f.
434 Siehe Friszke, Andrzej: Bronisława Geremka … (Fn. 155), S. 39 f.

Die Debatten dieser Gruppen flossen ein in die Formulierung des Programms der „Solidarität", das schließlich auch im Plenum diskutiert und verabschiedet wurde.

Wie schon in den gewerkschaftsinternen Auseinandersetzungen seit dem Herbst 1980 zeigten sich auch in den Diskussionen der Arbeitsgruppen sowie in den Plenardebatten Widersprüche zwischen verschiedenen weltanschaulichen und politischen Strömungen, die letztendlich auf die Unterschiede zwischen den verschiedenen Gruppen der Opposition in den späten 1970er Jahren zurückgingen. So existierte eine Strömung rund um die *Konföderation Unabhängiges Polen* und die *Bewegung Junges Polen*, die sich hauptsächlich auf den Kampf um nationale Unabhängigkeit konzentrieren und Fundamentalopposition gegen das kommunistische Regime betreiben wollten. Ihre Protagonisten votierten für baldige freie Wahlen und den Aufbau eines Wirtschaftssystems nach dem Vorbild liberaler westlicher Ökonomien. Unter den Delegierten und überhaupt in der ganzen „Solidarität" war diese Strömung allerdings eine Minderheit. Bronisław Geremek berichtete später:

> „Es zeigte sich eine Erosion der Einheit der ‚Solidarität'. Eine Radikalisierung, die Herausbildung verschiedener Gruppen. So kam unter anderem eine Gruppe ‚echter Polen' zum Vorschein, dem Charakter nach fundamentalistisch, aber darin bestehen eben der Zauber und die Schwäche der Demokratie, dass sich verschiedene Strömungen herausbilden. Wałęsa rief dazu auf, dass niemand die ‚Solidarität' teilen sollte. Allerdings wurde dies auf verschiedene Art und Weise versucht. Aber wir selbst teilten uns, wir – die ‚Solidarität'. Von außen dagegen konnte niemand die Einheit antasten. Nicht deshalb, weil diese Gewerkschaft so geschlossen war, sondern deshalb, weil sie spürte, dass die Gesellschaft nach Zusammenschluss rund um Wałęsa verlangte. Dieses Ansinnen hatte die volle Unterstützung der Gesellschaft, und deshalb endeten alle Versuche, sie zu spalten, mit einer Niederlage."[435]

So fand sich die Mehrheit der Delegierten mehr oder weniger mit der geopolitischen Lage Polens ab und sprach sich innerhalb dieses Rahmens für demokratische Reformen, Selbstverwaltung auf verschiedenen staatlichen Ebenen sowie eine wirkliche Vergesellschaftung von Produktion und Distribution aus. Je nach Tradition, gesellschaftlicher Herkunft und politischem Denken fühlten sich die Delegierten mehr der christlichen oder mehr der linken, aber antikommunistischen Tradition der polnischen Arbeiterbewegung verbunden. Für so manchen spielte die Sozial-Enzyklika von Johannes Paul II. eine wichtige Rolle.

Gerade Bronisław Geremek gehörte zu den führenden Beratern, die in der damaligen Phase die Bildung politischer Parteien ablehnten und stattdessen für ein aktives Engagement der Bürger in den Organen der Selbstverwaltung plädierten. Einen Schritt weiter gingen insbesondere Jacek Kuroń, Zbigniew Bujak, Jan Lityński und Janusz Onyszkiewicz, die eine vorsichtige politische Evolution anregten, die sowohl die Entfaltung der Selbstverwaltung in der Wirtschaft und auf verschiedenen staatli-

---

435 Zit. nach Wałęsa: Droga do prawdy ... a.a.O., S. 159 f.

chen Ebenen, als auch die Gründung politischer Klubs als Element der Willensbildung umfassen sollte.

Wirtschaftspolitisch dachte die Mehrheit der Delegierten an eine Art Koexistenz zwischen Markt- und Planwirtschaft. Danach sollten das kommunistisch-staatliche Weisungs- und Zuteilungssystem abgeschafft werden, die vergesellschafteten Betriebe und Leitung der Belegschaften bzw. ihrer Vertretungen selbständig agieren, ökonomische Effizienz der Maßstab für wirtschaftlich-unternehmerisches Handeln sein, schließlich monopolistische Tendenzen in der Wirtschaft durch eine entsprechende Gesetzgebung und die Einschaltung von Verbraucherschutzorganisationen gebremst werden. Die Meinungsverschiedenheiten waren größer, als es um aktuelle Maßnahmen zur Bekämpfung der tiefen Wirtschaftskrise ging, wie die eingebrachten Vorschläge und die Anhänge zum schließlich verabschiedeten Programm zeigten.[436]

Schließlich wurde das Programm mit großer Mehrheit verabschiedet. Es spiegelte hauptsächlich die mittlere Position unter den Delegierten wider, wies aber in seinen strategischen Zielen weit über das herrschende politische System hinaus.

Laut Programm sollte die „Solidarität" das wichtigste Instrument zur Verwirklichung der genannten Ziele darstellen. Sie wurde definiert als Organisation, die Merkmale einer Gewerkschaft und einer breiten gesellschaftlichen Bewegung in sich verbindet, als ein Zusammenschluss vieler gesellschaftlicher und weltanschaulicher Strömungen, als Vereinigung von Menschen mit unterschiedlichen politischen und religiösen Überzeugung. Gemäß ihrer umfassenden Aufgabe wurde den in der Organisation gelten Normen im Programm breiten Raum eingeräumt, die das Erlernen von Meinungsfreiheit, Pluralismus und demokratisch-solidarischen Verhalten gewährleisten sollten.

Auch wenn der Kampf der Arbeiter im Mittelpunkt stand, richtete sich der Blick auf die ganze Gesellschaft. Das Programm war strategisch formuliert, verlor aber die Bewältigung der aktuellen wirtschaftlichen und sozialen Krise nicht aus den Augen. Ohne die geopolitische Lage Polens zu ignorieren, insistierte es doch auf eine schrittweise Ausdehnung des nationalen Bewegungsspielraums des Landes. Letztendlich war dies ein Programm zu einer weitgehenden demokratischen, rechtsstaatlichen und moralischen Erneuerung des polnischen Gemeinwesens. Man wolle, so hieß es, eine wirkliche Vergesellschaftung des Verwaltungs- und Wirtschaftssystems und strebe deshalb nach einem sich selbstverwaltenden Polen.[437]

In Stichworten bedeutete dies:

- Achtung der Menschen- und Bürgerrechte
- Pluralismus der Weltanschauungen sowie des politischen und gesellschaftlichen Lebens
- demokratische Parlamentswahlen

---

436 Siehe Holzer: „Solidarität" ... a.a.O., S. 338 ff. Auch Büscher: Solidarność ... a.a.O., S. 106 ff.
437 Program NSZZ „Solidarność", uchwalony przez I Krajowy Zjazd Delegatów. In: *Tygodnik Solidarność*, Nr. 29, 16.10.1981.

- Arbeiterselbstverwaltung mit unternehmerischen Kompetenzen
- Selbstverwaltung der lokalen und regionalen staatlichen Körperschaften
- Unabhängigkeit der Justiz
- Freiheit der Medien
- Einschränkung der Zensur
- Gleiche Bildungschancen
- Freiheit von Wissenschaft und Forschung[438]

Das Programm war gedacht als Ausgangsbasis für eine neue Verständigung mit den Machthabenden nach dem Vorbild des „Danziger Abkommens" vom August 1980. Es wies zwar eine gewisse innere Kohärenz auf, ließ aber auch Fragen offen:

- Wie weit wollte man unter den damaligen geopolitischen Bedingungen bei der Ausdehnung des nationalen Spielraums gehen?
- Sollten die Kommunisten schrittweise die Macht abgeben bzw. ging es um eine auf längere Zeit angelegte Teilung der Macht?
- Welche Funktionen waren dem Staat auch weiterhin vorbehalten?

Der polnische Historiker Jerzy Holzer schrieb:

> „Größte Bedeutung für die Perspektivpläne der ‚Solidarität' hatten die Konzeptionen für eine ‚sich selbst verwaltende Republik'. Sie gingen weit über die Spielregeln des ‚real existierenden Sozialismus' hinaus, wichen aber auch von den Regeln der westlichen, kapitalistischen Systeme ab. (Die) Grundprinzipien (standen) in (der) lange(n) Reihe der freiheitlichen, sozialistischen Utopien ..."[439]

Das Programm der „Solidarität" vom Herbst 1981 war Ausdruck einer illusionären Sehnsucht nach einem „dritten Weg" zwischen Sozialismus und Kapitalismus, äußerst sympathisch, aber nicht zu verwirklichen. Bei aller Betonung einer gewissen Selbstbeschränkung durch die „Solidarität" und die weniger radikalen Teile der Opposition musste diese Strategie das System sprengen, sollte sie konsequent verfolgt werden. Aus historischer Sicht wirkt das Programm wie das Vermächtnis einer Bewegung, die zwei Monate vor Verhängung des Kriegsrechts bereits ihren Zenit überschritten hatte.[440] Nach dem Scheitern des Revisionismus in den 1960er Jahren war dies die zweite Niederlage für die Konzeption des „dritten Wegs" in Polen. Auch unter anderen historisch-politischen Bedingungen, etwa im Westen, ist der „dritte Weg" bis heute Utopie geblieben.

Abgesehen von denjenigen, die damals im Westen mit Polen sympathisierten und nach der Verhängung des Kriegsrechts Gruppen der „Solidarität mit Solidarność" organisierten, hat die westliche Linke das linke Programm der „Solidarität" vom Herbst 1981 nie richtig zur Kenntnis genommen und gewürdigt. Im Westen hatte hatte es seit

---

438 Ebd.
439 Holzer: „Solidarität", ... a.a.O., S. 343.
440 Siehe Holzer, Jerzy: Abschied von einer Illusion. Die Solidarność und die Idee einer konfliktfreien Gesellschaft. In: *Osteuropa*, 59. Jg., 2–3/2009, S. 156.

dem Ende des Zweiten Weltkriegs keine derart breite Massenbewegung gegeben, die sich um ein solches linkes Programm scharte.

Erst die Beschlüsse des *Runden Tisches* vom Frühjahr 1989 führten zu einer Machtteilung zwischen den Kommunisten und der Opposition, die aber mit der Zeit zu einer vollständigen Entmachtung der Kommunisten führte und in ein parlamentarisches und marktwirtschaftliches, anders ausgedrückt ein kapitalistisches System nach westlichem Vorbild mündete. Für viele Mitglieder der „Solidarität", die den Kongress 1981 und die Verabschiedung des Programms miterlebt hatten, war die 1989 eingeschlagene marktwirtschaftliche Richtung eine Enttäuschung. Anna Walentynowicz z. B. gehörte zu diesen Enttäuschten.

Immerhin entstanden nach dem Kongress verschiedene politische Klubs, die sich am Programm der „Solidarität" orientierten bzw. noch darüber hinausgingen und sich als Keimzellen für politische Parteien verstanden. Dies waren insbesondere die *Klubs der Selbstverwalteten Republik „Freiheit-Gerechtigkeit-Unabhängigkeit" (Kluby Samorządnej Rzeczypospolitej „Wolność-Sprawiedliwość-Niepodległość")* sowie die *Klubs im Dienste der Unabhängigkeit (Kluby Służby Niepodległości)*.[441] Erstere knüpften mit ihrem Namen an die demokratische Tradition der *Polnischen Sozialistischen Partei (Polska Partia Socjalistyczna – PPS)* an, die während des Zweiten Weltkriegs im Untergrund unter der Bezeichnung *Freiheit-Gleichheit-Unabhängigkeit (Wolność-Równość-Niepodległość)* gekämpft hatte.

Das Programm der „Solidarität" vom Herbst 1981 entsprach ziemlich genau den linken politisch-strategischen Auffassungen, die Bronisław Geremek bis dato geäußert hatte. Insofern hat er dem Kongress in Danzig als Vorsitzender der Programmkommission seinen Stempel aufgedrückt. Mag sein, dass er schon damals ahnte, dieses Programm werde womöglich eine Illusion bleiben. Nach seinem Tod im Jahr 2008 sagte sein Sohn Marcin: „Mein Vater hat immer davon geträumt, dass das gesellschaftliche Geschehen in der einen oder anderen Art genossenschaftlich und möglichst solidarisch organisiert werde."[442]

Die zwei Monate zwischen dem Abschluss des Kongresses der „Solidarität" am 7. Oktober und der Verhängung des Kriegsrechts (polnisch „stan wojenny") am 13. Dezember 1981 wirken aus heutiger Sicht wie der Prolog für die bevorstehende gewaltsame Konfrontation. Deutlich wurde einmal mehr das Dilemma, in dem jeder gesellschaftliche Emanzipationsversuch unter den damaligen nationalen und geopolitischen Rahmenbedingungen gefangen war. Auf der einen Seite standen Partei und Regierung, die sich darauf beschränkten, das real existierende sozialistische System zu verteidigen und jedwede Möglichkeit der Verständigung mit der „Solidarität" leugneten, sieht man einmal von taktischen Äußerungen führender Parteifunktionäre und den von ihnen geführten Scheinverhandlungen mit Vertretern der Gewerkschaft ab. Während die aggressive Propaganda der offiziellen Medien nur noch dem Ziel diente, aus-

---

441 Siehe Holzer: „Solidarität", … a.a.O. S. 349 f.
442 Marcin Geremek … (Fn. 293).

schließlich der Gewerkschaft und der Massenbewegung der „Solidarität" die Schuld für die politische und wirtschaftliche Misere in die Schuhe zu schieben, wurden hinter den Kulissen die letzten Vorbereitungen für die Verhängung des Kriegsrechts getroffen. Auf der anderen Seite bemühte sich die „Solidarität" verzweifelt, Zugeständnisse von den Machthabern zu erzwingen und die Lösung der größten Probleme wie etwa die Verteilung von Grundnahrungsmitteln selbst in die Hand zu nehmen. Unter dem Druck der Unruhe im Land wurde sie hin und her geworfen zwischen dem Bemühen, mäßigend auf die Gesellschaft einzuwirken, und dem politischen Angriff auf das sozialistische System.

Wirtschaftlich lief in diesen Wochen nur noch wenig. Die Fabriken nutzten ihren Produktionskapazitäten nur noch zu etwa 60 Prozent, Export und Import sanken dramatisch. Der Binnenmarkt brach fast vollständig zusammen, so dass die Bevölkerung kaum noch das Nötigste erhielt. Die Liste der rationierten Konsumgüter stieg von Tag zu Tag. Viele Menschen erschienen nicht mehr zur Arbeit, weil sie sich den ganzen Tag um die Versorgung kümmern mussten oder ihnen das Benzin für die Fahrt zum Arbeitsplatz fehlte. Wer irgendwie konnte, ging auf Arbeitssuche in den Westen.

Symptomatisch für die Situation war das Referat des Ersten Sekretärs Stanisław Kania während IV. Plenartagung des Zentralkomitees der *Polnischen Vereinigten Arbeiterpartei* vom 16. bis 18. Oktober, der allerdings zu diesem Zeitpunkt nur noch Parteichef auf Abruf war. Kania sagte u. a.:

> „Heute muss man erkennen, dass vor allem anderen die Verteidigung des Sozialismus gegen die konterrevolutionäre Bedrohung der Leitgedanke unseres Handelns sein muss, der Schutz der nationalen Existenz und die Fortführung der Linie der Verständigung, verstanden als die Ausrichtung auf ein breites Bündnis aller, die nicht gegen den Sozialismus sind und die für das Wohlergehen unseres gemeinsamen Vaterlandes arbeiten wollen ... Das Programm der sozialistischen Erneuerung bietet Chancen für Polen. Wir wissen aber, dass diese Zeit auch ernste Bedrohungen für den Sozialismus und für die nationale Existenz bringt, und dass sie eine wirtschaftliche Katastrophe bringen kann Deshalb muss die Regierung mit dem Recht und dem Vertrauen unserer Partei und Gesellschaft ausgestattet sein, alle Mittel anzuwenden, die sich für die Verteidigung des Sozialismus, für die Wiederherstellung der Rechtsordnung und für die Eindämmung der destruktiven Prozesse in der Volkswirtschaft als unerlässlich erweisen mögen."[443]

Wichtiger als die Rede von Kania war der folgende Wechsel an der Parteispitze. Kania wurde durch Wojciech Jaruzelski abgelöst, der nun Erster Sekretär, Ministerpräsident und Verteidigungsminister in einer Person war. In seiner Ansprache nach der Wahl verheimlichte er nicht die Vorbereitungen auf eine eventuelle Auseinandersetzung mit der „Solidarität":

---

443 Zitiert nach Holzer, Jerzy: „Solidarität", ... a.a.O., S. 358.

> „Wir haben die Konfrontation nie gesucht und, mehr noch, sie immer vermieden. Auch heute streben wir sie nicht an ... Eines ist jedoch sicher, dass nämlich die Möglichkeiten einer Umkehr schon erschöpft sind."[444]

Möglicherweise war die Ernennung Jaruzelskis zum Ersten Sekretär schon mit Moskau abgesprochen, bevor Kania überhaupt erfuhr, dass seine Zeit abgelaufen war. Ganz bezeichnend war ein Telefongespräch, das Jaruzelski mit dem sowjetischen Parteichef Leonid Breschnew führte:

> (Breschnew:) „Besonders wichtig ist es jetzt, keine Zeit zu verlieren und das von uns geplante entschiedene Auftreten gegen die Konterrevolution zu verwirklichen. Ich hoffe, dass nun alle – in Polen wie im Ausland – spüren, dass die Entwicklung im Land in eine neue Richtung geht." (Jaruzelski:) „Ich will euch offen sagen, dass ich mich trotz schweren inneren Widerstands zur Übernahme dieses Postens entschlossen habe, und auch nur deshalb, weil ich von Eurer Unterstützung wusste und auch davon, dass das Eure Entscheidung ist."[445]

Die Ablösung Kanias durch General Jaruzelski entsprach der Tatsache, dass inzwischen das Militär die einzige staatlich-gesellschaftliche Institution war, die noch über funktionierende Infrastrukturen und damit über Handlungsfähigkeit bzw. Schlagkraft verfügte.

Am 23. Oktober, also wenige Tage nach der ZK-Sitzung, beschloss die Regierung unter Führung von Jaruzelski die Bildung von etwa 2.000 kleineren militärischen Einsatzgruppen, die bald darauf auch in alle Regionen Polens geschickt wurden. Offiziell hieß es, diese Einheiten sollten die Behörden in ihrem Kampf gegen Chaos, Misswirtschaft, Verschwendung und Korruption unterstützen. In Wirklichkeit bestand ihre Aufgabe darin, das entsprechende Terrain für die späteren Zwangsmaßnahmen im Rahmen des Kriegsrechts zu sondieren.

In dieses Bild passte der Plan der Regierung, die Warschauer Feuerwehrhochschule *(Wyższa Oficerska Szkoła Pożarnictwa)* von einer zivilen in eine militärische Einrichtung umzuwandeln. Als die Studenten das Gebäude ihrer Hochschule besetzten, wurde der Protest von Sondereinheiten der Polizei unter Einsatz von Hubschraubern und Panzerwagen niedergeschlagen. Bronisław Geremek und andere Intellektuelle bemühten sich vergeblich, eine friedliche Einigung zu vermitteln.

Schon am 28. Oktober hatte die „Solidarität" mit einem landesweiten einstündigen Streik gegen die Militarisierung des gesellschaftlichen Lebens protestiert. Die Aktion zeigte, dass die Gewerkschaft auch in dieser zugespitzten Situation die Unterstützung der Mehrheit der Gesellschaft genoss. Allerdings drohte in diesen Wochen an zahlreichen Orten auch eine Spaltung der Organisation, weil die dortigen Gewerkschaftsfunktionäre zu lokalen Streiks aufriefen, ohne dies mit der Gewerkschaftszentrale abzusprechen. Deutlich wurde aber ebenso, dass viele Menschen in ihrer Apathie keinen

---

444 Zit. nach ebd., S. 364.
445 Zit. nach Encyklopedia Solidarności. Kalendarium października 1981. http://www.encyklopedia-solidarnosci.pl/wiki/index.php?title=TL-1981/10.

Bronisław Geremek während des Protests der Studenten der Warschauer Feuerwehrhochschule im November 1981

Sinn mehr in Protestaktionen sahen. Lech Wałęsa reist unermüdlich durchs Land, um zu Vernunft und Selbstbeherrschung aufzurufen.

Dass die Würfel gefallen waren, zeigte ein Gespräch zwischen dem Primas der katholischen Kirche, Kardinal Józef Glemp, Lech Wałęsa sowie dem Partei- und Regierungschef Wojciech Jaruzelski am 4. November 1981 in Warschau, das aber ohne Ergebnis blieb. Wałęsa berichtete später über den absurden Verlauf der Unterredung, die im Vorfeld noch als letzter Versuch einer Verständigung apostrophiert worden war:

> „Wir trafen uns am 4. November im Gebäude des Ministerrats. Einziges Thema des Gesprächs, das etwa eine Stunde dauerte, war der Kompromissvorschlag, den Partei und Regierung vorbereitet hatten. Es bestand keinerlei Chance, den Kompromissplan der ‚Solidarität' vorzustellen, den Tadeusz Mazowiecki ausgearbeitet hatte. Diese Option, so Jaruzelski, spiele keine Rolle. Das Treffen endete in einer Sackgasse. Jeder von uns präsentierte seinen Standpunkt und verharrte in seinen Auffassungen. Der Primas sprach im Namen der Kirche, ich hinsichtlich der Notwendigkeit von Veränderungen, und Jaruzelski verkündigte, dass man nichts machen könne."[446]

So stand die drohende, entscheidende Konfrontation zwischen der Gesellschaft und der kommunistischen Macht im Zentrum der Debatte während einer Tagung des Präsidiums der *Landeskommission* der „Solidarität" zusammen mit den Regionalvorsit-

---

446 Wałęsa, Lech: Droga do prawdy ... a.a.O. S.165.

zenden der Gewerkschaft am 3. Dezember in der mittelpolnischen Stadt Radom."[447] Die Mehrheit der Anwesenden war davon überzeugt, dass diese Auseinandersetzung in absehbarer Zeit bevorstünde und nicht zu vermeiden sei. Selbst der in der Regel gemäßigt auftretende Lech Wałęsa erklärte:

> „Von Anfang an war klar, dass es einen Kampf geben würde – nur muss man dafür solche Mittel wählen, (die gewährleisten), dass die Gesellschaft diesen Kampf so weit wie möglich versteht … (Man soll) nicht unbedingt laut sagen, dass eine Konfrontation unmöglich sei … In solchen Gesprächen über die Frage, wer wen überlistet und mit welchen Mitteln, überlisten wir uns nur selbst. Vielmehr müssen wir sagen: Wie lieben auch, wir lieben den Sozialismus, wir lieben die Partei, natürlich auch die Sowjetunion, und indem wir Fakten schaffen, machen wir unsere Arbeit und warten auf die Konfrontation."[448]

Aber was stand hinter Wałęsas blumigen Worten? Einerseits spürte er die Unvermeidbarkeit der Konfrontation und führte dieses Dilemma hauptseitig auf die Böswilligkeit der Machthabenden zurück. Andererseits befürchtete er, dass ein öffentliches Eingestehen dieser Tatsache von der Mehrheit der Gesellschaft als Ausdruck einer offensiven Haltung der „Solidarität" verstanden werden würde, d.h. als Absage an die, wenn auch nicht ehrlich gemeinten Angebote zur Verständigung seitens der Regierung. Wałęsa wusste nur zu gut, dass viele Menschen im Land müde waren. Aber er wollte auch nicht den Radikalen in der „Solidarität" in die Hände spielen. So sagte er:

> „Wir werden gewinnen, nur wollen wir nicht den höchsten Preis dafür zahlen. Natürlich kann man in diesem Kampf nicht den Sieg davontragen, ohne dafür zu zahlen. Es geht darum, so wenig wie möglich zu zahlen."[449]

Wałęsas Auftritt basierte nicht zuletzt auf Gesprächen mit seinen wichtigsten Beratern wie Bronisław Geremek und Tadeusz Mazowiecki.

Er konnte nicht verhindern, dass die Mehrheit der Anwesenden auf der Tagung in Radom die Macht der Parteiführung und der Regierung, die über das Militär, die Polizei und andere bewaffnete Einheiten verfügten, unterschätzte und dementsprechend die Macht und die Einflussmöglichkeiten der „Solidarität" überschätzte. Besonders deutlich wurde dies in einem Redebeitrag von Jan Rulewski aus Bromberg/Bydgoszcz, der dafür plädierte, der Regierung Jaruzelski das Vertrauen zu entziehen und statt dessen für eine Übergangszeit eine provisorische Regierung nach der Art eines unternehmerischen Managements einzusetzen. Die „Solidarität", so Rulewski, könne der Sowjetunion bessere Garantien als die amtierende Regierung bieten, womit er vor allem die Beibehaltung der Stützpunkte der Roten Armee und deren logistische Ver-

---

447 Siehe insbesondere Duriasz, Józef: Radom – Stanowisko na dziś. In: *Tygodnik Solidarność*, Nr. 37, 11.12.1981. Skórzyński: Zadra … a.a.O., S. 96 f. Holzer: „Solidarität", … a.a.O., S. 394 ff.
448 Zit. nach Skórzyński: Zadra … a.a.O., S. 97.
449 Zit. nach Holzer: „Solidarität", … a.a.O., S. 395.

bindungen zu den entsprechenden Einheiten in den anderen Staaten des Warschauer Pakts meinte.[450]

Entsprechend radikal waren die Beschlüsse von Radom. Darin wurde die Regierung beschuldigt, Scheinverhandlungen zu führen und gleichzeitig Gesetze über Ausnahmeregelungen im Sejm zu forcieren. Verhandlungen über eine nationale Verständigung, so hieß es, seien offenbar gegenstandslos. Für den Fall, dass der Sejm der Regierung außerordentliche Vollmachten erteile, wurde ein Generalstreik angekündigt. Die „Solidarität" forderte insbesondere freie Wahlen zu den lokalen und regionalen Körperschaften, Beteiligung der Gewerkschaft an der Kontrolle der Wirtschaft sowie freien Zugang für sich und die katholische Kirche zu Hörfunk und Fernsehen. Die Erfüllung dieser Forderungen hätte bedeutet, die Kommunisten auf regionaler Ebene zu entmachten, der Regierung wirtschaftspolitisch Fesseln anzulegen und die Bastionen der Machthabenden in den Medien in Frage zu stellen. Viel spricht dafür, dass die Mehrheit der Anwesenden die Erfüllung dieser Forderungen für realistisch hielt, auch wenn Berater wie Bronisław Geremek vor trügerischen Hoffnungen warnten.[451]

Die Beratung in Radom ging auch deshalb in die Geschichtsbücher ein, weil die Regierung Teile eines Mitschnitts der dort gehaltenen Reden sowie ausführliche Komentare dazu über Hörfunk und Fernsehen verbreitete. Den Mitschnitt hatte der regionale Gewerkschaftsmitarbeiter Eligiusz Naszkowski angefertigt, der auch als Informant des Sicherheitsdienstes arbeitete. Schon zuvor waren Gespräche in den Führungsgremien der „Solidarität" mitgeschnitten und anschließend, mal mehr mal weniger, in der offiziellen Propaganda gegen die Gewerkschaft missbraucht worden.

Ohne Zweifel hat den Medien in die Hände gespielt, dass während der Tagung in Radom auch äußerst harte, zum Teil sehr polemische Äußerungen gefallen und vereinzelt sogar unverhüllte Drohungen gegen Parteifunktionäre ausgestoßen worden waren. Wie dies auf die Adressaten wirkte, berichtete der damalige Vizepremier Mieczysław Rakowski:

> Wir hörten das Band im Arbeitszimmer Jaruzelskis im ZK ab ... Von einigen der mitgeschnittenen Formulierungen, darunter auch von dem Passus ‚an der Gurgel festbeißen' (targać się po szczękach), waren wir entsetzt. Der Tropfen aber, der das Fass zum Überlaufen brachte, war eine Ankündigung der ‚Solidarität'-Region Masowien, am 17. Dezember 1981 in Warschau eine Massendemonstration auf dem Plac Konstytucji (Platz der Verfassung) abzuhalten. Aufgrund von Meldungen aus dem ganzen Land gewannen wir den Eindruck, dass die vielerorts schwelenden Brandherde eine latente Gefahr darstellten: Es reichte, dass jemand die Nerven verlor, und ein blutiges Drama war da. Provokationen, und zwar aus den verschiedensten Ecken, waren nicht auszuschließen. Die geplante Massendemonstration bestärkte uns in der Überzeugung, dass wir keinen

---

450 Ebd. 395 f.
451 Ebd.

anderen Ausweg hatten, als uns mit der Notwendigkeit einer Schockwirkung abzufinden. Kriegsrecht also!"[452]

Ohne Zweifel waren die inkriminierten Äußerungen und Drohungen oft unbedacht und hauptsächlich emotional bzw. nicht als Handlungsanweisung zu verstehen. Doch sie zeigten auch, wie angespannt die führenden Funktionäre der „Solidarität" in der damaligen hitzigen Atmosphäre im ganzen Land waren. Und das, was sie sagten, war in der Regel nicht polemischer als das, was beinah täglich an verbalen Angriffen gegen die Gewerkschaft in den offiziellen Massenmedien vorgetragen wurde. Außerdem waren die Äußerungen auch Ausdruck der Rivalität, die zwischen den führenden Funktionären der „Solidarität" herrschte.

Die letzte Sitzung der *Landeskommission* der „Solidarität" vor Verhängung des Kriegsrechts am 11./12. Dezember in Danzig vermittelte das Bild einer eher ratlosen Gewerkschaftsführung, die intuitiv spürte, dass sie in einer Sackgasse gelandet war und deshalb zwischen Radikalität und Vernunft hin und her schwankte.[453] Diese Ratlosigkeit galt in gewisser Weise auch für die intellektuellen Berater wie Bronisław Geremek und Tadeusz Mazowiecki. Karol Modzelewski brachte die vorherrschende Meinung auf den Punkt, als er betonte, dass angesichts des Zusammenbruchs der Wirtschaft und der katastrophalen Versorgungslage die Verhängung eines Ausnahmezustands für die Regierung die einzige gangbare Alternative zu einer Verständigung mit der „Solidarität" sei. Andere wie Jacek Kuroń meinten, dass sich die Regierung in einer Situation befinde, in der sie einerseits weder zuschlagen, noch andererseits die Kraft zu konstruktiven Lösungen habe.

Mehrheitlich war man der Auffassung, dass die „Solidarität" politisch noch offensiver vorgehen und auf eine Veränderung der herrschenden politischen Mechanismen hinarbeiten müsse. Selbst der sonst eher besonnene Lech Wałęsa sprach sich für eine Umgestaltung des Systems und die Bildung einer provisorischen Regierung aus. Gerade die Radikalen in der Gewerkschaftsführung suchten nach Methoden für einen baldigen Sturz der Regierung. Allerdings konnte man sich nicht auf ein gemeinsames konkretes Vorgehen einigen. Der Vorschlag eines Generalstreiks fand keine Mehrheit. Intellektuelle Berater wie Bronisław Geremek und Tadeusz Mazowiecki warnten davor, weitergehende Grundsatzentscheidungen zu treffen, da diese, wie sie argumentierten, die Gewerkschaft in eine gefährliche Zwangssituation hinein manövrieren könnten.

Schließlich einigte man sich auf einen Beschluss, der einerseits das Ergebnis der Tagung von Radom bestätigte und andererseits die Forderung nach einem nationalen Referendum über „die Herrschaftsmethoden der zentralen und regionalen Organe

---

452 Rakowski, Mieczysław: Es begann in Polen. Der Anfang vom Ende des Ostblocks. Hamburg 1995, S. 54.
453 Siehe Tabako, Tomasz (red.): Komisja Krajowa NSZZ „Solidarność". Posiedzenie w dniach 11–12 grudnia 1981 r. Warszawa 2003, S. 12.

der Staatsverwaltung" enthielt.[454] Nicht näher ausgeführt wurde allerdings, welche Schritte aus diesem Referendum abzuleiten seien, insbesondere dann, wenn die Bevölkerungsmehrheit ein negatives Urteil über das herrschende System treffen sollte. Für die Radikalen in der Gewerkschaftsführung aber war klar, dass dies nur freie Wahlen auf allen Ebenen des Staates sein könnten.

Für eine gewisse Naivität der Gewerkschaftsführung spricht, und das galt auch für Bronisław Geremek und andere Berater, dass sie trotz der schon während der Danziger Vorstandssitzung eingehenden inoffiziellen Meldungen über die unmittelbar bevorstehende Verhängung des Kriegsrechts keine Vorkehrungen für eine drohende Verhaftung und für eine Fortsetzung der Arbeit in der Illegalität trafen. Bewusstsein und Organisationsgrad der Gewerkschaftsmitglieder entsprachen nicht der Schärfe ihrer politischen Forderungen. Die Schlagkraft des herrschenden Apparats wurde unterschätzt. Natürlich wäre es nicht möglich gewesen, die gesamte Organisation in den Untergrund zu verlagern. Aber etwas mehr Weitsicht der Gewerkschaftsführung wäre schon zu erwarten gewesen. Gerade ein Historiker wie Bronisław Geremek kannte die Geschichte des polnischen Untergrunds seit dem Zweiten Weltkrieg nur zu gut.

War die gewaltsame „Lösung" in Form des Kriegsrechts vom 13. Dezember unvermeidlich? Tatsache ist, dass die Machthabenden nach außen hin eine Politik der Verzögerung und Demoralisierung, auch der Drohung und Provokation verfolgte, während sie hinter den Kulissen die Weichen für die Zerschlagung der Volksbewegung stellte. Die „Solidarität" konnte nicht verhindern, dass ihr diese Taktik aufgezwungen wurde. Die hatte keine Chance, gestaltend zur Lösung drängender Probleme beizutragen. Notgedrungen verschärfte sie angesichts der katastrophalen wirtschaftlich-sozialen Situation und unter dem Druck des gesellschaftlichen Unmuts den Angriff auf die Machthabenden, wie die Beschlüsse von Radom und Danzig zeigten. Der polnische Historiker Jerzy Holzer schrieb:

> „Der Weg zum Erfolg der Revolution über konsequente Mäßigung war versperrt; dem revolutionären Prozess stand nur ein Weg offen – die Radikalisierung ... Die Alternative zum ,Dezember-Krieg', zur physischen Unterwerfung der Gesellschaft, wäre deren geistiger Selbstmord gewesen, die Bereitschaft, den Kopf in die Schlinge zu legen gegen das bloße Versprechen, dass diese Schlinge nicht zugezogen werde ... Wäre eine solche Lösung für die Gesellschaft günstiger gewesen als der Kriegszustand? Kurzfristig ja. Langfristig aber wäre so der Wille der Gesellschaft, politisches Subjekt zu sein, und ihr Widerstand gegen den totalitären Anspruch des Systems gebrochen worden. Das polnische Nationalbewusstsein wäre gedemütigt gewesen ... Die Wahrheit (ist), ... dass das Erlebnis der 16 Monate ,Solidarität' für sie (die Gesellschaft – R.V.) ein bleibender Gewinn darstellt; es wird im Gedächtnis bleiben, zu einer Legende werden und Kraft zum Durchhalten geben."[455]

---

454 Siehe Uchwała KK (z 12.12.1981 ws. Taktyki i strategii związku). In: Dokumenty ... (Fn. 366), S. 168.
455 Holzer: „Solidarität", ... a.a.O., S. 413 ff.

Holzers Feststellung von 1984 hat sich im Nachhinein als richtig erwiesen. Die polnische Gesellschaft hat, wenn auch unter großen Opfern und Mühen, das Kriegsrecht sowie die nachfolgenden Jahre der Stagnation überstanden und schließlich der „Solidarität" den notwendigen Nachhaltigkeit „von unten" gegeben, sich zu reorganisieren und die Machthabenden schließlich im Frühjahr 1989 zur Verständigung am Runden Tisch zu zwingen.

So trifft die Hauptschuld am Scheitern der Volksbewegung von 1980/81 sicher die kommunistische Führung um Jaruzelski, für die der Machterhalt im Vordergrund stand, auch wenn man ihr die Sorge um das politische und wirtschaftliche Überleben Polens nicht ganz absprechen kann. Ihr fehlte das politische Format, das es ihr erlaubt hätte, mit der „Solidarität" nach einer nationalen Verständigung zu suchen, die Polen frühzeitig einen Sonderweg innerhalb des „Ostblocks" erlaubt hätte. Nach allem, was wir heute wissen, hätte Moskau kaum Chancen gehabt, einen solchen Sonderweg zu verhindern – anders als im Falle des *Prager Frühlings* von 1981. Aber Jaruzelski und seine Mitstreiter hatten nicht den Mut, den Alexander Dubček, wenn auch erfolglos, 13 Jahre zuvor bewiesen hatte. Im Moskauer Politbüro wusste man sehr gut um die Risiken einer Intervention á la 1968.

Das bedeutet nicht, dass nicht auch die „Solidarität" viele Fehler gemacht hätte. Dazu zählten sicher die Überschätzung der eigenen Kräfte und die Unterschätzung der Stärke des Gegners. Ebenso schien es in den letzten Wochen vor dem 13. Dezember, dass einzelnen Funktionären die Neigung zu innergewerkschaftlichen Kämpfen wichtiger als als Zusammenstehen angesichts drohender Gefahren war. Als vergleichsweise junge selbständige Organisation unter realsozialistischen Rahmenbedingungen fehlte es der „Solidarität" an demokratischer Kultur, war sie nicht frei von Demagogie und Xenophobie. Aber alle diese Fehler hatten unterordnete Bedeutung für den Gang der Ereignisse.

Noch Mitte November hatten Bronisław Geremek und Tadeusz Mazowiecki in Gesprächen mit Mitgliedern der EWG-Kommission in Brüssel über eine mögliche Lieferung von Lebensmitteln verhandelt, um angesichts des weitgehend zusammengebrochenen inneren Marktes die Versorgung der Bevölkerung wenigstens etwas zu verbessern. Diese Bemühungen wurden von der Internationalen Arbeitsorganisation unterstützt. Auf Anregung von Geremek richtete Lech Wałęsa in Namen der „Solidarität" am 16. November einen Appell an die Gewerkschaften in Europa, ihre jeweiligen Regierungen dazu zu bringen, eine Hilfe seitens der EWG an Polen zu fördern. Mit diesem Appell sollte außerdem demonstriert werden, dass die „Solidarität" eine Kraft war, die gegen eine Konfrontation und für die Rückkehr zu einer Politik des Dialogs eintrat.

Überblickt man die Jahre 1980–81, dann ist deutlich erkennbar, wie stark sich das Leben von Bronisław Geremek in den 16 Monaten zwischen dem Danziger Streik und der Verhängung des Kriegsrechts am 13. Dezember 1981 verändert hat. Für ihn trat die Wissenschaft in den Hintergrund, während die Politik mehr und mehr dominierte. Innerhalb kürzester Zeit gewann er als Berater prägenden Einfluss auf die Führung der „Solidarität". Der renommierte Historiker erwies sich als engagierter Anwalt der

Volksbewegung – nicht nur intellektuell, sondern auch und gerade politisch. Geremek empfand viel Sympathie für den Volkshelden Lech Wałęsa, dessen realpolitisches Gespür er zu schätzen wusste – auch wenn er hin und wieder kritische Worte an ihn richtete. Mit Tadeusz Mazowiecki verband ihn eine intellektuell-strategische Partnerschaft, die schließlich zur Freundschaft wurde. Während des Kongresses der „Solidarität" im Herbst 1981 stand Geremek in Zenit seines programmatischen Einflusses auf die Gewerkschaft. Das dort verabschiedete Programm für eine „selbstverwaltete Republik" liest sich wie die Quintessenz seines politischen Denkens. Doch der Historiker Geremek, der gelernt hatte, die „longue durée", also die historischen Tendenzen hinter den politischen Ereignissen zu erkennen, grübelte auch über die Frage, wie zukunftsträchtig dieses Programm wirklich sei und ob es jemals verwirklicht werden könne.

6. Vom Kriegsrecht zum *Runden Tisch*

Aus historischer Sicht wirken die Niederschlagung der Volksbewegung durch die Verhängung des Kriegsrechts im Dezember 1981 und die bahnbrechenden Beschlüsse am Runden Tisch im Frühjahr 1989, mit denen die Transformation eingeleitet wurde, wie die These und die Antithese zur Grundfrage des realen Sozialismus: Lösung der Probleme durch den Machterhalt der Kommunisten oder Überwindung des Systems. Militärisch könnte man auch von Angriff und Rückzug der Herrschenden sprechen. Der Runde Tisch basierte nicht zuletzt auf den Erfahrungen des Kriegsrechts. Schon Mitte der 1980er Jahre zeigte sich, dass die gewaltsame Vorgehensweise vom Dezember 1981 zwar das System zeitweise stabilisieren konnte, andererseits aber keine Aussicht auf eine Lösung der gravierenden politischen, wirtschaftlichen, sozialen und kulturellen Probleme eröffnete. In Teilen der polnischen Gesellschaft griffen Niedergeschlagenheit und Hoffnungslosigkeit um sich. Doch der „Solidarität" gelang es, wenn auch mühsam, ihre Strukturen wieder aufzubauen. In den intellektuellen Debatten kristallisierten sich schließlich Strategien für einen Kompromiss mit den Machthabenden heraus, der den Weg zur Überwindung des Systems weisen sollte. Großen Einfluss hatten der Machtantritt von Michail Gorbatschow im März 1985 sowie die beiden Polenbesuche von Johannes Paul II. im Juni 1983 und besonders der im Juni 1987. Gerade für Bronisław Geremek und die anderen im Dezember 1981 internierten intellektuellen Berater der „Solidarität" war es eine große Genugtuung, als die Machthabenden um General Wojciech Jaruzelski, die damals ihre Verhaftung angeordnet hatten, nun gut sieben Jahre später mit ihnen am Runden Tisch über eine Demokratisierung des Systems verhandeln mussten.

6.1. Ausharren im Internierungslager

Die Verhängung des Kriegsrechts durch eine Militärjunta unter Führung von General Wojciech Jaruzelski sowie dessen Auswirkungen zählen zu den dramatischsten Erfahrungen des polnischen Volkes seit dem Ende des Zweiten Weltkriegs und sind damit ein wichtiger Bestandteil des kollektiven Gedächtnisses, auch wenn viele junge Leute nur wenig oder gar nichts über die damaligen Ereignisse wissen.[456] Dabei wirkt der

---

[456] Den besten Überblick gibt Paczkowski: Andrzej: Wojna polsko-jaruzelska. Stan wojenny w Polsce 13 XII 1981 – 22 VII 1983. Warszawa 2006. Siehe auch Friszke, Andrzej: Stan wojenny – staystyka represji. In: Europejskie Centrum Solidarności: Wolność ... Fn. S. 44 ff. Jaruzelski selbst hat sich zum Kriegsrecht in verschiedenen Büchern geäußert: Jaruzelski, Wojciech: Stan wojenny dlaczego ... Warszawa 1992. In deutscher Sprache: Hinter den Türen der Macht. Der Anfang vom Ende einer Herrschaft. Leipzig 1996. Ders.: Tego nigdy nie powie. Pożoga. Warszawa 1992. Ders.: Być może to ostatnie słowo. Warszawa 2008. Ders.: Listy ... Warszawa 2010. Ders.: Mein Leben für Polen. München/Zürich 1993.

Begriff „Kriegsrecht" (polnisch „stan wojenny") etwas unverständlich, weil es sich bei dem damaligen Geschehen nicht um einen Krieg zwischen Staaten oder einen bewaffnet ausgetragenen Bürgerkrieg handelte. Tatsächlich war es ein Staatsstreich bzw. Militärputsch der Machthabenden gegen die „eigene" Gesellschaft.

In seiner Fernsehansprache am 13. Dezember 1981, die auch im Hörfunk übertragen wurde, erklärte Jaruzelski, dass das Land fortan unter Kriegsrecht stehe. Und er begründete diesen Schritt mit der extrem schwierigen politischen, wirtschaftlichen und sozialen Lage des Landes. Polen, so der General, stehe vor einer großen nationalen Kraftanstrengung zur Erneuerung des sozialistischen Systems.[457] Damit verbunden war die Suspendierung der Versammlungs- und Redefreiheit sowie des Streikrechts, die Einführung der Polizeistunde, die weitgehende Abschaltung des Telefonnetzes, die zeitweise Schließung der Schulen und Hochschulen sowie fast aller Zeitungen, die Militarisierung des Fernsehens und sogar die Schließung der Tankstellen.

Jaruzelski und auch sein enger politischer Mitstreiter Mieczysław Rakowski haben im Nachhinein wiederholt betont, die Verhängung des Kriegsrechts sei das kleinere Übel gegenüber eines sowjetischen Eingreifens gewesen. Unter polnischen Historikern herrscht dagegen mehrheitlich die Auffassung, dass um den 13. Dezember 1981 eine sowjetische Invasion bzw. ein Eingreifen des Warschauer Paktes eher nicht gedroht habe, für einen späteren Zeitpunkt aber nicht ausgeschlossen gewesen sei, sollte Jaruzelskis Vorgehen scheitern oder das sozialistische System in Polen grundsätzlich gefährdet sein. Der polnische Historiker Andrzej Paczkowski betonte:

> „Sicher ist, dass alle mit dieser Lösung (des Kriegsrechts – R.V.) zufrieden waren. Am meisten die Sowjets, weil sie nicht einmarschieren mussten. Auch Jaruzelski, weil er das sozialistische Polen retten wollte. Wohl auch die Amerikaner, weil sie nicht auf eine bewaffnete Intervention der Sowjets reagieren mussten."[458]

Das entscheidende logistische und operative Zentrum für die Vorbereitung und Umsetzung des Kriegsrechts war die Führung des polnischen Militärs samt den zugehörigen Stäben in Kooperation mit den Verantwortlichen des Sicherheitsdienstes und der Polizei. Schon ein Jahr zuvor hatten die entsprechenden Vorbereitungen im Innen- und Verteidigungsministerium begonnen. Offiziell übernahm der *Militärrat der Nationalen Rettung (Wojskowa Rada Ocalenia Narodowego – WRON)*, dem führende Offiziere des polnischen Militärs angehörten, die Macht im Land. Die Inthronisierung dieses Rates war ein grober Verstoß gegen die damals in Polen geltende Rechtsordnung. Der Rat bemühte sich auch im Nachhinein nicht um eine Art „Legalisierung" etwa durch eine Entscheidung des Sejm oder des Staatsrats.

Lediglich die grundsätzliche Entscheidung für das Kriegsrecht wurde durch die Mitglieder des Staatsrats legitimiert, allerdings auf höchst zweifelhafte Weise. So rief

---

457 Die deutsche Version der Ansprache wurde u. a. in der *Frankfurter Rundschau* vom 14.12.1981 nachgedruckt.
458 Sowieci, Jaruzelski, Amerykanie – wszyscy byli zadowoleni. Gespräch mit Andrzej Paczkowski. In: *Gazeta Wyborcza*, 5.2.2009.

man die Mitglieder des Staatsrats am 13. Dezember morgens um ein Uhr zusammen und nötigte diese, das Dekret über die Verhängung des Kriegsrechts zu beschließen. Der Beschluss fiel, nachdem schon die ersten Verhaftungen von Gewerkschaftern und Oppositionellen erfolgt waren. Das Dekret und andere beschlossene Dokumente trugen den 12. Dezember als Datum, waren also bewusst vordatiert. Unabhängige Juristen der Krakauer Universität erklärten den Beschluss des Staatsrats schon am 14. Dezember für verfassungswidrig.

Auch wenn der Militärrat offiziell die Macht ausübte, wurden seine wichtigsten Beschlüsse durch das so genannte *Direktorium* vorgegeben, das ebenfalls in der Verfassung nicht vorgesehen war und dessen Entscheidungen deshalb gegen die geltende Rechtsordnung verstießen. Dem Gremium gehörten insbesondere drei ZK-Sekretäre sowie der Innen- und der Verteidigungsminister an.

Das wohl wichtigste Element des Kriegsrechts war die Verhaftung und Internierung von Funktionären und Mitgliedern der „Solidarität" sowie von Oppositionellen, auch von führenden Exponenten des wissenschaftlichen, kulturellen und künstlerischen Lebens, die entweder der „Solidarität" nahe standen oder eine unabhängige Position zwischen der Gewerkschaft und der Staatsmacht einnahmen. Nach damaligen Angaben des Innenministeriums waren nach dem 13. Dezember zeitweise fast 6.000 Personen interniert.[459] Verhaftet wurden auch fast alle Mitglieder der *Landeskommission* der „Solidarität", die nach der Sitzung am 11./12. Dezember in ihre Hotels gegangen waren oder mit dem Auto bzw. dem Zug nach Hause fuhren. Nach Verhängung des Kriegsrechts existierten zeitweise bis zu 24 Internierungslager, die sowohl in Gefängnissen als auch in anderen staatlichen Institutionen eingerichtet worden waren.

An den Verhaftungen waren etwa 10.000 Geheimdienstler, Polizeibeamte und Mitglieder der kasernierten Polizei ZOMO beteiligt, die sich zum Teil wie die Barbaren benahmen. So wurden wiederholt Wohnungstüren eingeschlagen, wenn die Betroffenen nicht gleich öffneten. Kleine Kinder blieben allein zurück, weil Mutter und Vater abgeführt wurden. Viele Personen wurden während der Verhaftung und danach äußerst rüde angefasst oder sogar geschlagen. Vereinzelt kam es auch zu Folterungen.

Streiks wurden durch Polizei- und Militäreinheiten niedergeschlagen. Die heftigsten Auseinandersetzungen entbrannten am 16. Dezember um die Grube *Wujek* in Kattowitz, wobei neun Bergleute erschossen wurden. Trotz einiger Gerichtsverfahren mit Verurteilungen und Freisprüchen sind bis heute nicht alle Hintergründe dieses traurigen Kapitels des Kriegsrechts erhellt worden.[460]

Zwischen Dezember 1981 und Oktober 1982 wurden mehr als 5.000 Festgenommene wegen so genannter politischer Straftaten zu Haftstrafen verurteilt. Zu den Anklagen zählten insbesondere die Teilnahme an Streiks und anderen Protestaktionen, die Herstellung und Verbreitung von Flugblättern und Zeitschriften sowie die Fortsetzung gewerkschaftlicher und politisch oppositioneller Tätigkeit. Die meisten Haft-

---

459 Friszke, Andrzej: Stan wojenny ... (Fn. 456).
460 Siehe u. a. Dziadul, Jan: Testament krwi. In: *Polityka* nr. 51, 14.-20.12.2011, S. 64 ff.

strafen betrugen bis zu drei Jahren, bei einigen Streikführern aus Stahlhütten und Kohlegruben zwischen vier und sechs Jahren. Ewa Kubasiewicz, eine Aktivistin der „Solidarität", wurde wegen ihrer führenden Rolle bei einem Streik an der Marinefachschule in Gdingen sogar zu einer Freiheitsstrafe von zehn Jahren verurteilt. Etwa ein Drittel der Verfahren fand vor Militärgerichten statt, die anderen vor ordentlichen Gerichten.

Parallel zu Internierung und Gerichtsverfahren kam es zu massiven Säuberungen durch Entlassungen. Besonders drastisch waren die Freistellungen in Stahlhütten und Kohlegruben, in der Stettiner Warski-Werft, in mehreren Häfen und Werften der „Dreistadt" Danzig-Zoppot-Gdingen sowie in einigen Breslauer Betrieben. Im Justizwesen wurden alle diejenigen entlassen, die sich weigerten ihre Mitgliedschaft in der „Solidarität" aufzukündigen. Weitreichende Säuberungen erfassten auch den Wissenschafts- und Bildungsbetrieb. Basis von Entlassungen waren oft so genannte Verifizierungsgespräche, insbesondere in den Medien. Bereits im Frühjahr verließen die ersten Personen das Land, die man zur Emigration genötigt hatte. Andererseits verkündete der Sejm am 22. Juli 1982 eine erste Amnestie, die die Freilassung von etwa 800 Internierten ermöglichte.

Ein wesentliches Element des Kriegsrechts war auch die Militarisierung des gesamten öffentlichen Lebens und wichtiger Bereiche der Wirtschaft. Etwa 4.700 Militärkommissare übernahmen die Kontrolle in wichtigen Institutionen und Unternehmen. Das galt besonders für das Verkehrs- und das Postministerium sowie das Ministerium für Bergbau und Energie und die Verwaltung für Meereswirtschaft beziehungsweise alle Einrichtungen und Betriebe, die diesen Ressorts angeschlossen waren. In diesen Institutionen waren insgesamt mehr als 2 Millionen Beamte und Mitarbeiter beschäftigt, was etwa 15 Prozent aller Beschäftigten in Polen entsprach.

Wie viele andere Intellektuelle verbrachte auch Bronisław Geremek mehr als ein Jahr in polnischen Gefängnissen und Internierungslagern.[461] Er wurde am 13. Dezember 1981 festgenommen und erst am 23. Dezember 1982 wieder freigelassen. Sieht man von einigen kurzzeitigen Verhaftungen etwa im Jahr 1976 ab, dann war dies sein erster Gefängnisaufenthalt. Andere oppositionelle Intellektuelle wie Karol Modzelewski, Adam Michnik und Jacek Kuroń hatten diese Erfahrung schon früher gemacht. Andererseits kannten sie nicht die zwangsweise Ansiedlung an einen schrecklichen Ort wie das Warschauer Ghetto, die Geremek schon als Junge während des Zweiten Weltkriegs erleiden musste.

Nach seiner Festnahme in den frühen Morgenstunden des 13. Dezember, als er mit dem Auto nach Warschau fahren wollte, brachte man Bronisław Geremek zunächst in das Strafgefängnis von Iława, ein masurisches Städtchen mit gut 30 000 Einwohnern auf halbem Wege von Warschau nach Danzig. Zeitweise wurden dort auch der Bau-

---

461 Zu den Erfahrungen in den Internierungslagern siehe u. a. Mazowicki, Tadeusz: Partei nehmen für die Hoffnung. Über die Moral in der Politik. Freiburg im Breisgau 1990. Kuczyński, Waldemar: Polen, 13. Dezember 1981. Tagebuchberichte eines Betroffenen. Freiburg im Breisgau 1987.

ernpolitiker Ryszard Kalinowski, der spätere Wirtschaftsminister Tadeusz Syryjczyk und das KSS „KOR"-Mitglied Antoni Macierewicz festgehalten.

Einige Tage später verlegt man Geremek in das Gefängnis Białołęka im Norden Warschaus, das zum Teil in ein Internierungslager umgewandelt worden war. Dort verbrachte er etwa fünf Wochen. Białołęka war damals das größte dieser Lager, zeitweise hielten sich dort etwa 600 Internierte auf – darunter Adam Michnik, Jacek Kuroń, Henryk Wujec, Janusz Onyszkiewicz und Karol Modzelewski, auch der spätere Staatspräsident Bronisław Komorowski. Waldemar Kuczyński, der dort ebenfalls inhaftiert war, berichtete später:

> „Białołęka ist ein Untersuchungsgefängnis. Hier gelten Isolationsvorschriften für die Häftlinge. An der Decke brennt eine schwache Glühbirne. An den Wänden stehen eiserne Dreietagenpritschen. Die Matratzen sind ausgeleiert. Zum Inventar gehören noch ein Tisch und ein paar Hocker, ein Hängeschrank für Geschirr und Lebensmittel, ein Waschbecken und ein Klosett, ein alter Handbesen mit Kehrschaufel und Eimer. Das Klosett stinkt furchtbar. Hier im vierten Stock fließt kaum Wasser. Alles, was man anfasst, starrt vor Schmutz."[462]

Etwa 90 Internierte, darunter auch Geremek, traten in einen Hungerstreik, um gegen die Haftbedingungen und Schikanen der Wärter zu protestieren, konnten damit aber wenig ausrichten. 30 Jahre später wurde am Gefängnis Białołęka eine Gedenktafel angebracht, die an die damaligen Vorgänge erinnern soll. Vorträge über die Internierung während des Kriegsrechts sind Teil der Resozialisierungsprogramme für die Gefangenen.

Gerade die ersten Wochen der Internierung waren auch für Geremeks Ehefrau Hanna, wie für die Frauen aller Internierten, eine sehr schwierige Zeit. Die Ungewissheit darüber, was die Zukunft wohl bringen würde, zehrte an ihren Nerven.

Erträglicher gestalteten sich die Bedingungen in Jaworze südöstlich von Stettin, wohin Geremek am 21. Januar gebracht wurde. Dort hatte man kurzerhand das Erholungsheim „Wilga" für Angehörige des Militärs in ein Internierungslager verwandelt. Das Ambiente und das Essen waren entsprechend. In Jaworze wurden zeitweise fast alle internierten Angehörige der wissenschaftlichen und kulturellen Elite festgehalten – darunter die Schauspielerin Halina Mikołajska, der spätere Ministerpräsident Tadeusz Mazowiecki, der Historiker und Publizist Władysław Bartoszewski, der Slawist Andrzej Drawicz, der Historiker Jerzy Holzer, der Schritsteller Andrzej Kijowski sowie der Dichter und Übersetzer Wiktor Woroszylski.

So paradox es klingen mag, für Geremek war die Zeit in Jaworze eine Gelegenheit, jenseits der Politik zur Wissenschaft zurückzukehren. So beteiligte er sich an den Beratungen der dort anwesenden Mitglieder des polnischen PEN-Clubs und hielte

---

462 Kuczyński, Waldemar: Polen … Fn. 460, S. 29. Fotos einiger Inhaftierter wie Modzelewski, Kuroń und Michnik finden sich in der Broschüre Stadt-Revue/Komitee „Solidarität mit Solidarność": Gesellschaftliche Selbstverteidigung 1977–1982. Aufsätze angeklagter KOR-Mitglieder. Köln 1982.

Vorträge zu Themen wie „Der Mensch und die Sünde – Anmerkungen zur mittelalterlichen Kultur" und „Die Rolle der Kirche und des Katholizismus während des Zweiten Weltkriegs".

Als der 60. Geburtstag von Władysław Bartoszewski anstand, beschloss man, eine Festschrift für ihn zusammenzustellen. Während einige nur ein paar Sätze ablieferten, andere sogar Gedichte schrieben, verfasste Geremek ein mehrseitiges Essay über das Gefängnisdasein im Einzelnen und Besonderen.[463]

Darin räumte er ein, dass ihn Gefängnisse immer schon fasziniert hätten. Und er erinnerte sich daran, wie er im Museum für zeitgenössische Kunst in Washington eine Austellung über den italienischen Archäologen, Architekten Bildhauer Giovanni Battista Piranesi besucht hatte, in der vor allem die 16 Kupferstiche *Carceri (Kerker)* gezeigt hatten. In Jaworze fiel ihm erneut das Buch „Überwachen und Strafen" des französischen Philosophen, Soziologen und Historikers Michel Foucault in die Hände, das er schon einmal in den späten 1970er Jahren gelesen hatte. Diesmal war es seinem Mitinhaftierten Krzysztof Śliwiński gelungen, das Buch mit ins Lager zu schmuggeln. Schon bei seinen Archivrecherchen über Armut, Elend und die Ausgegrenzten der Gesellschaft im Mittelalter in Pariser Archiven in den 1960er Jahren war er ja auch mit Beschreibungen der Kerker jener Zeiten in Berührung gekommen.

In seinem Essay gab Geremek freimütig zu, dass er in seiner Zelle im Lager Białołęka zunächst die Inschriften und Kritzeleien an den Wänden studiert hatte. Dort fanden sich der Schriftzug „Solidarität", aber auch die obskuren Namen bzw. Decknamen von Kriminellen, die in diesem Gefängnis eingesessen hatten, darunter „Arsen z Rembertowa", „Heniek z Pruszkowa", „Benzynka" und sogar „Hitler z Woli" (Rembertów, Pruszków und Wola sind Stadtteile von Warschau bzw. Ortschaften im Umkreis der Hauptstadt – R.V.).

Seine frühere Beschäftigung mit Geheimsprachen, Codes und Chiffren im Mittelalter brachte ihn auch dazu, nun entsprechende Informationen über solche Mechanismen in zeitgenössischen Gefängnissen zu sammeln und darüber nachzudenken: Wie kommunizieren Gefangene, ohne dass die Wärter dies erfahren? Welche Rolle spielen Kassiber? Aber auch: Welche Hierarchien, Prozeduren sowie kollektive und individuelle Verhaltensweisen bestimmen das Gefängnisleben? Er wäre nicht der Historiker und scharfe Analytiker Geremek gewesen, hätte er nicht sogar die Haft genutzt, um derartige Untersuchungen anzustellen und diese einzuordnen.

Sogar das Verhalten der Kalfaktoren in den Internierungslagern regte ihn zum Nachdenken an. So beobachtete er, dass sich Wärter in bestimmten Situationen weigerten, Gegenstände anzufassen, die von den Häftlingen benutzt worden waren – etwa Wassereimer, die Häftlinge zur Reinigung der Klosetts in den Zellen benutzt hatten. Geremek wertete dies nicht nur als Problem der Hygiene, sondern als Auffassung der Wärter, man solle mit diesen „Parias", mit diesen „Aussätzigen" besser nicht in Berührung kommen. Und er zog daraus die Schlussfolgerung:

---

463 Geremek, Bronisław: Człowiek w więzieniu. In: *Gazeta Wyborcza*, 15.7.2008.

> „Louis Dumont hatte Recht. Das Kastenwesen ist eine gesellschaftliche Organisationsweise par excellence."[464]

Geremek schrieb abschließend in seinem Essay:

> „Auf diese Weise kann man die Herausbildung und das Funktionieren geschlossener Gemeinschaften beobachten – fast die Beobachtung eines Experiments ‚in vitro'."[465]

Die restliche Zeit der Internierung bis zu seiner Freilassung am 23. Dezember 1982 verbrachte Geremek im Internierungslager von Darłówko an der Ostseeküste auf halbem Wege zwischen Stolp/Słupsk und Köslin/Koszalin. In diese Zeit fiel auch der Beginn der strafrechtlichen Untersuchungen gegen die vier KSS „KOR"-Mitglieder Jacek Kuroń, Adam Michnik, Henryk Wujec und Zbigniew Romaszewski sowie sieben führende Mitglieder der „Solidarität", denen allesamt vorgeworfen wurde, Vorbereitungen für einen gewaltsamen Sturz des in der Volksrepublik Polen herrschenden Systems getroffen zu haben. Ursprünglich war vorgesehen, derartige Verfahren auch gegen Bronisław Geremek und den Sekretär der Landeskommission der „Solidarität", Andrzej Celiński, zu eröffnen. Doch dann beschränkte man sich auf die Untersuchungen gegen die elf Aktivisten.

6.2. Widerstand blieb erfolglos – „Solidarität" im Untergrund

Während Tausende in den Gefängnissen und Internierungslagern festgehalten wurden, formierte sich draußen der Widerstand. Dieser lässt sich grob in zwei Abschnitte einteilen. In der ersten Phase, die gut zwei Wochen anhielt, war der Protest sehr stark. Es kam zu einer Vielzahl von Streiks, Betriebsbesetzungen, Demonstrationen und Straßenversammlungen, wobei vor allem die Belegschaften wichtiger Betriebe in den größeren Städten des Landes aktiv waren – insbesondere jene, die schon im Sommer 1980 an der Spitze des Kampfes standen, als es um die Gründung freier Gewerkschaften ging. In der Regel gelang es nur durch massiven Einsatz des Militärs und der kasernierten Polizei *ZOMO*, die Proteste niederzuschlagen.

In der zweiten Phase ging der aktive Widerstand weitgehend in passiven Protest über, weil die Hoffnung schwand, die Machthabenden zu Zugeständnissen bewegen zu können. Abschreckend wirkte natürlich auch die brutale Gewalt bei der Pazifizierung der großen Betriebe. Passiv bedeutete, demonstrativ spazieren zu gehen, wenn um 19.30 die Hauptnachrichtensendung im Fernsehen begann. Viele Menschen trugen bei dieser Gelegenheit schwarze Kleidung und Abzeichen der „Solidarität" oder solche, die an die Tradition des Widerstandes gegen die Fremdherrschaft im 19. Jahrhundert und gegen die deutsche Besetzung Polens während des Zweiten Weltkriegs

---

464 Geremek, Bronisław: Człowiek ... (Fn. 463). Der französische Anthropologe und Ethnologe Louis Dumont hat sich insbesondere mit hierarchischen Beziehungen in Gesellschaften beschäftigt.
465 Ebd.

erinnerten. Viele namhafte Künstler und Wissenschaftler boykottierten den offiziellen Kultur- und Wissenschaftsbetrieb sowie das Fernsehen.

Eine wichtige Basis des aktiven und passiven Widerstandes war die Fähigkeit, bestimmte Strukturen der „Solidarität" im Untergrund zu reorganisieren. Gleich nach dem 13. Dezember bemühten sich führende Funktionäre wie Zbigniew Bujak, Bogdan Lis und Władysław Frasyniuk, die sich der Verhaftung entziehen konnten, konspirative Gruppen zu bilden. Vor allem aber schlug jetzt die Stunde der Funktionäre aus der „zweiten Reihe", die nun an die Spitze der konspirativen Arbeit traten. Notgedrungen hatten die meisten von ihnen keinerlei Erfahrung mit der Arbeit im Untergrund. Bald begann auch die Verbreitung illegaler Publikationen. Im Laufe des ganzen Jahres 1982 erschienen mehrere Hundert Titel illegaler Zeitungen, Zeitschriften, Bücher und sonstiger Publikationen, deren Auflagen zwischen 400 und 2.000 Exemplaren lagen.

Schon ab dem 13. Dezember 1981 hatte es auch Diskussionen über die Bildung regionaler und zentraler Führungsstrukturen der „Solidarität" gegeben. Am 22. April 1982 entstand dann mit der *Vorläufigen Koordinierungskommission der „Solidarität" (Tymczasowa Komisja Koordynacyjna NSZZ Solidarność – TKK)* ein Führungsorgan auf nationaler Ebene, dem Zbigniew Bujak für die Region Mazowsze (Warschau und Umgebung), Władysław Frasyniuk als Vertreter Schlesiens, Bogdan Lis für die Danziger Region und Władysław Hardek für das Krakauer Gebiet angehörten. Die *TKK* verpflichtete sich

- die Tätigkeit der „Solidarität" bis zur Aufhebung des Kriegsrechts zu koodinieren,
- für die Freilassung der Internierten und Verurteilten zu kämpfen,
- für die Wiederherstellung der Bürgerrechte einzutreten,
- das Recht auf legale Tätigkeit der „Solidarität"einzuklagen.

Ausdrücklich erklärten die vier Gewerkschafter, dass sie den internierten Lech Wałęsa weiterhin als Vorsitzenden der „Solidarität" respektierten und bereit waren, seine Entscheidungen zu akzeptieren.

Die Bildung des illegalen Führungsorgans war auch ein erstes Ergebnis der Debatte über Strategie und Taktik der „Solidarität", die schon bald nach dem 13. Dezember eingesetzt hatte.[466] Die Veränderung der Kampfbedingungen seit Verhängung des Kriegsrechts hatte eine solche Diskussion über eine Neuorientierung notwendig gemacht. In dieser Auseinandersetzung, an der sich Stimmen aus dem Untergrund und aus den Internierungslagern sowie aus dem westlichen Ausland beteiligten, ging es um programmatische Inhalte und mögliche Perspektiven Polens im geopolitischen

---

466 Siehe insbesondere Holzer, Jerzy: Abschied von einer Illusion. In: *Osteuropa*, Nr. 2–3/2009, S. 151–166. Polen: Debatte über Strategie und Taktik in der Gewerkschaft „Solidarität". In: *Osteuropa*, Nr. 1/1983, S. A30-A49. Friszke, Andrzej (Red.): Solidarność Podziemna 1981–1989. Warszawa 2006, S. 20 f. Paczkowski, Andrzej: Wojna polsko-jaruzelska. Stan wojenny w Polsce 13 XII 1981 – 22 VII 1983. Warszawa 2006, S. 158 f.

Umfeld, auch um Organisationsstrukturen und Kampfformen der Widerstandsbewegung.

Drei Äußerungen repräsentierten die wichtigsten Positionen, die dabei artikuliert wurden. So waren Wiktor Kulerski, der wie alle Mitglieder der *TKK* zu den führenden Funktionären der „Solidarität" zählte, und Zbigniew Bujak die ersten, der sich zu Wort meldeten. Offener Widerstand, so Kulerski, sei angesichts der Brutalität und der Stärke der Machthabenden nicht möglich. Stattdessen plädierte er für passiven Widerstand einer „sich nach innen organisierenden Gesellschaft", etwa für eine Drosselung des Arbeitstempos statt einer Besetzung der Fabriken. Wie Kulerski hielt auch Bujak einen organisierten Massenaufstand für gefährlich und sprach sich stattdessen für eine Ermattungsstrategie aus, einen „Positionskrieg", sowie den Aufbau einer Gegengesellschaft im Untergrund. Beide votierten gegen ein starkes, totale Unterordnung und Disziplin einforderndes Zentrum der „Solidarität" und sprachen sich vielmehr für eine stark dezentralisierte, viele Aktionsformen anwendende Bewegung aus.[467]

Ganz anders argumentierte Jacek Kuroń, der den Aufbau einer gut organisierten Widerstansbewegung forderte, die sich ein Entscheidungszentrum mit weitgehenden Befugnissen schaffen müsse, um so kollektive, landesweit vorgetragene Aktionen gegen die Zentren der Macht unternehmen und damit die Herrschenden zu Kompromissen zwingen könne. Dieses Zentrum, so Kuroń, müsse ein Programm ausarbeiten. In seiner Antwort auf Kulerski und Bujak betonte Kuroń, dass sich eine breit organisierte Gegengesellschaft und ein Entscheidungszentrum gegenseitig geradezu bedingten und dass die Gesellschaft von der „Solidarität" die Formulierung klarer Ziele und Handlungsvorschläge erwarte.[468]

Eine Zwischenposition formulierte Zbigniew Romaszewski, der sich zwar auch für die Herausbildung eines politisch führenden Zentrums aussprach, das aber seiner Auffassung nach keine zentralistische Exekutive sein dürfe, sondern Richtlinien für Aktionenausarbeiten und taktische Ratschläge ausgeben solle. Die breite Widerstandsbewegung müsse ihren dezentralisierten und selbständigen Charakter behalten.[469] Den Ausführungen von Romaszewski entsprach im Großen und Ganzen der Position, die die *Vorläufige Koordinierungskommission TKK* am 22. April 1982 formulierte.

Wenig später zeigte sich an den Maiereignissen die Bedeutung der geführten Debatte. Immerhin versammelten sich Zehntausende bei Demonstrationen am 1. und 3. Mai in Warschau, Krakau, Stettin, Lublin und Łódź sowie in anderen Städten. Etwa 80 Prozent der Beschäftigten großer Warschauer Betriebe folgten am 13. Mai, fünf

---

467 Interview mit Zbigniew Bujak und Wiktor Kulerski. In: *Tygodnik Mazowsze*, Nr. 2, 11.2.1982. Bujak, Zbigniew: Walka opozycyjna. In: *Tygodnik Mazowsze,* Nr. 8, 31.3.1982. Kulerski, Wiktor: Trzecia możliwość. In: ebd. Siehe auch Paczkowski: Wojna ... a.a.O., S. 158.
468 Kuroń, Jacek: Tezy o wyjściu z sytuacji bez wyjścia. In: *Tygodnik Mazowsze*, Nr. 8, 31.3.1982. Auch in: Ders.: Polityka i odpowiedzialność. Londyn 1984, S. 211 ff. Ders.: Macie teraz złoty róg. In: *Tygodnik Mazowsze*, Nr. 13, 12.5.1982. Ders.: Umiarkowanie radykalnych i radykalizm umiarkowanych. In: Ders.: Polityka ... (Fn. 468), S. 215 ff.
469 Romaszewski, Zbigniew: Sierpień 1980 – Grudzień 1981 – Co dalej? In: *Kontakt*, Mai 1982. Deutsche Übersetzung in: *Osteuropa*, 1/1983, S. A 40 ff.

Monate nach Verhängung des Kriegsrechts einem Aufruf der „Solidarität" und legten für 15 Minuten die Arbeit nieder. Während die Mitglieder der Warschauer Regionalführung der Gewerkschaft dies als Zeichen dafür werteten, dass die Mehrheit der Gesellschaft durchaus bereit war, aktiv gegen das Kriegsrecht zu kämpfen, entschied sich die *TKK* auf nationaler Ebene dafür, den Machthabenden bis Ende Juli Zeit für eine Modifizierung des Kriegsrechts zu geben, und rief deshalb dazu auf, bis zu diesem Zeitpunkt keine Streiks und Demonstrationen durchzuführen. Die Führung versprach sich davon mehr Zeit für die Stärkung der Untergrundstrukturen.

Besonders Zbigniew Bujak zögerte damit, einen etwaigen Generalstreik vorzubereiten. Tatsächlich schien es so, als sei der Volkswiderstand nicht stark genug, um die Herrschenden zum Einlenken zu zwingen. Weder das *Direktorium* und der Militärrat noch die Regierung und das Parlament zeigten auch nur Ansätze von Verständigungsbereitschaft.

So blieb der Untergrundführung nichts anderes übrig, als das reale Kräfteverhältnis zwischen den Machthabenden und der „Solidarität" zu analysieren und die programmatischen Ziele des Widerstandes genauer zu formulieren. Sie tat dies bei einem Treffen in Falenica südöstlich von Warschau und verabschiedete dabei auch eine Programmerklärung mit dem Titel „Die Gesellschaft im Untergrund" (Społeczeństwo podziemne). Darin hieß es:

> „Unser Ziel ist die Errichtung einer selbstverwalteten Gesellschaft entsprechend des Programms, das der erste Kongress der ‚Solidarität' verabschiedet hat. In der aktuellen Situation können wir dieses Ziel nur durch eine Bewegung zur Schaffung einer Untergrundgesellschaft erreichen ... Diese wird Folgendes tun müssen: a) sich den Manövern der Machthaber widersetzen, die auf eine Desintegration der Gesellschaft zielen; b) die Fähigkeit zur Selbstorganisation und Selbstverteidigung herausbilden; c) die Qualität der politischen Kultur verbessern ... Die Untergrundgesellschaft muss durch Druck auf die Staatsmacht Bedingungen schaffen, die eine gesellschaftliche Verständigung ermöglichen. Gleichzeitig muss die Untergrundgesellschaft Schritt für Schritt Positionen erkämpfen, die es ihr ermöglichen, ihre politischen und sozialen Rechte weiter auszudehnen."[470]

Das Dokument erinnerte an die Strategie und Taktik der Opposition in den späten 1970er Jahren. Auch damals ging es um die Hilfe für die Opfer von Repressionen und deren Familien, die Stärkung der unabhängigen Medien und Verlage im Untergrund und die Festigung der gewerkschaftlichen Gruppen an der Basis. Das Konzept des zivilen Widerstandes ging außerdem auf historische Erfahrungen zurück, insbesondere auf den „Untergrundstaat" im Zweiten Weltkrieg, der allerdings mit der „Heimatarmee" auch noch eine militärische Komponente hatte, die nun bewusst fehlte. Auch wenn in der Gesellschaft zunehmend Passivität und Resignation zu beobachten waren, blieb die in den Untergrund gedrängte „Solidarität" doch für viele Menschen

---

470 Bujak, Zbigniew/Frasyniuk, Władysław/Hardek, Władysław/Lis, Bogdan/Szumiejko, Eugeniusz: Społeczeństwo podziemne. In: *Tygodnik Mazowsze*, Nr. 22, 28.7.1982.

der Bezugspunkt ihrer Haltungen, ihres Auftretens und des Boykotts offizieller Institutionen und Aktivitäten.

Wenn die Untergrundführung auch auf einen Aufruf zum Generalstreik verzichtete, sah sie doch in friedlichen Massendemonstrationen ein wichtiges Mittel, um die Präsenz der „Solidarität" unter Beweis zu stellen. Tatsächlich gingen am 31. August, zwei Jahre nach dem „Danziger Abkommen" etwa 120.000 Menschen in insgesamt 66 Städten auf die Straße. Es handelte sich um die größten illegalen Demonstrationen in der Geschichte der Volksrepublik Polen. Der Erfolg lag darin, dass der entsprechende Aufruf der Untergrundführung ein landesweites Echo gefunden hatte, der Misserfolg zeigte sich andererseits darin, dass es Tote und Verletzte gab und viele Teilnehmer der Demonstrationen anschließend in Schnellverfahren verurteilt wurden. General Jaruzelski gab sich zynisch, als er in einer Sitzung des Politbüros sagte:

> „Die extremen Kräfte der ‚Solidarität' haben einen Marsch zu ihrer eigenen Beerdigung abgehalten."[471]

Dem Zynismus folgte die legislative Konsequenz. Im Oktober 1982 verabschiedete der Sejm ein Gesetz, das die Auflösung aller bestehenden Gewerkschaften beinhaltete und damit auch das juristische Aus für die „Solidarität" bedeutete. Gleichzeitig ebnete es den Weg für die Gründung einer neuen, regimetreuen Gewerkschaft, die sich zunächst jedoch nur auf betrieblicher Ebene organisieren und erst 1985 einen zentralen Dachverband auf gesamtpolnischer Ebene gründen sollte. Dieser neuen Organisation wurde eine partnerschaftliche Kooperation mit den Betriebsleitungen und eine enge Bindung an die kommunistische *Polnische Vereinigte Arbeiterpartei* auferlegt. Politische Streiks jedweder Art waren ihr verboten.

Immerhin waren die Arbeiter einiger Großbetriebe nicht bereit, die juristische Ausschaltung der „Solidarität" ohne Weiteres hinzunehmen. Streiks und Demonstrationen am 11. und 12. Oktober in Danzig, Gdingen, Krakau, Kattowitz, Breslau und Posen wurden allerdings mit brutaler polizeilicher Gewalt niedergeschlagen. Trotzdem rief die Untergrundführung der „Solidarität" dazu auf, die Gründung der neuen, regimetreuen Gewerkschaften zu boykottieren und am 10. November, zwei Jahre nach der gerichtlichen Registrierung der „Solidarität", in einen mehrstündigen Streik zu treten. Doch während der Boykottaufruf weitgehend befolgt wurde, fand der Streikaufruf kaum Resonanz.

Angesichts der Freilassung Lech Wałęsas am 13. November 1982, der Bekanntgabe des Papstbesuchs im folgenden Jahr und auch aufgrund von Vermutungen, dass das Kriegsrecht bald modifiziert werde, verzichtete die Untergrundführung auf einen Aufruf zu Protesten am 13. Dezember, dem Jahrestag der Verhängung des Kriegsrechts.

Schließlich fühlte sich das Regime von General Jaruzelski stark genug, eine Aussetzung des Kriegsrechts ins Auge zu fassen. Der entsprechende Beschluss fiel in ei-

---

471 So jedenfalls der Bericht in Rakowski, Mieczysław: Dzienniki polityczne 1981–1983. Warszawa 2004, S. 334.

ner Sitzung des Politbüros der *Polnischen Vereinigten Arbeiterpartei* am 18. November 1982, an der auch Mitglieder des Staatsrats und der Regierung sowie führende Funktionäre der beiden Blockparteien *Zjednoczone Stronnictwo Ludowe – ZSL (Vereinigte Volkspartei)* und *Stronnictwo Demokratyczne – SD (Demokratische Partei)* teilnahmen. Diese beiden Parteien kooperierten eng mit den Kommunisten bzw. waren sogar von diesen abhängig. Wenig später suspendierte der Staatsrat das Kriegsrecht zum 1. Januar 1983.

Dass dieser Schritt nicht eindeutig war, zeigten die Sonderregelungen, die der Sejm parallel dazu billigt:

- Für bestimmte Betriebe wurde die Militärverwaltung nicht aufgehoben.
- Vielen gesellschaftlichen Organisationen, deren Tätigkeit am 13. Dezember ausgesetzt worden war, verweigerte man auch weiterhin die Rückkehr in die Legalität.
- „bei Bedarf" sollten die Kriegsrechtsbestimmungen erneut angewendet werden können.
- Für einen solchen Schritt sollte keinerlei Entscheidung des Parlaments notwendig sein.

Das Doppelbödige dieser „Suspendierung" zeigte sich auch daran, dass einerseits die Internierten freigelassen wurden, andererseits aber weiterhin etwa 4.000 Personen in Haft saßen, die aufgrund der Kriegsrechtsbestimmungen verurteilt worden waren. So waren erst am 8. Oktober vier führende Mitglieder der konservativ-nationalistischen Oppositionsgruppe *Konföderation Unabhängiges Polen (Konfederacja Polski Niepodległej – KPN)* zu mehrjährigen Haftstrafen verurteilt worden.

Das polnische Militär wiederum begann, Funktionäre und Mitglieder der „Solidarität" einzuziehen und in Sonderbataillonen zusammenzufassen. Auf Anweisung der Warschauer Staatsanwaltschaft wurden sieben führende Gewerkschaftsfunktionäre aus der Internierung in Untersuchungshaft überführt: Andrzej Gwiazda, Seweryn Jaworski, Marian Jurczyk, Karol Modzelewski, Grzegorz Palka, Andrzej Rozpłochowski und Jan Rulewski. Bereits am 8. November 1982 hatte man in Breslau Piotr Bednarz verhaftet, der nach der Festnahme von Władysław Frasyniuk dessen Position in der Untergrundführung der „Solidarität" eingenommen hatte.

Ohne Zweifel war die Verhängung des Kriegsrechts am 13. Dezember 1981 auch ein harter Schlag für die Kirche gewesen, hatte sie doch immer das Recht auf freie Gewerkschaften verteidigt. Allerdings lässt sich nur schwer abschätzen, ob die Lockerung des Kriegsrechts ein Jahr später auch dem Einfluss der Kirche zuzuschreiben war. Vermutlich kalkulierte das Jaruzelski-Regime mit einem gewissen disziplinierenden Einfluss der Kirche auf die Gesellschaft und die „Solidarität". Denn das Episkopat und der Klerus hatten auch und gerade während der Gültigkeit des Kriegsrechts eine Linie des Ausgleichs verfolgt und sich gegen offensive und radikale Tendenzen der in den Untergrund gedrängten Gewerkschaft gewandt. Allerdings war auch die Kirche kein Monolith. Auch in ihren Reihen, vor allem bei den Klerikern an der Basis, vereinzelt auch im Episkopat, gab es Geistliche, die sich offen für die „Solidarität" einsetzten, während andere schwiegen oder nur vorsichtig ihre seelsorgerische Arbeit nutzten, um drangsalierten Gewerkschaftern zu helfen.

Die starke Stellung der Kirche resultierte natürlich auch aus der hohen Autorität des polnischen Papstes in Rom. Das zeigte sich in aller Deutlichkeit während des siebentägigen Besuchs von Johannes Paul II. in seiner Heimat im Juni 1983. Gerade die Parteileitung um Jaruzelski hatte spürbar Angst vor dem absehbar politischen Charakter der Visite, auch wenn das Auftreten des Papstes vor allem darauf abzielte, Polen moralisch zu stärken und seinen Landsleuten Zuspruch zu geben sowie Hoffnung zu vermitteln. Natürlich hofften die Machthabenden darauf, durch die offiziellen Gespräche des Papstes mit Jaruzelski und anderen Vertretern des Regimes ein bestimmtes Maß an Anerkennung für sich verbuchen zu können. Andererseits wehrte sich die ganze Parteiführung mit Ausnahme von Jaruzelski nach Kräften gegen das vom Papst angestrebte Treffen mit Lech Wałęsa.

Bei den Messen und anderen religiösen Feiern des Papstes zeigte sich dann, wie sehr die Bürger auf Zuspruch, Ermunterung und moralische Stärkung hofften. In Warschau, Posen, Krakau, Kattowitz und Breslau strömten jeweils bis zu zwei Millionen Menschen zusammen, um die Botschaften von Johannes Paul II. zu hören und ihren Emotionen freien Lauf lassen zu können. Wie erwarten, nahm der Papst kein Blatt vor den Mund. Immer wieder bekannte er sich zu Freiheit, Gerechtigkeit und Solidarität und verteidigte dabei das Recht der Menschen auf freie Gewerkschaften. Auch in den vertraulichen Gesprächen mit Jaruzelski und anderen führenden Repräsentanten des Regimes kam er ohne große Vorrede auf seine Anliegen zu sprechen[472], was besonders bei Jaruzelski zu Anspannung und Nersosität führe, die er auch bei seinen öffentlichen Auftritten in jenen Tagen nicht ablegen konnte. Schließlich kam es auch zu einem Gespräch zwischen dem Papst und Wałęsa sowie dessen Familie in einer abgelegenen Berghütte im Chochołowski-Tal unweit von Zakopane, das für den Gewerkschaftsführer sehr bewegend und ermunternd war.

6.3. Geremek und Wałęsa – Politik der kleinen Schritte

Bald nach seiner Freilassung am 23. Dezember 1982 nahm Bronisław Geremek wieder Kontakt zu anderen intellektuellen Beratern der „Solidarität", zu Lech Wałęsa und auch zu den Gewerkschaften im Untergrund wie Zbigniew Bujak auf. Dabei war es sein wichtigstes Bemühen, die Verbindung zu Wałęsa zu festigen, den er weiterhin für das Symbol und den Grundstein der „Solidarität" hielt – das Symbol polnischer Freiheitsbestrebungen sowohl im Bewusstsein der Gesellschaft als auch in den Augen der internationalen Öffentlichkeit. Fortan kam es regelmäßig zu Gesprächen zwischen Wałęsa und seinen wichtigsten Beratern wie Geremek und Tadeusz Mazowiecki – hauptsächlich im Sekretariat des Episkopats in Warschau, hin und wieder auch in

---

472 Siehe Rakowski: Es begann … a.a.O., S. 82 f.

kirchlichen Räumen in Danzig. Karol Modzelewski über Geremeks damalige politische Disposition:

> „Geremek gehörte zu den Menschen ... die, wie Michnik und Kuroń, weiterhin entschieden auf die ‚Solidarität' setzten und keinesfalls eine Illegalisierung der Gewerkschaft akzeptierten. Und er hielt sowohl am offenen Kontakt zu Wałęsa, für den er wohl der wichtigste Berater war, als auch am Kontakt mit den Untergrundstrukturen fest. Er selbst empfand sich nicht als Aktivist des Untergrunds, legte aber Wert auf eine Koordinierung des Vorgehens mit den dort tätigen Funktionären der Gewerkschaft. Außerdem hielt er ständig Kontakt zu den ausländischen Botschaften und westlichen Journalisten. Er handelte offen und legal, worin sein großer Wert für die ‚Solidarität' bestand."[473]

Zu jener Zeit votierte Geremek für eine Politik der kleinen Schritte. Er verstand darunter die Festigung der Untergrundstrukturen und deren Publikationen sowie das weitere Entrichten der Mitgliedsbeiträge an die Gewerkschaft, damit diese die finanzielle Unterstützung an besonders Bedürftige, zu der sie laut Statut verpflichtet war, auch tatsächlich leisten konnte.

Sein politisches Credo formulierte er unter anderem in einem Interview für die italienische Zeitung *Il Tempo*.[474] Darin betonte er, dass die „Solidarität" weiterhin im Bewusstsein der Arbeiter und in ihren Emotionen existiere und dass es an einer Perspektive fehle, solange die Gesellschaft ihrer Rechte beraubt sei. Wörtlich:

> „Polen ist Gefangener einer gewissen militärisch-pragmatischen Mentalität, deren Exponenten glauben, dass alles funktionieren solle, wenn nur Ordnung und Kontrolle herrschten. Das ist aber eine dramatische Situation, weil auf diese Weise jede Hoffnung zerstört wird und die drohende Katastrophe nicht bewältigt werden kann. Der Dialog zwischen den Machthabenden und der Gesellschaft ist notwendig. Doch sollte es eines Tages dazu kommen, werden wir dort sicher nicht auf Knien zu Kreuze kriechen."[475]

Geremek warnte, dass der nächste gesellschaftliche Ausbruch noch dramatischer als alle bisherigen sein werde, sollten die Machthabenden weiterhin einen Dialog verweigern.

Dieses Interview hatte Folgen. Geremek wurde am 15. Mai verhaftet, unter dem politischen Einfluss des Innenministeriums bereitete die Staatsanwaltschaft eine Anklage wegen staatsfeindlicher Umtriebe gegen ihn vor. Zunächst hielt man ihn 48 Stunden in Polizeigewahrsam, dann wurde er in die Haftanstalt in der Warschauer ulica Rakowiecka überstellt. Adam Michnik erzählte später:

> „Ich erinnere mich, wie ich in Mokotów (in diesem Stadtteil liegt das Gefängnis – R.V.) saß und in der *Trybuna Ludu* las, dass man ihn verhaftet hatte ... So lehnte ich mich aus

---

473 Karol Modzelewski ... (Fn. 102).
474 *Il Tempo*, 12.4.1983.
475 Ebd.

dem Fenster und brüllte: ‚Bronek Geremek, halt durch!' Und durch die Gitter hörte ich seine charakteristische heisere Stimme: ‚Ich werde durchhalten!'"[476]

Wie viele andere politische Gefangene wurde Geremek kraft der Amnestie am 29. Juli 1983 aus der Haft entlassen. Doch damit hatten die Repressionen gegen ihn noch kein Ende. Bereits am 11. Mai hatte die Führung der Polnischen Akademie der Wissenschaften seine Entlassung beschlossen, die allerdings erst im April 1985 vollzogen wurde, nachdem Wissenschaftlerkollegen Geremeks wiederholt gegen diese Entscheidung protestiert hatten. Der Rauswurf geschah direkt auf Anweisung Jaruzelskis. Am 2. Mai notierte der Nichtwissenschaftler Mieczysław Rakowski, ein Vertrauter Jaruzelskis, voller Zynismus in seinem Tagebuch:

Nach der Freilassung aus dem Gefängnis in der ul. Rakowiecka in Warschau im Juli 1983 wird Bronisław Geremek von seiner Ehefrau Hanna begrüßt

„De facto ist das wissenschaftliche Werk Geremeks nicht groß."[477]

Ähnlich wie beim Besuch des Papstes im Juni 1983 geriet das Jaruzelski-Regime ein weiteres Mal in die propagandistische Defensive, als Lech Wałęsa am 5. Oktober der gleichen Jahres der Friedensnobelpreis zuerkannt wurde. Damit war er ein Mann, der

---

476 Zit. nach Kurski, Jarosław: Bronisław Geremek profesor niedopasowany – sylwetka na 70 urodziny. In: *Gazeta Wyborcza*, 13.7.2008.
477 Rakowski, Mieczysław F.: Dzienniki polityczny 1984–1986. Warszawa, ohne Jahresangabe, S. 256.

international als Person der Zeitgeschichte gewürdigt wurde. Bronisław Geremek sagte später:

> „Das war ein glücklicher Moment. Hatte man doch die ‚Solidarität' erniedrigt und schien es, als habe sie eine Niederlage erlitten. Da bekommt Lech Wałęsa den Preis, das war ein Feiertag – nicht nur für die Menschen, die sich in der ‚Solidarität' engagierten, sondern für alle, die die Gewerkschaft unterstützten, und das war doch die Masse der Gesellschaft. Eine Genugtuung, dass die Rolle von Lech Wałęsa und der Bewegung, die er anführte, in der Welt gewürdigt wurde. Das war – und so haben wir alle das verstanden – ein Zeichen dafür, dass wir auf die Aufmerksamkeit der öffentlichen Meinung in der Welt zählen konnten, eine Ermutigung, auch nicht für einen Moment in unserer Aktivität nachzulassen. Ich hielt mich zu dem Zeitpunkt in den Bergen auf. Als die Nachricht kam, rief ich Lech Wałęsa an. Er sagte: ‚Ja, das ist eine Auszeichnung für die ‚Solidarität'. Wäre sie früher gekommen, hätten wir davon vielleicht nicht profitieren können, doch nun können wir das.' Treffende Worte."[478]

Am 6. Dezember, also wenige Wochen später, beschloss man im Innenministerium, den Kontakten Wałęsas mit Intellektuellen stärker entgegenzuarbeiten. Dazu hieß es in einer internen Anweisung u. a.:

> „1. Ergreifen direkter Schritte gegen Personen, die zum Beraterkreis Lech Wałęsas gehören: Władysław Siła-Nowicki, Tadeusz Mazowiecki und Bronisław Geremek. Unterbinden ihres direkten Kontakts zu Lech Wałęsa und dadurch Eingrenzung ihres ... negativen Einflusses auf ihn. Einleiten disziplinarischer Maßnahmen wie z. B. Verweigerung von Reisepässen.
>
> 2. Abstellen geheimer Mitarbeiter zur Wohnung von L. Wałęsa. Ihre Aufgabe: Verunsicherung von Personen, die mit ihm in Verbindung stehen, provozieren von Streitigkeiten zwischen diesen Personen, verursachen von Chaos, verbreiten der Meinung, dass das Interesse und Unterstützung für ihn sinken würden ..."[479]

Bei einer Durchsuchung der Wohnung Geremeks am 14. Januar 1984 fand man Texte der Rede und der Vorlesung Wałęsas aus Anlass der Verleihung des Nobelpreises in polnischer und französischer Sprache, versehen mit handschriftlichen Anmerkungen von Geremek.[480]

Da Wałęsa nicht zur Preisverleihung nach Oslo reiste, weil er fürchtete, von den Machthabern und den Behörden an seiner anschließenden Rückkehr in die Heimat gehindert zu werden, wurden seine Rede von seiner Frau Danuta und seine Vorlesung von dem polnischen Publizisten Bohdan Cywiński vorgetragen.[481]

Im Frühjahr 1984 wurden die Kontakte zwischen diesen Intellektuellen und dem Episkopat bzw. den Klerus der katholischen Kirche intensiviert. Das galt einerseits für

---

478 Zit. nach Wałęsa, Lech: Droga do prawdy ... a.a.O., S. 218 f.
479 Zit. nach Skórzyński: Zadra ... a.a.O., S. 141.
480 AIPN 0222/1443, t.5, k. 56. Notatka służbowa z rewizji.
481 Siehe dazu u. a. „My nie możemy nie zwyciężyć". Interview mit Lech Wałęsa. In: *Tygodnik Mazowsze*, Nr. 65, 20.10.1983.

Geremek, Mazowiecki, Wielowieyski, Stelmachowski, Siła-Nowicki, Chrzanowski und Olszewski, andererseits für Erzbischof Bronisław Dąbrowski und Pfarrer Alojzy Orszulik. Letzere hielten, neben Primas Józef Glemp, seitens der Kirche den Kontakt zu den Machthabenden. Auch wenn es zwischen diesen Intellektuellen Unterschiede hinsichtlich ihres Auftretens und ihrer Kompromissbereitschaft gegenüber den Machthabenden gab, wobei gerade Geremek und Mazowiecki zu den Entschlosseneren zählten, bemühten sie sich doch gemeinsam, eine Freilassung von 11 politischen Gefangenen (vier Mitglieder des *KSS „KOR"* und sieben führende Funktionäre der „Solidarität") zu erreichen. Allerdings scheiterten die Gespräche der Intellektuellen mit den Gefangenen, weil diese, insbesondere Adam Michnik, die Vorgabe des Primas ablehnten, als Gegenleistung für ihre Freilassung für eine bestimmte Zeit auf ihre politisch-oppositionelle Tätigkeit zu verzichten. Gerade Geremek stand dabei auf der Seite Michniks, während andere dessen mangelnde Bereitschaft zum Kompromiss kritisierten. Auch wenn in diesen Verhandlungen über nichts anderes als die Bedingungen für die Freilassung der elf Gefangenen gesprochen wurde, waren diese Gespräche auch und gerade deshalb bemerkenswert, weil erstmals seit Verhängung des Kriegsrechts im Dezember 1981 hohe Beamte des Innenministeriums und damit führende politische Vertreter des Jaruzelski-Regimes nicht nur mit Abgesandten des Episkopats, sondern auch mit Politikern der „Solidarität" verhandelten.

Schließlich wurden auch diese 11 Gefangenen im Zuge der Amnestie vom Juli 1984 freigelassen. Doch die Hoffnung, die Amnestie könne ein erstes Signal für eine Besserung der Situation im Land sein, wurde schnell durch die Entführung und Ermordung des Warschauer Priesters Jerzy Popiełuszko durch Offiziere des Sicherheitsdienstes am 19. Oktober 1984 enttäuscht.[482] Der charismatische Geistliche, damals Kaplan an der Stanisław Kostka – Kirche im Warschauer Stadtteil Żoliborz, gehörte zu einer Gruppe jüngerer Priester im ganzen Land, die ihre seelsorgerische Arbeit mit scharfer Kritik an den herrschenden Verhältnissen und einem offenen Bekenntnis zur „Solidarität" verbanden.

Auch wenn die Staats und Parteiführung um Jaruzelski jede Mitverantwortung an dem Mord zurückwies und vermutlich über entsprechende Pläne nicht informiert war, reicht ein Blick auf die einschlägigen Artikel des damaligen Regierungssprechers und Vertrauen Jaruzelskis, Jerzy Urban, um zu erkennen, dass die Machthabenden ein gehöriges Maß an Mitschuld für das Verbrechen trugen.[483] Die Beerdigung Popiełuszkos am 3. November in Warschau, an der mehr als hunderttausend Menschen teilnahmen, war auch und gerade eine friedliche, politische Demonstration gegen die staatlich legitimierte Gewalt. Später wurden die drei im Innenministerium tätigen Funktionäre des Sicherheitsdienstes Grzegorz Piotrowski, Leszek Pękała und Waldemar Chmie-

---

482 Siehe Leczczyńska, Dorota/Vetter, Reinhold: Der Tod des Priester. Zur Ermordung von Jerzy Popiełuszko und zum Prozess gegen seine Mörder. In: *osteuropa-archiv,* Juni 1985, S. A303–A314.
483 Siehe u. a. Rem, Jan (Pseudonym für Urban): Samosądy – Seanse nienawiści. In: *Tu i teraz,* 19.9.1984.

lewski als unmittelbare Täter sowie der als Auftraggeber identifizierte zuständige Abteilungsleiter des Ministeriums, Adam Pietruszka, nach einem kurzen Verfahren vor einem Gericht in Thorn zu langjährigen Haftstrafen verurteilt.[484]

6.4. Reaktionen des Westens – Enttäuschender Besuch Willy Brandts

Nach seiner Freilassung aus der Internierung im Dezember 1982 beobachtete Bronisław Geremek sehr genau, wie der Westen auf die Entwicklung in Polen reagierte. Dabei musste er auch zur Kenntnis nehmen, dass Politiker aus den USA bzw. Großbritannien, teilweise auch aus Frankreich, die nach Warschau kamen, eher bereit waren, sich mit Vertretern der „Solidarität" und der politischen Opposition zu treffen als etwa anreisende deutsche Sozialdemokraten.

Im Zentrum der westlichen Beratungen gleich nach Verhängung des Kriegsrechts stand ja die Frage, ob es sich dabei um eine „innenpolitische Angelegenheit" Polens handle oder ob nicht doch ein Eingreifen Moskaus oder des ganzen Warschauer Paktes drohe, sollte der Verlauf der Ereignisse nicht den Erwartungen der sowjetischen Führung entsprechen. Immerhin verständigte man sich relativ schnell auf die Forderung an das Regime in Warschau, die Internierten freizulassen, die Bürgerrechte wiederherzustellen und die Gespräche zwischen der „Solidarität" und der Kirche einerseits sowie den Machthabenden andererseits wieder aufzunehmen. Diese Forderung fand sich dann auch in einer Erklärung des europäischen Parlaments wieder.

Unterschiedlich beantwortet wurde allerdings die Frage nach wirtschaftlichen und politischen Sanktionen, wobei sich die Vereinigten Staaten als entschiedene Befürworter erwiesen, während die Bundesregierung Zurückhaltung übte. Zu den Maßnahmen, die der amerikanische Präsident Ronald Reagan am 23. Dezember 1981 verfügte, zählten unter anderem die Aussetzung von Kreditgarantien für den Export nach Polen, das Verbot für die polnische Kriegsmarine, Gewässer zu durchfahren, die amerikanischer Jurisdiktion unterlagen, sowie eine Beschränkung des amerikanischen Technologieexports nach Polen. Nach einer Sitzung der Nato-Außenminister am 11. Januar 1982 zogen einzelne Mitglieder des Bündnisses mit eigenen Restriktionen nach, die aber nicht den Umfang der amerikanischen Maßnahmen umfassten – etwa Großbritannien, das die Bewegungsfreiheit polnischer Diplomaten einschränkte. Bis heute ist die Wirkung dieser Sanktionen umstritten. Geremek war ein Gegner der Sanktionen, weil spürte, dass sie zur Verschärfung der wirtschaftlichen Lage in Polen beitrugen. Als einige Jahr später, im Oktober 1986, einige dieser Sanktionen immer noch gültig waren, rief er zusammen mit anderen Unterzeichnern in einem Offenen Brief dazu auf, diese einzustellen.[485] Andererseits hält sich seit dieser Zeit bei vielen

---

484 Detailliert dazu Lammich, Siegfried: Der Popiełuszko-Prozess – Sicherheitspolizei und katholische Kirche in Polen. Köln 1985.
485 Siehe dzieje.pl. Portal historyczny. Bronisław Geremek. www.dzieje.pl/postacie/bronislaw-geremek.

Polen der Mythos, dass gerade Reagan wesentlich zur Niederringung des Kommunismus beigetragen habe.

Der damalige Bundeskanzler Helmut Schmidt betonte in einer Bundestagsdebatte am 18. Dezember 1981, dass er mit ganzem Herzen auf seiten der polnischen Arbeiter stehe, und rief die Bundesbürger dazu auf, in der aktiven Solidarität mit dem polnischen Volk nicht nachzulassen.[486] Ebenso appellierte er an die Führung in Warschau, das Kriegsrecht möglichst bald aufzuheben. Andererseits betonte Schmidt, dass sich Deutsche nicht zum Richter über Polen aufwerfen dürften. Er war der einzige europäische Regierungschef, der in einem Brief an den sowjetischen Staats- und Parteichef Leonid Breschnew auf die Mitverantwortung Moskaus für die Entwicklung in Polen hinwies.[487] Schmidt, und diese Position vertritt er bis heute, empfand die Verkündigung des Kriegsrechts als präventiv gegenüber einem sowjetischen Einmarsch.[488] Deshalb vertrat er die Auffassung, dass der Westen nicht zur Revolte gegen das Kriegsrecht ermuntern, sondern an alle Beteiligten in Polen die Aufforderung richten solle, einen friedlichen Wandel unter Berufung auf die Schlussakte von Helsinki sowie die UN-Charta und die Erklärung der Menschenrechte anzustreben.

Schon vor dem Aufruf des Bundeskanzlers am 18. Dezember hatten Hunderttausende Bundesbürger Pakete vor allem mit Lebensmitteln und Kleidern nach Polen geschickt. Der Aufruf des Kanzlers trug sicher dazu bei, die Hilfsbereitschaft in der deutschen Bevölkerung noch zu steigern. Nach Verhängung des Kriegsrechts gingen wöchentlich mehr als 40.000 Pakete nach Polen.[489] Der Bundestag beschloss eine befristete Gebührenbefreiung für Postpakete nach Polen, was ein weiteres Ansteigen der Sendungen bewirkte.

Wie schwer sich deutsche Sozialdemokraten allerdings mit einer klaren Verurteilung des Kriegsrechtsregimes in Polen taten, zeigte insbesondere das Verhalten Willy Brandts, der damals Präsident der Sozialistischen Internationale (SI) war. Es bedurfte des Drucks von Bettino Craxi und François Mitterand, dass die SI am 29. Dezember die Freilassung aller Internierten, die Aufhebung aller Restriktionen gegenüber den Gewerkschaften sowie die Wiederaufnahme des Dialogs zwischen der Regierung und der „Solidarität" bzw. der Kirche forderte.[490] Eher zögerlich machte sich Brandt diese Forderungen in einem Brief an Jaruzelski zu eigen, nicht ohne gleichzeitig zu betonen, dass sich die Sozialdemokraten in den vergangenen Wochen um eine „ausgewogene, Zuspitzung vermeidende Haltung bemüht" und damit „im eigenen Land und vor allem bei unseren wichtigsten Verbündeten nicht nur Zustimmung gefunden" hätten. [491]

---

486 Siehe 9. BT, 74. Sitzung, 18. Dezember 1981, S. 4289. Zitiert nach Soell, Hartmut: Helmut Schmidt, 1969 bis heute. Macht und Verantwortung. München 2008, S. 852 f.
487 Ebd., S. 853.
488 Helmut Schmidt im Gespräch mit dem Autor am 27. Januar 2009.
489 Siehe Riechers, Albrecht: Hilfe für Solidarność. Friedrich-Ebert-Stiftung, Historisches Forschungszentrum, Gesprächskreis Geschichte, Heft 67/2006.
490 Siehe Merseburger, Peter: Willy Brandt 1913–1992. Visionär und Realist. Stuttgart/München 2002, S. 807.
491 Ebd.

Der deutsche Historiker Heinrich August Winkler, der mit Geremek befreundet war, berichtet über die damaligen Haltungen in der deutschen Sozialdemokratie:

> „Ich bin seit 1962 in der SPD. Und Geremek sagte immer: Wenn ich mich politisch definieren müsste, würde ich mich als Sozialdemokrat definieren. Deswegen spürte er eine große Enttäuschung über das Verhalten der SPD. Willy Brandt meinte ja nach Verhängung des Kriegsrechts, man müsse verstehen, dass er sich über die Lager in Polen vorsichtig äußere, denn es habe ja schon ganz andere, nämlich deutsche Lager in Polen gegeben. Es war schlimm. Und dann diese berühmte Äußerung von Helmut Schmidt am Werbellinsee: Herr Honecker und ich bedauern, dass dies nun notwendig geworden ist. Schmidt hatte ja große Mühe, das im Bundestag wieder zu recht zu rücken und seine Solidarität mit Solidarność und dem polnischen Volk auszudrücken.
>
> Bei Egon Bahr war das noch viel stärker ausgeprägt. Auch bei Herbert Wehner, der gegenüber einem meiner Kollegen quasi den Standpunkt des Regimes einnahm, indem er sagte, dass die Internierten sich irgendwie auf den Boden der Realität stellen müssten, dann würden sie wohl auch bald freigelassen.
>
> Also die SPD hat aus Sorge um die Früchte der Entspannungspolitik in der zweiten Phase der Ostpolitik die Menschenrechte eindeutig hinter den Sicherheits- und Stabilitätsinteressen zurückgestellt. Geremek nannte mir immer als seinen Ansprechpartner den deutschen SPD-Politiker und früheren Justizminister Gerhard Jahn, zu dem er eine Gesprächsbeziehung hatte und von dem er wusste, dass man unvoreingenommen mit ihm sprechen konnte. Aber über die Sozialdemokraten allgemein hat er einmal in einem bitteren Moment gesagt, dass es zwei sozialistische Parteien in Europa gebe, die sich gegen die Solidarność gestellt oder zumindest kein Verständnis für sie gehabt hätten. Das eine sei die griechische PASOK, von der er behauptete, dass der KGB einen gewissen Einfluss auf sie ausübe, und die andere Partei leider die SPD. Er hat mich dann immer beauftragt, das den Genossen zu sagen."[492]

Ein wesentlicher Faktor der damaligen Polensolidarität war der Deutsche Gewerkschaftsbund, der im Januar 1982 eine Hilfskampagne startete, deren treibende Kraft Erwin Kristoffersen war, der im DGB-Vorstand für die Auslandsbeziehungen verantwortlich zeichnete. Ein gegründeter Verein namens „Solidarität mit Polen – Deutscher Gewerkschaftsbund" sammelte in den Jahren 1982 und 1983 knap 3,5 Millionen D-Mark an Spenden. Die gewerkschaftseigene Handelskette *coop* schickte Lebensmitteltransporte nach Polen. Kristoffersen setzte sich auch dafür ein, das eine Delegation der „Solidarität" von der Danziger Lenin-Werft nach Bremen reisen konnte.

Allerdings verfolgte der DGB in seiner politischen Haltung zu den Ereignissen in Polen eine Doppelstrategie. Einerseits unterstützte er die „Solidarität" und forderte er eine Wiederzulassung der Gewerkschaft sowie eine Aufhebung des Kriegsrechts, andererseits pflegte er weiterhin seine Kontakte zu offiziellen Institutionen sowie Parteien in Polen und knüpfte auch Beziehungen zu dem später gegründeten offiziellen Gewerkschaftsverband *OPZZ*. Es waren besonders die der DKP nahestehenden Ge-

---

492 Heinrich August Winkler ... (Fn. 305).

werkschafter der IG Druck und Papier, die starke Vorbehalte gegenüber der „Solidarität" artikulierten.

Konsequent politische Unterstützung praktizierten die Komitees „Solidarität mit Solidarność", die nach Verhängung des Kriegsrechts in Polen in verschiedenen bundesdeutschen Städten entstanden waren.[493] Zu ihren Gründern zählte der jüdische Auschwitzüberlebende Heinz Brandt, der in den 1930er Jahren Mitglied der KPD war und sich später am Aufbau der DDR beteiligte, wobei er mehr und mehr in Widerspruch zu den stalinistischen Praktiken der SED geriet. Nach seiner Flucht aus der DDR wurde er erneut dorthin entführt, musste aber aufgrund massiver internationaler Proteste freigelassen werden.

Enttäuschend für Bronisław Geremek verlief vor allem der Besuch von Willy Brandt vom 6. bis zum 9. Dezember 1985 in Warschau.[494] Anlass für die Visite war der 15. Jahrestag der Unterzeichnung des *Vertrags zwischen der Bundesrepublik Deutschland und der Volksrepublik Polen über die Grundlagen der Normalisierung ihrer gegenseitigen Beziehungen* vom 7. Dezember 1970. Doch Brandt ging es vorrangig darum, der maßgeblich von ihm geprägten Entspannungspolitik neuen Schwung zu geben.

In der polnischen Hauptstadt absolvierte der frühere Bundeskanzler, langjährige SPD-Vorsitzende und Präsident der Sozialistischen Internationale ein umfangreiches Programm, bei dem er sich aber fast ausschließlich auf Vertreter der Regierung und der kommunistischen *PVAP* sowie des katholischen Episkopats konzentrierte. Einzige Ausnahme war ein Gespräch mit Vertretern der liberal-katholischen Strömung innerhalb der „Solidarität", darunter Tadeusz Mazowiecki, in den Räumen der deutschen Botschaft. Ein Gespräch mit linken bzw. sozialdemokratischen Vertretern der „Solidarität" und der Opposition wie etwa Geremek gab es nicht.

Sogar ein Treffen mit Lech Wałęsa lehnte Brandt ab. Und dies, obwohl ihn Wałęsa mit einem klugen, abwägenden Brief zu einem Gespräch in Danzig eingeladen hatte, dessen Wortlaut Bronisław Geremek formuliert hatte. Auch verschiedene Angebote von Emmissären Wałęsas wie etwa Janusz Onyszkiewicz, ein Treffen in kirchlichen Räumen in Warschau zu organisieren, fruchteten nichts. Ebenso ergebnislos blieben offene Briefe von Zbigniew Bujak von der Untergrundführung der „Solidarität" und von dem Grandseigneur des *KSS „KOR"*, dem emeritierten, 95 Jahre alten Wirtschaftswissenschaftlers Edward Lipiński, der in der Tradition der antikommunistischen Linken in Polen stand, die beide Brandt zu einem Treffen mit Wałęsa aufriefen.

Was bewog Willy Brandt? Sicher folgte er der, offensichtlichen falschen Einschätzung der deutschen Botschaft in Warschau, dass ein Treffen mit Wałęsa seinen ganzen Besuch in Polen gefährden könne. Tatsächlich hätte es sich die Führung um Jaruzelski nicht leisten können, den Friedensnobelpreisträger Brandt wieder auszuladen. Doch die deutschen Diplomaten kapitulierten vor dem Druck, den Parteiführung und Re-

---

493 Siehe Genest, Andrea: Die Solidarność aus deutcher Perspektive. In: *Potsdamer Bulletin für Zeithistorische Studien*, Nr. 34–35/2005.
494 Ausführlich dazu Vetter: Polens eigensinniger Held ... a.a.O., S. 206 ff.

gierung ausübten. Außerdem war Brandt bei Antritt seiner Reise nach Warschau nicht präzise über die innenpolitische Lage in Polen informiert. Das führte dazu, dass er das Jaruzelski-Regime, das seine eigene Gesellschaft mit „Krieg" überzogen hatte, als Faktor im Rahmen internationaler Friedensbemühungen völlig überschätzte. Das korrespondierte mit seiner totalen Unterschätzung der „Solidarität" und der politischen Opposition als Frieden bildende Kraft. Mitte der 1980er Jahre war Wałęsas Bewegung noch geschwächt und in der Defensive, aber nicht perspektivlos, wie Brandt annahm. Schon wenige Jahre später zwang sie die Machthabenden zu den zukunftsträchtigen Gesprächen am Runden Tisch.

Der Verlauf des Besuchs von Willy Brandt war für Bronisław Geremek eine negative, lang nachwirkende Erfahrung. Doch Jahre später hatte sein Ärger doch noch einen sehr erfreulichen Nachklang, Als er 1990 zusammen mit Willy Brandt und Alexander Dubček in Paris auftrat, wurde Brandt von einem Studenten gefragt, warum er denn während seines Besuchs in Warschau 1985 ein Gespräch mit Geremek abgelehnt habe. Brandt antwortete selbstkritisch:

> „Ich dachte, dass die Sowjetunion eine Macht sei, die man heute nicht einfach zerschlagen kann. Die Dissidentenbewegung hielt ich für hoffnungslos. Ziel meines ganzen politischen Handelns war es, den Menschen im östlichen Teil Europas zu helfen: meinen Landsleuten, Polen, Ungarn, Tschechoslowaken und anderen. Heute weiß ich, dass ich einen Fehler gemacht habe. Mich entschuldigt es nicht, dass ich nicht der Einzige war. Heute weiß ich, was ich damals nicht wusste, dass man mit nichtpolitischen Methoden die Macht eines Imperiums brechen kann."[495]

Für Geremek und Brandt waren das gemeinsame Auftreten und Brandts Bekenntnis der Beginn einer Freundschaft. In dem Gespräch mit Gunter Hofmann berichtete er, dass er Brandt für dessen Auftritt dankbar gewesen sei. Immerhin hatte sich Brandt gegenüber Jaruzelski dafür eingesetzt, dass Geremek einen Pass für eine Reise nach Paris bekam. Geremek:

> „Brandt hat sich nicht darauf hinausgeredet, er habe heimlich geholfen, nein, er hat einen Fehler eingeräumt. Der Fehler war es, unterschätzt zu haben, was Zivilgesellschaften von unten bewirken können."[496]

Allmählich entwickelte sich auch eine Freundschaft zwischen Geremek und Marion Dönhoff, die er ab 1984 regelmäßig bei ihren Besuchen in Polen getroffen hat. Nach seinem Rauswurf bei der Polnischen Akademie der Wissenschaften hat ihn die Gräfin regelmäßig finanziell unterstützt. Aber Marion Dönhoff hat auch die Ostpolitik Willy Brandts aus vollem Herzen unterstützt und Verständnis für Jaruzelski wegen der Verhängung des Kriegsrechts gezeigt, wofür sie etwa von Fritz Stern und Ralf Dahrendorf kritisiert wurde. Geremek zu Gunter Hofmann:

---

495 Zit. nach Hofmann, Gunter: Polen und Deutsche. Der Weg zur europäischen Revolution 1989/90. Berlin 2011, S. 294.
496 Ebd. S. 295.

> „Sie werden sich denken können, dass ich in der Frage auf der Seite von Fritz Stern und Ralf Dahrendorf stehe. Sie hatten den Mut, gegen die Ostpolitik zu argumentieren. Meine Position war die Dahrendorfs: Ostpolitik nein, aber Ostverträge ja."[497]

Zeit seines Lebens blieb Geremek skeptisch gegenüber der Ostpolitik von Willy Brandt, der Entspannungspolitik in Richtung Moskau:

> „Als Historiker verstand ich Marion (Gräfin Dönhoff – R.V.) seht gut, weil ich weiß, dass Imperien zerfallen. Ich hielt das auch für möglich hinsichtlich der Sowjetunion. Aber die ‚Hypothese meines Lebens' war …, alles daranzusetzen, dass der Zerfallsprozess nun einmal in Gang kommt."[498]

Fast drei Jahrzehnte später befasste sich Polens Bürgerrechtler und Publizist Adam Michnik, ein enger Freund Geremeks, noch einmal ausführlich mit den Reisen Willy Brandts nach Polen im Dezember 1970 und im Dezember 1985.[499] Michnik bekundete große Achtung und Sympathie für Brandt, war aber auch bemüht, sich intellektuell und politisch-historisch von ihm abzusetzen. Sein Text wirkte wohltuend in der oft durch ideologische Querelen verunstalteten polnischen Geschichtsdebatte, sollte aber auch als Pflichtlektüre für geschichtsbewußte deutsche Sozialdemokraten dienen.

Für Michnik war Brandt ein Visionär, ein Politiker „der Passion und der Träume", ein Gegner politischer Intrigen und der Korruption, aber auch ein Realist. Brandts Kniefall vor dem Ghetto-Denkmal in Warschau im Dezember 1970 hat Michnik sehr beeindruckt und auch den deutsch-polnischen Vertrag sah er als großen Erfolg, wenngleich sich die damaligen kommunistischen Machthaber um Parteichef Władysław Gomułka vor allem innenpolitisch damit zu schmücken suchten. Wesentlich für Michnik, wie eben auch für Brandt, war die mit dem Vertrag erstmals vollzogene Anerkennung der polnischen Westgrenze.

Michnik analysiert die, aus seiner Sicht widersprüchliche Entspannungs- und Ostpolitik Brandts. Er sieht sie als notwendige Öffnung der Bundesrepublik gegenüber dem Osten Europas, nachdem Adenauer, so der Autor, die Westintegration des Bonner Staates erfolgreich betrieben hatte. Diese Politik habe Erfolge durch mehr zwischenstaatliche Kontakte und Freizügigkeit für die Menschen sowie den Ausbau der politischen und wirtschaftlichen Beziehungen erzielt, aber der Einhaltung der Menschenrechte unter dem dem Deckmantel der Entspannung zu wenig Beachtung geschenkt. Die „Solidarität" in Polen sei dabei eher als störend empfunden worden, weil sich die Entspannungsofferten hauptsächlich an die Machthabenden in Polen gerichtet hätten.

Die Visite Brandts im Jahr 1985 nennt Michnik einen „traurigen Besuch". Brandt habe sich u.a. mit Nelson Mandela getroffen, sich aber eine Begegnung mit Lech Wałęsa verweigert. Michnik wörtlich:

---

497 Ebd., S. S. 298.
498 Ebd., S. 299.
499 Michnik, Adam: Taniec na cienkiej linie. Dwie podróże do Polski Willy'ego Brandta. In: *Gazeta Wyborcza*, 1–2 grudnia 2012.

„Der Nobelpreisträger Brandt missachtete die offensichtliche Wahrheit, dass jedwede Entspannungspolitik nicht den Unterschied zwischen der Demokratie und der Freiheit einerseits und der kommunistischen Diktatur andererseits ignorieren darf, auch sollte sie nicht die Opfer einer solchen Diktatur ignorieren. Aber das war nicht der einzige Fehler. Ein Fehler war auch der Verlust einer klaren Einschätzung der kommunistischen Diktatur. In der Epoche von Breschnew war das schon keine totalitäre Unterdrückung Stalinschen Typus mehr, aber das System hatte weiterhin Merkmale eines totalitären Staates. Stattdessen wiederholten die Führer der SPD hartnäckig, das ‚die Zeit der Ideologien vorbei sei und stattdessen die Zeit der Interessen gekommen sei'. Brandt sagte im Sommer 1981: ‚Sie wollen verhandeln. Und über Breschnew kann man sagen, was man will, aber er bangt um den Weltfrieden.' Wie sehr Breschnew verhandeln wollte, konnte man bei den polnisch-sowjetischen Verhandlungen 1981 sehen, und um zu erkennen, wie sehr er um den Frieden bangte, reichte ein Blick auf den Krieg in Afghanistan ... Die Führer der SPD wussten, worin die kommunistische Unfreiheit besteht, aber sie verstanden die Mentalität der sowjetischen Führer nicht. Sie glaubten, dass dies ‚vernünftige' Führer seien, doch war dies eine Vernunft im Rahmen einer anderen, ‚nichtwestlichen' Mentalität.

Im Rahmen dieser Vernunft bündelten sich Motive, die den Denkhorizont der Sozialdemokraten überschritten, die sich weder eine Invasion in Afghanistan noch eine Überwachung Brandts durch die Stasi vorstellen konnten ... Mit Sicherheit waren zwei Grundsätze der Politik Brandts völlig falsch: die Überzeugung, dass die Entspannungs- und Sicherheitspolitik der Schlüssel zu allem ist, sowie die Ansicht, dass Veränderungen in Osteuropa das Ziel ausschließlich der regierenden kommunistischen Elite sind. Beide Grundsätze erwiesen sich als falsche Diagnose und führten zu politischer und moralischer Blindheit."[500]

Was Willy Brandt nicht wollte und später nicht mehr konnte, vollbrachte der 92jährige Helmut Schmidt, als er Lech Wałęsa besuchte. Später schrieb Schmidt in einem Brief an den Autor dieses Buches:

„Weil der Lebensweg dieses Mannes mich immer schon interessiert hatte, habe ich ihn ... im August des vorherigen Jahres (2011 – R.V.) in Gdańsk besucht. Wir hatten uns vorher nicht gekannt ... Es war ein sehr eindrucksvolles Gespräch."[501]

6.5. Lagebericht von Geremek, Mazowiecki und anderen

Wie hilflos das Regime von Jaruzelski trotz aller machtpolitischen Gebärden tatsächlich war, zeigte sich besonders auf ökonomischem Gebiet. Schon im September 1980 hatte das Politbüro der *PVAP* einen Ausschuss für wirtschaftliche Fragen berufen, dem renommierte Ökonomen wie Władysław Baka, Zdzisław Krasiński und Zdzisław Sadowski angehörten. Deren Vorschläge liefen darauf hinaus, die Preise stärker den Produktionskosten und der Nachfrage der Gesellschaft anzupassen, die Unterneh-

---
500 Ebd.
501 Helmut Schmidt in einem Brief an den Autor vom 9.7.2012.

mensvorstände kompetenter zu machen und die betriebswirtschaftliche Rechnungslegung realistischer zu gestalten sowie die Qualität wichtiger Produkte zu erhöhen.

Doch schon die Preisreform vom 1. Februar 1982 brachte auf längere Sicht nicht die gewünschten Ergebnisse. Zwar wurden dadurch die Preise stärker den Produktionskosten angepasst, doch am System der zentralen, bürokratischen Festlegung der Preise änderte sich nichts. Weiterhin fehlte der Markt, der eine Preisbildung aufgrund von Angebot und Nachfrage ermöglicht hätte. Anderseits litten die meisten polnischen Familien sehr stark darunter, weil die Preise für Lebensmittel um 240 Prozent und für Energie um 170 Prozent stiegen. Bestimmte Güter des täglichen Bedarfs wurden für sie unerschwinglich.

Ein wichtiger Gradmesser für die galoppierende Inflation war der Schwarzmarktkurs des US-Dollar. In dieser „harten Währung" wurden 70 bis 80 Prozent der privaten Ersparnisse aufbewahrt. Im Jahr 1982 kostete ein Dollar durchschnittlich 380 Złoty, 1986 waren es schon 760 Złoty und 1989 sogar 2.400 Złoty. Die Überbewertung auf dem schwarzen Markt machte den Dollar zur heimlichen Währung Polens.

Die Auslandsverschuldung stieg von 26 Milliarden Dollar 1981 auf 31 Milliarden 1985 und sogar 40 Milliarden 1989. Zur Mitte der Dekade betrug sie schon etwa 60 Prozent Bruttosozialprodukts (heute Bruttoinlandsprodukt – R.V.) und das Fünffache des jährlichen Exports. Doch die Staatswirtschaft brauchte laufend Devisen, um Jahre zuvor eingerichteten Produktionslinien zu erhalten, die ohne westliche Komponenten und Ersatzteile weitgehend zum Stillstand gekommen wären. Um trotzdem an „harte Währung" zu kommen, verkaufte der Staat in den Pewex-Läden einen wachsenden Teil der Konsumgüterproduktion gegen Dollar und D-Mark, während die Devisenbank private Spareinlagen hoch verzinste, ohne sich weiter um deren Herkunft, eben vom Schwarzmarkt, zu kümmern.

Ebenso erfolglos blieben die angestrebte Umgestaltung der Unternehmensleitungen und deren betrieblicher Rechnungslegung. Die jahrzehntelang eingeübte ideologische und bürokratische Renitenz der Kader aus Partei, Staat, Militär und Wirtschaft war stärker als der reformerische Wille der vom Politbüro berufenen Vorzeigeökonomen. Und auch die angestrebte Qualitätsverbesserung bei wichtigen Produkten scheiterte, weil die Forschungs- und Investitionsmittel fehlten und die polnische Volkswirtschaft kaum internationalem Konkurrenzdruck ausgesetzt war.

Im Ergebnis fiel das Bruttosozialprodukt von Jahr zu Jahr.

In der Wirtschaft zeigt sich eine schleichende Privatisierung kleiner und kleinster Dienstleistungsunternehmen. Schon bis 1985 war etwa eine Million Beschäftigter in diese „Privatwirtschaft" gewechselt. Die Tätigkeit der privaten Firmen verstärkte die Präsenz des Dollar im Alltag und verbesserte die Versorgung in einigen Bereichen, brachte aber natürlich nicht die erhoffte Wende. Das Absurde bzw. Widersprüchliche der herrschenden Verhältnisse zeigte sich außerdem daran, dass bereits zur Mitte der Jahrzehnts etwa 60 Prozent aller Zuchttiere von den Bauern „illegal" geschlachtet und auf dem schwarzen Lebensmittelmarkt verkauft wurden.

Vermutlich haben auch die westlichen Wirtschaftssanktionen zur Verschärfung der wirtschaftlichen Lage in Polen beigetragen.

Das Misstrauen der Polen in den Złoty war beispielhaft für die politischen Niederlagen des Jaruzelski-Regimes in den 1980er Jahren. Tatsächlich funktionierte kaum noch etwas, bei dem der Staat die Finger im Spiel hatte. Gegen Ende des Jahrzehnts steuerte Polen auf eine zivilisatorische Krise zu. Banal ausgedrückt war das Land auf dem Weg zu einer „Bananenrepublik". Systematisch ging die durchschnittliche Lebenserwartung der polnischen Bürger zurück. Kein Wunder also, dass die Emigration wieder anstieg. Hunderttausende, vor allem junge Menschen, verließen in den 1980er Jahren das Land.

Kennzeichnend für die Jahre nach der Verhängung des Kriegsrechts war auch, dass sich viele polnische Familien mehr und mehr ins Private zurückzogen – ganz im Gegensatz zu 1980/81, als das Wirken der „Solidarität" immense soziale Energien freisetzte. Jetzt, angesichts der extrem schwierigen Lebensbedingungen, „privatisierte" jeder, der irgendwie konnte, seinen Arbeitsplatz in einer staatlichen Institution für eigene, individuelle oder familiäre Zwecke. Das private „Überwintern" wurde zum entscheidenden Maßstab sozialen Verhaltens. Allenfalls das Bekenntnis zur Nation spielte noch eine gewisse Rolle. Alles, was zwischen Privatsphäre und Nation lag, also jedwede Berufs-, Gruppen- und Schichteninteressen, oder auch lokale bzw. regionale Identitäten, spielten vorerst keine Rolle mehr.

Folgt man den Untersuchungen von Soziologen, dann ließen sich hinsichtlich der „Solidarität" einerseits und der Machthabenden andererseits um 1985 drei Strömungen erkennen. Während gut 20 Prozent der Bürger die in die Illegalität gedrängte Gewerkschaft und auch deren Führung im Untergrund voll und ganz unterstützen und andererseits das Lager der Anhänger des herrschenden Regimes um Jaruzelski ähnlich groß war, sympathisierte die breite Mitte mal mehr, mal weniger mit der „Solidarität" oder hatte keine Meinung.[502] Diese Zahlen ließen sich kaum als Erfolg der Protagonisten des Kriegsrechts interpretieren. Auch wenn die Zustimmung für die „Solidarität" nicht bedeutete, auch an einer Demonstration oder einem Streik teilzunehmen, waren diese Daten noch kein Beweis dafür, dass dem Jaruzelski-Regime gelungen war, die Mehrheit der Gesellschaft von sich zu überzeugen.

Der renommierte Historiker Jerzy Holzer vertrat andererseits die Auffassung:

> „Das im Dezember 1981 verhängte Kriegsrecht ließ deutlicher als zuvor erkennen, dass die Vision einer in der Solidarność geeinten Gesellschaft eine Illusion war. Dabei spielte keine Rolle, dass der unmittelbare Widerstand in Gestalt von Streiks verhältnismäßig gering war; schließlich wurde die Gesellschaft mit drakonischen Gesetzen terrorisiert, die selbst Todesstrafen vorsahen, auch wenn solche Urteile nie ergingen. Viel wichtiger ist, dass damals ein bedeutender Teil der Bevölkerung das Kriegsrecht als ein Übel erkannte, das notwendig war, um eine sowjetische Invasion oder auch den totalen

---

502 Siehe insbesondere Badora, Barbara et al. (Hrg.): Władza i społeczeństwo w badaniach CBOS. Warszawa 1994, S. 176 f. Machcewicz, Paweł (red.): Polska 1986–1989: koniec Systemu Bd. 1. Warszawa 2002, S. 18 f. Paszkowski: Wojna ... a.a.O., S. 271. Paczkowski stützte sich auf Untersuchungen von Wissenschaftlern des Instituts für Philosophie und Soziologie der Polnischen Akademie der Wissenschaften.

wirtschaftlichen Kollaps zu verhindern. So hatte das Regime bei der Zerschlagung und formalen Delegalisierung der Solidarność zumindest partiell die Rückendeckung der Gesellschaft. Aber auch die kommunistische Einheitsillusion ließ sich nicht mehr wiederbeleben. Zu groß war in der Gesellschaft der Kreis derer, die das Kriegsrecht nicht akzeptierten."[503]

So war die Partei- und Staatsführung Mitte der 1980er Jahre gerade von der Intelligenz des Landes isoliert, wie ein Beitrag in der renommierten Wochenzeitung *Polityka* zeigte.[504] In den dort erwähnten Umfragen, die von Soziologen unterschiedlicher politischer Orientierung durchgeführt worden waren, Vertraten gut 60 Prozent der befragten Intellektuellen die Auffassung, dass der offene Konflikt zwischen der Partei und der Regierung einerseits und der Intelligenz andererseits andauere.

Ein gewisser Gradmesser waren auch die Wahlen zu den Nationalräten auf kommunaler Ebene am 17. Juni 1984.[505] Laut einer offiziellen Mitteilung der staatlichen Wahlkommission lag die Wahlbeteiligung bei 74,95 Prozent. Bei den vorangegangenen derartigen Wahlen, als noch Edward Gierek an der Spitze der PVAP stand, hatte man die Beteiligung noch mit 98 Prozent angegeben. Diesmal lag der entsprechende Wert offiziell in Warschau nur bei 57 Prozent, in Danzig sogar nur bei 51 Prozent. Im Vorfeld hatten sowohl Lech Wałęsa und vierzig weitere Funktionäre der „Solidarität" in einem Offenen Brief[506] als auch die Untergrundführung der Gewerkschaft[507] und der zu jener Zeit inhaftierte Bürgerrechtler Adam Michnik[508] zum Boykott der Wahlen aufgerufen. Es stand zu erwarten, dass die offiziellen Medien das Ergebnis als Mandat für die Machthabenden um General Jaruzelski werten würden.[509] Aber ebenso reklamierte Zbigniew Bujak im Namen der Untergrundführung der „Solidarität" das Resultat als Erfolg für die Opposition.[510]

Ähnlich wie die Abstimmung über die kommunalen Räte war auch die Wahl zum Sejm am 13. Oktober 1985 ein gewisses Indiz für die Stimmung in der Gesellschaft Offiziell lag die Wahlbeteiligung bei 78 Prozent, während im Untergrund von 66 Prozent die Rede war.[511] Für die Volksabstimmung über die Wirtschaftsreform im Jahr 1987 wurde offiziell sogar nur eine Wahlbeteiligung von 67 Prozent angegeben.

Dank seiner internationalen Kontakte war Bronisław Geremek in jenen Jahren so etwas wie der Chefdiplomat der „Solidarität". In einem Brief an Zbigniew Bujak im

---

503 Holzer: Abschied ... (Fn. 466), S. 157.
504 Reykowski, Janusz: O alienacji politycznej w Polsce. In: *Polityka*, 6.4.1985.
505 Siehe Leszczyńska, Dorota/Vetter, Reinhold: Die polnischen Kommunalwahlen. In: *Osteuropa*, Heft 7/1985, S. A105 ff.
506 List 41 członków Komisji Krajowej NSZZ Solidarność do Przewodniczącego Państwowej Komisji Wyborczej Adama Zielińskiego. In: *Tygodnik Mazowsze* Nr. 91, 7.6.1984.
507 Tymczasowa Komisja Koordynacyjna NSZZ „S": Dlaczego bojkotujemy wybory? Deutsche Übersetzung in: Leszczyńska/Vetter ... (Fn. 505).
508 Oświadczenie Adama Michnika. In: *Tygodnik Mazowsze* Nr. 91, 7.6.1984.
509 Siehe u.a. Salecki, Jerzy A.: Patriotyczne racje. In: *Trybuna Ludu*, 18.7.1984.
510 Bujak, Zbigniew: Do członków Solidarności. In: *Tygodnik Msazowsze*, Nr. 92, 21.6.1984.
511 NSZZ Solidarność: Zbiory archiwalne. Kalendarium – rok 1985. http://wwwe.solidarnosc.prg.pl/archiwum/historia/1985.html.

Juni 1985 berichtete er von seinen Gesprächen mit ausländischen Journalisten, Diplomaten und Wissenschaftlern, die sich zeitweise in Polen aufhielten:

> „Du musst Dir darüber im Klaren sein, dass die TKK (die Untergrundführung der „Solidarität" – R.V.) ein anerkannter oder möglicherweise anzuerkennender Partner nur für gewerkschaftliche Bewegungen (im Westen – R.V.) ist, nicht aber für Regierungen und Parlamente (anders ist es im Fall der USA, aber das ist eine besondere Angelegenheit). Die Sache der TKK ist ein ständiges Thema meiner Gespräche mit hohen Repräsentanten, um ihnen zu erklären, dass das nicht eine Gruppe von Randalierern ist. Die Regierungen und Parlamente akzeptieren die Situation der Entmündigung einer Nation, d. h. sie betrachten das als asiatische Unpässlichkeit, und im Fall Polens wissen sie, dass es offizielle Strukturen und die Opposition gibt. Deshalb haben sie Gespräche mit der Kirche in ihre protokollarischen Kontakte aufgenommen. Aber es gibt auch einzelne, die Kontakte mit der Opposition haben wollen und deshalb mit mir bzw. mit Kollegen sprechen. Das, was Urban (der Regierungssprecher – R.v.) gesagt hat, nämlich dass G, O und M (wie er sich ausdrückte, also Geremek, Olszewski und Mazowiecki – R.V.) die Rolle eines Feigenblattes für die westlichen Staatsmänner spielten, war – und ich füge hinzu: leider – nur eine Wiederholung meiner eigenen Bewertung dieser Angelegenheit. Ja, so sehe ich das, und trotzdem treffe ich mich, weil ich das für ein wesentliches Instrument zur Stärkung der polnischen Eigenständigkeit und Besonderheit im Verhältnis zu den Nachbarländern halte. Eine solche Stärkung der polnischen Spezifika, zu deren Elementen die „S" („Solidarität – R.V.) gehört, erachte ich als übergeordnetes Prinzip jeder polnischen Außenpolitik ... Und darin besteht die Funktion der von mir gegebenen Interviews: (zu zeigen), dass die Lage anders sein könnte, dass „S" existiert und ein politischer Partner sein kann, dass Polen sich unterscheidet und unterscheiden wird von anderen (Staaten). So lange meine Stimme zählt – und vorerst ist das so – werde ich das so machen. Und die Haltung der internationalen Öffentlichkeit hängt davon ab und wird davon abhängen, ob man über Polen spricht oder nicht."[512]

Wichtigstes Dokument der „Solidarität" und der ganzen Opposition Mitte der 1980er Jahre war die umfangreiche Analyse „Polska 5 lat po Sierpniu" (deutsch: „Polen fünf Jahre nach dem August" – gemeint sind der Streik und das „Danziger Abkommen" vom August 1980 – R.V.)[513] Ohne diese Analyse wäre das programmatische Auftreten der führenden Funktionäre der „Solidarität" und ihrer wichtigsten intellektuellen Berater am Runden Tisch im Frühjahr 1989 kaum denkbar.[514] Bei der Lektüre dieser klugen, seriösen und von strategischem Denken geprägten Schrift fragt man sich ein weiteres Mal, warum der Wissensstand ober Polen im Westen, etwa bei den deutschen Sozialdemokraten, so erschreckend gering war, gab es doch in den Botschaften und Warschau und in den Ministerien in westlichen Hauptstädten genügend Mitarbeiter,

---

512 Zit. nach Friszke, Andrzej (red.): Solidarność podziemna 1981–1989. Warszawa 2006, S. 125.
513 Zunächst erschienen im Untergrundverlag *Międzyzakładowa Struktura Solidarności*, später auch publiziert vom Verlag *Aneks* in London: Polska 5 lat po Sierpniu. Londyn 1986.
514 So auch die Bewertung des polnischen Historikers Andrzej Friszke in Komitet Obywatelski. Geneza i historia. In: Strasz, Małgorzata (red.): Komitet Obywatelski przy Przewodniczącym NSZZ „Solidarność" Lechu Wałęsie. Warszawa 2006, S. 15.

die des Polnischen mächtig waren. Vermutlich war es einfach nur die Ignoranz, die dahinter steckte.

Um die Jahreswende 1984–85 hatten hochrangige Wissenschaftler verschiedener Fachrichtungen mit der Arbeit an den Analysen begonnen. Zu ihnen zählten die Ökonomen Ryszard Bugaj, Witold Trzeciakowski und Jerzy Exsymontt, die Juristen Janina Zakrzewska, Jerzy Ciemniewski und Jan Olszewski, der Historiker Henryk Samsonowicz, der Philosoph Stefan Amsterdamski, sowie der spätere Minister für Bauwirtschaft Aleksander Paszyński. Bronisław Geremek erinnerte sich später an die umfangreiche Arbeit für die Studie:

> „Es gab Seminare, Referate und Diskussionen ... Es kam zu Treffen in Kirchen, wo die Texte diskutiert wurden. Dabei trafen wir uns in Gotteshäusern, die nicht so exponiert waren, weil so die Wahrscheinlichkeit geringer war, dass der SB (der Sicherheitsdienst – R.V.) uns beobachtete. Die Diskussionen waren offen, unterschiedliche Auffassungen trafen aufeinander ... Wałęsa war in alle diese Arbeiten involviert. ... Auch wenn er weitschweifige intellektuelle Überlegungen nicht mag, war er mit einbezogen und und übernahm die Schirmherrschaft.[515]

Das intellektuelle und organisatorische Zentrum der Arbeit bildeten Geremek und Mazowiecki, die dabei von Andrzej Celiński, Ryszard Bugaj und Andrzej Wielowieyski unterstützt wurden. Alle Autoren identifizierten sich mit der „Solidarität". Lech Wałęsa verfasste ein Vorwort zu der 365seitigen Expertise, Geremek und Mazowiecki schrieben eine abschließende, zusammenfassende Betrachtung.

> „Mazowiecki und Geremek genossen eine besondere Autorität unter den Intellektuellen, die mit der ‚Solidarität' sympathisierten, als führende Strategen und Leute, die Einfluss auf Wałęsa hatten",

betont der Historiker, Publizist und Minister in der Regierung von Tadeusz Mazowieck, Aleksander Hall.[516]

Am 30. August 1985 präsentierte Lech Wałęsa die Studie in der Danziger Brigittenkirche den Korrespondenten westlicher Agenturen, denen eine Kurzfassung des Textes ausgehändigt wurde.

Im Zentrum der Analyse stand die tiefe wirtschaftliche und ökologische Krise. Die Autoren diagnostizierten eine zivilisatorische Bedrohung, die Polen, wie es hieß, „aus dem Rhythmus Europas, aus dessen materiellen und kulturellen Lebensniveau eliminieren könnte". Die absehbare gesellschaftliche Krise könnte „ungewöhnlich scharfe Formen annehmen und den Rahmen eines innerpolnischen Konflikts überschreiten".

In ihrer abschließenden Betrachtung betonen Geremek und Mazowiecki, dass der August 1980 ein Ereignis von grundlegender Bedeutung in der neuesten Geschichte Polens sei, eine „Vereinbarung, die das Entstehen freier, selbstverwalteter Gewerkschaften sowie bedeutsame Veränderungen des öffentlichen Lebens ermöglichte und

---

515 Bericht von Bronisław Geremek an Andrzej Friszke vom 12. März 2005. Zit. nach ebd. S. 10.
516 Hall, Aleksander: Osobista Historia III Rzeczypospolitej. Warszawa 2011, S. 15.

Bronisław Geremek (rechts) zusammen mit Tadeusz Mazowiecki (links) und Lech Wałęsa am fünften Jahrstag (31.8.1985) der Gründung der „Solidarität"

damit zu einer zweiten Verfassung, einer Charta der bürgerlichen Rechte und Pflichten wurde".[517] Die Anerkennung der führenden Rolle der *PVAP* im Staat, so Geremek und Mazowiecki, habe letztendlich die Grenzen deren Machtmonopols umschrieben. Denn gleichzeitig seien aufgrund des „Danziger Abkommens" eine unabhängige gewerkschaftliche Bewegung entstanden und neue institutionelle Voraussetzungen für Selbstverwaltung und Demokratie geschaffen worden. Solche gesellschaftliche Vereinbarungen seien die einzig mögliche nationale Lösung unter den gegenwärtigen politischen Bedingungen. Wichtigstes Potential in diesem Zusammenhang seien die Energie, der Ideenreichtum und die Initiative der Polen.[518]

Geremek und Mazowiecki befassten sich außerdem mit den äußeren Rahmenbedingungen der polnischen Innenpolitik. Sie räumten ein, dass natürlich die machtpolitischen Interessen Moskaus in der Region, die internationale Strategie der Sowjetunion, das Kräfteverhältnis zwischen den Supermächten sowie die inneren Verhältnisse in der Sowjetunion eine bedeutende Rolle spielen. Aber sie warnten auch vor einem Fatalismus, der darin bestehe, angesichts dieser Rahmenbedingungen keinerlei Veränderungen in Polen für möglich zu halten. Notwendig seien deshalb das Bemühen, bestimmte strategische Interessen der Sowjetunion nicht in Frage zu stellen, andererseits

---

517 Polska 5 lat … (Fn. 513), S. 347.
518 Ebd. S. 348–350.

aber auch den Widerstandswillen, die Entschlossenheit und Solidarität der Polen unter Beweis zu stellen, um so zu demonstrieren, wie hoch die Kosten einer möglichen militärischen Intervention der Sowjetunion bzw. des Warschauer Pakts wären.[519]

Das Problem, so Geremek und Mazowiecki, bestehe eben darin, dass die herrschende politische Klasse in Polen ihre Haltung ausschließlich von der Akzeptanz Moskaus, nicht aber von den Auffassungen der eigenen Gesellschaft abhängig mache. Falsch sei aber die Meinung, dass es auch innerhalb des Jalta-Systems keine Möglichkeit für positives politisches Handeln gebe. Vielmehr komme es darauf an, im Rahmen der internationalen Politik mögliche Spielräume für die Stärkung der polnischen Eigenständigkeit zu nutzen. Und wörtlich:

„Polen könnte die Rolle einer Brücke zwischen Ost und West spielen."[520]

Kein anderes Dokument der „Solidarität" und der Opposition in jenen Jahren hat eine solche Aufmerksamkeit unter den Machthabenden erregt wie die Analyse „Polska 5 lat po sierpniu". Sie war sogar Gegenstand einer ausführlichen Debatte im Politbüro und dem ZK-Sekretariat der *PVAP*. Wohl wissend, welche Sprengkraft das Dokument hatte, waren die anwesenden Spitzenfunktionäre mehrheitlich der Meinung, dass es besser sei, es öffentlich zu ignorieren.[521]

Innerhalb der „Solidarität" dagegen weckte das Dokument hauptsächlich das Interesse der intellektuellen Berater sowie der wissenschaftlichen Kreise, die mit der in die Illegalität gedrängten Gewerkschaft sympathisierten, auch einiger Spitzenfunktionäre, initiierte aber keine breitere Diskussion unter den Mitgliedern und Anhängern.

Die Jahre 1983–1986 zeigten deutlich den Zusammenhang zwischen politisch-programmatischer Schwäche der Machthabenden und staatlicher Repression. Da es dem Jaruzelski-Regime an Gestaltungskraft fehlte, blieb ihm nichts anderes übrig, als den staatlichen Unterdrückungsapparat einzusetzen, um diejenigen mundtot zu machen, die sich der offiziellen Politik widersetzten und für tiefgreifende Reformen warben. Wiederholt wurden Oppositionelle und Aktivisten der „Solidarität" verhaftet und verurteilt, kam es zu Misshandlungen in Gefängnisse, nötigte man Andersdenkende zur Emigration, verloren unabhängige Wissenschaftler ihren Arbeitsplatz. Allerdings hat es das Regime nie gewagt, Lech Wałęsa den Prozess zu machen. Und in der Regel waren es in der intellektuellen Szene nur die Spitzen des Widerstandes wie Geremek und Mazowiecki, die mit Repressalien zu leben hatten.

Aber die Entwicklung verlief auch in Wellenbewegungen. Mal wurde die Repressionsschraube angezogen, wie nach der Ermordung des Priesters Jerzy Popiełuszko, mal wieder gelockert. Diese Widersprüchlichkeit ziegte sich besonders im Juli 1983, als einerseits die restlichen Kriegsrechtsbestimmungen aufgehoben wurden und der *Militärrat der nationalen Errettung* seine Tätigkeit einstellte, andererseits der Sejm ein Gesetzespaket zur schärferen Bekämpfung der allgemeinen und der politischen

---

519 Ebd. S. 353.
520 Ebd. 359 f.
521 Siehe AAN, KC PZPR V/277, k. 10–26.

Kriminalität beschloss. Verabschiedet wurde außerdem ein neues Hochschulgesetz, das die Autonomie der Hochschulen außer Kraft setzte, die in den legalen Zeiten der „Solidarität" ertrotzt worden war.

Einer der Höhepunkte staatlicher Repression war der Prozess gegen die vier Oppositionellen Jacek Kuroń, Adam Michnik, Henryk Wujec und Zbigniew Romaszewski, der am 13. Juli 1984 vor einem Warschauer Militärgericht begann. Den Angeklagten wurden Verbrechen nach Artikel 123 und 128 des Strafgesetzbuches zur Last gelegt, d. h. Vorbereitungen für einen gewaltsamen Sturz des in der Volksrepublik Polen herrschenden Systems getroffen zu haben. Die Vorwürfe bezogen sich auf die Demonstrationen am 31. August 1982, als in vielen Städten gegen das Kriegsrechts demonstriert worden war. Doch das Gericht vertagte sich schon bald nach Prozessbeginn. Im Zuge der Amestie, die der Sejm am 21. Juli beschloss, kamen insgesamt 553 politische Häftlinge frei, darunter auch die vier Angeklagten.

Doch schon am 13. Februar 1985 wurde Michnik zusammen mit Bogdan Lis und Władysław Frasyniuk erneut verhaftet. Ein Danziger Gericht verurteilte die drei Oppositionellen am 23. Mai zu Gefängnisstrafen zwischen zweieinhalb und dreieinhalb Jahren. Die Verurteilung erfolgte aufgrund der gleichen Anklagen wie im Verfahren 1984. Ein Jahr später am 11. September 1986 wurden alle drei begnadigt und freigelassen, ebenso wie der seit Januar des gleichen Jahres in Untersuchungshaft sitzende Bogdan Borusewicz, heute Marschall des Senats, also der zweiten Kammer des Parlaments.

6.6. Neue Rahmenbedingungen durch Gorbatschow

Mit dem Machtantritt von Michail Gorbatschow als neuer Generalsekretär der KPdSU am 11. März 1985 deutete sich auch eine Veränderung der äußeren Rahmenbedingungen für die innenpolitische Entwicklung Polens an. Doch vorerst gab es neben den alten Ritualen nur einige kleinere Signale. Einerseits war die polnische Hauptstadt im Mai des gleichen Jahres Schauplatz einer feierlichen Verlängerung des 30 Jahre zuvor gegründeten „Warschauer Pakts", die nach dem üblichen Ritual ablief. Andererseits berichteten polnische Emissäre von Gesprächen in Moskau, dass Gorbatschow offenbar plane, die Beziehungen zu den sozialistischen „Bruderländern" neu zu gestalten und auch den sowjetisch-amerikanischen Dialog wieder anzukurbeln.[522] Der neue Generalsekretär bemühte sich, die Kontrolle der Moskauer Machtzentrale über Polen zu lockern.

Immerhin gab es Hinweise darauf, dass Gorbatschow und Jaruzelski relativ entspannt miteinander umgehen konnten. Beide wollten den „Sozialismus" retten und hatten auch eingesehen, dass dies ohne tiefgreifende Reformen in ihren Ländern nicht möglich sein würde. Sie spürten, Gorbatschow noch stärker als Jaruzelski, dass der

---

522 So u. a. die Aufzeichnungen des Jaruzelski-Beraters Wiesław Górnicki. Zit. nach Borodziej: Geschichte ... a.a.O., S. 375.

Weg dorthin nur über eine weitgehende Entmachtung des Parteiapparats und der von ihm gesteuerten Nomenklatura gangbar sein würde.

Und der Spielraum wurde größer. So unterzeichneten beide Parteichefs im April 1987 eine Absichtserklärung, die u. a. vorsah, eine gemeinsame Kommission zur Erforschung jener „weißen Flecken" zu gründen, die sich mit den bisherigen Tabus in der polnisch-russischen Geschichte befassen sollte. Im Februar erschien, erstmals in der Geschichte, ein Interview des Primas der katholischen Kirche Polens in einer sowjetischen Zeitung. Drei Monate später diskutierte man im *Polnischen Institut für Internationale Fragen (Polski Instytut Spraw Międzynarodowych – PISM)* in Warschau über die Lage der Polen in der Sowjetunion, was zuvor völlig undenkbar war. Schließlich kam Gorbatschow sogar zu einem Besuch nach Polen, wo er mit Sympathie empfangen wurde. Allerdings versäumte er es, zu einer Frage Stellung zu nehmen, die vielen Polen auf der Seele brannte: die Ermordung von etwa 4400 polnischen Offizieren und Grenzbeamten im Frühjahr 1940 durch NKWD-Funktionäre im Katyń nahe Smolensk.

Trotz Gorbatschow blieb Lech Wałęsa vorerst eine *persona non grata* in der Sowjetunion, die in der dortigen Öffentlichkeit völlig verschwiegen wurde. So pflegte der Vorsitzende der „Solidarität" seine Kontakte zu Politikern aus den USA, die Polen besuchten. Im Januar 1987 sprach er mit dem Unterstaatssekretär John Whitehead, im Mai des gleichen Jahres kamen Senator Edward Kennedy und der frühere Sicherheitsberater Zbigniew Brzeziński nach Danzig. Und am 27. September 1987 traf er sich sogar mit dem damaligen amerikanischen Vizepräsidenten George Bush in Warschau. Bei allen diesen Gesprächen war Bronisław Geremek mit anwesend.

6.7. Kampf um Legalität – Geremek und der „Antikrisenpakt"

Peu a peu trug die Erweiterung des außenpolitischen Spielraums auch innenpolitische Früchte. Ein erster Schritt war die Amnestie für politische Häftlinge vom Juli 1986, durch die erstmals alle seit 1981 inhaftierten und verurteilten Oppositionellen freikamen. Vorerst glaubte das Jaruzelski-Regime, mit dieser Geste nur eine langjährige Forderung des Westens erfüllt zu haben, ohne den Dialog mit der „Solidarität" aufnehmen zu müssen. Immerhin wurden im Februar 1987 noch existierende westliche Sanktionen aufgehoben, die nach dem 13. Dezember 1981 verhängt worden waren. Im Dezember 1986 entstand ein Konsultationsrat beim Staatsratsvorsitzenden (Jaruzelski übte inzwischen auch dieses Amt aus – R.V.), der relativ freimütige Diskussionen führte, wenngleich keinerlei Vertreter der „Solidarität" teilnehmen konnten. Die in den Medien verbreiteten Diskussionsprotokolle erregten allerdings kaum Aufmerksamkeit in der Öffentlichkeit. Tatsächlich war die gesellschaftliche Stimmung inzwischen fast auf den Nullpunkt gesunken.[523] Aus Umfragen ging auch hervor, dass nur

---

[523] So zumindest das Ergebnis einer Analyse von Umfragen durch Analytiker des ZK der *PVAP*. Siehe Dudek, Antoni/Friszke, Andrzej (red.): Polska 1986–1987. Tom 3 dokumenty. Warszawa 2002, S. 66 f.

etwa 20 Prozent der Befragten den Untergrundstrukturen der „Solidarität" wirklich vertrauten, während mehr als 40 Prozent eher Misstrauen hegten und „der Rest" keine Meinung vertrat.[524] Im Umkreis von Jaruzelski diskutierten Ökonomen weiterhin über eine Wirtschaftsreform, die auch marktwirtschaftliche Elemente umfassen sollte.

In dieser Situation gehörte gerade Bronisław Geremek zu denjenigen, die für verstärktes legales Auftreten der „Solidarität" votierten. Darin wurde er nicht zuletzt von Lech Wałęsa selbst unterstützt, der in einem Interview für die Untergrundzeitung *Tygodnik Mazowsze* erklärte:

> „Das Modell des Kampfes, dessen Symbol Bujak (einer der Führer im Untergrund – R.V.) ist, brauchen wir weiterhin, aber andererseits gibt es im Untergrund nicht mehr so viel zu tun. Wir müssen offen kämpfen, wir, die Leute an der Oberfläche, müssen mehr tun, uns mehr bekennen."[525]

42 Aktivisten der „Solidarität" befürworteten mit einer Erklärung diese Position Wałęsas.

So war die Berufung eines *Vorläufigen Rates der Solidarität (Tymczasowa Rada NSZZ Solidarność)* durch Wałęsa am 29. September 1986 nur ein logischer Schritt. Zu den Mitgliedern des neunköpfigen Rates zählten neben Wałęsa auch Zbigniew Bujak, Władysław Frasyniuk und Bogdan Lis. Wałęsa begründete seinen Schritt mit den Worten:

> „Meiner Auffassung nach ist die Rückkehr zum gewerkschaftlichen Pluralismus und zur Vielfalt anderer gesellschaftlicher Vereinigungen, auch die Schaffung von Bedingungen für offene Arbeit der ‚Solidarität' in den Betrieben eine Angelegenheit, die man nicht umgehen kann, soll sich die Situation im Land verbessern."[526]

Später entstanden weitere, legal auftretende Organe der Gewerkschaft, darunter im Dezember 1986 eine Kommission, die sich für die Einhaltung der Menschen- und Bürgerrechte engagierte. Ihr Vorsitzender wurde Zbigniew Romaszewski.

Die Amnestie vom Juli 1986 war auch die Voraussetzung dafür, dass nun verstärkt Treffen und Debatten von Intellektuellen stattfanden, die auf Seiten der „Solidarität" standen. Dabei zeigte sich auch eine Annäherung zwischen den führenden Beratern Wałęsas wie Geremek und Mazowiecki einerseits und den Mitgliedern des früheren *KSS „KOR"* wie Kuroń und Michnik andererseits. So kamen am 18. Oktober 1986 aus Anlass des Namenstages von Adam Michnik über 100 Vertreter diverser oppositioneller Strömungen zusammen.

Gegenstand der Debatten war nicht zuletzt ein Buch Michniks mit dem Titel „Takie czasy. Rzecz o kompromisie" vom Herbst 1985, das er hauptsächlich im Gefängnis verfasst hatte. Darin konstatierte er, dass es unter den Machthabenden auch Leute

---

524 Ebd. S. 77.
525 Musimy szukać nowych rozwiązań. Wywiad z Lechem Wałęsą. In: *Tygodnik Mazowsze*, Nr. 179, 27.8.1986.
526 Oświadczenie Przewodniczącego NSZZ Solidarność. In: *Tygodnik Mazowsze*, Nr. 182, 1.10.1986.

gebe, die zu Kompromissen fähig seien, sollte sie die Entwicklung dazu zwingen. Deshalb sei eine Evolution des Systems nicht ausgeschlossen. Akzeptierbar (für die „Solidarität" und die ganze Opposition – R.V.), so Michnik, sei es bspw., wenn die Gesellschaft bei Wahlen zum Sejm die Möglichkeit hätte, 30 Prozent der Kandidaten unter ihren authentischen Vertretern auszuwählen.[527] Immerhin ein Vorschlag, der später auch die Beschlussfassung am Runden Tisch beeinflusst hat.

Deutlich politischen Charakter hatte ein Brief, der am 12. Januar 1987 an den russischen Bürgerrechtler Andrej Sacharow geschickt wurde. Den Brief unterschrieben Lech Wałęsa und 37 weitere Personen, die später zu den Mitgliedern des *Bürgerkomitees*[528] gehören sollten, darunter Bronisław Geremek, der Slawist Andrzej Drawicz sowie die Schriftsteller Andrzej Szczypiorski und Jan Józef Szczepański.[529] Im Kreis der Unterzeichner entstand auch eine Erklärung, in die erlassene Amnestie gewürdigt, aber auch eine Rückkehr zu den Vereinbarungen vom August 1980 gefordert wurde. Diese Erklärung unterschrieben insgesamt 63 Personen, neben den Unterzeichner des Briefs an Sacharow unter anderem auch Adam Michnik, Jerzy Holzer und Jerzy Turowicz.[530]

Ein entscheidender Impuls für den Wiederaufstieg der „Solidarität", die politische Opposition und die Stimmung in der Gesellschaft überhaupt war der Besuch von Johannes Paul II. in Polen im Juni 1987. Seit 1985 hatte sich General Jaruzelski um eine offizielle Audienz beim Papst in Rom bemüht, weil er spürte, dass er etwas tun musste, um die internationale Isolierung seines Regimes wenigstens etwas zu lockern. Die Audienz, die dann Mitte Januar 1987 zustande kam, diente auch der Vorbereitung der Papst-Reise nach Polen. Schon im Dezember 1986 war Jaruzelski vom französischen Staatspräsidenten François Mitterand in Paris empfangen worden.

Im Vorfeld der Visite des Papstes ergriff Bronisław Geremek eine wichtige Initiative, indem er dafür plädierte, eine entsprechende Erklärung abzugeben. Zu diesem Zweck lud Lech Wałęsa führende Bürgerrechtler, Funktionäre der „Solidarität", Wissenschaftler und Kulturschaffende für den 31. Mai 1987 zu einem Treffen in einer Kirche im Warschauer Stadtteil Żoliborz ein. Geremek konnte nicht teilnehmen, weil er zur gleichen Zeit ein Polizeiverhör über sich ergehen lassen musste. Aber die schließlich verabschiedete Erklärung ging auf einen Entwurf von ihm zurück. Darin hieß es u. a.:

> „Wie jedes Volk haben auch die Polen ein Recht auf Unabhängigkeit. Es kann kein gerechtes Europa ohne ein unabhängiges Polen geben. Die Grundsätze der Charta der Vereinten Nationen, der internationalen Charta der Menschenrechte und der Vereinbarungen von Helsinki müssen vollständig verwirklicht werden ... Unser dringends-

---

527 Michnik, Adam: Takie czasy ... Rzecz o kompromisie. Londyn 1995, S. 138. Auch in: Dzieła wybrane Adama Michnika. Tom 5. „Takie czasy...". Warszawa 2009, S. 55 ff.
528 Siehe S. 231 dieses Buches.
529 *Tygodnik Mazowsze*, Nr. 194, 14. Januar 1987.
530 AIPN 0248/134, t. 4, k 150 f.

ter Wunsch ist es, dass die Pilgerfahrt von Johannes Paul II. ein Impuls zur Lösung der schwierigsten polnischen Probleme sein wird."[531]

Zu den 46 Erstunterzeichnern zählten Lech Wałęsa und Zbigniew Bujak, unabhängige Berater der „Solidarität" wie Bronisław Geremek und Ryszard Bugaj, Berater aus dem Umfeld des Episkopats wie Wiesław Chrzanowski, Andrzej Stelmachowski und Jan Olszewski, die Redakteure der katholischen Wochenzeitung *Tygodnik Powszechny* Jerzy Turowicz und Krzysztof Kozłowski, Oppositionelle des früheren *KSS „KOR"* sowie renommierte Wissenschaftler, Literaten, Schauspieler und Journalisten. Später kamen 17 weitere Unterzeichner hinzu, die nicht an dem Treffen teilnehmen konnten, darunter Tadeusz Mazowiecki, Jacek Kuroń, Jan Józef Lipski, Władysław Frasyniuk, Andrzej Wajda und Władysław Bartoszewski.

Der Aufenthalt des Papstes im Juni 1987 hatte eminent politischen Charakter, auch wenn es Johannes Paul II. in erster Linie darum ging, seelsorgerischen Beistand zu leisten und seine Landsleute moralisch aufzurichten. Er war sich der politischen Schwäche des Jaruzelski-Regimes bewusst, wenn er in seinen Predigten theologisch-seelsorgerische und menschliche Prinzipien mit konkreten historischen und politischen Aussagen verband. Wieder strömten zu den Messen in Warschau, Lublin, Krakau, Stettin, Danzig und Łódź Millionen zusammen, die mit ihren Fahnen, Transparenten und Sprechchören deutlich machten, dass „Solidarität" im Bewusstsein der Gesellschaft durchaus noch präsent war. In seiner Predigt im Danziger Stadtteil Zaspa sagte Johannes Paul II. u. a.:

> „Solidarität, das gilt für den einen wie den anderen, und sollte dieses Prinzip eine Bürde sein, dann tagt sie gemeinsam. Mehr noch: Nie darf der eine gegen den anderen handeln. Und nie sollte ein Mensch diese Bürde allein tragen, ohne die Hilfe eines anderen. Gerade der Stärke sollte Solidarität üben. Jeden Tag bete ich für mein Vaterland und für die arbeitenden Menschen, besonders für das Erbe der ‚Solidarität'."[532]

Bronisław Geremek nannte die Pilgerfahrt des Papstes einen großen Erfolg und betonte:

> „Die päpstlichen Predigten haben die ‚Akkumulatoren der Gesellschaft' mit neuer Hoffnung und neuem Glauben an jene Bewegung aufgeladen, die durch die ‚Solidarität' repräsentiert wird."[533]

Die Machthabenden um Jaruzelski litten sehr unter dem explizit politischen Auftreten des Papstes. Es führte allerdings zu keinerlei Erfolg, dass die Politbüromitglieder Kazimierz Barcikowski und Stanisław Ciosek im Auftrag von Jaruzelski in einem Gespräch mit Cardinal Casaroli im Kloster Jasna Góra in Tschenstochau gegen die poli-

---

531 In: *Tygodnik Mazowsze*, Nr. 214, 3.6.1987.
532 Jan Paweł II: Homilia podczas Mszy św. dla świata pracy. In: Jan Paweł II: Pielgrzymki do ojczyzny. Przemówienia, homilie. Janusz Poniewierski (oprac.). Kraków 2005, S. 490 f.
533 Zit. nach Friszke, Andrzej: Bronisława Geremka ... (Fn. 155), S. 6.

tischen Akzente in den Predigten und Ansprachen von Johannes Paul II. protestierten. Den Papst ließ dies unbeeindruckt.

Eine weitere schwere politische Niederlage erlitt die Führung um Jaruzelski mit der Volksbefragung am 29. November 1987. Dabei sollten die Bürger auf die Frage antworten, ob sie grundsätzlich mit der geplanten Wirtschaftsreform einverstanden seien, die nach den Plänen der Ökonomen um Jaruzelski auch marktwirtschaftliche Elemente enthalten sollte. Die Wahlbeteiligung lag bei 67 Prozent, die teilnehmenden Wähler antworteten zu 66 bzw. 69 Prozent mit Ja auf die beiden gestellten Fragen. Damit war das Referendum ungültig, da nur 44 bzw. 46 Prozent der Wahlberechtigten für die Reform votierten. Gemäß den zuvor gesetzlich vorgegebenen Regeln hätten die Ergebnisse nur dann Gültigkeit gehabt, wenn mehr als 50 Prozent der Wahlberechtigten mit Ja gestimmt hätten. Die Machthabenden hatten sich also gewaltig verschätzt.[534]

Kurz zuvor hatte die „Solidarität" während einer gemeinsamen Sitzung der Untergrundführung *TKK* und des *Vorläufigen Rates* am 25. Oktober 1987 einen wichtigen Schritt in Richtung Legalität gemacht, weil bei dieser Gelegenheit beschlossen wurde, eine *Landesexekutivkommission (Krajowa Komisja Wykonawcza – KKW)* zu bilden, die fortan als führendes Organ der Gewerkschaft offen auftreten sollte. Es handelte sich um das erste derartige Gremium seit Verhängung des Kriegsrechts im Dezember 1981.[535] Die Kommission, deren Vorsitz Lech Wałęsa übernahm, richtete im Januar 1988 ein eigenes Sekretariat ein und berief auch ein Beratergremium, dem Bronisław Geremek, Tadeusz Mazowiecki, Jacek Kuroń, Adam Michnik, Andrzej Celiński, Lech und Jarosław Kaczyński sowie Henryk Wujec angehörten. Der Historiker Jan Skórzyński betonte:

> „Von da an agierte die Führung der Bewegung offen und demonstrierte auf diese Weise den Willen der Opposition zur Legalität. Die Bildung der *KKW* lässt sich auch interpretieren als Ausdruck des Glaubens an die Unvermeidlichkeit und, was wichtig ist, die baldige Schaffung demokratischer Verhältnisse."[536]

Als damaliges Mitglied der *KKW* verzichtete der verstorbene polnische Staatspräsident Lech Kaczyński nicht darauf, während einer internationalen wissenschaftlichen Konferenz in Miedzeszyn bei Warschau im Oktober 1999 mehrfach zu betonen, dass Bronisław Geremek „de facto an der Spitze (der *KKW* – R.V.) gestanden (habe)."[537] Eine Arbeitsgruppe der Propagandaabteilung des Zentralkomitees der kommunisti-

---

534 Siehe u. a. Dudek, Antoni: Reglamentowana Rewolucja. Rozkład dyktatury komunistycznej w Polsce 1988–1990. Warszawa 2004, S. 111 f.
535 Siehe Wałęsa, Lech: Komunikat. In: *Tygodnik Mazowsze*, Nr. 225, 28.10.1987, S. 1.
536 Skórzyński, Jan: „Solidaność" w drodze do Okrągłego Stołu. In: Machcewicz, Paweł (red.): Polska 1986–1989: Koniec Systemu. Tom 1 Referaty. Warszawa 2002, S. 63.
537 Paczkowski, Andrzej: Polska 1986–1989: Koniec Systemu. Tom 2 Dyskusja. Warszawa 2002, S. 161.

schen *PVAP* kam nicht umhin festzustellen, dass sich die eindeutige Mehrheit der renommierten Führer der Opposition mit der *KKW* identifiziere.[538]

Auf Einladung von Lech Wałęsa kam es am 7. November 1987 in kirchlichen Räumen in Warschau zum Treffen der so genannten Gruppe der *Sechzig (Sześćdzsiesiątka)*, darunter Geremek, Mazowiecki, Stelmachowski, Wielowieyski, Kuroń und Michnik, die Journalisten Krzysztof Kozłowski, Stefan Bratkowski und Kazimierz Dziewanowski, der Jurist Andrzej Malanowski, Studentenfunktionäre wie Jacek Czaputowicz, Mitglieder der Klubs der Katholischen Intelligenz wie Adam Stanowski, der Chefredakteur der katholischen Zeitung *Tygodnik Powszechny* Jerzy Turowicz, der Ökonom Ryszard Bugaj, der Arzt Marek Edelman, der Literaturwissenschaftler Jan Józef Lipski, die Schauspielerin Maja Komorowska und der Historiker Jerzy Kłoczowski – fast alle von ihnen sollten später auch zu den Mitgliedern des so genannten *Bürgerkomitees* gehören.[539]

In der Diskussion kristallisierten sich erste Elemente des Programms heraus, mit dem die „Solidarität" und die Opposition im Frühjahr 1989 die Verhandlungen am Runden Tisch führen sollten. In seiner Einladung hatte Lech Wałęsa die Frage nach den Möglichkeiten für eine politische Reform des Systems in Polen gestellt.[540] Ausgangspunkt für die Diskussion waren Thesen von Andrzej Stelmachowski, der den Machthabenden zutraute, unter dem Einfluss der Perestroika Gorbatschows eine elastischere Politik als bis dato zu verfolgen. Die Gesellschaft, so Stelmachowski, stehe vor der Aufgabe, sich in vielfältigen Vereinigungen zu organisieren und Gewerkschaftsfreiheit bzw. die Legalisierung der „Solidarität" durchzusetzen. Eine Beteiligung der Opposition am Parlament hielt er vorerst nicht für möglich.[541] Auch Bronisław Geremek sprach sich für eine vorsichtige Demokratisierung von Staat und Gesellschaft aus, wobei seiner Ansicht nach nicht nur die Ziele der Gesellschaft, sondern auch die Interessen der Machthabenden zu berücksichtigen seien. Die Opposition müsse die Prinzipien der geltenden Verfassung achten, während die Machthabenden die Opposition als Partner achten und zur Selbstbeschränkung bereit sein müssten. Der erste Schritt einer Verständigung, so Geremek, könne Antikrisenpakt sein, der vor allem die Wirtschaft betreffe.[542] Andrzej Wielowieyski forderte ebenfalls ein nachdrückliches Eintreten für die Legalisierung der „Solidarität", sprach sich aber auch gegen die Bildung politischer Parteien aus. In einer abschließenden Erklärung forderten die Versammelten eine neue gesellschaftliche Verständigung nach dem Vorbild des „Danziger

---

538 Zespół Prognoz Wydziału Propagandy KC PZPR: „Informacja o stanie nastrojów społecznych i działalności przeciwnika w pierwszym okresie II etapu reform" z 2 marca 1988. In: Dudek, Antoni/Friszke, Andrzej: Polska 1986–1989: Koniec Systemu. Tom 3 Dokumenty. Warszawa 2002, S. 76.
539 Siehe S. 231 dieses Buches.
540 Wałęsa, Lech: Zaproszenie na naradę środowisk niezależnych. In: Strasz, Małgorzata: Komitet Obywatelski ... a.a.O., S. 73 f.
541 Wprowadzenie Andrzeja Stelmachowskiego – Tezy dotyczące reformy społeczno-politycznej. In: Ebd., S. 74 f
542 Siehe Obrady 7 listopada 1987 roku. In: Ebd., S. 78 ff.

Abkommens" vom August 1980, die insbesondere, so hieß es, eine Wirtschaftsreform beinhalten sollte. Basis einer solchen Verständigung müssten gewerkschaftlicher Pluralismus und eine Abschaffung der Nomenklatur in Partei und Staat sein.

Ab Januar 1988 entstanden dann aus den Reihen der Opposition und und kritischer Intellektueller verschiedene politische Klubs unterschiedlicher politischer Orientierung, darunter *Reforma i Demokracja* mit Ryszard Bugaj an der Spitze und *Dziekania* unter Leitung von Stanisław Stomma sowie Klubs im Umkreis der Zeitschriften *Res Publica* und *Głos*. Diese Klubs waren gewissermaßen eine Vorstufe der in den Jahren 1989–90 gegründeten politischen Parteien.

Ein wichtiger Impuls war das Interview mit Bronisław Geremek, das die Zeitschrift *Konfrontacje* im Februar 1988 publizierte.[543] Der Historiker Andrzej Friszke nannte das Interview eine „echte Sensation" für damalige Zeiten.[544] Tatsächlich konnte sich zum ersten Mal seit Jahren ein führender Berater der „Solidarität" im Rahmen einer offiziell genehmigten Zeitschrift relativ frei äußern.

In dem Gespräch verwies Geremek auf die tiefe ökonomische Krise und den de facto weiter anhaltenden Ausnahmezustand, wie er mit der Verhängung des Kriegsrechts im Dezember 1981 begonnen habe. Er forderte die Machthabenden auf, sich von dem, wie er sagte, „rechtlichen Instrumentarium" zu verabschieden, das seither die Tätigkeit der Apparate des Innenministeriums und der Justiz bestimme und gewerkschaftlichen Pluralismus verhindere. Des weiteren erinnerte er an das gesellschaftliche Abkommen vom August 1980. Geremek sprach sich für eine Achtung der Prinzipien der geltenden Verfassung aus, forderte aber auch eine Erweiterung der demokratischen Handlungsfähigkeit der Gesellschaft. Besonders mit Blick auf die tiefe Wirtschaftskrise warb er für einen Antikrisenpakt zwischen den Machthabenden und der Gesellschaft, der aber, so Geremek, nur auf der Basis einer Institutionalisierung von Pluralismus möglich sei. Dazu könne eine zweite Parlamentskammer gehören, in der unabhängige Organisationen und Vereinigungen Sitz und Stimme finden und so an der Tätigkeit des Staates teilnehmen könnten, womit auch mehr bürgerliches Verantwortungsbewusstsein geweckt werden könne.

Jedoch fanden Geremeks strategische und von großem Verantwortungsbewußtsein geprägte Visionen vorerst kein Gehör bei den Machthabenden um Jaruzelski, was aber nicht bedeutete, dass sich die Gefolgsleute des Generals nicht intensiv mit dem Interview im *Konfrontacje* beschäftigt hätten. Der damalige Außenminister Marian Orzechowski, seit 1986 auch Mitglied des Politbüros des ZK der *PVAP*, berichtete später, das Interview habe „das gesamte intellektuelle Potential des Politbüros

---

543 *Konfrontacje*, nr. 2, luty 1988. Die Zeitschrift gehörte zu einigen, ab 1988 erscheinenden, staatlich lizensierten Blättern, denen die Machthabenden einen gewissen Freiraum gewährten. Einer ihrer Redakteure war Marek Goliszewski, der später als erfolgreicher Geschäftsmann und Präsident des Unternehmerverbandes „Business Centre Club" Karriere machte.
544 Friszke, Andrzej: Komitet Obywatelski … In: Strasz, Małgorzata: Komitet Obywatelski … a.a.O., S. 29.

und des Zentralkomitees in Bewegung gebracht".[545] Sogar ein Sonderstab sei gebildet worden.

Die beiden Streikwellen im Frühjahr und Sommer 1988 waren dann ein erstes Anzeichen dafür, dass Veränderungen in der Luft lagen. Jaruzelski und seinen Gefolgsleuten dämmerte es, dass die Politik, die sie seit dem Dezember 1981 betrieben hatten, zu einem Fiasko geführt hatte. Es war ihnen nicht gelungen, den realen Sozialismus zu stabilisieren und das Land aus der wirtschaftlichen Krise zu führen. In den oberen Etagen der Macht kursierten Reformpläne, dachten einige Spitzenfunktionäre über einen Kompromiss mit der „Solidarität" bzw. der Opposition nach. Doch noch fehlte den Herrschenden der Mut zu einer solchen Verständigung. So blieben vertrauliche Gespräche, die Andrzej Stelmachowski und Andrzej Wielowieyski als Repräsentanten der Klubs der Katholischen Intelligenz seit Januar 1988 mit den ZK-Sekretären Józef Czyrek und Stanisław Ciosek führten, vorerst ohne Ergebnis.

Dabei war die wirtschaftliche Lage katastrophal. Polen, so die vorherrschende Meinung unter oppositionellen und unabhängigen Intellektuellen, stand kurz davor, sich in eine zivilisatorische Wüste zu verwandeln und Züge eines Landes der Dritten Welt anzunehmen.[546] Im Sinne der „zweiten Etappe" der Wirtschaftsreform, wie es in Parteikreisen hieß, brachte der seit 1985 amtierende Ministerpräsident Zbigniew Messner ein Gesetzespaket durchs Parlament, dessen wichtigste Bestimmungen im Februar 1988 in Kraft traten. Dabei ging es vor allem um eine gleichmäßige Entwicklung aller Sektoren der Wirtschaft, einen sparsameren Umgang mit den Staatsfinanzen, die Einschränkung der Inflation durch ein neues Preissystem, mehr betriebswirtschaftliche und finanzielle Selbständigkeit für die staatlichen Unternehmen, höhere Arbeitsdisziplin in den Fabriken sowie die Einrichtung privater Geschäftsbanken und erste Schritte zur Schaffung eines Kapitalmarkts mit der Emission von Aktien und Obligationen.

Messners Nachfolger Mieczysław Rakowski, der im September 1988 an die Spitze der Regierung trat, setzte zusammen mit seinem agilen Industrieminister Mieczysław Wilczek ein Gesetz über die freie Tätigkeit kleiner privater Unternehmen sowie die Beteiligung ausländischen polnischen Kapitals an polnischen Unternehmen durch. Außerdem wurde freier Devisenhandel in kleinen privaten Wechselstuben (polnisch Kantory) ermöglicht. Tatsächlich gingen diese Maßnahmen in die richtige Richtung. Viele Polen rissen sich darum, kleine private Firmen eröffnen zu können. So entstand zwischen Herbst 1988 und Frühjahr 1989 etwa eine Million solcher Privatunternehmen. Die Geburtsstunde des neuen polnischen Kapitalismus schlug also schon ein Jahr vor der Systemtransformation rund um den Jahreswechsel 1989/90.

---

545 Friszke, Andrzej: Komitet Obywatelski ... In: Strasz, Małgorzata: Komitet Obywatelski ... a.a.O., S. 29.
546 Siehe dazu insbesondere die Enquête unter Intellektuellen, an der sich unter anderem Bronisław Geremek, Ryszard Bugaj und Janusz Onyszkiewicz beteiligten: Horyzonty zmian – Ankieta. In: *Dwadzieścia Jeden*, Nr. 6/1988.

Doch die Mehrheit der polnischen Gesellschaft reagierte eher ablehnend. Denn die Reformen waren mit massiven Preiserhöhungen insbesondere bei Lebensmitteln und Gebrauchsgütern verbunden, die trotz eines partiellen Lohnausgleichs zu einer weiteren Verschlechterung der Lebensbedingungen führten. Ebenso sprachen viele Bürger den Machthabenden um Jaruzelski und Rakowski jedwede politisch-demokratische Legitimation für solche weitgehenden wirtschaftlichen Eingriffe ab.

Eine echte Konkurrenz zwischen staatlichen und privaten Unternehmen konnte nicht entstehen, weil die Partei- und Staatsführung darauf achtete, dass der Schwerpunkt der wirtschaftlichen Tätigkeit weiterhin auf den großen Staatsbetrieben lag. Auch das System der zentralen Zuteilung von Ressourcen sowie von Finanz- und Investitionsmitteln an die Unternehmen wurde kaum angetastet. Die Öffnung für ausländisches Kapital verlief eher schleppend.

Die Kader der kommunistischen Nomenklatur im Partei- und Staatsapparat wiederum reagierten unterschiedlich auf die wirtschaftliche Öffnung. Viele von ihnen erkannten „die Zeichen der Zeit", indem sie, teilweise durch den Einsatz staatlicher, von ihnen kontrollierter finanzieller Mittel, private Firmen gründeten oder ihre Führungspositionen in den nun selbständiger agierenden staatlichen Unternehmen mit Blick auf deren spätere Privatisierung festigten. Andere wiederum gaben sich empört über den „Verrat", weil sie eine grundsätzliche Gefährdung des Systems und den Verlust ihrer überkommenen Privilegien befürchteten.

Die erste Streikwelle des Jahres 1988 begann am 25. April mit einem Ausstand der Beschäftigten der städtischen Verkehrsbetriebe in Bromberg/Bydgoszcz, dem sich noch am gleichen Tag die Bus- und Straßenbahnfahrer im nahe gelegenen Inowrocław anschlossen."[547] Tags darauf folgten Streiks in den Verkehrsbetrieben von mehr als einem Dutzend polnischer Städte. Ebenfalls am 26. April legten die Arbeiter einiger Abteilungen des riesigen Stahlwerks im Krakauer Stadtteil Nowa Huta die Arbeit nieder. Ihnen folgten drei Tage später die Arbeiter der Stahlhütte im südostpolnischen Stalowa Wola sowie die Beschäftigten der Betriebe Parfawag und Dolmel in Breslau. Am 2. Mai schloss sich dann auch die Danziger Lenin-Werft dem Ausstand an.

Die Streikenden hatten durchweg politische und ökonomische Anliegen. Sie forderten insbesondere die Legalisierung der „Solidarität", die Wiedereinstellung von Arbeitern, die wegen ihrer Teilnahme an früheren Protesten entlassen worden waren, eine Mitbestimmung der Belegschaften bei wichtigen betrieblichen Entscheidungen, höhere Löhne sowie eine Anhebung der Renten.

Bemerkenswert war, dass die Sicherheitskräfte nicht einheitlich auf den Protest reagierten. Während der Ausstand in Nowa Huta in der Nacht vom 4. auf den 5. Mai durch Angehörige der kasernierten Polizei brutal niedergeschlagen wurde, be-

---

547 Einen detaillierten Überblick über alle Streiks im Frühjahr 1988 gibt Codogni, Paulina: Okrągły stół – czyli polski rubikon. Warszawa 2009, S. 63 ff. Ebenso Smoleński, Paweł/Giełżyński, Wojciech: Robotnicy '88. Londyn 1989. Tabako, Tomasz: Strajk 88. Warszawa 1992. Lewicka-Banaszak, Ewa: Przyczny i przebieg konfliktu w Hucie im. Lenina w kwietniu i maju 1988 roku. In: *Kwartalnik Historii i Teorii Ruchu Zawodowego*, nr. 2/1989.

schränkten sich die staatlichen Organe bei den meisten anderen bestreikten Betrieben auf die Androhung von Gewalt sowie streikfeindliche Propaganda in den offiziellen Medien. Nach dem harten Einsatz in Nowa Huta ebbte die Streikwelle ab, sodass in der zweiten Maiwoche nur noch der Ausstand auf der Danziger Lenin-Werft anhielt. Die Art und Weise, wie schließlich auch dieser Streik beendet wurde, stärkte die Position der „Solidarität" als verantwortungsbewusst auftretende Organisation. Auf Anraten Lech Wałęsas und seines Beraters Tadeusz Mazowiecki entschied sich das dortige Streikkomitee angesichts eines drohenden brutalen Einsatzes der ZOMO, den Ausstand zu beenden, nachdem die Direktion der Werft die Einstellung der Arbeit verfügt hatte und keinerlei Anstalten machte, auf die Forderungen der Streikenden einzugehen.

In einer Analyse der Steiks schrieb Bronisław Geremek, dass sich die Machthabenden zweierlei Szenarien bedient hätten: einerseits in Nowa Huta, wo sie Angst erzeugen wollten, andererseits in Danzig in dem Bemühen, die Arbeiter zu ermüden und zu erniedrigen. In beiden Fällen, so Geremek, hätten sie keinerlei Effekt erzielt – in Nowa Huta habe man nach dem Streik begonnen, die „Solidarität" offen zu reorgansieren, und die friedliche Beendigung des Streiks auf der Danziger Werft sei von großer symbolischer Bedeutung gewesen. Wiederum, betonte er, habe sich die entscheidende Rolle der großen Arbeiterzentren deutlich gezeigt. Außerdem sei ein Generationswechsel eingetreten. Seit der Zeit des Kriegsrechts seien etwa 1,5 Millionen junge Leute auf den Arbeitsmarkt geströmt, die inzwischen den Eindruck hätten, dass ihre beruflichen Aspirationen blockiert würden. Geremek wörtlich: „Diese Generation der blockierten Chancen radikalisiert sich deshalb auf natürlichem Wege und weist die ihr aufgezwungene Situation zurück."[548]

Die Streiks im April/Mai 1988 waren der größte kollektive Protest seit sechs Jahren, erreichten allerdings nicht das Ausmaß des Widerstandes im August 1980 oder während der ersten Wochen nach Verhängung des Kriegrechts im Dezember 1981. Doch sie wiesen nach vorne, wie der Historiker, wie der Historiker Piotr Marciniak betonte:

> „Die Streikwelle im Frühling war ein Akt der Verteidigung der Arbeitermilieus gegen die Erhöhung der Preise und die Verschlechterung der Lebensbedingungen. Sie zeugte außerdem davon, dass die repressiven Techniken zur Kontrolle der gesellschaftlichen Situation an Wirksamkeit verloren. Offensichtlich reichte die Anwendung dieser Techniken nicht aus, um den Arbeitern während des Besetzungsstreiks in Nowa Huta das Gefühl ihrer Stärke zu nehmen sowie die Streikbewegungen in anderen Städten wirklich einzuschränken oder gar zu unterdrücken. Deutlicher Beleg dafür war der Ausbruch einer weiteren Streikwelle in der zweiten Augusthälfte, mit der offen politische Ziele zum Ausdruck gebracht wurden."[549]

---

548 Zit. nach Friszke, Andrzej: Komitet Obywatelski … In: Strasz, Małgorzata: Komitet Obywatelski … a.a.O., S. 33.
549 Marciniak, Piotr: Spiralny ruch ku demokracji. In: Machcewicz, Paweł: Polska 1986–1989 … a.a.O., S. 39.

In den oberen Etagen der Macht führten die Streiks im April/Mai zu unterschiedlichen Reaktionen. Einerseits hieß es in einer Beratung von ZK-Funktionären, dass Vertreter der Partei und der Regierung keinerlei Kontakt mit Tadeusz Mazowiecki und Andrzej Wielowieyski aufrecht erhalten würden, sollten diese sich weiter „wie Sprecher der nicht existierenden ‚Solidarität' aufspielen[550], andererseits erklärte ZK-Sekretär Józef Czyrek in einem Gespräch mit der Parteizeitung *Trybuna Ludu* am 16. Mai als Antwort auf das Interview von Bronisław Geremek in *Konfrontacje*, man sei durchaus zu einer neuen gesellschaftlichen Vereinbarung bereit, die den Charakter einer „Koalition für Reformen" habe.[551]

Die zweite Streikwelle im August/September 1988 ging quantitativ und qualitativ noch über den Protest im Frühjahr hinaus.[552] Schon wenige Tage nach Beginn des Ausstandes in der Zeche *Manifest Lipcowy* am 15. August wurden insgesamt 14 Kohlegruben in Schlesien bestreikt. Von dort griff der Ausstand auch auf andere Regionen des Landes über. So schlossen sich die Arbeiter des Stettiner Hafens und anderer Betriebe der Stadt dem Streik an, ihnen folgten die Beschäftigten der Lenin-Werft und der Nordwerft in Danzig, der Werft *Wisła* in Tczew/Dirschau sowie der Stahlhütte in Stalowa Wola – zum Teil also Betriebe, die schon am Streik im Frühjahr beteiligt waren. Schließlich schlossen sich die Arbeiter zahlreicher Fabriken in Warschau, Krakau, Breslau, Posen, Starachowice, Bełchatów, und Bielsko-Biała/Bielitz dem Ausstand an.

Anders als im Frühjahr 1988 kam es diesmal, wie im August 1980, zur Gründung von überbetrieblichen Streikkomitees, die von den Delegierten bestreikter Betriebe einer bestimmten Branche oder Region gebildet wurden. Ebenso war der Forderungskatalog breiter gefächert als wenige Monate zuvor. Zur politischen Forderung nach gewerkschaftlichem Pluralismus und Legalisierung der „Solidarität" kamen ökonomische Forderungen nicht nur nach Lohnerhöhungen, sondern auch nach Zahlung eines 14. Monatslohns, Verbesserung des organisatorischen Ablaufs und der Arbeitssicherheit in den Betrieben sowie der Konsultation unternehmerischer Investitionen mit der Belegschaft. Angesichts der Wucht des Ausstandes verzichteten Parteiführung und Regierung darauf, die Streiks durch Einheiten von Polizei, ZOMO und Sicherheitsdienst gewaltsam aufzulösen und beschränkten sich darauf, die Hetzpropaganda in den offiziellen Medien ähnlich wie im Frühjahr zu entfalten.

Schon am 19. August, vier Tage nach Beginn der Streiks, hatte Andrzej Stelmachowski im Warschauer Kreis der Berater der „Solidarität" angekündigt, er wolle seine Kontakte mit ZK-Sekretär Józef Czyrek wieder aufnehmen, den er dann einen

---

550 Siehe Notatka Wydziału Społeczno-Prawnego KC PZPR z 15 maja 1988 r. In: Dudek, Antoni/ Friszke, Andrzej: Polska 1986–1989 ... Tom 3 Dokumenty ... a.a.O., S. 93 f.
551 Zit. nach Friszke, Andrzej: Komitet Obywatelski ... In: Strasz, Małgorzata: Komitet Obywatelski ... S. 34.
552 Einen guten Überblick über die Streiks gibt die parteiinterne Zusammenstellung: Wydział Polityczno-Organizacyjny KC PZPR: Kalendarium akcji strajkowych w okresie 15.–30. sierpnia 1988 r., 31.8.1988. In: Perzkowski, Stanisław: Tajne dokumenty Biura Politycznego i Sekretariatu KC. Ostatni rok władzy 1988–1989. Londyn 1994, S. 15 f.

Tag später tatsächlich auch traf. In diesem Gespräch äußerte Stelmachowski die Ansicht, dass ein Treffen von Vertretern der Partei bzw. der Regierung mit Lech Wałęsa auf der Tagesordnung stehe. Bei einem weiteren Treffen mit Czyrek am 24. August schlug Stelmachowski nach vorheriger Beratung mit Bronisław Geremek vor, dass es in einem Gespräch mit Wałęsa vor allem um die Legalisierung der „Solidarität", die Gründung politischer Klubs und die Vereinbarung eines „Antikrisenpakts" gehen solle. In Absprache mit Wałęsa, Geremek, Mazowiecki und Michnik enstand schließlich eine Erklärung Wałęsas für das geplante Gespräch mit Vertretern von Partei und Regierung, die Stelmachowski am 26.August Czyrek übergab. In dieser Erklärung, die dann auch auf dem Schreibtisch von Jaruzelski landete, ging es um gewerkschaftlichen Pluralismus und die Legalisierung der „Solidarität", die Neugestaltung der rechtlichen Voraussetzungen zur Gründung von politischen Parteien und anderen Vereinigungen, eine Wirtschaftsreform, die Veränderung der staatlichen Wirtschaftspolitik und die Stärkung der Rolle des Parlaments. Am gleichen Tag, nach einer Diskussion im Politbüro des ZK der *PVAP* und einer entsprechenden Entscheidung Jaruzelskis trat Innenminister Czesław Kiszczak am Abend im polnischen Fernsehen auf und lud verschiedene gesellschaftliche und betriebliche Milieus zu einem Treffen ein. Kiszczak wörtlich: „Diese (Treffen – R.V.) könnten die Form eines ‚Runden Tisches' haben."[553] Seine Erklärung wurde auch von der *Polnischen Presseagentur (Polska Agencja Prasowa – PAP)* verbreitet. Die Formulierung „Runder Tisch" stammte vermutlich von Jaruzelski.

Tatsächlich kam es am 31. August in Warschau zu einem ersten Treffen zwischen Wałęsa und Kiszczak, an dem auch Bischof Jerzy Dąbrowski und Politbüro Stanisław Ciosek teilnahmen. Für Wałęsa war dies kein leichtes Unterfangen, da damit die Verpflichtung verbunden war, die Arbeiter der noch bestreikten Betriebe davon zu überzeugen, dass es besser sei, den Ausstand zu beenden oder zumindest auszusetzen, um den gerade erst geknüpften Gesprächsfaden nicht gleich wieder abreißen zu lassen. So waren die Beschäftigten einiger großer Betriebe, insbesondere verschiedener schlesischer Kohlegruben, erst nach mühsamer Überzeugungsarbeit seinerseits bereit, ihren Streik zu beenden und ihm den Auftrag für weitere Gespräche mit Kiszczak zu erteilen. Wałęsa später:

> „Mit der Zeit stellte sich heraus, dass 1988 ein Jahr des Durchbruchs war … Die Auguststreiks schlossen eine bestimmte Zeitspanne ab und eröffneten eine neue … Damit begann für uns die Zeit der Politik. Ohne die Streiks in Schlesien, Pommern und an der Küste wären wir nicht in diese Etappe eingetreten. Ebenso wenig hätte Genosse General Kiszczak den Beginn von Gesprächen am Runden Tisch vorgeschlagen."[554]

---

553 Oświadczenie gen. Broni Czesława Kiszczaka, 26 Sierpnia 1988 r. Zit. nach Dubiński, Krzysztof: Okrągły Stół. Warszawa 1999, S. 35.
554 Wałęsa, Lech: Droga do prawdy, … a.a.O., S. 253.

6.8. Der *Runde Tisch* – Startschuss für die Transformation

Die politischen Überlegungen, die im Herbst 1988 und Frühjahr 1989 das Denken von Bronisław Geremek und anderen intellektuellen Beratern der „Solidarität" bestimmten, hat der Historiker Andrzej Friszke treffend charakterisiert:

> „Der damalige Grundsatz, mit den Machthabern jener Zeit zu verhandeln und das System auf evolutionäre Weise zu verändern, wird gerade heute (Friszkes Aufsatz stammt aus dem Jahre 2008 – R.V.) oft in Frage gestellt. Es gibt die Anhänger eines ‚scharfen Schnitts', also stürmischer Streiks, die ‚die Roten' hätten stürzen können. Damals war ein solches Szenarium aus innen- und außenpolitischen Gründing völlig unrealistisch. Die Machthabenden verfügten über das ganze Potential des Zwangsapparats, das Militär, die Verwaltung, die Zentren der Propaganda, und die Partei hatte keineswegs vor abzutreten. Wir wissen nicht, ob die Machthabenden damals kapituliert hätten, wäre es, was absolut nicht sicher ist, zu einer solchen Streikwelle gekommen. Und aufgrund welcher Überlegungen? Wie hätte sich die Sowjetunion verhalten? Und wäre es nicht zu einem Zusammenbruch der Wirtschaft gekommen? Und mit ihr das ganze System der Sozialleistungen, die Sicherheit der Bürger (vor kriminellen Übergriffen), die Verkehrsbetriebe, usw. usf. Realistisch denkende Politiker müssen alle Unwägbarkeiten und Unsicherheiten mit in Betracht ziehen. Die Berater der ‚Solidarität' waren Realisten, die die Potentiale auf beiden Seiten zur Kenntnis nahmen, die gesellschaftlichen, wirtschaftlichen und internationalen Gegebenheiten, darunter die Politik des Westens, der einen Erfolg von Gorbatschow und die Beendigung des Kalten Kriegs als Priorität ansah. Der polnische Wandel durfte diese Prinzipien nicht antasten."[555]

Trotz dieser klaren Erkenntnisse hatten auch die Berater ihre Zweifel und Ängste. So schrieb Adam Michnik, der damals zu den führenden Köpfen der „Solidarität" und der ganzen Opposition am *Runden Tisch* zählte:

> „Der Entschluss, an den Gesprächen am *Runden Tisch* teilzunehmen, stieß auf viel Kritik innerhalb der ‚Solidarität'. Diejenigen, die sich zum Gespräch mit den Kommunisten entschlossen, begriffen, welch großes Risiko und welche Verantwortung sie auf sich luden. Die Argumente der Kritiker, wir würden einer politischen List aufsitzen, mit der man uns, die Partner, in den Sumpf des alten Systems zurückzerren und vor den Augen unserer eigenen Landsleute kompromittieren wolle – diese Argumente waren ja keinesfalls abwegig. Sie hatten eine innere Logik und beruhten auf konkreten Erfahrungen der Vergangenheit. Und doch war der Moment, als wir uns an den Tisch setzten, ein politischer Umbruch."[556]

Politisch bedeutete „rund" nichts anderes, als dass sich Vertreter der „Solidarität" und der kommunistischen Machthaber als Hauptkontrahenten zusammen mit Moderatoren der katholischen Kirche in einem größeren Kreis versammelten, um auf friedlichem Wege die Transformation des überlebten sozialistischen Systems einzuleiten. Gerade

---

555 Friszke, Andrzej: Bronisława Geremka ... (Fn. 155), S. 6.
556 Michnik, Adam: Die zweite Phase der Revolution in Polen. In: Ders.: Der lange Abschied vom Kommunismus. Reinbek bei Hamburg 1992, S. 47.

unter dem Eindruck der Streiks im Frühjahr und Sommer 1988 wurde das Projekt *Runder Tisch* in einem mühsamen Prozess des Herantastens und Ausprobierens realisiert, wobei Entscheidungen immer wieder hinausgeschoben wurden, weil sich beide Parteien jeweils im eigenen Lager rückversichern mussten. Mit dem Aushandeln eines friedlichen Übergangs vom Sozialismus zur parlamentarischen und marktwirtschaftlichen Demokratie betraten sowohl Bronisław Geremek und seine Mitstreiter als auch ihre Kontrahenten absolutes Neuland. Es gab keine theoretischen Modelle und praktischen Erfahrungen, an denen man sich hätte orientieren können. Der *Runde Tisch* ist ein Lehrstück für den Reifeprozess einer demokratischen Opposition im realen Sozialismus und für den widersprüchlichen Rückzug vormals selbstherrlich regierender Kommunisten. Nicht zufällig fand das polnische Projekt auch Nachahmung in Prag, Budapest und Ost-Berlin.[557]

Ein wichtiger Schritt zur Vorbereitung des *Runden Tisches* war das Treffen von 91 Oppositionellen, Beratern der „Solidarität", Streikführern aus großen Betrieben des Landes, sowie unabhängigen Wissenschaftlern und Publizisten am 11. September 1988 in der Danziger Brigittenkirche, zu dem Lech Wałęsa eingeladen hatte und das von Bronisław Geremek geleitet wurde. Die Konferenz basierte nicht zuletzt auf dem Treffen der *Sechzig* im November 1987[558], das ebenfalls Wałęsa initiiert hatte, und war de facto die erste Versammlung des *Bürgerkomitees*, das dann am 18. Dezember offiziell aus der Taufe gehoben wurde.[559] Unter den Anwesenden waren auch Vertreter der *Unabhängigen Studentenvereinigung (Niezależne Zrzeszenie Studentów – NZS)* der pazifistischen Gruppierung *Freiheit und Frieden (Wolność i Pokój)*, des politischen Klubs *Dziekania* und der „Solidarität" der privaten Bauern.

Die Diskussion war eine Nabelschau der Opposition im Vorfeld des *Runden Tisches*. Man vergewisserte sich der Gefahren und Chancen des Dialogs mit den Kommunisten, benannte die wichtigsten Themen für die Verhandlungen und traf erste Vorbereitungen für die Ausarbeitung der eigenen Verhandlungspositionen. In der Debatte ging es insbesondere um die Rolle der „Solidarität" und die Bedeutung des Arbeiterprotestes in den Betrieben, die Wirtschaftsreform, die legislativen Fragen der angestrebten Transformation und die Taktik der Opposition am *Runden Tisch*.[560]

Wenige Tage nach dem Treffen in Danzig fand am am 15. September ein weiteres Gespräch zwischen Lech Wałęsa und Innenminister Czesław Kiszczak statt, das aber

---

557 Zu Vorbereitung, Verlauf und Ergebnis des *Runden Tisches* siehe insbesondere Skórzyński, Jan: Rewolucja Okrągłego Stołu, Warszawa 2009. Codogni, Paulina: Okrągły Stół, Warszawa 2009. Instytut Pamięci Narodowej: Stół bez kantów, Warszawa 2008. Borodziej, Włodzimierz/ Garlicki, Andrzej (red.): Okrągły Stół. Dokumenty i Materiały. Tom I – V. Warszawa 2004. Dubiński, Krzysztof (oprac.): Okrągły Stół. Warszawa 1999.
558 Siehe S. 219 dieses Buches.
559 Siehe S. 231 dieses Buches. Geremek war derjenige, der bereits bei dem Treffen in Danzig im September 1988 den Namen *Bürgerkomitee* ins Spiel gebracht hatte. Siehe dazu Rok 1989 … a.a.O., S. 18.
560 Siehe Friszke: Komitet Obywatelski … In: Strasz, Małgorzata: Komitet Obywatelski … a.a.O., S. 38 f.

Bronisław Geremek in seiner Wohnung in der Warschauer Altstadt in der Zeit des Runden Tisches

ohne Ergebnis blieb. Außerdem fanden in der zweiten Septemberhälfte verschiedene Treffen zwischen Mitglieder des Politbüros der *PVAP* und Repräsentanten des Warschauer *Klubs der Katholischen Intelligenz* statt. Die Zeit war reif dafür, eine neue Verhandlungsplattform zu finden.

So kam es auf Initiative von Kiszczak und in Absprache mit Walęsa sowie den Vertretern des katholischen Episkopats am 16. September in einem Regierungsgebäude in Magdalenka südlich von Warschau zu einer Beratung, an der Kiszczak und andere Vertreter von Partei und Regierung, Walęsa und Mazowiecki für die Opposition sowie Bischof Bronisław Dembowski und andere Repräsentanten der Kirche teilnahmen.[561] Bronisław Geremek war nicht anwesend. Die Debatte blieb ohne Ergebnis, insbesondere als es um die Wiederzulassung der „Solidarität" ging. Andererseits einigte man sich darauf, dass die Verhandlungen am *Runden Tisch* Mitte Oktober beginnen sollten. Diskutiert wurde auch über die wichtigsten politischen Reformprojekte wie die künftige Gestalt des Parlaments, die Schaffung des Amts eines Staatspräsidenten und eine neue Wahlordnung. Außerdem einigte man sich darauf, nach welchen Proportionen die Zahl der Teilnehmer am *Runden Tisch* festgelegt werden sollten. Bronisław Geremek hob später hervor, dass das Treffen in Magdalenka schon deshalb ein Erfolg

---

561 Siehe Dubiński, Krzysztof: Magdalenka. Transakcja epoki. Warszawa 1990.

gewesen sei, weil die Machthabenden damit die „Solidarität" als Dialogpartner anerkannt hätten.[562]

Mit dem Treffen am 16. September wurde eine ganze Reihe von Konferenzen in Magdalenka eingeleitet, die dann vor allem im Frühjahr 1989 stattfanden – besonders dann, wenn die Verhandlungen am *Runden Tisch* an einen toten Punkt kamen. Einigte man sich in Magdalenka, ging es auch dort wieder weiter.

Jahre danach tauchte wiederholt das Gerücht auf, schon bei der ersten Begegnung in Magdalenka habe es Absprachen gegeben, wonach die Opposition, sollte sie später nach dem Systemwechsel Regierungsmacht ausüben, den vormaligen Machthabern Straffreiheit einräumen würde, während diese im Gegenzug für die Bereitschaft zu den Verhandlungen am *Runden Tisch* ihre Bereitschaft zu weitreichenden Reformen in Aussicht stellten. Beweise dafür konnten bis heute nicht vorgelegt werden, und Teilnehmer der Gespräche in Magdalenka wie Tadeusz Mazowiecki haben solche Anschuldigungen wiederholt zurückgewiesen.

Im weiteren Verlauf wurden die Vorbereitungen auf den *Runden Tisch* erschwert, weil der neue Ministerpräsident Mieczysław Rakowski, der am 27. September 1988 sein Amt antrat, eine härtere Gangart einschlug. Galt er in den Monaten zuvor als jemand, der dem Dialog nicht abgeneigt schien, so kündigte er jetzt eine Regierung der harten Hand an und verschob den Start der Gespräche am *Runden Tisch*, die eigentlich im Oktober beginnen sollten.

Es wäre falsch, ein eindeutig negatives Urteil über diese Regierung und über Rakowski speziell zu fällen. Immerhin brachte sie einige wichtige Wirtschaftsreformen auf den Weg. Schon in den 1960er und 1970er Jahren hatte der ehrgeizige und dynamische Rakowski als Chefredakteur der *Polityka* innerhalb bestimmter Grenzen ein lebendiges und interessantes Blatt gemacht. Aber er war auch ein erklärter Gegner der *Solidarität* und vermied nicht, sich hin und wieder in der Öffentlichkeit hochnäsig und abfällig über Lech Wałęsa zu äußern, dessen Popularität ihm sehr zuwider war.

Zwar hatte Rakowski schon Jahre zuvor erkannt, dass sich das sozialistische System der Planwirtschaft überlebt hatte. Aber er war nicht bereit, eine weitergehende politische Reform oder gar Transformation des Systems einzuleiten, da ihm die Ausübung der Macht viel zu wichtig war. Es musste wie eine Provokation auf Wałęsa und die „Solidarität" wirken, dass Rakowskis Regierung als einen der ersten Großbetriebe, die aus „ökonomischen Gründen" geschlossen werden sollten, ausgerechnet die Danziger Lenin-Werft auswählte, die landesweit als Wiege der „Solidarität" galt. Wałęsa und seine Mitstreiter konnten gar nicht anders, als in dieser Entscheidung eine Torpedierung der geplanten Verhandlungen am *Runden Tisch* zu sehen. Auch wurde unter Rakowski die Repressionsschraube wieder angezogen. Als Reaktion auf die Tätigkeit dieser Regierung war Bronisław Geremek gerade in den letzten Monaten des Jahres 1988 auch bemüht, in Interview mit westlichen Zeitungen klarzustellen, dass

---

562 Orszulik, Alojzy: Czas przełomu. Notatki z rozmów z władzami PRL w latach 1981–1989. Warszawa-Ząbki 2006 ... S. 391.

es ohne eine Legalisierung der „Solidarität" keinen politischen Fortschritt in Polen geben könne.[563]

Trotz Rakowskis Widerstand gingen die Gespräche zwischen Beratern der „Solidarität" und Politbüromitgliedern weiter, wobei es allerdings vorkam, dass schon getroffene Vereinbarungen über das Prozedere am *Runden Tisch* seitens der Parteivertreter wieder in Frage gestellt und somit erneut ausgehandelt werden mussten – etwa die Zusammensetzung der Teilnehmer.[564] Aber die Machthabenden spürten auch, dass ihnen die Zeit weglief. Sie riskierten erneute und möglicherweise noch weiter ausgreifende Streiks, sollten sie den Beginn der Verhandlungen am *Runden Tisch* weiter hinauszögern. In diesem Sinne äußerte sich auch Innenminister Czesław Kiszczak während einer Sitzung des Sekretariats des Zentralkomitees der *PVAP* am 10. Oktober.[565]

Am 30. November änderte sich dann die politische Situation schlagartig. Grund dafür war der Verlauf einer Fernsehdebatte zwischen Lech Wałęsa und dem Chef des regimetreuen Gewerkschaftsverbandes *Ogólnopolskie Porozumienie Związków Zawodowych (OPZZ)* Alfred Miodowicz. Denn die Debatte, die live abends zu bester Sendezeit ausgestrahlt wurde, ging eindeutig zugunsten Wałęsas aus, der seinem Kontrahenten rhetorisch und argumentativ haushoch überlegen war.[566] Ein Kommentator der Untergrundzeitung *Tygodnik Mazowsze* sprach von „40 Minuten Freiheit".[567] Bronisław Geremek gehörte zu denjenigen, die Wałęsa intensiv auf die Debatte vorbereitet hatten. Allein in Warschau verbrachten 80 Prozent der Bürger den Abend vor dem Fernsehschirm.

Dass Wałęsas erfolgreicher Auftritt die politische Entwicklung des Landes beeinflusste, musste auch Innenminister Kiszczak am folgenden Tag in einer Sitzung des Politbüros der *PVAP* einräumen, als er unter anderem sagte:

„Aufgrund der Fernsehdebatte Miodowicz-Wałęsa haben wir es mit einer radikalen Veränderung der inneren Situation zu tun. Das Ergebnis der Debatte kann langfristig wirksame Folgen haben und das bisherige Kräfteverhältnis zwischen Macht und Opposition verändern."[568]

In den Augen der polnischen Gesellschaft war der „Solidarität" an diesem Tag der Sprung in die Legalität gelungen. Nun mussten die Machthabenden allergrößtes Interesse daran haben, dass die Verhandlungen am *Runden Tisch* möglichst begonnen

---

563 Siehe die Informationen über Geremeks Aussagen in AIPN 0222/1443, t. 10, 20.9.1988, k. 65–66.
564 Siehe das Gespräch mit Bronisław Geremek unter dem Titel „Zabawa w chowanego" in *Tygodnik Mazowsze*, nr. 268, 26 października 1988, S. 1.
565 Wystąpienie gen. Czesława Kiszczaka na posiedzeniu Skretariatu KC PZPR w dniu 10 października 1988 r. In: Dubiński, Krzysztof: Okrągły Stół ... a.a.O.. S. 111 f.
566 Der Wortlaut der Debatte findet sich unter dem Titel „Miodowicz – Wałęsa in *Przegląd Katolicki*, Nr. 18, 25.12.1988.
567 Felicki, Feliks (Piotr Pacewicz): 40 minut wolności. *Tygodnik Mazowsze*, Nr. 273, 30.11.1988.
568 Wystąpienie gen. Czesława Kiszczaka na posiedzeniu Biura Politycznego KC PZPR w dniu 1 grudnia 1988 r. In: Dubiński, Krzysztof: Okrągły Stół ... a.a.O., S. 151

Bronisław Geremek (ganz rechts) mit Lech Wałęsa und Tadeusz Mazowiecki am Runden Tisch

wurden, wollten sie ihr Gesicht wahren.[569] Bronisław Geremek verwies auf das positive Echo der Debatte im Westen, wo man, wie er betonte, verstanden habe, dass die Schaffung pluralistischer Verhältnisse in Polen nicht zu einer Destabilisierung Europas führe. Geremek wörtlich:

> „Es ist deutlich geworden, dass die Vorschläge der ‚Solidarität' nicht antisowjetischen Charakter haben und keine Einmischung in die Politik von Michail Gorbatschow darstellen."[570]

Dem innenpolitischen Erfolg folgte die außenpolitische Würdigung. Bei seinem Besuch in Paris vom 9. bis 12. Dezember wurde Wałęsa wie ein Staatsmann empfangen. Er sprach insbesondere mit dem französischen Präsidenten François Mitterand, dem russischen Bürgerrechtler Andrej Sacharow, dem deutschen Außenminister Hans-Dietrich Genscher und Vertretern des amerikanischen Gewerkschaftsverbandes AFL-CIO. Es war Wałęsas erste Auslandsreise seit 1981. Zu seinen Begleitern zählten vor allem Bronisław Geremek und Andrzej Wielowieyski.

Mit dem *Bürgerkomitee beim Vorsitzenden der „Solidarität" (Komitet Obywatelski przy przewodniczącym NSZZ „Solidarność")* entstand am 18. Dezember 1988 die

---

569 Siehe ROK 1989 ... a.a.O., S. 33.
570 Lech mówił prawdę. Rozmowa z prof. Bronisławem Geremkiem. *PWA – Przegląd wiadomości agencyjnych, 9 grudnia 1988.*

entscheidende politische Basis der Opposition für ihr Auftreten am *Runden Tisch*. Das Komitee war ihre aktive, offensive Reaktion auf die neue politisch-gesellschaftliche Lage nach dem Sieg Wałęsa in der Fernsehdebatte mit Miodowicz. Seine Gründung zeigte, dass es möglich war, eine breite Repräsentation oppositioneller und unabhängiger Kräfte zu schaffen, die die Führungsrolle Lech Wałęsas und seine gemäßigte Strategie des Wandels auf der Basis einer Verständigung mit den Machthabenden akzeptierten. Es gehört zu den großen Verdiensten von Bronisław Geremek, an der Schaffung dieses politischen Organs entscheidend mitgewirkt zu haben. Das Komitee war später auch das wichtigste Instrument der Opposition im Wahlkampf vor der Parlamentswahl im Juni 1989 sowie die Basis für die anschließende Bildung der ersten Fraktion der „Solidarität" im Parlament.

Bei der Gründungsversammlung in einem Raum neben der Kirche der Vorsehung Gottes in der Warschauer ul. Żytnia kamen 119 Personen zusammen, später erweiterte sich der Kreis auf 135 Mitglieder. Zu den Teilnehmern zählten oppositionelle und parteiunabhängige Intellektuelle, Aktivisten und Berater der „Solidarität", Mitglieder kleinerer oppositioneller Gruppierungen, Wissenschaftler, Künstler und Journalisten. Den Vorsitz führte Bronisław Geremek, das einleitende Referat hielt Tadeusz Mazowiecki.[571]

Die Versammelten waren sich darin einig, dass eine Verständigung mit den Machthabenden nur möglich war, wenn diese sich endlich zu einer Legalisierung der „Solidarität" durchrangen, wie Innenminister Kiszczak dies bereits angedeutet hatte. Bei den Verhandlungen am *Runden Tisch*, so hieß es, sollte es insbesondere um die Überwindung des Einparteienstaates, die Unabhängigkeit der Justiz, Pluralismus bei den Massenmedien, Vereinigungsfreiheit, Entstaatlichung der Wirtschaft und freie Unternehmertätigkeit gehen.

In der Debatte über die Frage, wie stark und wie schnell die Opposition auf ihre Beteiligung an der Machtausübung im Staat pochen solle, schälten sich drei Positionen heraus:

– Die große Mehrheit plädierte für eine Einigung auf bedingt freie Wahlen und eine bestimmte Machtteilung zwischen den Kommunisten und der Opposition für eine Übergangsphase, der später freie Wahlen folgen sollten.
– Eine Minderheit plädierte für sofortige freie Wahlen und offene Rivalität mit den Machthabenden durch Streiks und andere Proteste.
– Eine kleine Gruppe votierte für den Eintritt von Vertretern der Opposition in bestehende Institutionen wie Regierung und Staatsrat.

Bronisław Geremek schlug vor, in den Gesprächen am *Runden Tisch* auf drei Abkommen mit den Kommunisten hinzuarbeiten:

---

571 Das Protokoll der Gründungsversammlung findet sich unter Posiedzenie Komitetu Obywatelskiego przy Przewodniczącym NSZZ „Solidarność" 18 grudnia 1988 roku, Warszawa, Kościół Bożego przy ulicy Żytniej. In: Strasz, Małgorzata: Komitet Obywatelski ... a.a.O., S. 169 ff.

- über den Verzicht auf aggressives Vorgehen beider Seiten gegeneinander
- über wirtschaftliche Reformen
- über politische Reformen zur Demokratisierung des Landes

Den Versammelten war bewusst, dass sie ihre Reformvorstellungen noch präzisieren mussten. Deshalb wurden insgesamt 15 Kommissionen gebildet, die genauere Konzeptionen ausarbeiten sollten, unter anderem zu den Themen Gewerkschaftspluralismus (Vorsitz Tadeusz Mazowiecki), Reform des politischen Systems (Bronisław Geremek), Wirtschaft (Witold Trzeciakowski), Landwirtschaft (Andrzej Stelmachowski), Justiz (Adam Strzembosz), Wissenschaft (Henryk Samsonowicz), Kultur (Andrzej Wajda), nationale Minderheiten (Marek Edelman).

Das *Bürgerkomitee* war eine jener typischen Einheitsfronten, die damals auch in Ungarn, der Tschechoslowakei und der DDR entstanden. Diesen fiel die Aufgabe zu, auf Seiten der Opposition den Übergang zu organisieren. Später, unter den Bedingungen der parlamentarischen Republik mit verschiedenen Parteien, verloren sie ihre Existenzberechtigung.

Noch Jahre später kam es verschiedentlich zu Debatten über die demokratische Legitimation des *Bürgerkomitees*. Tatsächlich repräsentierte es trotz aller Vielfalt der Meinungen hauptsächlich die Mehrheitsströmung der Opposition, die Veränderungen auf dem Weg der Verständigung mit den Machthabenden herbeizuführen versuchte. Radikalere Gruppierungen wie die *Kämpfende Solidarität (Solidarność Walcząca)* und auch einige einflusreiche, wenig kompromissfähige regionale Führer der „Solidarität" waren nicht vertreten. Aber dem Historiker Andrzej Friszke ist nur zuzustimmen. Er schrieb:

> „Wałęsa und Geremek ist später vorgeworfen worden, dass sie nicht auch ihre Opponenten (innerhalb der Opposition – R.V.) zur Teilnahme am *Bürgerkomitee* eingeladen hätten, Leute also aus Gruppierungen, in denen man anders dachte, die die betriebene Politik kritisierten. Ohne Zweifel existierte ein Konflikt zwischen dem Prinzip einer gerechten Repräsentation (aller Strömungen – R.V.) und der Effektivität. Der Weg zu Gesprächen mit Repräsentanten des Machtapparats konnte nur beschritten werden, wenn (die Vertreter der Opposition – R.V.) eine gemeinsame Vision sowie Prinzipien für das Vorgehen und klar umrissene Ziele verfolgten. Andernfalls wäre die ‚gesellschaftliche' Seite durch permanente innere Streitigkeiten und Konflikte zerrissen worden und dadurch nicht in der Lage gewesen, verantwortungsbewußt Verhandlungen zu führen."[572]

Während die „Solidarität" und die Opposition mit der Gründung des *Bürgerkomitees* eine gewisse strategisch-politische Ausrichtung der eigenen Reihen vollzogen hatte, mussten die Machthabenden erst noch für Klarheit sorgen. Schauplatz des parteiinternen Machtkampfes war eine zweigeteilte Sitzung des Zentralkomitess der *PVAP*, die am 20./21. Dezember 1988 und am 16./17. Januar 1989 in Warschau stattfand. Schon vor Beginn dieser Sitzung wussten Jaruzelski und seine Vertrauten, dass sie mit offenem Visier würden kämpfen müssen, wollten sie den parteiinternen Widerstand ge-

---

[572] Friszke, Andrzej: Bronisława Geremka ... a.a.O., S. 6.

gen einen Dialog mit der Opposition und gegen durchgreifende Reformen überwinden. Jauzelski dachte sogar daran, mit seinem Rücktritt vom Amt des Ersten Sekretärs zu drohen, um diesen Schritt als Druckmittel einzusetzen. Immerhin gelang es ihm schon während der ersten Sitzungsperiode des ZK, die Zusammensetzung des Politbüros zugunsten reformbereiter Kräfte zu verändern. Das bedeutete vor allem die Berufung des Sozialwissenschaftlers Janusz Reykowski, der später am *Runden Tisch* eine konstruktive Rolle spielen sollte.

Aber zunächst war es Premier Mieczysław Rakowski, der durch seine Rede während der Dezembersitzung die ZK-Mitglieder in Zugzwang bracht. Rakowski sagte insbesondere:

> „Wir sind gegenwärtig Zeugen von zwei parallelen Prozessen. Der eine besteht darin, dass das Vertrauen in Lech Wałęsa sowie die Unterstützung für ihn und die konstruktive Opposition zunehmen ... Gleichzeitig zeigt sich ein spürbarer Anstieg des Vertrauens zur neuen Regierung (mit Rakowski an der Spitze – R.V.) sowie eine deutliche Unterstützung für unsere Schachzüge. Diese beiden Tendenzen heben sich nicht gegenseitig auf, sondern ergänzen sich. Viele Menschen akzeptieren die von der Regierung ergriffenen Maßnahmen, befürworten aber ebenso die Rückkehr der ‚Solidarität', mehr Freiheit und mehr Einfluss der gemäßigten Opposition im politischen und staatlichen Leben. Mit diesen beiden Stimmungen gehen wir ins Jahr 1989 ... Die Opposition trägt weiterhin keine Verantwortung, sondern gibt nur nette Parolen zum Besten, mit denen sie die Gunst der öffentlichen Meinung nicht verlieren kann. Was sollen wir tun, damit die Opposition aufhört, das Symbol dessen zu sein, was vielversprechend und schön ist, während wir die tristen Alltagsprobleme symbolisieren? Sollte man die Möglichkeit in Betracht ziehen, die Verantwortung mit der Opposition zu teilen?"[573]

Als während der zweiten Sitzungsperiode die Kritik der kommunistisch-fundamentalistischen Kräfte im ZK, deren Sprachrohr nicht zuletzt der regimetreue Gewerkschaftsfunktionär Alfred Miodowicz war an Jaruzelski, Rakowski und anderen Spitzenfunktionären anhielt, trat Parteichef Jaruzelski ans Mikrofon und verkündete, dass sowohl er als auch Premier Rakowski, Innenminister Kiszczak, Verteidigungsminister Siwicki sowie die Politbüromitglieder Barcikowski und Czyrek zurücktreten würden, sollte das ZK die Reformbestebungen der Parteispitze und ihr Bemühen um einen konstruktiven Dialog mit der Opposition nicht billigen. Konsternation der meisten ZK-Mitglieder war die Antwort.[574] Jaruzelski wiederholte seine Drohung während der anschließenden Sitzung des Politbüros.[575]

---

573 21 grudnia 1988 – Wystąpienie Mieczysława F. Rakowskiego w diskusji na X Plenum KC PZPR. In: Borodziej, Włodzimierz/Garlicki, Andrzej: Okrągły Stół ... Tom 1, Warszawa 2004, S. 308 f.
574 16–17 stycznia 1989 – Stenogram wystąpień w drugiej części obrad X Plenum KC PZPR. In: Ebd., S. 320 ff.
575 Protokól nr 107 z posiedzenia Biura Politycznego po zakończeniu dyskusji w dniu 17 stycznia 1989 r. In: Perzkowski, Stanisław (oprac.): Tajne dokumenty Biura Politycznego. Londyn 1994, S. 229.

In der folgenden Abstimmung sprach das ZK fast einstimmig dem gesamten Politbüro, einschließlich der Gruppe um Jaruzelski das Vertrauen aus.[576] Offensichtlich siegte der Opportunismus der vorher so kritisch auftretenden ZK-Mitglieder, weil sie höllische Angst vor einem Kollaps des herrschenden Systems hatten, sollte die Partei führungslos der weiteren Entwicklung ausgeliefert sein. Schließlich billigte das ZK auch eine Entschließung über den Dialog der Parteiführung mit der Opposition und die Schaffung gewerkschaftlichen Pluralismus'.[577] Bronisław Geremek zehn Jahre später:

> „... von Seiten der Macht war das der entscheidende Durchbruch – zumindest aus der Sicht der Equipe, die zu diesem Zeitpunkt an der Spitze der Partei stand. Seit vier Monaten orientierten wir uns in Richtung *Runder Tisch*, mal näherten wir uns an, dann entfernten wir uns wieder, weil die Partei immerfort nicht in der Lage war, unsere grundsätzliche Forderung (nach Legalisierung der „Solidarität" – R.V.) zu akzeptieren. Nun sah es so aus, als sei die Sache erledigt, wobei nur die Frage blieb, welchen Preis wir dafür zahlen sollten."[578]

Der Beschluss des Zentralkomitees wirkte wie der Startschuss zu einem Aufleben der „Solidarität" in vielen polnischen Betrieben. In der Untergrundpresse war sogar die Rede von einer „Explosion":

> „In der letzten Januarwoche – also nach dem 10. ZK-Plenum – kam eine Lawine von Komitees der ‚Solidarität' ins Rollen, die aus dem Untergrund auftauchten und offen ihre Arbeit aufnahmen."[579]

Bronisław Geremek befürwortete einen politischen Vertrag mit den Kommunisten, war sich aber auch der damit verbundenen Gefahren bewusst. Während einer Sitzung der *Landesexekutivkommission (KKW)* der „Solidarität" am 20./21. Januar 1989, an der auch die wichtigsten Berater teilnahmen, sprach er von der Verantwortung, die in einem solchen Fall auf die Gewerkschaft zukommen würde:

> „Bislang verfügte die ganze Bewegung über moralisches Kapital und konnte die Autorität Lech Wałęsas ins Spiel bringen. Dieses Kapital wuchs, während sich die Machthabenden kompromittierten. Ebenso war die ‚Solidarität' eine illegale Bewegung, und solche Bewegungen sind für bestimmte Konsequenzen nicht verantwortlich. Wenn jedoch die Machthabenden nicht in der Lage sind, die Wirtschaft zu reformieren, dann muss die Opposition Verantwortung dafür übernehmen. Wir sollten uns aber auch im Klaren darüber sein, dass wir in solchen Krisensituationen wie jetzigen gemeinsam Verantwortung übernehmen werden."[580]

---

576 Ebd., S. 231.
577 Protokół nr 55 z posiedzenia Sekretariatu KC PZPR dniu 27 stycznia 1989 roku. In: ebd., S. 243 f.
578 ROK 1989 ... a.a.O., S. 38.
579 Eksplozja „S". In: *Tygodnik Mazowsze*, Nr. 280, 1.2.1989.
580 Zit. nach Skórzyński: Bronisław Geremek ... (Fn. 340), S. 91.

Lech Wałęsa wiederum brachte das Problem in der ihm eigenen unverblümten Sprache auf den Punkt. Während der *KKW*-Sitzung sagte er:

„Wisst Ihr, wo man Kartoffeln anpflanzt? In der Scheiße. Aber es geht doch um die Kartoffeln, nicht um die Scheiße. Schauen wir nicht auf die Formulierung, sondern auf das, was wichtig ist."[581]

Die *Landesexekutivkommission* der „Solidarität" sprach in einer Erklärung zum Beschluss des Zentralkomitees der *PVAP* von einem „entscheidenden Schritt in Richtung des gesellschaftlichen Dialogs, der zeige, dass die reformerische Strömung in der Partei das Übergewicht gewonnen habe". Der Text wurde sogar von der offiziellen Nachrichtenagentur *Polska Agencja Prasowa* verbreitet und von der Parteizeitung *Trybuna Ludu* abgedruckt.[582]

Die letzten Absprachen vor Beginn des *Runden Tisches* erfolgten in Magdalenka.[583] Dabei kamen auf Seiten der Opposition bzw. der „Solidarität" die wichtigsten inhaltlichen Anstöße von Bronisław Geremek. Bei den Beratungen ging es erneut um die Gewerkschaftsfrage. Innenminister Czesław Kiszczak und andere führende Parteifunktionäre, besonders der Vorsitzende der ZK-Abteilung für Gesellschaftspolitik, Andrzej Gdula, identifizierten sich zwar mit dem ZK-Beschluss in Sachen Gewerkschaftspluralismus, verwiesen aber auch auf den starken Widerstand vieler Parteikader gegen eine Legalisierung der „Solidarität". Dieser Widerstand, so berichteten sie, sei besonders ausgeprägt unter den Parteimitgliedern, die auch Mitglied des Gewerkschaftsverbandes *OPZZ* seien. Erst nachdem Lech Wałęsa, Bronisław Geremek, Tadeusz Mazowiecki, Lech Kaczyński und Władysław Frasyniuk wiederholt die Forderung nach baldiger Wiederzulassung der „Solidarität" erhoben und diese als entscheidende Basis einer möglichen Vereinbarung am *Runden Tisch* charakterisierten, sah sich Kiszczak schließlich veranlasst anzukündigen, dass die dafür notwendige Novellierung des Gewerkschaftsgesetzes bis spätestens Ende März im Parlament erfolgen werde.

Schließlich einigte man sich auch darauf, dass möglichst bald Parlamentswahlen abzuhalten seien, die aber noch nicht den Charakter völlig freier Wahlen haben sollten. Das bedeutete, dass den Kandidaten der *PVAP*, unabhängig vom Wahlergebnis, eine bestimmte Anzahl der Sitze im Parlament garantiert werden solle. In den Wochen zuvor war wiederholt der Vorschlag gemacht worden, 65 Prozent der Mandate für die *PVAP* zu reservieren, während die restlichen 35 Prozent auf die Kandidaten der „Solidarität" entfallen sollten.

Wałęsa, Geremek, Mazowiecki und andere Verhandlungsteilnehmer der „Solidarität" sahen ihre Bereitschaft, bedingt freie Wahlen zu akzeptieren, als notwendiges

---

581 Zit. nach Felicki, Feliks: Na posiedzeniu KKW NSZZ „Solidarność". In: *Tygodnik Mazowsze*, Nr. 279, 25.1.1989.
582 Oświadczenie KKW NSZZ „Solidarność". In: *Trybuna Ludu*, 24.1.1989. Siehe auch AIPN 0236/410, t. 2, k. 210–214.
583 Dubiński, Krzysztof: Magdalenka ... a.a.O., S. 11 ff. Protokoll der dortigen Gespräche in Dubiński: Okrągły Stół ... a.a.O., S. 178 ff. Vgl. auch S. 228 dieses Buches.

Zugeständnis, nachdem die Machthabenden sich nun endlich zu einer Legalisierung der Gewerkschaft durchgerungen hatten. Besonders Geremek sah diesen Kompromiss als Ausgangspunkt einer evolutionären Entwicklung. Er sagte in der Debatte unter anderem:

> „Wir sind bereit, die Idee ‚nichtkonfrontativer Wahlen' und die Schaffung der Position des Staatspräsidenten zu akzeptieren ... Wir, die Menschen der ‚Solidarität', betrachten freie Wahlen als grundlegenden Wert. Aber wir verstehen auch den Sinn von Beschränkungen. Doch wir müssen Lösungen suchen, die einerseits einen schrittweisen Prozess eröffnen, andererseits aber auch dem Bedürfnis nach Freiheit entgegenkommen, das die Gesellschaft empfindet. Auch die Reform des Staates sollte in sicheren, konfliktfreien Bahnen verlaufen."[584]

Weniger kontrovers verlief die Debatte in Magdalenka über andere politische und organisatorische Fragen. So legte man fest, dass die Verhandlungen am *Runden Tisch* am 6. Februar beginnen sollten. Die Zahl der Teilnehmer wurde auf 56 festgelegt, wobei jeweils 6 für die „Solidarität" und *OPZZ*, jeweils 14 die Seite der Regierung, der Opposition und unabhängiger Intellektueller sowie zwei für die katholische Kirche reserviert wurden. Außerdem verständigte man sich darauf, Arbeitsgruppen zu bilden, die sich mit den angestrebten politischen und wirtschaftlich-sozialen Reformen sowie mit dem Gewerkschaftspluralismus beschäftigen sollten.[585]

Schon zu diesem Zeitpunkt hofften Geremek, Mazowiecki und andere darauf, dass sich im Zuge halbfreier Wahlen die Widersprüche zwischen der *PVAP* und den Blockparteien *ZSL* sowie *SD* vertiefen würden und dies wiederum die Möglichkeit eröffnen würde, nach den Wahlen mit den Stimmen der „Solidarität" und eben der Blockparteien einen Ministerpräsidenten aus den Reihen der „Solidarität" zu wählen, was dann tatsächlich im September 1989 auch geschah.[586]

Die Verhandlungen am *Runden Tisch* begannen tatsächlich am 6. Februar 1989 und dauerten bis zum 5. April.[587] Schauplatz des historischen Geschehens war das so genannte Stadthalterpalais (Pałac Namiestnikowski) im Zentrum Warschaus. Die Ironie der Geschichte besteht darin, dass im Kolumnensaal des Palais', wo die Auftakt- und die Abschlussveranstaltung stattfanden, im Mai 1955 der Warschauer Pakt als östliche Verteidigungsgemeinschaft unterzeichnet worden war. Die wichtigsten Eröffnungsreden hielten Lech Wałęsa, Innenminister Czesław Kiszczak und der *OPZZ*-Vorsitzende Alfred Miodowicz. Ihre Ausführungen zeigten, wie unterschiedlich die Erwartungen

---

584 Dubiński, Krzysztof: Okrągły Stół ... a.a.O., Sa. 184.
585 Informacja dotycząca rozmów w Magdalence w dniu 27 stycznia 1989 r. In: Dubiński, ebd., S. 193 ff.
586 Siehe S. 260 f. dieses Buches.
587 Zu Vorgeschichte, Verlauf und Ergebnis des *Runden Tisches* siehe insbesondere Skórzyński, Jan: Rewolucja Okrągłego Stołu, Kraków 2009. Codogni, Paulina: Okrągły Stół – Czyli Polski Rubikon, Warszawa 2009. Garlicki, Andrzej: Rycerze Okrągłego Stołu, Warszawa 2004. Borodziej, Włodzimierz/Garlicki, Andrzej (red.): Okrągły Stół – Dokumenty i materiały. Tom I – V, Warszawa 2004. Dubiński, Krzysztof: Okrągły Stół ... a.a.O.

waren, die Partei und Regierung einerseits sowie die „Solidarität" und die ganze Opposition andererseits an die Verhandlungen knüpften. Während die Machthabenden bemüht waren, den Sozialismus in einer neuen Gestalt zu retten, sahen Lech Wałęsa und seine Mitstreiter den *Runden Tisch* als ersten Zug in einem politischen Schachspiel, das irgendwann zu einer demokratisch-marktwirtschaftlichen Republik führen sollte. Bronisław Geremek sagte zwei Jahrzehnte später:

> „Mit dieser Dissonanz mussten wir leben, sie zeigte uns nur, wie weit der Weg war, den wir zurücklegen mussten, um eine Verständigung zu erzielen ... Aber wenn ich nicht geglaubt hätte, dass wir dazu in der Lage sind, hätte ich mich nicht an diesen Tisch gesetzt."[588]

Das Misstrauen auf beiden Seiten war groß. Geremek:

> „Generell haben wir der anderen Seite nicht geglaubt. Zwar gingen wir immer von der Arbeitshypothese aus, dass sie ihr Wort halten würde, doch generelle Sicherheit gab es natürlich nicht. Wenn man nicht von einer solchen Grundannahme ausgeht, kann man keine Gespräche führen. Und es gab nichts Besseres, als miteinander zu sprechen. Wir waren nur in einer Sache sicher, nämlich darin, dass die andere Seite zu der Überzeugung gelangt war, dass man so wie bis zu diesem Zeitpunkt nicht mehr regieren konnte. Sie wussten, dass sich Polen ändern müsse. Sie zählten darauf, dass Polen am Ende des Weges, den sie eingeschlagen hatten, ein normales Land sein würde."[589]

Wie vorher vereinbart, wurden drei Arbeitsgruppen und diverse Untergruppen gebildet. Auf der Themenliste standen insbesondere die Reform des politischen Systems, Gewerkschaftspluralismus, Wirtschaft und Soziales, Rechtsstaat und Justiz, Medienvielfalt, Probleme der Jugend sowie eine Verwaltungsreform. Waren auf Seiten der „Solidarität" bzw. der Opposition Entscheidungen über Verhandlungsziele sowie das weitere taktische Vorgehen zu treffen, so geschah dies in einem Kreis von etwa 20 Personen, dem unter anderem Lech Wałęsa, Bronisław Geremek, Tadeusz Mazowiecki, Adam Michnik, Jacek Kuroń, Zbigniew Bujak, Bogdan Lis, Aleksander Hall, Marcin Król und Jarosław Kaczyński angehörten. Auf Seiten der Partei bzw. der Regierung wurden die wichtigsten Beschlüsse im engen Kreis um Jaruzelski getroffen und anschließend im Politbüro durchgesetzt.

Während der zweimonatigen Verhandlungen am *Runden Tisch* fanden vier Begegnungen in Magdalenka statt, an denen unter Leitung von Wałęsa und Kiszczak jeweils 40 bis 50 Personen teilnahmen, auf Seiten der Opposition insbesondere auch Geremek, Mazowiecki, Michnik und Kuroń.[590] Das harte Ringen in Magdalenka drehte sich nicht in erster Linie um Grundsatzentscheidungen, sondern galt hauptsächlich der konkreten Ausgestaltung von Reformplänen, die beide Lager schon vor Beginn des *Runden Tisches* ins Auge gefasst hatten.

---

588 ROK 1989 ... a.a.O., S. 74.
589 Ebd., S. 82.
590 Die Protokolle der Verhandlungen finden sich bei Dubiński, Krzysztof: Magdalenka ... a.a.O., S. 59 ff.

Überblickt man die politische Biografie von Bronisław Geremek, dann zählt das Geschehen am *Runden Tisch* im Frühjahr 1989 neben dem Danziger August 1980 und den strategischen Weichenstellungen in den späten 1980er Jahren zu den Höhepunkten seines Wirkens. Gerade während des Tauziehens mit den Kommunisten am *Runden Tisch* kamen sein strategisches Denken, sein politisches Gespür und sein Verhandlungsgeschick zur Geltung. Mit harter Hand führte und koordinierte er das dortige Auftreten der „Solidarität" und der ganzen Opposition. Jan Lityński, Bürgerrechtler und Oppositionspolitiker seit den späten 1970er Jahren, nennt Geremek den „wichtigsten Architekten" der Ereignisse im Frühjahr 1989.[591] Auch der Historiker Andrzej Friszke bezeichnete ihn als „wichtigsten Strategen und Verhandlungsführer", als es um die Transformation des politischen Systems ging.[592] Diese Hervorhebung schmälert keineswegs die Verdienste von Mazowiecki, Michnik, Kuroń, Bujak, Lis, Stelmachowski, Wielowieyski, Frasyniuk und anderen, entspricht aber der damaligen Wirklichkeit. Gerade während des Ringens in Magdalenka war es wiederholt so, dass Wałęsas entschiedenes Auftreten für Entscheidungen sorgte, nachdem Geremek und auch Mazowiecki inhaltlich den Boden dafür bereitet hatten.

Geremek war auch derjenige, der am *Runden Tisch* als Vorsitzender der Arbeitsgruppe für politische Reformen die wohl schwierigste Rolle übernommen hatte. Denn in diesem Gremium kam es zu den schärfsten politischen Auseinandersetzungen, weil letztendlich die künftige Gestalt des politischen Systems in Polen zur Debatte stand. Konkret ging es vor allem um die Frage, ob die Opposition an bedingt freien Parlamentswahlen teilnehmen sollte, wenn die Machthabenden im Gegenzug, entsprechend ihren Absichtserklärungen, die Legalisierung der „Solidarität" endlich auf den Weg bringen würden. Geremek stellte die Weichen für eine Teilnahme an solchen Wahlen. Lange Zeit strittig in diesem Zusammenhang war auch die Frage, welcher Prozentsatz an Sitzen der Regierungsseite unabhängig vom Wahlergebnis zugestanden werden sollte.

Außerdem mussten sich die „Solidarität" und die Opposition darüber klar werden, ob sie nach den Wahlen zusammen mit den Machthabenden eine Koalitionsregierung bilden wollten oder nicht. Geremek war gegen eine Teilnahme an einer solchen Regierung, sprach sich aber dafür aus, diesem Kabinett Vorgaben gerade auf wirtschaftlichem und sozialem Gebiet zu erteilen. Die große Mehrheit der oppositionellen Teilnehmer am *Runden Tisch* unterstützte diese Position Geremeks.

Kontrovers wurde schließlich die mögliche Schaffung eines Präsidentenamtes diskutiert. Anfangs bestand die Partei- bzw. Regierungsseite darauf, den Präsidenten noch durch das bestehende Parlament wählen zu lassen und ihm das Recht einzuräumen, das Parlament aufzulösen, den Kandidaten für das Amt des Premiers zu benennen, Regierungssitzungen einzuberufen und internationale Abkommen zu ratifizieren. Im Namen der Opposition setzte Geremek den Vorschlag dagegen, den Präsidenten in

---

591 Jan Lityński im Gespräch … (Fn. 301).
592 Friszke, Andrzej: Bronisława Geremka … (Fn. 155), S. 6.

allgemeinen Wahlen bestimmen zu lassen und ihm auch nicht das Recht einzuräumen, das Parlament auflösen zu können. Strittig war außerdem die Frage, wie die geplante zweite Kammer des Parlaments gewählt werden sollte.

Schließlich kam es doch zu einer Einigung bei den meisten der diskutierten Reformschritte. Am 31. März gab das Zentralkomitee der *PVAP* grünes Licht für den ausgehandelten Vertrag, am 4. April auch das Politbüro. Einen Tag später erteilte die *Landesexekutivkommission* der „Solidarität" ebenfalls ihr Plazet. Noch am 5. April wurde das Dokument von allen Beteiligten unterzeichnet.[593] Am Ende der feierlichen Abschlusssitzung unterzeichneten Wałęsa und Kiszczak auch noch eine Abschlusserklärung. Es war Bronisław Geremek zu verdanken, dass er den endgültigen Vertragstext noch vor der Unterzeichnung redigierte und damit von verbliebenen Formeln sozialistisch-büokratischer Sprache befreite.

Worin bestanden die wichtigsten Elemente des Vertrags? Mit den Vereinbarungen auf politischem Gebiet machte die Opposition einen wichtigen Schritt hin zur parlamentarischen Demokratie. So einigte man sich darauf neben dem Sejm (Abgeordnetenhaus) einen Senat als zweite Parlamentskammer einzurichten, der ebenfalls legislative Initiativen ergreifen konnte und als Kontrollinstanz gegenüber der ersten Kammer gedacht war.[594] Die Wahlen zum Senat sollten völlig frei sein. Für die nächste Wahl zum Sejm wurde beschlossen, dass 65 Prozent der Mandate der *PVAP* und ihren Blockparteien vorbehalten bleiben sollten, unabhängig vom Wahlergebnis, während die restlichen 35 Prozent den oppositionellen und unabhängigen Kandidaten zustanden. Allerdings wurde Sejm und Senat auferlegt, eine neue Verfassung sowie eine Wahlordnung für wirklich freie Wahlen auszuarbeiten.

Erhebliche Zugeständnisse machte die Opposition bei der verfassungsrechtlichen Position des künftigen Staatspräsidenten.[595] Er sollte Gesetze blockieren (sein Veto konnte nur durch eine Zweidrittelmehrheit im Sejm aufgehoben werden), das Parlament auflösen und die Regierung zu Sondersitzungen einberufen können. Zum damaligen Zeitpunkt war klar, dass nur der Parteichef und Staatsratsvorsitzende Wojciech Jaruzelski für dieses Amt in Frage kam. Der Staatspräsident sollte von beiden Kammern des Parlaments gewählt werden.

> „Die Wahl eines Präsidenten mit weitreichenden Befugnissen sollte den bisherigen Machthabern die Angst vor einer sehr schnellen Transformation des bisherigen politischen Systems nehmen. Andererseits rechneten Strategen der Opposition wie Bronisław Geremek damit, dass Jaruzelski, der immerhin zu den Architekten des *Runde(n) Tisch(es)* gehörte, als Staatsoberhaupt die angestrebten weitreichenden Reformen unter den damaligen geopolitischen Bedingungen Polens außen- und sicherheitspolitisch absichern würde. Und Jaruzelski hat diese Erwartungen später erfüllt."[596]

---

593 5 kwietnia 1989 r. – Porozumienia Okrągłego Stołu. In: Borodziej/Garlicki: Okrągły Stół, Tom IV, S. 9 ff.
594 Ebd. S. 11.
595 Ebd., S. 12.
596 Vetter, Reinhold: Polens eigensinniger Held … a.a.O., S. 264.

Zu den wichtigsten Erfolgen der Opposition zählte der Beschluss, die „Solidarität" zu legalisieren.[597] Außerdem einigte man sich darauf, auch die unabhängigen Organisationen der Privatbauern und der Studenten wieder legal arbeiten zu lassen. Weiterhin verständigte man sich auf die Grundzüge eines neuen Vereinsrechts, das die Bildung politischer Vereinigungen, nicht aber politischer Parteien vorsah und auch die Wiederzulassung zahlreicher Organisationen ermöglichte, die während des Kriegsrechts aufgelöst worden waren. Am *Runden Tisch* wurden auch erste Schritte hin zu einem modernen Rechtsstaat gemacht.[598] Das Parlament erhielt den Auftrag, per Gesetz die Unabhängigkeit der Gerichte vom direkten Einfluss der Parteinomenklatur zu gewährleisten.

In Sachen Wirtschaft brachte der *Runde Tisch* kaum etwas zustande.[599] Das betraf nicht nur den von der Opposition angestrebten grundlegenden Strukturwandel, sondern auch aktuell notwendige Maßnahmen zur Reduzierung der ausufernden Staatsschulden und zur Bekämpfung der horrenden Inflation. Die Verhandlungen blieben weitgehend ohne Ergebnis, weil in beiden Lagern extrem unterschiedliche Vorstellungen über die künftigen wirtschaftlichen Strukturen herrschten.

Ganz anders lautete das Ergebnis in Bezug auf die Massenmedien.[600] Der Opposition wurde zugestanden, den *Tygodnik Solidarność* als Wochenzeitung der „Solidarität" wieder herauszugeben. Weiterhin verständigte man sich darauf, einer unabhängigen Gruppe von Verlegern die Möglichkeit zu geben, eine Tageszeitung auf den Markt zu bringen.[601] Andererseits vermochte es die Opposition nicht, das Monopol der *PVAP* in Fernsehen und Hörfunk wirklich aufzubrechen. Sie erhielt lediglich Sendezeiten von 30 Minuten im Fernsehen und 60 Minuten im Hörfunk.

Auf der Basis der Beschlüsse des *Runden Tisches* ging es in den folgenden Wochen darum, die vereinbarten Reformprojekte als Gesetze durch Parlament zu bringen und anschließend zu implementieren.

Der polnische Historiker Jan Skórzyński nennt den *Runden Tisch* ein originäres Projekt, das bis dato kein Vorbild in anderen politischen Systemen gehabt habe. Man kann ihn auch als Revolution ganz spezifischer Art bezeichnen – revolutionär im Sinne des damit vollzogenen Umsturzes, aber ohne gewaltsame Auseinandersetzung á la Sturm auf die Bastille oder das Winterpalais.

Die Ergebnisse der Verhandlungen waren Ausdruck des damaligen Kräfteverhältnisses zwischen den Machthabern in Partei und Regierung einerseits sowie der „Solidarität" und der ganzen Opposition andererseits. Bronisław Geremek betonte später:

---

597 5 kwietnia 1989 r. ... (Fn. 593), S. 24.
598 Ebd. S. 26 ff.
599 Ebd. S. 12 ff.
600 Ebd. S. 31 f.
601 Die bald darauf gegründete *Gazeta Wyborcza* (wörtlich „Wahlzeitung") erscheint bis heute unter diesem Titel.

„Es gab keinen anderen Weg. Diejenigen, die damals regierten, mussten ein Gefühl der Sicherheit haben ... Immerhin verfügten sie immer noch über die entsprechenden Machtinstrumente (Polizei, *ZOMO*, Militär – R.V.). In einem Gefühl der Unsicherheit hätten sie eventuell diese Instrumente eingesetzt.[602]

Aber der *Runde Tisch* schuf auch die Voraussetzungen dafür, dieses Kräfteverhältnis zu verschieben. Er eröffnete einen evolutionären Prozess, der hin zu einer parlamentarischen Demokratie auf marktwirtschaftlicher Basis führte. Dies historische Bedeutung des ganzen Projekts bdesteht auch darin, dass es mehr oder weniger zum Vorbild für ähnliche Bemühungen in Ungarn, der Tschechoslowakei und der DDR wurde.

Allerdings beinhaltete der *Runde Tisch* auch eine innere Logik, die ein Ausgangspunkt für Fehlentwicklungen in den folgenden Jahren war. Denn indem die Opposition den reformbereiten Kräften in Partei und Regierung den Status von Partnern beim Aufbruch in die neuen Zeiten einräumte, schuf sie in gewisser Weise auch die Voraussetzung dafür, dass Teile der Parteinomenklatur in den folgenden Jahren mit voller Kraft in den neuen Parlamentarismus und die junge Marktwirtschaft einstiegen, ohne für ihre politische Vergangenheit zur Rechenschaft gezogen zu werden. Die Schuld für die entsprechenden Versäumnisse trifft aber nicht die Akteure der Opposition am *Runden Tisch*, sondern die Regierungen der frühen 1990er Jahre. Am *Runden Tisch* selbst war diese negative Begleiterscheinung nicht zu vermeiden, weil sonst der gesamte Verhandlungsprozess gescheitert wäre. Auch unter der Elite der „Solidarität" und der ganzen Opposition, deren Repräsentanten damals die Verhandlungen am *Runden Tisch* führten, herrscht heute weitgehend Konsens dafür, dass in den Jahren nach 1989 die öffentliche politisch-historische Auseinandersetzung mit der kommunistischen Vergangenheit vernachlässigt wurde – nicht während der Regierungszeit des ersten nachkommunistischen Premiers Tadeusz Mazowiecki, aber danach.

In einer Sache hat sich Bronisław Geremek damals geirrt, und nicht nur er. Das galt sowohl für die Machthabenden als auch für die wichtigsten Köpfe der „Solidarität" bzw. der ganzen Opposition. Jaruzelski, Rakowski und andere aus der Parteiführung meinten, dass sie sich mit der Legalisierung der „Solidarität" sowie den anderen Zugeständnissen, die sie am *Runden Tisch* gemacht hatten, eine politische Verschnaufpause erkauft hatten und die Regierungsgewalt wohl noch einige Jahre ausüben konnten. Ebenso gingen Geremek und die anderen führenden Köpfe der Opposition davon aus, dass die ersten wirklich freien Wahlen wohl erst einige Jahre nach den jetzt angepeilten bedingt freien Wahlen stattfinden konnten. Doch aus den, möglicherweise vier Jahren wurden vier Monate. Das Plebiszit gegen die Kommunisten bei den Wahlen im Juni 1989 sorgte erneut für eine große Dynamik. Schon im August 1989 trat Tadeusz Mazowiecki an die Spitze der ersten nachkommunistischen Regierung. Die ersten freien Wahlen fanden im Oktober 1991 statt.

---

602 ROK 1989 ... a.a.O., S. 83.

7. Parlamentarischer Anwalt der Regierung Mazowiecki

Die Jahre 1989–90 gehören zu den Schlüsselperioden der Geschichte Europas seit dem Ende des Zweiten Weltkriegs. Das gilt auch und gerade für Polen. In dieser Zeit wurden die wichtigsten Schritte zur Transformation des politischen und ökonomischen Systems des Landes gemacht. Ging es am *Runden Tisch* Tisch um die Weichenstellung, so wurden anschließend die dortigen Beschlüsse umgesetzt und durch weitere Maßnahmen ergänzt. In seinen Grundzügen geht das heutige System der parlamentarischen Demokratie und der Marktwirtschaft in Polen auf jene Zeit zurück. Während Tadeusz Mazowiecki damals an der Spitze der Exekutive stand, war Bronisław Geremek der wichtigste Akteur der Legislative. Zu den Verdiensten Geremeks zählt also, an führender Stelle die Weichen für den neuen Parlamentarismus in Polen gestellt zu haben. Ihm und den anderen Exponenten der Demokratisierung standen dabei kein Masterplan oder Blaupause zur Verfügung. Eine Transformation des sozialistischen Systems in eine parlamentarische Demokratie hatte es nie zuvor auf der ganzen Welt gegeben. Dabei handelte es sich um ein Projekt der vordem oppositionellen Elite, das erst nach und nach durch Wahlen und andere plebiszitäre Akte verifiziert wurde. Dass bei der Transformation auch Fehler gemacht wurden, konnte nicht ausbleiben. Geremek selbst hat dies später wiederholt eingeräumt. Im Prinzip hält die Erprobung und Weiterentwicklung des damals geschaffenen Systems bis heute an. Verfolgt man die Wahrnehmung der Transformation in der polnischen Öffentlichkeit in den letzten Jahren, dann fällt auf, dass der Name von Tadeusz Mazowiecki stärker als der Geremeks im Vordergrund steht. Offensichtlich entspricht Mazowiecki, den man bis heute „unseren Premier" („nasz Premier") nennt, mehr dem Empfinden der polnischen Gesellschaft.

7.1. Plebiszit gegen die Kommunisten: Die Wahl im Juni 1989

In den Sitzungen der *Landesexekutivkommission der „Solidarität"* im März votierten nicht alle Mitglieder und Berater der Gewerkschaftsführung für eine Teilnahme an der bevorstehenden Parlamentswahl. Während Jacek Kuroń, Henryk Wujec und andere betonten, die „Solidarität" habe sowohl politische als auch gewerkschaftliche Aufgaben und müsse deshalb an der Wahl teilnehmen, forderten Zbigniew Romaszewski und einige regionale Vorsitzende, sie müsse sich auf ihre gewerkschaftlichen Aufgaben konzentrieren. Bronisław Geremek gehörte zu denjenigen, die für eine Teilnahme plädierten und sich damit auch durchsetzten. Er betonte:

> „Die ‚Solidarität' war nie eine reine Gewerkschaft. Derjenige, der ihr dies jetzt wünscht, würde ihr damit keinen Gefallen tun. Und niemand würde es uns verzeihen, wenn wir

diese Wahl ... nicht für uns nutzen würden. Die ‚Solidarität' muss diese Wahl als ihre Sache begreifen."[603]

Am 4. April erteilte die Gewerkschaftsführung dem *Bürgerkomitee* den Auftrag, die Liste der Kandidaten aufzustellen und den Wahlkampf zu organisieren. Zu diesem Zweck berief man einen vierzehnköpfigen Wahlstab, dessen Vorsitz Jacek Kuroń übernahm. Mit Hilfe von Gewerkschaftsaktivisten aus dem ganzen Land ging der Stab im Eiltempo daran, eine Liste von 261 Kandidaten für die Wahl zu beiden Parlamentskammern aufzustellen. Kuroń und seine Mitstreiter standen unter großem Zeitdruck, da die Kandidaten bis zum 10. Mai zusammen mit den jeweils erforderlichen 3.000 Unterschriften bei der staatlichen Wahlkommission angemeldet werden mussten. Auch wenn Bronisław Geremek nicht Mitglied des Wahlstabs war, bezeichnete ihn der polnische Historiker Andrzej Friszke als „spiritus movens" der Wahlkampagne der Opposition und der „Solidarität".[604]

Und diese Kampagne war hervorragend. Die allgemeine Mobilisierung in jenen Wochen erinnerte fast an die Massenbewegung der „Solidarität" in den Jahren 1980 und 1981. Das *Bürgerkomitee* nutzte insbesondere die Energie der Jugend, da sich zum ersten Mal seit acht Jahren auch Studenten und Schüler legal für die „Solidarität" engagieren konnten. Die Wahlkampagne strahlte Frische und Spontaneität aus, auch wenn so manche Werbeaktion wegen inhaltlicher oder organisatorischer Mängel verpuffte.[605] Für Bronisław Geremek formulierte der Wahlstab den Slogan: „Eine bessere Zukunft liegt in unseren Händen – Stimmen wir für Geremek."[606]

Von großem Wert war natürlich die Unterstützung der Kirche. Viele katholische Geistliche arbeiteten in den regionalen *Bürgerkomitees* mit und organisierten die Sammlung von Unterschriften in kirchlichen Räumen. Diese Hilfe hatte besondere Bedeutung gerade in den ländlichen Gebieten, wo es der „Solidarität" schwer fiel, Strukturen aufzubauen, und ihre Kandidaten kaum bekannt waren. Den Machthabenden in Partei und Regierung war das Engagement der Kirche natürlich ein Dorn im Auge.

Während einer Versammlung am 23. April im Auditorium Maximum der Warschauer Universität beschloss das *Bürgerkomitee* die Liste der 261 Wahlkandidaten der Opposition für Sejm und Senat. Zu ihnen zählte nicht Lech Wałęsa, der sich konsequent weigerte, bei der Wahl anzutreten. In der Versammlung sagte er:

„Ich werde jedem Senator und Abgeordneten vorangehen. Ich werde ihn vertreten und ergänzen. Aber ebenso werde ich in die Versenkung zurückkehren, aus der ich gekom-

---

603 Hofer, P.: „Solidarność" wobec wyborów – dyskusja na forum KKW. In: *Tygodnik Mazowsze* Nr. 287.
604 Friszke, Andrzej: Bronisława Geremeka ... (Fn. 155), S. 13.
605 Zur Wahlkampagane siehe u. a. Archiwum Senatu: Komitet Obywatelski, Wybory 1989, Zespół Promocji Wyborczej, Notatki codzienne sekretariatu 1989, Teczka 19.
606 Codogni, Paulina: Wybory czerwcowe 1989 roku. U Progu przemiany ustrojowej. Warszawa 2012, S.153.

men bin. Es warten schrecklich schwierige Probleme auf uns. Und ich möchte mir nicht sagen lassen, dass ich angetreten bin, einen Posten zu bekommen."[607]

Andererseits traten die Kandidaten, mit nur einer Ausnahme, als Mitglieder der „Mannschaft Wałęsas" („drużyna Wałęsy") auf, was natürlich wesentlich zu ihrem Erfolg bei der Wahl beitrug. Das bedeutete auch, dass sie sich jeweils mit ihm fotografieren ließen und diese Bilder dann wirkungsvoll auf den Wahlplakaten im ganzen Land präsentiert wurden.

Mit dem Erscheinen der Tageszeitung *Gazeta Wyborcza* ab 8. Mai verfügte die Opposition außerdem über ein wichtiges Publikationsorgan. Wałęsa machte Adam Michnik zum Chefredakteur des Blattes, das mit einer Auflage von 150 000 Exemplaren startete. Einen Tag später begannen die regelmäßigen Sendungen aus einem Wahlstudio der „Solidarität" im staatlichen Fernsehen. Ab 2. Juni konnte dann auch die Wochenzeitung *Tygodnik Solidarność* mit ihrem Chefredakteur Tadeusz Mazowiecki wieder erscheinen. Viele Journalisten schlugen sich im Wahlkampf auf die Seite der Opposition.

Im Wahlkampf propagierte die „Mannschaft Wałęsas" grundlegende Ziele wie Parlamentarismus und Parteienvielfalt, Meinungs- und Versammlungsfreiheit, Unabhängigkeit der Justiz, Selbstverwaltung auf regionaler und lokaler Ebene sowie verschiedene Modelle der Marktwirtschaft, forderten aber auch Sofortmaßnahmen zur Bewältigung der tiefen wirtschaftlichen und sozialen Krise.

Wuchsen die Opposition und die „Solidarität" im Wahlkampf über sich hinaus, so offenbarten die Machthabenden und ihre Fußtruppen eklatante Schwächen. Viele kommunistische Kandidaten taten sich schwer damit, die notwendige Zahl an Unterschriften zu sammeln. Schließlich griff eine Reihe von ihnen zu regelrecht bolschewistischen Methoden. So zwangen Fabrikdirektoren unter Androhung von Entlassung die Beschäftigten, Unterschriften für sie zu sammeln. Schulleiter warnten Schüler vor einem Nichtbestehen von Examen, sollten sie nicht ihre Unterschrift leisten.

Allerdings war unter Oppositionellen auch das Argument zu hören, dass die Wahlen zu früh kämen und der Termin von der kommunistischen Führung geschickt ins Spiel gebracht worden wäre, um die Opposition unter Zeitdruck zu setzen. Doch es gab noch eine zweite Überlegung dergestalt, dass die Kommunisten befürchteten, zu einem späteren Zeitpunkt noch mehr Wähler zu verlieren, und deshalb durch baldige Wahlen ihre aktuelle Position festigen wollten. Bronisław Geremek schrieb damals in einem Aufruf zu den Wahlen:

> „In der polnischen Nachkriegsgeschichte weckten Wahlen nur zweimal öffentliches Interesse und die Bereitschaft, am politischen Leben teilzunehmen. So war es bei der Wahl im Jahr 1947, als die politische Opposition zwar teilnahm, aber die Ergebnisse gefälscht wurden, und auch im Jahr 1957, als die Hoffnung aufkam, Polen werde den Weg zu tatsächlichen Veränderungen einschlagen. Diese Hoffnung führte dazu, dass die polnische Gesellschaft in hohem Maße an der Wahl teilnahm, weil viele Menschen der

---

607 Zit. nach Codogni, Paulina: Wybory ... a.a.O., S. 130.

Überzeugung waren, dass sie mit der Abgabe ihrer Stimme etwas bewirken könnten. Kann sich nun, 30 Jahre später, dieser Akt wiederholen? Die Antwort ist keinesfalls eindeutig. Die Wahl, in die wir gehen, wird nicht demokratisch sein ... Andererseits kann diese Wahl im Rahmen der Nachkriegsgeschichte Polen zu einem Ereignis von ungewöhnlicher Bedeutung werden. Das wird davon abhängen, ob wir teilnehmen, oder ob Apathie, Lustlosigkeit und die Überzeugung, dass das System nicht reformierbar sei, überwiegen werden. Die Wahl kann eine Ausgangssituation schaffen, in der zum ersten Mal in einer repräsentativen Institution nicht die Stimme der Wahrheit von einem oder zwei, sondern von 161 Abgeordneten und 100 Senatoren erhoben wird. Der Sejm, der 40 Jahre lang ein Marionettentheater war, kann zu einer Arena des öffentlichen Lebens werden."[608]

Bronisław Geremek kandidierte nicht in Warschau, Krakau oder einer anderen Großstadt Polens, sondern in Suwałki ganz im Nordosten des Landes nahe der Grenze zu Litauen und zur russischen Enklave Kaliningrad. Die Stadt mit ihren knapp 70 000 Einwohnern liegt in einer landschaftlich reizvollen Region, die zum Zeitpunkt der Wahl aber große Strukturdefizite wie etwa eine hohe, in den damaligen Statistiken nicht ausgewiesene Arbeitslosigkeit aufwies. In Suwałki bewarben sich neben Geremek drei weitere Kandidaten des *Bürgerkomitees* für die dort zu vergebenden jeweils zwei Sitze im Sejm und Senat, darunter der schon damals berühmte Filmregisseur Andrzej Wajda. Aber während Wajda 1926 in der Stadt geboren wurde und somit eine gewisse Beziehung zu der Region hatte, war der Warschau Bronisław Geremek dort überhaupt nicht verankert. Überhaupt zählten die Stadt und ihr Umland zu denen Gebieten in Polen, in denen die „Solidarität" nur schwach repräsentiert war.

So war die Entsendung eines „zentralen" Kandidaten, wie es damals im *Bürgerkomitee* hieß, nicht ohne Risiko. Andererseits hoffte man, dass der populäre Geremek viele Wähler gewinnen konnte, die bislang für die Kommunisten bzw. deren Blockparteien oder gar nicht abgestimmt hatten. Führende Parteifunktionäre wie Stanisław Ciosek waren bemüht, den Auftritt Geremeks propagandistisch auszuschlachten, in dem sie die „demokratische Auswahl" der Kandidaten in den eigenen Reihen lobten, was nicht der Wahrheit entsprach, andererseits der „Solidarität" und der Kirche „Totalitarismus und nomenklaturhaftes Verhalten" vorwarf.[609]

Doch es gab auch Widerstände in den eigenen Reihen. Im zahlenmäßig begrenzten Milieu der „Soliarität" und des *Bürgerkomitees* in Suwałki waren beileibe nicht alle mit der Kandidatur Geremeks einverstanden. Exponenten einer strikt antikommunistischen und nationalistischen Strömung hielten ihm vor, am *Runden Tisch* zu nachgiebig gegenüber den Kommunisten aufgetreten zu sein.[610] Schließlich entschied sich die

---

608 Zit. nach Dobro wspólne. Gazeta wyborcza wojewódzkiego Komitetu Obywatelskiego „Solidarność" Suwałki (ohne Datumsangabe).
609 AAN, KC PZPR, VII/96, Fragment z zapisu protokolarnego obrad Komisji Wspólnej Przedstawicieli Rządu PRL i KEP w dniu 31 V 1989 r., s. 2.
610 AAN, KC PZPR, VII/95, Informacja o zaawansowaniu kampanii wyborczej wg stanu na dzień 29 IV 1989 r., 2 V 1989 r., s. 12.

Mehrheit aber für ihn – natürlich auch angesichts der Tatsache, dass seine Kandidatur von Warschau aus mit Nachdruck gefördert wurde.

Andererseits sorgte die Bewerbung Geremeks um einen Sitz im Sejm auch für Aufregung bei den Kommunisten und ihren Satellitenparteien. Ein Bewerber des Verbandes der Landjugend, der auf der Liste der kommunistischen *PVAP* antreten wollte, zog seine Kandidatur zurück, nachdem er erfahren hatte, dass Geremek sein Gegenkandidat sein würde. Und die Kommunisten suchten lange, bis sie zwei Kandidaten gefunden hatten, die es wagten, sich mit Geremek zu messen.

Und dieser legte sich mächtig ins Zeug. Geremek absolvierte Wahlveranstaltungen, besuchte Industriebetriebe sowie landwirtschaftliche Produktionsgenossenschaften und Privatbauern, gab Interviews und beteiligte sich an Diskussionsrunden.[611] Dabei war er sich auch nicht zu schade, in kleinen Ortschaften aufzutreten. Neben den genannten, allgemeinen Themen machte er gerade auch ökologische Probleme der Region zum Inhalt seines Wahlkampfes. Geremeks Sohn Marcin erzählte später:

> „Mein Vater fuhr sehr gerne und sehr oft dorthin. So hat er beispielsweise dafür gesorgt, dass in der Gegend das erste private Radio Polens eingerichtet wurde: Radio Suwałki mit insgesamt 7 Sendestationen."[612]

In der Wahlzeitung des *Bürgerkomitees* von Suwałki betonte Geremek:

> „Unser Gefühl sagt uns, dass es so, wie es jetzt ist, nicht mehr weitergehen kann. Ich meine die tägliche Qual, der Mangel an Geld und Dingen des Alltags, das schwierige Leben der Frauen, das Fehlen jedweder Hoffnung und Perspektiven für die jungen Menschen, das Gespenst der zusammenbrechenden Wirtschaft und der Zerstörung des Landes. Wir alle sind uns dessen bewusst ... dass wir das ändern müssen. Aber wie? Können wir den Versprechen der anderen Seite glauben? Außerdem hängt dies davon ab, ob wir uns organisieren können. Und der erste Schritt dazu ist die Teilnahme an der Wahl."[613]

Schon in der ersten Runde der Parlamentswahl erkämpfte Geremek sein Mandat für den Sejm.

Diese erste Runde am 4. Juni 1989 ergab ein Resultat, mit dem niemand in dieser Klarheit gerechnet hatte – weder die Machthabenden in Partei und Regierung, noch die „Solidarität" und die ganze Opposition. Der Sieg der Kandidaten des *Bürgerkomitees* war überwältigend. Seine Kandidaten errangen 160 von 161 möglichen Mandaten (bei insgesamt 460 Sitzen) im Sejm und 92 von insgesamt 100 im Senat. Auf sie entfielen im Landesdurchschnitt 72 Prozent der Stimmen bei der Wahl zum Sejm und 68 Prozent bei der Wahl zum Senat. Entsprechend dem Wahlrecht, das am *Run-*

---

611 Siehe insbesondere Archiwum Senatu, Komitet Obywatelski, Wybory 1989, Suwałki 04–06 1989, Teczka 19.
612 Marcin Geremek ... (Fn. 293).
613 Solidarność wybory ,89: Dobro wspólne. Gazeta Wyborcza wojewódzkiego komitetu obywatelskiego „Solidarność" Suwałki, S. 2.

den Tisch ausgehandelt worden war, musste ein Kandidat mindestens 50 Prozent der abgegebenen Stimmen erringen, um gewählt zu werden.

Dem grandiosen Erfolg der einen Seite entsprach die schwere Niederlage der anderen. Nur drei Kandidaten der Regierungsseite in den Wahlkreisen schafften auf Anhieb den Sprung in den Sejm, während 293 (!) deutlich an der 50-Prozent-Hürde scheiterten. Darüber hinaus fielen auch 33 von insgesamt 35 führenden Funktionären der *PVAP* und der Blockparteien durch, die auf der so genannten Landesliste nominiert worden waren. Zu diesen Verlierern zählten insbesondere Premier Mieczysław Rakowski, Innenminister Czesław Kiszczak und Verteidigungsminister Florian Siwicki.

Die erste Runde ergab eine politische Geografie, die sich auch späteren Urnengängen zeigen sollte. So erzielten die Kandidaten der „Solidarität" und der Opposition insgesamt ihre besten Ergebnisse in Südostpolen, während sie im Nordwesten des Landes und in Schlesien zwar auch gewannen, aber dort nicht so stark dominierten. Soziologen führten dies vor allem auf die Existenz der großen Kollektivbetriebe in der Landwirtschaft und der wichtigen Industriebetriebe im Westen Polens zurück.

Interessant war ebenso, dass jene Gruppen der Gesellschaft, mit deren Unterstützung die Machthabenden fest gerechnet hatten, nur teilweise für ihre Kandidaten stimmten. So berichtete Verteidigungsminister Siwicki während einer Sitzung des erweiterten Sekretariats des Zentralkomitees der *PVAP*, dass nur etwa 57 Prozent der Angehörigen des Militärs für die Landesliste gestimmt hätten. Innenminister Kiszczak fügte hinzu, dass die Zustimmung bei den Polizisten sowie den Angehörigen der kasernierten Polizei *ZOMO*, des Sicherheitsdienstes und der militärischen Einheiten des Innenministeriums durchschnittlich 75 Prozent betragen habe.

Natürlich reagierten Lech Wałęsa und seine Mitstreiter mit großer Freude auf das Wahlergebnis. Aber aus ihren Kommentaren sprachen auch Nachdenklichkeit und sogar Besorgnis. So meinte Wałęsa:

> „Am ersten Sonntag im Juni änderte sich vieles. Am 4. Juni ... haben wir für ein neues Polen gestimmt. Die Kommunisten erhielten die Rote Karte."[614]

Doch er erinnerte auch an die Wahlbeteiligung, die mit 62,5 Prozent relativ niedrig war – später im Laufe der 1990er Jahre sollte es bei Parlamentswahlen wiederholt noch niedrigere Werte geben. Bronisław Geremek führte das Fernbleiben von Teilen der Gesellschaft darauf zurück, dass es nicht ausreichend genug gelungen sei, „den Prozess des *Runden Tisches* zu vergesellschaften", also die Bürger mit einzubeziehen. Es habe, so Geremek, „ein tiefer Graben zwischen der Gesellschaft und ihren Eliten" existiert.[615] Der polnische Sozialwissenschaftler Edmund Wnuk-Lipiński betonte:

---

614 Wałęsa, Lech: Droga do prawdy ... a.a.O., S. 282.
615 ROK 1989 ... a.a.O., S. 208.

„38 Prozent der Polen waren der Auffassung, dass es keine Bedeutung habe, wer regiert. In ihrem Denken folgten sie dem Grundüberzeugung, dass immer die gleichen regieren würden und die auch künftig so sein werde. Das frühere System hatte sie gelehrt, dass Wahlen ein leeres Ritual sind, die nichts verändern."[616]

Geremek zog sogar einen Vergleich zu der Entwicklung in der Volksrepublik China:

„Mir wurde klar, dass unser Sieg die ‚Solidarität' möglicherweise in eine Situation bringen könnte, die den Ereignissen auf dem Tianamen vergleichbar wären."[617]

Es wollte damit zum Ausdruck bringen, dass er ein gewaltsames Eingreifen der Machthabenden nach ihrer schweren Wahlniederlage nicht für ausgeschlossen hielt. Immerhin übten Partei und Regierung zu diesem Zeitpunkt weiterhin die Kommandogewalt über das Militär und die verschiedenen Einheiten des Innenministeriums sowie die der Polizei aus. Tatsächlich wurden am Tag nach der Wahl militärische und polizeiliche Einheiten des Innenministeriums in erhöhte Alarmbereitschaft versetzt.

Der Parteiführung blieb nichts anderes übrig, als ihre Niederlage einzugestehen, wobei die deutlichen Worten vor allem im eigenen Kreis fielen. In einer Sitzung des erweiterten Sekretariats des Zentralkomitees der *PVAP* bezeichnete Parteichef Wojciech Jaruzelski das Ergebnis als äußerst schlecht. Innenminister Czesław Kiszczak sprach von einer hundertprozentigen Niederlage. Andererseits versicherte Premier Mieczysław Rakowski bei einem Treffen mit Parteiaktivisten in Breslau, man werde am Kurs der Verständigung mit der Opposition festhalten. Rakowski sagte unter anderem:

„Das politische Pendel ist ins Extreme ausgeschlagen. Ursache dafür ist die gesellschaftliche Reaktion auf falsche Regierungsmethoden, die Unzufriedenheit mit den Lebensbedingungen sowie die Enttäuschung im Zusammenhang mit den von der Staatsmacht geleisteten Versprechen ... Heute lautet die wichtigste Frage, ob die Wahlniederlage bewiesen hat, dass der Kurs in Richtung Verständigung und Reform falsch ist. Waren die am *Runden Tisch* getroffenen Vereinbarungen nicht gut und nützlich für Polen? Vielleicht war dieser Kurs richtig, doch voreilig? Vielleicht hätte man etwas abwarten müssen? Nein. Die Verständigungs- und Reformpolitik war und ist richtig. Eine vernünftige Alternativlösung gibt es nicht."[618]

Vertreter des Regierungslagers und der Opposition erklärten, man wolle auf jeden Fall an der Absprache festhalten, wonach 65 Prozent der Mandate im Sejm auf die *PVAP* und ihre Blockparteien sowie 35 Prozent auf die Opposition entfallen sollten. Die Einhaltung dieser Absprache konnte aber nur durch eine Veränderung des Wahlrechts verwirklicht werden, da fast alle Kandidaten des Regierungslagers im ersten Wahlgang durchgefallen waren.

---

616 Zit. nach Codogni, Paulina: Wybory czerwcowe ... a.a.O., S. 266.
617 ROK 1989 ... a.a.O., S. 211. Am 3./4. Juni 1989 wurden auf dem Tianamen (Platz des himmlischen Friedens) in Peking Proteste gegen die kommunistische Führung Chinas blutig niedergeschlagen.
618 Rakowski, Mieczysław F.: Dzienniki polityczne 1987–1990. Warszawa 2005, S. 449.

Eine Lösung fand man schließlich bei verschiedenen Sitzungen der Verständigungskommission, die im April 1989 gebildet worden war, um die Realisierung der Beschlüsse des *Runden Tisches* zu überprüfen. Dieser Kommission gehörten Vertreter der Regierung, der Opposition und der Kirche an. Nach langem Tauziehen stimmten auch die Vertreter der Opposition einem Vorschlag zu, den das Politbüro Władysław Baka formuliert hatte. Danach sollten die Vertreter der Regierung beim Staatsrat beantragen, für den 18. Juni einen zweiten Wahlgang zur Vervollständigung der Mandate in Sejm und Senat abzuhalten sowie die Kandidaten der Landesliste auf die Wahlkreise zu verteilen und diese dort erneut antreten zu lassen. Außerdem verständigte man sich darauf, dass im zweiten Wahlgang die relative Mehrheit zur Erringung eines Mandats ausreichen sollte.

Geremek und den anderen Kommissionsmitgliedern der Opposition fiel es nicht leicht, diesem Kompromiss zuzustimmen. Anschließend mussten sie dafür herbe Kritik gerade von führenden Funktionären der „Solidarität" im ganzen Land einstecken. Tatsächlich widersprach dieser Kompromiss dem rechtsstaatlichen Grundsatz, wonach eine Wahlordnung zwischen zwei Wahlgängen nicht geändert werden darf. War es doch die Opposition, die sich seit Jahren für Rechtsstaatlichkeit in Polen eingesetzt hatte. Nachdem der Staatsrat am 12. Juni dem Antrag der Regierungsvertreter in der Verständigungskommission entsprochen hatte, kam es zu Protesten im ganzen Land. Die örtlichen Gruppen des *Bürgerkomitees*, die regionalen Vorstände der Solidarität sowie die Redaktionen von *Gazeta Wyborcza* und *Tygodnik Solidarność* wurden mit kritischen Leserbriefen überschüttet. Premier Rakowski und einige andere Spitzenfunktionäre der *PVAP* traten zum zweiten Wahlgang nicht mehr an. Bronisław Geremek sagte später:

> „Wir (die Vertreter der Opposition in der Verständigungskommission – R.V.) waren uns vollständig darin einig, spürten aber auch, dass die Gesellschaft nicht ohne weiteres unsere Haltung akzeptieren würde. Ich erinnere mich an eine Pressekonferenz zum Thema Landesliste, die kurz nach den Verständigungsgesprächen stattfand. Die Stimmung im Saal entsprach der Losung: ‚Wenn sie (die Kandidaten von Partei und Regierung – R.V.) verloren haben, haben sie verloren. Man kann nicht durch ein solches Spiel die Regeln verändern.' Wir waren anderer Ansicht. Wie hielten jede Lösung mit Ausnahme einer erneuten Kandidatur der Landesliste für möglich. Denn wir waren uns dessen bewusst, dass die Öffentlichkeit sehr ablehnend reagieren würde, sollte die Landesliste erneut antreten. Wir waren der Ansicht, dass (der gefundene Kompromiss – R.V.) das kleinere Übel gegenüber einer Zerstörung des ganzen Verständigungsprozesses war. Dadurch hätte die Gesellschaft schon viel Erreichtes verloren. Wir konnten nicht riskieren, dass alles noch vor Beendigung der Wahlen zusammenbricht."[619]

Ein Konflikt zwischen der *Landesexekutivkommission* der „Solidarität" und dem *Bürgerkomitee*, das die Hauptlast des Wahlkampfes der Opposition getragen hatte, überschattete die zweite Wahlrunde. Denn die Kommission mit Lech Wałęsa an der Spitze

---

619 ROK 1989 ... a.a.O., S. 219 f.

verlangte während einer Sitzung in Danzig die Auflösung der lokalen und regionalen Gruppen des *Bürgerkomitees*. Dahinter stand die Befürchtung, das politische Zentrum der Opposition könne sich von der Gewerkschaft auf das Komitee und seine Gruppen im ganzen Land verlagern. Im Kern ging es um die Frage, welche Rolle die „Solidarität" künftig spielen solle – die später im Zuge der Transformation und der Pluralisierung des politischen Lebens durch die Herausbildung von Parteien noch drängender werden sollte.

Bronisław Geremek und andere Intellektuelle des *Bürgerkomitees* hielten die Position der Gewerkschaftsführung für falsch. Noch, so betonten sie, brauche die Opposition das Zusammenwirken aller Kräfte im Kampf für die Erneuerung des Landes und nicht die Konkurrenz in den eigenen Reihen. „Ich kann mir nicht vorstellen, dass dieses Kapital bürgerlicher Aktivität vergeudet wird", erklärte Geremek.[620] Doch die Gewerkschaftsführung traf tatsächlich am 17. Juni einen solchen Beschluss. „Nie zuvor zuvor hatte es in der ‚Solidarität' weder Angst vor Konkurrenz noch das Bemühen um eine Monopolstellung in der Opposition gegeben", kommentierte Geremek später diese Entscheidung.[621] Dies, so fügte er hinzu, war mein „erster wichtiger und scharfer Konflikt mit Lech Wałęsa" gewesen.[622] Während des „Krieges an der Spitze" zwischen Geremek, Mazowiecki, Michnik und anderen einerseits sowie Wałęsa andererseits im Jahr darauf sollte dieser Konflikt noch an Schärfe gewinnen.[623]

Trotz dieses Konflikts bedeutete auch der zweite Wahlgang am 18. Juni eine gewaltige Demütigung für die kommunistische *PVAP* und ihre Blockparteien. Zwar errangen sie die noch fehlenden 295 Mandate im Sejm, doch war die angesichts einer Wahlbeteiligung von gut 25 Prozent mehr als peinlich für sie. Viele ihrer Kandidaten wurden nur gewählt, weil diesmal lediglich die relative Mehrheit erforderlich war und viele regionale sowie lokale Gruppierungen der „Solidarität" notgedrungen zu ihrer Wahl aufriefen.

Im Ergebnis setzte sich der neue Sejm aus 161 Abgeordneten der Opposition, 173 der *PVAP*, 103 der Blockparteien und 23 der regimetreuen christlichen Gruppierungen zusammen. Die Opposition gewann weitere sieben Mandate im Senat, wodurch ihr Anteil auf 99 von insgesamt 100 stieg. Ein Mandat fiel an einen unabhängigen Privatunternehmer aus der pommerschen Woiwodschaft Piła.

Trotz der relativ niedrigen Beteiligung im ersten Durchgang war die Parlamentswahl im Juni 1989 ein Plebiszit gegen die Kommunisten. Eine Mehrheit der Gesellschaft brachte offen zum Ausdruck, dass sie das bisherige System und die entsprechenden Methoden der Machtausübung ablehnten. Auch die katastrophal niedrige Beteiligung in zweiten Durchgang war als deutliches Votum gegen die Kommunisten zu verstehen. Immerhin hatte die polnische Gesellschaft zum ersten Mal seit dem

---

620 Geremek, Bronisław: Przyszłość komitetów. *Gazeta Wyborcza*, 21.6.1989.
621 ROK 1989 ... a.a.O., S.220.
622 Ebd., S. 221.
623 Siehe S. 284 dieses Buches.

Zweiten Weltkrieg die Möglichkeit, ihre Meinung offen zum Ausdruck zu bringen. Alle vorherigen Wahlen wurden manipuliert bzw. boten keine realen Alternativen an. Andererseits entsprach die Juniwahl noch nicht den Grundsätzen einer parlamentarischen und rechtsstaatlichen Demokratie. Die Gesellschaft konnte sich zwar frei entscheiden, musste aber eine Zusammensetzung des Parlaments akzeptieren, die nicht ihrem Mehrheitswillen entsprach. Trotz dieses Mangels war die Wahl einer wichtiger Schritt auf dem Weg zu Demokratie, Rechtsstaat und Marktwirtschaft.

7.2. Warum Geremek nicht Premier werden konnte

Es gehörte zu den politischen Höhepunkten des Jahres 1989, als am 23. Juni die neuen Abgeordneten und Senatoren der Opposition zur ersten Sitzung der Parlamentsfraktion des *Bürgerkomitees (Obywatelski Klub Parlamentarny – OKP)* zusammen kamen. Die Fraktion umfasste 161 Mitglieder des Abgeordnetenhauses (Sejm) und 99 Mitglieder des Senats als zweiter Kammer. Es war die erste Gruppe oppositioneller bzw. unabhängiger Abgeordneter seit den 1950er und 1960er Jahren, als katholische Politiker wie Stanisław Stomma und Tadeusz Mazowiecki dem Sejm angehörten. Die OKP-Mitglieder einte der oppositionelle Impetus, andererseits gehörten sie unterschiedlichen weltanschaulichen und politischen Strömungen an, deren Existenz auf die oppositionellen Gruppierungen der späten 1970er Jahre zurückgingen. Der polnische Historiker Andrzej Chwalba schrieb später:

> „Das war weder eine Partei noch eine politische ‚Front'. Sie (die Fraktion – R.V.) umfasste Politiker unterschiedlicher Biografien, Menschen unterschiedlicher Temperamente und Ambitionen, die sich oft auf einander widersprechende Ideologien beriefen. Zu einer Strömung gehörten Politiker mit gemäßigten Anschauungen, liberale Demokraten, die von einem freiheitlichen, weltanschaulich nicht gebundenen Polen träumten, das sich den Menschen- und Bürgerrechten verpflichtet fühlte – darunter Tadeusz Mazowiecki (nicht Mitglied des Parlaments, bald darauf aber Premier – R.V.), Bronisław Geremek, Jacek Kuroń und Adam Michnik. Sie plädierten für eine enge Bindung an die EWG (die spätere EU – R.V.) und insgesamt den Westen ... Die zweite Strömung umfasste ... Politiker mit konservativen, katholischen und nationalistischen Anschauungen ..., einig in dem Misstrauen gegenüber dem Westen. Ihre Vision bestand in einem Nationalstaat, der die klassischen polnisch-kulturellen Traditionen bewahren sollte ..."[624]

Chwalbas Kollege Włodzimierz Borodziej schreibt in seiner „Geschichte Polens im 20. Jahrhunderts":

> „Es war schon ein merkwürdiges Parlament, das als ‚Zehnter Sejm der Volksrepublik Polen' vereidigt wurde: Die eine Seite mit überwältigender Mehrheit gewählt, die andere durch die Hintertür hereingekommen; die Fraktion des *Bürgerkomitees* überfüllt

---

[624] Chwalba, Andrzej: Wojna na górze, wojna na zawsze. Trzeci rok Trzeciej RP. *Polityka*, 11.11.2006.

mit prominenten Dissidenten, Künstlern, Professoren und Rechtsanwälten; die parlamentarischen Klubs der Regierungsseite ebenfalls reich an professoralen Titeln, die besonders in die Wirtschaftsgesetzgebung Sachlichkeit und Nüchternheit einbrachten; beide Vertretungen überzeugt vom Ausnahme- und Vorbildcharakter Polens inmitten der realsozialistischen Umgebung, die besondere Umsicht und Fingerspitzengefühl verlangten, während der dramatische Verfall der Wirtschaft den sofortigen Eingriff in bestehende Verhältnisse, Gewohnheiten und letztlich auch Rechte der Arbeitnehmer erforderte. Erst im Nachhinein weiß man, dass es sich bei diesem halbfrei gewählten Sejm, der die ersten zwei Jahre der neuen Republik prägen sollte, um das mit Abstand fähigste Parlament des Landes in der letzten Dekade des 20. Jahrhunderts handelte."[625]

Möglicherweise befürchtete Lech Wałęsa mangelnde Entscheidungsfreudigkeit und schwache parlamentarische Handlungsfähigkeit dieser so heterogen zusammengesetzten Fraktion, als er ziemlich selbstherrlich über deren Vorsitz entschied. Seiner Entscheidung, dass Bronisław Geremek diesen Posten übernahm, ordneten sich letztendlich alle Mitglieder unter. Einer der wichtigsten Mitstreiter Geremeks wurde der katholische Politiker Andrzej Wielowieyski.

Der polnische Historiker Anrzej Friszke kam zu dem Schluss:

„Im Sejm, der am 4. Juni 1989 gewählt wurde, war Geremek eine der allerwichtigsten Persönlichkeiten. Als Vorsitzender der Parlamentsfraktion des *Bürgerkomitees* war er der Führer der Opposition, aber angesichts der personellen Schwäche der Fraktion der (kommunistischen *PVAP* – R.V.) ... war seine Bedeutung noch höher."[626]

Nach der Parlamentswahl und der Bildung des neues Parlaments entwickelte sich eine rege Debatte über die mögliche politische Entwicklung in den folgenden Monaten. Diskutiert wurde sowohl in allen Parlamentsfraktionen als auch im *Bürgerkomitee*, in der *PVAP*, in den Blockparteien sowie in der Regierung. Die Debatte drehte sich vor allem um die künftige Machtverteilung, die Gestalt einer neuen Regierung und die Person des zu wählenden Staatspräsidenten.

Adam Michnik war der erste, der hinsichtlich einer neuen Regierung die Bildung einer „große Koalition" aus Vertretern der *PVAP* und der Opposition ins Spiel brachte. Lech Wałęsa schloss sich zunächst dieser Idee an, machte dann aber wieder einen Rückzieher. Auch die Führung der *PVAP* zeigte sich zunächst skeptisch gegenüber diesem Vorschlag und konzentrierte sich vor allem darauf, auf Wojciech Jaruzelski als künftigem Staatspräsidenten zu beharren.

Auch Bronisław Geremek sah die Zeit für eine Regierungsübernahme durch die bisherige Opposition noch nicht gekommen und hielt auch die Zeit für den Eintritt der Opposition in eine „große Koalition" noch nicht für reif. Als besonders problematisch betrachtete er eine Wahl Jaruzelskis zum Staatspräsidenten. Wie Geremek dachte Tadeusz Mazowiecki.[627]

---

625 Borodziej: Geschichte Polens ... a.a.O., S. 383 f.
626 Friszke, Andrzej: Bronisława Geremeka ... (Fn. 155).
627 Mazowiecki, Tadeusz: Rok 1989 i lata następne. Warszawa 2012, S. 32.

Bronisław Geremek (links) zusammen mit Lech Wałęsa in der ersten Sitzung des neugewählten Sejm am 4.7.1989

Doch nach und nach gewann Adam Michnik Mitstreiter für sein Konzept einer „großen Koalition". Auf seine Seite schlug sich insbesondere Jacek Kuroń. Schließlich trat Michnik die Flucht nach vorne an, als er seinen berühmten Text „Wasz prezydent, nasz Permier" („Euer Präsident, unser Premier") in der *Gazeta Wyborcza* veröffentlichte. Darin hieß es:

> „Wie kann die demokratische Bewegung die stalinistische Nomenklatur ohne Revolution und Gewalt besiegen? Ich stelle fest, dass das nur durch ein Bündnis zwischen der demokratischen Opposition und dem Reformflügel der Machthabenden möglich ist. Polen sieht sich dieser Möglichkeit gegenüber. Denken wir daran, dass es nicht einfach ist, einen Ausweg aus dem totalitären Kommunismus zu finden. Bislang ist das niemandem gelungen. Ein Werk ohne Vorbild ... Polen braucht jetzt ein starkes und glaubwürdiges Machtgefüge ... Ein solches Gefüge könnte darin bestehen, einvernehmlich zu beschließen, einen Kandidaten der *PVAP* zum Präsidenten zu wählen, das Amt des Premiers und die Aufgabe der Regierungsbildung einem Kandidaten der ‚Solidarität' zu übertragen."[628]

Lech Wałęsa hatte die Veröffentlichung des Textes vorher gebilligt, Bronisław Geremek war skeptisch. Adam Michnik berichtet über die damaligen Gespräche im Vorfeld:

---

628 Michnik, Adam: Wasz Prezydent, nasz Premier. *Gazeta Wyborcza*, 3.7.1989.

„Ja, er (Wałęsa – R.V.) war damit einverstanden. Ich sagte damals zu ihn: ‚Wenn das klappt, ist das dein Verdienst, wenn nicht, bin ich der Idiot. Was riskierst du? Nichts. Du kannst dich davon distanzieren.' Er antwortete: ‚Einverstanden.' Geremek dagegen hielt das noch nicht für möglich. Ich habe versucht, ihn zu überzeugen, indem ich sagte, dass die Polen für uns (die Opposition – R.V.) gestimmt hätten, da sie Veränderungen wollten. Die Veränderungen könnten darin bestehen, dass Jaruzelski bzw. Kiszczak Präsident wird und wir unsere Bereitschaft zur Bildung einer Regierung erklären. Sollten die Machthabenden damit nicht einverstanden sein, wäre das ihre Schuld, nicht unsere. Aber Geremek zögerte. Er sagte: ‚Glaubst du nicht, dass die Parteinomenklatur eine solche Lösung boykottieren würde?' Sogar Professor Janusz Reykowski aus dem Politbüro der *PVAP* kam damals zu mir und fragte, ob wir eventuell den Premier stellen wollten, woraus ich das eben mit Wałęsa und Geremek besprochen habe. Aber das hielt Geremek eher für einen Versuchsballon. Intern distanzierte er sich von meinem Text, hat mich aber öffentlich nicht kritisiert. Er hielt es zu jenem Zeitpunkt für unrealistisch, dass einer von uns das Amt des Premiers übernehmen könnte. Andererseits war er mir sogar dankbar dafür. Mazowiecki schrieb damals in einem Feuilleton für *Tygodnik Solidarność*, dass Michnik schneller schreibe als er denke. Als Kiszczak dann mit der Regierungsbildung scheiterte[629], sagte Geremek zu mir: ‚Siehst du Adam, es läuft in deine Richtung.'"[630]

Später haben Historiker und Publizisten wiederholt erklärt, Michnik habe richtig gehandelt. So schrieb der konservative Publizist Aleksander Hall:

„Das Konzept Michniks war eindeutig richtig."[631]

Letztendlich, und darauf basierte auch Michniks Überlegung, war das Amt des Staatspräsidenten schon am *Runden Tisch* auf Jaruzelski zugeschnitten worden. Reformerische Kräfte in der Parteiführung, gemäßigte Politiker der Opposition und die katholische Kirchenhierarchie gingen davon aus, dass er von seiner Funktion als Erster Sekretär des ZK der *PVAP* in das Amt des Staatsoberhauptes wechseln und dort als oberster Kontrolleur der Machtorgane wie Militär und Polizei sowie als Vertrauter der sowjetischen Führung einen sanften Übergang zur Demokratie garantieren sollte. Mit einer Gesetzesnovelle vom April 1989 waren dem künftigen Präsidenten auch weitreichende Vollmachten für die innere und äußere Sicherheit des Landes übertragen worden. Jaruzelski weigerte sich lange, als Kandidat anzutreten, weil er fürchtete, bei der Wahl eine Niederlage zu erleiden – nicht zuletzt aufgrund von Gegenstimmen aus seiner eigenen Partei. Schließlich ließ er sich im Politbüro der *PVAP* doch zu einer Kandidatur überreden. Auch der damalige amerikanische Präsident George Bush, der im Juli 1989 Polen besuchte, wirkte in diesem Sinne auf Jaruzelski ein.

Für die Opposition war die Kandidatendebatte vor allem deshalb schwierig, weil sie vor der Frage stand, ob man das mit erheblicher Machtfülle ausgestattete Amt einem Mann wie Jaruzelski anvertrauen sollte, der immerhin als Autor des Kriegs-

---

629 Siehe S. 253 f. dieses Buches.
630 Adam Michnik im Gespräch mit dem Autor am 24.10.2012.
631 Hall, Aleksander: Osobista historia III Rzeczypospolitej. Warszawa 2011, S. 65.

rechts von 1981 galt. Außerdem wurde darüber diskutiert, ob nicht Lech Wałęsa selbst als Symbol der eingeleiteten Transformation Staatspräsident werden sollte. Insbesondere Bronisław Geremek versuchte, Wałęsa von der Notwendigkeit einer Kandidatur zu überzeugen. Doch dieser lehnte ähnlich wie anfangs Jaruzelski mit dem Argument ab, er sei kein Mann der Niederlage.

> „In den allerwichtigsten Angelegenheiten hatte Lech Wałęsa die richtige Intuition und traf die entsprechenden Entscheidungen, die gut für unser Land waren. Aber jeder Mensch macht Fehler, und einer der Fehler Wałęsas bestand darin, nicht bei der Präsidentenwahl 1989 angetreten zu sein. Er wäre gewählt worden, und die Dinge hätten sich anders entwickelt."[632]

Tatsächlich? Immerhin verhielt sich Jaruzelski später als gewählter Staatspräsident loyal zur ersten postkommunistischen Regierung unter Tadeusz Mazowiecki, wie dieser wiederholt bestätigt hat. Jaruzelski entsprach also den Überlegungen, die führende Oppositionelle an seine Kandidatur für das oberste Staatsamt geknüpft hatten.

Allerdings wurde er am 19. Juli zum Staatspräsidenten gewählt unter Umständen, die für ihn demütigend waren. Er erhielt 270 Stimmen, also nur eine Stimme mehr als die erforderliche Mindestanzahl von 296 – und das auch nur deshalb, weil einige Abgeordnete der „Solidarität" für ihn stimmten, während viele ihrer Kollegen nicht an der Abstimmung teilnahmen oder ungültige Stimmen abgaben.

Gleich nach seiner Wahl verzichtete Jaruzelski auf die Position als Erster Sekretär des Zentralkomitees der *PVAP* und wurde durch Mieczysław Rakowski ersetzt, der als Premier zurücktrat. Damit stand die Bildung einer neuen Regierung unmittelbar auf der Tagesordnung. Dieser Schritt ergab sich nicht nur aus der Machtbalance zwischen dem neuen Präsidenten bzw. den bisher Regierenden einerseits und der Opposition andererseits, die am *Runden Tisch* vereinbart worden war, sondern auch und gerade aus der dramatischen Verschlechterung der wirtschaftlichen Lage des Landes.

Die noch amtierende Regierung Rakowski traf zwar einige Entscheidungen, ökonomisch durchaus vertretbar waren, stieß damit aber nur noch auf Mißtrauen und Widerstand der Gesellschaft. So beschloss das Kabinett, die Preise für Lebensmittel freizugeben sowie sämtliche administrativen Einschränkungen bei der Herstellung sowie dem An- und Verkauf von Lebensmitteln aufzuheben. Ausgleichende finanzielle Beihilfen wurden nur den Rentnern und Sozialhilfeempfängern sowie den Beschäftigten im staatlichen Sektor der Wirtschaft zugesprochen. Bald darauf kam es in Polen überall zu Warnstreiks und anderen Protestaktionen.

Die katastrophale Lage weckte auch Hilfsbereitschaft im Ausland. So versprach der amerikanische Präsident George Bush während seines Besuchs in Polen im Juli, er werde sich für einen Kredit der Weltbank an Polen einsetzen. Während eines Gesprächs zwischen dem damaligen Bundeskanzler Helmut Kohl und einer Delegation der „Solidarität" mit Bronisław Geremek an der Spitze am 7. Juli in Bonn sicherte

---

632 Zit. nach Wałęsa, Lech: Droga do prawdy … a.a.O., S. 290.

die deutsche Seite Wirtschaftshilfe zu.[633] Ebenfalls im Juli verabschiedeten die Regierungschefs der „G 7"-Gruppe eine Erklärung zur finanziellen Hilfe. Am 3. August beschloss die EG (heute EU) eine Lebensmittelsoforthilfe an Polen.

Mit seiner Erklärung vom 7. August führte Lech Wałęsa dann eine Vorentscheidung herbei, indem er öffentlich erklärte, dass er die einzige politische Lösung in der aktuellen Situation in der Bildung eines Kabinetts auf der Basis einer Koalition zwischen der „Solidarität" sowie den bisherigen Blockparteien ZSL und SD sehe, worum er sich bemühen wolle. Außerdem brachte er Geremek als möglichen Premier dieser Regierung ins Spiel. Zwei Tage später stimmte auch das Präsidium der *Landesexekutivkommission* der „Solidarität" diesem Vorgehen zu. Das allerdings sorgte für scharfe Auseinandersetzungen in der Parlamentsfraktion des *Bürgerkomitees*, weil sich Abgeordnete wie Karol Modzelewski übergangen fühlten.

Trotzdem trat Jarosław Kaczyński im Auftrag Wałęsas am 10. August in Verhandlungen mit Vertretern von ZSL und SD ein, die schon eine Woche später erfolgreich beendet wurden.[634] Nach einem abschließenden Gespräch zwischen Wałęsa und den Vorsitzenden der Blockparteien, Roman Malinowski und Jerzy Jóźwiak, erklärten die drei Politiker ihre Bereitschaft, eine Koalitionsregierung der nationalen Verantwortung zu bilden, die allen reformbereiten Kräften im Parlament offenstehen sollte. Damit stand fest, dass auch einige Minister der PVAP der künftigen Regierung angehörten sollten. Mit diesem Schritt gehörte das jahrzehntelange enge Bündnis der Blockparteien mit der PVAP der Vergangenheit an. Am 21. August erteilte Staatspräsident Wojciech Jaruzelski den Auftrag zur Bildung einer Regierung an Tadeusz Mazowiecki.

Dieser Auftrag ging auf einen jener Alleingänge typischen Alleingänge Wałęsas zurück. Er überzeugte Mazowiecki, das Amt zu übernehmen, ohne diesen Schachzug vorher mit der Führung der „Solidarität" und der Parlamentsfraktion des *Bürgerkomitees* abzusprechen.

Aus mehreren Gründen kam die Entscheidung zugunsten von Mazowiecki überraschend. Zum einen hatte sich dieser nach dem *Runden Tisch* ein wenig von Wałęsa abgesetzt und auch dem konkreten politischen Geschehen den Rücken zugekehrt. Des weiteren war er mit der Wahlrechtsänderung zwischen den beiden Wahlrunden im Juni nicht einverstanden gewesen. Und schließlich gehörte noch Wochen nach der Wahl eher zu denjenigen, die einer Regierungsbildung durch die „Solidarität" bzw. die Opposition eher skeptisch gegenüberstanden.

---

633 Gespräch des Bundeskanzlers Kohl mit dem Fraktionsvorsitzenden der Bürgerkomitees „Solidarität" Geremek, Bonn, 7. Juli 1989. In: Bundesministerium des Inneren (Hrg.): Deutsche Einheit. Sonderedition aus den Akten des Bundeskanzleramtes 1989/90. Reihe Dokumente zur Deutschlandpolitik. München 1998, S. 339 ff.
634 Siehe unter anderem Kalukin, Rafał: Jak doszło do powołania rządu Mazowieckiego. *Gazeta Wyborcza*, 24.8.2009.

Wir wissen, dass Lech Wałęsa anfangs auch eine Nominierung von Bronisław Geremek und Jacek Kuroń in Erwägung gezogen hat. Doch warum entschied er sich für Mazowiecki. Der polnische Politologe Aleksander Smolar meint dazu:

> „Meiner Meinung nach ist die Antwort klar. Mazowiecki ist ein Christ, ein Katholik, Wałęsa ging es also um die Unterstützung der Kirche. Zum zweiten hassten die Kommunisten Geremek mehr als Mazowiecki, weil er immerhin einmal Parteimitglied gewesen war und zu einer scharfen Polemik fähig war. Auf Mazowiecki reagierten sie nicht mit solch starken Emotionen, er war für sie leichter zu verkraften. Und natürlich spielte auch die jüdische Herkunft Geremeks eine gewisse Rolle, auch wenn niemand offen darüber sprach. Einen Juden zum ersten Premier des unabhängigen Polen zu machen – da gab es Faktoren, über die man nachdenken musste. Kuroń wiederum kam wohl für Wałęsa nicht ernsthaft in Frage. Dieser war im gewissen Sinne ein Revolutionär, der Führer einer Bewegung."[635]

Tatsächlich entschied sich Wałęsa für Mazowiecki, weil dieser, wie er, gläubiger Katholik war und sehr stark in sozialen Kategorien dachte sowie seit langem enge Beziehungen zu katholischen Kirchenhierarchie unterhielt. Mazowiecki unterschied sich in diesem Zusammenhang von Wałęsa allenfalls dadurch, dass er Fürsprecher eines offenen, aufgeklärten und pluralistischen Katholizismus war, was man für den traditionell denkenden Arbeiterführer nicht sagen konnte. Außerdem war Mazowiecki ein Mann der Diplomatie, des Ausgleichs, was ihn allerdings nicht daran hinderte, bestimmte Ziele mit Nachdruck und ausdauernd zu verfolgen.

Vor einer Nominierung Geremeks schreckte Wałęsa zurück, weil ihm die intellektuelle Unabhängigkeit dieses führenden Kopfes der Opposition als schwer kalkulierbar schien, auch wenn er sich zuvor mehrfach über Bedenken Geremeks hinweggesetzt hatte. Ohne Zweifel spielte auch Geremeks jüdische Herkunft für Wałęsa eine Rolle. Zwar wäre es falsch, ihn deshalb für einen Antisemiten zu halten. Doch er kannte bestimmte Aversionen in Teilen der polnischen Gesellschaft und bezog diese in seine Überlegungen mit ein. Es schien ihm riskant zu sein, einen Premier zu designieren, über den in bestimmten Kreisen der Bevölkerung abfällig geredet werden würde. Ohne Zweifel wäre auch Geremek ein hervorragender Regierungschef gewesen und hätte dieses Amt wohl auch gern übernommen.

> „Ich habe zwar nie mit ihm (Geremek – R.V.) darüber gesprochen, bin mir aber sicher, dass er sehr enttäuscht über Wałęsas Entscheidung war", berichtet Jan Lityński, der 1989 ebenfalls in den Sejm gewählt wurde und schon in den 1970er Jahren ein führendes Mitglied der Opposition war.[636]

Letztendlich konnte nur Wałęsa zum damaligen Zeitpunkt diese Entscheidung treffen. Er tat dies in seiner selbstherrlichen Art auch deshalb, weil er das Gefühl hatte, dass sich die Führung der „Solidarität" und die Parlamentsfraktion des *Bürgerkomitees* bei dieser Entscheidung sehr schwer getan hätten – eine Lagebeurteilung, die wohl rich-

---

635 Aleksander Smolar … (Fn. 162).
636 Jan Lityński … (Fn. 301).

Bronisław Geremek als Sejmabgeordneter am 8. Juli 1990 auf der Danziger Lenin-Werft

tig war. Und er traf eine gute Wahl, wie die hervorragende Arbeit des Kabinetts von Mazowiecki später bewies.[637]

Mazowiecki berichtete über das entscheidende Gespräch mit Wałęsa:

> „Wir trafen uns im Hotel Europejski (im Zentrum Warschaus – R.V.). Ich sagte ihm, dass er derjenige aus den Reihen der ‚Solidarität' sei, der das Amt übernehmen müsse, da er das Symbol der Bewegung sei. Und ich versprach, ihm zu helfen. Er aber trug mir das Amt an. Ich bat um einen Tag Bedenkzeit und sagte dann einen Tag später zu, wobei ich bestimmte Bedingungen stellte. Ich betonte, dass es für mich zwei grundlegende Dinge gebe. Zum einen, dass ich das Amt nur übernehmen würde, wenn ich auf die Unterstützung Lech Wałęsas und der ganzen ‚Solidarität' zählen könnte. Und zum Zweiten, dass ich ein wirklicher Premier, keine Marionette (wörtlich: *premier malowany*, zu deutsch: *angemalter Premier* – R.V.) sein werde. Ich war der Auffassung, dass man die Aufgabe der Staatsführung nicht übernehmen kann, wenn man an der Schnur eines anderen hängt. Wałęsa zeigte Verständnis und stimmte zu.[638]

Vermutlich hatte Wałęsa zum damaligen Zeitpunkt Mazowiecki unterschätzt, wie dessen spätere Regierungsarbeit auch deutlich zeigte.

---

637 Siehe S. 263 ff. dieses Buches.
638 Zit. nach Wałęsa, Lech Droga do prawdy … a.a.O., S. 301.

7.3 Eine komplizierte Aufgabe: Tadeusz Mazowiecki und seine Regierung

Die Wahl Mazowieckis zum ersten nicht kommunistischen Premier Polens seit der Eingliederung des Landes in den sowjetischen Machtbereich am Ende des Zweiten Weltkriegs fand am 24. August 1989 statt. In seiner berühmt gewordenen Rede sagte er:

> „Ich will eine Regierung bilden, die in der Lage ist, für das Wohl der Gesellschaft, der Nation und des Staates zu arbeiten. Das wird eine Koalitionsregierung mit dem Ziel einer grundlegenden Reform des Staates sein. Heute kann eine solche Aufgabe nur eine Regierung erfüllen, die bereit ist, mit allen im Parlament vertretenen Kräften zusammenzuarbeiten, gebildet auf der Grundlage neuer politischer Prinzipien. Die Geschichte unseres Landes hat an Tempo zugelegt. Das verdanken wir der Gesellschaft, die nicht mehr bereit war, so wie bisher zu leben. Polen muss zu einem normalen politischen Leben zurückkehren. Der Übergang wird schwierig sein, muss aber nicht zu Erschütterungen führen. Im Gegenteil – es wird ein Weg hin zur Normalität sein. Die Prinzipien des Kampfes, die früher oder später zur Eliminierung des Gegners führen, müssen durch den Grundsatz der Partnerschaft ersetzt werden. Anders können wir nicht von einem totalitären zu einem demokratischen System übergehen. Wir müssen die Philosophie des Staates verändern. Der Staat kann sich nicht mit allem beschäftigen und alles garantieren. In diesem Augenblick besteht die wichtigste Rolle des Staates darin, die Chance für kollektives und individuelles Handeln zu eröffnen. Ich möchte einer Premier aller Polen sein, unabhängig von ihren Anschauungen und Überzeugungen, die nicht Grundlage der Einteilung der Bürger in bestimmte Kategorien sein dürfen ... Das wichtigste Problem der Gesellschaft ist die Situation der nationalen Wirtschaft, den man heute als kritisch bezeichnen muss ... Von grundlegender Bedeutung sind auch die Geltung des Rechts bzw. die Rechtsstaatlichkeit. Im Verlauf der vergangenen 40 Jahre wurde das Recht instrumentalisiert, immer aktuellen politischen Zielen untergeordnet, und die Bürger lebten nicht im Gefühl der Freiheit und der Überzeugung, dass das Recht sie verteidigt und gleichermaßen für alle gilt ... Die von mir gebildete Regierung trägt nicht die Verantwortung, die sie übernimmt. Aber sie hat Einfluss auf die Bedingungen, unter denen wir tätig werden. Wir ziehen einen dicken Schlussstrich unter die Vergangenheit. Wir übernehmen Verantwortung nur für das, was wir tun, um Polen aus dem jetzigen Zustand herauszuführen."[639]

In der anschließenden Abstimmung erhielt Mazowiecki 378 Stimmen, während vier Abgeordnete gegen ihn votierten und 41 sich der Stimmen enthielten. 423 von insgesamt 460 Abgeordneten nahmen an der Abstimmung teil. Eine Umfrage des staatlichen Meinungsforschungsinstitut CBOS ergab, dass 54 Prozent der Befragten die Wahl Mazowieckis für ein historisches Ereignis hielten, während 34 vorsichtiger reagierten und betonten, dass dies sicher ein wichtiges Ereignis sei, man aber nicht un-

---

[639] Mazowiecki, Tadeusz: Polska będzie inna. Przemówienie wygłoszone w Sejmie 24 sierpnia 1989 roku. In: Mazowiecki, Tadeusz: Rok 1989 ... a.a.O., S. 37 ff.

bedingt schon von einer Wende sprechen könne.[640] In den Schlagzeilen der internationalen Medien genoss die Wahl einen großen Stellenwert. Mazowiecki sagte über die dann anstehende Regierungsbildung:

> „Ich war mir darüber im Klaren, dass dies eine echte Regierung sein müsse, nicht irgend ein Politbüro in Abhängigkeit von Wałęsa und der ‚Solidarität', sondern eine Regierung, die tatsächlich die Macht ausübt."[641]

Mit diesem Anspruch stand der neue Regierungschef vor einer schwierigen Aufgabe. Denn das künftige Kabinett sollte nicht nur den Bedürfnissen aller beteiligten Koalitionäre einigermaßen Rechnung tragen, sondern auch und gerade Aussicht auf eine erfolgreiche Regierungsarbeit eröffnen. Die Ansprüche der verschiedenen Parteien waren groß, der personelle Andrang gewaltig. Zu allem Überfluss hatte Mazowiecki laut Verfassung nur drei Wochen Zeit, um seine Mannschaft dem Votum des Sejm zu unterziehen.

Aber Mazowiecki ging konsequent seinen Weg und ließ sich nicht von seinen Grundsätzen abbringen, die für ihn bei der Regierungsbildung ausschlaggebend waren. Die personelle Formierung des Kabinetts betrachte er als seine ureigenste, persönliche Aufgabe, bei deren Verwirklichung er weder Lech Wałęsa noch Bronisław Geremek Einflussnahme gestattete. Auch die Brüder Kaczyński, die sich in Absprache mit Wałęsa in die Kabinettsbildung einschalten wollten, blieben außen vor.

Mazowiecki gestand der *PVAP* einige Ministerien zu, bemühte sich aber ebenso, deren Einfluss im Kabinett begrenzt zu halten. Immerhin gingen vor allem das Innen- und das Verteidigungsministerium an die Kommunisten – Ressorts also, die in den Einflussbereich des neuen Staatspräsidenten Wojciech Jaruzelski fielen, dem die Aufgabe zufiel, die Arbeit der neuen Regierung gegen Einflussnahme aus den Staaten des noch existierenden „Ostblocks" abzuschirmen. Außerdem erhielten die Kommunisten die Ministerien für Außenwirtschaft und Transport.

Bei der Ressortverteilung musste der neue Premier auch einen gewissen Ausgleich schaffen zwischen den Ansprüchen der bisherigen Blockpartei ZSL, die sich als Interessenvertretung der Bauernpartei verstand, und denen der freien Bauerngewerkschaft *Solidarität der kleinen Privatbauern (Solidarność Rolników Indywidualnych).*

Schließlich kam es dem sozial engagierten Katholiken Mazowiecki darauf an, die geplanten wirtschafts-, finanz- und sozialpolitischen Reformen seines Kabinetts auszubalancieren. So musste sich der liberale Leszek Balcerowicz als Finanzminister und Koordinator der gesamten Wirtschaftspolitik damit abfinden, dass ihm der links orientierte Bürgerrechtler Jacek Kuroń als Sozialminister und der christlich-sozial orientierte Wirtschaftsprofessor Jerzy Osiatyński als Leiter des Zentralen Planungsamtes zur Seite gestellt wurden.

Über die Besetzung des Außenministeriums, das Bronisław Geremek sicher gern übernommen hätte, berichtet Mazowiecki:

---

640 Domarańczyk, Zbigniew: 100 Dni Mazowieckiego. Warszawa 1990, S. 112 f.
641 Tadeusz Mazowiecki … (Fn. 346).

„Ich war mir zunächst nicht sicher, ob ich die Besetzung dieses Posten mit einem von uns gegen die *PVAP* würde durchsetzen können. Ich überlegte mir deshalb, dass wir zunächst einen Staatssekretär von unser Seite installieren könnten. Deshalb schlug ich Geremek vor, die Position des Staatssekretär einzunehmen. Er aber lehnte ab und hat damit letztendlich richtig gehandelt. Das Gespräch, in dem ich ihm den Posten anbot, war aus meiner Sicht bestimmt ein Fehler, obwohl meine Intention keine schlechte war. Und anschließend erwies sich die Wahl von Skubiszewski als vorzüglich. Ihn konnten sie (die Kommunisten – R.v.) nicht ablehnen. Er war vorher nicht in der ersten Reihe engagiert und gehörte außerdem zu den Mitgliedern des Konsultationsrates beim Staatspräsidenten."[642]

Schließlich gingen 12 der insgesamt 24 Ministerien an die „Solidarität" bzw. das *Bürgerkomitee*, während auf die *PVAP* und die *ZSL* jeweils vier und auf die *SD* drei Ressorts entfielen. Skubiszewski war, wie erwähnt, parteilos. Trotz des eigenständigen Vorgehens von Mazowiecki erklärten sich die *Landesexekutivkommission* der „Solidarität" und das *Bürgerkomitee* mit der Zusammensetzung der Regierung einverstanden.

Die Abstimmung über die Regierung und ihr Programm am 12. September im Sejm war dann voller Dramatik, die von vielen polnischen Zuschauern am Fernsehschirm verfolgt wurde. Denn Mazowiecki, der kurz nach neun Uhr ans Rednerpult trat, erlitt wenige Minuten später einen Schwächeanfall und musste von einem Arzt behandelt werden. Gegen 10:40 Uhr konnte er seine Ansprache fortsetzen, in der er vor allem das Programm seiner Regierung umriss.[643]

Der neue Premier bekannte sich zu den Grundsätzen der liberalen Demokratie bzw. des Rechtsstaats und kündigte auf innenpolitischem Gebiet insbesondere eine Reform des Strafrechts und des Gerichtswesens an. Man werde zwar keine massiven Personalveränderungen in der Staatsverwaltung vornehmen, die Beamten künftiger aber stärker aufgrund ihrer Kompetenz beurteilen, betonte Mazowiecki. Die Polizei müsse rechtsstaatlicher Kontrolle unterworfen werden. Mazowiecki verwies auf die große Wertschätzung, die das polnische Militär in der Gesellschaft genieße, kündigte aber auch an, den militärischen Dienst menschlicher gestalten zu wollen. Der neue Regierungschef würdigte die Rolle der katholischen Kirche, bekannte sich aber ebenso zur weltanschaulichen und konfessionellen Neutralität des Staates.

Wirtschaftspolitisch unterschied Mazowiecki zwischen aktuellen Anti-Krisenmaßnahmen zur Bekämpfung der grassierenden Inflation und der hohen Staatsverschuldung sowie zur Verbesserung der Steuererhebung einerseits und grundlegenden Reformen auf dem Weg zu einer modernen Marktwirtschaft andererseits.

---

642 Ebd. Der katholische Staatsrechtler Krzysztof Skubiszewski war damals parteilos, hatte aber andererseits auch gute Verbindungen zur katholischen Kirchenhierarchie.
643 Exposé premiera Tadeusza Mazowieckiego: Przychodzę jako człowiek „Solidarności". In: *Gazeta Wyborcza*, 13.9.1989. Siehe auch Domarańczyk, Zbigniew: 100 Dni Mazowieckiego. Warszawa 1990, S. 142 ff.

Außenpolitisch versprach der Premier eine Öffnung Polens hin zu Europa und zum Westen insgesamt, aber auch das Bemühen um gute Beziehungen zu den Nachbarstaaten, die bis dato Teil des „Ostblocks" bzw. der Sowjetunion waren.

Anschließend wurde Mazowieckis Regierung ohne Gegenstimmen bestätigt. 402 Abgeordnete stimmten mit „ja", während sich 13 der Stimme enthielten. 45 von insgesamt 460 Abgeordneten waren erst gar nicht zur Sitzung des Sejm erschienen.

Eine Umfrage des staatlichen Meinungsforschungsinstituts CBOS von Mitte September 1989 ergab, dass 89 Prozent der Befragten der Ansicht waren, Mazowiecki vertrete die Interessen der polnischen Bürger. 82 Prozent äußerten die Hoffnung, dass sich die Lage des Landes nun bessern werde. Nicht so eindeutig war die Unterstützung für eine „große Koalition" unter Einschluss der bisherigen Machthaber. Während sich 55 Prozent der Befragten dafür aussprachen, vertraten 26 Prozent die Meinung, die *PVAP* Rakowskis dürfe nicht an der Regierung beteiligt werden.

Der polnische Historiker Andrzej Paczkowski verwies später auf die Kulmination umwälzender Ereignisse, die mit dem 12. September 1989 ihren Anfang nahm:

> „Man mag es wenden wie man will, doch an diesem Tag entstand in Ostmitteleuropa die erste nicht von den Kommunisten dominierte Regierung seit 1948. Es handelte sich um den ersten Höhepunkt einer Reihe ungewöhnlicher Ereignisse. Am 18. September wurde in Budapest das Protokoll der Verhandlungen am Dreieckigen Tisch unterzeichnet, das am 23. Oktober vom Parlament als Gesetz angenommen wurde; am 9. November fiel nach wochenlangen Demonstrationen in vielen Städten der DDR die Berliner Mauer; am nächsten Tag trat der seit 35 Jahren regierende bulgarische Diktator Todor Živkov zurück; am 24. November wurde der Anführer der ‚Betonkopffraktion' in der Tschechoslowakei, Miloš Jakeš, zum Rücktritt gezwungen; am 16. Dezember begannen die Unruhen im rumänischen Temeschwar (Timişoara), und am 25. Dezember wurde Nicolae Ceauşescu erschossen."[644]

Bald nach ihrem Amtsantritt vollzog die neue Regierung gravierende Veränderungen auf verfassungsrechtlichem, institutionellem und politischem Gebiet. Durch eine Novellierung der Verfassung am 29. Dezember wurden der Artikel über das Bündnis mit der Sowjetunion, die „führende Rolle" der *PVAP* in Staat und Gesellschaft sowie die Planwirtschaft als ordnungspolitische Grundprinzip gestrichen. Polen erhielt außerdem wieder seinen traditionellen Staatsnahmen Rzeczypospolita Polska (Republik Polen) zurück. Aufgelöst wurden das Amt für Bekenntnisfragen, dessen Aufgabe in sozialistischen Zeiten vor allem die Überwachung der Kirche war und die Polizei ORMO. Der Sejm beschloss außerdem eine Amnestie für einen Teil der einsitzenden Straftäter. Die Todesstrafe wurde durch eine Haftstrafe von 25 Jahren ersetzt. Die lokalen Behörden erhielten mehr Selbstverwaltungsrechte.

Vorerst unverändert blieben die Ressorts für Verteidigung und Inneres, die von Ministern der *PVAP* und damit von Staatspräsident Wojciech Jaruzelski kontrolliert wurden. Allerdings den Ressortchefs schon im Frühjahr 1990 Vizeminister aus den

---

644 Paczkowski, Andrzej: Polnischer Bürgerkrieg. In: *Osteuropa*, 2–3/2009, S. 117.

Reihen der „Solidarität" zur Seite gestellt. Im Mai des gleichen Jahres wurden die Zensurbehörde aufgelöst und der Sicherheitsdienst einer stärkeren Kontrolle unterzogen. Ebenso wurde die militärische Gegenspionage abgeschafft. Den staatlichen Pressekonzern RSW-Prasa spaltete man in selbständige Einheiten auf. Schon im Juli traten Vertreter der „Solidarität" an die Stelle der *PVAP*-Minister im Verteidigungs- und Innenressort.

Aber bahnbrechend waren vor allem die wirtschafts- und finanzpolitischen Beschlüsse des Kabinetts von Mazowiecki. Sie basierten auf einem Plan des damaligen Finanzministers Leszek Balcerowicz sowie seines Beraterstabs um den amerikanischen Ökonomen Jeffrey Sachs, einem Vertreter des Neoklassizismus in der ökonomischen Theorie, und wurden Ende Dezember von beiden Parlamentskammern gebilligt.[645] Danach sollte der Staatshaushalt durch eine drastische Reduzierung der Preissubventionierung saniert werden. Fortan war es der Zentralbank untersagt, Haushaltslöcher durch zusätzliche Geldemissionen zu stopfen. Eine Sondersteuer („popiwek") sollte den unkontrollierten Lohnanstieg bremsen und die Entwicklung der Einkommen an den tatsächlichen Preisanstieg binden. Weiterhin wurde das Monopol des Staates im Außenhandel liquidiert. Ein neues Zollgesetz vereinheitlichte die Bedingungen für den Import. Um den Schwarzmarkt beim Devisenhandel auszutrocknen, wurde ein fester Umtauschkurs des polnischen Złoty zum US-Dollar festgelegt. Ein Gesetz zur Privatisierung des Einzelhandels diente der Schaffung marktwirtschaftlicher Strukturen. Staatliche Unternehmen sollten fortan nur noch dann eine Bestandsgarantie seitens der Regierung und dementsprechend staatliche Kredite erhalten, wenn sie ein überzeugendes Konzept für ihre künftige Behauptung auf dem Markt vorlegten. Dementsprechend wurde perspektivlosen Staatsfirmen ermöglicht, in Konkurs zu gehen.

Mit den Entscheidungen vom Dezember 1989 schuf man eine erste Grundlage dafür, dass Polen heute über eine funktionierende Marktwirtschaft verfügt. Andererseits waren die kurz- und mittelfristigen Folgen dramatisch. Die Reallöhne fielen, die Arbeitslosigkeit stieg an, der Wert der verkauften Produktion ging zurück. Wie andere postsozialistischen Staaten geriet Polen in eine sog. Transformationsrezession. Mehr als drei Millionen Arbeitsplätze gingen in den frühen 1990er verloren. Gesellschaftliche Proteste konnten nicht ausbleiben.

Letzteres umso mehr, als die liberalen Grundsätzen folgende Transformation auf dem Konzept einer intellektuellen Elite basierte, das der Gesellschaft zu keinerlei Verifikation vorgelegt wurde. Teile der ehemaligen kommunistischen Nomenklatur reagierten empört auf den Systemwechsel, andere erkannten die Zeichen der Zeit und nutzten ihre alten Verbindungen zur Gründung privater Unternehmen oder zur lukrativen Teilnahme an der Privatisierung von Staatsunternehmen. Andererseits gab es besonders in der „Solidarität", die als politische Basis der Regierung von Tadeusz Ma-

---

645 Program Gospodarczy. Główny założenia i kierunki. Warszawa, październik 1992, http://c355.republika.pl/Program1989.doc. Siehe auch Balcerowicz, Leszek: 800 dni. Szok kontrolowany, Warszawa 1992. Ebenso Domarańczyk, Zbigniew: 100 Dni Mazowieckiego, a.a.O., S. 208 ff.

zowiecki und Leszek Balcerowicz galt, eine starke Strömung, die von einem „dritten Weg" zwischen Sozialismus und Kapitalismus träumte, wobei sie sich hauptsächlich an dem Programm der Gewerkschaft vom Herbst 1981 orientierte.[646]

Zu den vorrangigen Aufgaben der neuen Regierung gehörte auch eine Neudefinition der polnischen Außenpolitik. Gerade ein Land wie Polen, das als größter Staat Ostmitteleuropas aus historischen und geostrategischen Gründen eine Schlüsselrolle in der Region spielte und seit jeher eine Brücke zwischen den beiden Mächten Deutschland und Russland bzw. Sowjetunion spielte, musste aufgrund der revolutionären Veränderungen des Jahres 1989 und der damit einhergehenden Auflösung alter Blockstrukturen seinen künftigen Platz im europäischen Sicherheitsgefüge bestimmten. Außerdem wollte Polen gerade auf der Basis dieser Veränderungen wieder zu seiner traditionellen Rolle als wichtiges Mitglied ganz Europas und ein Bindeglied Europas zurückkehren. Außenminister Krzysztof Skubiszewski formulierte deshalb drei Prioritäten:

- Stärkung der europäischen Orientierung Polens durch stufenweise Einbeziehung des Landes in EU und Nato
- Entwicklung guter Beziehungen zu allen Nachbarn
- Stärkung der bilateralen Zusammenarbeit mit den USA, Kanada und den Staaten Westeuropas

Diese Ziele entsprachen auch dem außenpolitischen Denken von Bronisław Geremek.

So kam es zu einer Geste der Versöhnung mit Tadeusz Mazowiecki im niederschlesischen Kreisau (polnisch Krzyżowa) und zur Unterzeichnung einer gemeinsamen Erklärung, in der es insbesondere um die Achtung kultureller Rechte von Minderheiten, die Unantastbarkeit der Grenzen, die gegenseitige Einrichtung von Kulturinstituten, die Intensivierung des Jugendaustausches, die wissenschaftlich-technische Zusammenarbeit, den Schutz von Kapitalinvestitionen und die Gewährung von Hermesbürgschaften an Polen ging.

Für die polnische Politik und die Mehrheit der Gesellschaft des Landes war der Fall der Mauer in Berlin eine logische Konsequenz der umwälzenden Entwicklung in Polen und ganz Ostmitteleuropa. Aber ebenso fürchtete man, dass trotz der gemeinsamen Erklärung die Frage der polnischen Westgrenze wieder an Bedeutung gewinnen könnte. Mit Unverständnis nahm die Regierung in Warschau zur Kenntnis, dass Kohls Zehn-Punkte-Programm zur Überwindung der Teilung Deutschlands keinerlei Aussagen zur polnischen Westgrenze und zu den künftigen deutsch-polnischen Beziehungen enthielt. So waren Mazowiecki und seine Regierung bemüht, noch vor der deutschen Vereinigung eine Garantie der polnischen Westgrenze zu erhalten. Diesem

---

646 Siehe Program NSZZ Solidarność, uchwalony przez I Krajowy Zjazd Delegatów, in: Tygodnik Solidarność, 16.10.1981. Ebenso: Pysz, Piotr: Deutsche wirtschaftswissenschaftliche Polenforschung. In: Bingen, Dieter/Loew, Peter Oliver/Wenninger, Agnieszka (Hg.): Polenforschung in Deutschland. Eine Zwischenbilanz. GESIS-Tagungsberichte, Band 2. Bonn 2008, S. 77 f.

Anliegen kam entgegen, dass Bundespräsident Richard von Weizsäcker während seines Polenbesuches im Mai 1990 betonte, dass die Grenzfrage unwiderruflich geklärt sei und alsbald die nötige völkerrechtlich verbindliche Vertragsform erhalten werde. Während dieses Besuches vereinbarten die Außenminister Genscher und Skubiszewski die Bildung einer dreiseitigen Arbeitsgruppe (Polen, BRD, DDR) zur Ausarbeitung eines entsprechenden Vertrags. Am 21. Juni 1990 erfolgte ein gemeinsamer Beschluss des Bundestages und der DDR-Volkskammer, in dem die Unantastbarkeit der polnischen Westgrenze bekräftigt wurde. Wenig später wurden im Zwei-plus-Vier-Vertrag die Grenzen Deutschlands bestätigt, was einer vorbehaltlosen internationalen Anerkennung der polnischen Westgrenze gleichkam. Damit gehörte der Streit um die Verbindlichkeit der Beschlüsse der Alliierten vom Sommer 1945 endgültig der Vergangenheit an. Der eigentliche deutsch-polnische Grenzvertrag wurde dann am 14. November 1990 in Warschau unterzeichnet.

In der Grenzfrage genoss die polnische Regierung die volle Unterstützung der Bevölkerung des Landes und aller im Parlament vertretenen Kräfte. Dies und die zögerliche Haltung Kohls in der Grenzfrage brachten Mazowiecki dazu, die Anwesenheit der sowjetischen Truppen in Polen als eine Art Faustpfand zur Sicherung der polnischen Westgrenze einzusetzen.[647] Erst Anfang Mai 1990 sandte er eine offizielle Note nach Moskau, in der er Verhandlungen über den Abzug der Truppen vorschlug, die dann im November des gleichen Jahres begannen.

Auch und gerade Bronisław Geremek stand in jener Zeit vorbehaltlos auf der Seite der Regierung, wenn es um die deutsche Frage und die polnische Westgrenze ging. Im Juli 1989 führte er als Vorsitzender der Fraktion des *Bürgerkomitees* ein Gespräch mit Bundeskanzler Kohl, in dem er auf die Sorge und Betroffenheit hinwies, „die in Polen verursacht werden, wenn man die polnischen Grenzen in Frage stelle."[648] Im Vorfeld des Kohl-Besuches in Polen im November 1989 betonte Geremek in einem Zeitungsinterview:

> „Eine der grundlegenden Schwierigkeiten in den Kontakten Polens mit der Bundesrepublik ist die Frage unserer Westgrenze. Jede Stimme, die in der Bundesrepublik ertönt, und die die Dauerhaftigkeit dieser Grenze in Frage stellt, schadet den polnisch-deutschen Beziehungen und schadet Europa. Leider waren solche Stimmen in den letzten Monaten erneut zu hören. Ich hoffe, dass der Besuch von Kanzler Kohl in Polen eine Gelegenheit sein wird, den entsprechenden Standpunkt der Bundesregierung eindeutig zu definieren und zu unterstreichen, dass die Dauerhaftigkeit der Grenze von niemandem in Zweifel gezogen wird."[649]

---

647 Siehe insbesondere Ludwig, Michael: Polen und die deutsche Frage. Bonn 1991, S. 92 ff. Ebenso Skubiszewski, Krzysztof: Do niepodległości krok po kroku. Gazeta Wyborcza, 11.9.2009.
648 Nr. 15. Gespräch des Bundeskanzlers Kohl mit dem Fraktionsvorsitzenden des Bürgerkomitees „Solidarität", Geremek. Bonn, 7. Juli 1989. In: Deutsche Einheit. Sonderedition aus den Akten des Bundeskanzleramtes 1989/90. Dokumente zur Deutschlandpolitik. München 1998, S. 341.
649 Zamknąć ten rozdział. Rozmowa z prof. Bronisławem Geremkiem – przewodniczącym Obywatelskiego Klubu Parlamentarnego. Sztandar Młodych, 8.11.1989.

Dabei war Geremek grundsätzlich einverstanden mit der Vereinigung Deutschlands. Der Historiker Heinrich August Winkler berichtet über ein Gespräch mit Geremek am 31. August 1989 in Warschau:

> „Dabei ging es auch um die Frage der deutschen Einheit. Ich war damals noch sehr skeptisch und betonte: ‚Um Gottes Willen, jetzt nicht die Wiedervereinigung auf die Tagesordnung bringen. Es geht darum, dass sich die DDR grundlegend reformiert und zu einer Demokratie wird. Für danach kann man sich alles mögliche vorstellen, etwa einen deutschen Staatenbund, engste Zusammenarbeit, aber kaum mehr als das, alles andere würde Gorbatschow gefährden.' Er antwortete nüchtern: ‚Das alles wäre gegen den Strom der Geschichte. Für uns ist ein demokratisches, wiedervereinigtes Deutschland eine viel bessere Aussicht als ein kommunistischer Nachbar namens DDR.'"[650]

Aus heutiger Sicht lässt sich sagen, dass Mazowieckis damalige Mannschaft den kompliziertesten „Job" aller Regierungen seit 1989 zu bewältigen hatte. Die inneren und äußeren Arbeitsbedingungen dieser Regierung hätten kaum komplizierter sein können. Mazowiecki und sein Kabinett mussten sich permanent auf völlig neue Situationen einstellen und sahen sich ständig genötigt, eine Fülle von Problemen mehr oder weniger gleichzeitig zu lösen. Im Land selbst wurde von allen Seiten Druck auf die Regierung ausgeübt. In den Ministerien und anderen zentralen staatlichen und öffentlichen Institutionen existierten die alten Strukturen und herrschten die überkommenen sozialistischen Denk- und Verhaltensmuster. Die „Neuen" fingen de facto bei Null an. Währenddessen gärte es im gesamten damaligen „Ostblock". Mazowieckis Minister verfügten über politische Erfahrung und große Sachkompetenz, mussten das administrative Handwerk aber erst noch lernen – mit Ausnahme der *PVAP*-Minister, deren Führungsqualitäten aber aus der sozialistischen Vergangenheit stammten.

So leistete Mazowieckis Regierung exzellente Arbeit, beging aber auch Fehler. Eine ihrer Schwächen bestand in dem schwachen Kontakt zur Bevölkerung, wobei der alte Volkstribun Jacek Kuroń als Sozialminister eine rühmliche Ausnahme darstellte. Bronisław Geremek stellte später fest:

> „Tatsächlich gab es in der Politik der Regierung ein Defizit, auf das wir (die Parlamentsfraktion des *Bürgerkomitees* – R.V.) von Anfang an hingewiesen hatten, doch unsere Ansprüche wurden mehr und mehr von der Regierung auf Eis gelegt ... Meiner Auffassung nach war das eine der besonderen Schwächen dieser Regierung, nicht aber die von ihr betriebene inhaltliche Politik. Die Regierung war dermaßen durch die wirtschaftlichen Probleme absorbiert, dass sie kein Verständnis dafür entwickelte, wie grundlegend eine eigene Informationspolitik war, ein neuer Stil der Verständigung zwischen den Machthabenden und der Gesellschaft."[651]

Und er zog daraus die Schlussfolgerung, dass offenbar sogar Regierungen, die aufgrund der früheren oppositionellen Tätigkeit ihrer Minister gegen das alte kommunis-

---

650 Heinrich August Winkler ... (Fn. 305).
651 ROK 1989. Geremek opowiada ... a.a.O., S. 318.

tische System besonders vom Volk legitimiert sind, der Tendenz unterliegen, eine gewisse Arroganz an den Tag zu legen und sich vom Volk abzuschotten. Geremek:

„Im Grunde genommen ging es darum, eine Gesellschaft wirklicher Staatsbürger herauszubilden. Schon Aristoteles stellte fest, dass man als Bürger in der Lage sein muss, zu regieren und regiert zu werden. Beide Fähigkeiten sind nachweislich schwierig. Vermutlich ist es sogar einfacher zu regieren, als regiert zu werden."[652]

Es waren vor allem zwei Aspekte der politischen Arbeit dieser ersten postkommunistischen Regierung, die in späteren Jahren wiederholt kontrovers diskutiert wurden.[653] Das gilt zum einen für die marktwirtschaftliche „Schocktherapie" des damaligen Finanzministers Leszek Balcerowicz, die bis heute im nationalkonservativen Lager um Jarosław Kaczyński als Erbsünde der damaligen Transformation gilt. Doch bis heute haben weder Kaczyński noch linke Kritiker der damaligen Wirtschaftspolitik glaubwürdig dargelegt, wie es denn damals angesichts der tiefen wirtschaftlichen und finanziellen Krise Polens sowie des niedrigen Entwicklungsstandes der Volkswirtschaft des Landes möglich gewesen wäre, neben der marktwirtschaftlichen Transformation auch noch ein halbwegs modernes Sozialsystem aufzubauen. Dafür reichten die damaligen Ressourcen der polnischen Volkswirtschaft einfach nicht aus. Es war der eher links denkende Bürgerrechtler Jacek Kuroń, dem als Sozialminister in der Regierung Mazowiecki die undankbare Aufgabe zufiel, den polnischen Bürgern allabendlich im Fernsehen zu erklären, warum die Reformen von Balcerowicz notwendig waren.

Zum Zweiten war dies die von Mazowieckis Regierung betriebene Politik des „dicken Schlussstrichs" (polnisch „gruba kreska"), mit der er zum Ausdruck brachte, dass sein Kabinett keine Vergeltung gegenüber den vorangegangenen Regierungen und deren kommunistischer Parteibasis in Gestalt der *PVAP* üben wollte. Mazowiecki ging es dabei nicht nur um eine politisch-moralische Begründung für seinen Regierungsstil. Vielmehr verfolgte er auch die Strategie, die mehr als zwei Millionen Mitglieder der *PVAP* in die neuen Verhältnisse zu integrieren, statt sie a priori auszugrenzen. Außerdem war ihm bewusst, dass er die neue Regierung und deren Reformwerk nicht dadurch gefährden durfte, dass er sie zu stark gegen die noch existierenden postkommunistischen Apparate des Militärs, der Polizei und des Sicherheitsdienstes in Stellung brachte – zumindest vorläufig.

Ohne Zweifel wäre die polnische Bevölkerung zum damaligen Zeitpunkt überfordert gewesen, wenn Mazowieckis Regierung neben den harten wirtschaftlichen sowie den verfassungsrechtlichen, administrativen und politischen Reformen auch noch eine scharfe innenpolitische Abrechnung mit den Kräften des alten Regimes inszeniert hätte. Das hätte das ganze Transformationsprojekt in Gefahr gebracht. Spätestens

---

652 Ebd. S. 319.
653 Siehe unter anderem Sejm: burzliwa dyskusja ws. Uchwały na XX-lecie rządu Mazowiekiego. Gazeta Wyborcza, 10.9.2009. Krzemiński o rządzie Mazowieckiego: najważniejsza gospodarka i samorząd. Gazeta Wyborcza, 21.8.2009. Mazowiecki, Tadeusz: Sąd nad grubą kreską. Gazeta Wyborcza, 12./13.9.2009.

1991–92, als Mazowiecki nicht mehr Premier war, die „Solidarität" bzw. die frühere Opposition weiterhin die Regierung stellte, und als die wichtigsten Maßnahmen der Transformation abgeschlossen waren, wäre es an der Zeit gewesen, die Überprüfung führender Vertreter des Staates und anderer öffentlicher Institutionen auf eine Zusammenarbeit mit den früheren kommunistischen Geheimdiensten hin einzuleiten und auch eine vernünftige Offenlegung der Aktenbestände dieser Dienste, etwa nach dem Vorbild der deutschen „Gauck-Behörde" einzuleiten.

Eine wesentliche Voraussetzung für den Erfolg der Regierung von Mazowiecki war die Haltung von Staatspräsident Wojciech Jaruzelski. Unter den maßgeblichen polnischen Historikern herrscht Einmütigkeit darüber, dass dieser, der einerseits wie kaum ein anderer das alte Reime repräsentierte, andererseits aber auch zu den Architekten des *Runden Tisches* und damit den Wegbereitern der Transformation gehörte, die Tätigkeit der Regierung nach innen und außen absicherte. Adam Michnik betont:

„Jaruzelski stand absolut loyal zum Kabinett von Mazowiecki."[654]

In diesem Sinne übte er auch maßgeblichen Einfluss auf Innenminister Czesław Kiszczak und Verteidigungsminister Florian Siwicki aus, die als Vertreter der *PVAP* der Regierung angehörten. Kiszczak ließ zwar Akten des Innenministeriums vernichten, die ihm und anderen Repräsentanten des alten Regimes möglicherweise hätten gefährlich werden können, verhielt sich aber ansonsten loyal zu Mazowiecki. Das galt auch für Siwicki.

7.4. Geremek als Chef der Parlamentsfraktion der „Solidarität"

Die parlamentarische Basis der Regierung Mazowiecki war die Fraktion des *Bürgerkomitees* bzw. der „Solidarität", die sich *Parlamentarischer Bürgerklub (Obywatelski Klub Parlamentarny – OKP)* nannte.[655] Die Fraktion umfasste 161 von insgesamt 460 Abgeordneten im Sejm und 99 von 100 im Senat. Den Vorsitz des *OKP* übernahm Bronisław Geremek, über den die Zeitung *Konfrontacje* damals schrieb:

„Tatsächlich regieren in Polen gewärtig drei Personen: Lech Wałęsa, Tadeusz Mazowiecki und Bronisław Geremek."[656]

---

654 Adam Michnik ... (Fn. 630).
655 Die wichtigste Quelle für die Arbeit der Fraktion sind deren Sitzungsprotokolle bzw. die ihres Präsidiums, die sich im Archiv des Senats (Archiwum Senatu) in Warschau befinden. Im Rahmen des Projekts „Archiwa Przełomu" (Archive des Umbruchs), für das die Kanzleien des Staatspräsidenten und des Senats die Federführung übernahmen, begann man 2011, diese und andere Archivalien aus ganz Polen, die besonders die Transformationsphase betreffen, zu sammeln, aufzubereiten und zu digitalisieren. Siehe http://www.archiwaprzełomu.pl
656 *Konfrontacje*, 25.1.–25.2.1990.

Er stand an der Spitze einer Fraktion, die in großem Maße die damalige oppositionelle bzw. parteiunabhängige Elite repräsentierte. Unter den Abgeordneten fanden sich renommierte Juristen, Ökonomen, Historiker, Mediziner, Pädagogen, Architekten und Ingenieure, auch Schriftsteller, Regisseure und Schauspieler, sowie verdiente Aktivisten der Opposition und der „Solidarität".[657]

Für die Arbeit des *OKP* in den Jahren 1989–90 lassen sich im Wesentlichen vier Phasen unterscheiden. Zunächst ging es darum, die Fraktion zu konstituieren, Prinzipien ihrer Arbeitsweise zu klären, Arbeitsgruppen zu Sachthemen zu bilden und ihre Präsenz im Parlamentsgeschehen allgemein zu gestalten. Schon bald war sie aber auch aufgefordert, wichtige politische Entscheidungen mit vorzubereiten und zu beeinflussen. Das galt besonders für die Bildung einer neuen Regierung und die Wahl eines neuen Staatspräsidenten. Schließlich ging es darum, die wichtigsten Gesetze der politischen und ökonomischen Transformation durch das Parlament zu bringen. Mit dem Zerfall der *PVAP* als wichtigstem politischen Gegner und dem Spürbarwerden der sozialen Kosten der marktwirtschaftlichen Transformation nahmen dann die internen Spannungen im *OKP* zu, die ab Sommer 1990 auch zu einer Spaltung in verschiedene Fraktionen führte. Auch zeithistorischer Sicht ist es interessant zu beobachten, wie viele Parlamentarier, die ursprünglich einer gemeinsamen Fraktion angehörten, nach und nach in anderen, politisch sehr unterschiedlichen Fraktionen auftauchten. Gerade die Auseinandersetzungen um die Wahl der regionalen und lokalen Selbstverwaltungsorgane im Mai 1990 trugen dazu bei, den Spaltungsprozess des *OKP* zu beschleunigen. So kann man die Arbeit dieser Fraktion getrost als Geburtsstunde eines neuen Parlamentarismus bezeichnen. Aber andererseits war sie auch nur ein Übergangsstadium in der Entwicklung der parlamentarischen Demokratie in Polen ab 1989.

Der renommierte polnische Politikwissenschaftler Aleksander Smolar trifft ein hartes Urteil, wenn es um die Beziehungen zwischen dem *OKP* und der Regierung von Tadeusz Mazowiecki geht:

> „Das war eine ziemlich komplizierte Angelegenheit. Ihre gegenseitige Loyalität (zwischen Mazowiecki und Geremek – R.V.) war groß, wenngleich sich die Regierung und speziell Mazowiecki gegenüber Geremek unmöglich benahmen in dem Sinne, dass die einen (die Parlamentsfraktion – R.V.) die Beschlüsse der anderen (der Regierung – R.V.) auszuführen hatten. Es gab nicht das, was man im Rahmen einer demokratisch agierenden Koalition ein Gespräch nennt. Es gab sogar kaum Treffen mit dem *OKP*-Chef Geremek. Das war schon ein sehr seltsames Verhältnis. Natürlich hatte das auch etwas mit persönlichen Ambitionen und einem gewissen Misstrauen zu tun. Aber es gab

---

657 Unter anderem Jacek Ambroziak, Juliusz Braun, Ryszar Bugaj, Maria Dmochowska, Józefa Hennelowa, Gustaw Holubek, Zbigniew Janas, Cesary Józefik, Lech Kaczyński, Zofia Kuratowska, Olga Krzyżanowska, Wiktor Kulerski, Jacek Kuroń, Barbara Labuda, Bogdan Lis, Jan Lityński, Andrzej Łapicki, Adam Michnik, Karol Modzelewski, Janusz Onyszkiewicz, Jerzy Osiatyński, Aleksander Paszyński, Anna Radziwiłł, Jan Rokita, Grażyna Staniszewska, Andrzej Stelmachowski, Maria Stolzman, Stanisław Stomma, Hanna Suchocka, Andrzej Szczypiorski, Witold Trzeciakowski und Henryk Wujec.

keine öffentlichen Anzeichen für fehlende Loyalität. Es handelte sich um eine einseitige ‚Zusammenarbeit'. Dazu muss man sagen, dass in gewissem Sinne alle Dilettanten waren, die erst demokratisch betriebene Politik lernen mussten. Auch Mazowiecki, der nicht in der Lage war, mit der Gesellschaft zu kommunizieren, sogar nicht mit den ‚eigenen' Abgeordneten, um sie zu überzeugen. Darin war er sehr schwach. Er hatte seine Vorzüge, aber in diesem Fall lag die Schuld vor allem auf seiner Seite. Ich muss sagen, dass ich mich nicht an einen einzigen Fall erinnere, in dem sich Geremek, und sei es nur in geringem Maße, nicht loyal verhalten habe."[658]

Stimmt diese Einschätzung? Prüfen wir die Fakten.

Bis auf fünf Ausnahmen, die, wie Stanisław Stomma, schon in den 1960er und 1970er Jahre dem Sejm angehört hatten, waren alle Mitglieder des *OKP* parlamentarische Novizen. Dementsprechend benahmen sie sich auch. Ihre Wortmeldungen während der Beratungen in der Fraktion erinnerten oft an langatmige Vorträge von Wissenschaftlern in universitären Hörsälen, Reden vor einem Massenpublikum bei öffentlichen Veranstaltungen, polemischen Sticheleien gegenüber dem früheren kommunistischen Gegner, militärisch klingenden Anweisungen wie in den Zeiten des Untergrunds und künstlerischen Reflexionen über ästhetische Probleme. Das mag zeitweise in Parlamenten auf der ganzen Welt so sein, erreichte aber im polnischen Sejm und Senat der Jahre 1989–90 eine besondere Qualität. Debatten im Sinne einer zielgerichteten legislativen Arbeit mussten die Damen und Herren Abgeordneten erst noch erlernen.

Arrogant aber nicht ganz unrealistisch erklärte Lech Wałęsa in einer *OKP*-Sitzung am 16. August 1989 – kurz nachdem er, ohne Absprache mit der Fraktion, Jarosław Kaczyński beauftragt hatte, Gespräche mit Vertretern der ehemaligen Blockparteien *ZSL* und *SD* über die Bildung einer Regierung zusammen mit dem *Bürgerkomitee* bzw. der „Solidarität" zu führen:

> „Wie sie wissen, meine Damen und Herren, beobachte ich sie mit großer Aufmerksamkeit, wenngleich ich sie nicht sehr vermisst habe. Ich habe Ihnen ermöglicht, politisch zu wirken, doch sie sollten dies effektiv tun, unter anderem im Interesse der Gesellschaft, für die wir ja da sind. Als ich Ihre Ineffektivität feststellte, mit der ich nicht einverstanden sein kann, ... , begann ich, mich um eine neue Koalition zu bemühen, die sich der bisherigen Monopolherrschaft widersetzt und auf die wir uns noch lange berufen werden."[659]

Bronisław Geremek betonte damals in einem Gespräch mit der *Rzeczpospolita*:

> „Es stimmt, dass der *OKP* eine besondere parlamentarische Fraktion ist, nicht zuletzt deshalb, weil es gegenwärtig keine gesetzlichen Grundlagen für eine Fraktion dieser Art gibt. Die geltenden Regeln sehen vor, dass die Fraktion Schöpfungen politischer Parteien sind, während dies auf den *OKP* eben nicht zutrifft. Vielmehr vertritt dieser

---

658 Aleksander Smolar ... (Fn. 162).
659 Archiwum Senatu, Archiwa Przełomu: Stenogram z posiedzenia OKP, 16 sierpnia 1989, AP_I_2_PO/116.

verschiedene politische Kräfte, die bei der Parlamentswahl einen Sieg errungen haben."[660]

Da nicht wenige *OKP*-Abgeordnete einen gewissen Hang zu Disziplinlosigkeit oder gar Anarchie an den Tag legten, leistete Geremek zusammen mit einigen anderen Mitgliedern des Fraktionspräsidiums eine wahre Herkulesarbeit. Bei fast allen Sitzungen führte er den Vorsitz. Dauerte ihm der einleitende Streit um Formalien zu lange, dann forderte er zu geordneter inhaltlicher Debatte auf. Einige Male drohte er sogar damit, den Vorsitz insgesamt niederzulegen, sollte nicht mehr Disziplin einkehren. Immer wieder erinnerte er seine Fraktionskollegen darin, dass ihre Aufgabe darin bestand, legislative Arbeit zu leisten und nicht endlose politische Debatten zu führen.

Nicht immer mischte sich Geremek mit konkreten, detaillierten Stellungnahmen in die inhaltliche Debatte ein. Aber er war in der Regel derjenige, der die „großen Linien" vorgab und die jeweilige legislative Zielsetzung formulierte. Konkret griff er vor allem ein, wenn es um verfassungs- und außenpolitische Fragen ging. Dabei erwies er sich immer als exzellenter Kenner der polnischen und internationalen Verfassungsgeschichte sowie als aufmerksamer Beobachter außenpolitischer Entwicklungen. Ging es um eine Einschätzung der innenpolitischen Lage, da war er es in der Regel, der die entsprechende Debatte mit einem längeren Statement einleitete. Seine gut strukturierten Beiträge verrieten die Schulung des Historikers, der es gewohnt war, Prozesse zu beobachten und zu analysieren, strategische von taktischen Fragen zu unterscheiden und das richtige Gefühl für notwendige Kompromisse in bestimmten politischen Situationen zu haben.

Im Nachhinein fragt man sich, wie der exzellente, präzises Arbeiten bevorzugende Wissenschaftler das alltägliche parlamentarische Geschehen mit all seinen Höhen und Tiefen auch psychisch ausgehalten hat. Offenbar bedurfte es einer starken Persönlichkeit wie Geremek, um diese Aufgabe zu meistern. Der polnische Historiker Andrzej Friszke schrieb später:

> „Er (Geremek – R.V.) bemühte sich, den *OKP* mit harter Hand zu führen, um Kohärenz (der Debatte und Beschlussfassung – R.V.) sowie Einheit (der Fraktion – R.V.) zu gewährleisten, damit Gesetze auf den Weg gebracht wurden, die den Staat in eine positive Richtung veränderten."[661]

Der Zeitraum zwischen Sommer 1989 und Sommer 1999 war eine Phase intensiver parlamentarischer Arbeit, vielleicht sogar die lebendigste Periode in der polnischen Parlamentsgeschichte ab 1989 – wie professionell oder unprofessionell, produktiv oder unproduktiv auch immer. Wurde in den Jahren zuvor vor allem in den Betrieben und auf der Straße, im *Bürgerkomitee* und im Vorstand der „Solidarität", in Geheimverhandlungen und am *Runden Tisch*, bei Wahlen und Koalitionsgesprächen Geschichte geschrieben, so verlagerte sich das historische Geschehen nun auch ins

---

660 Tworzymy ramy układu politycznego. Rozmowa *Rezczpospolitej* z Bronisławem Geremkiem, przewodniczącym Obywatelskiego Klubu Parlamentarnego. *Rzeczpospolita*, 18.10.1989.
661 Friszke, Andrzej: Bronisława Geremka ... (Fn. 155).

Parlament. Selten hat es solche Phasen intensiver parlamentarischer Tätigkeit in der europäischen Nachkriegsgeschichte gegeben – am ehesten vergleichbar mit dem Geschehen etwa in Deutschland nach dem Zweiten Weltkrieg oder den Ereignissen in den anderen Transformationsstaaten Ostmitteleuropas ab 1988. Innerhalb kürzester Zeit mussten sich der *Parlamentarische Bürgerklub* und überhaupt der Sejm bzw. der Senat mit einer Fülle von Themen befassen, die den gesamten verfassungsrechtlichen, politischen, ökonomischen, kulturellen und administrativen Umbau des Staates betrafen.[662] Nicht alle entsprechenden Gesetze entsprachen der notwendigen fachlichen und juristischen Präzision.

Betrachtet man die damalige Neubesetzung der höchsten staatlichen Positionen, dann gehört sicher die intensive Befragung des früheren kommunistischen Parteichefs Wojciech Jaruzelski am 17. Juli 1989 im *OKP* zu den Höhepunkten des parlamentarischen Geschehens in jener Zeit.[663] Mehrere Stunden lang musste sich Jaruzelski eine Fülle von teilweise peinlichen Fragen gefallen lassen, die er nicht immer zur Zufriedenheit der Abgeordneten beantwortete. So waren dann zwei Tage später bei der Wahl Jaruzelskis zum Staatspräsidenten auch nur wenige *OKP*-Mitglieder bereit, für ihn zu stimmen, obwohl gerade Bronisław Geremek, Jacek Kuroń und andere dafür geworben hatten, ihn zu wählen.[664] Tatsächlich gehörte die Berufung Jaruzelskis in das höchste Staatsamt zu den Absprachen am *Runden Tisch*. Bei diesem Ereignis von höchster politischer Bedeutung wurde der *OKP* also angemessen in die Entscheidungsfindung miteinbezogen.

Anders verhielt es sich bei der Wahl von Tadeusz Mazowiecki zum neuen Premier und der Berufung seines Kabinetts. Auch wenn im *OKP* intensiv darüber diskutiert wurde,

- ob die Zeit schon war für den Eintritt des *Bürgerkomitees* und der „Solidarität" in eine Regierung,
- ob auch die *PVAP* an einer solchen Regierung beteiligt werden sollte,
- wer für das Amt des neuen Ministerpräsidenten in Frage kam,
- und wer in dessen Kabinett eintreten sollte,

liefen die entsprechenden Verhandlungen und Entscheidungen weitgehend an der Fraktion vorbei.[665] Traten Jarosław Kaczyński, der damals im Auftrag von Lech Wałęsa die Koalitionsverhandlungen führte, und auch Wałęsa selbst im *OKP* auf, dann taten sie das, um über den Gang der Ereignisse zu informieren, nicht aber, um

---

662 Die Parlamentsprotokolle spiegeln dieses Geschehen wider. So etwa die Mitschrift der *OKP*-Sitzung vom 29.11.1989: Stenogram z obrad Obywatelskiego Klubu Parlamentarnego w dniu 29 listopada 1989 r, Archiwum Senatu, Archiwa Przełomu, AP_I_2_PO/30.
663 Archiwum Senatu, Archiwa Przełomu, Stenogram z posiedzenia OKP 17 lipiec 1989, AP_I_2_PO 17.
664 Siehe S. 256 dieses Buches.
665 Zur Regierungsbildung siehe auch S. 252 ff. dieses Buches.

sich von ihren Zielsetzungen und der Art ihres Vorgehens abbringen zu lassen.[666] Lediglich Bronisław Geremek, Adam Michnik und einige andere *OKP*-Mitglieder waren in die konkreten Abläufe mehr oder weniger involviert, nicht aber die Mehrheit der Fraktion. Trotzdem wurden die entsprechenden Entscheidungen im *OKP* abgesegnet.[667] Vermutlich wäre man anders auch nicht zum Ziel gekommen zumindest in der zur Verfügung stehenden Zeit.

Nahezu alle Entwürfe für Gesetze zur verfassungsrechtlichen, politischen und ökonomischen Transformation wurden in den Ministerien der Regierung von Tadeusz Mazowiecki erarbeitet. Der *Parlamentarische Bürgerklub* sowie Sejm und Senat insgesamt waren nur in sehr geringem Maße an diesem Teil der legislativen Arbeit beteiligt. Dabei sorgten vor allem die geplanten Gesetze zur aktuellen Bekämpfung der tiefen Wirtschaftskrise sowie zur Transformation des sozialistischen Wirtschaftssystems in eine Marktwirtschaft für Kontroversen. Wenn Finanzminister Leszek Balcerowicz und Marek Dąbrowksi als einer seiner Stellvertreter sowie der Regierungsberater Jeffrey Sachs die entsprechenden Vorhaben der Regierung in der Fraktion erläuterten, dann waren es vor allem linke Abgeordnete des *OKP* wie Karol Modzelewski und Ryszard Bugaj, die massive Kritik an den Gesetzesentwürfen übten.[668] Auch Jacek Kuroń war nicht mit allem einverstanden, wenngleich für ihn kein Weg an dieser „kapitalistischen" Reform vorbei führte. Bronisław Geremek verwies während der Debatten mehrfach mahnend auf die möglichen sozialen Folgen dieser Reform hin.[669]

Aber gerade Geremek, der sich – anders als so mancher seiner Fraktionskollegen – akribisch mit allen Details der von Balcerowicz und dessen Team vorgelegten Gesetzesentwürfe beschäftigte, sah ebenso wie Kuroń die „Schocktherapie" von Balcerowicz als einzig mögliches wirksames Mittel, um Polen aus der tiefen Wirtschaftskrise auf den Weg zu einer Marktwirtschaft zu führen, die nach und nach durch ein modernes Sozialsystem abgesichert werden würde. Für Geremek war dies nicht einfach, kam er doch aus einem linken intellektuellen Milieu, das soziale Fürsorge immer für äußerst wichtig hielt – ähnlich wie sein langjähriger Freund, der Ökonom Tadeusz Kowalik. Adam Michnik:

> „Er (Geremek – R.V.) war der Auffassung, dass es keinen anderen Ausweg gab. So dachten viele Leute, nicht nur Geremek, auch Mazowiecki, ein linker, sozial denkender Christ, und natürlich Kuroń, der noch weiter links stand. Andernfalls wären wir auf der Ebene von Rumänien oder Belarus gelandet. Auch für mich war das schwer zu akzeptieren. Generell war ich nie ein Anhänger de Kapitalismus und bin das bis heute nicht. Ganz einfach. Aber alles andere ist noch schlimmer ... Das war schon sehr paradox für

---

666 Siehe u.a. Stenogram z posiedzenia OKP 16 sierpnia 1989, Archiwum Senatu, Archiwa Przełomu, AP_I_2_PO/16.
667 Siehe insbesondere Stenogram z posiedzenia OKP 23 sierpnia 1989, Archiwum Senatu, Archiwa Przełomi, AP_I_2_PO/18.
668 Siehe u.a. Stenogram z posiedzenia OKP 28 wrzesień 1989, Archiwum Senatu, Archiwa Przełomu, AP_I_2_PO/23.
669 Stenogram z posiedzenia OKP 8 grudzień 1989, Archiwum Senatu, Archiwa Przełomu, AP_I_2_PO/33.

uns, die wir uns in der Opposition, in der ‚Solidarität' und überhaupt im Rahmen der Arbeiterbewegung für die Emanzipation der Welt der Arbeit engagiert hatten. Die Arbeiter wurden dann zu Opfern der Transformation, gerade auch die jener Betriebe, in denen die ‚Solidarität' am stärksten war. Doch die Frage lautete nur: entweder oder.[670]

Der konservative polnische Publizist Aleksander Hall schreibt:

„Eine wichtige Rolle bei der ‚Bekehrung' der Elite der ‚Solidarität' hin zu dem radikalen antiinflationären Programm sowie der marktwirtschaftlichen Umgestaltung der Ökonomie spielte der amerikanische Harvard-Professor Jeffey Sachs, der die Unterstützung Geremeks und sogar Kurons für sein Konzept erlangte."[671]

Das schon erwähnte Urteil des Politikwissenschaftlers Aleksander Smolar, es habe de facto kaum produktiven Austausch zwischen der Regierung Mazowiecki und dem *OKP* bzw. Geremek gegeben, ist, für sich genommen, zu hart, stimmt aber in seiner Stoßrichtung. Wenn Mazowiecki, Balcerowicz, Dąbrowski und andere aus dem Kabinett in die Fraktionssitzungen kamen, dann taten sie das hauptsächlich, um ihr Vorgehen und ihre Beschlüsse zu erläutern, nicht aber um diese möglicherweise aufgrund von Einwänden der Abgeordneten zu verändern.[672] Mehrfach gab es im *OKP* auch Diskussionen über Anträge einzelner Abgeordneter, die sich über die ihrer Meinung nach nicht genügende Informationspolitik der Regierung beschwerten.[673] Aber Mazowiecki gab sich betont eigenständig:

„Mir ging es darum, dass dieses Kabinett eine echte Regierung war, nicht irgend ein Politbüro von Wałęsas oder der ‚Solidarität' Gnaden, sondern eine Regierung, die die Macht ausübt."[674]

Trotzdem hat der *OKP* im Prinzip alle Gesetzesentwürfe der Regierung durch den Sejm und den Senat gebracht, weil die Abgeordneten mit der grundlegenden Stoßrichtung einverstanden waren. Und Geremek handelte eisern nach der Devise:

„Das ist unsere Regierung, die wir unterstützen müssen."[675]

Wichtig für die Verabschiedung der entsprechenden Gesetze war auch die Kooperation zwischen dem *OKP* und den Fraktionen der Bauernpartei *ZSL* und der Demokratischen Partei *SD*, die ja mit an der Regierung von Mazowiecki beteiligt waren. Und selbst in der Fraktion der früheren kommunistischen Staatspartei *PVAP* gab es ja Abgeordnete, die ein Interesse an der Verabschiedung dieser Gesetze hatten.

---

670 Adam Michnik ... (Fn. 630).
671 Hall, Aleksander: Osobista Historia ... a.a.O., S. 77.
672 Siehe Stenogram z obrad Obywatelskiego Klubu Parlamentarnego w dniu 7 września 1989 r., Archiwum Senatu, Archiwa Przełomu, AP_I_2_PO/21. Stenogram z posiedzenia Prezydium Obywatelskiego Klubu Parlamentarnego w dniu 3 listopada 1989 r., Archiwum Senatu, Archiwa Przełomu, AP_I_2_PP/5.
673 Siehe u. a. Stenogram z posiedzenia Obywatelskiego Klubu Parlamentarnego w dniu 16 październik 1989 r, AP_I_2_PO/25.
674 Tadeusz Mazowiecki ... (Fn. 346).
675 So Jan Lityński ... (Fn. 301).

Neben seiner Tätigkeit als Vorsitzender des *OKP* leitete Geremek die Kommission des Sejm für Verfassungsfragen, die sich mit mehrmaligen Novellierungen des Grundgesetzes in den Jahren 1989 und 1990 beschäftigte.[676] Ursprünglich war sich Geremek nicht sicher, ob er beide Positionen einnehmen solle, da er befürchtete, dadurch in Konflikte zu geraten. Schließlich übernahm er doch den Vorsitz des *OKP* und die Leitung der Verfassungskommission. Hinzu kam außerdem seine Arbeit im außenpolitischen Ausschuss des Sejm.

7.5. „Poczta Geremka" – 2000 Wählerbriefe an den Fraktionsvorsitzenden

Im Warschauer Archiv des Senats, der zweiten Kammer des polnischen Parlaments, liegen mehr als 2.000 Briefe, die Bronisław Geremek als Chef des *OKP* und später als Fraktionsvorsitzender der *Demokratischen Union (Unia Demokratyczna UD)* in den Jahren 1989 bis 1993 von Bürgerinnen und Bürgern aus ganz Polen erhalten hat.[677] Liest man diese Dokumente, dann bekommt man ein gutes Gefühl dafür, was die Menschen in der schwierigen Zeit des Umbruchs bewegt hat. Aus diesen Briefen sprechen Hoffnung, Aufbruchstimmung und Mut, Wohlwollen und Anerkennung, aber auch Hilflosigkeit, Vereinsamung und Angst vor sozialem Abstieg, mitunter sogar Aggression und Hass. Die Autoren sehen Geremek als Staatsmann und verdienten Bürgerrechtler, politisches Vorbild und hart arbeitenden Parlamentarier, als möglichen Ratgeber, Helfer und Diskussionspartner, nutzen ihn aber auch als Prellbock, an dem sie sich abreagieren können. Vieles von dem, was in den Jahrzehnten zuvor unterdrückt worden war, bricht hervor und wird in diesen Briefen zur Sprache gebracht. Kaum ein politisches, ökonomisches, soziales, kulturelles und geschichtliches Thema jener Zeit, das nicht in diesen unschätzbaren Dokumenten auftaucht.

Nicht immer ist die Handschrift der Absender vollständig zu entziffern – besonders dann, wenn alte Leute mühsam zu Papier gebracht haben, was ihnen auf der Seele brennt. Oft auch wurden die Briefe auf Schreibmaschinen getippt, deren Herstellungsdatum kaum noch zu erahnen ist. Viele Verfasser begnügten sich mit einer oder zwei Seiten, andere brachten es sogar auf 12 oder mehr. Mal sind die Briefe klar strukturiert und auf ein Ziel hin geschrieben, mal chaotisch und ziellos.

Drehen sich die Briefe um politische, wirtschaftliche und soziale Inhalte, dann kommen fast alle Elemente der Transformation zu Sprache. So mancher kritisierte den halbfreien Charakter der Parlamentswahl im Juni 1989, als der *PVAP* eine bestimmte Anzahl von Sitzen unabhängig vom Wahlergebnis zugesprochen wurde. Andere monierten die Langatmigkeit und vermeintliche Leere von Parlamentsdebatten, die im Fernsehen übertragen wurden. Nicht selten brachten die Verfasser ihre Angst vor den möglichen sozialen Folgen der harten marktwirtschaftlichen Reformen zum

---

676 Siehe Stowarzyszenie „Klub Senatorski": Piąta rocznica powstania OKP. Warszawa 1994, S. 40 f.
677 Archiwum Senatu, „Poczta Geremka", 19.PG.1 bis 19.PG.40.

Ausdruck. Gefragt wurde, welche Position denn die Gewerkschaften in der Zukunft einnehmen sollten. Einige der Briefschreiber machten sogar Vorschläge zur künftigen Gestaltung des Wahlrechts. Auch die Arbeit der *Bürgerkomitees* wurde thematisiert. So mancher forderte eine Intensivierung des Religionsunterrichts an den Schulen.

Immer wieder kamen auch ganz individuelle Probleme zu Sprache oder artikulierten einzelne Gruppen ihre konkreten Anliegen. So beschwerte sich eine alte Dame bei Geremek über ihren rabiaten Vermieter. Andere baten ihn um finanzielle Hilfe für den Bau eines überdachten Schwimmbads. Wieder andere erhofften von ihm juristische Hilfe bei gerichtlichen Auseinandersetzungen. Junge Leute suchten seinen Rat bei der Gründung von Vereinen oder einer der Herausgabe einer eigenen Zeitschrift. Eine Mutter erhoffte sich mit ihrem Brief eine Geldspende von Geremek für eine komplizierte Operation ihrer kleinen Tochter.

Angesichts des jahrzehntelangen unehrlichen Umgangs der kommunistischen Machthaber mit der Geschichte konnte es nicht ausbleiben, das historische Hinterlassenschaften in diesen Briefen angesprochen wurde. So meldeten sich Familien zu Wort, deren Vorfahren oder Verwandte während des Zweiten Weltkriegs in die Sowjetunion verschleppt worden waren. Ein Pfarrer fragte nach der möglichen Rückgabe eines Kirchengebäude, das während des Stalinismus verstaatlicht worden war. Veteranenverbände artikulierten ihre Probleme. Frühere Häftlinge des Konzentrations- und Vernichtungslagers Auschwitz fürchteten, dass ihre Anliegen wegen der Wiederannäherung zwischen Polen und Deutschland in den Hintergrund geraten könnten.

Aber es meldeten sich nicht nur bittende, fordernde, kritisierende oder gar lamentierende Stimmen. Oft baten die Verfasser auch Hilfe an. Auch wurde Geremek eingeladen, Vereinen oder Bürgerinitiativen vor Ort beizutreten. Nicht selten bekam er Einladungen zur Teilnahme an lokalen oder regionalen Veranstaltungen bzw. Diskussionsrunden. Und natürlich konnte es nicht ausbleiben, dass er immer wieder um Autogramme gebeten wurde.

Die Briefe sind auch ein Beweis dafür, dass Geremek über ein ausgebautes internationales und auch nationales Kontaktnetz verfügte. Wiederholt erhielt er Briefe von Historikern und Vertretern anderer Fachrichtungen sowie Einladungen zu wissenschaftlichen Konferenzen im Ausland und in Polen selbst. Einzelne Professoren baten ihn, zu wissenschaftlichen Disputen Stellung zu nehmen. Als ihm an der Sorbonne in Paris die Ehrendoktorwürde verliehen wurde, bekam er zahlreiche Glückwünsche. Trotz der harten Parlamentsarbeit bemühte er sich, den Kontakt zu internationalen wissenschaftlichen Einrichtungen wie dem Woodrow Wilson International Center for Scholars in Washington zu halten.

Natürlich konnte und wollte Geremek nicht alle Briefe selbst beantworten. Aber er bemühte sich, wann immer Zeit dafür blieb. Mal handschriftlich, mal per Schreibmaschine. Oft mussten Mitarbeiterinnen oder Mitarbeiter seines Sekretariats in seinem Auftrag antworten, oder er teilte den Verfassern mit, dass er deren Briefe wegen des speziellen Sachverhalts an andere Ministerien oder Behörden weitergeleitet hatte. Hin und wieder nutzte er noch altes Briefpapier, das den Aufdruck „Poseł na Sejm Polskiej Rzeczypospolitej Ludowej" (deutsch: „Abgeordneter des Sejm der polnischen

Volksrepublik"), obwohl die kommunistische „Volksrepublik" auch laut Verfassung nicht mehr existierte.

Auf jeden Fall zeigt die „Poczta Geremka", welche Hoffnungen und Erwartungen auf den Abgeordneten des *Bürgerkomitees bzw.* der „Solidarität" und speziell auf Bronisław Geremek lasteten. Der öffentliche Druck war enorm. Natürlich ging es Tadeusz Mazowiecki und seiner Regierung nicht anders.

7.6. „Krieg an der Spitze": Wałęsa wird Staatspräsident – Konflikt mit Geremek, Mazowiecki, Michnik und anderen

Das Jahr 1990 symbolisiert die Schwierigkeiten einer jungen, unreifen Demokratie postkommunistischer Provenienz. Erste Fundamente für die neue parlamentarische und marktwirtschaftliche Republik waren gelegt, doch bedurfte dieses System einer weiteren Ausgestaltung. Außerdem fehlten noch die Praxis und die Erfahrung, die diesem System zum Erfolg verhelfen konnten. Vieles musste sich erst noch einpendeln: das Verhältnis der oberen Staatsorgane zueinander, die Beziehungen der Regierenden zu den Bürgern, die Bildung neuer, in der Gesellschaft verankerter Parteien. Alle waren extrem gefordert. So mussten sich diejenigen aus der ehemaligen Opposition, die nun an den Schalthebeln der Macht saßen, erst einmal an ihre neue Rolle gewöhnen, ebenso wie diejenigen, die weiter in der Opposition bleiben wollten, es nun aber nicht mehr mit ihren alten politischen Gegnern, eben den Kommunisten, zu tun hatten. Enormer Druck lastete auf Lech Wałęsa und der „Solidarität" ebenso wie auf Mazowiecki und seiner Regierung sowie auf den parlamentarischen Fraktionen, die diese Regierung stützen. Aber auch die *PVAP* als frühere Staatspartei des alten, abgelösten Systems musste sich auf neue Zeiten einstellen. Überhaupt war die ganze Gesellschaft aufgefordert, sich erst in dem neuen System zurecht finden. Das alles konnte nicht ohne scharfe Konflikte bewältigt werden.

Es war absehbar, dass die mit dem *Runden Tisch* und der Parlamentswahl im Juni 1989 errungene Freiheit auch zu einer Neugestaltung der politischen Szene führen würde. Unter den neuen politischen, wirtschaftlichen und sozialen Bedingungen entwickelten sich unterschiedliche gesellschaftliche Interessen, die sich dann auch in der Gründung verschiedener politischer Parteien und sonstiger Vereinigungen manifestierten. Wie schon erwähnt, entsprach die von Tadeusz Mazowiecki und seiner Regierung vorangetriebene Transformation nur teilweise diesen Interessen, auch wenn es in der intellektuellen Elite der „Solidarität" und der früheren Opposition einen gewissen Grundkonsens gab, was den Aufbau einer rechtsstaatlich und marktwirtschaftlich fundierten parlamentarischen Demokratie anging.

Dabei waren zwei Prozesse zu beobachten. Zum vertieften sich die Gräben innerhalb der „Solidarität", die zuvor als klassische Einheitsfront zusammen mit der politischen Opposition den Kampf gegen den Kommunismus organisiert hatte. Einzelne führende Funktionäre der Gewerkschaft konzentrierten sich vor allem auf parteipolitische Initiativen und ließen ihre gewerkschaftliche Arbeit in den Hintergrund treten. Die Folge bestand darin, dass diverse national-katholische, konservativ-liberale und sozialdemokratische bis sozialistische Parteien entstanden, die fortan kamen und gingen, sich vereinten und wieder trennten, mal Regierungsverantwortung übernahmen oder in die Opposition gingen. Zum anderen bemühte sich die alte kommunistische *Polnische Vereinigte Arbeiterpartei (PVAP)* in veränderter Gestalt im neuen demokratisch-marktwirtschaftlichen System Fuß zu fassen, was ihr nach anfänglichen Schwierigkeiten auch gelang und sie in den Jahren 1993–97 und 2001–05 wieder an die Macht führte.[678]

Von Bronisław Geremek wissen wir, dass ihm dieser politische Differenzierungsprozess zu schnell ging, dass er gern die „Solidarität" bzw. die *Bürgerkomitees* als Einheitsfront noch länger erhalten hätte – zumindest bis zu dem Zeitpunkt, da sich die Fundamente und Stützpfeiler des neuen Systems als stabil erwiesen hatten. Aber war das realistisch angesichts der „sozialen Kosten" der Transformation? War dieser Prozess aufzuhalten bzw. zu verzögern? Wohl kaum. Der polnische Historiker Andrzej Friszke konzedierte weiteren Forschungsbedarf:

> „Die Beschreibung der Veränderungen in den 1990er Jahren und die Rolle, die Geremek dabei spielte, bedürfen eines weiteren speziellen Studiums. Gab es einen anderen Weg? Mussten sich tatsächliche solche tiefen Spaltungen vollziehen und hätten diese nicht in einem besseren Stil bewerkstelligt werden können? Hat er (Geremek – R.V.) als Vorsitzender des *OKP* nicht Fehler begangen, die diese Spaltungen vertieften? Der Preis für den begangenen Weg aus dem Kommunismus war hoch, aber wäre er nicht noch höher gewesen, hätte man ein anderes Modell (der Transformation – R.V.) bevorzugt?"[679]

In der Tat bedarf es weiterer Forschungen. Aber die Entwicklung ab Sommer 1990 zeigt auch, dass eher Adam Michnik und andere, natürlich auch Lech Wałęsa, für die Dramatik des Differenzierungsprozesses verantwortlich waren, nicht aber Geremek.

So nahm die Neugestaltung der politischen Landschaft in Polen ihren Lauf. Den Anfang machte Ende Oktober 1989 die *Christlich-Nationale Vereinigung (Zjednoczenie Chrześcijańsko-Narodowe – ZChN)*, der vor allem katholisch-konservative und nationalistische Aktivisten der „Solidarität" sowie ihrer Parlamentsfraktion wie Stefan Niesiołowski, Jan Łopuszański und Marek Jurek beitraten. Im Jahr 1990 unterstützte *ZChN* die Kandidatur Lech Wałęsas für das Amt des Staatspräsidenten und übernahm nach der Parlamentswahl 1991 auch Regierungsverantwortung. Ihr Programm zielte vor allem auf die Stärkung der nationalen Unabhängigkeit Polens, den Schutz der polnischen Volkswirtschaft vor dem Import westlicher Waren, die Förderung kleiner und mittelständischer Unternehmen, die Unterstützung der sozial Schwachen im Prozess der Transformation sowie die Bevorzugung der katholischen Glaubenslehre in der Bildung. *ZChN* wurde im Januar 2010 aufgelöst.

---

678 Zur Herausbildung des polnischen Parteiensystems siehe u. a. Roszkowski, Wojciech: Najnowsza historia Polski 1980–2006. Część I. Warszawa 2007, S. 133 ff.
679 Friszke, Andrzej: Bronisława Geremka … (Fn. 155).

Auf einem reichlich melodramatischen Parteitag Ende Januar 1990 im Warschauer Kulturpalast stimmten die Delegierten der *Polnischen Vereinigten Arbeiterpartei (Polska Zjednoczona Partia Robotnicza – PZPR)* für die Auflösung ihrer Organisation. Damit ging eine mehr als vierzigjährige Parteigeschichte zu Ende, in der diese Organisation als staatstragende kommunistische Partei die verschiedenen Spielarten des Sozialismus in Polen geprägt hatte. Aus der *PZPR/PVAP* entstand hauptsächlich die *Sozialdemokratie der Republik Polen (Socjaldemokracja Rzeczypospolitej Polskiej – SdRP)*. Ein kleinerer Teil der bisherigen orthodoxen Parteifunktionäre blieb der neuen Organisation fern, während die Mehrheit dieser Kader auch dort weiterhin Einfluss geltend machte. Einige, sehr kritisch eingestellte Funktionäre wie Tomasz Nałęcz, Wiesława Ziółkowska und Tadeusz Fiszbach, traten der *SdRP* nicht bei. Zu ihrem Vorsitzenden wählte die neue Partei Aleksander Kwaśniewski, der im Jahr 1995 das Amt des polnischen Staatspräsidenten übernahm. Die *SdRP* war auch die treibende Kraft bei der Bildung des *Bündnisses der demokratischen Linken (Sojusz Lewicy Demokratycznej – SLD)*, eines vor der Parlamentswahl 1991 gegründeten Bündnisses aus rund 30 linken Gruppierungen. Trotz eines Gesetzes vom November 1990, das die Überführung des vormaligen *PVAP*-Vermögens in Staatseigentum vorsah, verstanden es führende Parteifunktionäre, finanzielle Ressourcen der Partei und einen beträchtlichen Teil der parteieigenen Immobilien für den Aufbau eigener privater Unternehmen zu nutzen.

Im Mai 1990 entstand die *Zentrumsallianz (Porozumienie Centrum – PC)*, die im Laufe des Jahres zur wichtigsten politischen Basis von Lech Wałęsa werden sollte, auch wenn er nicht Mitglied dieser Partei war. *PC* entstand auf Initiative der Zwillingsbrüder Lech und Jarosław Kaczyński. Beide Politiker übernahmen zeitweise wichtige Funktionen in der Kanzlei von Wałęsa, nachdem dieser am 9. Dezember 1990 zum polnischen Staatspräsidenten gewählt worden war. Ähnlich wie *ZChN* war die *Zentrumsallianz* eine Partei, die für eine schnellere Beseitigung der Hinterlassenschaften des früheren kommunistischen Systems eintrat. Sie forderte vorgezogene Parlaments- und Präsidentenwahlen sowie eine scharfe Abrechnung mit den ehemaligen kommunistischen Machthabern und den Angehörigen des alten Geheimdienstes. Aus ihren Reihen kam Jan Olszewski, der von Dezember 1991 bis Juni 1992 das Amt des Premiers ausübte. Olszewski, ein verdienter Anwalt und Oppositionspolitiker seit den 1960er und 1970er Jahren, scheiterte, weil er mit dem Amt des Regierungschefs fachlich und politisch überfordert war und sein Innenminister Antoni Macierewicz mit dilettantisch zusammengeschusterten Listen vermeintlicher und tatsächlicher ehemaliger Geheimdienstagenten eine Überprüfung oberer staatlicher Instanzen durchsetzen wollte.

Ebenfalls im Mai 1990 schlossen sich verschiedene bäuerliche Gruppierungen zur *Polnischen Volkspartei (Polskie Stronnictwo Ludowe – PSL)* zusammen, darunter die frühere Blockpartei *ZSL* sowie einige bäuerliche Gruppen aus der ehemaligen Opposition. Die *PSL* ist die einzige Partei, die bis heute unter diesem Namen im Parlament vertreten ist, auch wenn sie zwischendurch in den Wählerumfragen mehrfach unter die 5-Prozent-Hürde fiel. Die Stärke dieser Partei ist eine mehr oder weniger stabile

Basis in den ländlichen Regionen Polens. Inhaltlich ist sie schwer solchen Begriffen wie konservativ, liberal oder links zuzuordnen, da ihre Programmatik von allen diesen Elemente etwas enthält. Dabei beruft sie sich auf die über hundertjährige Tradition der polnischen Bauernbewegung und ihren legendären, 1945 verstorbenen Vorsitzenden Wincenty Witos. Nach 1993 und 2001 war die *PSL* an Regierungskoalitionen mit dem *SLD* beteiligt.

Den politischen und wirtschaftlichen Gegenentwurf zu den bisher erwähnten Parteien lieferte der *Liberal-Demokratische Kongress (Kongres Liberalno-Demokratyczny -KLD)*, der Ende Juni 1990 aus der Taufe gehoben wurde. Der *KLD* war politischer Ausdruck der liberalen Strömung von Ökonomen, Publizisten und kleinen Unternehmern, die sich in den 1980er Jahren in Danzig formiert hatte. Zu seinen Gründungsmitgliedern zählten die späteren polnischen Ministerpräsident Jan-Krzysztof Bielecki und Donald Tusk, der ab 2009 als EU-Kommissar für Finanzen amtierende Janusz Lewandowski sowie Jacek Merkel, der zeitweise in der Kanzlei von Staatspräsident Lech Wałęsa tätig war. Auch diese Partei zählte ab 1990 zu den wichtigsten Unterstützern von Wałęsa.

Links der Mitte der neuen politischen Szene Polens bildete sich die *Bürgerbewegung Demokratische Aktion (Ruch Obywatelski Akcja Demokratyczna – ROAD)*, zu deren führenden Köpfen vor allem Zbigniew Bujak und Władysław Frasyniuk gehörten, die nach der Verhängung des Kriegsrechts im Dezember 1981 an vorderster Front die Untergrundstrukturen der „Solidarität" organisiert hatten. Prominente Mitglieder und Sympathisanten der Gruppe waren auch Adam Michnik, Chefredakteur der *Gazeta Wyborcza*, sowie Barbara Labuda, die später in der Kanzlei des polnischen Staatspräsidenten Aleksander Kwaśniewski arbeitete, und auch Marek Edelman, der als junger Mann im Frühjahr 1943 am jüdischen Aufstand gegen die deutsche Besetzung Polens und die Vernichtung der Juden teilgenommen hatte. Auch Bronisław Geremek sympathisierte zeitweise mit *ROAD*, war aber nie Mitglied. Die Gruppe zählte zu den Kritikern Lech Wałęsas und unterstützte Tadeusz Mazowiecki bei der Präsidentenwahl 1990. Die meisten ihrer Mitglieder traten nach Auflösung der Organisation im Mai 1991 der *Demokratischen Union (Unia Demokratyczna – UD)* bei.

Die *UD* war die wichtigste der Parteien, die aus der „Solidarität" bzw. der früheren Opposition hervorgingen. Sie entstand am 3. Dezember 1990, also wenige Tage nach der ersten Runde der Präsidentenwahl, in der Tadeusz Mazowiecki hinter Lech Wałęsa und Stanisław Tymiński nur den dritten Platz errungen hatte und damit ausgeschieden war. Zwei Tage nach dieser Niederlage gab Mazowiecki seinen Rücktritt und den seines ganzen Kabinetts bekannt. Die neue Partei christlich-liberaler Orientierung entstand auf der Basis der Wahlkomitees im ganzen Land, die Mazowiecki bei der Präsidentenwahl unterstützt hatten. Im Januar 1991 übernahm er das Amt des Parteichefs. Die *Demokratische Union* wurde in den ersten freien Sejmwahlen von 1991 mit 12,3 Prozent (!) der Stimmen die stärkste Partei und stellte 1992/93 mit Hanna Suchocka die Ministerpräsidentin einer, reichlich brüchigen Koalition aus sieben Parteien. 1994 schloss sie sich mit dem *Liberal-Demokratischen Kongress* zur *Freiheitsunion (Unia Wolności – UW)* zusammen.

Der polnische Historiker Andrzej Paczkowski kommentierte den politischen Differenzierungsprozess mit den Worten:

„Wenn man berücksichtigt, dass es (zum damaligen Zeitpunkt – R.V.) auch noch Oppositionsparteien aus der Zeit vor Beginn des Systemwechsels gab (wie die *Konföderation Unabhängiges Polen – Konfederacja Polski Niepodległej, KPN*, und die *Polnische Sozialistische Partei – Polska Partia Socjalistyczna, PPS*, ... so muss man feststellen, dass die politische Szene Polens Mitte 1990 ungemein differenziert war und von der politischen Zusammensetzung des Sejm immer schlechter abgebildet wurde."[680]

Allerdings blieb die Struktur der Fraktionen im Parlament nicht unbeeinflusst von der Parteienentwicklung. Schon im November 1990 existierten innerhalb des *Parlamentarischen Bürgerklubs (OKP)* insgesamt neun Arbeitskreise, die sich mehr oder weniger an den neuen Parteien orientierten.[681] Im Januar 1991 übernahm Bronisław Geremek die Leitung der eigenständigen Parlamentsfraktion der *Demokratischen Union*.

Als erste Stunde der Wahrheit für die neuen politischen Parteien erwiesen sich die Wahlen zu den lokalen Selbstverwaltungswahlen am 27. Mai 1990. Es handelt sich um die erste vollkommen freie Wahl auf lokaler Ebene, bei der die kommunalen Abgeordneten in etwa 2500 polnischen Gemeinden gewählt wurden. Dabei kamen die Kandidaten der *Bürgerkomitees* auf gut 41 Prozent, während etwa 37 Prozent auf „unabhängige" Bewerber entfielen, die aber in der Regel frühere Funktionäre der inzwischen aufgelösten kommunistischen *PVAP* waren. War schon dieses Ergebnis ein deutlicher Hinweis auf die Spaltung der Gesellschaft, so zeigte besonders die geringe Wahlbeteiligung von gut 42 Prozent, dass ein erheblicher Teil der Bevölkerung noch nicht in den neuen Zeiten angekommen war.

Obwohl schon vor diesen Wahlen ein Gesetz über die lokale Selbstverwaltung verabschiedet worden war, das den Stadt- und Gemeinderäten ihre Funktion als Entscheidungsträger in örtlichen Angelegenheiten zurückgab und die Kompetenzen der Selbstverwaltungsorgane genauer definierte, wurde die öffentliche Auseinandersetzung vor dem Wahltag nicht über diese Errungenschaften und lokale Probleme, sondern vielmehr über zentrale Themen geführt: die marktwirtschaftliche Transformation und deren soziale Folgen, die Auseinandersetzungen über das Selbstverständnis der „Solidarität", die politischen Ambitionen von Lech Wałęsa, schließlich die Streiks verschiedener Berufsgruppen und die Unruhe unter den Bauern.

Angesichts dieses Wahlergebnis brachte Bronisław Geremek erneut seine Skepsis gegenüber dem schnellen Parteibildungsprozess zum Ausdruck. In einer Sitzung des Präsidiums des *OKP* drei Tage nach der Wahl sagte er:

„Das wichtigste Problem besteht in der Interpretation der Tatsache, dass knapp 60 Prozent nicht an der Wahl teilgenommen haben ... Offenbar ist das Wahlergebnis in be-

---

680 Paczkowski, Andrzej: Politischer Prolog. Die Entstehung der III. Republik. In: Bingen, Dieter/ Ruchniewicz (Hg.): Länderbericht Polen. Bonn 2009, S. 142,
681 Sekretariat Obywatelskiego Klubu Parlamentarnego: Członkowie kół parlamentarnych klubu OKP. Informator Parlamentarny nr. 27, 20 listopada 1990 r.

deutendem Maße Ausdruck eines Überdrusses der Menschen gegenüber der Politik, besonders der Politik der Regierung ... Die Bürgerbewegung ist weiterhin das Hauptelement des öffentlichen Lebens ... Es besteht weiterhin eine große Unlust (vieler Menschen – R.V.), sich auf eine bestimmte politische Richtung (und damit eine politische Partei – R.V.) festzulegen."[682]

Doch wie wir gesehen haben, konnte auch dieses Wahlergebnis den parteipolitischen Differenzierungsprozess nicht aufhalten.

Insbesondere Lech Wałęsa war derjenige, der die Polarisierung des Lagers der „Solidarität" vorantrieb. Es scheint, als habe ihn das Fiasko der Wahl sogar darin bestätigt, diesen Weg zu gehen. Schon vor der Wahl hatte er öffentlich die Gründung neuer Parteien gefordert und tat dies weiterhin. Im Rahmen des von Mazowieckis Regierung eingeleiteten Prozess der Transformation verstand Wałęsa den Parteibildungsprozess als nächsten notwendigen Schritt zur Festigung der jungen polnischen Demokratie.

Im zentralen *Bürgerkomitee* stärkte er seinen Einfluss, indem er zahlreiche neue Mitglieder, insbesondere aus den Reihen der *Zentrumsallianz* der Kaczyńskis, in das Gremium aufnahm. Aus Protest gegen diesen personellen Schachzug und überhaupt gegen die scharfe Kritik Wałęsas an der Mazowiecki-Regierung verließen Ende Juni 1990 63 Mitglieder das *Bürgerkomitee*, darunter auch Bronisław Geremek.

Personelle Umbesetzungen stärkten außerdem den Zugriff Wałęsas auf bestimmte Medien. So machte er Jarosław Kaczyński zum Chefredakteur der Wochenzeitung *Tygodnik Solidarność*, die bis dato von Vertrauten Mazowieckis geführt worden war, nachdem dieser im Herbst 1989 wegen seines Amtsantritts als Premier den Posten des Chefredakteurs der Zeitung aufgegeben hatte.

Außerdem setzte er im September 1990 einen Beschluss der Führung der „Solidarität" durch, mit dem der *Gazeta Wyborcza* von Adam Michnik verboten wurde, weiterhin den berühmten roten Schriftzug der Gewerkschaft im Titel der Zeitung zu verwenden. Wałęsa brachte damit zum Ausdruck, dass er politisch nicht mehr auf der Seite der Zeitung stand, die er ebenfalls als Unterstützer der Mazowiecki-Regierung empfand.

Wałęsa trug als wesentlich dazu bei, dass sich nach und nach zwei politische Lager herauskristallisierten, die sich, grob gesehen, in ihrer Haltung zur Mazowiecki-Regierung unterschieden sowie unterschiedliche Vorstellungen über den Fortgang des Transformations- und Reformprozesses hatten. In einer Sitzung des *Bürgerkomitees* am 13. Mai 1990 griff er die Regierung frontal an, als er betonte, diese verfolge das Konzept einer von oben gesteuerten Demokratie und und beziehe die Gesellschaft zu wenig in ihre Arbeit ein – eine Kritik, die ja auch Geremek, wenngleich nur intern, formulierte. Wałęsa formulierte bei dieser Gelegenheit die berühmten Sätze:

---

682 Prezydium Obywatelskiego Klubu Parlamentarnego. 31 maja 1990 r, godz. 13.00. Archiwum Senatu, Archiwa Przełomu.

> „Wenn oben Ruhe herrscht, gibt es unten Krieg. Daher fordere ich Sie (die Mitglieder des *Bürgerkomitees*) auf, Krieg zu führen."[683]

Wenige Tage zuvor hatte er die Demokratie als „friedlichen Krieg aller gegen alle" definiert. Diese Äußerungen galten seither als Startschuss für den so genannten „Krieg an der Spitze", der in den folgenden Monaten die öffentliche Debatte in Polen dominieren sollte. Später hat sich Wałęsa in seinen Erinnerungen darüber beschwert, dass ihm dieses Stichwort quasi in den Mund gelegt worden sei:

> „Die Ausrufung des ‚Kriegs an der Spitze' wird mir zu Unrecht zugeschrieben. Meine Äußerung, in der ich die Definition der Demokratie als Krieg aller gegen alle zitiert habe, wurde aus dem Zusammenhang gerissen. Denn das war eine Formulierung aus der *Kultura* (die berühmte, von Jerzy Giedroyc in Paris redigierte polnische Exilzeitschrift – R.V.). Meine Äußerung wurde von Frau Niezabitowska, der Regierungssprecherin, aufgegriffen, die dann in einer Pressekonferenz betonte, Lech Wałęsa habe der Regierung den Krieg erklärt. Ich habe dann der *New York Times* ein Interview gewährt, in dem ich feststellte, dass die Regierenden in Polen zu viel reden und zu wenig erreichen und dass deshalb ein lokales Erdbeben notwendig sei, dass irgendjemand einen politischen Krieg führen muss, aber auf der Basis des geltenden Rechts. Die Demokratie muss Streit an der Basis kanalisieren, damit es auf den Straßen ruhig bleibt."[684]

Um was ging es ihm? Als Gewerkschaftsführer, der sich gern unter das Volk mischte, bekam er viel zu hören von den Missständen und Ungerechtigkeiten, die den Menschen auf der Seele lagen. Bei ihm häuften sich Beschwerden sowohl über die sozialen Folgen der marktwirtschaftlichen Transformation, als auch über die Schamlosigkeit, mit der sich Mitglieder der ehemaligen Parteinomenklatur Staatseigentum für ihren „ökonomischen" Start in die neue Marktwirtschaft aneigneten. Viele Menschen wollten, bildlich gesprochen, Köpfe rollen sehen. Wałęsa machte sich zum Sprecher solcher Stimmungen, während die Regierung von Tadeusz Mazowiecki und Teile des *Parlamentarischen Bürgerklubs,* nicht zuletzt Geremek, das ohnehin schon hohe Tempo der politischen und wirtschaftlichen Umwälzung nicht noch weiter verschärfen wollten. Demgegenüber verlangte Wałęsa im August 1990 vorgezogene Parlaments- und Präsidentschaftswahlen. Diese müssten, wie er betonte, dazu führen, dass Staatspräsident Wojciech Jaruzelski als Repräsentant des alten Regimes sein Amt abgeben müsse und außerdem eine Regierung gebildet werden könne, in der keine Minister der ehemaligen *PVAP* mehr säßen.

Natürlich ging es Wałęsa auch um die Macht. Zu jener Zeit bestand sein Hauptproblem darin, dass er nach wie vor der Hauptakteur auf der politischen Bühne war, andererseits aber kein Amt ausübte, das es ihm erlaubt hätte, Entscheidungen zu treffen und umzusetzen. Bronisław Geremek meinte im Sommer 1990:

---

683 Siehe u. a. Chwalba, Andrzej: Wojna na górze, wojna na zawsze. Trzeci rok Trzeciej RP. In: *Polityka*, 11.11.2006.
684 Wałęsa, Lech: Droga do prawdy … a.a.O., S. 336.

> „Es geht darum, dass er (Wałęsa – R.V.) im gegenwärtigen politischen Leben keinen geeigneten Platz zu finden scheint. Allein durch seine starke Persönlichkeit sprengt er die politische Szene. Wałęsa ist unzweifelhaft eine historische Gestalt, die den gesamten Veränderungsprozess in Mitteleuropa symbolisiert. Ich meine, dass er irgendeinen Platz im öffentlichen Leben finden sollte. Er müsste diesen Platz jedoch auf demokratische Weise finden. Ich will die Schärfe des gegenwärtigen Konflikts nicht überbewerten. In einem demokratischen System gibt es nun einmal das Prinzip der Konkurrenz. In der noch schwachen polnischen Demokratie nimmt diese Konkurrenz irgendwie hässliche Formen an."[685]

Mehr als zwei Jahrzehnte lang blieb der damalige „Krieg an der Spitze" Gegenstand unterschiedlicher Bewertungen. Während Vertreter der nationalkonservativen Strömung um die Brüder Kaczyński diese, wie sie betonten, „Beschleunigung" im Jahr 1990 für gerechtfertigt oder gar noch für zu wenig konsequent hielten, standen Mazowiecki und seine damaligen engen Mitstreiter zu ihrer ablehnenden Haltung, die sie gegenüber Wałęsas Ansinnen eingenommen hatte. Es war Bronisław Geremek, der zwanzig Jahre später die wohl beste Bewertung der damaligen Kontroverse abgab:

> „Die Haltung von Wałęsa war die eines Staatsbürgers. Er fühlte sich marginalisiert, ehrlos, und beobachtete unruhig das Geschehen in Warschau. Die Initiative für einen ‚Krieg an der Spitze' entsprang in erster Linie dem Denken frustrierter Intellektueller (damit sind vor allem die Brüder Kaczyński gemeint – R.V.) und nicht dem Ansinnen des Elektrikers aus Danzig (Wałęsa – R.V.). Diese frustrierten Intellektuellen haben ihm suggeriert, dass es schlecht sei, dass ‚wir' (eben sie – R.V.) nicht an der Macht beteiligt seien. Denn wenn man sich die Zusammensetzung der Regierung von Mazowiecki ansieht, dann erkennt man, dass tatsächlich ein Teil der politischen Elite für sich keinen Platz im Machtgefüge gefunden hatte. In einer normalen Demokratie gibt es Wahlen und alternative politische Lager. Doch für die damalige ‚Schocktherapie' (die harten marktwirtschaftlichen Reformen von Finanzminister Balcerowicz – R.V.) war eine gemeinsame Basis notwendig. Ich bin der Meinung, dass die Regierung von Tadeusz Mazowiecki darauf setzte und dass es für Polen besser gewesen wäre, wenn wir eine solche einheitliche Unterstützung noch für einige weitere schwierige Jahre bewahrt hätten. Als Mensch, der damals in der Politik engagiert war, denke ich mit Schmerz an an diese Zeit zurück. Es wäre wohl besser für das Land gewesen, wenn wir ohne diesen Konflikt, dessen Auswirkungen wir bis heute spüren, ausgekommen wären. Wenn ich aber die Position eines distanzierten Beobachters einnehme, dann muss ich zugeben, dass diese Initiative (Wałęsas Vorgehen – R.V.) auch ihre Richtigkeit hatte. Und das deshalb, weil es zu einem Konflikt zwischen den Erfordernissen der Wirtschaftsreform, für die eigentlich Einheit als Basis notwendig war, und der politischen Entwicklung kam. Und in der Politik mag man eher keine Einheit."[686]

---

685 Gespenst nationaler Katastrophe. SPIEGEL-Interview mit Solidarność-Fraktionschef Bronisław Geremek über den Streit in der Bürgerbewegung. http://www.spiegel/print/d-113501887.html.
686 Geremek Bronisław: Trzeba było wygrać. Biblioteka *Polityki*. Rewolucja '89. Warszawa 2009, S. 65.

Viel spricht für die Einschätzung, dass die mit dem „Krieg an der Spitze" eingeleitete Zersplitterung des Lagers der „Solidarität – ebenso wie der Unmut in der Bevölkerung – dazu beigetragen hat, dass ein populistischer Abenteurer wie Stanisław Tymiński – im Kampf um die Nachfolge von Wojciech Jaruzelski als Staatspräsident im Spätherbst 1990 – eine wichtige Rolle spielen konnte und dass die Postkommunisten in Gestalt der Sozialdemokratie mit der Parlamentswahl im Jahr 1993 wieder an die Macht kamen. Andererseits muss man einer jungen postkommunistischen Demokratie, wie sie damals in Polen existierte, zugestehen, dass sie schmerzhafte Lernprozesse durchmacht und deshalb mitunter auch eher irrationale Wege geht. Auf jeden Fall hat der „Krieg an der Spitze" einen realistischen Blick auf die polnische Gesellschaft eröffnet.

Lech Wałęsa ließ den „Krieg an der Spitze" nahtlos in seinen Präsidentschaftswahlkampf münden. Mehrfach gab er Amtsinhaber Wojciech Jaruzelski öffentlich zu verstehen, dass seiner Auffassung nach dessen Mission dem Ende zugehe, wenngleich dieser erst ein Jahr zuvor für eine Amtszeit von sechs Jahren gewählt worden war. Es entsprach seinen Vorstellungen, dass Sejm und Senat Ende September eine Verfassungsnovelle billigten mit der die Direktwahl des Präsidenten eingeführt wurde.

Am 17. September gab Wałęsa offiziell seine Bewerbung für das Präsidentenamt bekannt. Dabei genoss er die Unterstützung der Führung der „Solidarität" und auch der Mehrheit im *Parlamentarischen Bürgerklub (OKP)*.[687] Als auch Tadeusz Mazowiecki am 5. Oktober seine Kandidatur anmeldete, standen sich nun die beiden Hauptkontrahenten des „Kriegs an der Spitze" gegenüber. Unter den vier weiteren Bewerbern war nicht zuletzt der Exilpole Stanisław Tymiński, der mit zweifelhaften Geschäften in Kanada und Lateinamerika zum Millionär aufgestiegen war. Tymiński wurde innerhalb kürzester Zeit zum politischen Propheten, der viele enttäuschte Bürger wie ein Magnet anzog. Er präsentierte sich als erfolgreicher Geschäftsmann, der seinen persönlichen Lebensweg als Erfolgsmodell für viele seiner potenziellen Wähler anzupreisen wusste.

Doch nicht nur Tymiński trug ein stark populistisches Element in den Wahlkampf. Auch Wałęsa merkte man auf Schritt und Tritt an, wie sehr er Parolen und Polemik, Agitation und Propaganda, Massenveranstaltungen liebte. Mehrfach trat er bei Wahlveranstaltungen mit einer Axt in der Hand auf, um auf diese Weise zu demonstrieren, wie er sich sein politisches Handeln als künftiger Staatspräsident vorstellte. Mazowiecki dagegen, dem der ganze Wahlkampf im Prinzip zuwider war, präsentierte sich als der philosophisch und theologisch geschulte Politiker, der öffentlich Analysen vorträgt, Strategien entwirft, auf einen schrittweisen Lernprozess der Menschen setzt und sich selbst als Mitglied einer zur Führung berufenen Elite begreift.

---

[687] Siehe u. a. Stenogram z posiedzenia Obywatelskiego Klubu Parlamentarnego w dniu 8.XI.1990 r. Archiwum Senatu, Archiwa Przełomu.

Adam Michnik, Chefredakteur der *Gazeta Wyborcza*, formulierte in dem Text „Weshalb ich nicht für Lech Wałęsa stimme", eine scharfe Kritik an seinem alten Kampfgefährten:

> „Aus meiner Bewunderung für Wałęsas politisches Talent habe ich nie ein Hehl gemacht. In der schwierigen Zeit des Kriegsrechts habe ich seine Taktik sehr wohl zu schätzen gewusst. Als ich noch zu seinen Mitarbeitern zählte, habe ich diese Taktik der Hartnäckigkeit und des Realismus unterstützt ... Ich empfinde viel Sympathie für Wałęsa. Ich mag seinen Humor, bewundere seine Intuition und Geschicklichkeit und bin mir auch der herausragenden Rolle bewusst, die er im Kampf gegen das kommunistische Regime gespielt hat ... Wałęsa will Präsident werden, und darin sehe ich nichts Bedrohliches. Schlimmer jedoch ist, dass er ein Präsident ‚mit der Axt' sein will, der mit Hilfe von Dekreten regiert und die Demokratie als Fähigkeit eines Fahrers versteht, sein Auto zu lenken ... Vielleicht gewinnt Wałęsa die Präsidentschaftswahlen. Aber auch dann wird er nicht der Präsident einer demokratischen Republik sein, sondern ein destabilisierender Faktor im politischen Leben, der Chaos verbreitet und Polen in der Welt isoliert."[688]

Die folgende Präsidentschaft Wałęsas zeigte in der Tat, dass Michnik bestimmte negative Aspekte in dessen Politikverständnis richtig benannt hatte, dass aber sein Kassandraruf unbegründet war. Später hat er dies auch mehrfach eingeräumt.[689]

In der ersten Runde der Präsidentschaftswahl am 25. November 1990 kam Wałęsa auf knapp 40 Prozent der Stimmen, während Tymiński immerhin gut 23 Prozent erhielt und Mazowiecki sich mit etwas mehr als 18 Prozent begnügen musste. Die Wahlbeteiligung lag immerhin bei knapp 61 Prozent. Für den Teil der politischen Elite, die sich um Mazowiecki gruppierte, war das Ergebnis ein Schock, hatte ihr Kandidat sogar gegen einen Mann verloren, den die Kommentatoren in den Medien wahlweise als politischen Desperado, Rattenfänger oder sogar als Geisteskranken bezeichnet hatten. Mazowiecki trat als Premier zurück und rief für die zweite Runde am 9. Dezember zum Votum für Wałęsa auf. Dieser erhielt dann gut 74 Prozent der Stimmen, während auf Tymiński knapp 26 Prozent entfielen. Wałęsa bezeichnete seinen Amtsantritt am 22. Dezember als „Beginn der dritten Republik", was bedeutete, dass die staatliche Tradition, auf die er sich bezog, die souveräne zweite Republik der Zwischenkriegszeit und nicht die von der Sowjetunion abhängige Volksrepublik Polen nach dem Zweiten Weltkrieg war.

Deutlicher noch als die vorangegangene Kommunalwahl zeigte dieser Urnengang, dass die Mehrheit der polnischen Gesellschaft mit der Wirtschaftspolitik der Regierung und deren sozialen Folgen unzufrieden war und das Gefühl hatte, keinen Einfluss auf das politische Geschehen nehmen zu können. Mazowieckis größter Fehler bestand

---

688 Michnik, Adam: Dlaczego nie oddam głosu na Lecha Wałęsę. In: *Gazeta Wyborcza*, 27.10.1990. In deutscher Sprache erschienen in Michnik, Adam: Der lange Abschied vom Kommunismus. Reinbek bei Hamburg 1992, S. 89 f.
689 Siehe u. a. Michnik, Adam: Niepodległość wskrzeszona i biesy „aksamitnej rewolucji". In: Michnik, Adam: Wściekłość i wstyd.Warszawa 2005, S. 237.

darin, das Bewusstsein der Bevölkerung falsch eingeschätzt zu haben. Wałęsa hatte das bessere Gespür für die Stimmungen in der Gesellschaft. So offenbarte die Präsidentenwahl ein ungeschminktes Bild der polnischen Gesellschaft zum damaligen Zeitpunkt: frei von kommunistischer Fälschung, aber auch nicht vernebelt durch den Weihrauch der „Solidarität".

In einem Interview aus dem Jahr 2009 hat Bronisław Geremek die aus seiner Sicht wichtigsten Schwächen der polnischen Transformation benannt:

> „Es handelt sich um drei Felder, auf denen wir nicht erfolgreich waren. Zum einen geht es um das Ausmaß des Engagements der Bürger im öffentlichen Leben und die schöne Formel von der Subjektivität des Menschen. Mit Begeisterung sprachen wir über die Bürgergesellschaft des Widerstandes. Im freien Polen ist diese irgendwo verschwunden ... Und wir waren uns dessen nicht bewusst, dass die Bürger von oben herab instrumentalisiert wurden. Eben so, dass sie für sich keinen Platz finden konnten ... Der zweite Misserfolg betrifft die Schocktherapie. Ich bin davon überzeugt, dass die radikalen Veränderungen, für die Leszek Balcerowicz stand, notwendig waren. Ohne diese wäre ein großes Land wie Polen nicht in der Lage gewesen, den Etatismus als Grundvoraussetzung seiner Existenz zu überwinden ... Allerdings fehlte uns das politische Verständnis dafür, dass es nicht ausreicht, Recht zu haben, sondern dass man (die Bürger – R.V.) von dieser Ratio auch überzeugen muss. ... Der dritte Fehler bestand in unserer strategischen Denkweise, wonach der Kommunismus der Vergangenheit angehöre und dass es unvorstellbar sei, dass die kommunistische Partei, in welcher Form auch immer, auf die politische Bühne zurückkehren könne. Daher die Überraschung über das Ergebnis der Wahl von 1993 (als die postkommunistische Sozialdemokratie an die Macht kam – R.V.)."[690]

---

690 Biblioteka *Polityki:* Rewolucja '89, a.a.O., S. 64.

8. Das neue System in der Erprobungsphase

Das Jahrzehnt nach dem Systemwechsel verlief weniger spektakulär als das revolutionäre Jahr 1989, doch brachte auch diese Dekade enorme Belastungen für Land und Leute mit sich. Die 1990er Jahre zeigten, dass die Strukturen eines neuen demokratisch-parlamentarischen und marktwirtschaftlichen Systems nicht von heute auf morgen stabilisiert werden können. Ein wichtiges Phänomen war die Zersplitterung des Parteiensystems, die aus dem Zerfall der „Solidarität" als Einheitsfront im Kampf gegen den Kommunismus resultierte.[691] Vielen neuen, oft unerfahrenen Politikern stand der Sinn mehr nach parteipolitischer Differenzierung als nach kollektiver Anstrengung zum Wohl des Landes. Wir haben schon gesehen, dass Bronisław Geremek dieses Phänomen mit Skepsis betrachtete, wenngleich er diesen Prozess auch nicht aufhalten konnte. Oftmalige große Schwierigkeiten bei der Regierungsbildung und wiederholte Machtwechsel waren die Folge. Dabei zeigte sich, dass die politische Mitte, die vor allem von den intellektuellen Milieus der *Demokratischen Union* gebildet wurde, nach und nach zugunsten rechter und linker Strömungen an Einfluss verlor – eine Mitte, zu der auch der Sozialdemokrat Geremek zählte. Noch 1989 hatten diese Milieus führend die Transformation des früheren kommunistischen Systems vorangetrieben. Andererseits schafften die Sozialdemokraten als Nachlassverwalter der früheren kommunistischen Staatspartei *PVAP* einen Wiederaufstieg, der sie schon im Jahr 1993 zusammen mit der Bauernpartei *PSL* wieder in die Regierungsverantwortung brachte.

Die 1990er Jahre waren aber auch eine Phase weiterer wirtschaftlicher Reformen. Die Privatisierung wurde fortgesetzt, Polen öffnete sich für ausländische Investoren und integrierte seinen Außenhandel zunehmend in die europäischen und globalen Märkte.[692] Dieser, insgesamt erfolgreiche Prozess hatte aber auch eine Schattenseite. Die Rezession in den frühen 1990er Jahren, eine so genannte *Transformationsrezession*, sowie der gewaltige Strukturwandel in der Schwerindustrie und in der Landwirtschaft gingen mit einem dramatischen Abbau von Arbeitsplätzen einher. In den Jahren 1989 bis 2003 sind in Polen mehr als 3,2 Millionen Arbeitsplätze verloren gegangen.[693] Die erhebliche soziale Unruhe in der Bevölkerung führte immer wieder zu einer Vertiefung der politischen Fronten.

---

691 Siehe u. a. Die Analyse des Soziologen Tomasz Żukowski in einer Sitzung des Präsidiums der Parlamentsfraktion der *Demokratischen Union* am 24.4.1991. Protokół z posiedzenia Prezydium Klubu Parlamentarnego „Unia Demokratyczny" w dniu 24 kwietnia 1991 r., S. 2 f. Archiwum Senatu.
692 Siehe u. a. Vetter, Reinhold: Fernziel Champions League. Die Europäisierung der polnischen Wirtschaft. *Osteuropa*, 61. Jg., 5–6/2011, S. 221–233.
693 Główny Urząd Statystyczny: Stopa bezrobocia w latach 1990–2010. www.stat.gov.pl/gus/5840_677_PLK_HTML-htm.

Für Bronisław Geremek waren die Jahre 1990 bis 1997 vor allem eine Zeit intensiver parlamentarischer Arbeit. Als Vorsitzender der Parlamentsfraktion der *Demokratischen Union* bzw. deren Nachfolgeparteien setzte er sich tatkräftig ein für die Stärkung der verfassungsrechtlichen und politischen Grundlagen der neuen polnischen Demokratie und für die Integration seines Heimatlandes in die internationalen Strukturen wie die *NATO* und die *EU*. Als Exponent seiner Partei war er natürlich auch in die verschiedenen Regierungsbildungsprozesse involviert.

Überblickt man seinen gesamten politischen und wissenschaftlichen Werdegang, dann könnte man zu der Schlussfolgerung gelangen, die 1990er Jahre zählten nicht gerade zu den herausragenden Perioden im Leben Geremeks. Einerseits stimmt das, andererseits führt wissenschaftliche Seriosität aber auch zu der klaren Feststellung, dass die politische Stabilisierung Polens nach 1989 ohne das Wirken solcher Persönlichkeiten wie Geremek schwieriger gewesen wäre.

8.1. Machtwechsel nach jeder Wahl

Die fehlende Reife der jungen polnischen Demokratie, vergleichbar den Verhältnissen in den anderen Staaten Ostmitteleuropas, zeigte sich nicht zuletzt an den vielen Regierungen jener Zeit. So kam es nicht nur nach jeder Parlamentswahl zu Machtwechseln zwischen den beiden großen politischen Lagern, den Parteien der „Solidarität" bzw. der früheren Opposition und den Postkommunisten (1993, 1997, 2001), was legitim ist, sondern auch zu wechselnden Regierungen bzw. Ministerpräsidenten innerhalb der beiden Machtblöcke. Schon in der Phase von 1989 bis 1993, in der Parteien der „Solidarität" die Macht ausübten, existierten vier Regierungen und ein Übergangskabinett. Aber auch die postkommunistischen Sozialdemokraten des *SLD* brachten es zwischen 1993 und 1997 auf drei Kabinette.

Schon im Januar 1991 löste der Danziger Liberale Jan Krzysztof Bielecki Tadeusz Mazowiecki ab, der nach seiner verheerenden Niederlage gegen Lech Wałęsa und Stanisław Tymiński bei der Präsidentenwahl 1990 zurückgetreten war. Bielecki, der schon in den Reihen der antikommunistischen Opposition politische Erfahrungen gesammelte hatte, Präsidiumsmitglied des *Liberal-Demokratischen Kongresses* war und Wałęsa in dessen Kampf um das Präsidentenamt unterstützt hatte, galt als entschiedener Verfechter liberaler wirtschaftlicher Konzepte. Sein Kabinett basierte auf einer Koalition seiner Partei mit der *Zentrumsallianz*, der *Christlich-Nationalen Vereinigung* und der *Demokratischen Union*. Leszek Balcerowicz, Krzysztof Skubiszewski und Piotr Kołodziejczyk behielten ihre Ämter als Finanz-, Außen- und Verteidigungsminister. Der spätere EU-Kommissar Janusz Lewandowski übernahm das Ministerium für Privatisierung. Die Regierung von Bielecki folgte besonders in ökonomischen Fragen dem geradlinigen und konsequenten Weg des Kabinetts von Mazowiecki.

Aber schon ein Jahr später läutete die Parlamentswahl vom 27. Oktober 1991 das Ende der Regierung ein. Mehr noch als die Kommunalwahl im Mai 1990 und die Präsidentenwahl im November/Dezember des gleichen Jahres verdeutliche dieser Urnengang die Schwächen der jungen polnischen Demokratie: die Desorientierung vieler Bürger, die Anfälligkeit bestimmter Schichten der Gesellschaft für extreme politische Auffassungen, die mangelnde Verankerung der Parteien sowie die fehlende Autorität der oberen Staatsorgane. Die Wahlbeteiligung lag bei schwachen 43,2 Prozent, insgesamt 29 Parteien und sonstige politische Gruppierungen zogen in das neue Parlament ein. Mazowieckis *Demokratische Union* erhielt als „Wahlsieger" 12,3 Prozent der Stimmen (62 von insgesamt 460 Mandaten), gefolgt von den postkommunistischen Sozialdemokraten mit 12 Prozent (60 Mandate), der *Katholischen Wahlaktion* (hauptsächlich die *Christlich-Nationale Vereinigung*) mit 8,7 Prozent (49 Mandate) sowie der *Zentrumsallianz* und der Bauernpartei *PSL* mit jeweils 8,6 Prozent (46 Mandate).

Offenbar trug auch die Änderung der Wahlordnung, die der Sejm im Mai 1991 beschlossen hatte, zu dieser Zersplitterung bei, weil darin das Verhältniswahlrecht ein viel stärkeres Gewicht erhielt als in der zuvor geltenden Regelung, die auf das Mehrheitswahlrecht ausgerichtet war. Zwei Tage nach der Wahl blieb dem Präsidium der *Demokratischen Union* nichts anderes übrig, als dieses dramatische Wahlergebnis in aller Deutlichkeit zur Kenntnis zu nehmen.[694]

In dieser Situation stand Lech Wałęsa als Staatspräsident vor einer undankbaren Aufgabe. Zunächst beauftragte er Bronisław Geremek, die Bildung einer Koalition und einer Regierung unter dessen Führung zu eruieren. Schon in verschiedenen Veranstaltungen vor der Wahl hatte Geremek seine Bereitschaft angedeutet, das Amt des Ministerpräsidenten zu übernehmen, dies aber vom Programm einer möglichen Koalition und der „Ehrlichkeit der teilnehmenden Parteien", wie er sich ausdrückte, abhängig gemacht.[695] Doch Geremek musste seine Bemühungen schon bald aufgeben. Vermutlich stimmt die Einschätzung, die der konservative Publizist Aleksander Hall in seinen Erinnerungen formuliert:

> „Ich habe nicht an einen Erfolg der Mission Geremeks geglaubt und dies auch bei Sitzungen der Führung der *Demokratischen Union* zum Ausdruck gebracht. Mir war bereits klar geworden, dass die *Union* unter den Gruppierungen der ‚Solidarität' isoliert war, und dass Geremek, den man eher dem linken Flügel der *Union* zuordnete, wohl geringere Chancen als bspw. Mazowiecki haben würde, diese Isolation zu durchbrechen. Ich erinnere mich an ein Gespräch mit Bronek in seinem parlamentarischen Büro, als er traurig auf meine Einschätzung reagierte. Geremek führte Gespräche zur Bildung einer Regierung, die aber zu keinem Resultat führten, so dass er den Auftrag am 13. November an Wałęsa zurückgab. Am Tag zuvor hatte sich der Präsident im *Belweder* mit den Vertretern der *UD*, *PC* und *KLD* (*Demokratische Union*, *Zentrumsunion* und *Liberal-Demokratischer Kongress* – R.V.) getroffen. Wałęsa versuchte zwar, Geremeks Position zu stärken, traf aber auf den entschiedenen Widerstand von Kaczyński (dem führenden Repräsentanten von *PC* – R.V.). Zwischen Kaczyński und dem Präsidenten entbrannte

---

694 Protokół Posiedzenia Prezydium Unii w dniu 29.10.1991. Archiwum Senatu.
695 Geremek gotów być premierem. *Polska Agencja Prasowa*, 23.10.1991.

ein erbitterter Streit, der damit endete, dass Kaczyński und Maziarski als Vertreter von *PC* die Versammlung verließen.[696]

Bald darauf einigte sich eine Koalition von fünf, vor allem konservativen Parteien (*Zentrumsallianz, Katholische Wahlaktion, Konföderation Unabhängiges Polen, Liberal-Demokratischer Kongress* sowie eine kleinere bäuerliche Gruppierung) auf den renommierten und verdienten Anwalt Jan Olszewski als Premier, der aber keinerlei Erfahrung als Politiker und oberer Staatsbeamter besaß. Treibende Kraft dieser Koalition waren Jarosław Kaczyński und seine Zentrumsallianz.

Doch Olszewskis Kabinett amtierte lediglich ein halbes Jahr (23. Dezember 1991 bis 6. Juni 1992). Schon kurz nach der Wahl des neuen Premiers im Sejm stieg der *Liberal-Demokratische Kongress* aus der Koalition aus. Anschließend musste die Regierung wegen ihrer schmalen parlamentarischen Basis auf wechselnde Mehrheiten zurückgreifen, verlor sie auch Abstimmen Sejm. Von Anfang an war sie starken internen Streitigkeiten und einer personellen Erosion ausgesetzt. Hinzu kamen ständige Konflikte zwischen Staatspräsident Wałęsa einerseits sowie den Ressorts für Verteidigung und Inneres. Lediglich Außenminister Krzysztof Skubiszewski gelang es zusammen mit dem Präsidenten, die Beziehungen zu den östlichen Nachbarstaaten auf eine neue Grundlage zu stellen.

Die Konflikte eskalierten, als Innenminister Antoni Macierewicz eine, mehr als dilettantische *Durchleuchtung* (polnisch „lustracja") einleiten wollte, d. h. eine Überprüfung von Inhabern staatlicher Ämter auf frühere Kontakte zum damaligen kommunistischen Geheimdienst. Eine entsprechende, von Macierewicz und seinen Bediensteten hastig und fahrlässig zusammengestellte Liste von Personen, rief bei allen, die nicht zu den Mitgliedern und Anhängern der Koalitionsparteien zählten, große Empörung hervor. Aleksander Hall berichtet:

> „Ich erinnere mich, dass die Abgeordneten der *UD* (*Demokratische Union* – R.V.) vom Inhalt der ‚Liste von Macierewicz' auf einer geschlossenen Sitzung vom Vorsitzenden Bronisław Geremek erfahren, der uns die Namen vorlas, die sich in einem Kuvert befanden, das er vom Chef des Innenministeriums erhalten hatte. Die Stimmung im Saal war äußerst emotional. Die übergroße Mehrheit der Anwesenden war der Meinung, dass Macierewicz einen schändlichen Racheakt gegenüber politischen Gegnern plane und auf diese Weise die Koalition retten wolle."[697]

Die Empörung mündete in eine schnelle Absetzung der Regierung. Am 5. Juni sprach der Sejm mit großer Mehrheit dem Kabinett von Olszewski sein Misstrauen aus. Am 19. Juni erklärte das Polnische Verfassungsgericht die Aktion von Macierewicz für verfassungswidrig.

Nach dieser unrühmlichen Episode in der Geschichte der jungen polnischen Demokratie setzte Staatspräsident Wałęsa zunächst auf den, gerade mal 32 Jahre alten Waldemar Pawlak, der damals Vorsitzender der Bauernpartei *PSL* war. Da Pawlak weder

---

696 Zit. nach Hall, Aleksander: Osobista Historia III Rzeczypospolitej. Warszawa 2011, S. 226.
697 Ebd., S. 238.

aus der alten kommunistischen Parteinomenklatur stammte, noch einer jener Parteien angehörte, die aus der „Solidarität" entstanden waren, traute der Präsident offenbar gerade ihm zu, die verhärteten politischen Fronten aufzuweichen. Doch Pawlak, der am 6. Juni 1992 zum Premier gewählt wurde, blieb nur bis zum 10. Juli im Amt. Trotz seines Versuchs, eine Allparteienregierung zu bilden, erhielt er lediglich die Unterstützung der postkommunistischen Sozialdemokratie und seiner eigenen Partei. Seine Gespräche scheiterten vor allem an den großen Meinungsunterschieden in wirtschaftlichen Fragen.

Nach dem Abgang von Pawlak unternahm das bürgerliche, der „Solidarität" entstammende Lager einen erneuten Versuch, die Regierungsgeschäfte voranzutreiben. Auf Vorschlag von Bronisław Geremek und Jan Maria Rokita wurde Hanna Suchocka aus den Reihen der *Demokratischen Union* am 11. Juni 1992 zur Ministerpräsidentin gewählt. Ihre Wahl basierte auf einem Bündnis, dem vor allem ihre Partei sowie der *Liberal-Demokratische Kongress* und die *Christlich-Nationale Vereinigung* angehörten. Suchocka gelang es, ein Kabinett zu formieren, dem ausgewiesene Fachleute und erfahrende Politiker aus verschiedenen Parteien angehörten, darunter Jerzy Osiatyński (Finanzen), Janusz Onyszkiewicz (Verteidigung), Jacek Kuroń (Arbeit), Janusz Lewandowski (Privatisierung), Andrzej Arendarski (Außenhandel) und Jan Krzysztof Bielecki (Europafragen).

Bald nach ihrem Amtsantritt verabschiedete die neue Regierung ein moderates Gesetz zu *Durchleuchtung*. In wirtschafts- und finanzpolitischen Fragen betrieben Suchocka und ihr Kabinett eine Politik, die den früheren Regierungen von Mazowiecki und Bielecki entsprach. Auch außenpolitisch folgte die Regierung diesen Vorbildern. Das galt sowohl für die weitere Entfaltung der deutsch-polnischen Beziehungen als auch für die weitere Annäherung an EU und Nato sowie die Normalisierung der Beziehungen zu Russland.

Das Kabinett Suchocka stürzte am 28. Mai 1993 über einen Misstrauensantrag, den Abgeordnete der „Solidarität" im Sejm eingebracht hatten. Hintergrund der Abwahl war die große soziale Unruhe in der polnischen Gesellschaft über die harten Folgen der marktwirtschaftlichen Reformen seit 1989.

Danach schlug das politische Pendel um. Das postkommunistische *Bündnis der demokratischen Linken (Sojusz Lewicy Demokratycznej – SLD)* gewann die Parlamentswahl vom 19. September 1993 mit 20,4 Prozent der Stimmen (171 von insgesamt 460 Mandate) vor der bäuerlichen *Polnischen Volkspartei (Polskie Stronnictwo Ludowe – PSL)* mit 15,4 Prozent und der *Demokratischen Union (Unia Demokratyczna – UD)* mit 10,6 Prozent. Den Einzug in den neuen Sejm verpassten insbesondere die „Solidarität", die *Zentrumsallianz (Porozumienie Centrum – PC)* und der *Liberal-Demokratische-Kongress (Kongres Liberalno-Demokratyczny – KLD)*.

Die folgenden drei Regierungen der Linken (bis 1997) setzten im Prinzip die Linie der vorherigen, aus der „Solidarität" hervorgegangenen Regierungen fort, versäumten aber dringend notwendige Reformen im Sozialbereich und verlangsamten die Privatisierung großer Staatsbetriebe. Zugleich profitierten sie vom 1993 einsetzenden Aufschwung der Wirtschaft, der auf den radikalen Reformen der Mazowiecki-Regierung basierte, das Bruttoinlandsprodukt stieg rapide an, die ausländischen Direktinvestitionen nahmen zu, die Arbeitslosigkeit fiel.

Schon zwei Wochen vor der Wahl hatte der Warschauer Politikwissenschaftler Aleksander Smolar die einleuchtende These formuliert:

> „Im Vollzug der ‚Refolution' (ein Begriff, den Timothy Garton Ash mit Blick auf die Transformation von 1989 formuliert hatte – R.V.), die ohne Kooperation mit den alten Eliten unmöglich gewesen wäre, haben die Erben der ‚Solidarität' die Auseinandersetzung um die kollektive Erinnerung vernachlässigt und verloren. Eine Verurteilung des Staatssozialismus ist keineswegs so selbstverständlich wie noch 1989 angenommen, denn im öffentlichen Bewusstsein stehen gleichberechtigt die ‚goldene' und die ‚schwarze' Legende Volkspolens gegenüber."[698]

Die an die Macht zurückkehrenden ehemaligen Funktionäre der früheren kommunistischen Staatspartei *PVAP* profilierten sich durch Pragmatismus und Anpassungsfähigkeit und wiederholten immer wieder ihr Bekenntnis zur parlamentarischen Demokratie, zur Marktwirtschaft und zur Integration Polens in die westlichen Bündnisse.

Doch zunächst schien es der postkommunistischen Linken als Wahlsieger noch zu früh zu sein, nur vier Jahre nach dem Systemwechsel erneut einen Regierungschef zu stellen. So ernannte Staatspräsident Lech Wałęsa am 18. Oktober den Bauernpolitiker Waldemar Pawlak zum Premier, der dann eine Regierung aus Vertretern der *PSL* und des *SLD* sowie parteilosen Ministern als Vertraute des Präsidenten bildete.

Doch Pawlak hatte schon nach eineinhalb Jahren seine Gestaltungskraft verloren und musste am 6. März 1995 seinen Hut nehmen. Nicht nur, dass er notwendige Strukturreformen auf die lange Bank schob und die grassierende Korruption in seiner Umgebung nicht eindämmen konnte, vielmehr war inzwischen auch bei der Linken das Bedürfnis entstanden, nun einen Mann aus den eigenen Reihen an die Spitze der Regierung zu stellen.

So wurde Pawlak durch den *SLD*-Funktionär Józef Oleksy ersetzt, der dann knapp 11 Monate das Amt des Premiers ausübte. Oleksy trat am 26. Januar 1996 zurück, nachdem der Verdacht aufgetaucht war, er habe in kommunistischen Zeiten mit dem damaligen Geheimdienst zusammengearbeitet. Oleksys Nachfolger wurde Włodzimierz Cimoszewicz, der zwar auch aus der alten Elite stammte, andererseits aber eine gewisse Distanz zur *SLD*-Führung hielt und in der Lage war, Polens realsozialistische Vergangenheit etwas selbstkritischer als die Spitze der Linken zu sehen.

Der erneute Umschwung kam mit der Parlamentswahl vom 21. September 1997, als die *Wahlaktion der Solidarität (Akcja Wyborcza Solidarność – AWS)* als Wahlsieger 33,8 Prozent der Stimmen (201 von insgesamt 460 Mandaten) erhielt und Jerzy Buzek am 31. Oktober das Amt des Premiers antrat.[699] Bronisław Geremek wurde Außenminister.

---

698 Smolar, Aleksander: Co będzie, jeżeli wygra SLD? *Gazeta Wyborcza*, 4./5. September 1993.
699 Siehe S. 308 ff. dieses Buches.

In den Jahren 1990 bis 1997 hatte es Geremek mit zwei, politisch recht unterschiedlich agierenden Staatspräsidenten zu tun. Am 22.12. 1990 trat Lech Wałęsa dieses Amt an[700],ihm folgte am 23.12. 1995 der *SLD*-Politiker Aleksander Kwaśniewski[701].

8.2. Fraktionsvorsitz, außenpolitische Arbeit, Verfassungsdebatte

Im Rahmen seiner parlamentarischen Arbeit im Sejm während der drei Wahlperioden (1989–91, 1991–93 und 1993–97) konzentrierte sich Bronisław Geremek vor allem auf den Vorsitz der Parlamentsfraktion der „Solidarität" und ab Januar 1991 auf den Fraktionsvorsitz der *Demokratischen Union* bzw. deren späterer Nachfolgepartei *Freiheitsunion*. Außerdem stand er während des gesamten Zeitraums der außenpolitischen Kommission des Sejm vor. Hinzu kam eine zeitweilige Tätigkeit in der Verfassungskommission. Die Transformationsphase und die nachfolgenden Auseinandersetzungen, die schon erläutert wurden, sowie die weitere politische Entwicklung hat er somit vor allem als führender Abgeordneter mitgestaltet.

Naturgemäß drehten sich die Diskussionen in seiner Fraktion und die Debatten im Plenum des Sejm um all die wichtigen Themen jener Jahre: die mangelnde innenpolitische Stabilität und die wiederholten Regierungswechsel, die weitere Ausgestaltung der Marktwirtschaft und deren harte soziale Folgen, die Fortentwicklung der verfassungsmäßigen Grundlagen des politischen Systems sowie die Neugestaltung der außenpolitischen Beziehungen des Landes.[702]

Dabei war Geremek derjenige, der inhaltlich Führung beanspruchte und auch ausübte. Er äußerte sich vor allem zu den Grundlagen der parlamentarischen Demokratie und den Ordnungsprinzipien einer sozial verfassten Marktwirtschaft sowie zur Außenpolitik, trug oftmals eine klare Analyse der jeweiligen innenpolitischen Situation vor, brachte Arbeitsergebnisse von sozialwissenschaftlichen Forschungsinstituten und außenpolitischen *Think Tanks* in die Debatte ein und formulierte Vorgaben sowie Aufträge für die weitere Arbeit. Da, wo ihm die Detailkenntnisse fehlten, überließ er das Auftreten den Fachleuten.

Die Protokolle und andere Quellen des Archivs im polnischen Senat zeigen, dass Geremek die unumstrittene Führungsfigur in seiner Fraktion war, auch wenn immer mal wieder Unmut über seine jeweiligen politisch-taktischen Auffassungen hochkam.[703] Dabei ist nicht zu vergessen, dass über Jahre hinweg wichtige Vertreter besonders der Warschauer Intelligenz in dieser Fraktion versammelt waren.

---

700 Siehe S. 286 ff. dieses Buches.
701 Siehe S. 299 f. dieses Buches.
702 Im Rahmen dieses Buches ist es nicht möglich, die Debatten über die vielen thematischen Felder detailliert darzustellen. Dies bleibt weiteren Forschungsarbeiten vorbehalten. Zur Neugestaltung bspw. der Außenpolitik siehe S. 265 ff. dieses Buches.
703 Siehe Archiwum Klubu Parlamentarnego Unii Demokratycznej. Archiwum Senatu.

Auch Geremeks Gegner räumten und räumen ein, dass er in den 1990er Jahren zu den wichtigsten außenpolitischen Stimmen im polnischen Sejm gehörte. So ist dem polnischen Historiker Andrzej Friszke nur zuzustimmen, wenn er schreibt:

> „Trotz aller innerer Widersprüche war die ‚dritte Republik' (In Polen herrscht mehrheitlich Konsens über diese Bezeichnung der Entwicklungsphase des Staates ab 1991 – R.V.), zu deren Schöpfern Geremek gehörte, ein demokratischer Staat, der sich fähig zeigte, seine Beziehungen zu den Nachbarstaaten und auch seine Integration in westliche Strukturen überlegt und systematisch anzugehen, wobei die Krönung dessen im Beitritt zur Nato und danach zur Europäischen Union bestand. In diesem Zusammenhang spielte Geremek eine entscheidende Rolle als Vorsitzender der außenpolitischen Kommission des Sejm und später als Minister.[704]

Wegen ihrer Klarheit und Präzision zählten seine Reden im Sejm immer zu den Höhepunkten der außenpolitischen Debatte in Polen, besonders wenn es um strategische Fragen wie die Annäherung an EU und Nato, die polnisch-deutsche Versöhnung, sowie die Beziehungen zur Sowjetunion bzw. zu Russland und zu den östlichen Nachbarstaaten ging. Oft boten Grundsatzerklärungen der jeweiligen Außenminister einen Anlass für Geremek, in die parlamentarische Debatte einzugreifen.[705]

> „In der polnischen Politik nach 1989 war Bronisław Geremek ein glühender Verfechter der europäischen Integration (Polens – R.V.)", schrieb Karol Modzelewski.[706]

Auch die verfassungsrechtlichen und verfassungspolitischen Debatten zählten zu den Domänen Geremeks im Parlament.[707] Schon bald nach der Transformation der Jahre 1989–90 hatte sich gezeigt, das die fehlende Präzision der Bestimmungen, die am *Runden Tisch* im Frühjahr 1989 vereinbart worden waren, zunehmend zu Reibungen zwischen den Verfassungsorganen und einzelnen politischen Institutionen führten.[708] Deshalb verabschiedete das Parlament am 17. Oktober 1992 die so genannte „Kleine Verfassung"[709], die zumindest übergangsweise für einige Jahre Abhilfe schaffen sollte. Darin wurde unter anderem neben dem „einfachen" Misstrauensvotum auch das kons-

---

704 Friszke, Andrzej: Bronisława Geremka ... (Fn. 155).
705 Siehe z. B. 1 kadencja, 14 posiedzenie, 3 dzień (08.05.1992), 9 punkt porządku dziennege: Informacja ministra spraw zagranicznycz o polityce zagranicznej Rzeczypospolitej Polskiej. Poseł Bronisław Geremek. Archiwum Sejmu. www.Orka2sejm.gov.pl/Debata1.nsf/5c30b337b5c 240ec125746d0030d0fc/b4c715898f5d15dec125750700451c94?OpenDocument.
706 Modzelewski, Karol: Bronisław Geremek ... (Fn. 90), S. 7.
707 Siehe bspw. 2 kadencja, Zgromadzenie Narodowe (25.02.1997). 1 punkt porządku dziennego: Sprawozdanie Komisji Konstytucyjnej Zgromadzenia Narodowego o projekcie Konsttytucji Rzeczypospolitej Polskiej – drugie czytanie. Poseł Bronisław Geremek. Www.orka2sejm.gov. pl/Debata2.nsf/5c30b337b5bc240ec125746d0030d0fc/b426f7223be1420cc12574f1003f771c ?OpenDocument.
708 Zur verfassungsrechtlichen Entwicklung in den 1990er Jahren siehe insbesondere Graczyk, Roman: Konstytucja dla Polski. Tradycje, Doświadczenia, Spory. Kraków 1997, S. 141 ff. Ziemer, Klaus: Das politische System Polens. Eine Einführung. Wiesbaden 2013, S. 23 ff. Auch S. 278 f. dieses Buches.
709 http://www.verfassungen.eu/pl/verf92-i.htm.

truktive Misstrauensvotum eingeführt. Allerdings konnte damit keine wesentliche Stabilisierung späterer Regierungen erreicht werden.

Die folgenden Beratungen über eine neue, strategisch ausgerichtete Verfassung zogen sich über Jahre hin und gerieten natürlich auch in die öffentliche Auseinandersetzungen im Vorfeld der Parlamentswahl von 1997. Drei Streitpunkte standen dabei im Vordergrund:

- Stärkung des Präsidenten oder des Parlaments bzw. der Regierung
- Verankerung sozialer Rechte im Grundgesetz
- Bedeutung der Bekenntnis- und Gewissensfreiheit sowie der Katholischen Kirche

Dabei sorgte die Frage des Glaubens zu den heftigsten Auseinandersetzungen, die schließlich durch die Annahme eines Vorschlags des früheren Premiers Tadeusz Mazowiecki beendet wurden, wonach die Präambel klarstellte, dass sich diese Verfassung das polnische Volk gebe, also „alle Staatsbürger der Republik, sowohl diejenigen, die an Gott als die Quelle der Wahrheit, Gerechtigkeit, des Guten und Schönen glauben, als auch diejenigen, die diesen Glauben nicht teilen und diese universalen Werte aus anderen Quellen herleiten." Auffallend an der Präambel war außerdem, dass die postkommunistischen Sozialdemokraten des *SLD* die darin enthaltene Formulierung akzeptierten, Polen sei erst seit 1989 wieder in der Lage, souverän und demokratisch über sein Schicksal zu entscheiden. Das neue Grundgesetz bestätigte die 1992 verankerte parlamentarisch-präsidiale Demokratie, schwächte aber die Stellung des Staatspräsidenten etwas ab.

Am 2. April 1997 stimmte die Nationalversammlung, der die 560 Mitglieder von Sejm und Senat angehören, mit großer Mehrheit der neuen Verfassung zu. Diese Mehrheit aus dem *SLD* und der Bauernpartei *PSL* sowie der *Freiheitsunion* von Geremek und Mazowiecki und der kleinen linken *Union der Arbeit (Unia Pracy – UP)* hatte sich in den Monaten vor der Abstimmung bereits abgezeichnet. Bei dem Verfassungsreferendum am 25. Mai 1997, an dem nur 42,9 Prozent der Wahlberechtigten teilnahmen, stimmten 52,7 Prozent für die Annahme des neuen Grundgesetzes, während 45,9 Prozent dagegen votierten und 1,4 Prozent sich der Stimme enthielten.

8.3. Geremeks Beziehungen zu den Präsidenten Wałęsa und Kwaśniewski

Bei ihrem jeweiligen Amtsantritt (Wałęsa 1990, Kwaśniewski 1995) waren die beiden Staatsoberhäupter des neuen Polen für Geremek in keinster Weise unbekannte politische Größen. Sehr genau wusste er, worin – aus seiner Sicht – ihre Stärken und Schwächen bestanden. Mit Wałęsa verband ihn die jahrelange politische Freundschaft im Kampf gegen den Kommunismus und für ein demokratisch-parlamentarisches System, Kwaśniewski wiederum kannte er als ehemaligen führenden Vertreter des alten Systems, der dann aber am *Runden Tisch* eine sehr konstruktive Rolle spielte und die postkommunistische Linke in Gestalt der *SdRP* bzw. des *SLD* auf den langen Weg hin zu einer Sozialdemokratie westlichen Zuschnitts brachte.

Wałęsa kam an die Macht, nachdem er in Gestalt des „Kriegs an der Spitze"[710] einen scharfen innenpolitischen Streit vom Zaun gebrochen hatte, der zwar die Widersprüche innerhalb der „Solidarität" bzw. zwischen den, aus ihr hervorgegangenen Parteien verschärfte, andererseits aber auch erheblich dazu beitrug, dass Wałęsa die Präsidentenwahl gegen den politischen Abenteurer Stanisław Tymiński gewann. Auch Geremek gehörte damals zu den Kritikern der brachialen Methoden, mit denen Wałęsa Politik betrieb, war aber ebenso einer der ganz wenigen Warschauer Intellektuellen, die Wałęsas Anspruch auf das Präsidentenamt vor dem Hintergrund seiner Verdienste für Polen als legitim ansahen.

Geremeks Haltung zur fünfjährigen Präsidentschaft von Lech Wałęsa muss innenpolitisch und außenpolitisch betrachtet werden. Ging es um die damals geltende verfassungsmäßige Ordnung und die Regeln einer demokratisch-parlamentarischen Republik, dann missbilligte Geremek wiederholt die Haltung und das Vorgehen des Präsidenten.[711] Einige Monate nach dem Amtsantritt von Wałęsa antwortete er auf den besorgten Brief eines Wählers aus Danzig:

> „Meine Haltung zu Lech Wałęsa ändere ich nicht – die positiven Worte, die ich über ihn gesagt oder geschrieben habe, nehme ich nicht zurück – aber ebenso revidiere ich nicht meine Unruhe, die mich angesichts seiner Äußerungen über die Rechte und die Tätigkeit des Präsidenten, die er im Wahlkampf getan hat, ergriffen hat. Keineswegs lobe und unterstütze ich alle Handlungen des Präsidenten, doch leben wir in einem demokratischen Staat, in dem die Autorität des Staatsoberhauptes zu achten ist, andererseits aber auch die Meinungsvielfalt gewährt sein muss.[712]

Geremek störte insbesondere, dass Wałęsa und sein Rechtsberater Lech Falandysz immer wieder versuchten, die verfassungsmäßig formulierten Rechte des Präsidenten möglichst extensiv auszulegen und zu vollziehen, und dass der Präsident wiederholt am Rande des Rechtsstaats balancierte. Wałęsas Traum von einer „starken Präsidentschaft" war Geremek natürlich nicht unbekannt. Es gab ja auch genug Anlässe, die Geremeks Besorgnis bestätigten. Dazu zählten insbesondere die von Wałęsa im Herbst 1994 mit äußerst fragwürdigen Methoden betriebene Absetzung des damaligen Verteidigungsministers Piotr Kołodziejczyk sowie seine verfassungswidrigen Versuche im Februar 1995, die Regierung von Premier Waldemar Pawlak abzusetzen. In beiden Fällen zählte Bronisław Geremek zu den Wortführern der Kritik an Wałęsa im Sejm.

Andererseits erwies sich der Präsident im Bereich der Außen- und speziell der Europapolitik als Garant des Kurses, den Polen mit dem Systemwechsel 1989–90 ein-

---

710 Siehe S. 278 ff. dieses Buches.
711 Siehe u. a. Protokół z pierwszej części posiedzenia Klubu Parlamentarnego „Unia Demokratyczna" w dniu 23 stycznia 1991 r. Archiwum Senatu. Prezydium Unii Demokratycznej: Wobec Zagrożenia ładu politycznego w kraju. Warszawa, dnia 22 czerwca 1991 r. Archiwum Senatu.
712 Geremek, Bronisław Geremek: List do Pana Władysława Galka. Warszawa, dnia 18 marca 1991. Archiwum Senatu.

geschlagen hatte. Das galt besonders für die Integration des Landes in die westlichen Strukturen, die deutsch-polnische Versöhnung und den Aufbau gutnachbarlicher Beziehungen zu den Staaten Ost- und Ostmitteleuropas. Wałęsa trug erheblich dazu bei, die polnische Außenpolitik zu beleben und ihr Glaubwürdigkeit zu verleihen. Auch seine schärfsten Gegner von damals halten es für seinen größten außenpolitischen Erfolg, dass er als Staatspräsident den Abzug der Roten Armee aus Polen durchsetzte, der im September 1993 beendet wurde.

Jahre später kam Bronisław Geremek zu einer versöhnlichen Einschätzung:

> „Als Aktivist und Politiker hat Lech Wałęsa eine historische Rolle gespielt, und niemand kann dies in Frage stellen oder herabsetzen. Kampagnen gegen ihn gerieten immer ins Lächerliche. Er ist eine historische Gestalt, doch wie jeder Mensch erzielte er Erfolge und hatte auch schwache Momente. Einem gesellschaftspolitischen Aktivisten und Vorkämpfer, der er in der Geschichte der ‚Solidarität' und des Kampfes im Untergrund war, fiel es nicht leicht, die Funktion des Staatspräsidenten auszuüben. Dabei fand er sich in anderen Situationen wieder und stand vor anderen Herausforderungen. Doch bin ich davon überzeugt, dass er diese Herausforderungen in der einen oder anderen Weise gemeistert hat. Konnte er ein besserer Präsident sein? Damals war ich dieser Auffassung. Ich hatte den Eindruck, dass Lech Wałęsa stark war als Volkstribun und Führungspersönlichkeit, aber nicht so sehr als Präsident. Heute jedoch, Jahre später, wenn ich auch der Perspektive des Historikers darüber nachdenke, komme ich zu dem Ergebnis, dass Lech Wałęsa seine historische Rolle erfüllt hat – als Volkstribun und als Präsident der Republik Polen."[713]

Während seiner Präsidentschaft bestand Wałęsas Problem nicht zuletzt darin, dass er von der intellektuell-politischen Szene der Hauptstadt, dem „Warschauer Salon", wie es hieß, isoliert war bzw. von diesen Kreisen gemieden wurde. Das gilt besonders für Tadeusz Mazowiecki und Adam Michnik sowie zahlreiche unabhängige Wissenschaftler und Kulturschaffende. So blieb ihm nichts anderes übrig, als in anderen politischen Kreisen nach Unterstützung und Mitarbeitern zu suchen – wenn auch mit wechselndem und mitunter sehr zweifelhaftem Erfolg. Dazu zählte zeitweise auch das nationalkonservative Milieu um die Brüder Kaczyński.[714]

Einer der wenigen, die nicht dieser Strategie der Isolierung folgten, war Bronisław Geremek, der regelmäßig das Gespräch mit dem Staatspräsidenten Wałęsa suchte und darüber dann auch bspw. in der Parlamentsfraktion der *Demokratischen Union* berichtete.[715]

Auch der Linkspolitiker Aleksander Kwaśniewski, der im Dezember 1995 das Amt des polnischen Staatspräsidenten antrat, war ein konsequenter Verfechter der Integration Polens in westliche Strukturen und der gutnachbarlichen Beziehungen zu den Nachbarstaaten im Osten. Insofern hatte Bronisław Geremek in den Jahren 1995–97

---

713 Zit. nach Wałęsa, Lech: Droga do prawdy ... a.a.O., S.446.
714 Siehe Vetter, Reinhold: Wałęsa ..., a.a.O., S. 371.
715 Stenogram z posiedzenia Klubu Parlamentarnego „Unia Demokratyczna" dnia 06.03.1991 r. Archiwum Senatu.

kaum etwas an Kwaśniewskis Amtsführung auf dem Gebiet der Außenpolitik auszusetzen. Natürlich kam es immer mal wieder zu Meinungsverschiedenheiten im taktischen bzw. operativen Bereich oder bei Personalentscheidungen, die aber keine größeren Konflikte hervorriefen oder gar den grundlegenden Kurs der polnischen Außenpolitik jener Jahre beeinflussten.

9. Als Außenminister ein Glücksfall

Mit seinem Amtsantritt als Außenminister am 31. Oktober 1997 übernahm Bronisław Geremek zum ersten Mal Regierungsverantwortung. Sein Vorgänger war der Sozialdemokrat Dariusz Rosati, sein Nachfolger der Konservative Władysław Bartoszewski. Aufgrund schwerer Differenzen in der Regierung des damaligen Premiers Jerzy Buzek legte Geremek sein Amt am 30. Juni 2000 nieder.

Wenn ein Mann wie Geremek die Leitung des Ressorts für Außenpolitik übernahm, dann war das ein regelrechter Glücksfall für Polen. Schon seine breit gefächerten Sprachkenntnisse prädestinierten ihn für dieses Amt. Er sprach fließend englisch und französisch, konnte sich in italienisch und spanisch verständigen, kannte das Russische, und begann irgendwann, auch seine Kenntnis der deutschen Sprache zu nutzen – wenn auch mit Vorsicht.

Zu Studienzwecken und auch als kulturpolitischer Repräsentant Polens hatte er sich wiederholt im Ausland aufgehalten – insbesondere in Frankreich und den USA. Im Laufe der Zeit hatte er vielfältige Kontakte zu ausländischen Wissenschaftlern, insbesondere Historikern, aufgebaut, die er auch sorgfältig pflegte. Als Repräsentant der Gewerkschaft „Solidarität" führten ihn verschiedene Reisen, zum Teil als Begleiter von Lech Wałęsa, in westliche Länder. Adam Michnik kleidete diesen Umstand einmal in die Worte:

> „... Profesor Geremek war der Außenminister der polnischen Opposition in einem gefangengehaltenen, geknebelten und unterdrückten Polen. Meiner Meinung nach war er seit damals bis zu seinem Tod, auch wenn er verschiedene Funktionen inne hatte, de facto immer Außenminister."[716]

Außerdem hatte er als Mitglied der außenpolitischen Kommission des Sejm weitere Auslandserfahrungen gesammelt und sein internationales Kontaktnetz gefestigt. Vermutlich gab es außer Lech Wałęsa und Tadeusz Mazowiecki, mit der Zeit auch Aleksander Kwaśniewski und Władysław Bartoszewski, keinen anderen polnischen Politiker, der im Westen über ein ähnliches Renommee wie Geremek verfügte. Außenpolitisch gesehen konnte Polen in jenen Jahren kaum etwas Besseres passieren, als durch Bronisław Geremek auf der internationalen Bühne vertreten zu werden.

Als Geremek im Oktober 1997 sein Amt als Außenminister antrat, befand sich Polen in einer Phase der stärkeren außenpolitischen Verankerung. Er hat erheblich dazu beigetragen, diesen Prozess zu intensivieren, und konnte dabei auf der Vorarbeit von Kwaśniewski, Dariusz Rosati und anderen aufbauen.

Dabei bewegte sich sein außenpolitische Denken in einem klaren Koordinatensystem. Auch wenn er nicht von amerikanisch-polnischen Sonderbeziehungen träumte,

---

[716] Michnik, Adam: Minister spraw zagranicznych demokratycznej Polski. In: *Liberté!*, (Fn. 340).

war der Kontakt zu „Washington" doch ein Faktor, der seiner Meinung nach wesentlich über Polens internationale Zukunft entscheiden sollte.[717] Der Weg Polens in die Nato, davon war er überzeugt, wurde vor allem in der amerikanischen Hauptstadt geebnet. Später hat Geremek sogar das Vorgehen der USA unter George W. Bush im Irak-Krieg verteidigt.

Darüber hinaus ging es ihm vor allem darum, Polen seinen angestammten Platz in Europa zurückzugeben und das Land dementsprechend in den europäischen Bündnissen und Netzwerken zu verankern. Dabei galt sein Interesse besonders seiner „alten Liebe" Frankreich, wobei er wusste, dass sich Polen in schwierigen Situationen nicht auf diesen Land verlassen konnte.[718] Deutschland sah er als wichtigsten „Spieler" in Europa und verlässlichen Anwalt Polens auf dem Weg in die westliche Bündnisse, wenngleich er immer darauf achtete, dass Polen gegenüber Deutschland Eigenständigkeit, Selbstbewusstsein und Kontakt „auf Augenhöhe" bewahrte. Russland wiederum war für ihn ein schwieriger, schwer zu kalkulierbarer Partner, weshalb er sich vor allem auf die Intensivierung der Kontakte zu den Nachfolgestaaten der Sowjetunion insbesondere in der unmittelbaren Nachbarschaft Polens konzentrierte.

9.1. Wo stand Polen außenpolitisch im Jahr 1997?

Schon die erste nichtkommunistische Regierung unter Tadeusz Mazowiecki hatte erklärt, dass Polen eines Tages der Nato beitreten wolle. Demonstrativ besuchte der damalige Außenminister Krzysztof Skubiszewski am 21. März 1990 das Nato-Hauptquartier in Brüssel. Auch der frühere Staatspräsident Lech Wałęsa bekräftigte das polnische Anliegen, als er am 3. Juli 1991 nach Brüssel reiste. Polnische Diplomaten in der belgischen Hauptstadt begannen, ständige Kontakte zu Nato-Vertretern aufzu-

---

717 Dabei hatte Geremek ein differenziertes Bild der amerikanischen Präsidenten. Gunter Hofmann berichtet über ein Gespräch mit ihm im Jahr 2008: „War der prononcierte Gegner der Entspannungspolitiker, US-Präsident Ronald Reagan, für ihn (Geremek – R.V.) in den achtziger Jahren der Held, weil er die Sowjetunion niederrüsten wollte und Gorbatschow lauthals aufforderte, die Mauer niederzureißen? Geremek antwortet vorsichtig, sein Urteil klingt auf sympathische Weise ambivalent: ‚Für Reagan und seine Politik verspürte ich keine Sympathie, dennoch gibt es für mich keinen Zweifel, wie auch aus neuen politischen Analysen hervorgeht: Keinesfalls hätte es einen schnellen Kollaps der Sowjetunion gegeben, hätte er nicht den Rüstungswettlauf vorangetrieben. Das war neben dem Krieg in Afghanistan tatsächlich ein Element, das den Zerfall der Sowjetunion beschleunigte.' Er (Geremek – R.V.) glaube, fügt er noch hinzu, dass nach der Präsidentschaft Reagans, bei George Bush oder Bill Clinton, ein Wechsel in der amerikanischen Politik erfolgt sei. Seitdem seien Menschenrechte ‚zum festen Bezugspunkt geworden' ..." Hofmann, Gunter: Polen und Deutsche. Der Weg zur europäischen Revolution 1989/90. Berlin 2011, S. 299 f.
718 So erinnerte Geremek wiederholt an den französischen Rechtsradikalen Marcel Déat (1894–1955), der im Jahr 1938 einen Text unter Titel „Faut-il mourir pour Dantzig" („Muss man für Danzig sterben") für die Zeitschrift L'Œvre verfasst hatte, in dem er sich dagegen aussprach, dass Frankreich zugunsten Polens in einen Krieg gegen Deutschland eintrat. Der Text löste erhebliche Kontroversen in der damaligen französischen Öffentlichkeit aus.

bauen. Bei einem Besuch in Warschau am 12. März 1992 betonte der damalige Nato-Generalsekretär Manfred Wörner: „Die Türen der Nato sind offen." Russlands Präsident Jelzin allerdings, der noch im September 1993 erklärte, dass Russland nichts gegen einen Nato-Beitritt Polens einzuwenden habe, zog sich später wieder von dieser Position zurück. Auch im Weißen Haus in Washington hielt man sich mit zustimmenden Erklärungen zurück, weil man einen Konflikt mit Moskau befürchtete. Erst Präsident Bill Clinton betonte kurz nach seinem Amtsantritt im Jahr 1994 bei einem Besuch in Warschau, dass die Mitgliedstaaten der Nato nichts gegen einen Beitritt Polens einzuwenden hätten, die Frage sei nur, wann dieser erfolgen solle.

Polen, die Tschechische Republik, die Slowakei und Ungarn akzeptierten in gleich Jahr das Programm „Partnerschaft für den Frieden", das die Nato auf ihrem Gipfel im Januar 1994 aus der Taufe gehoben hatte. Polen begann, die politischen, militärischen und administrativen Verpflichtungen umzusetzen, die sich aus der Teilnahme an dem Programm ergaben. Im Jahr 1997 richteten Offiziere des polnischen Militärs und polnische Diplomaten ein Verbindungsbüro in Brüssel ein. Im Juli 1977 erhielt Polen aus Brüssel eine Einladung zu Beitrittsgesprächen mit der Nato, die am 8. Juli 1997 mit einem gemeinsamen Dokument aller Staats- und Regierungschefs der Nato unter dem Titel „Erklärung zu euroatlantischen Sicherheit und Zusammenarbeit" bekräftigt wurde. In einem Beschluss vom 1. September 1997 drückte der polnische Sejm seine Genugtuung über die Einladung aus.[719] Die Beitrittsgespräche begannen dann am 16. September 1997 und dauerten bis zum 23. Oktober des gleichen Jahres.[720] Eine Meinungsumfrage ergab, dass 90 Prozent der Bevölkerung mit einem Nato-Beitritt Polens einverstanden waren.[721] Die Zahl der Polen, die der Auffassung waren, dass die außenpolitischen Gefahren für ihr Land, insbesondere der russische Druck, abnähmen, stieg an.

In der Natur der Sache lag es, dass die Annäherung Polens an die EU und die Vorbereitung des Beitritts zur Gemeinschaft komplizierter und langwieriger verliefen. Schon im September 1988, also vor Beginn des Systemwechsels, hatte Polen diplomatische Beziehungen zur damaligen *Europäischen Wirtschaftsgemeinschaft (EWG)* aufgenommen, wie die *Europäische Gemeinschaft (EG)* bis 1993 hieß. Bei ihrem Gipfeltreffen am 14./15. Juli 1989 in Paris beschlossen die Vertreter von sieben westlichen Industriestaaten, Polen und Ungarn umfangreiche Wirtschaftshilfe im Rahmen des von der *EWG* entwickelten Programms *Phare (Poland, Hungary – Assistance for Restructuring of their Economies)* zukommen zu lassen. In den folgenden Jahren erweiterte sich der Kreis der Empfängerstaaten um andere Länder Ostmitteleuropas.

---

719 Uchwała Sejmu Rzeczypospolitej Polskiej z dnia 1 sierpnia 1997 w sprawie zaproszenia Polski do rozmów o członkostwie w Sojuszu Północnoatlantyckim. AMSZ, DPD-2419/I/23-97(6), sygn. 13/2001-sygn. 51/2002.
720 Siehe dazu u. a. Notatka z pracy zespołu negocjacyjnego Polska-Nato, Warszawa 26.8.1997, ebd. Und Lista tematów rozmów akcesyjnych z Nato, ebd.
721 Botschaft Warschau: Politischer Halbjahresbericht POLEN, Stand: 24. September 1997. Politisches Archiv des Auswärtigen Amtes, Politische Halbjahresberichte 1997, AZ 320-11, Sign. 226151.

Premier Tadeusz Mazowiecki und sein ab September 1989 amtierendes Kabinett definierten neben dem angestrebten Beitritt zur Nato auch eine Integration in die europäischen Strukturen wie *EWG/EU* als eines ihrer wichtigsten außenpolitischen Ziele. Im Zusammenhang mit dem *PHARE*-Programm richtete Polen im Jahr 1990 eine ständige Vertretung in Brüssel ein. Erster polnischer Botschafter wurde Jan Kułakowski, der dann bis 1996 amtierte.

Im Mai des gleichen Jahres stellte Polen bei der Gemeinschaft den Antrag auf Beginn von Assoziierungsverhandlungen. Zu diesem Zweck wurde in Warschau das *Amt des Regierungsbeauftragten für die europäische Integration (Urząd Pełnomocnika Rządu do Spraw Integracji Europejskiej)*, dessen Leitung Jacek Saryusz-Wolski übernahm. Nach acht Verhandlungsrunden unterzeichnete der damalige Vizepremier Leszek Balcerowicz am 16. Dezember 1991 den Assoziierungsvertrag zwischen Polen und der *EWG*. Auf ihrem Gipfel am 21./22. Juni 1993 in Kopenhagen formulierten die Staats- und Regierungschefs der Gemeinschaft Beitrittskriterien für die Aufnahme neuer Mitglieder. Polens Regierung formulierte im gleichen Jahr ein Programm zur Anpassung des polnischen Rechtssystems an die Rechtsvorschriften der *EU*. Ein Jahr später, am 8. April 1994, stellte Polen offiziell den Antrag auf Mitgliedschaft in der Gemeinschaft. Im Sommer 1996 präsentierte Polen als Antwort auf einen entsprechenden Fragebogen der *Europäischen Kommission* ein Dokument von 2.600 Seiten, in dem ausführlich dargelegt wurde, wie Polen die weitere Annäherung an die Gemeinschaft bewerkstelligen wollte. Im gleichen Jahr entstand die Regierungsbehörde des *Komitees zur Europäischen Integration (Komitet Integracji Europejskiej)*, deren Leitung Danuta Hübner übernahm. Im Juli 1997 gab die *Europäische Kommission* mit ihrem *Avis* grünes Licht für die Aufnahme von Beitrittsverhandlungen. In diesem Dokument wurden die politischen, ökonomischen und sozialen Errungenschaften Polens seit der Transformation gewürdigt, aber auch Schwachstellen benannt, die weiterer Anstrengungen bedurften. Dabei zeichnete sich aber auch ab, dass Polen hinsichtlich bestimmter Ausnahme- und Übergangsregelungen kein bequemer Verhandlungspartner für die *Europäische Union* werden würde. Auch wenn laut Umfragen 65 bis 70 der Polen eine Mitgliedschaft ihres Landes in der *EU* befürworteten, begannen national-konservative Parteien im Zusammenwirken mit Teilen des katholischen Klerus im Vorfeld der Parlamentswahlen im Herbst 1997, europaskeptische Töne in ihrem Wahlkampf anzuschlagen.

Ein radikaler Neuanfang prägte die deutsch-polnischen Beziehungen in den Jahren 1989/90. Die Versöhnungsmesse am 12. November 1989 auf dem ehemaligen Gut der Familie von Moltke im niederschlesischen Kreisau (Krzyżowa) gilt als wichtigster Erinnerungsort dieses Neuanfangs. Mit dem deutsch-polnischen Grenzvertrag vom 14. November 1990 wurde die Oder-Neisse-Grenze endgültig völkerrechtlich bestätigt. Der Vertrag über gute Nachbarschaft und freundschaftliche Zusammenarbeit vom 17. Juni 1991 bestimmte dann den Rahmen für die künftige deutsch-polnische Kooperation. Die bilateralen Beziehungen entwickelten sich in den 1990er Jahren so intensiv wie nie zuvor in der neuzeitlichen Geschichte beider Nationen.[722]

So folgte dem Vertrag von 1991 eine ganze Anzahl von bilateralen Abkommen, die deutlich zeigten, wie sich die politischen und gesellschaftlichen Beziehungen vertieften, wie groß aber auch der Nachholbedarf beim Aufbau einer stabilen deutsch-polnischen Infrastruktur war. Dazu zählten die Abkommen zur Erleichterung der Grenzabfertigung (1992), zum Bau neuer Grenzübergänge (1993), zur Kooperation im militärischen Bereich (1993), zur Zusammenarbeit bei der Bewältigung von Migrationsbewegungen (1993) und zur Kooperation auf dem Gebiet des Umweltschutzes (1994). Schon im April 1991 hatte die Deutsch-Polnische Regierungskommission für regionale und grenzüberschreitende Zusammenarbeit zum ersten Mal getagt.

Ebenso intensiv entwickelte sich der Besuchsverkehr zwischen beiden Ländern. Das galt sowohl für Mitglieder der Regierungen und Parlamente, als auch für Repräsentanten regionaler und lokaler Körperschaften.[723] Eine regelrechte Welle von Partnerschaften zwischen Gemeinden, Städten und Regionen kam in Gang. Eine wichtige Rolle im Rahmen der trilateralen Kooperation zwischen Polen, Deutschland und Frankreich spielte das „Weimarer Dreieck", das 1991 gebildet worden war. Gerade in den frühen 1990er Jahren hat dieses Projekt wesentlich zur Bildung von gegenseitigem Vertrauen beigetragen.

Besonders beeindruckend waren die symbolischen Gesten polnischer und deutscher Politiker in diesen Jahren. So stattete Bundespräsident Richard von Weizsäcker seinen Abschiedsbesuch am Ende seiner Amtszeit im Juni 1994 bei seinem polnischen Amtskollegen Lech Wałęsa ab, nicht beim französischen Staatsoberhaupt oder beim Präsidenten der EU-Kommission. Auf Einladung von Wałęsa nahm der neue Bundespräsident Roman Herzog an der Gedenkfeier aus Anlass des 50. Jahrestages des Beginns des Warschauer Aufstandes am 1. August 1994 teil. Hohen politisch-symbolischen Stellenwert hatte die Einladung an den polnischen Außenminister Władysław Bartoszewski, als einziger ausländischer Gast während einer Veranstaltung des Deutschen Bundestages zum 50. Jahrestag der Beendigung des Zweiten Weltkriegs am 28. April 1995 zu sprechen.

Doch dann vollzog sich allmählich ein Paradigmenwechsel in den deutsch-polnischen Beziehungen. Das zeigte sich vor allem während der Irak-Krise 2002 und in besonderem Maße nach dem Antritt einer Regierung im Herbst 2005, die von der nationalkonservativen, gegenüber Deutschland sehr skeptisch eingestellten Partei *Recht und Gerechtigkeit (Prawo i Sprawiedliwość – PiS)* geführt wurde. Doch Anzeichen für diesen Wandel hatte es schon viel früher gegeben. Bereits Ende der 1990er Jahre war

---

722 Sieje u. a. Tomala, Mieczysław: Od porozumienia do współpracy. Stosunki polsko-niemieckie w latach 1991–2001. Wasrszawa 2004. Eberwein, Wolf-Dieter/Kerski, Basil: Die deutsch-polnischen Beziehungen 1949–2000. Opladen 2001.
723 Wohl die größte Dichte erreichten diese Besuche im Jahr 1997. Siehe Botschaft Warschau: Länderaufzeichnung, November 1997. Politisches Archiv des Auswärtigen Amtes, Länderaufzeichnungen, Az 320.12, Sign. 226152.

zu beobachten, wie die Dynamik in den deutsch-polnischen Beziehungen nachließ. Die deutsch-polnische „Interessengemeinschaft", die sich ja vor allem durch das Auftreten Deutschlands als Fürsprecher Polens auf dem Weg in die Nato und in die EU ausgezeichnet hatte, verlor an Kraft. Diese Gemeinschaft, die ja durch einen gewissen Paternalismus Deutschlands geprägt war, schien nun nicht mehr zeitgemäß. Ursache dafür war auch ein politischer Generations- und Stilwechsel, der sich sowohl in der Innenpolitik wie den Außenbeziehungen beider Länder vollzog. Im Gegensatz zur Generation jener Politiker, die in den 1990er Jahren gerade hinsichtlich der deutsch-polnischen Beziehungen Idealismus und visionäre Kraft demonstriert hatten, nun aber nach und nach abtraten, war die neue Schicht von Politikern nicht ohne weiteres bereit, Sympathie und gegenseitiges Interesse im gleichen Ausmaß an den Tag zu legen. Belastungsproben zeichneten sich ab. Stichworte dafür waren: eine mögliche Restitution von privatem deutschem Grundeigentum aus der Vorkriegszeit, die Rückführung von Kulturgütern, die Situation der Polen in Deutschland, und nicht zuletzt eine mögliche Verzögerung bei der Annäherung Polens an die *EU*, für die dann der „Anwalt" Deutschland verantwortlich gemacht wurde.[724]

In dem schon erwähnten Gespräch mit Gunter Hofmann von 2008 sagte Bronisław Geremek:

> „Ich meine, die deutsch-polnische Versöhnung war eines der Wunder meines Lebens. Und ich war der Meinung, das sei irreversibel. Als Helmut Kohl im Juni 1989 Solidarność-Vertreter empfing, gestand er uns, sein Vorbild Konrad Adenauer habe die deutsch-französische und die deutsch-jüdische Versöhnung zustande gebracht, er wolle der Mann der deutsch-polnischen Versöhnung werden. Ich hielt dies für eine ungewöhnliche Erklärung, sie stand im Widerspruch zu meinen Erfahrungen. Zugegeben, durch mein ganzes Leben begleiteten mich doch Vorbehalte. Wenn ich die deutsche Sprache hörte, hatte ich stets ein Gefühl der Angst aus der Kindheit – als Politiker jedoch habe ich das Gefühl, dass die deutsch-polnische Aussöhnung ein Muss ist. Und tatsächlich, sie fand statt. Deshalb waren die letzten Jahre mit ihren Rückschlägen (besonders in der Zeit der *PiS*-Regierungen – R.V.) für mich eine solche Enttäuschung."[725]

Die Beziehungen zwischen Polen und der Sowjetunion bzw. Russland in den 1990er Jahren erwiesen sich als kompliziert und von einem ständigen Auf und Ab geprägt. Die wichtigsten Gründe dafür waren

- der Auflösungsprozess der Sowjetunion sowie des *Warschauer Pakts* und des *Rates für gegenseitige Wirtschaftshilfe,*
- das Tauziehen um den Abzug der sowjetischen Truppen aus Polen,

---

724 Siehe u. a. Drahtbericht der Deutschen Botschaft Warschau vom 2.6.1998. Politisches Archiv des Auswärtigen Amtes. Sign. 226305, Az. 321.00.
725 Hofmann, Gunter: Polen und Deutsche … a.a.O., S. 304.

- die innerrussischen Probleme wie die Verfassungskrise von 1993 und die tiefe wirtschaftliche Krise Russlands in der Endphase der Präsidentschaft von Boris Jelzin,
- Polens Annäherung an die Nato und die EU.

So ging das neue, nichtkommunistische Polen mit aller Vorsicht an die Gestaltung seiner Beziehungen zur Sowjetunion bzw. Russland, stand dabei von Anfang aber auch an der Seite der neuen Staaten, die sich von Moskau lösten.

Immerhin gelang es im Oktober 1990, eine polnisch-sowjetische „Erklärung über Freundschaft und gutnachbarliche Beziehungen" auszuarbeiten, die dann im Mai 1992 von der russischen Regierung akzeptiert und unterzeichnet wurde. Es war der erste Versuch, die Beziehungen zwischen Polen und seinem großen Nachbarn im Osten auf eine neue Grundlage zu stellen.

Schon im November 1990 hatten auch die bilateralen Verhandlungen über einen Abzug der sowjetischen Truppen aus Polen begonnen. Doch der Abzug dieser Einheiten, der im April 1991 begann, zog sich dann aber noch 17 Monate hin, weil es unter anderem Differenzen über die Finanzierung dieser gewaltigen Truppenbewegung gab. Am 17. September 1993 verließ dann der letzte Soldat der sowjetischen bzw. russischen Truppen polnischen Boden.

Die Sowjetunion wurde am 26. Dezember 1991 aufgelöst, im gleichen Jahr stellten der *Warschauer Pakt* und der *Rat für gegenseitige Wirtschaftshilfe* ihre Tätigkeit ein. Schon im März 1990 hatte Litauen seine Unabhängigkeit erklärt, wenngleich die Anerkennung dieses Schritts durch die sowjetische Führung erst nach dem Scheitern des Putsches in Moskau im August 1991 erfolgte. Ebenfalls 1991 erfolgten die Unabhängigkeitserklärungen Estlands, Lettlands und der Ukraine. Für Polen begann damit der komplizierte, mit der Zeit aber auch erfolgreiche Aufbau politischer und ökonomischer Beziehungen zu diesen neuen Staaten. Gerade die polnisch-ukrainische Verständigung stieß dabei auf Hindernisse, die nicht zuletzt aus der komplizierten bilateralen Geschichte beider Länder im 20. Jahrhundert herrührten.

Die Beziehungen zu Russland verschlechterten sich, je mehr der Annäherungsprozess Polens an die Nato Gestalt annahm. Moskau begann mit einer scharfen Kampagne gegen die Osterweiterung der Nato. Zudem sorgte das äußert aggressive Vorgehen Russlands in Tschetschenien für große Verstimmung in Polen.

Trotzdem kam es in den Jahren 1996/97 zu einer Intensivierung der polnisch-russischen Wirtschaftsbeziehungen, weil sich die sozialdemokratisch geführte Regierung in Warschau bemühte, ökonomische Kooperation nicht mehr nur unter dem Gesichtspunkt der nationalen Sicherheit zu betrachten. So wurde im Jahr 1996 ein Vertrag unterzeichnet, der die Lieferung von russischem Gas nach Polen für die folgenden 25 Jahre regeln sollte – ein Dokument, das gerade in konservativen politischen Kreisen in Polen scharf kritisiert wurde.

9.2. Die konservativ-liberale Buzek-Regierung

Wenige Monate vor dem innenpolitischen Machtwechsel im Oktober 1997 erhielt Polen eine neue verfassungsrechtliche Grundlage. Staatspräsident Aleksander Kwaśniewski unterzeichnete im Juli eine neue Verfassung, die zuvor, allerdings knapp, in einem Referendum bestätigt worden war. Das neue Grundgesetz bestätigte die 1992 verankerte parlamentarisch-präsidiale Demokratie, schwächte aber die Stellung des Staatspräsidenten etwas ab. Die wichtigsten Neuregelungen betrafen

- die Fixierung eines umfangreichen und detaillierten Katalogs der Menschen- und Bürgerrechte,
- die Stärkung der Position des Verfassungsgerichts,
- die Möglichkeit, nationale Hoheitsrechte auf internationale Organisationen zu übertragen,
- die Anwendbarkeit sowie gegebenenfalls ein Vorrang völkerrechtlicher Verträge im nationalen Recht,
- eine Bestätigung der Trennung von Staat und Kirche.

Die neue Verfassung trat dann im Oktober 1997 in Kraft.

Die Parlamentswahl am 21. September 1997 ergab einen Wahlsieg der Mitte-Rechts-Initiative *Wahlaktion Solidarität (Akcja Wyborcza Solidarność – AWS)*. Das Bündnis kam auf knapp 34 Prozent der Stimmen, während auf das bislang regierende *Bündnis der demokratischen Linken (Sojusz Lewicy Demokratycznej – SLD)* gut 27 Prozent entfielen und die *Freiheitsunion (Unia Wolności – UW)* knapp 14 verzeichnete. Die Bauernpartei *PSL* erhielt gut 7 Prozent und die nationalkonservative *Bewegung für den Wiederaufbau Polens (Ruch Odbudowy Polski – ROP)*, die später in der Kaczyński-Partei *Recht und Gerechtigkeit* aufging, knapp 6 Prozent.

Die *AWS* war ein breiter Zusammenschluss von Mitte-Rechts-Parteien, der vor allem auf eine Initiative des damaligen Vorsitzenden der „Solidarität", Marian Krzaklewski, zurückging. Für dessen Gründung waren im Wesentlichen drei Zielsetzungen bestimmend. Zum einen ging es darum ein wirksames konservatives Gegengewicht gegen das seit 1993 zusammen mit der Bauernpartei *PSL* regierende *Bündnis der demokratischen Linken* zu bilden . Damit einher ging das zweite Vorhaben, nämliche eine schärfere inhaltliche Abrechnung mit den früheren kommunistischen Zeiten in Gang zu setzen. Schließlich drittens sollte wichtige Reformen auf dem Gebiet des Gesundheitswesens, des Rentensystems und des staatlichen Aufbaus bzw. der regionalen und lokalen Selbstverwaltung verwirklicht werden, die von der Linksregierung auf die lange Bank geschoben worden waren.

Allerdings war die *AWS* ein eklektizistisch formiertes und damit sehr heterogenes Bündnis, dessen Schwäche sich schon bald nach der Regierungsbildung zeigte, wenn es darum ging, Kompromisse zu finden, die sich in Gesetzesprojekte umsetzen ließen.

Am 31. Oktober 1997 nahm die neue Regierung unter Premier Jerzy Buzek ihre Arbeit auf. Bronisław Geremek wurde als Außenminister Mitglied eines Kabinetts, das auch andere klangvolle Namen umfasste. Darunter Finanzminister Leszek Balcerowicz, der dieses Amt schon in den Jahren 1989–91 ausgeübt hatte und als Spiritus Rector der marktwirtschaftlichen Transformation Polens galt, Justizministerin Hanna Suchocka, die in Jahren 1992–93 Ministerpräsidentin war, sowie Verteidigungsminister Janusz Onyszkiewicz. Die meisten anderen Kabinettsmitglieder waren eher Politiker aus der zweiten Reihe, die über die *AWS* nach oben gekommen waren.

Premier Buzek selbst galt anfangs als Überraschungskandidat, gewann dann aber nach und nach etwas an Statur. Buzek hatte im Herbst 1981 zu einem der Vorsitzenden des Landesdelegiertenkongresses der „Solidarität" gehört und war danach auch im Rahmen der Untergrundstrukturen der Gewerkschaft tätig gewesen. Als evangelischer Christ aus Schlesien weckte Buzek anfangs die Hoffnung der polnischen Protestanten, sie könnten durch seine Wahl etwas an Renommee gewinnen, wurden dann aber enttäuscht, weil er selbst nichts dafür tat, der evangelischen Kirche im katholisch geprägten Polen mehr Gehör zu verschaffen. Im Juli 2009 wurde Buzek, der bis Oktober 2001 als polnischer Premier amtiert hatte, zum Präsidenten des Europäischen Parlaments gewählt. Im Jahr 2011 erhielt er den Deutsch-Polnischen Preis.

Außenpolitisch bedeutsam war, dass diese Mitte-Rechts-Regierung mit Aleksander Kwaśniewski kooperieren musste, der 1995 als Repräsentant der postkommunistischen Sozialdemokratie zum Staatspräsidenten gewählt worden war. Kwaśniewski zählte beim Amtsantritt der neuen Regierung im Jahr 1997 zu den beliebtesten Politikern in Polen. In der Folgezeit bemühten sich Präsident und Regierung, die Verfassungspraxis aufgrund des neues Grundgesetzes jeweils in ihrem Sinne zu gestalten, was mitunter zu Machtproben und auch mangelnder Abstimmung führte. Andererseits zogen beide Verfassungsorgane an einem Strang, wenn es um die Integration Polens in die westlichen Bündnisse wie Nato und EU ging.

In seinem außenpolitischen Exposé, das Bronisław Geremek am 5. März 1988 im Sejm vortrug, benannte er die wichtigsten Aufgaben seines Ministeriums für die nächste Zeit.[726] Dazu zählte er insbesondere

- die Unterstützung des Ratifizierungsprozesses in den Nato-Mitgliedstaaten bezüglich des Beitrittsprotokolls Polens sowie die Fortsetzung der politisch-militärischen Integration Polens in das atlantische Bündnis,

---

[726] Geremek, Bronisław: Informacja Ministra Spraw Zagranicznych o podstawowych kierunkach politiki zagranicznej Polski, przedstawiona na 13. Posiedezeniu Sejmu RP III Kadencji. In: Ministerstwo Spraw Zagranicznych/Biuro archiwum i zarządzania informacją: Exposé Ministrów Spraw Zagranicznych 1990–2011. Warszawa 2011, S. 153 ff. Siehe auch Expose premiera Jerzego Buzka – fragment dotyczący polityki zagranicznej – 10 listopada 1997 r. http://www.stosunki-miedzynarodowe.pl/teksty-zrodlowe/przemowienia/ Bernatowicz, Grażyna: Projekt wystąpienia Ministra B. Geremka na posiedzeniu Komisji Spraw Zagranicznych i Bezpieczęstwa Parlamentu Europejskiego w Brukseli, 24 listopada 1997 r. AMSZ, Departament Studiów i Planowania, DSiPP2-2210, sygn. 39/2002 – w 5. Szlajfer, Henryk: Projekt wystąpienia Pana Ministra w waszyngtońskim Council on Foreign Relations. AMSZ, Departament Studiów i Planowania, DSiP-186-98, sygn. 39/2002 – w7.

- den Beginn und die zügige Abwicklung der Beitrittsverhandlungen Polens mit der EU,
- die Stärkung der bilateralen Zusammenarbeit Polens mit den Vereinigten Staaten, Deutschland, Frankreich und Großbritannien als wichtigste Partner im Rahmen der internationalen Beziehungen,
- die Entwicklung guter Beziehungen zu Russland und den anderen Ländern ost- bzw. ostmitteleuropäischen Ländern auf der Basis der Gleichberechtigung und zum gegenseitigen Nutzen sowie die Vertiefung der strategischen Partnerschaft mit der Ukraine und Litauen,
- eine erfolgreiche Präsidentschaft Polens in der *Organisation für Sicherheit und Zusammenarbeit (OSZE).*

Geremek machte auch deutlich, dass die Integration Polens in die Nato und die EU keinesfalls eine „Flucht des Landes in den Westen", wie er sich ausdrückte, und damit auch keine Abkehr von den Angelegenheiten dieser Region (Ost- und Ostmitteleuropa – R.V.), von den nahen und entfernteren Partnern im Osten bedeute. Polen, so betonte er, wolle durch sein Bemühen um Mitgliedschaft in der Nato und der EU sowie durch seine Anstrengungen bezüglich einer neuen Regionalpolitik zur Stärkung einer neuen und gerechten, auf dauerhaften Fundamenten ruhenden Ordnung für ganz Europa beitragen. Dabei war er sich dessen bewusst, dass diese Anstrengungen ein schwieriger Test für die gesamte staatliche Struktur Polens sein würde: für die Diplomatie wie für die Regierungsadministration, sowie für die territorialen Selbstverwaltungen, die politischen Parteien und die Gewerkschaften – ein Test, so lässt hinzufügen, der in der einen oder anderen Weise bis heute anhält.

9.3. Lernprozess in Sachen *OSZE*

Als Polen Anfang 1998 die Präsidentschaft der *Organisation für Sicherheit und Zusammenarbeit in Europa (OSZE)* übernahm und damit Bronisław Geremek das Amt des Vorsitzenden dieser Organisation antrat, die 54 Mitgliedsländer umfasste, dann tat er das mit einer gehörigen Portion Skepsis. Die *OSZE* war für ihn vor allem ein Symbol für die nach dem Zweiten Weltkrieg erfolgte Teilung Europas, unter der, so seine Auffassung, die ostmitteleuropäischen Völker wie Polen besonders gelitten hätten. Seine damalige Skepsis wurde in der polnischen Öffentlichkeit weitgehend geteilt. Später betonte er in einem Aufsatz:

> „Als ich vor zwei Jahren als Vorsitzender der Kommission für Auswärtige Angelegenheiten des Sejm der Republik Polen dafür gestimmt habe, dass Polen die Präsidentschaft der *Organisation für Sicherheit und Zusammenarbeit in Europa* übernimmt, hatte ich Zweifel. Vereinfachend lässt sich sagen, dass für mich der *OSZE* nur wegen des ‚dritten Korbes' der Menschenrechte etwas Positives anhaftete, der für den Sturz des Kommunismus tatsächlich von Bedeutung war. Der Rest stellte eine verschleierte Anerkennung der Teilung Europas ‚nach Jalta' dar – der Preis, den Europa eben für diesen ‚dritten Korb' zu zahlen bereit war. Nach der Auflösung des bipolaren Systems in

Europa (nach 1989 – R.V.) wurde der Nutzen der *KSZE* und auch der *OSZE* häufig bestritten, manche sahen sogar deren Rückentwicklung kommen. Für bestimmte Kräfte in Russland hingegen stellte der *KSZE/OSZE*-Prozess ein Handlungsraum dar, in dem sie trotz Auflösung der UdSSR ihren Einfluss und ihre Position der Stärke würden aufrechterhalten können."[727]

Tatsächlich befand sich die *OSZE* zu jener Zeit in einer schwierigen Situation. Einerseits war sie aufgrund ihrer „Charta von Paris"[728] aus dem Jahr 1990 verpflichtet, sich mit den ihr zur Verfügung stehenden Instrumenten für politischen Pluralismus, Gewaltenteilung, Rechtsstaat und Marktwirtschaft auch in den postkommunistischen Staaten Ostmittel- und Osteuropas einzusetzen. Andererseits beeinträchtigten bestimmte Faktoren ihre Wirksamkeit. Der deutsche Diplomat Hans-Georg Wieck[729] betont:

„Zum einen war dies der Zerfall der Sowjetunion, der ja statt eines echten Transformationsprozesses eine Staatenbildung auf nationalistischer und nationaler Basis hervorbrachte, die zu pseudodemokratischen Ordnungen u. a. in Russland, Georgien, Belarus und der Ukraine führte. Zum anderen war die *OSZE* für diejenigen Länder in Europa, die zuvor sowjetischer Herrschaft unterworfen waren, kein ausreichender Garant gegen neuerliche sowjetische bzw. russische machtpolitische Einflussnahme. Deshalb strebten sie gleichsam das ‚Ganze', nämlich die Mitgliedschaft in der Nato und der EU an. Vor dem Hintergrund möglicher imperialer Reinkarnationen Russland hatten Nato und EU insbesondere für Polen, Ungarn und die Tschechoslowakei Priorität."[730]

Auf jeden Fall war die Präsidentschaft eine wichtige Erfahrung für die ganze politische Klasse Polens, und speziell für Bronisław Geremek eine erste Bewährungsprobe als Außenminister. Im Laufe des Jahres 1998 sollte sich seine Einschätzung der *OSZE* grundlegend wandeln.

In einer Sitzung des Ständigen Rates der *OSZE* am 15. Januar 1998 erläuterte Geremek die wichtigsten Ziele der polnischen Präsidentschaft.[731] Diese wurden dann auch bei einem Treffen der *OSZE*-Troika, der damals neben Geremek die Außenminister Dänemarks und Norwegens, Niels Helveg Petersen und Knut Vollebæk angehörten, am 21. Januar erörtert und bestätigt.[732]

---

727 Geremek, Bronisław: Die Erfahrungen der OSZE-Präsidentschaft Polens 1988. In: Zeitschrift des deutsch-fanzösischen Forums. http://www.leforum.de/de-revue-pescl5.html.
728 Charta von Paris für ein neues Europa. Treffen der Staats- und Regierungschefs der Teilnehmerstaaten der Konferenz über Sicherheit und Zusammenarbeit in Europa (KSZE), Paris, 19.–21. November 1990. www.osce.org/de/mc/39518.
729 Hans-Georg Wieck leitete von 1997–2001 die Berater- und Beobachtergruppe der *OSZE* in Minsk (Belarus) und war davor deutscher Botschafter in Teheran, Moskau und Neu Delhi, ständiger Vertreter der Bundesrepublik Deutschland im Nordatlantik-Rat, sowie Präsident des Bundesnachrichtendienstes.
730 Hans-Georg-Wieck im Gespräch mit dem Autor am 2.4.2013.
731 New Chairman-in-Office Stresses Solidarity, Co-operation and the Human Element. OSCE-Newsletter, January 1998. www.osce.org/secretariat/14675.
732 Troika Ministers Meet in Warsaw. Ebd.

Für Geremek war die *OSZE* zu diesem Zeitpunkt die einzige gesamteuropäische Organisation, die zudem durch eine transatlantische und euroasiatische Dimension erweitert wurde.[733] Aus dieser „operativen Reichweite", betonte er, ergebe sich ein Katalog großer Herausforderungen. So seien in Fragen der internationalen Sicherheit „Umfang und Tiefe der Erfahrungen der OSZE in präventiver Diplomatie … praktisch unverzichtbar" geworden.[734] Die *OSZE* könne nicht die militärischen Aufgaben der Nato und die politisch-wirtschaftlichen Aufgaben der EU übernehmen, sei aber besonders hilfreich, wenn es darum gehe, „Frühwarnungen abzugeben, Krisen zu entschärfen und konsequent für Demokratisierung und die Achtung der Menschenrechte einzutreten".[735]

Wegen des Erweiterungsprozesses von *NATO* und *EU* sah er eine wichtige Aufgabe für die polnische Präsidentschaft darin, die Beziehungen zwischen diesen beiden Gemeinschaften und der *OSZE* zu präzisieren und auszubauen. Geremek wörtlich: „Die Organisation (die *OSZE* – R.V.) wird auch weiterhin Geisel aller möglichen Prozesse sein, die innerhalb anderer internationaler Organisationen ablaufen."[736] Als Schlüsselbereiche der Tätigkeit der *OSZE* definierte Geremek präventive Diplomatie sowie Konfliktverhütung und – beilegung. Dabei stellten regionale Konflikte innerhalb des *OSZE*-Gebiets, namentlich in der früheren UdSSR und im ehemaligen Jugoslawien, die größte Gefahr dar, betonte er. Der *OSZE* stünde ein breites Spektrum politischer Instrumente zur Verfügung, um ihre Aufgaben zu erfüllen. Das gelte für alle Arten von Missionen in Konfliktgebieten ebenso wie für das Büro des Hohen Kommissars für Nationale Minderheiten, das Zentrum zur Konfliktverhütung, das Büro für Demokratische Institutionen und Menschenrechte und den Beauftragten für Medienfreiheit.

Der polnische Außenminister und *OSZE*-Vorsitzende bezeichnete die Einhaltung der Menschenrechte als unmittelbares Anliegen aller Mitgliedstaaten. Innerhalb der *OSZE*, so Geremek, könne kein Land Ausnahmen bzw. Sonderrechte in dieser Hinsicht für sich geltend zu machen. Dabei müssten nichtstaatliche Organisationen zu einem integralen Bestandteil der Arbeit der *OSZE* werden.

Im Rahmen der militärischen Sicherheit sah Geremek die *OSZE* – direkt und indirekt – als Garanten und „politischen Hüter" vieler weitreichender Rüstungskontroll- und Abrüstungsabkommen. Dazu zählte er insbesondere den Vertrag über konventionelle Streitkräfte in Europa (KSE), die Abschließende Akte der Verhandlungen über Personalstärken der konventionellen Streitkräfte in Europa (KSEIA), den Vertrag über den Offenen Himmel und das Wiener Dokument über vertrauens- und sicherheitsbildende Maßnahmen.

---

733 Geremek, Bronisław: Entwicklung und Perspektiven der OSZE. http://www.core-hamburg.de/documents/jahrbuch/98/geremek.pdf.
734 Ebd.
735 Ebd.
736 Ebd.

Außerdem, so Geremek, müsse die *OSZE* auch einen Beitrag zur Vertiefung der internationalen Zusammenarbeit auf den Gebieten Wirtschaft, Wissenschaft und Technologie leisten.

Am 27. Februar 1998 reiste Bronisław Geremek in die weißrussische Hauptstadt Minsk, um dort offiziell ein Büro der *OSZE* zu eröffnen – ein nützliches, aber auch gewagtes Unterfangen, wie die folgenden Jahre zeigten. Erster Leiter der Beobachter- und Beratergruppe der *OSZE* in Belarus in den Jahren 1997 bis 2001 war der deutsche Diplomat Hans Georg Wieck.[737] Bei der Eröffnung waren sowohl Repräsentanten der Regierung von Belarus als auch Vertreter der Opposition und der Zivilgesellschaft anwesend. Die Aufgabe der *OSZE*-Gruppe, so Geremek in seiner Ansprache, bestehe darin,

> „Hilfestellung bei der Entwicklung demokratischer Institutionen und der Umsetzung aller *OSZE*-Prinzipien (zu) bieten, insbesondere im Hinblick auf die Menschenrechte, die Rechtsstaatlichkeit, pluralistische Strukturen und eine freie Wirtschaft. Konkret geht es dabei um praktische Hilfe, etwa im Blick auf Gewaltenteilung, gegenseitige Kontrolle und demokratische Wahlverfahren. Fortschritte solcher Begegnungen in einer pluralistischen Gesellschaft werden dazu beitragen, dass Europa näher an Belarus und Belarus näher an Europa heranrücken wird."[738]

Geremek hatte auch ein Gespräch mit dem Außenminister von Belarus sowie mit Vertretern des Obersten Sowjet, den Lukaschenko ein Jahr zuvor aufgelöst hatte, um nur die ihm ergebenen Abgeordneten aus diesem Gremium in die von ihm geschaffene neue parlamentarische Versammlung aufzunehmen. Hans-Georg Wieck über die Stimmung unter den ausländischen Diplomaten, die bei der Eröffnung anwesend waren:

> „Wir alle waren guter Dinge, dass es gelingen würde, Lukaschenko zu einer kleinen Reform zu bewegen."[739]

Das Büro leistete bis zu seiner Schließung im Jahr 2010 wichtige Arbeit, wenn es um Lageanalysen, um den beratenden Kontakt zum Regime und zur Opposition und vor allem auch um die Unterstützung einer vorsichtig keimenden Zivilgesellschaft ging, bewegte sich dabei aber immer auf dünnem Eis, weil es dem Regime letztendlich ein Dorn im Auge war.[740]

Im Dezember 2010 ordnete die Regierung in Minsk die Schließung des Büros an. Die *OSZE* habe ihre Mission in Belarus beendet, sagte damals ein Sprecher des Außenministeriums.[741] Tatsächlich hatten die internationalen Beobachter die Präsidenten-

---

737 OSCE Prepars to Open Advisory and Monitoring Group in Belarus. OSCE-Newsletter ... (Fn. 732). Siehe auch (Fn. 730).
738 Zit. nach Timmermann, Heinz: Die OSZE-Vertretung in Belarus. Aufgaben und erste Aktivitäten. www.core-hamburg.de/documents/jahrbuch/98/Timmermann.pdf.
739 Hans-Georg Wieck ... (Fn. 730).
740 Ebd.
741 Zit. nach *Süddeutsche Zeitung*, 31.12.2010, http://www-sueddeutsche.de/politik/politik-kompakt/.

wahl am 19. Dezember 2010 und das Vorgehen der Polizei gegen Oppositionspolitiker und Demonstranten scharf kritisiert. Präsident Alexander Lukaschenko wurde damals aufgrund massiver Wahlfälschungen für eine vierte Amtszeit gewählt. Nur Stunden nach der Wahl wurden fast alle Gegenkandidaten Lukaschenkos und Hunderte Oppositionelle festgenommen. Der deutsche Außenminister Guido Westerwelle kommentierte dies mit den Worten:

> „Die Entscheidung zur Schließung des *OSZE*-Büros ist ein weiterer Rückschlag, wenn es um den Stellenwert von Rechtsstaatlichkeit und Menschenrechten in Weißrussland geht. Mit ihrem autoritären Kurs führt die Regierung in Minsk ihr Land immer weiter weg von europäisch-freiheitlichen Werten."[742]

In seiner Funktion als Vorsitzender der *OSZE* stattete Geremek im März 1998 auch Russland einen Besuch ab.

Schon zu Beginn der polnischen *OSZE*-Präsidentschaft waren die Auseinandersetzungen um die Zukunft des Kosovo in vollem Gange. Völkerrechtlich gesehen war dieses Gebiet zu dem Zeitpunkt eine Provinz Serbiens innerhalb der Republik Jugoslawien, wenngleich die albanische Mehrheit des Kosovo nach Autonomie oder gar Unabhängigkeit von Serbien strebte. Der Konflikt vollzog sich in zweite Phasen. Von Januar 1998 bis März 1999 handelte es sich um eine „innere" Auseinandersetzungen zwischen dem jugoslawischen Militär und serbischen Polizeikräften, die im Auftrag des Belgrader Diktators Slobodan Milošević die Herrschaft über die Provinz sichern sollten, und der albanischen Rebellenorganisation *Befreiungsarmee des Kosovo (Ushtria Çlirimtare e Kosovës – UÇK)*, die für die Unabhängigkeit kämpfte. In der zweiten Phase zwischen März und Juni 1999 erfolgten Luftangriffe der *Nato* auf Ziele in Serbien. Nach der Abzug der jugoslawisch-serbischen Einheiten aus dem Kosovo und der Stationierung der Friedenstruppe *KFOR* beendete die *NATO* das Bombardement. Während des gesamten Konflikts waren Hunderttausende Einwohner des Kosovo auf der Flucht, etwa 700 Ortschaften in dem Gebiet wurden beschädigt oder ganz zerstört. Auch in Serbien wurden durch die Luftangriffe der *NATO* viele öffentliche Einrichtungen sowie andere Gebäude und auch Brücken und Straßen zerstört.

Bereits im März 1998 legte Bronisław Geremek als *OSZE*-Vorsitzender einen Aktionsplan für Kosovo vor. Diese Initiative hatte er im Vorfeld unter anderem mit dem damaligen britischen Außenminister Robin Cook und dem vormaligen spanischen Ministerpräsidenten Felipe Gonzales abgesprochen.[743] Am 23. September 1998 verurteilte der UN-Sicherheitsrat mit der Resolution 1199 den Exzessiven Gebrauch von Gewalt durch jugoslawisches Militär und serbische Polizeikräfte und forderte aber auch die Führung der Albaner im Kosovo auf, „alle terroristischen Handlungen zu verurteilen". Eine Woche später drohte die *NATO* Luftangriffe an und ermächtigte Ge-

---

742 Ebd.
743 Das Thema Kosovo war immer wieder Gegenstand der Beratungen der *OSZE*-Troika. Siehe bspw. OSCE Ministerial Troika ready for responsibilities in political settlement in Kosovo. Vienna, 28 April 1999. www.osce.org/moldova/52354.

neralsekretär Javier Solana zu Militäraktionen gegen Jugoslawien. Zugleich forderte die *Balkan-Kontaktgruppe*, bestehend aus USA, Russland, Großbritannien, Frankreich, Deutschland und Italien, ultimativ direkte Verhandlungen zwischen Belgrad und den Kosovo-Albanern. Unter diesem Druck stimmte die Führung um Milošević am 13. Oktober einem Waffenstillstand zu und signalisierte, der UN-Resolution 1199 Folge zu leisten, welche einen Rückzug der schweren Waffen und eines großen Teils der paramilitärischen Polizeikräfte vorsah. Ebenso sollte eine 2000 Mann starke Beobachterkommission der *OSZE* die Rückkehr der kosovarischen Flüchtlinge überwachen. Diese *Kosovo Verification Mission* wurde am 25. Oktober 1998 vom Ständigen Rat der *OSZE* unter Vorsitz von Bronisław Geremek beschlossen. Damit endete de facto sein direktes Mitwirken bei der Suche nach einer Lösung des Kosovo-Konflikts.

Parallel zu seinem Engagement für den Balkan war Geremek als *OSZE*-Vorsitzender auch und gerade mit den Konflikten in der Kaukasus-Region befasst. Das galt besonders für Berg-Karabach und Südossetien. Nach der Unabhängigkeitserklärung Armeniens und Aserbaidschans hatte auch Berg-Karabach am 6. Januar 1992 seine staatliche Souveränität erklärt, die aber international nicht anerkannt wurde.[744] Zu diesem Zeitpunkt lebten in dieser Region, einer Enklave innerhalb Aserbaidschan, knapp 74 Prozent Armenier und gut 26 Prozent Aseris. Zwischen der Unabhängigkeitserklärung und dem Waffenstillstandsabkommen vom Mai 1994 wütete ein grausamer Krieg zwischen aserbaidschanischen und karabach-armenischen Streitkräften. Etwa 1,1 Millionen Menschen, davon 700.000 aserische Vertriebene aus Berg-Karabach und 400.000 armenische Flüchtlinge aus Aserbaidschan verloren ihre Heimat.

Ab 1992 bemühte sich auch die *OSZE* um eine friedliche Lösung des Konflikts. Doch alle ihre Vorschläge sowie verschiedene Friedenspläne etwa einer amerikanisch-russisch-französischen Arbeitsgruppe wurden von der karabachischen Führung in Stepanakert und auch von der aserbaidschanischen Regierung in Baku ablehnt. Dazu zählte die Anregung, Berg-Karabach größtmögliche Autonomie, aber innerhalb der Staatsgrenzen von Aserbaidschan zu gewähren. Auch in der Zeit der polnischen Präsidentschaft bemühte sich die *OSZE* immer wieder, Friedensgespräche in Gang zu bringen. Allerdings wurde auch ihr Friedensplan vom November 1998, der die Bildung eines gemeinsamen Staates von Berg-Karabach und Aserbaidschan mit zwei Entitäten vorsah, von beiden Seiten abgelehnt. Auch Bronisław Geremek, der Ende November mit Vertretern der Konfliktparteien zusammentraf, konnte die verhärteten Fronten nicht in Bewegung bringen.[745] Geremeks Nachfolger, der norwegische Außenminister Knut Vollebæk, setzte diese Bemühungen fort.

---

744 Siehe Van Hoye, Ermina: Die OSZE im Kaukasus: Langzeitvermittlung für dauerhafte Lösungen. http://www-core-hamburg.de/documents/jahrbuch/99/VanHoye.pdf.
745 OSCE Chairman-in-Office concludes visit to Georgia, Armenia and Azerbaijan. Baku, 26 November 1998. www.osce.org/cio/52648. Schon zuvor hatte sich Geremek wegen des Konflikts um Berg-Karabach wiederholt mit den Mitgliedern der *OSCE Minsk Group* (USA, Russland und Frankreich) getroffen. OSCE meeting on steps for peace in Nagorno-Karabakh, War-

Bereits vor der Auflösung hatte Südossetien im September 1990 seine Unabhängigkeit von der Georgischen SSR erklärt. Zu diesem Zeitpunkt lebten in dem Gebiet knapp 70 Prozent Osseten und gut 30 Prozent Georgier. Bald danach kam es zu bewaffneten Auseinandersetzungen zwischen georgischen Polizeikräften und paramilitärischen Einheiten einerseits und ossetischen Verteidigungskräften andererseits. Im Januar 1992 sprach sich die Mehrheit der Bürger Südossetiens für eine Vereinigung mit dem auf russischen Gebiet liegenden Nordossetiens aus. Dieser Anspruch wurde jedoch vor allem wegen des georgischen Widerstands nicht realisiert. Ab 1994 bzw. 1997 arbeiteten Missionen der *OSZE* sowohl in der georgischen Hauptstadt Tiflis als auch in Zchinwali, der Hauptstadt Südossetiens.

Seit dieser Zeit haben Vertreter Russlands und Georgiens in Kontakt mit Abgesandten aus Zchinwali mehrfach versucht, eine Einigung über den Status von Südossetien zu erzielen. Ohne Erfolg. Auch der dänische Außenminister Niels Helveg Petersen, der im August 1997 nach Tiflis reiste, sowie sein Nachfolger Bronisław Geremek, der die georgische Hauptstadt im November 1998 besuchte, konnten substanzielle Fortschritte erzielen. Immerhin konnte die *OSZE* gerade im Jahr 1998, also während der polnischen Präsidentschaft, eine wichtige Rolle beim wirtschaftlichen Wiederaufbau Südossetien sowie bei der Repatriierung von Flüchtlingen und Vertriebenen sowohl in Südossetien als auch in Georgien spielen. Das *Memorandum of Understanding* zwischen Georgien und der *OSZE* vom 23. November 1998 entsprang dem Bemühen, besonders hinsichtlich der Wahrung der Menschenrechte intensiver zu kooperieren.

Mit Blick auf die zahlreichen internationalen Konflikte und auch angesichts der Erweiterungsbemühungen der *NATO* und der *EU* ging es der polnischen *OSZE*-Präsidentschaft und speziell Bronisław Geremek darum, die Kontakte zwischen der *OSZE* einerseits und den *Vereinten Nationen* sowie der *NATO* und der *EU* zu vertiefen und stärker institutionell zu verankern. Wichtigster Beweis dafür war die Tatsache, dass der *OSZE* die Überwachungsmission in Kosovo anvertraut wurde. Die Analysen des Generalsekretärs der *Vereinten Nationen* zur Lage in Kosovo basierten in der Regel auf dem monatlichen Recherchen der polnischen *OSZE*-Präsidentschaft. Im Mai 1998 bezeichnete der damalige Amerikanische Präsident Bill Clinton die *OSZE* als „wichtiges Instrument zur Ausweitung des Geltungsbereichs der Demokratie".[746] Die *OSZE* war außerdem beteiligt an den Arbeiten für eine Europäische Sicherheitscharta, für die Weiterentwicklung des Vertrags über konventionelle Streitkräfte in Europa und die Modernisierung des Wiener Dokuments von 1994 über vertrauens- und sicherheitsbildende Maßnahmen.

---

saw, 4 March 1998. www.osce.org/cio/52597. OSCE Minsk Group reports new obstacles in Nag orno-Karabakh. Warsa, 10 June 1998. www.osce.org/mg/52614. OSCE-Chairman-in-Office meets OSCE Minsk Group. Warsaw, 8 October 1998. www.osce.org/mg/52635. Chairman-in-Office meets with OSCE Minsk Group. Warsaw, 19 November 1998. www.osce.org/mg/52647.

746 Geremek, Bronisław: Die Erfahrungen ... (Fn. 727).

Nach einem Jahr an der Spitze der *OSZE* hatte Bronisław Geremek seine Meinung über diese Organisation grundlegend geändert. Nun sah er sie nicht mehr als Relikt des Kalten Krieges, sondern als wichtiges Instrument zur Konfliktprävention und Konfliktlösung sowie zur Wahrung von Menschenrechten und zur Demokratisierung in Europa und in angrenzenden Regionen.

> „Geremek hat es geschafft, diesem unbeweglichen Koloss (der *OSZE* – R.V.) neuen Geist einzuhauchen und alle zu überzeugen, dass neben der *NATO*. der *EU* und der *WEU* (*Westeuropäische Union* – R.V.) eine Organisation nötig ist, die den Osten mit dem Westen, Arme mit Reichen, Europa mit Amerika und Russland verbindet', zitierte die polnische Zeitung *Gazeta Wyborcza* einen westlichen Diplomaten. Diesen Erfolg verdankt die Organisation nicht zuletzt dem Prinzip der ‚europäischen Solidarität', das Polen in den Vordergrund der *OSZE*-Tätigkeit gestellt hat. Es gebe in der *OSZE* arme und reiche Länder, doch alle hätten gleiches Recht auf Sicherheit."[747]

Schon während der siebten Jahrestagung der Parlamentarischen Versammlung der *OSZE* vom 7. bis 10. Juni 1998 in Kopenhagen würdigte Geremek die Arbeit der Männer und Frauen, die sich in den 17 Langzeitmissionen der *OSZE* engagierten.[748] Da es einigen Wahlbeobachtungskommissionen, so Geremek, richtete er an die anwesenden Parlamentarier den Appell, sich für eine gute finanzielle Ausstattung der *OSZE* stark zu machen, wenn die nationalen Haushalte verabschiedet würden. Die von der OSZE geleistete Unterstützung in Krisengebieten, fuhr er fort, könne Leben retten, menschliches Leid verringern, Gewalt reduzieren und Hoffnung verbreiten. In den vergangenen fünf Jahren habe die Parlamentarische Versammlung der *OSZE* fast 700 Abgeordnete zur Beobachtung von mehr als 30 Wahlen entsandt. Dies sei ein Beweis für den wertvollen Beitrag zur Errichtung von demokratischen Institutionen und demokratischen Parlamenten in der ganzen *OSZE*-Region.

In einer Bilanz der polnischen Präsidentschaft und seiner Tätigkeit als Vorsitzender der *OSZE* schrieb Geremek:

> „Es muss hervorgehoben werden, dass die Demokratie in den letzten Jahren über den innenpolitischen Rahmen hinaus in den internationalen Beziehungen ihren Platz gefunden hat. In ihrem Betätigungsbereich hat die *OSZE* gewissermaßen ein internationales ‚Protektorat' über die jungen Demokratien ausgeübt. Das gilt besonders für die Länder, die sich fast ‚zufällig' in der *OSZE* wiedergefunden haben, jedenfalls wenn man die Auflösung der UdSSR als einen Zufall betrachten kann. Das betraf in erster Linie die Beziehungen zu den Partnerländern wie den Staaten in Zentralasien oder in Transkaukasien, deren Streben auf eine Stärkung ihrer Unabhängigkeit zielte. Es ist in unserem

---

747 „Dem Koloss neuen Geist eingehaucht". Polen übergibt den OSZE-Vorsitz an Norwegen. In: *Die Welt*, 31.12.1998. http://www.welt.de/print-welt/article630240/Dem-Koloss-neuen-Geist-eingehaucht.html.

748 Deutscher Bundestag: Drucksache 13/11466 vom 12.10.1998. Unterrichtung durch die deutsche Delegation in der Parlamentarischen Versammlung der OSZE über die Siebte Jahrestagung vom 7. bis 10. Juli in Kopenhagen, S. 5. http://dip21.bundestag.de/dip21/btd/13/114/1311466.asc.

Bronisław Geremek und der kosovarische Präsident Ibrahim Rugova in Priština

gemeinsamen Interesse, dass sie sich dem europäischen Wertesystem und den europäischen Strukturen anschließen. Nur auf diesem Wege und nur demokratisch kann der europäische Raum erweitert werden; der Einflussbereich europäischer Traditionen, die nach universeller Wirkung streben, wächst ebenfalls an. In meinen Augen hat die *OSZE*-Präsidentschaft Polens zur Stärkung dieser positiven Tendenzen beigetragen, besonders mit Blick auf die Umsetzung der Vorstellung, dass diese Organisation eine Ergänzung innerhalb des Systems kooperierender Institutionen darstellt. In den Ländern, denen ich in meiner Eigenschaft als *OSZE*-Präsident einen Besuch abgestattet habe, wurde ich teils als Dissident betrachtet, der Fragen der Demokratie und der Menschenrechte einen besonderen Wert beimisst, teils als Vertreter eines Landes, das die wirtschaftliche Umstrukturierung mit nachhaltigem Erfolg betrieben hat. Das bedeute für mich eine Quelle großer Zufriedenheit, aber auch eine moralische Verpflichtung. Dadurch wurde die Erfüllung der unter die polnische Präsidentschaft fallenden Aufgaben erleichtert."[749]

Tatsächlich war es für die *OSZE* ein Glücksfall, dass ein Jahr lang an ihrer Spitze ein Mann stand, der selbst zu den Protagonisten des demokratischen und marktwirtschaftlichen Neuanfangs in seinem Land zählte. Geremeks Arbeit wurde auch international

---

749 Geremek, Bronisław: Die Erfahrungen ... (Fn. 727). Siehe auch Annual Report 1998 on OSCE Activities (1 December 1997–30 November 1998). www.osce.org/de/secretariat/14547?download=true.

gewürdigt. So hieß es kurz und knapp in einem Dokument des Auswärtigen Amtes in Berlin:

> „AM (Außenminister – R.V.) Geremek hat als *OSZE*-Vorsitzender erfolgreich gearbeitet."[750]

Gleichzeitig ging die *OSZE* mit ungelösten Problemen ins folgende Jahr. Der Kosovo-Konflikt eskalierte, die Auseinandersetzungen um Berg-Karabach und Südossetien setzten sich fort.

9.4. Das unwiderrufliche Ende der Jalta-Ordnung: Beitritt zur *NATO*, Beginn der Verhandlungen mit der *EU*

In Geremeks Amtszeit als Außenminister fiel ein erster Höhepunkt der euro-atlantischen Integration Polens: der Beitritt des Landes zur *NATO*. Persönlich erfüllte ihn dieser Schritt mit großer Genugtuung, hatte er doch die Teilung Europas und die Zwangsmitgliedschaft Polens in den östlichen Bündnissen schon lange als Zustand empfunden, den es zu überwinden galt.

Am 14. November 1997, also zwei Wochen nach seinem Amtsantritt, sandte er im Namen der polnischen Regierung einen Brief an den Generalsekretär der *NATO*, Javier Solana, in dem er erklärte, dass Polen dem nordatlantischen Bündnis beitreten wolle. Im Oktober waren die Beitrittsverhandlungen erfolgreich abgeschlossen worden. Am 16. Dezember 1997 unterzeichnete er zusammen mit seinen Amtskollegen aus der Tschechischen Republik und Ungarn ein Beitrittsprotokoll, das anschließend Gegenstand der Ratifizierung in den Mitgliedstaaten der *NATO* war.[751] Anschließend reiste er durch mehrere Mitgliedstaaten, um für die Ratifizierung zu werben. Die Vereinigten Staaten ratifizierten als erstes Land das Beitrittsprotokoll am 2. Februar 1998, nach und nach folgten die anderen Mitglieder des Bündnisses. Wenige Tage zuvor, am 29. Januar, hatte Solana Polen, die Tschechische Republik und Ungarn offiziell zum Beitritt aufgefordert.

In Polen selbst stimmten der Sejm und der Senat am 17. Februar mit übergroßer Mehrheit für die Ratifizierung des Beitrittsprotokolls. Zwei Tage später wurde das Dokument im Gesetzesanzeiger der Regierung veröffentlicht.

Die Mitgliedschaft in der *NATO* begann am 12. März 1999, als Geremek und seine beiden Amtskollegen aus Prag und Budapest in Independence in den Vereinigten Staaten in Anwesenheit der amerikanischen Außenministerin Madeleine Albright die Beitrittsdokumente unterzeichneten. Für Geremek bedeutete dieser Schritt das unwider-

---

750 Gesprächsführungsvorschlag ... für die Reise von AM Fischer am 29.10.1998 nach Warschau. Politisches Archiv des Auswärtigen Amtes. AZ 214-321, Sign. 226308, 11 Pol, Bilaterale AM-Konsultationen.
751 Departament Polityki Bezpieczeństwa MSZ: Notatka Informacyjna na temat podpisania Protokołów do Traktatu Północnotlantyckiego w sprawie akcesji Polski, Czech i Węgier, Warszawa, 19 grudnia 1997 r. AMSZ, sygn. 13/2001, wiązka 5.

Bronisław Geremek unterschreibt am 12.3.1999 im amerikanischen Independence den Vertrag zum Nato-Beitritt Polens. Links die damalige US-Außenministerin Madeleine Albright

rufliche Ende des Nachkriegssystems, das auf den Trümmern des Zweiten Weltkriegs begründet worden war. Während der Zeremonie sagte er mit Blick auf die Konferenz der vier Siegermächte im Februar 1945, wo über Europas Nachkriegsordnung entschieden wurde, sagte er: „Jetzt endlich haben wir Jalta überwunden."

Wenige Wochen später, am 8. April, erklärte Geremek in einer außenpolitischen Debatte des Sejm:

> „Am 12. März wurde Polen Mitglied der *NATO*. Dieses Ziel, das vor Jahren jene Regierungen formulierten, die aus der Bewegung der ‚Solidarität' hervorgegangen waren, wurde durch die Anstrengung aller politischen Kräfte und des ganzen Volkes verwirklicht. Damit sind wir in eine neue Epoche der nationalen Sicherheit eingetreten. Heute ist Polen organischer Bestandteil der euroatlantischen Gemeinschaft demokratischer Staaten. Ich meine, dass wir allen Staaten, Organisationen, Institutionen und Menschen, die Polen den Beitritt zum Nordatlantikpakt ermöglicht haben, unseren Dank aussprechen sollten."[752]

---

752 47 posiedzenie Sejmu w dniu 8 kwietnia 1999 r. Sprawozdanie stenograficzne z debaty sejmowej. Expose – zadania polskiej polityki zagranicznej. AMSZ, sygn. 39/2002, wiązka 9.

In Polen herrschte die Meinung vor, dass man die Mitgliedschaft in der *NATO* vor allem Washington zu verdanken habe. So hieß es in einer Analyse der Deutschen Botschaft in Warschau:

> „Der *NATO*-Beitritt wird in der Öffentlichkeit wesentlich als Verdienst der USA gesehen, wobei auch immer der Einsatz des ehemaligen Generalsekretärs Wörner und des ehemaligen Bundesverteidigungsministers Rühe hervorgehoben wird. Und eine enge Abstimmung mit den USA wird als probates Mittel angesehen, um selber eine Rolle in der *NATO* und in der mitteleuropäischen Region spielen zu können."[753]

Schon in den ersten Wochen nach dem Beitritt wurde Polens Mitgliedschaft in der *NATO* auf eine harte Probe gestellt, weil das Bündnis mit militärischen Mitteln in den Kosovo-Konflikt eingriff. Der Einsatz gegen die damalige Bundesrepublik Jugoslawien zwischen dem 24. März und dem 10. Juni 1999 war die erste kriegerische Auseinandersetzung, die die *NATO* jenseits ihrer vertraglich fixierten Bündnisverpflichtung führte, und geschah auch ohne Mandat der Vereinten Nationen. Der Einsatz ist bis heute völkerrechtlich, politisch und militärisch umstritten.

Das Für und Wider dieses Einsatzes ist nicht Gegenstand der Analyse in diesem Buch. Vielmehr geht es um die Haltung Geremeks in diesem Konflikt und die damaligen Kommentare in der polnischen Öffentlichkeit. Auf die Frage eines Reporters der *Neuen Zürcher Zeitung*, ob er die Luftangriffe der *NATO* befürworte, sagte er:

> „Da sich die Lage zusehends verschlechterte, war der Abzug der *OSZE*-Beobachter[754] notwendig. Andernfalls wäre ein Umsetzung der Drohungen der *NATO* nicht möglich gewesen. Polen nimmt am Entscheidungsprozess der *NATO* teil. Da Milošević kein Zeichen des guten Willens erkennen ließ, hat sich die *NATO* für die Durchführung einer militärischen Aktion entschieden – ein Entscheid, der von meinem Land mitgetragen wird."[755]

Und auf die Frage, ob man solche Militärschläge als „gerechten Krieg" bezeichnen könne, antwortete Geremek:

> „In einem gewissen Sinne ja. In der mittelalterlichen Theorie des gerechten Krieges existierte die Vorstellung des Rechts auf die Verteidigung der Rechte eines Volkes. Dieser Begriff könnte auf den Kampf der Kosovo-Albaner für ihre Heimat angewandt werden. In der Theorie des gerechten Krieges ist allerdings nicht auch ein Eingriff der internationalen Gemeinschaft oder auswärtiger Truppen vorgesehen. Ich würde deshalb lieber sagen, bei diesem Eingriff der *NATO* handelt es sich um eine Aktion für eine gute Sache. Aber die Frage stellt sich: Was geschieht nach dem Angriff? Und da muss man sich sagen, dass auch nach den Luftangriffen nur die Annahme der gleichen Lösung zur Diskussion stehen wird, die auch ohne militärischen Eingriff vorgesehen ist. Deshalb

---

753 Politischer Halbjahresbericht, 1.4.1999. Politisches Archiv des Auswärtigen Amtes, AZ 214-320.11, Sign. 290322.
754 Siehe S. 314 f. dieses Buches.
755 „Die Versöhnung in Kosovo wird Zeit brauchen". Gespräch mit dem polnischen Außenminister Geremek. Neue Zürcher Zeitung, 26.3.1999, S. 9.

stellen Luftangriffe nur eine letzte Möglichkeit dar, um Druck auszuüben. Es wäre besser, wenn wir ohne diesen Druck zu einer Lösung gekommen wären."[756]

Geremek wusste, dass die Meinungen in der polnischen Öffentlichkeit nicht einheitlich waren. Auch bei denjenigen, die den Eingriff der *NATO* eindeutig bejahten, fanden sich nachdenkliche Stimmen. So schrieb die Beraterin von Premier Jerzy Buzek, Agnieszka Magdziak-Miszewska, in der Mai-Ausgabe der katholischen Zeitschrift *Więź*:

> „Zu Beginn möchte ich darlegen, dass ich keinen Zweifel habe, dass wir die in diesem Augenblick einzig mögliche Entscheidung getroffen haben – Milošević hat uns keine Wahl gelassen: die Bombardierungen mussten beginnen."[757]

Sie betont, dass sie mit Absicht die Wir-Form verwende, da „wir (Polen – R.V.) ... Mitglied der *NATO* sind". Die von ihr anschließend geäußerten Zweifel sollten nicht die Notwendigkeit dieser Entscheidung in Frage stellen, beträfen aber doch die

> „nach meiner Überzeugung fundamentale Frage: Wussten wir, was wir machen, und sahen wir die möglichen Konsequenzen unserer Handlungen voraus? Die Ausführung unserer Entscheidung vertrauten wir Spezialisten an."[758]

Ebenfalls im Mai 1999 schrieb die Wochenzeitung *Polityka*, dass

> „Polen nach außen ein entschiedenes, mit der *NATO* solidarisches Gesicht zeigt. Dennoch hat der Kosovo-Konflikt die polnischen Politiker gespalten, dabei unterscheiden sich in ihrer Beurteilung nicht nur die Linke und die Rechte – die Trennungslinien verlaufen auch quer durch die einzelnen Parteien."[759]

Bester Beweis dafür, so das Blatt, sei die *Freiheitsunion/Unia Wolności*, die sich „emotional und kompromisslos für die *NATO*" ausspreche, während fast ein Viertel ihrer Wähler eine in dieser Frage abweichende Meinung vertrete. Die Politiker der einzelnen Parteien zeigten ein weites Meinungsspektrum: von militärischen Durchhalteparolen bis zur Verurteilung der *NATO*-Angriffe. Viele bekundeten ihren Wunsch nach einer friedlichen Lösung. Die *Polityka* zitierte eine Umfrage, wonach sich 39 Prozent der Bauernpartei *PSL* gegen die Intervention der *NATO* aussprachen, beim postkommunistischen *SLD* waren 35 Prozent, bei der *Freiheitsunion* 23 Prozent und bei der *Akcja Wyborcza Solidarność* 16 Prozent.[760]

Auch auf seinem Weg in die *Europäische Union* kam Polen während der Amtszeit von Bronisław Geremek als Außenminister ein gutes Stück voran, wenngleich schon seine Vorgänger in dieser Hinsicht wichtige Weichen gestellt hatten. So wurde bei einer Konferenz zur Erweiterung der *EU* am 31. März 1998, an der auch Geremek teilnahm, der Startschuss für die Beitrittsverhandlungen der Gemeinschaft mit Polen

---

756 Ebd.
757 Więź, Nr. 5/99.
758 Ebd.
759 Polityka, Nr. 32/99.
760 Ebd.

gegeben. Gegenstand der ersten Etappe dieser Verhandlungen war das so genannte *Screening*, bei dem das nationale Recht Polens mit dem EU-Recht, dem so genannten *Acquis Communautaire*, verglichen wurde. Ziel dieser Prüfung war es, Defizite und Probleme Polens bei der angestrebten Umsetzung des *Acquis* zu ermitteln und einen eventuellen Bedarf an Übergangsfristen zu formulieren. Das *Screening* begann dann am 3. April.

Geremek und mit ihm die gesamte damalige polnische Regierung drängten schon früh darauf, dass von Seiten der *EU* ein konkretes Datum für einen Beitritt Polens zur Gemeinschaft genannt wurde.[761] Er wünschte sich einen Beitritt im Jahr 2002/2003, war sich aber auch dessen bewusst, dass diese Zielvorgabe nicht sehr realistisch war.

Schon in den Monaten vor Beginn der Beitrittsverhandlungen hatte Geremek auf diplomatischem Wege sehr stark versucht, dem europäischen Anliegen Polens Rückhalt zu verschaffen. So hielt er sich mehrfach in Brüssel auf, ebenso empfing er Mitglieder der *EU*-Kommission zu Gesprächen in Warschau. Er sorgte auch dafür, dass der vormalige polnische *EU*-Botschafter Jan Kułakowski im Auftrag der Regierung die Beitrittsverhandlungen leitete.

Am 23. Juni 1998 verabschiede die polnische Regierung ein *Nationales Programm zur Vorbereitung auf die Mitgliedschaft in der EU (Narodowy Program Przygotowania do Członkostwa w UE)*, das dann bis 2001 jährlich dem Stand der Beitrittsverhandlungen angepasst wurde. Gut zwei Monate später präsentierte Polen gegenüber der *EU* seine Ausgangspositionen für die Verhandlungen über die ersten sieben Kapitel, darunter auf den Gebieten Wissenschaft und Forschung, Industriepolitik und Telekommunikation. Die tatsächlichen Verhandlungen begannen dann am 10. November 1989.

Auch wenn die „Gründerzeiten" in den deutsch-polnischen Beziehungen gegen Ende der 1990er Jahre langsam zu Ende gingen[762], war die Amtszeit Geremeks als Außenminister zwischen 1997 und 2000 doch eine Phase intensiver bilateraler Begegnung und Beratung. Die *OSZE*-Präsidentschaft Polens, die verschiedenen internationalen Konfliktherde, der Beitritt Polens zur *NATO,* die Annäherung des Landes an die *EU* sowie diverse deutsch-polnische Probleme, die einer Lösung bedurften – all das machte es erforderlich, dass Warschau und Bonn bzw. Berlin intensiv miteinander „im Gespräch blieben", bilateral und natürlich auch auf dem internationalen Parkett.

Wie ernst Geremek die deutsch-polnischen Beziehungen nahm, zeigte allein schon sein Kommentar, nachdem der exzellente polnische Deutschlandkenner Władysław Bartoszewski im Januar 1998 zum Vorsitzenden der deutsch-polnischen Parlamentariergruppe gewählt worden war. Er wertete die Wahl Bartoszewskis als Beweis für die Bedeutung, die man der deutsch-polnischen Parlamentariergruppe im Sejm beimesse. Wörtlich sagte er:

---

761 Siehe etwa den Vermerk über das Gespräch Geremeks mit dem damaligen deutschen Außenminister Klaus Kinkel am 18. November 1997 in Erfurt. Politisches Archiv des Auswärtigen Amtes, Bilaterale AM-Konsultationen, AZ 321.11, Sign. 226160.
762 Siehe S. 304 ff. dieses Buches.

Bronisław Geremek und Hans-Dietrich Genscher im Juni 1996

„Es gibt keinen Zweifel, dass Bartoszewski auch unter den Mitgliedern der Gesamtgruppe herausragt. Andererseits wird sich Bartoszewskis bedeutende Rolle für die deutsch-polnischen Beziehungen nicht unbegrenzt in die Zukunft verlängern lassen und es wird wichtig sein, auch im parlamentarischen Bereich neue Freunde Deutschlands zu finden und zu aktivieren."[763]

Andererseits muss Geremek, und mit ihm andere führende polnische Politiker, in jenen Jahren das Gefühl gehabt haben, Deutschland und Polen würden sich immer noch nicht ganz „auf Augenhöhe" begegnen bzw. Deutschland Polen grundsätzlich noch nicht als gleichberechtigten Partner akzeptiert habe. Ende Juli 1999 schrieb der damalige deutsche Botschafter Johannes Bauch in einem Erfahrungsbericht:

„So habe Deutschland, in diesem Sinne kürzlich am (Außenminister – R.V.) Geremek zu mir, eine klare Position hinsichtlich des polnischen Nato-Beitritts gehabt, das gleiche gelte für einen polnischen EU-Beitritt, dennoch habe trotz aller Bedeutung des Berliner Gipfels gerade für die Osterweiterung der EU Deutschland während seiner Präsidentschaft (in der ersten Jahreshälfte 1999 – R.V.) keine besonderen Akzente in Richtung Erweiterung gesetzt, die man sich jetzt umso mehr von der finnischen Präsidentschaft wünsche. Ganz besonders gelte eine gewisse deutsche Perspektivlosigkeit jedoch da-

---

763 Zit. nach Mitteilung der Botschaft Warschau vom 21.1.1998. Politisches Archiv des Auswärtigen Amtes, Bilaterale Beziehungen zu Polen 1998, AZ 214-321.00, Sign. 226305.

hingehend, dass, von einer gewissen paternalistischen oder durch moralische Zwänge begründeten grundsätzlich positiven Einstellung einmal abgesehen, Deutschland noch keinerlei Vorstellungen entwickelt habe über sein Verhältnis zu Polen nach einem doch relativ baldigen EU-Beitritt. Dies erschwere nicht nur die Definition und Wahrnehmung eigener polnischer Interessen, sondern richte sich letztlich auch gegen deutsche Interessen, für deren Realisierung ein enges Verhältnis zu dem Mitgliedsland Polen innerhalb der Europäischen Union durchaus notwendig sein können."[764]

Schon ein Jahr zuvor hatte es in einem Fernschreiben der Deutschen Botschaft an das Auswärtige Amt in Bonn geheißen:

„... Es gibt Anzeichen, dass die deutsch-polnischen Beziehungen in eine andere Phase treten könnten. Nach fast 9 Jahren eines bemerkenswerten Aufschwungs im bilateralen Verhältnis stehen wir möglicherweise vor neuen Belastungsproben, die die Festigkeit des bisher erreichten auf einen Prüfstand stellen werden ... Die größte Gefahr für unsere Beziehungen liegt in einer Bilateralisierung der schwierigen EU-Beitrittsverhandlungen – und sei dies auch nur in der öffentlichen Wahrnehmung. Unsere ‚Anwaltsrolle' bei den politischen Entscheidungen für eine Heranführung Polens an die euro-atlantischen Strukturen könnten nach dem großen Dank in eine Enttäuschung umschlagen, wenn es nicht gelingen sollte, einerseits der bisherigen Anwaltsrolle innerhalb der EU gerecht zu werden und andererseits zu vermeiden, gegenüber Polen in eine direkte Konfrontationsrolle gedrängt zu werden."[765]

Auf jeden Fall kam Bronisław Geremek schon Mitte November 1997, also wenige Wochen nach seinem Amtsantritt als Außenminister, für drei Tage nach Deutschland und wurde dabei auch von Bundespräsident Roman Herzog und Bundeskanzler Kohl empfangen. Auch in einem Gespräch mit seinem Amtskollegen Klaus Kinkel am 18. November in Erfurt bedankte er sich für das Engagement Deutschland zugunsten von Polen in Sachen NATO-Öffnung. Hinsichtlich der EU-Erweiterung

„... betonte (Geremek – R.V.) die Bedeutung eines zügigen Verlaufs der Beitrittsverhandlungen. Der polnischen Regierung sei sehr wohl bewusst, dass vor 2002/2003 eine tatsächliche Mitgliedschaft Polens kaum möglich sein werde. Dies sollte man jedoch in der Öffentlichkeit nicht herausstellen."[766]

Diese Zielprojektion Geremeks erwies sich dann ja auch als realistisch. Polens EU-Mitgliedschaft begann am 1.5.2004.

Ohne Zweifel haben das Ergebnis der Bundestagswahl am 27. September 1998 und der folgende Amtsantritt einer Koalition, die von der SPD und Bündnis 90/Die Grünen gestellt wurde, bei Geremek anfangs eine gewisse Skepsis hervorgerufen. Bundeskanzler war nun der Sozialdemokrat Gerhard Schröder, Außenminister der

---

764 Fernschreiben aus Warschau vom 30.7.1999. Politisches Archiv des Auswärtigen Amtes, Deutsch-polnische politische Beziehungen 1999, AZ 214-321.00, Sign. 290328.
765 Drahtbericht vom 2.6.1998 ... (Fn. 724).
766 Vermerk ... (Fn. 761) über das Gespräch Kinkel/Geremek am 18.11.97 in Erfurt. Politisches Archiv des Auswärtigen Amtes, Bilaterale AM-Konsultationen, AZ 321.11, Sign. 226160.

Grünen-Politiker Joseph (Joschka) Fischer. Im polnischen Außenministerium wurden Fragen aufgeworfen:

- Beginnt eine neue Phase in den Beziehungen?
- Treten moralische und historische Aspekte in der deutschen Politik in den Hintergrund?
- Wie wird man in Deutschland die Bedeutung Ostmitteleuropas im Vergleich zu Russland sehen?
- Übernimmt Deutschland weiterhin eine Führungsfunktion in der EU?
- Wie steht es um die Anwesenheit der USA in Europa?

Insofern war es sehr hilfreich, dass Schröder und Fischer bald nach dem Regierungswechsel Warschau besuchten und dabei betonten, dass auch ihre Regierung den deutsch-polnischen Beziehungen einen hohen Stellenwert einräume. Fischer bekräftigte in seinem Gespräch mit Geremek am 29. Oktober 1998 unter anderem, dass die neue Bundesregierung die bilaterale Kooperation der Polizei- und Grenzschutzbehörden vertiefen und den deutsch-polnischen Jugendaustausch stärker fördern wolle. Das Bild Polens in Deutschland, so Fischer, müsse verbessert werden. Die Bundesregierung werde Polen weiterhin auf dem Weg in die EU unterstützen, auch wenn die Beitrittsverhandlungen über einige Kapitel schwierig werden dürften. Der Bundesaußenminister nannte in diesem Zusammenhang das Problem der Übergangsfristen bei der Arbeitnehmerfreizügigkeit und die Anpassung des polnischen Eigentumsrechts an den Acquis Communautaire der EU. Nach dem Gespräch hieß es unter deutschen Diplomaten in Warschau, Fischer habe gegenüber Geremek einen ersten Achtungserfolg erzielt.

Im Rahmen des *Weimarer Dreiecks* der trilateralen Kooperation zwischen Polen, Deutschland und Frankreich kam Bronisław Geremek drei mal mit seinen Amtskollegen Joschka Fischer und Hubert Védrine zusammen. Bei den Gesprächen am 6. Januar 1999 in Paris ging es vor allem um die Zusammenarbeit im Bereich der inneren Sicherheit, des Transports und des Umweltschutzes sowie um die Städtepartnerschaft zwischen Warschau, Berlin und Paris. Am 30. August des gleichen Jahres in Weimar sprachen die drei Minister vor allem über kulturellen Austausch. Und schließlich am 7. Juni 2000 in Krakau standen die Sicherheit in Europa und die Beitrittsverhandlungen zwischen Polen und der EU im Vordergrund. Am 7. Mai 1999 waren Polens Staatspräsident Aleksander Kwaśniewski und Bundeskanzler Gerhard Schröder Gäste des französischen Staatspräsidenten Jacques Chirac in Nancy. Auch die Verteidigungsminister der drei Staaten trafen sich in jenen Jahren mehrfach.

Ein wichtiges Zeichen der deutsch-polnischen Versöhnung und des Bemühens, die bilaterale Debatte über Vertreibung und Entschädigung zu entkrampfen, waren der Besuch von Bundespräsident Johannes Rau zum sechzigsten Jahrestag des Ausbruchs des Zweiten Weltkriegs auf der Danziger *Westerplatte* am 1. September 1999 sowie die gemeinsame „Danziger Erklärung" von Rau und Kwaśniewski. Darin riefen beide Präsidenten dazu auf, einen aufrichtigen Dialog über Flucht und Vertreibung und deren Ursachen zu führen, sowie der Opfer zu gedenken und dafür zu sorgen, dass es die letzten waren.⁷⁶⁷ Wörtlich erklärten sie:

> „Jede Nation hat das selbstverständliche Recht, um sie (die Vertriebenen – R.V.) zu trauern, und es ist unsere gemeinsame Verpflichtung, dafür zu sorgen, dass Erinnerung und Trauer nicht missbraucht werden, um Europa erneut zu spalten. Deshalb darf es heute keinen Raum mehr geben für Entschädigungsansprüche, für gegenseitige Schulzuweisungen und für das Aufrechnen der Verbrechen und Verluste."

Auch der Besuch von Bundeskanzler Gerhard Schröder am 3./4. September 1999 hatte den sechzigsten Jahrestag des deutschen Überfalls auf Polen zum Anlass und wurde von den zur Verständigung bereiten Teilen der polnischen Öffentlichkeit als Ausdruck deutschen Willens zur Versöhnung gewertet. Wenige Monate zuvor, am 30. April 1999, hatte es ebenfalls in Danzig – zum zweiten Mal nach 1997 – bilaterale Regierungskonsultationen im Beisein beider Regierungschefs gegeben.

Am 9. November 1999 kam Geremek zu einem Gespräch mit seinem deutschen Amtskollegen Fischer nach Berlin. Fischer begrüßte ihn dabei mit dem Hinweis, dass die Entwicklung zur deutschen Vereinigung nicht ohne die Geschichte der „Solidarität" möglich gewesen sei."⁷⁶⁸ Geremek antwortete darauf, dass man innerhalb der „Solidarität" das historische Umfeld schon sehr früh richtig eingeschätzt habe dergestalt, dass erst die deutsche Vereinigung die Freiheit Polens garantieren werde. Nun komme es darauf an, die Substanz der deutsch-polnischen Beziehungen neu zu definieren. Polen sehe in Deutschland den wichtigsten politischen Partner auf seinem Weg zur Mitgliedschaft in der Europäischen Union. Polens Rolle in der Nato wirke sich positiv auf das deutsch-polnische Verhältnis aus.

Geremek wies auch darauf hin, dass das Thema der Entschädigung für Zwangsarbeiter in der polnischen Presse hochgespielt werde. Man brauche bald ein Ergebnis, vorzugsweise noch in diesem Jahr. Dem entgegnete Fischer, dass man für dieses Thema mehr Zeit brauche. Deutschland, so der Minister, ließe sich in dieser Frage von moralischen Gesichtspunkten leiten. Die Gespräche mit der Wirtschaft seien kompliziert. Sie könne nicht ohne weiteres verpflichtet werden. Die Bundesregierung sei trotz ihrer schwierigen finanziellen Lage bereit, einen Beitrag zu leisten. Fischer bekundete seine Sorge, dass sich bezüglich der Entschädigung eine emotionale Debatte in der Öffentlichkeit entwickeln könnte. Wenn sich falsche politische Kräfte ihrer bemächtigten, würde sich dies auf die Erweiterung der Europäischen Union auswirken.

Geremek antwortete darauf, dass Polen die Verhandlungen nicht politisch ausbeuten wolle. Es sei notwendig, ein hohes Maß an Vertraulichkeit zu wahren. Bestimmte deutsche Kommentare seien verletzend gewesen. Man müsse pragmatisch vorgehen,

---

767 „Danziger Erklärung" unter www.dpg-bundesverband.de/links_und_dokumente/bv_zeitgeschichte/1187815.html.
768 Vermerk über das Gespräch von BM Fischer mit dem polnischen Außenminister Geremek am 9. November 1999 in Berlin. Politisches Archiv des Auswärtigen Amtes, Bilaterale Konsultationen der AM 1999, AZ 32111, Sign. 290331.

so der polnische Außenminister. Die Grundzüge einer Lösung sollten noch in diesem Jahr feststehen. Geremek teilte die Auffassung Fischers, dass sich dieses Thema nicht auf die Erweiterung der Europäischen Union auswirken dürfe.

Tatsächlich nahmen die Verhandlungen über humanitäre Leistungen an ehemalige Zwangsarbeiter breiten Raum in den polnischen Medien ein. Viele Betroffene in Polen fürchteten, gegenüber den in USA und in Israel lebenden früheren jüdischen Zwangsarbeitern benachteiligt zu werden. Die Zahl der noch in Polen lebenden Betroffenen wurde auf 400–500 000 geschätzt. Die polnische Regierung setzte sich besonders für die Interessen der Zwangsarbeiter in der Landwirtschaft ein.

Geremek bekleidete schon einige Wochen nicht mehr das Amt des Außenministers, als die Verhandlungen abgeschlossen und die Stiftung „Erinnerung, Verantwortung und Zukunft (EVZ)" gegründet wurde. Diese wiederum wurde von der Bundesregierung und der *Stiftungsinitiative der deutschen Wirtschaft* (mit mehr als 6 000 beteiligten Unternehmen) je zur Hälfte mit 10 Milliarden D-Mark ausgestattet. Die Zahlungen an ehemalige Zwangsarbeiter begannen am 15. Juni 2001 und wurden am 12. Juni 2007 beendet. Abgewickelt wurden die Zahlungen über eine Reihe von Organisationen, bei denen Betroffene ihre Anträge stellen konnten:

- Jewish Claims Conference
- Stiftung „Polnisch-Deutsche Aussöhnung"
- Ukrainische Nationalstiftung „Verständigung und Aussöhnung"
- Internationale Organisation für Migration (IOM)
- Stiftung „Versöhnung und Aussöhnung" der russischen Föderation
- Belarussische Republikanische Stiftung „Verständigung und Aussöhnung"
- Deutsch-Tschechischer Zukunftsfonds

Der Komplex der Vertreibungen wurde schon in jenen Jahren auch in Polen offen diskutiert.[769] Ebenso erwies sich ein polnisch-deutscher Dialog auf diesem wichtigen Feld als möglich. So reisten im März die Vorsitzenden der deutschen Landsmannschaften nach Warschau, wo sie freundlich wahrgenommen wurden. Für berechtigte Beunruhigung besonders in den westlichen Regionen Polens sorgten allerdings Stimmen aus den Reihen der deutschen Vertriebenenverbände, die den EU-Beitritt Polens von der vorherigen Regelung von Vermögensfragen abhängig machen wollten. In seiner Resolution vom 29. Mai 1998 unterstützte der Bundestag die Haltung der Bundesregierung, wonach es ein solches Junktim nicht geben werde.[770] In dem Text hieß es:

> „Der deutsche Bundestag hegt die Hoffnung, dass die mit einem Beitritt Tschechiens und Polens zur Europäischen Union einhergehende Übernahme des gemeinschaftlichen

---

769 Siehe insbesondere Borodziej, Włodzimierz/Hajnicz, Artur (red.): Kompleks wypędzenia. Kraków 1998. Bachmann, Klaus/Kranz, Jerzy (Hrg.(: Verlorene Heimat. Die Vertreibungsdebatte in Polen. Bonn 1998.
770 Vertriebene, Aussiedler und deutsche Minderheiten sind eine Brücke zwischen den Deutschen und ihren östlichen Nachbarn. Entschließung des Deutschen Bundestages vom 29. Mai 1998. www.dearchiv.de/php/dok.php?archiv=bla&brett=B98_08&fn=POLEN.

Besitzstandes durch die neuen Mitglieder die Lösung noch offener, bilateraler Fragen erleichtern wird. Dies schließt das Recht auf Freizügigkeit und Niederlassungsfreiheit ein."

Selbst diese Resolution sah man in Polen noch nicht als ausreichenden Schutz gegen Vermögensansprüche deutscher Vertriebener an. In seiner Antwort vom 3. Juli 1998 formulierte der Sejm:

> „Der Sejm ... stellt fest, dass die Entschließung des Deutschen Bundestages ... der sich entwickelnden Zusammenarbeit Polens und Deutschlands nicht dienlich ist. Sie enthält Zweideutigkeiten, an denen wir nicht gleichgültig vorbeigehen können ... Die Entschließung ... weist gefährliche Tendenzen auf, die nicht nur Polen zur Beunruhigung berechtigen. Wir erwarten, dass die Deutschen alles tun, damit nicht durch ein Partikular- und Augenblicksinteresse vergeudet wird, was der größte Erfolg Europas in den letzten Jahren ist."[771]

Die Sejm-Entschließung zeigte, dass es nach wie vor ein Potential für deutsch-polnische Reibereien und Missverständnisse gab. Immerhin war es Bundeskanzler Gerhard Schröder, der wiederholt – in Polen und in Deutschland – Entschädigungsforderungen deutscher Vertriebener eine Abfuhr erteilte.

Die kulturellen Beziehungen zwischen Polen und Deutschland waren in jenen Jahren, als Bronisław Geremek das Amt des Außenminister ausübte, bereits sehr intensiv und entwickelten sich weiter. So existierten inzwischen Goethe-Institute in Warschau und Krakau. Das im Juli 1997 unterzeichnete Kulturabkommen trat Anfang 1999 in Kraft. Das Deutsche Historische Institut in Warschau bestand seit 1994, wartete aber noch auf eine eindeutige Klärung seines Rechtsstatus'. Im Juni 1998 wurde auch ein Büro des Deutschen Akademischen Austauschdienstes in Warschau eingerichtet.

Bereits im Januar 1998 begannen die Vorbereitungen für das so genannte Millenium, also die Feiern zur tausendjährigen Anwesenheit der katholischen Kirche auf polnischem Boden, die im Jahr 1000 mit dem Treffen von Gnesen/Gniezno begonnen hatte. An der Feier am 28. April 2000 nahmen auch die Regierungschefs Polens – Jerzy Buzek, Deutschlands – Gerhard Schröder, der Tschechischen Republik – Miloš Zeman, der Slowakei – Mikuláš Dzurinda und Ungarns – Viktor Orbán teil.

Ging es um den Osten Europas, dann war Polen gerade auch in der Amtszeit Geremeks als Außenminister bemüht, die Nachbarschaftspolitik gegenüber den jungen Nachfolgestaaten der Sowjetunion zu intensivieren. Das geostrategische Ziel Warschaus bestand darin, einerseits die Unabhängigkeit von Staaten wie Litauen, der Ukraine und auch in vorsichtigem Maße – von Belarus zu stärken und andererseits im Hinblick auf die Integration in die Nato und die EU eine besondere Rolle gegenüber den östlichen Nachbarn zu spielen und dadurch die Folgen der Einbindung Polens in die euro-atlantischen Strukturen für diese Staaten abzumildern. So musste die polnische Diplomatie eine Lösung für das Problem finden, dass die Vorbereitungen auf die Übernahme des „Schengen-Acquis" durch Polen die Offenheit der Grenzen

---

771 Erklärung des Sejm der Republik Polen vom 3. Juli 1998 (in deutscher Übersetzung). In: ebd.

zu den Nachbarn in gewisser Weise in Frage stellten. Gegenüber Moskau ging Geremek mit großer Vorsicht ans Werk, da der anstehende Nato-Beitritt Polens die bilateralen Beziehungen verkomplizierte und auch die innere Entwicklung Russlands zu Bedachtsamkeit mahnte.

Wie ernst Geremek die Ostpolitik seines Landes nahm, zeigt schon ein Blick auf seine ersten Reisen als Außenminister. So war er in November 1997 in Vilnius und in Kiew, im Februar 1998 nahm er an der Gründungsversammlung der baltischen Euroregion im polnischen Malbork/Marienburg teil, die Polen, Litauen, Lettland, Russland samt Kaliningrad, Schweden und Dänemark umfasste. Im März 1998 traf er sich mit den russischen Außenminister und späteren Ministerpräsidenten Jewgeni Primakow in Moskau. In diese ersten Monate seiner Amtszeit fielen zudem Gespräche mit den Außenministern der Tschechischen Republik, Ungarns und Rumäniens.[772]

Wie stark das Thema Nato die polnisch-russischen Beziehungen jener Jahre dominierte, bewies der Besuch Geremeks in Moskau am 27./28. Januar 1999. Gegenüber seinen russischen Gesprächspartnern äußerte er sich anerkennend über die Kooperation im ständigen Nato-Russland-Rat und fügte hinzu, dass Polen offen für eine sicherheitspolitische Kooperation mit Russland sei. Generell, so der polnische Außenminister, müsse Moskau seine Kontakte zur Nato intensivieren. Geremek bekundete auch das polnische Interesse an einer verstärkten grenznahen Zusammenarbeit zwischen den nördlichen Regionen Polens und der russischen Enklave Kaliningrad. Interessant ist, was er ein halbes Jahr später während eines Arbeitsessens mit seinen Amtskollegen aus Deutschland und Frankreich im Rahmen des *Weimarer Dreiecks* am 30. August 1999 sagte. In einem Protokoll des Auswärtigen Amtes heißt es dazu:

> „AM (Außenminister – R.V.) Geremek führte aus, dass trotz aller negativen Berichte über Korruption, Mafia etc. Russland sich in die richtige Richtung bewege. Die Russlandkrise habe Polen und insbesondere die Wirtschaft, mehr und später betroffen, als in Polen erwartet ... Der negative Einfluss sei nun, ca. eineinhalb Jahre später, deutlich zu spüren. Rückgang des Handels mit Russland um 60%. Bedeutung Russlands nicht nur wg. der auch im Westen verbreiteten Sorge, die Nuklearmacht Russland könne in einer Verzweiflungstat das Schachbrett herumdrehen, statt weiter Schach zu spielen. Der Westen habe sich daran gewöhnt, nur einen russischen Partner zu haben. Doch in Russland regierten nicht nur Jelzin und der Kreml – es gebe auch 49 Gouverneure, davon seien zumindest zehn Politiker von Format, unabhängig vom Kreml. Polen habe diese einzelnen Regionen eingeladen, in Polen ihr wirtschaftliches Potential vorzustellen und so die Kontakte zu diesen Gouverneuren intensiviert. Auch der Kreml sei mit Kontakten auf dieser Ebene einverstanden." [773]

---

772 Siehe Departament Studiów i Planowania MSZ: Informacje o realizacji przez Ministerswo Spraw Zagranicznych zadań merytorycznych w okresie od powstania koalicji AWS-UW. AMSZ, sygn. 39/2002.
773 Außenministertreffen im Weimarer Dreieck, Arbeitsessen, Gesprächsprotokoll. Politisches Archiv des Auswärtigen Amtes, AZ 321.11/1, Sign. 290333.

Am 13. Juni 2000, also zweieinhalb Wochen vor dem Rücktritt Geremeks als Außenminister, beschloss die polnische Regierung ein Dokument mit dem Titel „Prinzipien der polnischen Außenpolitik gegenüber Russland", das unter anderem auch eine Liste jener historischen Phänomene und Ereignisse enthielt, deren Bewertung bis dato zwischen Polen und Russland unterschiedlich war, verbunden mit einer Absichtserklärung, auch auf dem Gebiet der Geschichtspolitik in den bilateralen Beziehungen einen Schritt weiter zu kommen.

Das besondere Augenmerk des Außenpolitikers Geremek galt nicht zuletzt der Ukraine. Er und seine Regierung sahen eine unabhängige Ukraine als Garantie dafür, dass es kein russisches Großmachtstreben in Ostmitteleuropa mehr gegen werde. So zeigte man sich im Warschauer Außenministerium besorgt über die sehr schlechte wirtschaftliche Lage der Ukraine, die, so hieß es, Ansatzpunkte für eine russische „Rückgewinnung" des Landes bieten könnte. Geremek bemühte sich, Politik auf der Basis der Erklärung zur polnisch-ukrainischen Versöhnung, die während des Besuches von Staatspräsident Aleksander Kwaśniewski am 21. Mai 1997 unterzeichnet worden war. Zum Dank für die klare Unterstützung der Ukraine für Polens Nato-Beitritt setzte sich Polen für eine Anbindung der Ukraine an euro-atlantische Strukturen ein.

Die Schwierigkeit, Politik gegenüber Belarus zu betreiben, wurde in der Amtszeit Geremeks eher noch größer. Obwohl der Versuch, den weißrussischen Präsidenten Alexander Lukaschenko im Rahmen einer Konferenz von Staatspräsidenten aus der Region in Vilnius am 5. September 1997 stärker politisch einzubinden, votierte Geremek weiterhin gegen eine Isolierung von Belarus, um auf diese Weise der Bevölkerung des östlichen Nachbarlandes zu demonstrieren, dass eine Alternative zu einem stärkeren Zusammengehen mit Russland gebe. Der bilaterale Dialog zwischen Polen und Belarus wurde zumindest auf Expertenebene fortgesetzt.

Sehr aktiv war auch die polnische Politik gegenüber Litauen. Regelmäßig kam es zu Begegnungen zwischen den führenden Politikern beider Länder. Polens Staatspräsident Aleksander Kwaśniewski betonte wiederholt, sein Land wolle Anwalt Litauens bei dessen Annäherung an westliche Strukturen sein. Es entstanden bilateral besetzte Gremien wie eine Komitee der Berater der Präsidenten, ein Organ von Vertretern der Regierungen zur Beratung über bilaterale und internationale Frage sowie eine gemeinsame Versammlung von Parlamentariern. Militärisch kooperierten beide Staaten durch das Bataillon LitPolBat. Probleme nationaler Minderheiten, insbesondere der Polen in Litauen, führten mitunter aber auch zu Verstimmungen zwischen Warschau und Vilnius.

Geremeks Amtszeit als polnischer Außenminister endete am 27. Mai 2000, weil das Regierungsbündnis aus *Wahlaktion Solidarität (Akcja Wyborcza Solidarność – AWS)* und *Freiheitsunion (Unia Wolności – UW)* an inneren Widersprüchen zerbrach. Die *AWS* war im Vorfeld der Parlamentswahl am 21. September 1997 als breiter Zusammenschluss von Mitte-Rechts-Parteien entstanden. Dem Ende der Koalition waren lange Querelen vorausgegangen. Immer wieder hatte die *UW* Premier Jerzy Buzek vorgeworfen, die Abgeordneten der *AWS* nicht auf Regierungslinie halten zu können. Tatsächlich hatten einige von ihnen, vor allem aus dem rechten Spektrum, immer wieder Gesetzesvorhaben, die bereits als sicher galten, im Sejm durch ihre Gegenstimmen blockiert. Dabei ging es vor allem um Gesetze, die im Vorfeld des für 2003 angepeilten Beitritts Polens zur *EU* strategisch wichtig waren, insbesondere zur Reform der öffentlichen Verwaltung und der regionalen Gliederung, des Gesundheitswesens, der Krankenversicherung und des Rentensystems. Diese wurden schließlich nach langem Tauziehen verabschiedet, waren aber zum Teil schlecht vorbereitet und legislativ nicht sehr professionell formuliert, was für weite Teile der Bevölkerung große Erschwernisse im täglichen Leben zur Folge hatte. Das wiederum war der Hintergrund für das Bemühen von Abgeordneten der *AWS*, diese „ungeliebten" Reformen generell zu blockieren. Auseinandersetzungen bei der Besetzung der Warschauer Selbstverwaltungsorgane waren nur ein Anlass für Querelen im Regierungsbündnis. Mit Geremek traten auch die fünf anderen Minister der *UW* zurück. Nachfolger von Geremek wurde Władysław Bartoszewski, der dann bis zum Oktober 2001 als Mitglied einer Minderheitsregierung von Buzek im Amt blieb.

9.5. Karlspreis für einen Polen, gefragter Laudator

Die Verleihung des Internationalen Karlspreises an Bronisław Geremek am 21. Mai 1998 in Aachen zeigte, dass er schon damals allgemeine Wertschätzung in der europäischen politischen Öffentlichkeit genoss. Immerhin handelt es sich bei diesem Preis um „eine der ranghöchsten politischen Auszeichnungen in Europa", wie der damalige ungarische Staatspräsident Árpád Göncz in seiner Laudatio betonte.[774] Vor Geremek hatten schon unter anderem Jean Monnet, Konrad Adenauer, Winston Churchill, Robert Schuman, George C. Marshall, Henry A. Kissinger, Helmut Kohl, Václav Havel, Felipe Gonzáles und Gyula Horn diese Auszeichnung erhalten. Die Schar der illustren Gäste war eindrucksvoll, als Geremek im Krönungssaal des Rathauses, der ehemaligen Kaiserpfalz, in Aachen geehrt wurde: frühere Karlspreisträger wie Felipe Gonzáles, der damalige Marschall des Sejm Maciej Płażyński, Klaus Kinkel als damaliger deutsche Außenminister, Johannes Rau, zu jener Zeit NRW-Ministerpräsident, sowie Ignatz Bubis, damals Vorsitzender des Zentralrats der Juden in Deutschland, gehörten zu den Gästen – um nur einige zu nennen.

Schon nach der Entscheidung des Direktoriums der Gesellschaft für die Verleihung des Internationalen Karlspreises zugunsten Geremeks schrieb Kinkel im Dezember 1997 an seinen polnischen Amtskollegen:

> „Soeben erfahre ich von der Entscheidung der Stadt Aachen, Ihnen den Karlspreis des Jahres 1998 zu verleihen. Ich möchte Ihnen sagen, dass ich mich über diese Nachricht von ganzem Herzen freue. Ich kann mir keinen würdigeren Preisträger vorstellen als Sie, schon gar nicht in dem Jahr, in dem wir mit den Verhandlungen zum Beitritt Polens

---

774 Der Karlspreisträger 1998: Bronisław Geremek. Laudatio von Árpád Göncz, Staatspräsident der Republik Ungarn. http://www.karlspreis.de/preistraeger/1998/laudatio_von_arpad_goencz_staatspräsident_der-republik_ungarn.html.

zur Europäischen Union beginnen. Mit dem Karlspreis sind stets diejenigen Europäer ausgezeichnet worden, die den ganzen Kontinent vertraten und eine starke Vision davon hatten, in welche Richtung wir gemeinsam gehen sollten."[775]

Auch in der Begründung für die Preisverleihung wurde besonders auf den europäischen Aspekt verwiesen. Darin hieß es:

„Die Botschaft der Karlspreisverleihung 1998 lautet: Erweiterung der Europäischen Union ... Polen verhandelt in diesen Tagen über den Beitritt zur Europäischen Union und zur Nato als Garanten für eine Friedenspolitik. Die Hinwendung Polens, dieser ureuropäischen Nation, zur politischen und gesellschaftlichen, zur wirtschaftlichen und geistigen neuen Realität Europas ist ein Gewinn für uns alle ... Dass Europa heute wieder zusammenwachsen kann, verdanken wir nicht so sehr abstrakten weltpolitischen Konstellationen als vielmehr Menschen, die allen Verfolgungen zum Trotz mit Mut und langem Atem für Freiheit und Demokratie Partei ergriffen. Bronisław Geremek ist einer von ihnen. Die Vision eines gemeinsamen Europas war und ist die Lebensperspektive des gegenwärtigen polnischen Außenministers."[776]

Für den ungarischen Staatspräsidenten Árpád Göncz war die Preisverleihung in Aachen vor allem ein Anlass, einen alten Kampfgefährten zu treffen und zu würdigen.[777] Göncz sagte in seiner Laudatio:

„Ich bin stolz darauf, dass ich die Möglichkeit habe, Professor Bronisław Geremek, eine der markantesten Führungspersönlichkeiten der demokratischen Opposition in Polen, die bei der Vorbereitung des friedlichen Systemwechsels eine unermessliche Rolle spielte und die heute mit dem Karlspreis ausgezeichnet wird, Ihnen vorzustellen. Ich bin stolz aus dem Grunde, weil Professor Geremek in meinen Augen weit mehr ist als ein Politiker schlechthin. Er ist mein Kamerad, der in den letzten Jahren des Sowjetregimes die gleichen Ideen vertrat wie ich und während wir einander persönlich noch nicht kannten, wussten wir schon voneinander und standen uns im Herzen sehr nahe."[778]

Die Empathie, die in diesen Worten steckt, wird erst verständlich, wenn man sich mit der Geschichte der demokratischen Opposition im realsozialistischen Ostmitteleuropa beschäftigt. Der Kontakt zwischen den oppositionellen Gruppen der verschiedenen Länder war in jenen Jahren ein regelrechtes Lebenselixier.

---

775 Politisches Archiv des Auswärtigen Amtes. Verleihung des Karlspreises, AZ 705.00/2, Sign. 226284.
776 Begründung des Direktoriums der Gesellschaft für die Verleihung des Internationalen Karlspreises. In: Müller, Olaf/Sicking, Manfred (Hrg.): Polen und Deutschland in Europa. Bronisław Geremek, Außenminister der Republik Polen. Internationaler Karlspreis Aachen 1998. Aachen 1999, S. 7 f.
777 Göncz der von 1990 bis 2000 ungarischer Staatspräsident war, gehörte schon während des Volksaufstandes 1956 zu den Vorkämpfern für die Unabhängigkeit Ungarns. Dafür saß er bis 1963 im Gefängnis. In den späten 1980er Jahren engagierte er sich in der demokratischen Opposition des Landes, ab 1988 gehörte zu den führenden Persönlichkeiten des *Bundes Freier Demokraten (Szabad Demokraták Szövetsége – SZDSZ)*.
778 Fn. 737.

Geremek selbst fand in seiner Ansprache Worte, die – vor dem Hintergrund der späteren Krise der Eurozone, der EU und Europas insgesamt – wie das Vermächtnis eines mahnenden Europäers wirkten, der spätere Entwicklungen des Kontinents ahnte. Geremek sagte u. a.:

> „In judeo-christlicher und humanistischer Tradition wurzelt unsere anthropozentrische Überzeugung, die menschliche Person sei ein Fundament der gesellschaftlichen Ordnung. Die Achtung der in den internationalen und europäischen Resolutionen definierten Menschenrechte gehört zu unserem ethischen *patrimonium*. Toleranz und Maß ... betrachten wir als besonders bedeutungsvolle Leitmotive europäischer Politik. Damit ist nicht nur die Akzeptanz der Verschiedenartigkeit und des Andersartigen verbunden, sondern auch deren Würdigung als einen besonderen Reichtum der europäischen Kultur ... Das heutige Europa braucht sich vor einer Öffnung nicht zu fürchten, im Gegenteil, diese Öffnung sollte als ein Ausdruck seiner Kraft betrachtet werden. Das höchste Bestreben Europas und sein schöpferisches Prinzip ist die Freiheit. Die Geschichte Europas ist eine Geschichte der Freiheit, in diesem Sinne zumindest, da gerade hier die Herausbildung der Idee der Freiheit sowie deren Verwirklichung sich am deutlichsten durch das Erringen der Freiheit durch, Städte, Völker und Klassen manifestierte ... Das Prinzip der Subsidiarität dient auch der Verwirklichung der europäischen Freiheit, indem es die Macht der Hauptstädte einschränkt und die Rechte der lokalen Gemeinschaften fördert, wodurch die Regierung dem Bürger näher gebracht und die Stellung des Einzelnen als Subjekt der Gesellschaft gefördert wird."[779]

Aber Bronisław Geremek war nicht nur selbst Träger hoher Auszeichnungen[780] und empfing die Ehrendoktorwürde diverser Universitäten[781]. Er war auch ein gefragter Laudator. Unter denjenigen, die er zu würdigen wusste, finden sich Wissenschaftler, Bürgerrechtler, Präsidenten, Politiker von *NATO* und *EU* und sogar ein Spitzenvertreter des internationalen Finanzkapital. In seinen Reden lassen sich immer auch Bezüge zur eigenen Lebensgeschichte erkennen.

Als Fritz Stern[782] im Jahr 1999 in Frankfurt den Friedenspreis des Deutschen Buchhandels erhielt, verwies Geremek in seiner Laudatio auf die drei wichtigsten Themenbereiche im Werk des international renommierten Historikers: auf das Verhältnis zwischen Staatsmacht und Hochfinanz beim Aufbau des deutschen Kaiserreiches, auf die Erfahrungen des Dritten Reiches sowie die Stellung Deutschlands im sich verei-

---

779 Ansprache des Außenministers der Republik Polen Bronisław Geremek. In: Müller, Olaf/ Sicking, Manfred (Hrg.): Polen und Deutschland . Bronisław Geremek, Außenminister der Republik Polen. Internationaler Karlspreis 1998. Aachen 1999, S. 31.
780 U. a. Order Orła Białego (Polen), Orden Pour Le Mérite, Großes Verdienstkreuz mit Stern und Marion Dönhoff Preis (Deutschland), Verdienstorden der Republik Ungarn, Orden Leopolds II. (Belgien), Offizier der Ehrenlegion (Frankreich), Großoffizier des Freiheitsordens (Portugal).
781 Tours (1982), Utrecht (1986), Columbia in New York(1989), Bologna (1989), Brüssel (1991), Freie Universität Berlin (1999),Viadrina in Frankfurt/Słubice (2006).
782 Der 1926 geborene Historiker Fritz Stern stammt aus einer jüdischen Familie in Breslau und floh im September 1938 mit seinen Eltern vor dem Nazi-Terror in die USA. Ab 1963 arbeitete er als ordentlicher Professor an der Columbia University in New York.

nigenden Europa. In diesem Zusammenhang würdigte er drei herausragende Buchpublikationen:

- *Gold und Eisen . Bismarck und sein Bankier Bleichröder eine Arbeit* – eine Arbeit über das politische und wirtschaftliche Leben Deutschlands in der zweiten Hälfte des 19. Jahrhunderts, über die Verbindung zwischen Geld und Staatsmacht, sowie über Antikapitalismus und Antisemitismus im geistigen Klima Deutschlands jener Zeit.
- *Kulturpessimismus als politische Gefahr* – eine Untersuchung der Rolle, welche die Kritik der Modernität und die Sehnsucht nach der wahren Religion und Gemeinschaft des frühen Deutschlands als psychologische Wegbereiter des Nationalsozialismus gespielt haben.
- *Das Scheitern illiberaler Politik. Studien zur politischen Kultur Deutschlands im 19. und 20. Jahrhundert.*

Geremek sagte:

„Die Gedankenwelt Fritz Sterns lernte ich bei der Lektüre seiner Arbeiten, aber auch vielerorts während persönlicher Gespräche kennen – in Warschauer Cafés, unter dem wachsamen Auge von Agenten, die dem Besucher aus den USA als zufällige Passanten erscheinen mochten, in seiner New Yorker Wohnung in der Nähe der Columbia University, bei Treffen in Castel Gandolfo. Ich lernte ihn nicht nur als einen Historiker von großer Gelehrsamkeit, sondern auch als einen weisen, großartigen Menschen kennen. Innerlich bewegt las ich das persönliche Bekenntnis von Fritz Stern: ‚Ich hatte das unverdiente Glück des Überlebens; dies bedingt auch Schulgefühle und Verpflichtungen.' Diese Worte verstehe ich nur zu gut. Vielleicht ist Fritz Stern eben deshalb Historiker geworden. Marc Bloch, die emblematische Figur der französischen und europäischen Historiografie, meinte einst, die Geschichte könne mit einem Messer verglichen werden: Mit einem Messer könne man Brot schneiden, mit einem Messer könne man aber auch töten. Fritz Stern schneidet Brot. Er sucht nach der Wahrheit, kündet ihren Ruhm und weist dabei auf die Notwendigkeit der Erinnerung hin. Die Geschichte ist in Fritz Sterns Augen ein Instrument, das die Menschen lehren soll, einander zu verstehen, obwohl er weiß, dass Geschichte auch Hass gebären kann."[783]

Besonders in seiner Laudatio auf Václav Havel[784] im Jahre 1999, als diesem die Auszeichnung „Persönlichkeit des Jahres" (Człowiek Roku) der Warschauer Tageszeitung *Gazeta Wyborcza* verliehen wurde, ließ Bronisław Geremek Bezüge zu seiner eigenen Biografie und seinem politischen Stil anklingen. So spielte das Jahr 1968 für beide eine Schlüsselrolle. Geremek über Havel:

---

783 Bronisław Geremek, Außenminister der Republik Polen: Laudatio. http://boersenverein.de/sixcms/media.php/806/1999-stern.pdf.
784 Der Schriftsteller Václav Havel (geboren 1936, gestorben 2011) gehörte zu den führenden Bürgerrechtlern der Opposition gegen das kommunistische Regime in der Tschechoslowakei und Initiatoren der *Charta 77*. Nach dem Systemwechsel war er von 1989 bis 1992 Staatspräsident der Tschechoslowakei, von 1993 bis 2003 Staatsoberhaupt der Tschechischen Republik.

„In seinem (literarischen – R.V.) Schaffen fand er einen Raum der Freiheit. Der *Prager Frühling* weckte seine Hoffnung auf Veränderungen, doch der Einmarsch der Staaten des Warschauer Paktes warf ihn auf diesen Raum der Freiheit zurück – ohne sich der Angst und der Verzweiflung hinzugeben. Für zwei Jahrzehnte wurde er zum Dissidenten."[785]

Wie der Laudator fand auch Havel als Intellektueller den Weg in die Politik. Geremek über Havels Beweggründe:

„Als er in die Politik ging, empfand er dies als seine selbstverständliche Pflicht ... Viele seiner Freunde sahen dies eher skeptisch, weil sie der Auffassung waren, dass ein Intellektueller nichts in der Politik zu suchen habe. Er jedoch betrieb Politik aufgrund intellektuellen Nachdenkens und mit einem kritischen Blick auf die ‚Technologie' des öffentlichen Lebens."[786]

Auch Havels klare Sprache gegenüber dem eigenen Volk gefiel Geremek. So sagt er:

„Als er (als Staatspräsident – R.V.) die Nachfolge seines großen Vorgängers Tomáš Masaryk antrat, zögerte er nicht, seinem eigenen Volk unangenehme Wahrheiten ins Gesicht zu sagen (so etwa zur Vertreibung der Sudetendeutschen – R.V.). Bei Amtsantritt sagte er: ‚Man hat mir dieses Amt nicht anvertraut, damit wir uns einander belügen.'"[787]

Auch Günter Verheugen[788] erhielt im Jahr 2003 den Preis der *Gazeta Wyborcza*. Es war nur verständlich, dass Bronisław Geremek in seiner Laudatio vor allem auf Verheugens Verdienste für die Osterweiterung der *EU* abhob. Er betonte:

„Er (Verheugen – R.V.) war davon überzeugt, dass die Erweiterung der Europäischen Union ein Akt der historischen Gerechtigkeit gegenüber den Nationen des ‚zweiten Europa' ist und dass die geschichtliche Bedeutung dieses Prozesses darin besteht, dass dank dessen das europäische Projekt neue Kraft gewinnt. Die Erweiterung blockiert nicht die Vertiefung der europäischen Integration, sondern beschleunigt oder gar erzwingt diese. Ihm ist es zu verdanken, dass die Debatte über eine europäische Verfassung in Gang kam. Die Vereinigung Europas ermöglicht es dem Kontinent, die Rolle eines globalen Partners auf der internationalen Arena zu spielen."[789]

Bronisław Geremek wusste natürlich, dass Javier Solana[790], der im Jahr 2005 die Auszeichnung der *Gazeta Wyborcza* erhielt, lange Zeit in Spanien ein prominenter und

---

785 Laudacja na cześć Vaclava Havla – 1999. http://wyborcza.pl/1,75742,3682117.html.
786 Ebd.
787 Ebd.
788 Günter Verheugen war FDP- und SPD-Politiker sowie in den Jahren 1999 bis 2004 als Mitglied der Europäischen Kommission zuständig für die Osterweiterung der Gemeinschaft.
789 Człowieku Roku, zasłużyłeś się Europie – laudacja prof. Geremka. http://wyborcza.pl/2029 020,75742,1500281.html.
790 Javier Solana, ein Großneffe des spanischen Schriftstellers und Diplomaten Salvador de Madariaga, enagierte sich in der Opposition gegen die Franco-Diktatur in Spanien. Nach Studien im Ausland war er ab 1971 als Professor für Festkörperphysik in Madrid tätig. 1988 wurde er Kulturminister und 1922 Außenminister im Kabinett des Sozialisten Felipe Gonzáles.

aktiver Gegner der *NATO* war, bevor er in den Jahren 1995 bis 1999 das Amt des Generalsekretärs des euroatlantischen Bündnisses ausübte. So sagte Geremek in seiner Laudatio:

> „In den Augen äußerer Beobachter erscheint Europa oft als ein Kontinent der Paradoxa, überraschenden Inkonsequenz und innerer Widersprüche. In Bezug auf Europa ist eine solche Überzeugung wenig überzeugend, doch hinsichtlich der Europäer erweist sie sich in vielen Fällen als richtig. Der Lebensweg von Javier Solana mag dafür als Beispiel gelten."[791]

Ihn faszinierte der intellektuelle Kontakt mit dem Wissenschaftler und Politiker Solana. Geremek:

> „Über Dutzende von Jahren hatte ich die Gelegenheit, die politische Tätigkeit von Javier Solana zu beobachten und zu bewundern, sowohl hinsichtlich seiner spanischen als auch seiner internationalen Tätigkeit. In den Salons des Quai d'Orsay unterhielten wir uns über die Bücher unseres gemeinsamen Freundes Jorge Semprun, im Hauptquartier der *NATO* über das Drama des Kosovo und die Besessenheit von Milošević, in Washington über die Bedeutung der Erweiterung der *NATO* und die Zukunft der *OSZE*, sowie in Warschau, Posen und Kattowitz über Polens Weg in die *EU* – und bei allen diesen Gelegenheiten sprachen wir uns auch über die Geschichte und den zeitgenössischen Humanismus. Sowohl im politischen Alltag aber auch in schwierigen Momenten, wenn Entscheidungen getroffen werden mussten, war Solana immer der gleiche: besonnen, scharfsinnig und verständnisvoll."[792]

Selbst der Lebensweg und die Tätigkeit des genialen Finanzspekulanten, Philantropen und Förderers der demokratischen Entwicklung in den postsozialistischen Staaten, George Soros[793], faszinierten Geremek. Als dieser im Jahr 2006 den Preis der *Gazeta Wyborcza* erhielt, betonte Geremek:

> „Ich werde mich hier nicht zu seinen finanziellen Erfolgen und Niederlagen äußern, weil ich mich mit dem ‚Geld machen' nur wenig auskenne. Meine Bewunderung für George Soros basiert darauf, wie er Geld ausgibt, und auf seiner intellektuellen Sorge um das Wohl der Welt. In Dissidentenkreisen Mittel- und Osteuropas sprachen wir über eine ‚antipolitische Politik' bzw. über ‚Antipolitik'. Eben eine solche Politik betreibt Soros – er nimmt nicht an kulturellen politischen Spielen teil, er kandidiert nicht bei Wahlen, er misst politischen Parteien keine große Bedeutung bei. Vielmehr demonstriert er eine Vorliebe für zukunftsorientierte Projekte, die er nicht selten selbst auf den Weg bringt. Er fördert den Dialog und die Tätigkeit, die für deren Verwirklichung nützlich sein könnte. Irgendwann einmal sagte er, dass ihn das Übermaß verfügbaren Geldes

---

791 Laudacja na cześć Javiera Solany – człowieka roku 2005. http://wyborcza.pl/1,75742,3682112.html.
792 Ebd.
793 George Soros, 1930 in Budapest in einer jüdisch-ungarischen Familie geboren, stieg in Großbritannien und in den USA zu einem der erfolgreichsten Finanzinvestoren auf. Besonders bekannt wurde er, als er im September 1992 auf die Abwertung des britischen Pfunds spekulierte und damit etwa eine Milliarde Dollar verdiente.

zum Philantropen mache, und nicht der Altruismus ... Nach der Wende (in Ostmittel- und Osteuropa – R.V.) entstanden Soros-Stiftungen in allen Ländern der Region. Deren gewaltiges Netz umfasst inzwischen wohl alle Länder des ‚anderen Europa' sowie postsowjetische Staaten in Asien."[794]

9.6. Ministerfreundschaft: Bronisław Geremek und Joschka Fischer

Während der Tätigkeit Geremeks als Außenminister entstanden freundschaftliche Beziehungen zwischen ihm und einigen westlichen Amtskollegen.[795] Das gilt auch und gerade für den damaligen deutschen Außenminister Joschka Fischer, obwohl Geremek anfangs eine gewisse Skepsis gegenüber der rot-grünen Bundesregierung hegte.[796] Zwischen dem Amtsantritt dieser Regierung im Oktober 1998 und dem Rücktritt Geremeks im Mai 2000 lagen knapp 20 Monate gemeinsamer Arbeit als Ressortchefs ihrer beiden Ländern. In diesem vergleichsweise kurzen Zeitraum kam es zu einer Fülle von Begegnungen zwischen Geremek und Fischer – im bilateralen Rahmen oder bei den Treffen des *Weimarer Dreiecks* zwischen Polen, Deutschland und Frankreich ebenso wie auf internationaler Ebene bei Konferenzen von *NATO*, *EU* und *OSZE*.

Schon bei Fischers Antrittsbesuch in Warschau am 29. Oktober 1998 deutete sich an, dass zwischen den beiden Ministern ein Kontakt entstehen könnte, der über die gutnachbarliche politische Kooperation hinausging. So berichtet Gunter Pleuger, damals Politischer Direktor im Auswärtigen Amt, über Fischers Auftreten in der polnischen Hauptstadt:

„In Warschau passierte etwas sehr Eindrucksvolles. Fischer bestand darauf, am Grabmal des Unbekannten Soldaten und am Denkmal für den Aufstand im jüdischen Ghetto im 1943 jeweils einen Kranz niederzulegen. Vom Protokoll her war das eigentlich bei Antrittsbesuchen nicht üblich. Das kam wohl gut bei der polnischen Seite an. Am Ghetto-Denkmal herrschte eine eindrucksvolle, aber auch beklemmende Atmosphäre. Man sah die große grüne Fläche, deren frühere Bebauung während des Zweiten Weltkriegs vollkommen zerstört worden war.[797] Hinzu kam der Gedanke daran, dass Willy Brandt hier gekniet hatte. Nach der Kranzniederlegung schritten Geremek und Fischer die Stufen vom Denkmal herunter. Dann sagte Geremek mit ruhiger Stimme: ‚Herr Kollege Fischer, die große grüne Fläche, die Sie hier sehen, das war das Warschau meiner Jugend.' Das sagte er ohne Bitterkeit, ohne Vorwurf, ganz sachlich. Das hat auch Fischer sehr berührt. Das war ein Moment, in dem sich eine, auch emotionale Bindung zwischen Fischer und Geremek entwickelt hat."[798]

---

794 Laudacja wygłoszona przez ministra spraw zagranicznych prof. Bronisława Geremka na cześć George'a Sorosa. http://wyborcza.pl/1,75742,3682122.html.
795 So beispielsweise mit der amerikanischen Außenministerin Madeleine Albright. Sehr großes Vertrauen empfand Geremek auch gegenüber den früheren Bundespräsidenten Richard von Weizsäcker.
796 Siehe S. 325 f. dieses Buches.
797 Heute befindet sich dort das Museum zur Geschichte der polnischen Juden.
798 Gunter Pleuger im Gespräch mit dem Autor am 15.4.2013.

Tatsächlich zeigte sich Fischer sehr beeindruckt. In seinen Memoiren schreibt er:

> „Auf der Fahrt zum Mahnmal des jüdischen Ghetto-Aufstandes fuhren wir durch die Straßen des ehemaligen Ghettos. Geremek erzählte mir vom jüdischen Warschau, ‚seinem Warschau', wie er es nannte, das in den Schrecken der Nazi-Barbarei untergegangen war. Ich war tief gerührt und zugleich dankbar für das Vertrauen meinem Land und mir gegenüber, das in seinen Worten zum Ausdruck kam. Und zugleich war ich tief erschüttert über unsere Vergangenheit. Die Kranzniederlegung am Ghetto-Mahnmal ... und das anschließende kurze Gespräch mit Vertretern der jüdischen Gemeinschaft und dem obersten polnischen Rabbiner, Rabbi Menachem Joskowitz, verstärkten diese Stimmung in mir. Uns Deutschen musste klar sein, dass unsere Vergangenheit noch für lange Zeit nicht vergehen würde und dass wir uns auch als Nachgeborene immer wieder dieser Verantwortung würden stellen müssen."[799]

Nach den bilateralen Konsultationen lud Geremek seinen Amtskollegen am Abend des gleichen Tages zu einem Gespräch mit Adam Michnik und anderen polnischen Intellektuellen ein. In der dreistündigen Debatte ging es um politische Fragen wie die Integration der *EU* und mögliche Erweiterungen der Gemeinschaft, auch um zeithistorische Phänomene wie die „Solidarität" und die Rolle Polens im Prozess der Vereinigung Deutschlands, sowie um philosophische Themen. Pleuger meint, dass sich Geremek und Fischer im Laufe dieser Diskussion auch intellektuell näher gekommen seien – vor allem deshalb, weil sie beide überzeugte Europäer waren.

Doch was wusste Fischer über Geremeks Lebenslauf, über die Rolle der demokratischen Opposition im kommunistischen Polen, überhaupt über die Entwicklung Ostmitteleuropas nach dem Zweiten Weltkrieg?[800] Politische Freunde und Mitarbeiter Fischers bei den Grünen meinten immer mal wieder, dass der „Osten" nicht so sehr in seinem politischen Fokus gelegen habe. Israel, der Balkan, die *EU* und die Vereinigten Staaten seien für ihn wichtiger gewesen. Tatsache ist aber, dass er sich intensiv auf seine Arbeit als Außenminister vorbereitet hatte und dass er für seine Reisen und politische Gespräche im Ausland immer sehr gut präpariert war. Das galt auch für Polen und die Person Geremeks bzw. dessen jüdische Wurzeln.

Überhaupt war Fischer immer sehr stark am Schicksal der Juden interessiert. Das tragische Schicksal der jüdischen Bevölkerung während des Zweiten Weltkriegs hat ihn persönlich berührt. So konnte er auch sehr gute Beziehungen zu israelischen Politikern knüpfen. Ihn beeindruckte, dass sich Geremek trotz seiner Lebensgeschichte politisch gegenüber den Deutschen geöffnet hat. Pleuger berichtet:

> „Das Verhältnis wurde immer besser und enger. Das *Weimarer Dreieck* hat die Deutschen und die Polen, speziell Fischer und Geremek sowie die Mitarbeiter in den beiden Ämter stark zusammengeführt. So weit, dass der französische Außenminister Hubert

---

[799] Fischer, Joschka: Die rot-grünen Jahre. Deutsche Außenpolitik – vom Kosovo bis zum 11. September. München 2008, S. 94 f.
[800] Ich habe mehr als 20 Gespräche mit Zeitzeugen für dieses Buch geführt. Fischer war der einzige, der auf meine Bitte nach einem Gespräch über Geremek nicht reagiert hat.

Védrine einmal sagte: ‚Joschka, das *Weimarer Dreieck* ist nicht nur eine Angelegenheit der Deutschen und der Polen.' Der war eifersüchtig."[801]

Gegenstand der Gespräche auf der Ebene des *Weimarer Dreiecks* war in jener Zeit immer auch die Lage auf dem Balkan und speziell im Kosovo. Fischer würdigte in diesem Zusammenhang die Rolle der polnischen Präsidentschaft der *OSZE* und speziell die Entsendung und speziell die, maßgeblich auf Geremeks Einflussnahme hin erfolgte Entsendung einer *OSZE*-Beobachtermission für Kosovo im Oktober 1998. So wie Fischer befürwortete Geremek das spätere militärische Eingreifen der *NATO* im Kosovo-Konflikt, forderte aber vehement eine völkerrechtliche Absicherung dieses Eingriffs, die aber dann vor allem an der Haltung Russlands im *UN*-Sicherheitsrat scheiterte.

Die Freundschaft zwischen Bronisław Geremek und Joschka Fischer kam auf dreierlei Weise zum Ausdruck: Sie entsprang dem Wunsch zweier Politiker, gerade in Fragen, die für Europa besonders wichtig waren, möglichst eng zu kooperieren. Des Weiteren resultierte sie aus dem intellektuellen Interesse füreinander und dem beiderseitigen Wunsch nach offener, präziser Debatte.[802] Und schließlich drittens umfasste sie auch emotionale Aspekte. Etwas nüchterner als Pleuger sieht der frühere deutsche Botschafter in Warschau, Johannes Bauch, diese Beziehung zwischen zwei Ministern:

> „Ich habe mich oft gefragt, wieso Fischer speziell im Fall Polens und überhaupt teilweise ein solches erstaunliches *standing* gehabt hat. Das war sicher in Polen bei Menschen wie Geremek der Fall, das war auch in Israel, wenn auch aus ganz anderen Gründen, der Fall. Ich komme zu keiner anderen Erklärung, als dass ein Mann mit einer solchen Vita, der deutscher Außenminister wird, also eine ungewöhnliche Karriere, einfach interessant sein muss."[803]

Gunter Pleuger erzählt noch eine weitere Geschichte:

> „Geremek, Fischer und Védrine saßen in Paris zusammen, um das jährliche Ministertreffen der drei vorzubereiten, das in Krakau stattfinden sollte. Zu diesen Treffen wurden immer auch 100 Studenten eingeladen, zu je einem Drittel aus Polen, Deutschland und Frankreich. Das war mit Blick auf Krakau von polnischer Seite schon organisiert worden. Plötzlich sagte Fischer: ‚Moment mal, nächstes Jahr ist doch Goethe-Jahr. Da müssen wir doch eigentlich nach Weimar gehen.' Geremek wurde ernst, schaute zunächst Védrine, dann Fischer an und sagte schließlich: ‚Joschka, für Dich mache ich das.' Das war unglaublich. Denn nun musste er nach Hause fahren und seinen Mitarbeitern sagen, dass die gesamten Vorbereitungen für Krakau nun auf Weimar umgepolt werden müssten. Ein riesiger bürokratischer Aufwand."[804]

---

801 Gunter Pleuger … (Fn. 761).
802 So sieht das auch Jerzy Margański, der in den Jahren 1999–2000 Geremeks Bürochef im polnischen Außenministerium war. Margański im Gespräch mit dem Autor am 17.4.2013.
803 Johannes Bauch im Gespräch mit dem Autor am 7.1.2011.
804 Gunter Pleuger ... (Fn. 761).

Vielleicht bestand die Größe Geremeks gerade darin, Fischer als Freund und engen politischen Partner zu akzeptieren, auch wenn er seinem deutschen Amtskollegen an intellektuellem Format, wissenschaftlicher Präzision und auch Lebenserfahrung haushoch überlegen war.

9.7. Als Parteipolitiker wenig erfolgreich

Aus historischer Sicht wirken die Jahre 2000 bis 2004 wie ein Zwischenspiel im politischen Leben von Bronisław Geremek. Während seine Reputation auf der internationalen Bühne noch zunahm, ging sein innenpolitischer Einfluss langsam zurück. Andererseits konnte er sich wieder mehr der Wissenschaft widmen. Gleich nach Zusammenbruch der Regierungskoalition aus *Wahlaktion Solidarität (Akcja Wyborcza Solidarność – AWS)* und *Freiheitsunion (Unia Wolności – UW)* Ende Mai 2000 und dem daraus resultierenden Rücktritt vom Amt des Außenministers intensivierte Geremek seine Tätigkeit im Sejm. Als Vorsitzender des Parlamentsausschusses für Europafragen achtete er auf eine zügige Erfüllung der legislativen Anforderungen, die sich aus dem *EU*-Beitrittsprozess ergaben.

Im Dezember 2000 wurde Geremek zum Vorsitzenden der *Freiheitsunion (UW)* gewählt. In den 1990er Jahren war die *UW* die wichtigste der Parteien, die aus der „Solidarität" hervorgegangen waren.[805] Zu ihren Mitgliedern zählten neben Geremek auch Tadeusz Mazowiecki, Jacek Kuroń und Leszek Balcerowicz. Sie entstand, als die *Demokratische Union (Unia Demokratyczna – UD)* 1994 mit dem *Liberal-Demokratischen Kongress (Kongres Liberalno-Demokratyczny – KLD)* fusionierte. Führende Vertreter des *KLD* waren der vormalige Regierungschef Jan Krzysztof Bielecki, der spätere Premier Donald Tusk, auch Janusz Lewandowski und Jacek Merkel. Mit der Vereinigung fanden sich in der neuen Partei politische Strömungen wieder, deren Spektrum von christlich-demokratisch über liberal-konservativ bis zu linksliberal reichte.

Als dann Bronisław Geremek, der dem linksliberalen Flügel angehörte, den Vorsitz übernahm, war die Spaltung der sechs Jahre zuvor gegründeten Partei absehbar. Bald darauf verließen die meisten aus dem *KLD* stammenden Mitglieder die Partei, um sich der *Bürgerplattform (Platforma Obywatelska – PO)* anzuschließen, die am 24. Januar 2001 in Danzig/Gdańsk aus der Taufe gehoben wurde. Die führenden Repräsentanten dieser neuen Partei waren Donald Tusk, Maciej Płażyński und Andrzej Olechowski. Wenig später betonte der polnische Soziologe Edmund Wnuk-Lipiński:

> „Die Plattform nahm schon in der ersten Phase ihres Bestehens einen hohen Rang im Parteiensystem ein. Vor allem auf Kosten der *UW* (Geremeks – R.V.)."[806]

---

805 Siehe Historia Unii Wolności. http://www.uw.org.pl/archiwum/historia.php.
806 Zit. nach To już 10 lat. Kalendarium PO RP. http://www.platforma.org/pl/platforma/0-nas/historia-partii/.

Bronisław Geremek während eines Parteikongresses Freiheitsunion (Unia Wolności) am 24. August 2001

Schon im gleichen Jahr schied die *Freiheitsunion* nach einem Wahlergebnis von 3,1 Prozent aus dem Sejm aus. 1994 errang sie bei der Wahl zum europäischen Parlament angesichts einer generell sehr niedrigen Wahlbeteiligung, aber diszipliniert abstimmender eigener Klientel sowie aufgrund eines vor allem in der Hauptstadt Warschau erstaunlich guten Ergebnisses (knapp 19 Prozent) vier von insgesamt 55 Mandaten, die Polen damals zustanden. Eines dieser Mandate ging an Geremek.

Bereits im Dezember 2000, als Geremek den Vorsitz der *Freiheitsunion* übernahm, fragten sich viele Beobachter in Polen, warum er dies tat, galt er doch wahrlich nicht als Parteipolitiker im engeren Sinne. Vermutlich hat ihn sein hohes Pflicht- und Verantwortungsbewusstsein dazu bewogen. Nach dem Rücktritt von Leszek Balcerowicz vom Parteivorsitz fühlte sich Geremek gefordert. Der Politologe Aleksander Smolar betont:

„(Damals – R.V.) war niemand Parteiführer im wahrsten Sinne des Wortes, alle haben das zum ersten Mal gemacht. Er (Geremek – R.V.) taugte nicht dafür, ganz zu schweigen davon, dass dies schon in der Phase des Untergangs (der Partei – R.V.) geschah ... Aber auch Mazowiecki taugte nicht zum Parteiführer. Er war nicht in der Lage, mit größeren Menschenmengen zu kommunizieren ... Nicht sehr viele Personen in Polen in den vergangenen Jahrzehnten besaßen das Talent zum Parteiführer. Und Geremek zählte keineswegs zu ihnen."⁸⁰⁷

Später wurde Geremek wiederholt vorgeworfen, er habe die Spaltung der *Freiheitsunion* provoziert, weil er als Vorsitzender im Parteivorstand zu wenig Raum für die Wirtschaftsliberalen um Tusk, Bielecki und Lewandowski gelassen und sie damit zum baldigen Austritt provoziert habe. Vordergründig ist dies nicht ganz von der Hand zu weisen, trifft aber nicht den Kern des Problems. Vielmehr deutete sich im Jahr 2001 eine weitgehende Umgestaltung der polnischen Parteienlandschaft an. So entstand neben der *Bürgerplattform (PO)* auch die Partei *Recht und Gerechtigkeit (Prawo i Sprawiedliwość – PiS)* der Brüder Kaczyński. Gerade *PiS* als politisch nationalkonservativ, aber wirtschaftlich links orientierte Partei hatte fortan den Anspruch, die sozialen Interessen gerade der Verlierer der jungen Marktwirtschaft in Polen zu vertreten, während die *PO* als politisch konservative, wirtschaftlich aber liberale Partei eher die Interessen des aufstrebenden privaten Unternehmertums und generell der gesellschaftlich Erfolgreichen im Sinne hatte. Die postkommunistische Sozialdemokratie in Gestalt des *SLD* war zwar sozial engagiert, suchte aber politisch noch ihren Weg zwischen postsozialistischer Nostalgie und moderner europäischer Orientierung. *PiS* und *PO* erwiesen sich in den folgenden Jahren als Hauptakteure der politischen Szene.

Geremeks Fehler bestand wohl darum, dass er die Einflussmöglichkeiten einer Partei wie der linksliberalen, sozial engagierten *Freiheitsunion,* die sich den Menschen- und Bürgerrechten verpflichtet wusste, für eine offene Gesellschaft plädierte, europäisch agierte und in ihrer Kritik am früheren kommunistischen System kein Blatt vor den Mund nahm, erheblich überschätzte. Die gesellschaftliche Basis einer solchen Partei, die so genannte „Mitte", war in jenen Jahren in Polen eben noch sehr sehr schmal.

9.8. Mahnender Redner im Bundestag

Welche Reputation Bronisław Geremek auf europäischer Ebene und auch im Rahmen der deutsch-polnischen Beziehungen genoss, wurde deutlich, als er Hauptredner während einer Veranstaltung im Deutschen Bundestag zum Tag des Gedenkens an die Opfer des Nationalsozialismus am 28. Januar 2002 war. An dieser Veranstaltung nahmen auch mehrere hundert Jugendliche aus Polen, Frankreich und Deutschland teil. Mit Blick auf die Lebensgeschichte Geremeks, die deutsch-polnische Aussöhnung und die Erinnerungskultur in beiden Ländern sei es erlaubt, seine Rede ausführlich zu zitieren. So wandte sich Geremek strikt gegen allgemeine Schuldzuwendungen, als er sagte:

> „Die Erinnerung an die Vergangenheit darf nie gegen ein Volk gerichtet sein, darf niemals Stoff sein für kollektive Schulzuweisung oder für die Suche nach kollektiver Verantwortung. In den Jahrzehnten, die seit dem Krieg vergangen sind, ist nicht nur ein

---

807 Aleksander Smolar ... (Fn. 162).

Wechsel der Generationen erfolgt, es haben sich auch die Beziehungen zwischen Deutschen und Polen grundlegend gewandelt. Die Feindschaft zwischen unseren beiden Völkern war verankert in der auf Jalta folgenden Ordnung und in der Welt der Berliner Mauer. Beide Völker hatten Vertreibung erfahren, doch das Leid der aus Wilna oder Lemberg Vertriebenen und das Leid der aus Breslau oder Stettin Vertriebenen verband keineswegs, sondern wurde zum Baustein einer politischen Konstruktion, die unsere Völker trennen und die Feindschaft zwischen ihnen befestigen sollte."[808]

Ganz bewusst verwies Geremek auf die demokratische, antikommunistische Opposition der 1970er und 1980er Jahre in Polen, die schon früh ein vereinigtes Deutschland befürwortet hatte und die sich damals, gerade seitens der deutschen Sozialdemokraten, nicht ausreichend gewürdigt sah. Er betonte:

„Nicht ohne Belang ist es, …, dass die demokratische Opposition in Polen die historischen Vorurteile hinter sich zu lassen verstand und die Notwendigkeit einer tatsächlichen Versöhnung zwischen Deutschen und Polen erkannte. Dass sie es verstand, für die Vereinigung Deutschlands einzutreten, obwohl im Osten wie im Westen Europas Stimmen laut wurden, das läge nicht im Interesse der Welt. Weite Kreise der polnischen Öffentlichkeit teilten derartige Befürchtungen … Ich weiß, in der Politik sollte man sich vom Prinzip der Realismus leiten lassen. Aber: Die Aktivitäten der polnischen Opposition entsprachen durchaus nicht den Geboten des politischen Realismus – sie widersprachen denen, die meinten, einziger Partner für die Ostpolitik sei die Sowjetunion, und die Ordnung nach Jalta sei, zumindest in absehbarer Zukunft, unantastbar. Die polnischen Ausbrüche und Aufbrüche konnten als romantischer Rausch oder gar romantischer Wahn aufgefasst werden. Es zeigt sich jedoch, dass es mitunter lohnt, über die Lehren der politischen Realisten hinauszugreifen, denn der romantische Impuls schießt der Politik zu, was sie in Momenten des Umbruchs braucht – nämlich Phantasie und Mut. Wir dachten an ein vereinigtes, demokratisches und europäisches Deutschland im Hinblick auf unsere eigene Staatsräson, auf das polnische nationale Interesse. Heute können wir mit aller Bestimmtheit feststellen, dass sich in unseren beiden Staaten ein Umbruch in unseren gegenseitigen Beziehungen vollzogen hat."[809]

Mit einem dramatischen Verweis auf seine eigene Lebensgeschichte votierte Geremek für kollektives Erinnern, das, wie er sagte, von kritischer Analyse dessen, was gewesen sei, geprägt sein müsse:

„Das neue Verhältnis (zwischen Polen und Deutschen – R.V.) wäre jedoch nicht von Dauer, wenn es auf Vergessen, auf einer verordneten kollektiven Ausklammerung des Gedächtnisses beruhte. Voraussetzung für dauerhafte politische Beziehungen ist ja die Wahrheit, und sie verlangt fortwährende Erinnerung, verlangt Gedächtnisarbeit. Und darum weckt die Entscheidung, im vereinigten Deutschland einen ‚Tag des Gedenkens an die Opfer des Nationalsozialismus' zu begehen, Respekt und Bewunderung. Sie bezeugt Mut und den Willen, die jungen Generationen in der Wahrheit über jene Zeit zu

---

808 Ansprache Prof. Dr. Bronisław Geremeks. http://www.bundestag.de/kulturundgeschichte/geschichte/gastredner/geremek/index.html.
809 Ebd.

erziehen, der Wahrheit über das System von Tod und Hass, über das Zeitalter der Krematorien und Gaskammern. Über diese Zeit sind Hunderte von Büchern geschrieben worden, von denen Erinnerungen derer, die überlebten, bis hin zu Dokumentensammlungen und gelehrten Monographien und Abhandlungen. Zu einigen bin ich in den letzten Tagen zurückgekehrt. Noch immer kann ich solche Bücher nicht mit intellektuellem Abstand lesen, nach wie vor befällt mich ein Gefühl des Grauens, denn – um die Worte der polnischen Schriftstellerin Zofia Nałkowska zu zitieren – ‚Menschen bereiteten Menschen dieses Los'. Und das stellt mich vor die Frage, vor der ich mein ganzes erwachsenes Leben lang geflüchtet bin – warum habe ich überlebt? Und eben darum kann ich diese Zeit nicht als ein abgeschlossenes Kapitel der Vergangenheit betrachten. Ich vermag es nicht. Ich vermag noch nicht zurückzudenken … Das Europa von heute braucht ein kollektives Gedächtnis, wie der menschliche Organismus die Luft zum Atmen braucht. Dieses Gedächtnis muss auf der Wahrheit gründen."[810]

9.9. Mit den USA „durch dick und dünn"? Der Irak-Krieg

Die deutsch-polnischen Beziehungen gerieten in schwieriges Fahrwasser, als die Regierungen beider Länder zur Irak-Krise und dem folgenden Krieg der von den USA geführten „Koalition der Willigen" unterschiedliche Positionen einnahmen. Der Angriff auf den Irak im Rahmen des dritten Golfkriegs begann im Frühjahr 2003. Schon zu einem früheren Zeitpunkt hatte die damalige rot-grüne Bundesregierung eine ablehnende Haltung gegenüber einem Präventivkrieg eingenommen, während die polnische, sozialdemokratisch geführte Regierung diesen zunächst politisch, dann auch mit einem militärischen Kontingent unterstützte. Die offizielle Positionen beider Regierungen wurden von den Medien und den politischen Eliten in den jeweiligen Ländern mehrheitlich mitgetragen, während die Mehrheit der Bevölkerung in beiden Staaten den Krieg ablehnte. Allerdings war die negative Haltung der Bürger gegen den Irak-Einsatz in Deutschland weitaus stärker ausgeprägt als in Polen.

Die damalige polnische Regierung unter Premier Leszek Miller, ein gewendeter Sozialdemokrat, der schon in sozialistischen Zeiten als Politbüromitglied Karriere gemacht hatte, sowie der damalige, ebenfalls sozialdemokratische Staatspräsident Aleksander Kwaśniewski führten Polen in die „Koalition der Willigen", also jener mehr als 40 Staaten, die den Irak-Krieg der USA politisch und militärisch unterstützten. An dieser Koalition beteiligten drei Gruppen von Staaten:

- Verbündete der USA bzw. Mitglieder *Nato* wie Großbritannien, Australien und Italien,
- fast alle postsozialistischen Staaten Ostmittel-, Ost- und Südosteuropas
- sowie Entwicklungs- und Schwellenländer wie die Philippinen und Thailand.

Die Koalition begann zu bröckeln, als die spanischen Soldaten Mitte April 2004 aus dem Irak abgezogen wurden und diesem Beispiel bald auch andere Staaten folgten.

---

810 Ebd.

Mit 2.500 Soldaten hatte Polen zeitweise das fünftgrößte Kontingent im Irak, hinter den USA, Großbritannien, Südkorea und Italien. Die ab 2007 amtierende konservativ-liberale Regierung unter Premier Donald Tusk leitete dann den Abzug der polnischen Truppen ein. Selbst die ablehnende Haltung der Bundesregierung war nicht so eindeutig, wie es offiziell erschien, weil Überflugrechte für amerikanische Maschinen gewährt wurden, Bundeswehrsoldaten den Schutz amerikanischer Stützpunkte übernahmen und die Nutzung deutscher Standorte für den amerikanischen Nachschub gewährt wurde.

Schon vor einigen Jahren hat sich weltweit eine negative Bewertung des Irak-Feldzuges der USA durchgesetzt. Inzwischen betrachten auch viele Konservative in den USA den Einmarsch als Desaster und als Geschenk an den Iran, der nun anstelle des Erzfeindes Saddam Hussein eine freundlich gesinnte, schiitisch dominierte Regierung als Nachbarin hat. Nur noch einer der damaligen Verantwortlichen, der frühere Vizepräsident Dick Cheney, hält daran fest, dass der Krieg berechtigt und ein Erfolg gewesen sei. Sein damaliger Chef, US-Präsident George W. Bush, und der frühere Verteidigungsminister Donald Rumsfeld halten sich mit Äußerungen zum Irak-Einsatz zurück.

An dieser Stelle geht es aber nicht hauptsächlich um eine völkerrechtliche, politische und militärische Bewertung des Krieges, sondern um die Frage, welche Position damals Bronisław Geremek eingenommen hat. So geht aus diversen seiner Stellungnahmen hervor, dass er die polnische Teilnahme am Irak-Einsatz befürwortete und an dieser Einschätzung auch festhielt, nachdem der erste polnische Soldat im Irak getötet worden war. Im November 2003 sagte in einem Interview mit dem öffentlich-rechtlichen polnischen Radio:

> „Die Entscheidung für unsere Teilnahme war richtig, aber es wäre besser gewesen, wenn sie international breiter erfolgt wäre in dem Sinne, dass ganz Europa teilnimmt, nicht nur einige europäische Staaten wie Großbritannien, Spanien und Polen ... Polen nimmt (im Rahmen des Irak-Einsatzes – R.V.) an Operationen teil, die Frieden und Stabilität im Irak sichern sollen. Wir haben de facto nicht direkt an militärischen Operationen während des Krieges teilgenommen, andererseits haben eben diese Operationen die Chance auf Wiederherstellung von Frieden und Stabilität eröffnet, was den internationalen Interessen entspricht. Es ist polnische Tradition, solchen gemeinsamen Interessen zu dienen."[811]

Eineinhalb Jahre nach Beginn des Irak-Krieges bekräftigte Geremek seine Position unter anderem in einem Radiointerview:

> „Wir haben an Einsätzen zur Stabilisierung des Landes teilgenommen, aber im Allgemeinen nicht an direkten militärischen Operationen. Bei den Stabilisierungsmaß-

---

811 O śmierci polskiego żołnierza w Iraku – Polskie Radio Pr. III. Zit. nach www.uw.org.pl/geremek/wystapienia.php?id=10.

nahmen ging es darum, den Irak in die Lage zu versetzen, selbst für seine Sicherheit zu sorgen."[812]

Noch ein Jahrzehnt nach dieser Äußerung war der Irak ein innerlich zerrissenes Land, weit von jener Stabilität entfernt, die Geremek damals im Sinn hatte.

Was also hat ihn bewogen, für dieses militärische Abenteuer zu votieren, das die Bush-Administration mit getürkten Informationen über mögliche Zusammenhänge zwischen Al Kaida und dem Regime von Saddam Hussein sowie über die Existenz von Massenvernichtungsmitteln im Irak „begründete"? Begann er irgendwann, diesen Informationen zu misstrauen? Bislang wissen wir es nicht. Und: was würde er heute sagen, wenn man ihm Frage nach dem Irak-Einsatz stellte?

Tatsache ist, dass viele Politiker in Ostmitteleuropa, die wie Geremek aus der Bürgerrechtsbewegung kamen, dem Freiheitsgedanken auch dann große Bedeutung beimaßen, wenn es um Länder außerhalb Europas ging – in diesem Fall die Freiheit des irakischen Volkes, das unter dem Diktator Saddam Hussein litt, der zudem noch beste Verbindungen zu sowjetischen und russischen Machthabern, also dem vormaligen Hegemon Polens, unterhielten.

Immer auch war Geremek ein Mensch, für den Werte wie Verbindlichkeit, Verlässlichkeit und Bündnistreue eine große Bedeutung hatten. Insofern darf man nicht vergessen, dass Polen nur wenige Jahre vor Beginn des Irak-Kriegs Mitglied der *NATO* geworden war, die bekanntlich von den USA stark dominiert wurde.

Besonders lag ihm auch die Einheit des Westens am Herzen. Gunter Hofmann berichtet über eine Vorlesung Geremeks im Frühjahr 2003 an der Harvard University:

> „Geremek vor dem amerikanischen Ostküsten-Auditorium im überfüllten Hörsaal: So viele Jahre seines Lebens habe er ‚zwei Europa und einen Westen' vor Augen gehabt, er wünsche sich einfach nicht, dass es künftige ‚ein Europa und zwei Westen' gebe. Amerika möge bedenken – der Konflikt um Europas Haltung im Irakkrieg war noch unentschieden -, dass Polen soeben in Europa angekommen sei und die Priorität auch diesem Europa gehören müsse. Und dieses Bekenntnis legte er ab, obwohl sich seine Regierung bereits eindeutig für die Loyalität gegenüber Amerika entschieden hatte."[813]

So wurde der deutsch-polnische Dialog gerade in der „heißen Phase" des Irak-Kriegs erheblich zurückgefahren:

> „Dies betraf die Politik und die Medien in beiden Ländern. Aus polnischer Sicht ignorierten die Deutschen ihre östlichen Nachbarn und betrieben Politik im Alleingang; aus deutscher Perspektive versuchten sich die Polen in einer naiven Großmachtpolitik. Auf beiden Seiten von Oder und Neiße wurden statt Argumenten gegenseitige Stereotype ausgetauscht."[814]

---

812 Radio TOK FM: „Misja w Iraku na pewno nie została spełniona – wywiad z Bronisławiem Geremkiem. Zit. nach www.uw.org.pl/geremek/wystapienia.php?id=34.
813 Hofmann, Gunter: Polen und Deutsche ... a.a.O., S. 296.
814 Bingen, Dieter: Einübung in erwachsene Partnerschaft. Die politischen Beziehungen zwischen Deutschland und Polen. In: Bingen, D./Loew, O.P./Ruchniewicz, K./Zybura, M. (Hg.):

9.10. Hochschullehrer in Sachen Europa

Nach seinem Rücktritt als Außenminister im Mai 2000 intensivierte Bronisław Geremek seine Vortrags- und Lehrtätigkeit am *College of Europe* im Warschauer Stadtteil Natolin. Warschau ist neben Brügge der zweite Standort dieses Instituts, an dem Postgraduierte europäische Studien absolvieren können. Viele hochrangige Politiker, Diplomaten und Wissenschaftler haben am *College of Europe* studiert. Die Studenten kommen aus mehr als 50 Ländern und werden in der Regel von einer Auswahlkommission, die mit den nationalen Außenministerien zusammenarbeitet, für das Studium an einem der beiden Standorte ausgewählt. Arbeitssprachen sind Englisch und Französisch.

Während das Kolleg in Brügge schon 1949 gegründet wurde, kam das Pendant in Warschau erst 1993 dazu – immerhin mehr als ein Jahrzehnt vor dem Beitritt Polens zur *EU*. Die Lehrtätigkeit findet in einem früheren Palais der berühmten polnischen adligen Familie Potocki statt – dem *Pałac Potockich* in Natolin im Süden Warschaus.

Die dortigen Europastudien gliedern sich in vier Schwerpunktbereiche:

- Governance, Entscheidungsprozesse
- Recht und Wirtschaft im Binnenmarkt
- Europäische Nachbarschaftspolitik
- Gemeinsame Außen- und Sicherheitspolitik

Von 2000 bis zum seinem Tod im Jahr 2008 war Bronisław Geremek Inhaber des Lehrstuhls für europäische Zivilisation, der mit Hilfe der deutschen Bosch-Stiftung geschaffen worden war. Danach wurde der Lehrstuhl unter maßgeblicher Unterstützung der *EU* und besonders des Europäischen Parlaments als *EP Bronisław Geremek European Civilisation Chair* weitergeführt. Im Januar 2011 übernahm der portugiesische Politikwissenschaftler João Carlos Espada die Leitung des Lehrstuhls.

Das *College of Europe* folgt sehr stark seinem Konzept der „Flying Faculty". Nur wenige Professoren sind ausschließlich Lehrstuhlinhaber am Kolleg. Vielmehr kommen die meisten als „Visiting Professor" von anderen Hochschulen oder aus Politik, Wirtschaft und Verwaltung. Dabei ist der Lehrkörper ebenso international zusammengesetzt wie die Studentenschaft.

Im Rahmen seiner Tätigkeit in Natolin pflegte Bronisław Geremek intensiven Kontakt nicht zuletzt zu dem deutschen Soziologen und Romanisten Robert Picht, der von 2004 bis 2007 stellvertretender Direktor der Warschauer Abteilung des College of Europe war.

Erwachsene Nachbarschaft. Die deutsch-polnischen Beziehungen 1991 bis 2011. Wiesbaden 2011, S. 38.

10. Mitglied des Europäischen Parlaments – Schwarz-roter Filz verhindert die Wahl zum Präsidenten

Mit dem Beitritt zur Europäischen Union am 1. Mai 2004 verwirklichte Polen eines jener strategischen Ziele, die nach der Wende 1989 formuliert worden waren. Trotz diverser Machtwechsel in diesen 15 Jahren wurde die EU-Mitgliedschaft von allen Regierungen konsequent angestrebt. Schon im März 1999 war Polen der Nato beigetreten.

Unter den zehn Ländern, die 2004 in die EU aufgenommen wurden, war Polen der mit Abstand größte und bevölkerungsreichste Staat. 42 Prozent der Fläche aller zehn Neumitglieder, gut 51 Prozent der Bevölkerung und 45 Prozent des Bruttoinlandsprodukts entfielen auf Polen. Andererseits gehörte es zum damaligen Zeitpunkt mit Einkommen von gut 10 000 Euro pro Kopf (berechnet nach Kaufkraft) zusammen mit Litauen und Estland zu den ärmsten der zehn Staaten. Das BIP-Wachstum lag weit über dem Durchschnitt der Neumitglieder, aber auch bei der Arbeitslosigkeit von 19 Prozent (2004) war Polen Spitzenreiter.

Ähnlich wie der Nato-Beitritt war auch die Aufnahme Polens in die EU ein bewegender Moment für Bronisław Geremek. Als Parlamentarier und auch als „Botschafter" seines Landes im Ausland hatte er sich ab 1989 mit aller Kraft für die europäische Anbindung Polens eingesetzt. Bis zu seinem Tod im Juli 2008 war er dann Mitglied des Europäischen Parlaments. Sein europäisches Bewusstsein und sein strategisches Denken prädestinierten ihn geradezu für diese politische Tätigkeit in Straßburg und Brüssel.

10.1. Persönlicher Erfolg für Geremek in Warschau

Am 13. Juni 2004 hatten die polnischen Bürgerinnen und Bürger zum ersten Mal in der Geschichte die Möglichkeit, an einer Wahl zum Europäischen Parlament teilzunehmen. Allerdings stieß der Urnengang nur auf mäßiges Interesse in der polnischen Öffentlichkeit. Erschwerend kam hinzu, dass die Wahl während einer schweren Regierungskrise stattfand. Nach verschiedenen Korruptionsskandalen und anderen Affären musste der postkommunistische Premier Leszek Miller am 2. Mai zurücktreten, und nach langem Tauziehen wurde erst am 24. Juni Marek Belka als sein Nachfolger vom Sejm gewählt. So war die politische Klasse des Landes hauptsächlich mit der Regierungskrise beschäftigt, die öffentliche Verwaltung ging erst sehr spät an die Vorbereitung der Wahl. Der Termin für die Registrierung der Kandidatenlisten wurde auf den 4. Mai gelegt. Erst Ende Mai begann der Wahlkampf auch in den Medien, sodass die beteiligten Parteien und Bürgerinitiativen nur wenig Zeit hatten, um ihre Kandidatinnen und Kandidaten zu präsentieren.

Ähnlich wie in den anderen, alten und neuen EU-Staaten, wurde der Wahlkampf vor allem durch innenpolitische Themen dominiert. Angesichts der Regierungskrise betrachteten die Parteien die Wahl als Barometer für ihre Resonanz in der Bevölkerung und als Generalprobe für möglicherweise bald bevorstehende Neuwahlen zu beiden Kammern des polnischen Parlaments. Die politische Auseinandersetzung galt vor allem dem Kampf gegen die Korruption und den notwendigen Abbau der Arbeitslosigkeit. Ging es tatsächlich auch mal um das Europäische Parlament, dann präsentierten die Parteien Slogans wie etwa „Europa für die Entwicklung – Entwicklung für Polen", „Nutzen wir die europäische Chance", „Europäische Union ja, aber vor allem im Interesse Polens" und „Damit Polen sich treu bleibt".

Die Wahlbeteiligung fiel dann mit 20,7 reichlich niedrig aus. Nur knapp 6,3 Millionen der insgesamt fast 30 Millionen Wahlberechtigen nahmen an der Abstimmung teil. Damit lag Polen weit hinter Griechenland (62,8 Prozent), Irland (59,7), Dänemark (47,8), Spanien (45,9), Deutschland (43,0), der Tschechischen Republik (27,9) und Slowenien (28,3), aber vor dem Schlusslicht Slowakei (16,7).

Wie erwartet wurde die liberal-konservative *Bürgerplattform (PO)* als zum damaligen Zeitpunkt wichtigste Oppositionspartei mit 24,1 Prozent Siegerin der Wahl. Einen großen Erfolg erzielten auch die populistischen, europafeindlichen Kräfte, also die rechtsextreme *Liga der polnischen Familien (LPR)* und die radikal-bäuerliche *Selbstverteidigung*, die zusammen auf 26,7 Prozent der Stimmen kamen. Die europaskeptische, nationalkonservative Partei *Recht und Gerechtigkeit*, zog mit 12,7 Prozent ins Europäische Parlament ein. Demgegenüber erlitten das postkommunistische *Bündnis der demokratischen Linken (SLD)* und die *Union der Arbeit (UP)* als Regierungsparteien mit zusammen 9,4 Prozent eine herbe Niederlage. Überraschend kam die *Freiheitsunion (UW)* von Bronisław Geremek, Tadeusz Mazowiecki, Władysław Frasyniuk und anderen früheren Exponenten der demokratischen Opposition vor der Wende von 1989 auf 7,3 Prozent, obwohl sie seit den vorangegangenen Parlamentswahlen im Jahr 2001 nicht mehr im Parlament vertreten war. Dabei spielte vermutlich das sehr disziplinierte Wahlverhalten der Anhänger der *UW* eine wichtige Rolle. Insgesamt schafften 54 polnische Kandidaten den Sprung ins Europäische Parlament.

Einen beeindruckenden Erfolg erzielte Bronisław Geremek, der im Wahlkreis Warschau mehr als 120 000 Stimmen erhielt. Damit lag er landesweit an zweiter Stelle hinter Jerzy Buzek, dem früheren Premier und Spitzenkandidaten der *Bürgerplattform*, der auf 173 000 Stimmen kam. Außer Geremek wurden auch Grażyna Staniszewska, Jan Kułakowski und Janusz Onyszkiewicz für die *Freiheitsunion* ins Europäische Parlament gewählt.

10.2. „Technische Absprachen" zwischen Schwarz und Rot

Mit dem Einzug der Abgeordneten aus den neuen EU-Staaten veränderte sich das politische Gesicht des Europäischen Parlaments (EP). Nun konnte auch die Legislative in Straßburg bzw. Brüssel verstärkt zur Triebkraft der gesamteuropäischen Einigung werden. Unter den neuen Parlamentariern aus Ostmitteleuropa war Geremek sicher derjenige, der das markanteste Profil aufwies.Schon zu diesem Zeitpunkt war er, der polnische Europäer, eine historische Figur, der den Gang der Ereignisse ab 1988–89 maßgeblich mit beeinflusst hatte.

Dies begriffen die Fraktionen der Grünen und der Liberalen, die Geremek, auf Vorschlag des Fraktionsvorsitzenden der Grünen, Daniel Cohn-Bendit, für das Amt des Präsidenten des Europäischen Parlaments vorschlugen. Geremek, so Cohn-Bendit damals, symbolisiere das geeinte Europa „durch unsere gemeinsame Geschichte und den Kampf gegen den Totalitarismus".[815] Der damalige Bundespräsident Horst Köhler sagte in einer Tischrede während seines Besuches in Warschau:

> „Ich habe erfahren, dass Minister Geremek im Gespräch ist für die Präsidentschaft im europäischen Parlament. Ich kenne den Stand nicht – aber dass es einen ernsthaften polnischen Kandidaten gibt, ist doch ein gutes Zeichen."[816]

Doch den Konservativen der *Europäischen Volkspartei (EVP)* und den *Sozialdemokraten im Europaparlament (SPE)* waren ihre eigenen Parteiinteressen wichtiger als die Wahl eines ausgewiesenen Europäers wie Geremek, der trotz seiner Zugehörigkeit zur Fraktion der *Liberalen* mehr oder weniger über den Parteigrenzen stand. Die damaligen Fraktionsvorsitzenden der *EVP* und *SPE*, Hans-Gert Pöttering (CDU) und Martin Schulz (SPD), handelten ein, wie sie es nannten, „technisches Abkommen" aus, wonach der spanische Sozialist Joseph Borrell i Fontelles für die Teilperiode 2004–2007 und Pöttering für 2007–2009 gewählt werden sollten. Danach sollten zunächst auch die Konservativen für Borrell stimmen und später auch die Sozialdemokraten Pöttering ihre Stimme geben.

> „Nach zehn Jahren ist es wichtig, wieder einen Sozialisten an die Spitze des Hauses zu bekommen", bekräftigte Schulz damals den Anspruch seiner Fraktion auf den Posten des nächsten Parlamentspräsidenten.[817]

Später verstieg sich Schulz in einem Radiointerview zu der teilweise falschen Behauptung:

> „Er (Geremek – R.V.) ist eine hoch respektable Persönlichkeit des polnischen politischen Widerstands, aber er ist auch ein Befürworter des Irak-Kriegs und ein Verfechter einer neoliberalen Wirtschaftspolitik, die wir nicht an der Spitze des europäischen Parlaments sehen wollten ..."[818]

---

815 Zit. nach Sozialdemokraten wollen sich Posten im Parlament mit den Konservativen aufteilen. *Der Standard*, 12.4.2004.
816 Tischrede von Bundespräsident Horst Köhler anlässlich seines Nachbarschaftsbesuches in Polen beim Mittagessen, gegeben vom polnischen Staatspräsidenten Aleksander Kwaśniewski. Warschau, 15. Juli 2004. www.bundespraesident.de/SharedDocs/Reden/DE/Horst-Koehler/Reden/2004/07/20040715_Rede.html.
817 Zit. nach Sozialdemokraten ... (Fn. 815).
818 Die Arbeit im erweiterten Parlament in Straßburg. Interview mit Martin Schulz, SPD, Vorsitzender der sozialdemokratischen Fraktion im EU-Parlament. *Deutschlandfunk*, 24.7.2004.

Tatsächlich war Geremek ein Sozialdemokrat, dem die sozialen Anliegen gerade der einfachen Menschen in der Gesellschaft immer am Herzen lagen. Schulz hatte nicht verstanden, warum gerade Sozialdemokraten wie Geremek während der Transformation in Polen 1989–90 für konsequente marktwirtschaftliche Reformen eintraten, weil diese die Basis dafür waren, nach und nach auch zu einer sozial abgesicherten Marktwirtschaft zu kommen. Was den Irak-Krieg angeht, hegte Geremek sicher Illusionen über dessen mögliche positive Auswirkungen, aber er machte sich seine Befürwortung auch nicht leicht. Sie resultierte aus seinen Erfahrungen als Bürgerrechtler mit kommunistisch-totalitären Regimes und entsprang auch seiner Angst vor einer Spaltung des Westen in Europa und die USA. Cohn-Bendit sagte damals völlig richtig:

> „Passt mal auf Leute: Bei bestimmten Auseinandersetzungen ist für die Polen der Umgang mit Amerika genauso schwierig wie für die Deutschen der Umgang mit Israel."[819]

Am Tag der Wahl des EP-Präsidenten (20.7.2004) sagte Bronisław Geremek in einer kurzen Rede vor der Abstimmung:

> „Meine Damen und Herren, Sie wissen, aus welchem Land ich komme. Aus einem Land, das alle Dramen des 20. Jahrhunderts erlebt hat. Polen ist das Land, in dem die Bewegung gegen das totalitäre System entstanden ist, jene Revolte, die es ermöglicht hat, sich in Europa zu vereinen, und die damit auch dieses Parlament zu einem Element dieses Vereinigungsprozesses werden ließ. Ich komme aus Mitteleuropa, jener Region, in der Polen das Schicksal aller anderen Völker teilte … Hier in diesem Saal habe ich Freunde auf allen Seiten, in allen politischen Familien. Einer der großen Glücksmomente Europas bestand darin, dass wir in unserem Kampf für Freiheit nicht allein waren, sondern … auf unserer Seite alle jene Menschen standen, die mit Herz und Verstand fühlten, dass Europa ein Hort der Freiheit ist … Ich wünsche mir, dass dieses Parlament, in dem es Euroenthusiasten, Euroskeptiker und Eurorealisten gibt, wie eben in den Gesellschaften ganz Europas, dass dieses Parlament zu einem Ort der strategischen Debatte über die Zukunft Europas wird und dadurch ermöglicht, dass die einzelnen politischen Strömungen mit ihren unterschiedlichen Programmen … in diesem Raum zusammenkommen, um für die Einheit Europas zu arbeiten."[820]

In der anschließenden Abstimmung erhielt Borrell 388 Stimmen, während auf Bronisław Geremek 208 Stimmen und den Kandidaten der Linken, Francis Wurtz, 51 Stimmen entfielen. Trotz der „technischen Absprache" zwischen Pöttering und Schulz stimmten also einige Vertreter der *Europäischen Volkspartei* und der *Sozialdemokraten im Europaparlament* für Geremek.

Liberale und Grüne kritisierten die Wahl mit scharfen Worten. So sagte der FDP-Europapolitiker Jorgo Chatzimarkakis:

---

819 Zit. nach Daniel Cohn-Bendit im Gespräch mit dem Autor am 2.8.2011.
820 Europäisches Parlament. Protokoll der Sitzung vom 20. Juli 2004. http://www.europarl.europa.eu/RegData/seance_plenoire/compte_rendu/revise/2004/07-20/PG_CRE-REV(2004)07-20_XL.pdf.

> „Wir sind massiv enttäuscht, dass die erste Amtshandlung im Parlament ziemlich wenig mit Demokratie und ziemlich viel mit technischen Absprachen zu tun hat."[821]

Die Sprecherin der deutschen Grünen im Europäischen Parlament, Rebecca Harms, meinte, bei der Wahl seien die politischen Unterschiede zwischen rot und schwarz verwischt worden. Noch im Wahlkampf hätten beide Lager kontrovers über Themen wie einen möglichen Beitritt der Türkei zur EU und die Ergänzung der europäischen Verfassung um einen Verweis auf Gott debattiert.[822]

Pöttering (CDU) wiederum verteidigte die Absprache mit den Sozialdemokraten. Keine Fraktion verfüge über eine Mehrheit im Parlament, argumentierte er. Deshalb sei es ein ganz normaler politischer Vorgang, dass Mehrheiten gesucht würden.[823]

Nicht überzeugend klang Pötterings Rechtfertigung im persönlichen Gespräch:

> „Als es darum ging, wer 2004 Parlamentspräsident werden sollte, hatten wir uns als EVP-Fraktion zu einem Bündnis mit den Sozialisten entschieden. Die Sozialisten schlugen Borrell vor, da es ja jeweils die Sache des Bündnispartners ist, einen Kandidaten vorzuschlagen. Als dann die Liberalen Bronisław Geremek benannten, war das für mich persönlich auch wegen meiner Wertschätzung für Geremek keine leichte Situation. Aber wir mussten natürlich gegenüber den Sozialisten Wort halten. Deshalb verhielt ich mich damals immer besonders freundlich zu Geremek. Ein nachträglicher Trost bzw. eine Heilung meines etwas schlechten Gewissens, nicht für Geremek als Präsident des Parlaments votiert zu haben, ist dann dadurch eingetreten, dass Jerzy Buzek (der vormalige polnische Premier – R.V.) mein Nachfolger als Präsident wurde. Wäre Geremek 2004 Präsident geworden, hätte es 2007 nicht Jerzy Buzek werden können. Insofern ende gut, alles gut, mit höchsten Respekt vor Bronisław Geremek."[824]

Cohn-Bendit, ebenfalls im persönlichen Gespräch, hielt drastisch dagegen:

> „Für uns war das ein ungeheurer Schlag, weil es nicht viele Mitteleuropäer gab, die ein solches *standing* wie Geremek hatten. Wenn man vergleicht, was Geremek bedeutet hätte und dann Buzek bedeutete – das ist absurd. Buzek hatte eigentlich keinen Namen. Er ist anständig, ein netter Mensch, aber auch nicht mehr. Da wurde eine historische Chance vertan."[825]

Dem ist nichts hinzuzufügen. Intellektuell-politisch hätte Geremek ganz andere europäische Akzente gesetzt als Buzek.

Aber die linksliberale *Frankfurter Rundschau* verwies damals noch auf einen anderen Aspekt des „technischen Abkommens" zwischen Pöttering und Schulz:

> „Geremek ist der Kandidat der Herzen an diesem Tag (20.7.2004) in Straßburg, wenn da nicht dieses Abkommen wäre, das die beiden deutschen Fraktionschefs Schulz und Pöttering geschlossen haben. Und wenn da nicht zwei Tage später die Wahl des EU-

---

821 Zit. nach Schmidt, Harald: Sozialist Borrell gewinnt mit konservativer Hilfe. *DPA*, 20.7.2004.
822 Ebd.
823 Ebd.
824 Hans-Gert Pöttering im Gespräch mit dem Autor am 14.9.2011.
825 Daniel Cohn-Bendit ... (Fn. 819).

Kommissionspräsidenten an stünde, ein Amt, das der konservative José Manuel Barroso erhalten soll. Schulz und Pöttering sind in den vergangenen Tagen nicht müde geworden, jeden Zusammenhang zwischen beiden Wahlen abzustreiten, obwohl die Konservativen diese Verbindung gern hergestellt hätten. So ist kein zufall, dass Schulz' Überraschungsbesuch bei der konservativen Fraktion am Vorabend des Wahlgangs durchsickert. Er soll signalisiert haben, dass die Sozialisten Barroso zur Mehrheit verhelfen werden. Tatsächlich entfallen am Dienstag 388 Stimmen auf Borrell, der damit im ersten Wahlgang mit absoluter Mehrheit gewählt ist. Wenn man gekonnt hätte, wie man wollte, sicher dann wäre Geremek die bessere Wahl gewesen, hieß es später bei den Konservativen unter dem Siegel der Verschwiegenheit, aber die real existierende Politik läuft halt anders."[826]

10.3. EU-Verfassungsdebatte

Fortan konzentrierte sich Bronisław Geremek vor allem auf die Arbeit im außenpolitischen Ausschuss des Europäischen Parlaments und auf die Debatten im Plenum. Viele Reden, Interviews und Zeitungsartikel aus jener Zeit zeugen davon, dass ihm vor allem die weitere Integration der EU sowie die Stärkung ihrer verfassungsrechtlichen und politischen Grundlagen am Herzen lagen. Gerade auch in seinem Heimatland warb er für diese Ziele. Andererseits bemühte er sich, die Position des neuen EU-Mitglieds Polen in der Gemeinschaft zu stärken.

Wichtigstes europapolitisches Projekt war damals der „Vertrag über eine Verfassung für Europa". Mit diesem Vertrag sollte das institutionelle Gefüge der EU reformiert werden, um sie einerseits demokratischer, andererseits aber auch handlungsfähiger zu machen. Im Dezember 2001 hatten die Regierungschefs der EU den so genannten „Verfassungskonvent" beauftragt, ein solches Dokument auszuarbeiten, der dann im Juli 2003 einen entsprechenden Entwurf vorlegte. Dieser wurde dann im Rahmen vieler Gespräche, Konferenzen und Verhandlungen von Vertretern der einzelnen Regierungen noch einmal überarbeitet. Die Unterzeichnung des Verfassungsvertrags durch die Staats- und Regierungschefs erfolgte dann am 29. Oktober 2004 in Rom.

Zu den wichtigsten Neuregelungen gehörte die Erweiterung der Kompetenzen des Europäischen Parlaments etwa im Rahmen der Budgethoheit. Der Europäische Rat wiederum, der aus den Staats- und Regierungschefs besteht, sollte durch die Wahl eines hauptamtlichen Ratspräsidenten künftig effizienter arbeiten. Wichtig war weiterhin die Definition einer „qualifizierten Mehrheit" für die Abstimmungen im Rat der Europäischen Union, der von den jeweiligen Fachministern der Mitgliedsstaaten gebildet wird. Außerdem sollte künftig ein EU-Außenminister die Außenpolitik der Gemeinschaft koordinieren und effizienter vertreten. Schließlich waren eine Stärkung des Initiativrechts der Europäischen Kommission im Rahmen der Gesetzgebung und außerdem eine zahlenmäßige Verkleinerung dieses Gremiums vorgesehen. Die Kom-

---

826 Reckmann, Jörg: Machtpoker der Dutzfreunde. *Frankfurter Rundschau*, 21.7.2004.

mission gilt als Koordinierungs-, Exekutiv- und Verwaltungsorgan der Europäischen Union. Teil 2 des Verfassungsvertrags bestand aus der Charta der Grundrechte in der Europäischen Union.

Das Dokument rief unterschiedliche Reaktionen bei den verschiedenen politischen Kräften sowie in der Bevölkerung der Mitgliedstaaten hervor. Während die Gruppierungen wie die Europäische Volkspartei, der größte Teil der Sozialdemokratischen Partei Europas, die Liberalen und die Grünen für den Verfassungsvertrag votierten, kam deutliche Kritik von der Europäischen Linken und der rechten Allianz für eine Europa der Nationen. Auch einige Nichtregierungsorganisationen wie *Attac* traten gegen den Vertrag auf. Bemängelt wurden insbesondere, wie es hieß, eine fehlende Legitimierung der Mitglieder des Verfassungskonvents durch die Wähler, eine mangelnde soziale Ausrichtung des Vertrags und das Fehler durchgreifender Maßnahmen zur Überwindung des Demokratiedefizits der Union. Ebenso war die Rede von der geplanten Bildung eines europäischen Superstaats, einer Militarisierung durch die vorgesehene Ausweitung der Gemeinsamen Außen- und Sicherheitspolitik sowie von einem fehlenden Bezug auf die christlichen Wurzeln Europas in der Präambel des Verfassungsvertrags.

In Polen konzentrierten sich die Kritiker vor allem auf das formulierte Prinzip der „qualifizierten Mehrheit" für die Abstimmungen im Rat. Liberal-konservative und nationalkonservative Politiker warfen die demagogisch-populistische Parole „Nizza oder der Tod" in die öffentliche Debatte. Tatsächlich aber wurde durch die neue Regelung nur der mit dem EU-Vertrag von Nizza (11. Dezember 2000) fixierte, überproportional große Einfluss von mittleren Staaten wie Spanien und Polen bei Abstimmungen korrigiert.

Bronisław Geremek votierte eindeutig für die Unterzeichnung und anschließende Ratifizierung des Verfassungsvertrags, auch wenn er diesen in einigen Formulierungen für nicht ausgereift hielt. So vermisste er beispielsweise den Verweis auf die christlichen Traditionen Europas. Schon vor der Unterzeichnung sagte er in einem Radiointerview:

> „Es ist nicht klug davon zu sprechen, dass ‚Nizza' ein Kompromiss sei. ‚Nizza' ist kein guter Vertrag, ... weil er keine Lösung für die Mehrheit der Probleme benennt."[827]

Und mit Blick auf den bevorstehenden Beitritt Polens zur Europäischen Union betonte er:

> „Ich werde es als Erfolg ansehen, wenn Polen einen Europäischen Union beitritt, die durch den Verfassungsvertrag gestärkt ist. Man muss also eine Lösung finden, die verhindert, dass der Streit über ‚Nizza' nicht das Inkrafttreten dieses Vertrages blockiert."[828]

---

[827] Geremek, Bronisław: Nicea jest nienajlepszem traktatem. *Radio TOK FM*, 20.10.2003.
[828] Jacek Żakowski rozmawia z Bronisławem Geremkiem. *Radio TOK FM*, 12.12.2003.

Die so genannte „Joannina-Klausel" wurde später zu der Kompromissformel, mit der man den Kritikern in Polen entgegenkam.[829]

Immerhin zählten dann auch der polnische Premier Marek Belka und sein Außenminister Włodzimierz Cimoszewicz am 29.10.2004 in Rom zu den Unterzeichnern des Verfassungsvertrags. Belkas Vorgänger Leszek Miller hatte zunächst gezögert, lenkte aber ein, nachdem die Sozialisten in Spanien die Wahl gewonnen hatten und der neue Ministerpräsident José Luis Rodríguez Zapatero angekündigt hatte, die Blockadehaltung seines Vorgängers im Streit um den Verfassungsvertrag aufzugeben. Danach war eine isolierte Blockadehaltung Polens nicht mehr realistisch. Wie Spanien hatte auch Millers Regierung zunächst für eine Beibehaltung von ‚Nizza' plädiert.

Doch der Verfassungsvertrag in der vorliegenden Form sollte nie in Kraft treten. Zunächst ratifizierten Litauen, Spanien, Italien, Belgien, Griechenland, Deutschland und Österreich das Dokument – entweder per Parlamentsentscheidung oder durch einen einen kombinierten Beschluss per Referendum und Abstimmung im Parlament. Doch dann lehnten die Wähler in Frankreich und in Holland den Verfassungsvertrag per Referendum ab. Das Scheitern des unter großen Mühen ausgearbeiteten Dokuments in zwei der Gründungsstaaten der Europäischen Union wirkte wie ein Schock und löste eine europaweite intensive Debatte aus. Bronisław Geremek nannte damals in einem Radiointerview vor allem innenpolitische Gründe für die Ablehnung in Frankreich:

> „Meiner Auffassung nach ist das, was in Frankreich geschieht, eine sehr ernste Angelegenheit. Diese darf man nicht darauf reduzieren, dass den Franzosen ihr eigener Präsident (der Gaullist Jacques Chirac in den Jahren 1995–2007 – R.V.) nicht gefällt und sie deshalb, statt über den Verfassungsvertrag abzustimmen, für oder gegen den Präsidenten votieren. Es geht gar nicht darum, ob die Franzosen die Europäische Union befürworten oder nicht … Vielmehr sind die Franzosen nicht mit sich selbst zufrieden. Ihnen gefällt der Platz nicht, den Frankreich gegenwärtig in der Welt und in der EU einnimmt. Ebenso sind sie nicht mit der Richtung einverstanden, in die sich die EU entwickelt, sind sie nicht sicher, ob ihre eigenen Interessen in der Gemeinschaft gewährleistet werden. Der Entwicklungsstand ihres Landes gefällt ihnen nicht. Für uns (Polen – R.V.) ist das schwer zu verstehen, denn das Lebensniveau der Franzosen ist unvergleichlich höher als das unsrige. Aber sie bewegt ein Gefühl der Unsicherheit."[830]

Schließlich brachte der luxemburgische Premier Jean-Claude Juncker als damaliger Vorsitzender des Europäischen Rates den Vorschlag ins Spiel, eine etwa einjährige Diskussionsphase einzuleiten. Gleichzeitig setzten mehrere EU-Staaten den Ratifizierungsprozess fort. Per Parlamentsbeschluss bzw. Referendum stimmten Lettland, Zypern, Malta, Estland, Finnland und Luxemburg dem Verfassungsvertrag zu. Andererseits unterbrachen Dänemark, Großbritannien, Irland, Polen, Portugal, Schweden und die Tschechische Republik den Ratifizierungsprozess.

---

829 Siehe S. 355, 358 dieses Buches.
830 Francuskie referendum to sprawa całej Europy. Z Bronisławem Geremkiem rozmawia Jacek Żakowski. *Radio TOK FM*, 22.4.2005.

Auch Bronisław Geremek gab den Verfassungsvertrag nicht verloren und forderte zu weiterem Handeln auf:

> „Das Europäische Parlament, das sich eindeutig für den Verfassungsvertrag ausgesprochen hat, sollte in den nächsten Monaten eine Szenario für das weitere Vorgehen entwerfen. Niemandem dient die Erklärung, dass der Vertrag schon tot sei, denn in einem Klima der Niederlage sind Integrationsfortschritte schwerlich zu erwarten. Nützlich wäre, wenn die führenden europäischen Instanzen entschieden, eine Diskussionspause einzulegen. Aber das sollte nicht verlorene Zeit, sondern eine Phase neuen Handelns sein."[831]

Er machte sich Sorgen um Europas Perspektiven im internationalen Kräftemessen:

> „Das Schicksal Europas wird (nicht zuletzt – R.V.) … durch die Globalisierung und ökonomische Rivalität bestimmt. In dieser Hinsicht wird Europa mehr und mehr zu einem schwachen Partner. In bestimmten Bereichen, in denen Europa immer führend war, nämlich Produktion und Bildung, wächst die Potenz Chinas und Indiens. Immerhin gibt es eine dritte Sphäre, in der Europa weiterhin eine Macht darstellt. Das sind die Dienstleistungen. Aber die internationalen Zentren der Buchhaltung verlagern sich nach Indien. Das führt zu der dramatischen Frage: Soll Europa Zeuge seines eigenen Untergangs werden? Aber so wird es kommen, wenn Europa nicht vereinigt und handlungsfähig ist."[832]

Ein Ende der Diskussionsphase zeichnete sich ab, als die Staats- und Regierungschef am 25.3.2007 in der „Berliner Erklärung" über europäische Werte und politische Ziele der EU auch ein grundsätzliches Bekenntnis zu den Zielen des Verfassungsvertrags ablegten.[833] Die deutsche EU-Präsidentschaft erarbeitete dann anhand der Positionen der Mitgliedstaaten einen Vorschlag, welche Inhalte des Verfassungsvertrags in ein erneuertes Vertragswerk übernommen werden sollten. Auf dieser Grundlage beschloss dann der Europäische Rat am 22.6.2007 in Brüssel, die weitere Ratifizierung des Verfassungsvertrags aufzugeben und stattdessen einen „Reformvertrag" zu verabschieden. Dies geschah dann in Gestalt des „Vertrags von Lissabon" am 13. Dezember 2007, der nach der Ratifikation durch alle Mitgliedstaaten am 1.12.2009 in Kraft trat.[834] Im Plenum des Europäischen Parlaments erklärte Bronisław Geremek:

> „Die Annahme des ‚Vertrags von Lissabon' durch die Staaten der Europäischen Union gehört zu den wichtigsten Ereignisse in der Geschichte Europas und der Europäischen Union … Ich bin davon überzeugt, dass der Vertrag die Möglichkeit eröffnet, dass Union mehr als Team agiert. Er schafft die nötigen Mechanismen. Es ist ja nicht so, dass dieser Vertrag einen steifen und völlig eindeutigen Rechtsrahmen beinhaltet. Auf-

---

831 Potrzebujemy Europy politycznej – apeluje Bronisław Geremek. *Gazeta Wyborcza*, 30.12.2005. http://wyborcza.pl/gazetawyborcza/2029020,3090581.html.
832 Unia musi być dla ludzi. Marcin Bosacki spricht mit Bronisław Geremek. *Gazetwa Wyborcza*, 11.3.2006. http://www.geremek.pl/index.php?id=146.
833 „Berliner Erklärung". *Frankfurter Allgemeine Zeitung*, 23.3.2007.
834 Vertrag von Lissabon. http://www.auswaertiges-amt.de/cae/servlet/contentblob/358380/publi cationFile/3092/vertrag-von-lissabon.pdf.

grund dieser Mechanismen kann die Europäische Union ihre Integration vertiefen. Der Vertrag eröffnet die Perspektive einer stärkeren politischen Dimension der EU, die Perspektive, dass die Union auch zu einer Politik der Solidarität in der Lage sein wird."[835]

Leider hat er das Inkrafttreten des Vertrags nicht mehr erlebt.

Im Gegensatz zum Verfassungsvertrag ersetzte der „Vertrag von Lissabon" nicht den EG- und EU-Vertrag, sondern änderte diese nur ab. Zu den wichtigsten Inhalten des neuen Vertragswerks zählen die stärker Beteiligung der nationalen Parlamente bei der Rechtsgebung der EU, die Einführung einer Europäischen Bürgerinitiative, die Ämter des Präsidenten des Europäischen Rates und des Hohen Vertreters der EU für Außen- und Sicherheitspolitik, die Gründung des Europäischen Auswärtigen Dienstes, die Erklärung der Rechtsverbindlichkeit der EU-Grundrechtecharta und die erstmalige Regelung eines möglichen Austritts aus der EU.

Polen setzte durch, dass die „doppelte Mehrheit" bei Ratsentscheidungen nicht schon 2009, sondern erst 2014 in Kraft treten sollte. Aufgrund einer zusätzlichen Erklärung zum „Vertrag von Lissabon" können Staaten in Streitfällen sogar noch bis 2017 verlangen, dass auf den Abstimmungsmodus des Nizza-Vertrags zurückgegriffen wird. Außerdem kann eine bestimmte Mehrheit von Staaten aufgrund des „Kompromiss(es) von Ioannina" auch den Aufschub von Entscheidungen fordern.[836]

Erst aufgrund dieser Erklärung und auch nachdem Irland in einem zweiten Anlauf dem „Vertrag von Lissabon" zugestimmt hatte, gab der damalige polnische Staatspräsident Lech Kaczyński seinen anfänglichen Widerstand auf und unterzeichnete das Dokument am 10. Oktober 2009.

Bronisław Geremek empfand den Beitritt Polens zum Schengen-Abkommen am 21. Dezember 2007 und die damit verbundene Aufhebung der Kontrollen an den Binnengrenzen der EU als großen Erfolg für Polen, wenngleich er wusste, dass so mancher im Westen Zweifel daran äußerte, ob denn Polen zu diesem Zeitpunkt schon in der Lage sei, seinen langen Grenzabschnitt gegenüber den Nichtmitgliedern der EU im Osten effektiv zu kontrollieren. Und er wusste natürlich, dass damit große Herausforderungen auf die polnische Außenpolitik zukamen, zu deren Zielsetzungen auch und gerade das Bemühen um gute Beziehungen zu den Nachbarn im Osten gehörte.

In einem Radiointerview sagte er:

> „Der Beitritt Polens zum Schengen-Raum hat große symbolische Bedeutung, und dabei denke ich vor allem an die deutsch-polnische Grenze: die Erinnerung an den Eisernen Vorhang, der Deutschland und ganz Europa geteilt hat, verschwindet mit diesem Ereignis. Wir Polen und die Ungarn und Tschechen, wir standen bisher innerhalb der Europäischen Union immer etwas am Rande. Das war schmerzlich, und das hört jetzt auf. Die Welt des Eisernen Vorhangs ist damit für immer vergangen. Städte wie Frankfurt/Oder,

---

835 Traktat z Lizbony. Rede von Bronisław Geremek im Europäischen Parlament. Ohne Datumsangabe. http://www.geremek.pl/index.php?id=100.
836 Siehe Europa – Synthèses de la législation. http://www.europa.eu/legislation_summaries/glossary/ioannina_compromise_de.htm.

Guben oder Görlitz und auf polnischer Seite Słubice oder Gubin, die bislang künstlich durch eine Grenze geteilt waren, können nun gemeinsam leben. Das ist sehr viel."[837]

Und auf die Frage, ob denn nicht nun der Eiserne Vorhang nach Osten verschoben werde, antwortete er:

„Ich freue mich über diese Frage, denn man muss das realistisch betrachten: Für uns Polen sind dadurch neue Schwierigkeiten mit unseren östliche Nachbarn entstanden. Beispiel Weißrussland: Wenn Studenten aus Weißrussland die Möglichkeit bekommen, Polen zu besuchen und dort zu studieren, so zahlten sie für das polnische Visum, ein Dokument der Europäischen Union, bislang sechs Euro. Für junge Leute in Weißrussland ist das ein hoher Betrag. Mit dem Beitritt Polens zum Schengen-Raum kostet dieses Visum das Zehnfache – 60 Euro. Das muss man abmildern. Natürlich muss die Sicherheit an der europäischen Außengrenze gewährleistet sein, aber wir sollten nicht die Absicht verfolgen, neue Mauern zu errichten und Menschen auszuschließen."[838]

Immerhin ließen die Bedenken im Westen nach, je mehr sich zeigte, dass der Beitritt Polens zum Schengen-Raum keinen wesentlichen Anstieg der illegalen Migration, der Schleuserkriminalität und anderer Auswüchse an der polnischen Ostgrenze verursachte. Denn es war in hohem Masse gelungen, das Kontrollnetz von den polnischen West- und Südgrenzen auf den östlichen Grenzabschnitt den Vorschriften entsprechend zu übertragen.[839]

Als Mitglied des Europäischen Parlaments war Bronisław Geremek auch bemüht, die Entfaltung der Europäischen Nachbarschaftspolitik (ENP) gegenüber Armenien, Aserbaidschan, Belarus, Georgien, Moldau und der Ukraine zu unterstützen.[840] Auch bei den trilateralen Treffen des *Weimarer Dreiecks* brachte er dieses Thema wiederholt zur Sprache.

10.4. Dönhoff-Preis in Deutschland – „Durchleuchtung" in Polen

Zwei Jahre nach seinem Einzug in Europäische Parlament erhielt Bronisław Geremek eine Auszeichnung, die deutlich machte, welches Ansehen er inzwischen in Deutschland genoss. Als Anerkennung für sein Lebenswerk erhielt er am 3. Dezember 2006 in Hamburg den „Marion Dönhoff Preis für internationale Verständigung und Versöhnung". Die Träger des seit 2003 verliehenen Preises werden jeweils aus den Vorschlägen der Leser der Hamburger Wochenzeitung *ZEIT* ausgewählt. Der Jury gehören

---

837 Grenzen in den Köpfen überwirden. Bronisław Geremek stellt symbolische Bedeutung der Schengen-Erweiterung heraus. *Deutschlandfunk*, 21.12.2007. http://www.dradio.de/dlf/sendungen/interview_dlf/714452/
838 Ebd.
839 Siehe unter anderem Bundeszentrale für politische Bildung: Das Schengen Abkommen als Herausforderung für die polnische Außenpolitik. 4.2.2011. http://www.bhp.de/internationales/europa/polen/41055/analyse?p=all.
840 Siehe bspw. Geremek, Bronisław: Die Fragen Europas. Project Syndicate, 14.7.2005. http://www.project-syndicate.org/commentary/the-questions-of-europe/german.

unter anderem Helmut Schmidt, Richard von Weizsäcker, Fritz Stern und Lord Ralf Dahrendorf (bis zu seinem Tod) an. Vor Geremek erhielten Rupert Neudeck, Gesine Schwan und Ruth Pfau den Preis.

In seiner Laudatio hob der frühere Außenminister Hans-Dietrich Genscher vor allem den deutsch-polnischen Aspekt der Verleihung hervor. So erinnerte er an ein Gespräch mit Geremek in Warschau am Morgen des 10. November, also am Tag nach der Öffnung der Mauer in Berlin:

> „Ort unserer Begegnung war ... das Gästehaus der polnischen Regierung. Der Mauerfall in Berlin war unser bestimmendes Thema. Es war Bronisław Geremek, der als geschichtsbewußter Europäer und identitätsbewußter Pole die ganze Tragweite dieses Ereignisses erkannte. Vor allem die Bedeutung für Zukunft Europas und für das Schicksal Polens. Ganz ruhig und mit fester Stimme stellte er fest, die Mauer fällt, das ist die Einheit Deutschlands. Es lohnt sich, noch einmal zurück zu denken an jene Tage, um voll ermessen zu können, wie treffend, aber auch wie anders diese Einordnung war."[841]

Genscher würdigte auch den Lebensweg des Preisträgers:

> „Er hat die geschichtliche Dramatik des Ringens um Freiheit im sowjetischen Machtbereich erlebt, er hat dieses Ringen mitgestaltet, er gehörte in Polen zu den geistigen Führern der Freiheitsbewegung, aber er hat auch die geschichtliche Tragödie der Unterdrückung Polens und des Holocaust in der Zeit der deutschen Besetzung Polens durchlitten. Er teilte dieses Schicksal mit vielen und er gehörte zu den wenigen, die überlebten, weil mutige Menschen ihnen halfen. Er kennt die Kraft gebende Hoffnung der Freiheitsidee, zu deren Trägern er in seinem Land in der kommunistischen Zeit gehörte."[842]

Der Laudator verwies außerdem auf die intensiven Gesprächskontakte, die Geremek in Deutschland geknüpft hatte:

> „Heute empfängt Bronisław Geremek den Marion Dönhoff Preis. Sie kannte unseren heutigen Preisträger. Sie wusste um seine moralische Autorität, um seine Unbeirrbarkeit, wenn es darum ging, um Freiheit zu ringen. Mit klarem Ziel, aber auch mit Geduld. Mit dem Willen also, zur friedlichen Überwindung des Systems und mit einem langen Atem. Diesen langen Atem hatte auch Marion Dönhoff. So führt diese Preisverleihung zwei Lebenswege zusammen, die unterschiedlicher hätten nicht sein können, die aber bestimmt sind von hoher, moralischer Glaubwürdigkeit."[843]

Während Bronisław Geremek im Ausland große Anerkennung genoss, betrachteten ihn die national-konservative polnische Regierung von Premier Jarosław Kaczyński bzw. deren Gefolgsleute in obereren staatlichen und öffentlichen Instanzen als gefährlichen politischen Gegner, den sie mit allerlei dubiosen Methoden ausschalten wollten. So erhielt er am 23. April 2007 vom Vorsitzenden der Staatlichen Wahlkom-

---

841 Marion Dönhoff Preis 2006. Laudatio auf den Hauptpreisträger Bronisław Geremek von Bundesminister a.D. Hans Dietrich Genscher. ZEIT ONLINE, 5.12.2006. http://www.zeit.de/online/2006/49/Laudatio-Hans-dietrich-Genscher/
842 Ebd.
843 Ebd.

mission ein Schreiben mit der Aufforderung, eine so genannte Lustrationserklärung abzugeben. Andernfalls werde man ihm das Mandat als Abgeordneter des Europäischen Parlaments aberkennen, wie es hieß. Geremek, der schon einige Jahre zuvor eine solche Erklärung abgegeben hatte, lehnte das diesmal ab.

Bei der so genannten *lustracja* (Durchleuchtung, Lustration) ging es um die Überprüfung von Personen des öffentlichen Lebens auf eine mögliche Kooperation mit den Geheimdiensten des früheren kommunistischen Regimes. Jarosław Kaczyński und seinem verstorbenen Bruder Lech, damals polnischer Staatspräsident, ging es vor allem darum, die Durchleuchtung auszuweiten und zu verschärfen. Vor ihrer Machtübernahme im Herbst 2005 waren auf der Grundlage des, eher gemäßigten Lustrationsgesetzes vom April 1997 hauptsächlich Bewerber für hohe Staatsämter und Verwaltungsposten sowie Juristen überprüft worden. Diese mussten öffentlich erklärten, ob sie Mitarbeiter oder Informanten eines der Geheimdienste waren. Bekannten sie sich dazu, hatte dies beruflich keine weiteren Folgen, wenn nicht die jeweiligen Vorgesetzten Konsequenzen zogen. Strafrechtlich verfolgt wurden nur diejenigen, die eine Kooperation bestritten, anschließend aber auf der Basis der vom Institut des Nationalen Gedenkens (Instytut Pamięci Narodowej – IPN) als Treuhänder verwalteten Aktenbestände der früheren Sicherheitsdienste als „Lustrationslügner" überführt wurden. Diese Personen durften dann fünf Jahre lang keine öffentlichen Ämter mehr ausüben oder erhielten, als Juristen, ein regelrechtes fünfjähriges Berufsverbot. Über die Lustration strauchelten eine ganze Reihe von Politikern wie der frühere sozialdemokratische bzw. postkommunistische Premier Józef Oleksy sowie einige hundert Juristen und obere Verwaltungsbeamte.

Mit dem von den Nationalkonservativen im Frühjahr 2007 lancierten Gesetz wurde der Kreis der zu überprüfenden Personen erheblich ausgeweitet. Durch die Einbeziehung von Beamten der öffentlichen Verwaltung aller Ebenen, von Lehrern, führenden Beschäftigten von Medienunternehmen sowie leitenden Angestellten staatlicher oder gemischt staatlich-privater Wirtschaftsunternehmen erhöhte sich die Zahl der potentiell Betroffenen von 30 000 auf etwa 700 000. Dieser Ausweitung schob dann aber das polnische Verfassungsgericht mit seinem Urteil vom Mai 2007 einen Riegel vor, womit die Kaczyńskis eine schwere politische Niederlage erlitten. Etwa zwei Drittel der Artikel des Lustrationsgesetzes wurden durch das Gericht für verfassungswidrig erklärt.

Auf das Schreiben der Staatlichen Wahlkommission antwortete Bronisław Geremek am 26. April mit einer öffentlichen Erklärung, in der es hieß:

> „Ich wurde gewählt (bei der Wahl zum Europäischen Parlament am 13. Juni 2004 – R.V.), die Staatliche Wahlkommission bezeichnete meine Wahl als gültig , und das Parlament hat während einer Plenarsitzung in Straßburg erklärt, dass ich dessen Mitglied sei. In den vergangenen drei Jahren hat sich nichts ereignet, das Einfluss auf die Überprüfung meines Mandats haben könnte: Meine Lustrationserklärung wurde nicht angezweifelt, außer meinem Mandat habe ich keinerlei andere öffentliche Funktion übernommen, kein Gericht hat eine Übertretung des Gesetzes meinerseits festgestellt. Die Forderung, bei Androhung eines Entzugs meines Mandats erneut eine Lustrationserklärung abzugeben, halte ich für einen Verstoß gegen die Grundsätze des Rechtsstaats und für eine Miss-

achtung der Entscheidung von 121 805 Wählern. Sie steht außerdem im Gegensatz zum Verfassungsgrundsatz der Achtung der Menschenwürde. Es wurde gesagt, dass die Lustration einem moralischen Ziel folge. Diese Ansicht teile ich nicht. Vielmehr bin ich der Ansicht, dass das Gesetz in der gegenwärtigen Form moralischen Grundsätzen widerspricht, die Freiheit des Wortes und die Unabhängigkeit der Medien sowie die Autonomie der akademischen Institutionen bedroht. Es kreiert ein ‚Wahrheitsministerium' bzw. ‚Erinnerungspolizei', und der Bürger ist wehrlos gegenüber der Kampagne öffentlicher Unterstellungen, während der juristische Schutz seiner Rechte geschwächt wird."[844]

Gefragt, ob denn am Prozess der Dekommunisierung an sich etwas Schlechtes sei, antwortete Geremek in einem Interview:

„Nein, im Gegenteil. Ich denke, dass das ein Akt der Gerechtigkeit ist. Aber nur unter der Bedingung, dass er auch gerecht verläuft und sich nicht gegen Unschuldige richtet. Dass er keine Situation schafft, die vergleichbar mit der von den Kommunisten hervorgebrachten Ungerechtigkeit ist. Das Problem liegt darin, dass wir keine gute Philosophie für die Dekommunisierung gefunden haben. Das wichtigste ist, dass die Institutionen entkommunisiert werden. Damit meine ich die Abschaffung der Institutionen, die unter den Kommunisten geschaffen wurden und deren Abschaffung auch eine gewisse Mentalität aus der Welt räumen würde, die vor 1989 vorherrschten. Ich sage ihnen, dass die Straßen und öffentlichen Plätze in den ehemaligen kommunistischen Staaten noch immer von den Überresten des Kommunismus verseucht sind. Wir haben noch keine passende Doktrin für die Abrechnung mit der Vergangenheit gefunden. Meiner Meinung nach sollten ganz bestimmte Prinzipien Leitlinien für den Prozess der Dekommunisierung sein. Erstens müssen Verbrechen bestraft werden. Zweitens muss die Justiz in allen Abläufen der Dekommunisierung ein Wort mitzureden haben, damit es nicht zu Rachehandlungen kommt. Drittens sollten wir im Auge behalten, dass die Zukunft des Staates das Ziel und die Leitlinie der politischen Entscheidungen sein muss. Man darf die Vergangenheit nicht instrumentalisieren, um über die Köpfe zu regieren."[845]

In den Wochen vor dem Urteilsspruch des polnischen Verfassungsgerichts inszenierten nationalkonservative Politiker und die ihnen verbundenen Medien eine öffentliche Kampagne gegen Bronisław Geremek. Verschiedene Zeitungen aus dem rechten Lager behaupteten einfach, er sei nicht mehr Abgeordneter des Europäischen Parlaments. Man warf ihm vor, sein Anliegen auf internationaler Ebene auszutragen und deshalb seinem Land zu schaden. Er, so hieß es, sei damit für die Verschlechterung der Beziehungen zur Europäischen Union verantwortlich. Geremek reagierte darauf mit dem Hinweis, er werde weiterhin als Abgeordneter arbeiten, solange nicht Hans-Gert Pöttering als Präsident des Europäischen Parlaments das Gegenteil erkläre.

So stand dann auch die Mehrheit des Europäischen Parlaments auf Geremeks Seite. Mit Ausnahme der Nationalkonservativen bzw. EU-Skeptiker stimmten alle Frakti-

---

844 Oświadczenie Bronisława Geremka. *Gazeta Wyborcza*, 25.4.2007. http://wyborcza.pl/gazeta wyborcza/2029020,76842,4087370.html.
845 Bronisław Geremek: „Die Straßen und öffentlichen Plätze sind noch immer von den Überresten des Kommunismus verseucht". Interview von Johan Robbrecht und Pierre Roca. *DieEuros.eu*, 22.August 2007.

onsvorsitzenden für eine Erklärung, mit der er unterstützt wurde. Zu Beginn der Plenarsitzung am 26. April 2007 gab Pöttering eine Erklärung ab, in der es hieß:

„Bronisław Geremek ist eine politische Persönlichkeit von hoher Wertschätzung. Er ist immer für die Demokratie in seinem Land und die Einigung Europas eingetreten. Wir werden alle rechtlichen Möglichkeiten prüfen, dass er seine Arbeit fortsetzen kann."[846]

Nachdem dann der Präsident des polnischen Verfassungsgerichts, Jerzy Stępień, öffentlich betont hatte, dass Bronisław Geremek nicht sein Mandat als Abgeordneter des Europäischen Parlaments verlieren werde, weil er keine erneute Lustrationserklärung abgegeben habe, reagierte Pöttering am 14. Mai 2007 mit einer Erklärung, in der er feststellte:

„Ich begrüße, dass dies offensichtlich das Ergebnis der Verhandlungen des polnischen Verfassungsgerichts ist. Dies ist eine weise Entscheidung des Gerichts, die deutlich macht, dass einem direkt gewählten Abgeordneten das Mandat nicht wegen Nichtabgabe einer solchen Erklärung entzogen werden kann. Das polnische Verfassungsgericht hat damit selbst die Frage des Mandats von Bronisław Geremek einer Lösung zugeführt."[847]

Trotz aller Anfeindungen von nationalkonservativer Seite erfuhr Bronisław Geremek auch in Polen selbst großen Zuspruch. Viele Menschen schrieben ihm Briefe, in denen sie seine Haltung unterstützen. Der frühere Ministerpräsident Tadeusz Mazowiecki gehörte zu den Prominenten, die sich weigerten, eine Lustrationserklärung abzugeben. In Medienkreisen folgten seinem Beispiel unter anderem Ewa Milewicz, Redakteurin der *Gazeta Wyborcza*, sowie der bekannte Fernseh- und Zeitungsjournalist Tomasz Lis. Auf der anderen Seite reagierte der konservative Publizist Piotr Semka, damals Redakteur der *Rzeczpospolita*, mit dem Vorwurf, die Gegner der Lustration würden sich nur selbst inszenieren. Auch an den Universitäten des Landes zeigte sich ein unterschiedliches Bild. So verurteilte der Senat der Warschauer Universität am 21. März 2007 das verschärfte Lustrationsgesetz. Andererseits widersetzten sich 41 Professoren der Universität dieser Entscheidung und unterzeichneten Lustrationserklärungen.

Die Debatte über die *lustracja* war für Bronisław Geremek nicht der einzige Anlasse, sich neben seiner Tätigkeit als Abgeordneter des Europäischen Parlaments auch in die polnische Innenpolitik einzumischen. So veröffentlichte er am 31. August 2007, 30 Jahre nach dem berühmten „Danziger Abkommen", zusammen mit Lech Wałęsa und Tadeusz Mazowiecki eine Erklärung, in die der Unterzeichner die Machtausübung der bis dato regierenden Nationalkonservativen um Jarosław Kaczyński einer scharfen Kritik unterzogen. Darin hieß es:

---

846 Europäisches Parlament: Plenartagung vom 23.-26. April 2007 in Straßburg, S. 12. http://www.europarl.europa.eu/sides/getDoc.do?type=IM-PRESS&reference20070420BRI105535&secondREF=FULL-TEXT&language=DE#title5.

847 Europäisches Parlament. Hans-Gert Pöttering begrüßt Erklärung des Vorsitzenden des polnischen Verfassungsgerichts zum Mandat von Bronisław Geremek. Institutionen, 14.5.2007. http://www.europarl.europa.eu/sides/getDoc.do?type=IM-PRESS&reference=20070514/PR06603&secondRef=0&language=DE.

„Den Jahrestag ... begehen wir in einem Moment der Schwäche der ‚Solidarität':

- Der Staat, den wir als unser gemeinsames Gut ansahen, wird von den Regierenden als Beute betrachtet, derer sie sich bemächtigen.
- Errungenschaften wie Freiheit und Unabhängigkeit, für die wir uns stark gemacht haben, gehen nicht einher mit dem Bedürfnis, Solidarität mit den Schwächsten und Ärmsten zu üben.
- Beleidigungen und Streitereien bestimmen das politische Leben und ruinieren das Vertrauen der Bürger in den Staat.
- Institutionen, die das Funktionieren des Rechtsstaats gewährleisten sollen, werden zu Instrumenten in den Händen der Regierenden ...

In der gegenwärtigen Situation sind schnellstmögliche Veränderungen in der Zusammensetzung der Regierung erforderlich. Die Wahrheit über die Ereignisse der letzten Monate muss auf den Tisch. Notwendig sind Neuwahlen."[848]

Tatsächlich bestand die Regierungspraxis der Nationalkonservativen vor allem darin, die Dreiteilung der Staatsgewalt und die Prinzipien des Rechtsstaats zu negieren, politische Gegner mit juristischen Verfahren zu überziehen, Bildung und Wissenschaft in ihrem Sinne zu ideologisieren und Polen außenpolitisch zu isolieren. Eine tiefe Spaltung der polnischen Gesellschaft war die Folge.

Nach langem Tauziehen wurden dann vorgezogene Neuwahlen anberaumt, nachdem die Regierungskoalition zwischen den Nationalkonservativen und der rechtsradikalen *Liga der polnischen Familien (Liga Polskich Rodzin)* sowie der bäuerlich-populistischen Partei *Selbstverteidigung (Samoobrona)* auseinandergebrochen war.

Wałęsa, Mazowiecki und Geremek schrieben in ihrer Erklärung:

„Wir wenden uns an die Parteien und politischen Milieus mit der Bitte, folgendes zu beachten:

- Die Interessen von Parteien, Gruppen und Einzelpersonen dürfen nicht über das Gemeinwohl gestellt werden.
- Die Politik muss von Schmutz, Hass und Feinschaft gesäubert werden, die junge Generation muss an der Gestaltung der Politik beteiligt werden.
- Der Wahlkampf sollte eine Auseinandersetzung über Programme für die Zukunft sein ...
- Auch sollten Mäßigung, vorsichtiger Umgang mit finanziellen Mitteln und das Bemühen, den Bürger mit Argumenten zu überzeugen, den Wahlkampf bestimmen."[849]

Leider fanden die drei „Väter" der jungen polnischen Demokratie wenig Gehör. Im Spätsommer und Herbst 2007 erlebte Polen den härtesten Wahlkampf seit dem Sys-

---

848 Wałęsa, Lech/Mazowiecki, Tadeusz/Geremek, Bronisław: Deklaracja Gdańska 2007. *Gazeta Wyborcza*, 31.8.2007. http://wyborcza.pl/gazetawyborcza/2029020,76842,4447552.html.
849 Ebd.

temwechsel 1989–90. Inhaltslosigkeit wurde durch Personalisierung ersetzt. Schließlich errang die bis dato oppositionelle *Bürgerplattform (Platforma Obywatelska)* einen grandiosen Wahlsieg. Ihr Vorsitzender Donald Tusk trat am 16. November 2007 an die Spitze einer Regierungskoalition aus der *Bürgerplattform* und der bäuerlichen *Polnischen Volkspartei (Polskie Stronnictwo Ludowe – PSL)*.

Geremeks Tätigkeit im Europäischen Parlament umfasste die letzte Phase seines politischen Lebens, seines Lebens überhaupt. In seinen Gedenkworten für ihn[850] hat Fritz Stern Formulierungen gefunden, die wie ein Vermächtnis Geremeks klangen:

> „Bis zum letzten Tage blieb er geschätztes Mitglied des Europäischen Parlaments, als Verteidiger der Werte der Aufklärung, als Meister der Geschichte und ihrer Lektionen. Er lebte im Geist von 1989, der zu verblassen drohte. In sich vereinigte er die widerstrebenden Strömungen Europas; er war ein Mann, der die Kraft der Emotionen wie auch die Macht der Interessen verstand. Er wusste, dass er Wunsch und Wirklichkeit nicht verwechseln durfte, er blieb ein visionärer Realist. Die Leidenschaft für ein neues Europa, das sich seiner Verbrechen und seiner guten Traditionen bewusst sein würde, blieb ihm bis zuletzt."

Angesichts dieser Worte wüsste man gerne, wie Geremek die spätere tiefe Krise der Eurozone und überhaupt der Europäischen Union bewertet hätte – Turbulenzen also, die er nicht mehr erlebt hat.

Geremeks Renommee im Europäischen Parlament ging weit über Parteigrenzen und Rechts-Links-Lager hinaus. Trotzdem konnte er dort nicht jenen politischen Einfluss ausüben, der ihm aufgrund seiner Verdienste als Bürgerrechtler, Stratege des Systemwechsels und Außenminister zugestanden hätte. Als erklärter Sozialdemokrat ostmitteleuropäischer Prägung musste er die Mitgliedschaft in der Fraktion der Liberalen eher als Zwangsjacke empfinden. Sein Einfluss wäre natürlich viel größer gewesen, hätte man ihn zum Präsidenten des Parlaments gewählt.

Bleibt der, nachdenklich stimmende Hinweis darauf, dass Geremeks jüdische Herkunft im Europäischen Parlament überhaupt keine Rolle spielte – und das in einer Zeit, in der er, nach langem Zögern, begonnen hatte, offener über seine jüdischen Wurzeln zu sprechen. Milan Horáček, lange Zeit für die Grünen im Parlament, berichtet:

> „Die meisten Leute wussten gar nicht, dass er jüdischer Herkunft war."[851]

Auch sein Parteikollege Daniel Cohn-Bendit berichtet:

> „Geremeks jüdische Wurzeln waren nur für mich persönlich ein Thema. Die anderen Parlamentarier haben das gar nicht gewusst."[852]

---

850 Stern, Fritz: Gedenkwort für Bronisław Geremek. In: Pour le Mérite: Reden und Gedenkworte, Band 37, S. 58. www.orden-pourlemerite.de/plm/gedenkworte/geremek1932_gedenkworte.pdf.
851 Milan Horáček im Gespräch mit dem Autor am 13.7.2011.
852 Daniel Cohn-Bendit im Gespräch mit dem Autor am 2.8.2011.

11. Tod

Sogar die Umstände seines Todes geben Auskunft über die Persönlichkeit von Bronisław Geremek. Allerdings lässt sich nicht mit hundertprozentiger Sicherheit sagen, was am 13. Juli 2008 tatsächlich passiert ist. Auf jeden Fall fuhr Geremek an diesem Tag mit seinem PKW vom Typ Mercedes von Warschau in Richtung Brüssel, in seiner Begleitung die Historikerin Hanna Zaremska von der Polnischen Akademie der Wissenschaften.

Auf der Durchgangsstraße A2 kam es dann nahe der Gemeinde Miedzichowo, 70 Kilometer westlich von Posen/Poznań, zu einem tragischen Unfall, als der von Geremek gesteuerte PKW auf die Gegenfahrbahn geriet und frontal mit einem anderen Fahrzeug zusammenstieß. Geremek starb am Unglücksort, Hanna Zaremska überlebte und musste mit einem schweren Schock und Verletzungen in ein Krankenhaus im nahe gelegenen Nowy Tomyśl gebracht werden. Edward Paterek, der lebensgefährlich verletzte Fahrer des anderen PKW, wurde per Hubschrauber in ein Posener Krankenhaus eingeliefert. Beide Fahrzeuge waren total zerstört. Zu diesem Zeitpunkt gab es noch keine durchgehende Autobahnverbindung zwischen Warschau und Frankfurt/Oder. Der Unfallort lag in einem Streckenabschnitt der Durchgangsstraße, in dem es häufig zu Unfällen kam.

Nach Abschluss ihrer Untersuchungen im Dezember 2008 kam die zuständige Staatsanwaltschaft in Nowy Tomyśl zu dem Ergebnis, dass Bronisław Geremek den Unfall verursacht hatte. Experten des gerichtsmedizinischen Institut in Krakau/Kraków vermuteten, Geremek sei für kurze Zeit am Steuer eingeschlafen. Andererseits ging aus den Aussagen von Hanna Zaremska hervor, dass Geremek bei Bewusstsein gewesen sei und sie beide vor dem Unfall mehrfach eine Pause eingelegt hätten. Erst nach langem juristischen Tauziehen zwischen den beteiligten Versicherungen bekam Edward Paterek eine angemessene Entschädigung, die aber vermutlich nicht alle gesundheitlichen Spätfolgen ausgleichen konnte.

Nach dem Tod Geremeks haben sich Freunde und auch Kollegen aus Wissenschaft und Politik immer wieder gefragt, warum er in seinem Alter von 76 Jahren noch die Strapazen einer langen Autofahrt auf sich nahm, anstatt mit dem Flugzeug bzw. der Bahn zu reisen oder sich zumindest von einem Fahrer nach Brüssel bringen zu lassen. Der Historiker Karol Modzelewski, der seit langem mit Geremek befreundet war, findet eine ganz menschliche Antwort:

> „Er liebte Autofahren über alles, auch und gerade schnelles Fahren. Natürlich ist das sehr riskant. Aber ich verstehe ihn, da ich selbst das Risiko liebe. Auch ich geriet einmal in große Gefahr, als ich einmal als junger, unerfahrener Bergsteiger das Bewusstsein

verlor. Aber ich war sehr abhängig von dem Adrenalin, das beim riskanten Klettern frei wird. Bronek wiederum empfand beim schnellen Autofahren große Befriedigung."[853]

Ein anderer Freund, Adam Michnik, weist diese Erklärung zurück und betont vielmehr, Geremek sei immer sehr daran gelegen gewesen, Dinge möglichst selbst zu erledigen und sich nicht bedienen zu lassen.[854] Tatsächlich zeigte sich dieses Pochen auf Selbständigkeit auch in anderen Lebenssituationen und Arbeitszusammenhängen. Selbst als vielbeschäftigter Außenminister hatte er oft Probleme schon durchdacht und Lösungsmöglichkeiten entwickelt, bevor Mitarbeiter überhaupt ihre Vorlagen präsentieren konnten.

Sein Sohn Marcin sieht den Unfall auch und gerade im Zusammenhang mit dem Tod von Hanna Geremek:

„Zum Glück war Vater gesundheitlich stark wie ein Felsen. Meine Mutter starb im Juli 2004 an Krebs. Vater konnte mit dem Tod nur sehr schwer umgehen. Ich hatte den Eindruck, dass er danach keinen richtigen Platz mehr für sich auf Welt fand. Wir waren uns in den folgenden Jahren sehr nah, aber das konnte Mutter nicht ersetzen. Nach dem Tod entfaltete er ein wahnsinniges Arbeitstempo und reiste hin und her, Millionen von Kilometern per Flugzeug, Bahn und Auto. Tatsächlich hatte er keinen Fahrer. Als ich einmal zu ihm sagte, er solle das Auto stehen lassen, antwortete er: ‚Weißt du, ich fahre sehr gern Auto. Also mache ich einen Ausflug nach Brüssel. Ich fahre mit dem Auto, halte unterwegs mal an. Und so kam es dann.' Das muss man auch verstehen. Aber so war dieser Mensch."[855]

Trauerfeierlichkeiten haben meistens einen zwiespältigen Charakter – auch in Polen. Das zeigt sich besonders dann, wenn bedeutsame Persönlichkeiten des öffentlichen Lebens oder gar Berühmtheiten zu Grabe getragen haben. Bei der Beerdigung von Bronisław Geremek am 21. Juli 2008 war dies nicht anders. Es schien, als hätten einige der Ansprachen, Nachrufe und Todesanzeigen mehr mit den Selbstdarstellungsversuchen der Redner und Autoren als mit den Verdiensten des Verstorbenen zu tun. Aber natürlich waren alle diese Bekundungen auch und gerade Ausdruck tiefer Trauer und Dankbarkeit, mitunter sogar mit einem Anflug von Ratlosigkeit. Deutlich wurde, wie viel Bronisław Geremek seiner Familie und seinen Freunden, auch seinen Wissenschaftlerkollegen, Kampfgefährten in oppositionellen Zeiten und politischen Mitstreitern nach der Wende gegeben hat, wie viel er aber auch seinen politischen Gegnern und Kritikern abverlangt hat – in Polen, in Europa und an anderen internationalen Schauplätzen.

Unter den Trauergästen beim Requiem in der Warschauer Johannes-Kathedrale waren Staatspräsident Lech Kaczyński und seine Vorgänger Lech Wałęsa, Aleksander Kwaśniewski und Ryszard Kaczorowski (Präsident im Londoner Exil) sowie Premier

---

853 Karol Modzelewski … (Fn. 90).
854 Adam Michnik … (Fn. 630).
855 Marcin Geremek im Gespräch … (Fn. 25).

Donald Tusk und die Regierungschefs seit 1989 mit Ausnahme der nationalkonservativen Politiker Jan Olszewski und Jarosław Kaczyński.

In seiner Predigt sagte Erzbischof Tadeusz Gocłowski:

> „Als der Zweite Weltkrieg begann, war der Junge Bronisław nur sieben Jahre alt. Doch das Drama jener Zeit hat seine positive Einstellung gegenüber dem Menschen keineswegs erschüttert. Für Dich ... blieb der Mensch immer eine Person, die Rechte hat und Pflichten erfüllen soll. Oft hast Du mir gesagt, wie sehr Dich die Worte von Johannes Paul II. erfreuten: ‚Der eine sei nicht des anderen Feind – nie.' Das Recht des Stärkeren darf nicht die Solidarität dominieren, Man darf andere Menschen nicht ausschalten, sondern muss eine Verständigung mit ihnen finden. Das war ... Deine Philosophie. Wir danken Dir dafür."[856]

Anschließend richtete Lech Wałęsa in seiner direkten Art einige symbolische Worte an den Verstorbenen:

> „Eher durch Zufall kam es nicht dazu, dass ich mich bei Ihnen bedanken konnte. So mag dies, was ich heute sage, als verspätet klingen, doch angesichts des Todes gebietet es das Gewissen zu sagen, dass Sie aus meiner Sicht einer der größten Polen, einer der größten Patrioten ... waren, und dich danke Gott dafür, dass sich Sie kennengelernt habe."[857]

Tadeusz Mazowiecki, Polens erster Premier nach der Wende im Jahr 1989, hob besonders das Staatsmännische an Bronisław Geremek hervor:

> „Seine politischen Begabungen reiften in Prüfungen und Auseinandersetzungen, die Talente des Beraters, Unterhändlers, Analytikers, Parlamentariers, Ministers und Mitschöpfers der polnischen Außenpolitik – mit einem Wort: eines der politischen Führer des neuen Polen. Wenn ich über diese Begabungen nachdenke, dann erscheinen mir in diesem Zusammenhang zwei Eigenschaften charakteristisch und besonders wichtig zu sein: Zum einem die überdurchschnittliche Intelligenz und das Wissen um die Bedeutung der Vernunft in der Politik verbunden mit Zivilcourage. Dies war die Grundlage für seine ungewöhnliche Fähigkeit, politische Strategien zu formulieren. Das zweite war sein unbedingtes Festhalten an den Grundsätzen der (politischen – R.V.) Führung."[858]

Das Staatsbegräbnis fand dann am Nachmittag auf dem berühmten Warschauer Powązki-Friedhof statt. Dort wurde Bronisław Geremek in der „Aleja Zasłużonych" (wörtlich „Allee derer, die sich verdient gemacht haben") neben dem Bürgerrechtler Jacek Kuroń begraben. In seiner Ansprache erinnerte der verstorbene Staatspräsident Lech Kaczyński an eine Episode aus der Zeit, in der er zu den schärfsten politischen Widersachern Geremeks gehört hatte:

> „Zum Schluss möchte ich noch Folgendes sagen. Es ist wenig bekannt, dass 1991, als es um die Bildung der Regierung von Premier Olszewski ging, Geremek das Angebot

---

856 Zit. nach *Gazeta Wyborcza*, 22.7.2008
857 Ebd.
858 Ebd.

erhielt, Außenminister zu werden. Das erwies sich damals als unmöglich. Sechs Jahre später gab es keinerlei Widerstände, alle (an der Bildung der Regierung von Premier Jerzy Buzek beteiligten – R.V.) politischen Gruppierungen wollten ihn als Minister. Polen entwickelte sich zum Besseren hin, dafür danke ich."[859]

Wenn diese Bemerkung des früheren Staatspräsidenten der Wahrheit entspricht, dann wäre dies ein Beweis dafür, dass Bronisław Geremek auch in den damaligen, politisch sehr umkämpften Zeiten eine gewisse Wertschätzung unter den Nationalkonservativen rund um die Brüder Kaczyński genoss.

Der damalige Vorsitzende des Abgeordnetenhauses (Marszałek Sejmu) und spätere Staatspräsident Bronisław Komorowski erinnerte in seiner Ansprache daran, wie Geremek Tränen in den Augen hatte, als er den Vertrag über Polens Mitgliedschaft in der Nato unterzeichnete.[860] Bogdan Borusewicz, Bürgerrechtler der antikommunistischen Opposition und später Vorsitzender des Senats, verabschiedete sich von Geremek als Freund und betonte:

„Seine Auffassungen waren immer sehr pointiert, aber ebenso brachte er zum Ausdruck, dass ein Kompromiss notwendig sei und man sich über eine gute gemeinsame Zukunft Polens Gedanken machen müsse."[861]

Als einziger Redner aus dem Ausland hielt der damalige Präsident des Europäischen Parlaments, Hans-Gerd Pöttering, eine Rede am Grab Geremeks. Pöttering sagte u. a.:

„Seit 2004 war er Mitglied des Europäischen Parlaments. In Brüssel wie in Straßburg haben sich unsere Schritte häufig gekreuzt. Ich habe ihn kennengelernt als einen Menschen, der felsenfest von der Einheit Europas überzeugt ist, von einem Europa, in dem unsere jeweiligen nationalen, regionalen und lokalen Identitäten geachtet werden. Die Einheit Europas war ein Spiegelbild seiner Ideale und Überzeugungen: Versöhnung, Dialog, Kompromiss, Partnerschaft und nach Möglichkeit Freundschaft. Seine einzigartige Fähigkeit, gleichzeitig nahe an Polen und an Europa zu sein, habe ich stets zutiefst bewundert. Bronisław Geremek arbeitete energisch daran, die Einheit Europas voran zu bringen, weil er überzeugt war, dass dies die beste Lösung sei für die Zukunft seines Landes und unseres Kontinents. Bei seiner parlamentarischen Arbeit vergaß er nie die neuen östlichen Nachbarn der EU, für deren europäische Perspektive er sich immer wieder einsetzte."[862]

Von besonderer Bedeutung war natürlich die Grabrede des Bürgerrechtlers und späteren Chefredakteurs der *Gazeta Wyborcza*, Adam Michnik, der zu den langjährigen Freunden Geremeks zählte. Michnik sagte über Geremek:

---

859 Ebd.
860 Ebd.
861 Ebd.
862 Gedenken an Bronisław Geremek. Grabrede des Präsidenten des Europäischen Parlaments Hans-Gerd Pöttering. http://www.kas.de/polen/de/publications/15285/.

Beerdigung von Bronisław Geremek am 21. Juli 2008. Von links: Die früheren Staatspräsidenten Lech Wałęsa und Aleksander Kwaśniewski, der frühere Premier Tadeusz Mazowiecki (verstorben 2013), sowie Ryszard Kaczorowski (polnischer Präsident im Exil bis 1990, verstorben 2010)

„Er war einer von uns, aber ebenso empfanden wir ihn als jemanden aus einer anderen Welt. Sein akademischer Status, seine internationale Position, die Gelehrsamkeit, seine Sprachkenntnis, sein Auftreten, voller diskreter Eleganz, die Würde in seiner Sprache, seine glänzende Intelligenz und Sinn für Humor – all das weckte unseren Respekt, unsere Bewunderung und und freundschaftlich empfundenen Neid. Jedes Gespräch mit ihm war angenehm und eine Art Auszeichnung. Er war der beste. Besser gesagt – der beste auf seine Weise. Der Beste, aber anders als Lech Wałęsa, anders als Jacek Kuroń, anders als Tadeusz Mazowiecki, anders als Zbyszek (Zbigniew – R.V.) Bujak."[863]

Sehr bewegend war der Auftritt des polnischen Juden Marek Edelman, einer der führenden Kämpfer während des Aufstandes im Warschauer Ghetto im Frühjahr 1943, als er gegen Ende seiner Ansprache die Familienangehörigen Geremeks aufforderte:

„Nehmt Euch gegenseitig in den Arm, fühlt die Wärme, die Wärme von Bronek, hier und da, umarmt Euch, Kleine und Große. Ihr braucht Euch nicht zu schämen. Ja so, ganz stark. Nehmt beieinander Zuflucht, rückt zusammen zu einer wärmenden Mauer, so dass diese Wärme nicht entweicht, schämt Euch dieser Wärme nicht. Ihr werdet im-

---

863   Zit. nach *Gazeta Wybocza*, 22.7.2008.

mer diese Wärme sein. Lasst Euch durch Arbeit und Pflichten nicht davon abhalten, und schämt Euch nicht, immer die Wahrheit zu sagen."[864]

Nach Abschluss der offiziellen Trauerfeier strömten Zehntausende zum Grab, um Bronisław Geremek die letzte Ehre zu erweisen.

Schon seit Tagen waren Kondolenzschreiben in Warschau eingegangen. Zu denjenigen, die ihre Trauer und ihr Mitgefühl bekundeten, gehörten der Philosoph Leszek Kołakowski, die damaligen Präsidenten Frankreichs und Italiens, Nicolas Sarkozy und Giorgio Napolitano sowie der litauische Bürgerrechtler und spätere Europaabgeordnete Vytautas Landsbergis, auch die Außenminister der Europäischen Union mit einer gemeinsamen Erklärung. Der damalige deutsche Außenminister Frank Walter Steinmeier schrieb in einer eigenen Botschaft:

> „Die Nachricht vom Tod Bronisław Geremeks erfüllt mich mit tiefer Trauer. Wir verlieren mit ihm einen aufrechten Politiker und Freund, der Zeit seines Lebens mutig für die Freiheit seines Heimatlandes stritt. In Deutschland erinnern wir uns dankbar, wie er als Außenminister engagiert und beharrlich dafür arbeitete, das deutsch-polnische Verhältnis auszugestalten und zu vertiefen. Der Platz seines Landes war für ihn immer in der Mitte Europas."[865]

Zu Beginn einer Plenarsitzung des Europäischen Parlaments am 1. September 2008 erinnerten die Abgeordneten mit einer Schweigeminute an ihren Kollegen Bronisław Geremek.

---

864 Ebd.
865 http://www.auswaertiges-amt.de/diplo/de/infoservice/Presse/Meldungen/2008/080713-BM-Tod-Geremek.html.

12. Schlussbetrachtung

Der renommierte polnische Mediävist Henryk Samsonowicz traf ins Schwarze, als er einmal über Bronisław Geremek schrieb: „Er war ein Bürger Europas und ein polnischer Patriot." Tatsächlich liebte Geremek seine Heimat und war fest davon überzeugt, dass Polen für ihn der wichtigste Platz auf der Welt sei, andererseits zog es ihn aber schon früh in die Welt hinaus. Seine Weltoffenheit, sein Wissen über andere Staaten und Nationen besonders in Europa und seine enormen Sprachkenntnisse sind bis heute nicht gerade typisch für die Mitglieder der politischen Klasse in Polen. Mitunter ist ihm sein Patriotismus nicht leicht gefallen, und er flüchtete dann für ein paar Tage nach Frankreich, wenn ihm weltfremde, verstockte heimische „Patrioten" mal wieder das Leben schwer machten.

Wohl kein anderer polnischer Politiker der letzten 20 Jahre hatte oder hat ein solches internationales *standing* wie Geremek. Natürlich verfügten oder verfügen auch Persönlichkeiten wie Lech Wałęsa, Tadeusz Mazowiecki und selbst Mieczysław Rakowski über ein internationales Renommee, aber jeder von ihnen auf seine Weise und nicht in dem Ausmaß wie Geremek. Er hielt Ansprachen und Vorträge in westlichen Parlamenten und an international renommierten Hochschulen, nahm als Redner an den Gesprächen im päpstlichen Castell Gandolfo teil, erhielt internationale Auszeichnungen und zählte Ausländer wie die Minister Madeleine Albright und Joschka Fischer bzw. Polen im Ausland sowie Wissenschaftler wie den Philosophen Krzysztof Michalski und die Historiker Heinrich August Winkler und Jacques Le Goff zu seinen Freunden. Der berühmte polnische Philosoph Leszek Kołakowski, der vor allem in Oxford lehrte, war für ihn eine große Autorität und ein wichtiger Gesprächspartner. Geremek publizierte zusammen mit unter anderem Ralf Dahrendorf und François Furet.[866] Am Wiener *Institut für die Wissenschaft vom Menschen*, das Michalski gründete und bis zu seinem Tod im Februar 2013 leitete, arbeiten junge Wissenschaftler als „Bronisław Geremek Junior Visiting Fellows". In einem Nachruf der ZEIT hieß es:

> „Nach 1989 zählte Geremek dann sehr rasch zu jenen, die in der Bundesrepublik höchsten Respekt genossen; auf sein unabhängiges Urteil hörten liberale Persönlichkeiten wie Richard von Weizsäcker und Marion Gräfin Dönhoff, und er hörte auf sie. So entstand eine Art deutsch-polnischer Gesprächsgemeinschaft besonderer Art."[867]

In seiner polnischen Heimat wiederum traf Geremek auf unterschiedliche Reaktionen. Sein Warschauer Freund Adam Michnik schrieb über ihn:

---

866 Siehe beispielsweise Dahrendorf, Ralf/Furet, François/Geremek, Bronisław: Wohin steuert Europa? Ein Streitgespräch. Frankfurt/New York 1993.
867 Hofmann, Gunter: Polens moralische Instanz. Bronisław Geremek war einer der bedeutendsten Politiker im Nachbarland – und in Europa. ZEIT, 14.7.2008.

„In Polen war Professor Geremek ein sehr umstrittener Mensch. Als Historiker, als Mitglied der demokratischen Opposition und als Politiker."[868]

Nach seinem Tod haben ihn Freunde, Wissenschaftlerkollegen, politische Mitstreiter, aber auch gemäßigte Politiker aus anderen Lagern wie Aleksander Kwaśniewski sowie erklärte politische Gegner wie der verstorbene, nationalkonservative Staatspräsident Lech Kaczyński gewürdigt. Zu seinen Lebzeiten waren Polens politische Klasse bzw. die Wähler des Landes allerdings nicht in der Lage, Geremek Spitzenpositionen wie die des Ministerpräsidenten oder gar Staatspräsidenten einzuräumen, die ihm, so wie Tadeusz Mazowiecki, aufgrund seiner Verdienste für Polens Aufbruch in neue Zeiten durchaus „zugestanden" hätten. Doch Polen war bis zum Tode Geremeks noch nicht so weit, einen Juden, der erklärtermaßen polnischer Patriot und eine politische Ausnahmeerscheinung des Landes war, an der Spitze des Staates zu akzeptieren.

Doch auch im Westen scheiterte Geremek mitunter am Mittelmaß der Politiker. So verhinderte der schwarz-rote Proporz im europäischen Parlament, dass Geremek im Jahr 2004 zum Präsidenten der europäischen Legislative gewählt wurde, wie die Liberalen und Grünen vorgeschlagen hatten. Ein Präsident mit der Vita eines Geremek hätte ganz andere europapolitische Signale setzen können als der eher blasse polnische Aparatschik Jerzy Buzek, Polens ehemaliger Ministerpräsident, der schließlich in dieses Amt gewählt wurde.

Bis zu seinem Tod verübelten viele politische Gegner in Polen Geremek seine Mitgliedschaft in der kommunistischen Partei des Landes bis 1968. Er stand dazu und hat dies immer wieder vor dem Hintergrund seiner Lebensgeschichte besonders während des Zweiten Weltkriegs überzeugend erklärt. Seine Ehrlichkeit hob sich wohltuend ab vom Schweigen diverser Politiker nationalkonservativer Provenienz, die vor 1989 und sogar im Stalinismus Mitglieder der KP waren, dies aber später klammheimlich verschwiegen oder zu vertuschen suchten.

Obwohl Bronisław Geremek außerordentliche Verdienste um sein Heimatland Polen erworben hat, ist er bis heute nicht so recht im nationalen „Pantheon" angekommen. Seit seinem Tod ist er in der öffentlichen Wahrnehmung weitaus weniger präsent als andere Helden der polnischen Zeitgeschichte – sieht man einmal von der sehr verdienstvollen Arbeit der Warschauer Geremek-Stiftung[869] und dem Bemühen seiner politischen Freunde und Wissenschaftlerkollegen ab. Und dies trotz der Tatsache, dass

„eine solche bedeutende intellektuelle Persönlichkeit ... heute eine Seltenheit in Polen (ist)",

wie der polnische Politikwissenschaftler Aleksander Smolar meint.[870]

Die Persönlichkeit Geremeks erschließt sich auch und gerade durch die Antwort auf die Frage, wie er mit seiner jüdischen Herkunft und den tragischen Erfahrungen

---

868 Michnik, Adam: Minister spraw zagranicznych demokratycznej Polski. In: *Liberté ...* (Fn. 340).
869 Centrum im. Prof. Bronisława Geremka. Www.geremek.pl.
870 Aleksander Smolar ... (Fn. 162.)

während des Zweiten Weltkriegs umging. Smolar, der zu Geremeks Freunden zählte, sagt offen:

> „Man kann ganz direkt antworten: Weil ihm niemand eine Frage zu diesem Thema stellte, die Sache wurde tabuisiert, dazu stellte man keine Fragen. Auch für die Juden selbst war das ein Tabu, nicht nur in Polen, sondern auch im Westen, ich kenne mich da aus. Sogar in Frankreich, wo die größte jüdische Gemeinschaft lebt, wurde das jüdische Thema bis zum Beginn der 1980er Jahre auf später verschoben. Nach dem Krieg sprach man ganz allgemein (in Polen – R.V.) nicht darüber, dass die Juden in besonderer Weise Opfer des Nationalsozialismus geworden waren. Darüber hinaus war Polen nicht ein Land, das den Juden gegenüber besonders offen eingestellt war, und das war zusätzlich ein Grund dafür, dass man über die jüdische Problematik nicht sprach. Wenn man als Jude in Polen bleiben wollte, dann war das eine Entscheidung für Polen und das Polnische. Sieht man die Sache politisch, dann empfand sich Geremek nicht als Jude. Andererseits sprach er etwas Jiddisch, was typisch für seine Generation war. Er entschied sich für Polen, während andere Juden das Land verließen ... Er äußerte sich nicht weiter zu dem Thema – höchsten in einigen Sätzen. Aber gleichzeitig trug er in sich seine Erinnerungen."[871]

Man muss nicht in allen Einzelheiten mit Smolars Bewertung einverstanden sein. Trotzdem enthält sie schon wesentliche Antworten auf die Frage nach Geremeks Umgang mit seinen jüdischen Wurzeln.

Es wurde bereits erwähnt[872], dass sich der Junge Benjamin, wie Geremeks Vorname bis zum Zweiten Weltkrieg lautete, sowie seine Eltern und auch sein älterer Bruder Israel in erster Linie als Polen bzw. polnische Staatsbürger betrachteten und jüdische Traditionen sowie die Religion in ihrem Leben kaum eine Rolle spielten. Nach den schrecklichen Erfahrungen im Ghetto und der permanenten Flucht vor den deutschen Besatzern während des Zweiten Weltkriegs suchte er in der Nachkriegszeit einen Neuanfang, indem er sich bewusst für Polen entschied und in den Reihen der Linken am Wiederaufbau des Landes mitwirken wollte.

Schon während seiner Gymnasialzeit in Wschowa/Fraustadt in den Jahren 1945–1948 war es Verwandten, Freunden und Schulkollegen kaum möglich, mit ihm über seine Erlebnisse während des Krieges zu sprechen, wie seine Kusine Zofia Żukowska erzählt.[873] Nicht anders sein Verhalten während des Studiums. Der Historiker Jerzy Holzer, auch ein Freund Geremeks, berichtet über jene Zeiten:

> „Ich muss sagen, dass man damals kaum über das Ghetto sprach. Bronek und ich hatten schon vor dem Studium losen Kontakt. Später erfuhr ich, dass er im Ghetto war, man sprach irgendwie darüber, aber Einzelheiten erfuhr ich von ihm nicht."[874]

---

871 Ebd.
872 Siehe S. 17 f. dieses Buches.
873 Żukowska, Zofia: Bronek, mój brat. *Gazeta Wyborcza*, 21.7.2008.
874 Jerzy Holzer im Gespräch mit dem Autor am 14.9.2011.

Lange Zeit wurde das Thema auch in Geremeks Familie verdrängt. Sein Sohn Marcin berichtet:

> „Er kehrte nie zu seinen Wurzeln zurück. Möglicherweise war das ein Trauma aus seiner Kindheit, ein Trauma des Überlebens ... Aber wenn ich mir anschaue, wie er Zeit seines Lebens mit den Menschen gesprochen hat, besonders in seinen letzten Lebensjahren: immer war er freundlich, immer gab er gute Ratschläge – dann verhielt er sich wie ein Rabbi. Während seiner Beerdigung betonten der Staatspräsident, der Premier, der Außenminister: ‚Immer wenn ich mich beraten wollte, habe ich ihn angerufen.'"[875]

Zofia Żukowska:

> „Ich für meinen Teil habe meinen Söhnen über all das berichtet, was mir während des Krieges widerfuhr, aber bei den Geremeks sprach man nicht darüber."[876]

1968 wurde Geremek durch die antisemitische Kampagne von Teilen des kommunistischen Parteiapparats schmerzhaft an seine eigenen dramatischen Lebenserfahrungen erinnert. Auch die späteren Debatten über die antijüdischen Pogrome von Jedwabne und Kielce sowie über die Bücher des polnisch-jüdischen Historikers Jan Tomasz Gross haben ihn sehr bewegt, wenngleich er sich nicht führend an diesen Diskussionen beteiligte.[877]

Je älter Geremek wurde, desto stärker kamen die Erinnerungen zurück. Und wiederholt sprach er dann auch über seine Erlebnisse und Erinnerungen – im Kreis von Freunden, in Interviews, in Vorträgen wie im deutschen Bundestag am 28. Januar 2002. Aber auch dann noch in der Regel sehr allgemein. Details gab er nur sehr selten preis.

Als Historiker, Bürgerrechtler und Politiker war sich Bronisław Geremek immer dessen bewusst, dass das Wirken der katholischen Kirche untrennbar verbunden war mit der jahrhundertealten Geschichte der polnischen Nation und des polnischen Staates, gerade auch mit dem Aufbruch des Landes in das neue Europa nach 1989. So betonte er wiederholt, dass die Besuche des polnischen Papstes Johannes Paul II. in seinem Heimatland in den Jahren 1979, 1983 und 1987 entscheidend dazu beigetragen hätten, Polen einen Ausweg aus dem Kommunismus zu eröffnen. In seiner Heimat, versicherte Geremek, habe die katholische Kirche Freiräume für die demokratische Opposition gegen das kommunistische Regime geschaffen und durch ihre Vermittlung den *Runden Tisch* als Startsignal des Systemwechsels ermöglicht. Die römisch-katholische Tradition sah er als eines der Gründungselemente des modernen Europa.

Geht es um seine persönliche Weltsicht, dann war der Katholizismus allerdings nur eine vergleichsweise kurze Episode in seinem Leben. Die katholische Erziehung

---

875 Marcin Geremek ... (Fn. 25).
876 Zofia Żukowska ... (Fn. 21).
877 Zur Geschichte und Aktualität des polnischen Antisemitismus siehe unter anderem Jedlicki, Jerzy: Tylko tyle i aż tyle. *Tygodnik Powszechny*, 27.1.2008. Michnik, Adam: Przeciw antysemityzmowi. Tom 1 – 3. Kraków 2010. Vetter, Reinhold: Schmerzliche Reflexion. *Internationale Politik*, Juni 2008.

durch seinen Stiefvater Stefan Geremek, sein Engagement als Ministrant und die Mitgliedschaft in der katholischen Laienbewegung *Sodalicja Mariańska* gaben ihm zwar neuen Halt nach den schrecklichen Erfahrungen des Zweiten Weltkriegs, schufen aber nicht eine weltanschauliche und kulturelle Identität, die länger von Dauer war. Schon wenige Jahre nach dem Ende des Krieges wandte er sich dem Marxismus zu.

In den 1970er und 1980er Jahren lernte er die Rolle der Katholischen Kirche als Vermittler zwischen der demokratischen Opposition bzw. der Gewerkschaft „Solidarität" und der kommunistischen Staatsmacht kennen und schätzen. Im neuen Polen nach 1989 „war er, wie Tadeusz Mazowiecki, Jerzy Turowicz und Józef Tischner ein Anhänger einer freundschaftlichen und lebendigen Trennung von Kirche und Staat".[878] Er scheute sich nicht, in einer katholischen Kirche niederzuknien, wenn dies die polnische Staatsräson erforderte.

Geremeks Weltanschauung lässt sich wohl am besten als die eines Agnostikers beschreiben. Das Nachdenken über die Existenz einer höheren göttlichen Instanz war nicht nach seinem intellektuellen Geschmack. Das allerdings hinderte ihn nicht daran, christliche Verhaltensweisen wie Nächstenliebe, Solidarität und Gemeinschaftssinn zu schätzen, wie sein jahrzehntelanger wissenschaftlicher und politischer Einsatz für die Ausgebeuteten und Ausgegrenzten der Gesellschaft beweist.

Für Bronisław Geremek waren vor allem die 1950er Jahre eine Zeit des marxistischen Denkens und des Glaubens an den Kommunismus. Im Alter von 18 Jahren trat er 1950 in die kommunistische Staatspartei *PZPR* ein. Er verstand seine Parteitätigkeit vor allem als Ansporn sowie als Disziplinierungsinstrument für sich selbst und seine kommunistischen Mitstudenten, als Beitrag zum Aufbau eines neuen Polen. Parteiinterne Debatten über innen- und außenpolitische Fragen entlang der von der Parteiführung vorgegebenen „Linie" interessierten ihn kaum. Schon seine Entscheidung für die Mediävistik zeigte, dass er nach wissenschaftlicher Unabhängigkeit suchte, da die machthabenden Stalinisten vor allem die Geschichtsschreibung über das 19. und 20. Jahrhundert zu kontrollieren suchten. Nach langem Nachdenken, das besonders durch den polnischen „Revisionismus" geprägt wurde, trat er 1968 aus der Partei aus.[879]

Für Geremek war die Hinwendung zum Marxismus und Kommunismus ein Ausweg aus seiner Kriegsbiografie, ebenso Ausdruck seiner Hoffnung auf ein neues gesellschaftliches System, das vor allem jenen Schichten der Gesellschaft kulturellen und zivilisatorischen Aufstieg versprach, die im Vorkriegspolen benachteiligt worden waren. Wie er dachten viele Studenten am Historischen Institut der Warschauer Universität.

Geremek selbst empfand den Marxismus auch als Inspiration für seine wissenschaftliche Arbeit. Jahrzehnte später sagte er:

> „Ich war damals Marxist in dem Sinne, dass ich aus dem Marxismus Anregungen für meine historischen Forschungen schöpfte. Bis heute bin ich der Auffassung, dass

---

878 Michnik, Adam: Minister ... (Fn. 340).
879 Zu seinen Beweggründen siehe S. 95 f. dieses Buches.

diese Inspiration enorme Bedeutung für die Geschichte und das historische Denken hatte."[880]

Auch sein Freund Adam Michnik sieht das so:

„Der Marxismus von Bronisław Geremek war immer eine Forschungsmethode, nie jedoch ein Dogma oder eine verpflichtende Doktrin."[881]

Im Zuge der Debatten in den Kreisen der polnischen Revisionisten in den 1960er Jahren warf Geremek die einzelnen Elemente des klassischen Marxismus über Bord: die Mehrwerttheorie, das Dogma von der historischen Mission des Proletariats, den historischen Determinismus und die Marxsche Theorie vom Absterben des Staates und der klassenlosen Gesellschaft.

Der Historiker Heinrich August Winkler, mit dem sich Geremek während eines gemeinsamen Forschungsaufenthalts am *Woodrow Wilson International Center* in Washington in den Jahren 1977–78 anfreundete, sagte später in einem Radiointerview:

„Er wurde nie zu einem fanatischen Anti-Marxisten. Er hat immer noch Marx'sche Ansätze im Sinne von Fragestellungen benutzt. Aber er entwickelte sich zu einem liberalen Sozialdemokraten."[882]

Einige Jahre vor seinem Tod antwortete er seinem Sohn Marcin auf die Frage, welches System er sich für die Menschheit vorstelle:

„Die Welt müsste selbstverwaltet sein. Das käme dem Menschen am allernächsten."[883]

Bronisław Geremek war ein Forscher im wahrsten Sinne des Wortes. Schon als Gymnasiast und mehr noch als Student entdeckte er seine unbändige Lust am Entdecken, Betrachten, Sortieren und Analysieren. Mit großem Eifer stürzte er sich in den Lern- und Erkenntnisprozess. Über die Fakten hinaus interessierten ihn vor allem gesellschaftliche, wirtschaftliche und kulturelle Prozesse.

„Fakten und Episoden haben mich nie so fasziniert wie Prozesse. Und im Rahmen von Prozessen sind Ereignisse weniger wesentlich als Strukturen, in denen historische Prozesse ablaufen und geschichtliche Bedeutung erlangen."[884]

sagte Geremek 1989 in einem Gespräch mit dem polnischen Journalisten Jacek Żakowski. Was natürlich nicht bedeutet, dass er nicht Fakten akribisch gesammelt und mit dem Handwerkszeug des Historikers geprüft, bewertet und eingeordnet hätte, wie seine Magisterarbeit und seine Dissertation beweisen.

---

880 ROK 1989, ... (Fn. 97), S. 116.
881 Michnik, Adam: Minister ... (Fn. 340).
882 Zum Tod des polnischen Historikers Bronisław Geremek. Heinrich August Winkler im Gespräch. *Deutschlandfunk*, 14.7.2008. http://www.dradio.de/dlf/sendungen/kulturheute/816781/.
883 Marcin Geremek ... (Fn. 25).
884 ROK 1989 ... (Fn. 97), S. 118.

Der Einfluss der französischen Historiker der „Annales" auf Geremeks wissenschaftlichen Reifungsprozess ist unverkennbar, und ebenso wie sie nutzte er Erkenntnisse der Anthropologen, Ethnologen, Sprachwissenschaftler, Kirchenhistoriker, Ökonomen und Wirtschaftsstatistiker für seine historischen Studien. Kein Wunder, dass er sich auch in die Mythologisierung von Geschichte vertiefte.

In einem Gedenkwort für Bronisław Geremek hat der Historiker Fritz Stern dessen wissenschaftlichen Impetus wunderschön ausgedrückt:

> „In einer seiner Meisterstudien über die lang währende Diskriminierung der Aussätzigen im Mittelalter hielt Geremek plötzlich inne und bemerkte: ,Dennoch erstaunt – und hier berufe ich mich auf das Recht und bisweilen die Pflicht des Historikers zu staunen –, wie jäh sich die Einstellung des mittelalterlichen Menschen gegenüber den Aussätzigen änderte.' Ja, auch wir haben das Recht zu staunen und die Pflicht, das wirklich Außergewöhnliche darzustellen. Pan Geremek war die verkörperte Außergewöhnlichkeit, und ich staune über seinen Lebenslauf – staune und bewundere."[885]

Wer die Dokumentensammlung im Archiv der Geremek-Stiftung (Centrum im. Prof. Bronisława Geremeka[886]) in Warschau studiert, gewinnt ein lebendiges Bild von der Arbeitsweise des Historikers Geremek.[887] So nutzte er Quellen in lateinischer, polnischer, deutscher, englischer, französischer, italienischer und spanischer Sprache ebenso wie er Untersuchungen und Standardwerke von Wissenschaftlern aus den verschiedenen Ländern studierte. Er kannte den Bestand an Quellen zu Themen des Mittelalters besonders in Pariser Archiven, und er hatte einen sehr guten Überblick darüber, was die wissenschaftliche Literatur in Sachen Mediävistik in Europa bis dato hervorgebracht hatte. Für den Biografen ist es ein erhebendes Gefühl, all die Bibliografien, Notizen, Exzerpte, Kopien, Briefe, Übersetzungen, Kommentare und Entwürfe Geremeks in den Händen zu halten.

Angesichts des enormen Erkenntnisinteresses von Geremek wäre es unfair ihm vorzuwerfen, er habe sich nur für die Mediävistik entschieden, weil ihm diese Geschichtsdisziplin in stalinistischen Zeiten am ehesten forscherischen Freiraum eröffnete. Vielmehr hatte er als junger Student erkannt, dass gerade die Geschichte des Mittelalters noch viel Potential für die produktive Arbeit eines Historikers enthielt. Natürlich nahm er es auch dankend zur Kenntnis, dass die stalinistischen Parteiideologen wenig Interesse für diese „früheren Zeiten" entwickelten. Geremek spürte instinktiv, dass die Beschäftigung mit dem Mittelalter auch eine gute Schule ist, um zu erkennen, welche Fortschritte die Menschheit seither gemacht hat, wie sehr aber auch bestimmte Denk- und Verhaltensweisen in heutigen Zeiten an jahrhundertealte Vorbil-

---

885 Stern, Fritz: Gedenkworte für Bronisław Geremek. In: Orden pour le Mérite für Wissenschaften und Künste. Reden und Gedenkworte. Siebenunddreissigster Band 2008–2009. Wallstein Verlag, S. 53.
886 http://geremek.pl.
887 Siehe insbesondere Sygn. CBG/2P/NPNZ/119, CBG/2P/HP/120, CBG/2P/HP/123, CBG/2P/HPPB/141, CBG/2P/HP/130, CBG/2P/HP/133 und 134.

dern erinnern. So entwickelte er ein gutes Gefühl dafür, was die „Volksseele" in bestimmten historischen Konstellationen alles hervorbringen kann.

Insofern bot das Studium der gesellschaftlichen Randgruppen des Mittelalters, denen fortan sein hauptsächliches Interesse galt, eine Fülle von Anschauungsmaterial und, mit Einschränkungen, eine methodische Anleitung zur Analyse der Diskriminierung und Ausgrenzung von gesellschaftlichen Minderheiten selbst im 20. und 21. Jahrhundert. Fritz Stern:

> „Geremek widmete sein Studium den ‚Armen' und den ‚Ausgeschlossenen', den ‚Bettlern' und den ‚Vagabunden', um ihnen, wie er oft betonte – ‚das Recht auf Geschichte' zu gewähren. Also Historie als Mittel der Gerechtigkeit ... Einfühlung in das Leben anderer und gerade der Armen und Vergessenen begleitete sein Leben. In seinen historischen Werken hat er von Karl Marx gelernt, hat seine Augen auf die soziale Wirklichkeit gerichtet, und wie Marx fand er Inspiration bei Dichtern und Schriftstellern, bei François Villon, Joseph Conrad, Solschenizyn und Albert Camus."[888]

In einem Vortrag am Lehrstuhl für internationale Politik des *Collége de France* in Paris im Januar 1993 hat Geremek ausführlich erläutert, wie sich aus seiner Sicht die Diskriminierung, Ausgrenzung und Vertreibung bestimmter gesellschaftlicher Gruppen im christlichen Europa über Jahrhunderte hinzog, wobei er sich besonders mit dem Schicksal der Juden in England, Frankreich und Spanien seit dem 13. Jahrhundert beschäftigte. Gleichwohl verzichtete er nicht darauf, Phänomene der Diskriminierung von Minderheiten in Ostmitteleuropa in sozialistischen Zeiten und auch nationalistische Aufwallungen in den Staaten dieses Teils Europa nach dem Systemwechsel von 1989 zu benennen.[889]

Für seine hervorragende Arbeit als Mediävist[890] hat Bronisław Geremek auch international große wissenschaftliche Anerkennung erfahren. Dabei gelten besonders seine Studien zu den Randgruppen im spätmittelalterlichen Paris als Pioniertaten. Seine Werke wurden in mindestens zehn Sprachen übersetzt. Ein Beispiel für die vielen Auszeichnungen ist der Orden *Pour le Mérite*, der Geremek am 2. Juni 2003 in Berlin verliehen wurde. In seiner Laudatio auf Geremek sagte der renommierte deutsche Mittelalter-Historiker Horst Fuhrmann:

> „... Nicht der Ordensstaat und nicht zentral die polnische Geschichte ... wurden Leitthemen seiner (Geremeks – R.V.) Forschung, sondern die europäische Sozialgeschichte des 13. bis 17. Jahrhundert und hier mit dem Schwerpunkt auf den gesellschaftlichen Randgruppen: den Armen hauptsächlich, aber auch den Bettlern, den Vagabunden, den Dieben, vornehmlich im französisch-italienischen Raum. Es ist die Welt des François Villon († nach 1463). Die Beobachtungen sind so dicht und reichhaltig, dass italie-

---

888 Stern, Fritz: Gedenkworte ... (Fn. 886), S. 54.
889 Geremek, Bronisław: Hystorik w świecie polityki (Paryż, 8 stycznia 1993). Fragmenty wykładu inauguracyjnego wygłoszonego 8 stycznia 1993 roku przez prof. Bronisława Geremka w Katedrze Międzynarodowego College de France. http://www.geremek.pl/index.php?id=143.
890 Siehe unter anderem Geremek, Bronisław: Geschichte der Armut. Elend und Barmherzigkeit in Europa. München und Zürich 1988.

nischen Kollegen sein Werk unter dem Titel „La stirpe di Caino" – Das Geschlecht des Kain – (1988) erschlossen haben."[891]

Wir wissen nicht, was Geremek dachte, als Fuhrmann weiterhin erklärte:

„Buchhalterisch werden die Ordensmitglieder eingeteilt: Hinter den Namen steht eine Berufsbezeichnung, und wenn Sie sich, verehrter Herr Geremek, für eine Gruppe entscheiden müssten, so stelle ich Ihnen als *fratelli in Ordine* bei den Politikern Bismarck und Metternich vor, während Sie sich bei den Historikern zum Beispiel Macaulay, Ranke, Mommsen, Carlyle und unseren Fachkollegen Leopold Delisle, Theodor von Sickel, Georg Waitz zugesellten. Auch der Historiker François Guizot († 1874), zeitweilig Innen- und Unterrichtsminister, Professor an der Sorbonne und Verfasser einer großen Darstellung der englischen Revolution, ist hier eingeordnet, ebenso der Machiavelli-Forscher Pasquale Villari († 1917), der als Kultusminister diente. Willkommen in unserem Kreise. Serdecznie witamy, europejski Kolego!"[892]

Geremek war sicher stolz auf diese Auszeichnung. Eine andere Frage ist, ob er in einem Atemzug mit Bismarck und Metternich genannt werden wollte. Auch wusste er als akribisch und präzise arbeitender Historiker, das der Orden *Pour le Mérite* ursprünglich eine von Friedrich dem Großen begründete militärische Auszeichnung war, bevor auf Anregung von Alexander von Humboldt 1842 auch ein *Pour le Mérite für Wissenschaften und Künste* gestiftet wurde. Geremek dankte mit den Worten:

„Ich will unterstreichen, dass mein Begreifen der Vergangenheit durch die französischen ‚Annales' gefort wurde, Monumenta Germaniae Historica (Bezeichnung für mittelalterliche Quellentexte und deren wissenschaftliche Edition sowie für das Institut, das sie herausgibt – R.V.) waren für mich dagegen Schule der mittelalterlichen Methode. Mit meinen historischen Arbeiten wollte ich das ‚das Recht auf Geschichte' den Menschen geben, die es nicht gehabt hatten: den armen, ausgeschlossenen Leuten am Rande der Gesellschaft. Ich bin durch die Verbindung von Geschichte und Politik zu der Überzeugung geführt worden, dass die Geschichte magistra vitae (Lehrmeisterin des Lebens – R.V.) sein kann. Die Geschichte soll Völker nicht trennen, sondern sie verbinden, auch wenn sie schmerzhaft ist: die Grundlage zur Versöhnung ist doch die Wahrheit. So geschah es in den Beziehungen zwischen Polen und Deutschland. Die Geschichte dient jetzt der Vereinigung Europas, sie zeigt mittelalterliche und neugeschichtliche Quellen der europäischen Einheit, verleiht die geistige Dimension dem Prozess der europäischen Integration."[893]

Seine enormen historischen Kenntnisse und seine wissenschaftliche Arbeit gaben Bronisław Geremek auch die Kraft, komplizierte politische Aufgaben zu bewältigen. „Ich weiß, dass Weltreiche zerfallen", sagte er einmal, „aber man muss auch etwas dafür tun." Die Fähigkeit, in längerfristigen Zusammenhängen zu denken, kam ihm auch

---

891 Fuhrmann, Horst: Laudatio auf Bronisław Geremek. In: Orden Pour le Mérite für Wissenschaften und Künste. Reden und Gedenkworte. Zweiunddreißigster Band 2003–2004. Göttingen 2004, S. 76.
892 Ebd., S. 78.
893 Bronisław Geremek dankte mit folgenden Worten. In: ebd., S. 79.

in der Politik zu gute. Er war offen für Kompromisse und Teillösungen, ohne seine Prinzipien und strategischen Ziele aus den Augen zu verlieren. Der Historiker Andrzej Friszke umschrieb Geremeks Credo folgendermaßen:

> „Ziel (seiner – R.V.) Politik ist es, auf dem Wege der Evolution Ziele zu verwirklichen, die der Stärkung des Staates, seiner Sicherheit und der inneren Entwicklung dienen sowie die zivilisatorische Distanz zu den hochentwickelten Ländern zu verringern. Das aber lässt sich nur verwirklichen, wenn rechtliche und kulturelle Regeln in der innenpolitischen Auseinandersetzung eingehalten werden und ein breiter Konsens angestrebt wird. Geremek wies jedwede Politik zurück, die als eine Kriegsführung betrachtet wird und die die kulturelle oder sogar physische Vernichtung des Gegners zum Ziel hat … Er kam aus einer linken Tradition und war sich gerade deshalb darüber im Klaren, welche zerstörerische Kraft revolutionäre Bewegungen entfalten konnten. Deshalb war er kein Anhänger revolutionärer Lösungen und verlor auch dann die Notwendigkeit einer Verständigung nicht aus den Augen, wenn er als führende Persönlichkeit der ‚Solidarität' mit dazu beitrug, dass diese Druck (auf die Machthabenden – R.V.) aufbaute."[894]

Die Fähigkeit Geremeks, eine richtige Balance zwischen Prinzipienfestigkeit und Kompromissfähigkeit zu finden, zeigte sich besonders in den späten 1980er Jahren, als es darum ging, zusammen mit dem reformbereiten Flügel der kommunistischen Parteiführung einen Ausweg aus der tiefen ökonomischen und politischen Krise Polens zu finden und mit den Verhandlungen am *Runden Tisch* einen Weg zur Transformation des herrschenden Systems zu finden. Adam Michnik schrieb einmal:

> „Professor Geremek war vorsichtig. Ich erinnere mich sehr gut an jenen Moment, in dem der Professor seine Meinung änderte. Und zwar zu dem Zeitpunkt, als ihm klar wurde, dass zwei Faktoren Veränderungen unterworfen waren. Zum einen gingen die Reformen in der Sowjetunion so weit, dass sie in Polen grundsätzlich einen Verzicht der Kommunisten auf die Macht eröffneten. Und zum zweiten verdichtete sich bei ihm der Eindruck, dass selbst auf Seiten Jaruzelskis eine solche Variante nicht ausgeschlossen wurde und eine Übernahme der Macht (durch die ‚Solidarität' – R.V.) nicht unbedingt Bürgerkrieg bedeuten musste. Die Philosophie von Professor Geremek war die der Versöhnung, und nicht der Vergeltung. Eine Philosophie der Amnestie, nicht der Amnesie bzw. der Sklerose. Professor Geremek zeigte sich davon überzeugt, dass in Polen ein Ausweg aus der Diktatur nach spanischem Vorbild möglich war."[895]

War Geremek also ein Wissenschaftler, der zeitweise auch Politik machte, oder war er hauptsächlich ein Politiker, der dieses Metier wissenschaftlich betrieb? Diese Frage lässt sich nicht eindeutig beantworten, weil er spätestens seit August 1980 „beide Seelen in einer Brust" vereinte. Tatsache ist nur, dass vor 1980 eher seine wissenschaftliche Arbeit im Vordergrund stand, während danach die Politik seine Kräfte stärker absorbierte als die Wissenschaft. Der Historiker Karol Modzelewski, den sein poli-

---

894 Friszke, Andrzej: Bronisława Geremka … (Fn. 155), S. 7.
895 Michnik, Adam: Minister … (Fn. 340), S. 106.

tisches Engagement mehrfach ins Gefängnis brachte, fasst das Problem in einem Satz zusammen:

> „Seine Arbeit als Historiker und seine politische Tätigkeit verband eine Philosophie der Werte."[896]

Tatsächlich verstand Geremek die Opposition gegen das kommunistische System schon in den späten 1970er Jahren nicht nur als politischen, sondern auch als intellektuellen, wissenschaftlichen und kulturellen Widerstand.

In seinem geopolitischen Koordinatensystem war Europa die entscheidende Größe.[897] Sein polnischer Patriotismus verpflichte ihn geradezu, auch überzeugter Europäer zu sein. Die Integration Polens in die europäischen und euroatlantischen Bündnisse, so betonte er gegenüber Freunden und Gesprächspartnern immer wieder, sei aus drei Gründen notwendig: Sie gebe Polen seinen angestammten Platz in Europa zurück, biete Sicherheit gegenüber Gefahren aus dem Osten, also von Seiten Russlands, und schütze Polen vor sich selbst. Letzteres deutete darauf hin, dass er auch die Gefahr des polnischen Nationalismus nicht vollständig für gebannt hielt.

Geremek war ein exzellenter Kenner der europäischen Geschichte und wusste sehr genau, worin die geistigen und historisch-politischen Grundlagen des modernen Europa bestanden, kannte aber auch die Hintergründe, die den Kontinent mehrfach an den Rand des Abgrunds führten. Zur historischen Genese Europas sagte er in einem Vortrag auf Einladung der Robert Bosch Stiftung am 15. April 1991:

> „Europa trat nicht als geographische Einheit hervor, sondern als Zivilisation, also als eine sich langfristig bildende Wertegemeinschaft. Sie formierte sich in einem historischen Entstehungsprozess der ‚états-nations' (Staats-Völker). Der Begriff ‚état-nation' lässt sich weder auf den Nationalstaat zurückführen, das heißt auf eine politische Organisation, deren Grenzen mit den Ansiedlungsgrenzen ethnischer Gruppen übereinstimmen müssen, noch auf die ‚Staatsnation', das heißt eine ethnische Gemeinschaft, die sich als fähig zur Erhaltung des eigenen Staates erwies. Die Idee der ‚état-nation' ist nämlich eine Art Sammelbecken, das die Begriffe von Staat, Gesellschaft, Nation und Volk vereinigt. Der grundlegende Inhalt der aus der französischen Revolution hervorgegangenen Idee ist eine Verknüpfung von Macht und Gemeinschaft, oder besser, eine Stütze der Macht auf die Gemeinschaft."[898]

Geremek kannte auch die Schriften ostmitteleuropäischer Historiker und Politikwissenschaftler wie Oskar Halecki, František Palacký, Jaroslav Bidlo, Jenő Szűcs und István Bibó, die sich intensiv mit der Frage nach Geschichte, Gestalt und Grenzen

---

896 Modzelewski, Karol: Bronisław Geremek ... (Fn. 90), S. 12.
897 Immer wieder hat er sich zu Europa geäußert. Siehe insbesondere Geremek, Bronisław: Nasza Europa. Kraków 2012. Dahrendorf, R./Furet, F./Geremek, B.: Wohin steuert Europa? Ein Streitgespräch. Frankfurt/New York/Paris 1993.
898 Geremek, Bronisław: Unterwegs nach Europa. Erwartungen und Hoffnungen eines Polen. Aus der Reihe „Umbrüche und Aufbrüche. Europa vor neuen Aufgaben." Robert Bosch Stiftung. Stuttgart 1991.

Europas auseinandergesetzt hatten.[899] Außerdem verfolgte er die Mitteleuropadebatte in den 1980er Jahren, die von Milan Kundera angestoßen wurde.[900] Allerdings sah er eine wie auch immer geartete „zentraleuropäische Identität" angesichts der Erweiterung der Europäischen Union nur als vorübergehendes Phänomen an. Mitte der 1990er Jahre schrieb er:

> „Die zentraleuropäische Identität kann charakterisiert werden als Begegnung zwischen der historischen Vergangenheit einer Existenz an der Peripherie des Westens, geprägt von der Angst, von dessen Kultur entfernt und abgeschnitten zu werden, und dem aktuellen Bestreben, im Westen aufzugehen, d. h. in der Konstruktion der europäischen Gemeinschaft. Eine solche Identität kann heutzutage als vorübergehend betrachtet werden, da sie sich mit dem endgültigen Beitritt der betreffenden Länder zur Europäischen Union auflösen muss … Die Identität Zentraleuropas ist ungefestigt: Die Region ist weder geeint genug noch hinreichend deutlich artikuliert, als dass sie eine solche Identität ausbilden könnte. Einen wesentlichen Vorteil zumindest hat das für sich: Sie kann als Brücke zwischen Ost und West dienen."[901]

Natürlich machte sich Bronisław Geremek auch Gedanken darüber, welche Rolle die Europäische Union im globalen Kräftemessen spielen solle. Im Sommer 2004 schrieb er in einem Aufsatz:

> „…ich (würde) … sagen, dass die Europäische Union, obzwar sie wie jede andere politische Entität und jede andere Weltmacht in der Lage sein muss, als ‚harte Macht' aufzutreten, in die Rolle einer ‚weichen Macht' schlüpfen sollte. Joseph R. Nye hat vor kurzem darauf hingewiesen, dass die USA in dem Maß, wie ihre ‚harte Macht' sich zu nie dagewesenen Dimensionen steigerte, ihre Position im Spektrum der ‚weichen Macht' eingebüßt haben – ihr Image als ein Land, das anderen freundlich gegenüber tritt, das schwächeren Ländern eine helfende Hand reicht und in Bezug auf Menschenrechte und Rechtsstaatlichkeit eine Vorbild- und Anwaltsrolle spielt. In dieser Rolle sehe ich die künftige Stärke Europas: als führende Kraft einer künftigen Weltordnung. Das würde nicht nur den Ambitionen der Europäer entsprechen, sondern auch dem wirtschaftlichen und gesellschaftlichen Potential des alten Kontinents. Es setzt freilich voraus, dass Europa politischen Willen und inneren Zusammenhalt an den Tag legt."[902]

Leider hatte Geremek nicht mehr die Möglichkeit, zu den Folgen der globalen Finanz- und Wirtschaftskrise, zur dramatischen Entwicklung in Ländern wie Griechenland, Zypern, Spanien und Portugal, zu den Widersprüchen innerhalb der Eurozone und zum schwindenden europäischen Bewusstsein in vielen Ländern des Kontinents

---

899 Siehe unter anderem Halecki, Oskar: Europa. Grenzen und Gliederung seiner Geschichte. Darmstadt 1964. Dąbrowska, Małgorzata (red.): Oskar Halecki i jego wizja Europy. Warszawa/ Łódź 2012. Cisek, Janusz: Oskar Halecki. Historik, Szermierz Wolności. Warszawa 2009. Szűcs, Jenő: Die drei historischen Regionen Europas. Frankfurt/M. 1990.
900 Kundera Milan: Un occident kidnappé oder die Tragödie Zentraleuropas. http://www.europa.clio-online.de/site_lang_de/ItemID_87/mid_11373/40208215/Default.aspx.
901 Geremek, Bronisław: Zur Identität Zentraleuropas: Illusion und Realität. In: Michalski, Krzysztof (Hrg.): Identität im Wandel. Castelgandolfo-Gespräche 1995. Stuttgart 1995, S. 204 f.
902 Geremek, Bronisław: Europa und die Welt. In: *Transit*, Frankfurt/M., Nr. 27, Sommer 2004.

Stellung zu nehmen. Besonders interessant wäre es gewesen, seine Meinung zum Spannungsfeld zwischen europäischer Solidarität und nationaler Austeritypolitik zu hören.

Innerhalb Europas galten Geremeks Sympathien vor allem Frankreich. Schon als junger Historiker knüpfte er enge Beziehungen zu Intellektuellen, Wissenschaftlern und Kulturschaffenden in diesem Land. Manche dieser Freundschaften hielten bis zu seinem Lebensende. Der französische *way of life* gefiel ihm. Besonders faszinierte ihn die Hauptstadt Paris, die er wiederholt besuchte. Dort trieb er durch intensive Recherchen in Archiven und Bibliotheken sowie durch Gespräche mit Fachkollegen seine Forschungen voran, dort genoss er auch das kulturelle Angebot in vollen Zügen.

Seine französischen Freunde und Partner waren von ihm fasziniert. So schwärmt der polnische Politikwissenschaftler Aleksander Smolar, der selbst ein großer Anhänger Frankreichs ist:

> „Die Franzosen waren immer fasziniert von ihm, von der Qualität seiner Französischkenntnisse, seinem subtilen Humor, seinem engen Bezug zur Geschichte."[903]

Politisch gesehen war Frankreich für ihn ein unsicherer Kantonist. Johannes Bauch, der elf Jahre lang als deutscher Diplomat an der Weichsel tätig war, kommt zu dem Schluss:

> „Als Historiker wusste er (Geremek – R.V.) natürlich, dass die geschichtliche Rolle Frankreichs gegenüber Polen nicht ganz so positiv war, wie sich das in der polnischen *Mythologie* darstellt. Er war sich dessen bewusst, dass Polen in gewissem Sinne von Frankreich immer wieder missbraucht worden ist – vereinfacht gesagt: im Sinne einer gemeinsamen Frontstellung gegenüber Deutschland. Wir Deutsche haben gegenüber Polen eine etwas andere Haltung an den Tag gelegt, durch die Art und Weise, wie wir uns mit unserer schlimmen Vergangenheit auseinandergesetzt haben, auch durch unsere Politik beginnend mit dem Warschauer Vertrag von 1970. Die Franzosen wiederum sind oft schulmeisterlich und arrogant gegenüber Polen aufgetreten. Das wiederum hat bei Geremek zu einer gewissen Distanz zu bestimmten Aspekten der französischen Politik geführt und auf der anderen Seite indirekt dazu beigetragen, dass er sich gegenüber Deutschland allmählich geöffnet hat, ohne das er jemals ein glühender Verehrer Deutschlands geworden wäre."[904]

Tatsächlich hielt Bronisław Geremek lange Zeit Distanz zu Deutschland. Vor dem Hintergrund seiner dramatischen Erfahrungen während des Zweiten Weltkriegs ist dies mehr als verständlich. Auch die deutsche Sprache nutzte er so gut wie nie bei Treffen mit Gesprächspartnern aus Deutschland, obgleich er sie schon auf dem Gymnasium gelernt hatte. Andererseits las er Dokumente und Fachliteratur in deutscher Sprache, wenn dies für seine Forschungen notwendig war. Seit den späten 1970er Jahren hielt er freundschaftliche und fachliche Kontakte vor allem zu deutschen Historikern wie Heinrich August Winkler. Später war der verstorbene frühere Justizminister

---

903 Aleksander Smolar ... (Fn. 162).
904 Johannes Bauch ... (Fn. 803).

und SPD-Politiker Gerhard Jahn ein wichtiger Ansprechpartner für ihn. Als ihm im Mai 1998 der Internationale Karlspreis verliehen wurde, hielt er zum ersten Mal eine öffentliche Rede in deutscher Sprache.

Politisch-strategisch ging er schon früh davon aus, dass die Bundesrepublik Deutschland ein wichtiger Partner sein würde, wenn eines Tages die Rückkehr Polens in gesamteuropäische Zusammenhänge auf die Tagesordnung käme. Und schon vor 1980 war er der Auffassung, dass eine deutsch-deutsche Vereinigung auch im polnischen Interesse lag, natürlich unter der Voraussetzung, dass damit eine völkerrechtliche Anerkennung der polnischen Westgrenze verbunden war. Wiederholt hat er betont, wie sehr ihm die deutsch-polnische Versöhnung am Herzen lag. Das Gespräch zwischen Lech Wałęsa und dem damaligen Bundeskanzler Helmut Kohl am 9. November 1989 in Warschau, an dem auch Geremek teilnahm, war für ihn eine wichtige Erfahrung. Bald darauf hatte er als Fraktionsvorsitzender der „Solidarität" im Sejm und als Vorsitzender des parlamentarischen Ausschusses für Außenpolitik sowie später als polnischer Außenminister ab 1997 regelmäßigen Kontakt zu deutschen Politikern. Die ministeriale Freundschaft zu seinem damaligen deutschen Amtskollegen Joschka Fischer dürfte sein Deutschlandbild geprägt haben. Die Verleihung des Internationalen Karlspreises an Geremek im Mai 1998 sowie seine Rede im Bundestag zum Tag des Gedenkens an die Opfer des Nationalsozialismus im Januar 2002 zeigten dann, dass er endgültig in der politischen Öffentlichkeit Deutschlands „angekommen war".

Bei aller Liebe zu Europa verlor Geremek nie die strategische Bedeutung der euroatlantischen Beziehungen und die wichtige Rolle der USA für die Staaten Ostmitteleuropas aus den Augen – vor und nach dem Systemwechsel 1989. Er war sicher kein Anhänger Ronald Reagans, aber er wusste auch, dass die USA nicht unerheblich zum Sturz des Kommunismus im östlichen Europa beigetragen hatten. Späteren Träumen der polnischen Nationalkonservativen um die Brüder Kaczyński von einer „besonderen Partnerschaft" zwischen Polen und den USA stand er allerdings skeptisch gegenüber.

Geremek dankte allen Staaten, die sich für den Beitritt Polens zur Nato im März 1999 eingesetzt hatten, darunter auch Deutschland, registrierte aber ebenso, dass die damalige „Osterweiterung" des euroatlantischen Bündnisses vor allem auf eine Initiative der USA zurückging. Seine Befürwortung des Nato-Einsatzes auf dem Balkan 1999 resultierte aus seiner Grundhaltung als Verfechter der Menschen- und Bürgerrechte sowie als Verteidiger unterdrückter Völker und nationaler Minderheiten, auch wenn er die Nato-Bombardements auf Serbien später sehr differenziert unter die Lupe nahm. Ähnliche Beweggründe veranlassten ihn, den von den USA geführten Einsatz im Irak im Frühjahr 2003 und die Beteiligung Polens an den dortigen „Stabilisierungseinsätzen" zu befürworten. Angesichts der heutigen Situation im Irak haben sich Geremeks damalige Hoffnungen als illusionär erwiesen. Wichtig war ihm immer, dass „der Westen", also Europa einerseits sowie die USA und Kanada andererseits, nicht auseinanderdrifteten.

Bronisław Geremek war ein freundlicher, aufgeschlossener, humorvoller, charmanter und zuvorkommender Mensch, der immer auch ein starkes Empfinden für Stil, Würde und Verbindlichkeit hatte. Repräsentieren war ihm nicht unwichtig. „Er strahlte ... das Selbstbewusstsein einer polnischen Bürgerlichkeit aus, die sich ihre Freiheit selber erobert hat", hieß es in einem Nachruf der *ZEIT*.[905] Sehr zurückhaltend und diskret reagierte er immer dann, wenn die Sprache auf ihn selbst kam. Meistens verlor er keine großen Worte über sein Schicksal, seine Empfindungen und seine persönlichen Zukunftsträume.

Gesprächspartner aus Polen und dem Ausland lobten seine Fähigkeit, zuzuhören und auf Argumente einzugehen. Sein Gesprächsstil zielte nicht auf Dominanz, sondern auf einen Dialog, bei dem Positionen im Geben und Nehmen entwickelt wurden. Natürlich konnte er auch mal hart, giftig und arrogant werden, wenn ihm politische Konkurrenten sachlich unqualifizierte und unbegründete Meinungen und ideologische Formeln an den Kopf warfen. Auf mangelnde Verlässlichkeit oder auf Unpünktlichkeit reagierte er mitunter aufbrausend und sehr prinzipiell.

Seine Reden und Vorträge waren in der Regel präzise und spannend oder gar faszinierend, hin und wieder aber auch viel zu lang, arg professoral, fast wie Predigten. Auch während seiner Zeit als Außenminister hat er selbst intensiv bei der Ausarbeitung seiner Reden mitgewirkt. Das Außenministerium in der Warschauer Aleja Jana Chrystiana Szucha nahe dem Stadtzentrum mochte er nicht sehr, weil es in seinen Augen keine wissenschaftliche Einrichtung war. Meistens war er schon sehr gut über Sachverhalte informiert und hatte diese durchdacht, noch bevor seine Mitarbeiter ihre Arbeitsergebnisse einbringen konnten. „Morgens war es am schlimmsten mit ihm, weil er dann immer irgendwelche Mängel entdeckte und deshalb unzufrieden oder gar wütend war", sagt einer seiner damaligen engen Mitarbeiter.

Bronisław Geremek liebte seine Familie, aber er ging mit ihr um, wie mit sich selbst: hart, diszipliniert, der Intellekt dominierte die Gefühle. Sein Sohn Marcin erzählt:

> „Mein Vater verbrachte wenig Zeit zu Hause. Dauernd hatte er viel Arbeit und viele Verpflichtungen. Er war immer, ich nenne das ,verweist', ernst, stark konzentriert. Sein reiches berufliches und politisches Leben führte dazu, dass er sich nie einen längeren Augenblick der Entspannung gönnte. Sogar im Kontakt mit der Familie war er immer angespannt. Es dauerte einige Zeit, bis er sich öffnete. Dann konnten wir wie Vater und Sohn, wie Freunde miteinander sprechen."[906]

Sein Vater, so Marcin Geremek, habe ihn immer wie einen erwachsenen Menschen behandelt, was natürlich nicht immer erfolgreich gewesen sei. Man könne sich eben nicht in einer schönen wissenschaftlichen Sprache mit einem Jungen unterhalten, der in Wirklichkeit über Flugzeuge und Autos sprechen wollte.

---

905 Hofmann, Gunter: Polens moralische Instanz ... (Fn. 867).
906 Marcin Geremek: Ojciec mnie nie przytulał. In: *Fakt*, 2.8.2008. http://www.fakt.pl/Marcin-Geremek-Ojciec-mnie-nie-przytulal,artykuly,34752,1html.

In seiner Kindheit habe der Vater selten mit ihm gespielt, berichtet Geremek. Erst später, als die Enkel auf der Welt waren, habe sich das geändert. Immerhin seien sie oft als ganze Familie zusammen im Urlaub gewesen.

> „Aber auch dann sorgte er für Disziplin. Kein Tag durfte vertan werden. Es war wie ein Überlebenstraining. Ich schmiegte mich an meine Mutter, während Vater bei strömendem Regen das Zelt abbaute. Er war nie ein Mensch, der spontan seine Gefühle zeigte."[907]

Der Vater habe ihn nie bestraft. Seine Erziehungsmethode sei eine andere gewesen. Er habe ihm unbegrenztes Vertrauen entgegengebracht, konnte aber auch sehr streng werden.

> „Dann führte er ein ernstes Gespräch mit mir. Ein Gespräch ohne jeden Anschein eines Lächelns, ohne Herzlichkeit."[908]

Aber das Andenken an den verstorbenen Vater ist sehr intensiv:

> „Wenn ich die Augen schließe, sehe ich ihn in den damaligen Zeiten. Ich erinnere mich, wie er mich zur Schule begleitete. Er stand morgens auf, um mir das Frühstück zuzubereiten. Dabei briet er ein Omelette. So erinnere ich mich an ihn. So bleibt er in meinem Herzen."[909]

Mehr als fünf Jahrzehnte lang war Bronisław Geremek mit der Althistorikerin Hanna Teresa Büttner verheiratet – eine starke, selbstbewusste Frau. Aus dieser Ehe ist der Sohn Marcin hervorgegangen. Geremek liebte seine Gattin, was aber nicht bedeutete, dass es nicht auch andere Frauen in seinem Leben gegeben hätte. Sein zweiter Sohn Maciej stammt aus der Beziehung mit Hanna Zaremska.

Geremeks große Leidenschaft war die Tabakspfeife. Die erste habe er schon in den 1950er Jahren in Paris gekauft, berichtet seine Kusine Zofia Żukowska. Danach habe er diverse Tabaksorten ausprobiert: aus England, China, Albanien und natürlich aus Polen. Irgendwann rauchte er fast nur noch „Three Nuns". Aus Liebe zur Pfeife gab er das Zigarettenrauchen auf. Und selbst in der Internierung nach dem Dezember 1981, als er fast ein Jahr lang ohne Pfeife und Tabak auskommen musste, griff er nie zur Zigarette. So erzählen es jedenfalls Mithäftlinge. Liebevoll hat Marcin Geremek in einem Zimmer seines Warschauer Hauses mindestens 50 Tabakspfeifen des Vaters an einer Wand hinter dem Schreibtisch angebracht.

Fritz Stern, wie Bronisław Geremek jüdischer Herkunft, hat die Dialektik zwischen innerer Harmonie und Verständigungsbereitschaft nach außen treffend beschrieben:

> „Geremeks Leben war gekennzeichnet von seinem Wunsch nach ‚Versöhnung' und ‚Verständigung'. Und wie viel Unterschiedliches er in sich selbst verbunden hat: mehrere Kulturen, Religionen und Nationen, Berufe, Hoffnungen und Sorgen – Verschie-

---

907 Ebd.
908 Ebd.
909 Ebd.

denheiten, getragen in der stillen Stärke seines Wesens, mit Mut und menschlicher Souveränität. Vielleicht war in ihm selbst so etwas verborgen wie ein ‚runder Tisch' für seine eigenen Gefühle, der ihm ein ausgeglichenes Leben ermöglichte."[910]

Fazit: Bronisław Geremek war „einer der größten polnischen Historiker"[911] und hat wesentlich dazu beigetragen, dass die polnische Geschichtswissenschaft auf dem Gebiet der Mediävistik internationales Ansehen genießt. In politischer Hinsicht gab er die entscheidenden strategischen Anstöße für die Transformation des kommunistischen System, die mit dem *Runden Tisch* im Frühjahr 1989 eingeleitet wurde. Deshalb gehört er auf Seiten der früheren demokratischen, antikommunistischen Opposition zusammen mit Lech Wałęsa, Tadeusz Mazowiecki, Jacek Kuroń und Adam Michnik zu den Gründungsvätern des neuen Polen. An seinem Sarg fand Tadeusz Mazowiecki die eindrucksvollen Worte:

„Ein Gespräch über Dich ist ein Gespräch über Polen."[912]

Darüber hinaus zählt Bronisław Geremek zu den Wegbereitern für neue demokratische Verhältnisse in ganz Ostmitteleuropa, da die von ihm mitgeprägte politische Methode der Verständigung am *Runden Tisch* später auch in Ungarn, der damaligen Tschechoslowakei und der DDR angewandt wurde. Mit der Transformation in Ostmitteleuropa wurde der *Eiserne Vorhang* endgültig beseitigt und die Vereinigung Europas möglich gemacht.

Mit aller Kraft hat Bronisław Geremek für die Integration Polens in die europäischen und transatlantischen Bündnisse gearbeitet, ohne die Verständigung und die gute Nachbarschaft mit den östlichen Nachbarn aus den Augen zu verlieren. Auch ihm ist es zu verdanken, dass Polen seinen angestammten Platz in Europa zurückgewonnen hat.

Wollte man sein Leben anhand von Erinnerungsorten nachzeichnen, dann gehörten dazu insbesondere das Warschau der Zwischenkriegszeit, das dortige jüdische Ghetto während des Zweiten Weltkriegs, die Gymnasien in Wschowa (Fraustadt) und Warschau-Żoliborz, ebenso die Universität und die Akademie der Wissenschaften in der polnischen Hauptstadt, Paris und die Sorbonne, die Danziger (Lenin-)Werft, der *Runde Tisch*, der Sejm, der Krönungssaal im Rathaus der Stadt Aachen, das polnische Außenministerium in der Aleja J. Ch. Szucha, Independence/Missourie, der Bundestag in Berlin und das Europäische Parlament. Schon diese Aufzählung zeigt die ganze Breite und Tiefe des Wirkens von Bronisław Geremek.

Es ist an der Zeit, diesem großen Europäer aus Polen erneut in Ost und West Aufmerksamkeit zu schenken.

---

910 Stern, Fritz: Gedenkworte … (Fn. 886).
911 Modzelewski, Karol: Bronisław Geremek … (Fn. 90), S. 7.
912 Friszke … (Fn. 155), S. 7.

Bibliographie

Archive

AAN – Archiwum Akt Nowych
- AAN, KC PZPR
AIPN – Archiwum Instytutu Pamięci Narodowej
AMSZ – Archiwum Ministerstwa Spraw Zagranicznych
APAN – Archiwum Polskiej Akademii Nauk
AUW – Archiwum Uniwersytetu Warszawskiego
Archiwum Sejmu
Archiwum Senatu
Centrum im. prof. Bronisława Geremka, Archiwum, Signatur CBG
Politisches Archiv des Auswärtigen Amtes
Karta

Dissertationen, Habilitationsschriften, Monograhien, Sammelbände

Andrzejewski, Jerzy: Warschauer Karwoche. Frankfurt am Main 1978.

Arndt, Agnes: Intellektuelle in der Opposition. Diskurse zur Zivilgesellschaft in der Volksrepublik Polen. Frankfurt/Main 2007.

Baberowski, Jörg: Der Sinn der Geschichte. Geschichtstheorien von Hegel bis Foucault. München 2005.

Bachmann, Klaus/Kranz, Jerzy: Verlorene Heimat. Die Vertreibungsdebatte in Polen. Bonn 1998.

Bajer, Magdalena: Blizny po ukąszeniu. Warszawa 2005.

Balcerowicz, Leszek: 800 dni. Szok kontrolowany. Warszawa 1992.

Bartoszewski, Władysław: Das Warschauer Ghetto – wie es wirklich war. Zeugenbericht eines Christen. Frankfurt am Main 1983.

Ders.: Uns eint vergossenes Blut. Juden und Polen in der Zeit der „Endlösung". Frankfurt am Mai 1987.

Bereś, Witold/Burnetko, Krzysztof: Marek Edelman. Życie. Po prostu. Warszawa 2008.

Berger, Manfred: Jaruzelski. Düsseldorf/Wien/New York 1990.

Biblioteka POLITYKI: Rewolucja '89. Wywiady publikowane w tygodniku POLITYKA w cyklu „Rozmowy na XX-lecie". Warszawa 2009.

Bierut, Bolesław: Rechenschaftsbericht des Zentralkomitees an den II. Parteitag der Polnischen Vereinigten Arbeiterpartei am 10. März 1954. Internationale Schriftenreihe, Heft 21. Berlin 1954.

Bogucka, Maria: Das alte Danzig. Leipzig 1987.

Dies.: Das alte Polen. Leipzig, Jena, Berlin 1983.

Borodziej, Włodzimierz: Polska wobec zjednoczenia Niemiec 1989–1991. Dokumenty dyplomatyczne. Warszawa 2000.

Ders.: Geschichte Polens im 20. Jahrhundert. München 2010.

Ders./Duchardt, Heinz/Morawiec, Malgorzata/Romsics, Ignac (Hg.): Option Europa. Deutsche, polnische und ungarische Europapläne des 19. und 20. Jahrhunderts. Bd. I, II und III. Göttingen 2005.

Ders./Hajnicz, Artur (red.): wypędzenia. Kraków 1998.

Ders./Garlicki, Andrzej: Okrągły stół. Dokumenty i materiały. Tom I – Tom V. Warszawa 2004.

Brandys, Kazimierz: Matka Królów. Warszawa 2010.

Braudel, Fernand: Der Alltag. Sozialgeschichte des 15.-18. Jahrhunderts. München 1985.

Brus, Włodzimierz/Łaski, Kazimierz: Von Marx zum Markt. Der Sozialismus auf der Suche nach einem neuen Wirtschaftssystem. Marburg 1990.

Brzeziecki, Andrzej: Lekcje historii. PRL w rozmowach. Warszawa 2009.

Bundesministerium des Inneren (Hg.): Dokumente zur Deutschlandpolitik. Deutsche Einheit. Sonderedition aus den Akten des Bundeskanzleramtes 1989/90. München 1998.

Büscher, Barbara u. a.: „Solidarność". Die polnische Gewerkschaft „Solidarität" in Dokumenten, Diskussionen und Beiträgen 1980 bis 1982. Köln 1983.

Chruschtschow, Nikita: Die Geheimrede. Über den Personenkult und seine Folgen. Berlin 1990.

Cisek, Janusz: Oskar Halecki. Historik, Szermierz Wolności. Warszawa 2009.

Codogni, Paulina: Okrągły stół, czyli polski rubikon. Warszawa 2009.

Dies.: Wybory Czerwcowe 1989 Roku. Warszawa 2012.

Dahrendorf Ralf/Furet, François/Geremek, Bronisław.: Wohin steuert Europa? Ein Streitgespräch. Frankfurt/New York 1993.

Dąbrowska, Małgorzata (red.): Oskar Halecki i jego wizja Europy. Warszawa/Łódź 2012.

Defrance, Corine/Pfeil, Ulrich: der Élysée-Vertrag und die deutsch-französischen Beziehungen 1945 – 1963 – 2003. München 2005.

Djilas, Milovan: Die neue Klasse. Eine Analyse des kommunistischen Systems. München 1964.

Domarańczyk, Zbigniew: 100 Dni Mazowiekiego. Warszawa 1990.

Domosławski, Artur: Kapuściński Non-Fiction. Warszawa 2010.

Dubiński, Krzysztof: Magdalenka. Transakcja epoki. Warszawa 1990.

Ders.: Okrągły stół. Warszawa 1999.

Eberwein, Wolf-Dieter/Kerski, Basil: Die deutsch-polnischen Beziehungen1949–2000. Opladen 2001.

Editions Spotkania: Grudzień 1970. Paris 1986.

Encyklopedia Solidarności: Opozycja w PRL 1976–1989, tom 1. Warszawa 2010.

Engelking, Barbara: Jest taki piękny słoneczny dzień ... Los Żydów szukających ratunku na wsi polskiej 1942–1945. Warszawa 2011.

Engelking, Barbara/Hirsch, Helga (Hrg.): Polen und sein Verhältnis zu den Juden. Fankfurt am Main 2008.

Engelking, Barbara/Leociak, Jacek: Getto warszawskie. Przewodnik po nieistniejącym mieście. Warszawa 2013.

Fischer, Joschka: Die rot-grünen Jahre. Deutsche Außenpolitik – vom Kosovo bis zum 11. September. München 2008.

Friedrich, Klaus-Peter (Bearbeitung): Die Verfolgung und Ermordung der europäischen Juden durch das nationalsozialistische Deutschland. Band 4: Polen September 1939-Juli 1941. München 2011.

Friszke, Andrzej (redakcja): Solidarność podziemna 1981–1989. Warszawa 2006.

Ders.: Anatomia buntu. Kuroń, Modzelewski i komandosi. Kraków 2010.

Ders: Czas KOR-u. Jacek Kuroń a geneza Solidarności. Kraków 2011.

Gatter-Klenk, Jule: Vielleicht auf Knien, aber vorwärts. Gespräche mit Lech Wałęsa. Königstein/Ts. 1981.

Gebert, Konstanty: Mebel. Warszawa 1990.

Generał Kiszczak mówi ... Prawie wszysko ... Warszawa 1991.

Genscher, Hans-Dietrich: Erinnerungen. Berlin 1995.

Geremek, Bronisław: Geschichte der Armut. Elend und Barmherzigkeit in Europa München/Zürich 1988.

Ders.: Unterwegs nach Europa. Erwartungen und Hoffnungen eines Polen. Vortrag bei der Robert Bosch Stiftung am 15.4.1991.

Ders.: Głos w Europie. Kraków 2010.

Ders.: Der Außenseiter. In: Le Goff, Jacques (Hg.): Der Mensch des Mittelalters. Essen 2004.

Ders.: Zur Identität Zentraleuropas: Illusion und Realität. In: Michalski, Krzysztof (Hg.): Identität im Wandel. Castelgandolfo-Gespräche 1995. Stuttgart 1995.

Gierek Edward: Grundsatzreferat des Politbüros. VII. Parteitag der Polnischen Vereinigten Arbeiterpartei. Berlin 1976.

Gomułka, Stanisław/Kowalik, Tadeusz (wybór): Transformacja polska, dokumenty i analizy 1990. Warszawa 2011.

Grabowski, Jan: „Ja tego Żyda znam!" Szantażowanie Żydów w Warszawie, 1939–1943. Warszawa 2004.

Graczyk, Roman: Konstytucja dla Polski. Tradycje, Doświdczenia, Spory. Kraków 1997.

Grochowska, Magdalena: Jerzy Giedroyc. Warszawa 2009.

Grynberg, Michał: Pamiętniki z getta warszawskiego. Fragmenty i regesty. Warszawa 1993.

Gutman, Israel: Żydzi Warszawscy 1939–1943. Warszawa 1993.

Halecki, Oskar: Europa. Grenzen und Gliederung seiner Geschichte. Darmstadt 1964.

Hall, Aleksander: Osobista historia III. Rzeeczypospolitej. Warszawa 2011.

Haska, Agnieszka: „Jestem Żydem, chcę wejść". Hotel Polski w Warszawie, 1943. Warszawa 2006.

Hausleitner, Mariana: Deutsche und Juden in Bessarabien 1814–1941. Zur Minderheitenpolitik Russlands und Großrumäniens. München 2005.

Herzl, Theodor: Der Judenstaat. Versuch einer modernen Lösung der Judenfrage. Zürich 1988.

Heydecker, Joe J.: Das Warschauer Getto. Foto-Dokumente eines deutschen Soldaten. München 1983.

Hildesheimer, Wolfgang: Mozart. Frankfurt am Main 1977.

Hirsch, Helga: Bewegungen für Demokratie und Unabhängigkeit in Polen 1976–1980. Mainz/München 1985.

Hłasko, Marek: Der achte Tag der Woche. Erzählungen. Köln 1958.

Hofmann, Gunter: Polen und Deutsche. Der Weg zur europäischen Revolution 1989/90. Berlin 2011.

Holzer, Jerzy: „Solidarität". Die Geschichte einer freien Gewerkschaft in Polen. München 1985.

Ders.: Polen und Europa. Land, Geschichte, Identität. Bonn 2007.

Honegger, Claudia: M. Bloch, F. Braudel, L. Febvre u. a.. Schrift und Materie der Geschichte. Vorschläge zur systematischen Aneignung historischer Prozesse. Frankfurt am Main 1977.

Jaruzelski, Wojciech: Pożoga. Tego nigdy nie powie. Warszawa 1992.

Ders.: Stan wojenny dlaczego ... Warszawa 1992.

Ders.: Mein Leben für Polen. Erinnerungen. München 1993.

Ders.: Być może to ostatnie słowo. Warszawa 2008.

Ders.: Listy ... Warszawa 2010.

Jedlicki, Jerzy: Die entartete Welt. Die Kritiker der Moderne, ihre Ängste und Urteile. Frankfurt am Main 2007.

Judt, Tony: Past imperfect. French intellectuals, 1944–1956. New York/London 2011.

Kaliński, Janusz: Gospodarka Polski w latach 1944–1989. Warszawa 1995.

Kassow, Samuel D.: Ringelblums Vermächtnis. Das geheime Archiv des Warschauer Ghettos. Reinbek bei Hamburg 2010.

Kersten, Krastyna: Historia Polityczna Polski 1944–1956. Gdańsk 1989.

Kis, János/Krastew, Iwan/Michnik, Adam/Rupnik, Jacques/Smolar, Aleksander: Pytania 20-lecia. 1989–2009. Warszawa 2010.

Klich, Aleksandra: Lapidarium Mistrzów. Warszawa 2011.

Koenen, Gerd/Koenen, Krisztina/Kuhn, Hermann: Freiheit, Unabhängigkeit und Brot. Zur Geschichte und den Kampfzielen der Arbeiterbewegung in Polen. Frankfurt am Main 1982.

Kołakowski, Leszek: Die Hauptströmungen des Marxismus. Entstehung, Entwicklung, Zerfall. Dritter Band. München 1979.

Korczak, Janusz: Pamiętnik i inne pisma z getta. Warszawa 2012.

Kotowski, Elke-Vera/Schoeps, Julius H./Wallenborn, Hiltrud: Handbuch zur Geschichte der Juden in Europa. Band I: Länder und Regionen. Darmstadt 2001.

Kowal, Paweł: Koniec systemu władzy. Warszawa 2012.

Kowalik, Tadeusz: www.POLSKATransformacja. Warszawa 2009.

Kowalski, Lech: Jaruzelski – generał ze skazą. Poznań 2012.

Kraft, Claudia/Steffen, Katrin: Europas Platz in Polen. Polnische Europa-Konzeptionen vom Mittelalter bis zum EU-Beitritt. Osnabrück 2007.

Kuczyński, Waldemar: Polen, Dezember 1981. Tagebuchberichte eines Betroffenen. Freiburg im Breisgau 1987.

Ders.: Solidarność u władzy. Dziennik 1989–1993. Gdańsk 2010.

Ders.: Solidarność w opozycji. Dziennik 1993–1997. Warszawa 2012.

Kula, Marcin: Mimo wszystko. Bliżej Paryża niż Moskwy. Książka o francji, PRL i o nas, historykach. Warszawa 2010.

Kuroń, Jacek: Zdobyć milczącą większość. Warszawa 1988.

Ders.: Wiara i wina. Do i od komunizmu. Warszawa 1990.

Ders.: Gwiezdny czas. „Wiaray i winy" dalszy ciąg. Londyn 1991.

Ders.: Moja zupa. Warszawa 1991.

Ders.: Autobiografia. Warszawa 2009.

Ders.: Taki upór. Warszawa 2011.

Kuroń, Jacek/Modzelewski, Karol: Monopolsozialismus. Offener Brief an die Polnische Vereinigte Arbeiterpartei. Hamburg 1969.

Kurski, Jarosław: Wódz. Mój przyczynek do biografii. Warszawa 2008.

Ders.: Wódz. O Wałęsie – były rzecznik. Warszawa 1991.

Kuźniar, Roman: Krzysztof Skubiszewski – dyplomata i mąż stanu. Warszawa 2011.

Laschet, A./Pflüger, F.: Polen in Europa. Karlspreis 1998 an Bronisław Geremek. Aachen 1998.

Lipski, Jan Józef: KOR – Komitet Obrony Robotników, Komitet Samoobrony Społecznej. Londyn 1983.

Ders.: Dzienniki 1954–1957. Warszawa 2010.

Loew, Peter Oliver: Polen denkt Europa. Politische Texte aus zwei Jahrhunderten. Frankfurt am Main 2004.

Ludwig, Michael: Polen und die deutsche Frage. Bonn 1991.

Lustiger, Arno: Zum Kampf auf Leben und Tod! Vom Widerstand der Juden 1933–1945. Köln 1994.

Macek, Josef: Die hussitische revolutionäre Bewegung. Berlin 1958.

Machcewicz, Paweł Machcewicz: Spory o historię 2000–2011. Kraków 2012.

Ders. (Red.): Polska 1986–1989: koniec systemu. Materiały międzynarodowej konverencji. Tom 1 referaty. Tom 2 dyskusja. Tom 3 dokumenty. Warszawa 2002.

Majchrzak, Grzegorz/Owsiński, Jan Marek: I Krajowy Zjazd Delegatów NSZZ „Solidarność". Stenogramy, t.1 – I tura. Warszswa 2011.

Majewski, Tomasz/Zeidler-Janiszewska, Anna (Hg.): Pamięć Shoah. Kulturowe reprezentacje i praktyki upamiętnienia. Łódź 2009.

Mazowiecki, Tadeusz: Rok 1989 i lata następne. Warszawa 2012.

Mączak, Antoni: Ungleiche Freundschaft. Klientelbeziehungen von der Antike bis zur Gegenwart. Osnabrück 2005.

Michnik, Adam (wybór, wstęmp i opracowanie): Przeciw antysemityzmowi 1939–2009. Bd. I: 1900–1936. Bd. II: 1945–1947. Bd. III: Po 1989. Kraków 2010.

Ders.: Wściekłość i wstyd. Warszawa 2005.

Ders.: Seria „Dziela wybrane Adama Michnika. Tom 5: Takie czasy... Tom 6: Dwie dekady wolności. Warszawa 2009.

Ders.: Der lange Abschied vom Kommunismus. Reinbek bei Hamburg 1992.

Ders.: W poszukiwaniu utraconego sensu. Warszawa 2007.

Mieszkowska, Anna: Die Mutter der Holocaust-Kinder. Irena Sendler und die geretteten Kinder aus dem Warschauer Ghetto. München 2007.

Ministerstwo Spraw Zagranicznych – Biuro Archiwum i Zarządzania Informacją: Exposé Ministrów Spraw Zagranicznych 1990–2011. Warszawa 2011.

Modzelewski, Karol: Das barbarische Europa. Osnabrück 2011.

Müller, Olaf/Sicking, Manfred: Polen und Deutschland in Europa. Bronisław Geremek, Außenminister der Republik Polen. Internationaler Karlspreis 1998. Aachen 1999.

Ordyński, Jan/Szlajfer, Henryk: Nie bądźcie moimi sędziami. Rozmowy z Mieczysławem F. Rakowskim. Warszawa 2009.

Ders. (Redaktor serii): Ku zwyciętwu „Solidarności". Korespondencja Ambasady USA w Warszawie z Departamentem Stanu – styczeń – wrzesień 1989. Warszawa 2006.

Paczkowski, Andrzej: Wojna polsko-jaruzelska. Stan wojenny w Polsce 13 XII 1981 – 22 VII 1983. Warszawa 2006.

Pasztor, Maria: Między Paryżem, Warszawą i Moskwą. Stosunki polsko-francuskie w latach 1954–1969. Toruń 2003.

Paziewski, Michał: Debata robotników z Gierkiem – Szczecin 1971. Warszawa 2010.

Perzkowski, Stanisław: Tajne dokumenty Biura Politycznego i Sekretariatu KC. Ostatni rok władzy 1988–1989. Londyn 1994.

Plato, Alexander von: Die Vereinigung Deutschlands – ein weltpolitisches Machtspiel. Berlin 2002.

Pleskot, Patryk: Intelektualni sąsiedzi. Kontakty historyków polskich ze środowiskiem „Annales" 1945–1989. Warszawa 2010.

Polak, Wojciech/Ruchlewski, Przemysław/Kmiecik, Violetta/Kufel, Jakub (red.): Czas Przełomu. Solidarność 1980–1981. Szczecin 2002.

Praca zbiorowa: Wasz Goździk naszym Goździkiem. Droga życiowa i aktywność polityczna Lechosława Goździka. Warszawa ...

Prezydent Rzeczypospolitej Polskiej – Lech Wałęsa. Kalendarium 9 grudnia 1990 – 31 grudnia 1991. Warszawa 1992.

Rakowski, Mieczysław F.: Es begann in Polen. Der Anfang vom Ende des Ostblocks. Hamburg 1995.

Ders.: Dzienniki polityczne. Tom 6: 1976–1978, Warszawa 2002. Tom 7: 1979–1981, Warszawa 2004. Tom 8: 1981–1983, Warszawa 2004. Tom 9: 1984–1986, Warszawa 2005. Tom 10: 1987–1990, Warszawa 2005.

Raina, Peter: Die Krise der Intellektuellen. Die Rebellion für die Freiheit in Polen – Ein Modellfall. Olten/Freiburg im Breisgau 1968.

Ders.: Political opposition in Poland 1954–1977. London 1978.

Reich-Ranicki, Marcel: Mein Leben. München 2003.

Rok 1989. Geremek opowiada, Żakowski pyta. Warszawa 2008.

Rotfeld, Adam Daniel: W cieniu. 12 Rozmów z Marcinem Wojciechowskim. Warszawa 2012.

Rühle, Jürgen: Literatur und Revolution. Die Schriftsteller und der Kommunismus in der Epoche Lenins und Stalins. Frankfurt am Main 1983.

Sakowska, Ruta: Ludzie z dzielnicy zamkniętej. Z dziejów Żydów w Warszawie w latach okupacji hitlerowskiej. Październik 1939 – marzec 1943. Warszawa 1993.

Samsonowicz, Henryk: Untersuchungen über das Danziger Bürgerkapital in der zweiten Hälfte des 15. Jahrhunderts. Weimar 1969.

Ders.: Das lange 10. Jahrhundert. Über die Entstehung Europas. Osnabrück 2009.

Seidler, Barbara: Kto kazał strzelać. Grudzień '70. Gdańsk 2010.

Sejm Rzeczypospolitej Polskiej. I Kadencja. Informator (2). Warszawa 1992.

Skórzyński, Jan: Rewolucja okrągłego stołu. Kraków 2009.

Ders.: Zadra. Biografia Lecha Wałęsy. Gdańsk 2009.

Ders.: Siła bezsilnych. Historia Komitetu Obrony Robotników. Warszawa 2012.

Skrzydłowska-Kalukin, Katarzyna: Gajka i Jacek. Kuronowie. Warszawa 2011.

Słonimski, Antoni: Zweimal Weltuntergang. Frankfurt am Main, 1986.

Smolar, Tabu i Niewinność. Kraków 2010.

Snyder, Timothy: Bloodlands. Europa zwischen Hitler und Stalin. München 2011.

Śpiewak, Paweł: Żydokomuna. Interpretacje historyczne. Warszawa 2012.

Stadt-Revue/Komitee „Solidarität mit Solidarność: Gesellschaftliche Selbstverteidigung 1977–1982. Aufsätze angeklagter KOR-Mitglieder. Köln, ohne Jahresangabe.

Stola, Dariusz: Kraj bez wyjścia? Migracje z Polski 1949–1989. Warszawa 2010.

Strasz, Małgorzata (Oprac.): Komitet Obywatelski przy Przewodniczącym NSZZ „Solidarność" Lechu Wałęsie. Stenogram posiedzeń. Warszawa 2996.

Stryjkowski, Julian: Wielki Strach. Warszawa/Londyn1980.

Szczesiak, Edmung: Borusewicz. Jak runął mur. Warszawa 2005.

Szűcs, Jenő: Die drei historischen Regionen Europas. Frankfurt/M. 1990.

Tabako, Tomasz (red.): Komisja Krajowa NSZZ „Solidarność". Posiedzenie w dniach 11–12 grudnia 1981 r., Warszawa 2003.

The main commission for the investigation of crimes against the polish nation/The institute of national memory/the polish society for the righteous amonh the nations: Those who helped. Polish rescuers of jews during the holocaust. Warszawa 1993.

Tomala, Mieczysław: Polen nach 1945. Stuttgart/Berlin/Köln/Mainz 1973.

Ders.: Niemcy – moją pasją. Warszawa 2010. Deutsche Ausgabe: Deutschland – meine Leidenschaft. Hass zerstört – Versöhnung heilt. Warschau 2012.

Ders.: Od porozumienia do współpracy. Stosunki polsko-niemieckie w latach 1991–2001.

Tomaszewski, Jerzy (pod redakcją): Najnowsze dzieje żydów w polsce. Warszawa 1993.

Tych, Feliks/Kenkmann, Alfons/Kohlhaas, Elisabeth/Eberhardt, Andreas (Hg.): Kinder über den Holocaust. Frühe Zeugnisse 1944–1948. Berlin 2009.

Tych, Feliks/Adamczyk-Garbowska, Monika: Następstwa zagłady Żydów. Polska 1944–2010. Lublin 2011.

Vetter, Reinhold: Polens eigensinniger Held. Wie Lech Wałęsa die Kommunisten überlistete. Berlin 2010.

Villon, François: Sämtliche Werke. Herausgegeben von Carl Fischer. München 2002.

Wałęsa, Danuta: Marzenia i tajemnice. Warszawa 2011.

Wałęsa, Lech: Ein Weg der Hoffnung. Wien/Hamburg 1987.

Ders.: Droga do prawdy. Warszawa 2008.

Ders.: Droga do wolności. Warszawa 1991.

Winkler, Heinrich August: Der lange Weg nach Westen. Zweiter Band. Deutsche Geschichte vom „Dritten Reich" bis zur Wiedervereinigung. München 2000.

Włodek, Zbigniew: Tajne dokumenty Biura Politycznego. PZPR a „Solidarność" 1980–1981. Londyn 1992.

Winkler, Heinrich August: Erinnerungswelten im Widerstreit. Europas langer Weg zu einem gemeinsamen Bild vom Jahrhundert der Extreme. In: Kauffmann, Bernd/Kerski, Basil: Antisemitismus und Erinnerungskulturen im postkommunistischen Europa. Osnabrück 2006.

Witte, P./Wildt, M./Voigt, M.: Der Dienstkalender Heinrich Himmlers 1941/42. Hamburg 1999.

Wolff, Karin (Hrg.): Hiob 1943. Ein Requiem für das Warschauer Getto. Neukirchen-Vluyn 1983.

Wyszkowski, Krzysztof: Głową w mur. Łomianki 2012.

Zalewska, Gabriela: Ludność żydowska w Warszawie w okresie międzywojennym. Warszawa 1996.

Zaremska, Hanna/Banszkiewicz, Jacek/Geremek, Bronisław: Kultura Polski średniowiecznej XIV-XV w. Warszawa 1997.

Ziemer, Klaus: Das politische System Polens. Wiesbaden 2013.

Żebrowski, Rafał: Dzieje Żydów w Polsce. Wybór tekstów źródłowych 1918–1939. Warszawa 1993.

Żydzi Polscy. Historie niezwykłe. Warszawa 2010.

Zeitungen, Zeitschriften, Periodika

Bronek, mój brat. Zofia Żukowska im Gespräch mit Aleksandra Klich. In: *Gazeta Wyborcza*, Duży Format, 21.7.2008, S. 5.

Cieślińska-Lobkowicz, Nawojka: Judaika in Polen. Herkunft, Schicksal, Status. In: *Osteuropa*, 61.Jg., 4/2011.

Europejskie Centrum Solidarności: Wolność i Solidarność. Studia z dziejów opozycji wobec komunizmu i dyktatury. Nr. 2/2011.

Falk, Barbara J.: Der Dissens und die politische Theorie. Lehren aus Ostmitteleuropa. In: Osteuropa, 60.Jg., 11/2010.

Friszke, Andrzej: Bronisława Geremka droga do wolnej Polski. In: *WIĘŹ* 2008, nr. 9. Mit Verweis auf Bajer, Magdalena: Blizny po ukąszeniu. Biblioteka WIĘZI, Warszawa 2005.

Ders.: Tygodnik Solidarność 1981. In: Biuletyn Instytutu Pamięci Narodowej, Nr. 07–08/2005.

Ders.: Stan wojenny – statystyka represji. In: Europejskie Centrum Solidarności: Wolność i Solidarność, Nr. 2/2011.

Geremek, Bronisław: Europa und die Welt. In: *Transit*, Heft 27, Sommer 2004.

Ders.: Die Erfahrungen der OSZE-Präsidentschaft Polens 1988. In: Zeitschrift des deutsch-französischen Forums. http://www.leforum.de/de-revue-pesc15.html.

Holzer, Jerzy: Solidarność i iluzja społeczeństwa bezkonfiktowego. In: Europejskie Centrum Solidarności: Wolność i Solidarność. Nr. 2/2011.

Hoppe, Thomas: Wie leben mit Erinnerungen, die man kaum erträgt? Zu den psychosozialen Folgen von Systemunrecht. In: *OST-WEST Europäische Perspektiven*, 12. Jahrgang 2011, Heft 2.

Kaczyński, Andrzej: Zjazd walny. In: Europejskie Centrum Solidarności: Wolność i Solidarność, Nr. 2/2011.

Kenkmann, Alfons/Kohlhaas, Elisabeth: Frühe Zeugnisse über den Holocaust. Die Befragung von Kindern in Polen nach der Befreiung von der deutschen Herrschaft. In: *BIOS*, Jg. 23 (2010), Heft 1.

Kochać Kościół mimo wszystko. In: *Więź*, rok LIII, nr 10.

Kowalik, Tadeusz: Wspomnienia ze Stoczni Gdańskiej. Perwodruk, *Zeszyty Literackie* Nr. 2/1983.

Liberté Nr. 11.

Majchrzak, Grzegorz: Niebezpieczny dokument. Posłanie do ludzi pracy Europy Wschodniej. In: Europejskie Centrum Solidarności: Wolność i Solidarność, Nr. 2/2011.

Mazowiecki, Tadeusz: Początek rozmów. In: *Tygodnik Solidarność* Nr. 1, 3.4.1981.

Paczkowski, Andrzej: Polnischer Bürgerkrieg. In: *Osteuropa*, 2–3/2009.

Vetter, Reinhold: Fernziel Champions League. Die Europäisierung der polnischen Wortschaft. In: *Osteuropa*, 61. JG., 5–6/2011, S. 221–233.

Wielki Egzamin. Spotkani z ekspertami Międzyzakładowego Komitetu Strajkowego w Gdańsku w warszawskim Klubie Inteligencji Katolickiej 3 września 1980. In: Europejskie Centrum Solidarności: Wolność i Solidarność, Nr. 2/2011.

Gespräche

Bauch, Johannes, 7.1.2011
Borusewicz, Bogdan, 14.9.2011
Cohn-Bendit, Daniel, 2.8.2011
Fritsch, Rüdiger Freiherr von, 21.2.2012
Geremek, Marcin, 17.1.2012
Holzer, Jerzy, 14.9.2011
Horaček, Milan, 10.7.2011
Kwaśniewski, Aleksander, 8.6.2012
Łaski, Kazimierz, 2.2.2011
Lityński, Jan, 24.5.2011
Margański, Jerzy, 17.4.2013
Mazowiecki, Tadeusz, 15.9.2011
Michnik, Adam, 24.10.2012
Modzelewski, Karol, 10.4.2012
Pleuger, Gunter, 15.4.2013
Pöttering, Hans-Gert, 14.9.2011
Schmidt, Helmut, 27.1.2009
Smolar, Aleksander, 23.11.2011
Weizsäcker, Richard von, 10.12.2008
Wieck, Hans Georg, 2.4.2013
Wilczyński, Józef, 28.4.2012
Winkler, Dörte, 15.4.2013
Winkler, Heinrich August, 10.11.2011
Wujec, Henryk, 24.5.2011
Żukowska, Zofia, 23.2.2012, 8.5.2012

Personenregister

Adamczyk-Garbowska, Monika 13, 36, 37, 397
Adenauer, Konrad 204, 306, 332
Albright, Madeleine 319, 320, 338, 372
Andrzejewski, Jerzy 22, 80, 88, 113, 117, 389
Anielewicz, Mordechaj 24
Arendarski, Andrzej 293
Assorodobraj, Nina 86
Aymard, Maurice 53, 55, 57, 62
Baberowski, Jörg 54, 389
Bachmann, Klaus 35, 328, 389
Baczko, Bronisław 85, 88, 92, 106
Bajer, Magdalena 70, 389
Baka, Władysław 205, 250
Balcerowicz, Leszek 92, 261, 264, 265, 268, 274, 275, 285, 288, 290, 304, 309, 341, 342, 389
Barańczak, Stanisław 111
Barański, Rajmund 20
Bardecki, Andrzej 42
Bartoszcze, Michał 154
Bartoszewski, Władysław 22, 26, 32, 126, 128, 134, 186, 187, 217, 301, 305, 323, 324, 332, 389
Bauch, Johannes 324, 340, 384, 400
Bauman, Zygmunt 79, 81, 89
Belka, Marek 349, 356
Bereś, Witold 17, 22, 24, 389
Berija, Lavrentji 65
Bernstein, Eduard 79
Beylin, Paweł 86
Białostocki, Jan 88
Bibó, István 382
Bidlo, Jaroslav 382
Bielecki, Jan-Krzysztof 281, 290, 293, 341, 343
Bieliński, Konrad 127
Bloch, Marc 46, 54, 335, 392
Blumsztajn, Seweryn 88, 127

Bobińska, Celina 106
Bocheński, Jacek 80, 86
Bogucka, Maria 48, 390
Bogucka, Teresa 86
Bojarski, Piotr 27, 29, 38, 43
Borodziej, Włodzimierz 9, 22, 33, 35, 36, 37, 49, 56, 76, 84, 102, 106, 116, 126, 130, 158, 213, 227, 234, 237, 240, 252, 253, 328, 390
Borowczak, Jerzy 133, 142
Borrell i Fontelles, Joseph 351, 352, 353, 354
Borusewicz, Bogdan 112, 117, 119, 127, 132, 133, 138, 142, 213, 369, 396, 400
Brandes, Detlef 35
Brandt, Willy 199, 200, 201, 202, 203, 204, 205, 338
Brandys, Kazimierz 60, 76, 77, 80, 390
Brandys, Marian 86, 134
Bratkowski, Stefan 80, 128, 219
Braudel, Fernand 53, 54, 55, 58, 62, 96, 106, 390, 392
Breschnew, Leonid 109, 162, 166, 174, 200, 205
Brus, Włodzimierz 79, 80, 81, 85, 88, 89, 92, 390
Brzeziecki, Andrzej 101, 133, 145, 390
Brzeziński, Zbigniew 154, 214
Bubis, Ignatz 332
Bugaj, Ryszard 210, 217, 219, 220, 221, 270, 274
Bujak, Zbigniew 150, 157, 160, 166, 169, 189, 190, 191, 194, 202, 208, 215, 217, 238, 239, 281, 370
Burnetko, Krzysztof 17, 24, 389
Bush, George 214, 255, 256, 302
Bush, George W. 302, 346, 347
Büttner, Hanna Teresa (Geremek, Hanna Teresa) 51, 52, 387

401

Buzek, Jerzy 294, 301, 308, 309, 322, 329, 331, 332, 350, 353, 369, 373
Camus, Albert 55, 379
Carlyle, Thomas 380
Ceauşescu, Nicolae 263
Celiński, Andrzej 117, 150, 188, 210, 218
Chatzimarkakis, Jorgo 352
Cheney, Dick 346
Chirac, Jacques 326, 356
Chmielowski, Piotr 127
Chojecki, Mirosław 117
Chruschtschow, Nikita 66, 67, 68, 390
Chrzanowski, Wiesław 150, 151, 156, 198, 217
Churchill, Winston 34, 332
Chwalba, Andrzej 252, 284
Chyla, Eugeniusz 81
Cimoszewicz, Włodzimierz 294, 356
Ciosek, Stanisław 163, 217, 221, 225, 246
Clinton, Bill 302, 303, 316
Cohn, Ludwik 111
Cohn-Bendit, Daniel 351, 352, 353, 365, 400
Conrad, Joseph 379
Coudenhove-Kalergi, Barbara 128
Cybulski, Zbigniew 77
Cyrankiewicz, Józef 80
Cywiński, Bohdan 126, 127, 138, 148, 197
Czerniaków, Adam 23
Czyrek, Józef 165, 221, 224, 225, 234
Dąbrowska, Maria 80, 383, 390
Dąbrowski, Bronisław 110, 198
Dąbrowski, Jerzy 225
Dahrendorf, Lord Ralf 203, 204, 360, 372, 382, 390
Dajczgewandt, Józef 86
Delisle, Leopold 380
Djilas, Milovan 82, 83, 390
Domarańczyk, Zbigniew 261, 262, 264, 391

Drawicz, Andrzej 111, 113, 114, 127, 186, 216
Duby, Georges 53, 58, 92
Duchardt, W. 9, 390
Duda-Gwiazda, Joanna 119, 142, 150
Durkheim, Emile 53
Dzurinda, Mikuláš 329
Eco, Umberto 62
Edelman, Marek 17, 24, 219, 233, 281, 370, 389
Eisler, Jerzy 101, 108
Engel, Evamaria 48
Engelking, Barbara 22, 33, 391
Espada, João Carlos 348
Fèbvre, Lucièn 54
Felski, Bogdan 133, 142
Fischer, Joschka 319, 326, 327, 328, 338, 339, 340, 341, 372, 385, 391
Fiszbach, Tadeusz 280
Ford, Aleksander 77
Fouchet, Christian 56
Frank, Hans 22, 26
Frasyniuk, Władysław 150, 160, 189, 191, 193, 213, 215, 217, 236, 239, 281, 350
Friszke, Andrzej 68, 70, 81, 83, 84, 87, 88, 91, 97, 110, 113, 116, 118, 127, 128, 129, 130, 132, 133, 143, 145, 147, 148, 149, 163, 168, 182, 184, 189, 209, 210, 214, 217, 219, 220, 221, 223, 224, 226, 227, 233, 239, 244, 253, 272, 279, 296, 381, 388, 391, 398
Frybes, Stanisław 61
Fuhrmann, Horst 379, 380
Furet, François 372, 382, 390
Garlicki, Andrzej 44, 227, 234, 237, 240, 390
Garztecka, Ewa 66
Garztecki, Juliusz 66
Gąsiewicz, Adam 11
Genscher, Hans-Dietrich 231, 266, 324, 360, 391

Geremek, Hanna Teresa (Büttner, Hanna Teresa) 51, 52, 60, 93, 123, 125, 186, 196, 367, 387
Geremek, Maciej 31, 387
Geremek, Marcin 19, 31, 39, 40, 121, 172, 247, 367, 375, 377, 386, 387, 400
Geremek, Stefan 29, 31, 32, 34, 38, 39, 40, 70, 376
Giedroyc, Jerzy 83, 284, 392
Gierek, Edward 99, 101, 102, 103, 104, 107, 108, 109, 114, 116, 118, 121, 124, 128, 131, 132, 134, 139, 141, 142, 208, 392
Gieysztor, Aleksander 48, 49, 50, 51, 60, 62, 80, 134
Glemp, Kardinal Józef 175, 198
Gocłowski, Erzbischof Tadeusz 368
Gomułka, Stanisław 81, 87
Gomułka, Władysław 65, 66, 67, 68, 69, 73, 74, 75, 76, 77, 78, 83, 85, 87, 89, 90, 99, 100, 101, 102, 114, 204, 392
Göncz, Árpád 332, 333
Gonzáles, Felipe 332, 336
Gorbatschow, Michail Sergejewitsch 11, 182, 213, 214, 219, 226, 231, 267, 302
Goździk, Lechosław 68, 73, 395
Grabowski, Jan 33, 34, 392
Grabski, August 37
Graczyk, Roman 109, 296, 392
Gross, Jan Tomasz 86, 375
Grudzińska, Agnieszka 60
Grynberg, Michał 22, 392
Guizot, François 380
Gutman, Israel 22, 392
Gwiazda, Andrzej 119, 133, 142, 144, 150, 156, 165, 167, 193
Hahn, Hans-Henning 50
Hajnicz, Artur 35, 134, 328, 390
Halecki, Oskar 382, 383, 390, 392

Hall, Aleksander 112, 210, 238, 255, 275, 291, 292, 392
Handelsman, Marceli 47, 48
Harms, Rebecca 353
Haska, Agnieszka 31, 392
Haumann, Heiko 15, 24, 32
Havel, Václav 332, 335, 336
Heller Wallenstein, Rivka 18
Hensel, Witold 106
Herbert, Zbigniew 111
Herbst, Stanisław 48, 49, 51, 106
Herling-Grudziński, Gustaw 60
Herzl, Theodor 19, 392
Herzog, Roman 305, 325
Heydecker, Joe J. 22, 392
Himmler, Heinrich 23, 397
Hirsch, Helga 110, 116, 391, 392
Hłasko, Marek 77, 392
Hochfeld, Julian 61
Hofmann, Gunter 203, 302, 306, 347, 372, 386, 392
Holzer, Jerzy 9, 48, 50, 71, 85, 86, 94, 97, 124, 125, 129, 131, 152, 159, 160, 161, 162, 165, 170, 171, 172, 173, 176, 179, 180, 186, 189, 207, 208, 216, 374, 392, 398, 400
Horáček, Milan 365, 400
Horn, Gyula 332
Humboldt, Alexander von 380
Hussein, Saddam 346, 347
Jabłoński, Henryk 107
Jagielski, Mieczysław 137, 139, 140, 147
Jähling, W. 50
Jahn, Gerhard 201, 385
Jakeš, Miloš 263
Jakubowicz, Szymon 134
Janion, Maria 126, 134
Jarosz, Dariusz 56
Jaroszewicz, Piotr 114, 115, 121
Jaruzelski, Wojciech 89, 101, 125, 147, 153, 155, 160, 162, 173, 174, 175, 176, 177, 180, 182, 183, 192, 193,

194, 196, 198, 200, 202, 203, 205,
207, 208, 212, 213, 214, 215, 216,
217, 218, 220, 221, 222, 225, 233,
234, 235, 238, 240, 242, 249, 253,
255, 256, 257, 261, 263, 269, 273,
284, 286, 381, 389, 392, 393
Jasienica, Paweł 66, 80, 88
Jasińska, Aleksandra 86
Jastrun, Mieczysław 80
Jaworski, Seweryn 166, 193
Jedlicki, Jerzy 96, 126, 127, 134, 375, 393
Johannes Paul II. 42, 130, 137, 169, 182, 194, 216, 217, 218, 368, 375
Joskowitz, Menachem 339
Jóźwiak, Jerzy 257
Juncker, Jean-Claude 356
Jurczyk, Marian 140, 167, 193
Jurek, Marek 279
Kaczorowski, Ryszard 367, 370
Kaczyński, Jarosław 218, 238, 257, 261, 268, 271, 273, 280, 283, 285, 291, 292, 299, 308, 343, 360, 361, 363, 368, 369, 385, 398
Kaczyński, Lech 218, 236, 261, 270, 280, 283, 285, 299, 343, 358, 361, 367, 368, 369, 373, 385
Kádár, János 124
Kalecki, Michał 79, 88
Kaliciński, Z. 14
Kaliński, Janusz 77, 103, 108, 393
Kalukin, Rafał 74, 257, 396
Kania, Stanisław 134, 135, 141, 153, 160, 162, 173, 174
Kapuściński, Ryszard 71, 391
Kartin, Pinkus 24
Kassow, Samuel D. 16, 23, 24, 393
Kautsky, Karl 128
Kenkmann, A. 32, 397, 398
Kersten, Adam 50, 71, 96, 97, 126, 136
Kersten, Krystyna 50, 96, 111, 393
Kielanowski, Jan 128
Kieniewicz, Stefan 48, 50

Kijowski, Andrzej 127, 128, 186
Kinkel, Klaus 323, 325, 332
Kisielewski, Stefan 80, 88, 111
Kissinger, Henry A. 332
Kiszczak, Czesław 101, 160, 225, 227, 228, 230, 232, 234, 236, 237, 238, 240, 248, 249, 255, 269, 391
Klepfisz, Michał 24
Klich, Aleksandra 19, 393, 398
Kliszko, Zenon 85
Kohl, Helmut 256, 257, 265, 266, 306, 325, 332, 385
Köhler, Horst 351
Kohlhaas, E. 32, 397, 398
Kołakowski, Leszek 61, 66, 72, 75, 77, 79, 84, 85, 86, 88, 89, 90, 92, 94, 96, 97, 111, 117, 126, 371, 372, 393
Kołodziej, Andrzej 119
Kołodziejczyk, Piotr 290, 298
Komorowski, Bronisław 186, 369
Konwicki, Tadeusz 86, 134
Korczak, Janusz 19, 28, 29, 393
Kościelniak, Zdzisław 146
Kotlarz, Roman 116
Kotowski, Elke-Vera 15, 393
Kowalczyk, Jerzy 107, 108
Kowalczyk, Ryszard 107, 108
Kowalik, Tadeusz 66, 79, 92, 111, 121, 126, 127, 128, 134, 135, 138, 274, 392, 393, 398
Kowalska, Anka 117
Kraft, Claudia 9, 393
Krajewski, Władysław 86
Kranz, Jerzy 35, 328, 389
Krasiński, Andrzej 128
Król, Marcin 126, 134, 238
Kronenbergs 15
Kubaś, Robert 11
Kubiak, Hieronim 160
Kuczyński, Waldemar 81, 126, 138, 148, 185, 186, 393
Kudelski, Zdzisław 60
Kula, Marcin 48, 53, 55, 59, 60, 393

Kula, Witold 53, 57, 59, 60, 61, 62, 80, 94, 106
Kułakowski, Jan 304, 323, 350
Kundera, Milan 383
Kunicki-Goldfinger, Władysław 126
Kur, Tadeusz 20, 26
Kuroń, Grażyna 127
Kuroń, Jacek 66, 72, 73, 74, 81, 82, 83, 84, 85, 86, 87, 88, 89, 90, 92, 93, 94, 96, 97, 110, 111, 113, 117, 125, 127, 128, 133, 134, 148, 149, 150, 151, 154, 155, 156, 157, 160, 165, 166, 169, 178, 185, 186, 188, 190, 195, 213, 215, 217, 218, 219, 238, 239, 243, 244, 252, 254, 258, 261, 267, 268, 270, 273, 274, 293, 341, 368, 370, 388, 391, 393, 394
Kuroń, Maciej 127
Kwaśniewski, Aleksander 280, 281, 295, 297, 299, 300, 301, 308, 309, 326, 331, 345, 351, 367, 370, 373, 400
Łabentowicz, Mariusz 154
Labuda, Barbara 270, 281
Łacek, Mieczysław 42
Lalik, Tadeusz 47
Landau, Zbigniew 20, 105
Landsbergis, Vytautas 371
Lange, Oskar 61, 79, 128
Łaski, Kazimierz 37, 49, 50, 61, 79, 80, 89, 390, 400
Lasota, Irena 86
Le Goff, Jacques 53, 62, 92, 106, 372, 391
Leitsch, Walter 48
Lem, Stanisław 108
Lemberg, Hans 35
Leociak, Jacek 22
Lernell, Leszek 86
Lewandowski, Janusz 112, 281, 290, 293, 341, 343
Lewart, Jerry (Israel Lewartow) 14, 20, 31, 46, 52

Lewartow, Benjamin (Bronisław Geremek) 13, 14, 15, 16, 17, 18, 19, 20, 24, 26, 27, 28, 29, 30, 41, 374
Lewartow, Borys 14, 18, 19, 26, 27, 30
Liebknecht, Karl 128
Limanowski, Bolesław 44
Lipiński, Edward 50, 66, 79, 88, 110, 111, 112, 117, 122, 126, 202, 248, 341
Lipski, Jan Józef 66, 86, 110, 111, 116, 117, 122, 126, 217, 219, 394
Lis, Bogdan 119, 142, 189, 191, 213, 215, 238, 239, 270
Lis, Tomasz 363
Lityński, Jan 86, 97, 117, 122, 149, 164, 169, 239, 258, 270, 275, 400
Loew, Oliver Peter 9, 265, 347, 394
Łopuszański, Jan 279
Lorentz, Stanisław 61, 106
Lubetkin, Zivia 24
Lukaschenko, Alexander 313, 314, 331
Łukasik, Lidia 11
Lustiger, Arno 22, 24, 394
Luxemburg, Rosa 128
Macaulay, Thomas Babington 380
Macek, Josef 95, 394
Macewicz, Jadwiga 38
Machcewicz, Paweł 66, 67, 69, 83, 100, 102, 207, 218, 223, 394
Macierewicz, Antoni 117, 149, 186, 280, 292
Maćkowiak, Stefan 39
Mączak, Antoni 47, 48, 86, 394
Madariaga, Salvador de 336
Magdziak-Miszewska, Agnieszka 322
Malinowski, Roman 257
Małkowski, Stanisław 111
Małowist, Marian 47, 50, 51, 57, 61, 62, 70, 106, 126, 134
Mańkowska, Bożena 81
Manteuffel, Tadeusz 48, 49, 50, 53, 56, 61, 62, 88, 96
Margański, Jerzy 400

Marshall, George C. 332
Marx, Karl 66, 80, 123, 124, 128, 377, 379, 390
Mazowiecki, Tadeusz 10, 97, 100, 112, 126, 127, 129, 134, 135, 136, 137, 138, 141, 142, 143, 144, 148, 149, 150, 151, 156, 165, 166, 175, 176, 178, 180, 181, 186, 194, 197, 198, 202, 205, 209, 210, 211, 212, 215, 217, 218, 219, 223, 224, 225, 228, 229, 231, 232, 233, 236, 237, 238, 239, 242, 243, 245, 251, 252, 253, 255, 256, 257, 258, 259, 260, 261, 262, 263, 264, 265, 266, 267, 268, 269, 270, 271, 273, 274, 275, 278, 281, 283, 284, 285, 286, 287, 290, 291, 293, 297, 299, 301, 302, 304, 341, 342, 350, 363, 364, 368, 370, 372, 373, 376, 388, 394, 399, 400
Meller, Stefan 81
Merkel, Jacek 281, 341
Michalski, Krzysztof 372, 383, 391
Michnik, Adam 66, 79, 80, 82, 86, 87, 88, 89, 107, 111, 117, 125, 126, 127, 128, 134, 148, 149, 157, 185, 186, 188, 195, 198, 204, 208, 213, 215, 216, 218, 219, 225, 226, 238, 239, 245, 251, 252, 253, 254, 255, 269, 270, 274, 275, 278, 279, 281, 283, 287, 299, 301, 339, 367, 369, 372, 373, 375, 376, 377, 381, 388, 393, 394, 400
Mieszkowska, Anna 22, 394
Mikołajska, Halina 111, 117, 186
Milewicz, Ewa 117, 363
Miller, Leszek 345, 349, 356
Milošević, Slobodan 314, 315
Miłosz, Czesław 97, 98
Moczar, Mieczysław 75, 77, 88, 89
Modzelewski, Karol 42, 44, 46, 47, 48, 49, 62, 66, 72, 73, 74, 81, 82, 83, 84, 85, 86, 87, 88, 89, 90, 91, 92, 93, 94, 95, 96, 97, 98, 106, 121, 122, 125, 150, 156, 160, 178, 185, 186, 193, 195, 257, 270, 274, 296, 366, 367, 381, 382, 388, 391, 394, 395, 400
Molotow, Watscheslaw 21
Mommsen, 380
Montesquieu 109
Morawiec, M. 9, 390
Müller, Olaf 333, 334, 395
Nałęcz, Tomasz 280
Nałkowska, Zofia 345
Napolitano, Giorgio 371
Naszkowski, Eligiusz 177
Natansons, ... 15
Neudeck, Rupert 360
Newerly, Igor 86
Niesiołowski, Stefan 279
Niezabitowska, Małgorzata 284
Norblin, Stanisław 127
Nowak, Włodzimierz 27, 38
Olbrychski, Daniel 108
Olechowski, Andrzej 341
Oleksy, Józef 294, 361
Olszewski, Jan 110, 111, 128, 198, 209, 210, 217, 280, 292, 368
Olszowski, Stefan 160
Onyszkiewicz, Janusz 125, 169, 186, 202, 221, 270, 293, 309, 350
Orbán, Viktor 329
Orysiak, Justyna 11
Osiatyński, Jerzy 261, 270, 293
Osowska, Ewa 142
Ossowska, Maria 80
Owczarski, Stanisław (Andrzej Bardecki) 42
Paczkowski, Andrzej 102, 182, 183, 189, 190, 207, 218, 263, 282, 395, 399
Pajdak, Antoni 111
Palacký, František 382
Palka, Grzegorz 165, 193
Pasztor, Maria 53, 55, 56, 395
Paterek, Edward 366
Pawlak, Waldemar 292, 293, 294, 298

Pelikan, Jiri 114
Petersen, Niels Helveg 311, 316
Pfau, Ruth 360
Picht, Robert 348
Pieńkowska, Alina 119, 133, 142
Piłsudski, Józef 44
Płażyński, Maciej 332, 341
Pleskot, Patryk 53, 55, 57, 92, 96, 395
Pleuger, Gunter 338, 339, 340, 400
Płońska, Maryla 119
Pomian, Krzysztof 60, 79, 86, 92, 111
Pöttering, Hans-Gert 351, 352, 353, 354, 362, 363, 369, 400
Prądzyński, Ludwik 133, 142
Primakow, Jewgeni 330
Pyjas, Stanisław 118
Pyka, Tadeusz 134, 137
Raina, Peter K. 84, 85, 110, 395
Rakowski, Mieczysław F. 81, 84, 85, 113, 117, 155, 160, 162, 177, 178, 183, 192, 194, 196, 221, 222, 229, 230, 234, 242, 248, 249, 250, 256, 263, 372, 395
Rau, Johannes 326, 332
Reagan, Ronald 199, 200, 302, 385
Reich-Ranicki, Marcel 16, 395
Religa, Zbigniew 44
Reykowski, Janusz 208, 234, 255
Ribbentrop, Joachim von 21, 67, 119
Ringelblum, Emanuel 16, 21, 23, 24, 47, 393
Rokita, Jan Maria 270, 293
Rokossowski, Konstanty 68
Romaszewski, Zbigniew 117, 157, 188, 190, 213, 215, 243
Romsics, J. 9, 390
Roosevelt, Franklin D. 34
Rosati, Dariusz 301
Rotfeld, Adam Daniel 32, 396
Rousseau, Jean Jacques 109
Rühe, Volker 321
Rulewski, Jan 150, 154, 161, 167, 176, 193

Rumsfeld, Donald 346
Sachs, Jeffrey 264, 274, 275
Sakowska, Ruta 22, 396
Salij, Jacek 111, 134
Samsonowicz, Henryk 48, 51, 62, 74, 95, 97, 106, 121, 210, 233, 372, 396
Sarkozy, Nicolas 371
Sartre, Jean Paul 55
Saryusz-Wolski, Jacek 304
Schmidt, Helmut 104, 200, 201, 205, 353, 360, 400
Schoeps, Julius H. 15, 393
Schorr, Mojzesz 13
Schröder, Gerhard 325, 326, 327, 329
Schulz, Martin 351, 352, 353, 354
Schuman, Robert 332
Schumpeter, Joseph 128
Schwan, Gesine 360
Semka, Piotr 363
Sendler, Irena 22, 394
Sickel, Thodor von 380
Sicking, Manfred 333, 334, 395
Siemaszko, Józf 127
Siła-Nowicki, Władysław 111, 150, 197, 198
Siwak, Albin 160
Siwicki, Florian 234, 248, 269
Skarga, Barbara 126
Skibińska, Alina 36
Skórzyński, Jan 110, 114, 115, 116, 119, 120, 126, 127, 135, 143, 149, 150, 151, 157, 176, 197, 218, 227, 235, 237, 241, 396
Skubiszewski, Krzysztof 262, 265, 266, 290, 292, 302, 394
Słonimski, Antoni 80, 88, 396
Smolar, Aleksander 72, 81, 98, 122, 129, 258, 270, 271, 275, 294, 342, 343, 373, 374, 384, 393, 396, 400
Smoleński, Władysław 127
Solana, Javier 315, 319, 336, 337
Solschenizyn, Alexander Isssajewitsch 379

Soros, George 337, 338
Śpiewak, Paweł 17, 126, 134, 396
Stalin 34, 65, 66, 67, 396
Staniszewska, Grażyna 270, 350
Stankowski, Albert 13, 24
Steffen, Katrin 9, 393
Steinmeier, Frank Walter 371
Steinsbergowa, Aniela 111, 117
Stelmachowski, Andrzej 138, 198, 217, 219, 221, 224, 225, 233, 239, 270
Stembrowicz, Jerzy 138
Stępień, Jerzy 363
Stern, Fritz 203, 204, 334, 335, 360, 365, 378, 379, 387, 388
Stola, Dariusz 37, 104, 396
Stomma, Stanisław 113, 149, 220, 252, 270, 271
Stryjkowski, Julian 21, 86, 396
Strzelecki, Jan 97, 111, 121, 126, 127, 134, 138, 160
Suchocka, Hanna 270, 281, 293, 309
Sundhaussen, H. 35
Światło, Józef 65
Szaniawski, Klemens 128, 134
Szarota, Tomasz 34
Szlajfer, Henryk 86, 88, 89, 309, 395
Szűcs, Jenő 382, 383, 396
Szymborska, Wisława 108, 111
Tazbir, Janusz 48, 106
Tischner, Józef 376
Tomaszewski, Jerzy 105, 397
Tomaszewski, Marek 60
Trawkowski, Stanisław 47, 48
Troebst, Stefan 35
Trotzki, Leo (Trockij, Lev), eigentlich Lew Dawidowitsch Bronstein 82
Turnau, Irena 106
Turowicz, Jerzy 80, 216, 217, 219, 376
Tusk, Donald 281, 341, 343, 346, 365, 368
Tych, Feliks 13, 32, 36, 37, 397
Tymiński, Stanisław 281, 286, 287, 290, 298

Urantówka, Julian 107
Ustinov, Dimitri 162
Védrine, Hubert 326, 340
Verheugen, Günter 336
Vetter, Reinhold 11, 100, 118, 119, 131, 143, 198, 202, 208, 240, 289, 299, 375, 397, 399
Villari, Pasquale 380
Villon, François 46, 379, 397
Voigt, M. 23, 397
Vollebæk, Knut 311, 315
Wachlewska, Maria (Maria Geremek) 39
Wachlewski, Bronisław (Bronisław Geremek) 29
Waitz, Georg 380
Wajda, Andrzej 77, 217, 233, 246
Walentynowicz, Anna 119, 132, 133, 141, 142, 150, 172
Wałęsa, Lech 10, 100, 102, 118, 119, 125, 132, 133, 137, 138, 139, 140, 142, 144, 145, 146, 147, 148, 149, 150, 151, 154, 155, 156, 160, 163, 165, 166, 167, 168, 169, 175, 176, 178, 180, 181, 189, 192, 194, 195, 196, 197, 202, 203, 204, 205, 208, 210, 211, 212, 214, 215, 216, 217, 218, 219, 223, 225, 227, 228, 229, 230, 231, 232, 233, 234, 235, 236, 237, 238, 239, 240, 244, 245, 248, 250, 251, 253, 254, 255, 256, 257, 258, 259, 261, 269, 271, 273, 275, 278, 279, 280, 281, 282, 283, 284, 285, 286, 287, 288, 290, 291, 292, 294, 295, 297, 298, 299, 301, 302, 305, 363, 364, 367, 368, 370, 372, 385, 388, 391, 395, 397
Walicki, Andrzej 123, 124
Wallenborn, Hiltrud 15, 393
Wallenstein, Alicja (Maria Geremek) 14, 17, 18, 19, 26, 27, 29, 30
Walukowa, Janina 86
Wawelbergs 15

Ważyk, Adam 80
Weinrich, Harald 62
Weiser, Piotr 13, 24
Weizsäcker, Richard von 266, 305, 338, 360, 372, 400
Westerwelle, Guido 314
Wieck, Hans Georg 311, 313, 400
Wieczorek, Wojciech 134
Wielowieyski, Andrzej 128, 138, 149, 150, 198, 210, 219, 221, 224, 231, 239, 253
Wiernik, Yankiel 24
Wilczyński, Józef 38, 40, 41, 400
Wildt, M. 23, 397
Wilke, Manfred 114
Wilner, Arje 24
Winkler, Heinrich August 30, 93, 123, 124, 125, 130, 201, 267, 372, 377, 384, 397, 400
Witos, Wincenty 38, 281
Witte, P. 23, 397
Wnuk-Lipiński, Edmund 248, 341
Wolff, Karin 22, 397
Wörner, Manfred 303, 321
Woroszylski, Wiktor 71, 80, 86, 127, 186
Wóycicki, Kazimierz 134
Wrzos, Konrad 15
Wujec, Henryk 117, 127, 149, 186, 188, 213, 218, 243, 270, 400
Wyczański, Andrzej 62
Wyrobisz, Andrzej 48
Wyszkowski, Krzysztof 119, 397
Wyszyński, Stefan Kardinal 67, 110, 140, 155, 159
Zagajewski, Adam 111
Żakowski, Jacek 44, 45, 72, 73, 355, 356, 377, 396
Zalewska, Gabriela 13, 14, 15, 397
Zapasiewicz, Zbigniew 44
Zapatero, José Luis Rodríguez 356
Zaremska, Hanna 366, 387, 397
Żbikowski, Andrzej 36

Zeman, Miloš 329
Żeromski, Stefan 77
Zieja, Jan 111
Zientara, Benedykt 47, 48
Zimand, Roman 79
Ziółkowska, Wiesława 280
Živkov, Todor 263
Zuckerman, Jizchak 24
Żukowska, Zofia 18, 19, 20, 27, 28, 30, 31, 39, 42, 46, 58, 70, 97, 374, 375, 387, 398, 400

Sachregister

Abschließende Akte der Verhandlungen über Personalstärken der konventionellen Streitkräfte in Europa (KSEIA) 312
Acquis Communautaire 323, 326
„Aleja Zasłużonych" 368
Al Kaida 347
Amt des Regierungsbeauftragten für die europäische Integration 304
„Annales" 46, 52, 53, 54, 55, 57, 59, 63, 97, 106, 378, 380, 395
Avis 304
Balkan-Kontaktgruppe 315
Befreiungsarmee des Kosovo (Ushtria Çlirimtare e Kosovës – UÇK) 314
„Berliner Erklärung" 357
Bewegung für den Wiederaufbau Polens (Ruch Odbudwy Polski – ROP) 308
Bewegung junges Polen (Ruch Młodej Polski – RMP) 120
Bewegung zur Verteidigung der Menschen- und Bürgerrechte (Ruch Obrony Praw Człowieka i Obywatela – ROPCiO) 120
Białołęka 125, 186, 187
Biuletyn Informacyjny 120, 134, 135
Bratniak 120
Bund freier Demokraten (Szabad Demokraták Szövetsége – SZDSZ) 333
Bündnis der demokratischen Linken (Sojusz Lewicy Demokratycznej – SLD) 280, 281, 290, 293, 294, 295, 297, 298, 308, 322, 343, 350
Bürgerbewegung Demokratische Aktion (Ruch Obywatelski Akcja Demokratyczna – ROAD) 281
Bürgerkomitee bei Lech Wałęsa (Komitet Obywatelski przy Lechu Wałęsie) 216, 227, 231, 233
Bürgerplattform (Platforma Obywatelska – PO) 341, 343, 350, 365
Centrum Badań Opinii Społecznej (CBOS) 207, 260, 263
Charta 77 335
Charta der Arbeiterrechte (Karta Praw Robotniczych) 119, 132
Christlich-Nationale Vereinigung (Zjednoczenie Chrześcijańsko-Narodowe – ZChN) 279, 280, 290, 291, 293
Collége de France 379
College of Europe 348
Danziger Abkommen 141, 142, 146, 147, 148, 149, 152, 157, 171, 192, 209, 211, 219, 363
Danziger Lenin-Werft (Stocznia Gdańska im. Lenina) 92, 100, 102, 103, 119, 131, 132, 134, 137, 140, 142, 143, 201, 222, 223, 224, 229, 388
Demokratische Partei (Stronnictwo Demokratyczne – SD) 34, 193, 237, 257, 262, 271, 275
Demokratische Union (Unia Demokratyczna – UD) 276, 281, 282, 289, 290, 291, 292, 293, 295, 299, 341

Deutsch-polnische Interessengemeinschaft 306
Deutsch-polnischer Grenzvertrag (genau: Vertrag zwischen der Bundesrepublik Deutschland und der Republik Polen über die Bestätigung der zwischen ihnen bestehenden Grenze) 266, 304
Deutsch-polnischer Nachbarschaftsvertrag (genau: Vertrag zwischen der Bundesrepublik Deutschland und der Republik Polen über gute Nachbarschaft und freundschaftliche Zusammenarbeit) 304
„doppelte Mehrheit" 358
Dumbarton Oaks 123
Durchleuchtung (Lustracja) 292, 293, 359, 361
École pratique des hautes études (ÉPHE) 53, 57, 61, 106
Erfahrung und Zukunft (Doświadczenie i Przyszłość – DiP) 128, 129, 149
Europäische Kommission 304
Europäisches Parlament 309, 348, 349, 350, 351, 352, 353, 354, 357, 358, 359, 361, 362, 363, 365, 369, 371, 388
Europäische Union (EU) 9, 10, 112, 252, 257, 265, 281, 290, 293, 296, 303, 304, 305, 306, 307, 309, 310, 311, 312, 316, 317, 319, 322, 323, 324, 325, 326, 327, 328, 329, 332, 333, 334, 336, 337, 338, 339, 341, 348, 349, 350, 351, 353, 354, 355, 356, 357, 358, 359, 362, 365, 369, 371, 383, 393
Europäische Volkspartei (EVP) 351, 352, 353
Europäische Wirtschaftsgemeinschaft (EWG) 180, 252, 303, 304
Fabryka Samochodów Osobowych – FSO (Fabrik für PKW in Warschau) 68, 73
Freiheitsunion (Unia Wolności – UW) 281, 295, 297, 308, 322, 330, 331, 332, 341, 342, 343, 350
Gazeta Wyborcza 19, 27, 50, 74, 96, 100, 102, 107, 129, 137, 183, 187, 196, 204, 241, 245, 246, 247, 250, 251, 254, 257, 262, 266, 268, 281, 283, 287, 294, 317, 335, 336, 337, 357, 362, 363, 364, 368, 369, 374, 398
Geremek-Stiftung (genau: Centrum im. Prof. Bronisława Geremka) 9, 11, 63, 105, 106, 111, 112, 122, 123, 128, 373, 378, 389
Głos Pracy 147
Horizontale Strukturen 153, 155, 160
Institut des Nationalen Gedenkens (Instytut Pamięci Narodowej) 361
Institut für die Wissenschaft vom Menschen 372
„Joannina-Klausel" 356
Katholische Wahlaktion (Katolicka Akcja Wyborcza) 292
Kattowitzer Forum (Forum Katowicki) 153
Katyń 119, 214
„Kleine Verfassung" 296
Klub Krzywego Koła 66
Klubs der Selbstverwalteten Republik „Freiheit – Gerechtigkeit – Unabhängigkeit" (Kluby Samorządnej Rzeczypospolitej „Wolność – Sprawiedliwość – Niepoległość) 172
Klubs im Dienste der Unabhängigkeit (Kluby Służby Niepodległości) 172
„Koalition der Willigen" 345

Komitee zur Europäischen Integration (Komitet Integracji Europejskiej) 304
Komitee zur gesellschaftlichen Selbstverteidigung (Komitet Samoobrony
    Społecznej – KSS „KOR") 118, 119, 120
Komitee zur Verteidigung der Arbeiter (Komitet Obrony Robotników – KOR) 111,
    116, 117, 118, 142
Komunikat 120, 138, 140, 145, 158, 218
Konferenz für Sicherheit und Zusammenarbeit in Europa (KSZE) 110, 118, 311
Konföderation Unabhängiges Polen (Konfederacja Polski Niepodlełej – KPN) 120,
    169, 193, 282, 292
Kosovo Force – KFOR 314
KPdSU 66, 67, 162, 166, 213
Landesexekutivkommission (Komisja Krajowa Wykonawcza) 218, 219, 235, 236,
    240, 243, 244, 250, 257, 262
Landeskommission (Komisja Krajowa) 168, 175, 178, 184, 188
Landesverständigungskommission (Krajowa Komisja Porozumiewawcza) 145, 146,
    147, 148, 149, 150, 151, 154, 155, 156, 159, 160, 167
Landesverteidigungskomitee (Komitet Obrony Kraju – KOK) 147
Liberal-Demokratischer Kongress (Kongres Liberalno-Demokratyczny – KLD)
    281, 290, 291, 292, 293, 341
Liga der polnischen Familien (Liga Polskich Rodzin – LPR) 350, 364
Lubliner Komitee (genauer: Polski Komitet Wyzwolenia Narodowego – PKWN)
    56, 109, 110
„Marion Dönhoff Preis für internationale Verständigung" 334, 359, 360
Molotow-Ribbentrop-Pakt (genauer: Deutsch-sowjetischer Nichtangriffspakt) 67,
    119
Nationales Programm zur Vorbereitung auf die Mitgliedschaft in der EU (Narodowy
    Program Przygotowania do Członkostwa w UE) 323
Nato 10, 153, 154, 199, 265, 290, 293, 296, 302, 303, 304, 306, 307, 309, 310, 311,
    312, 314, 316, 317, 319, 320, 321, 322, 323, 324, 325, 327, 329, 330, 331, 333,
    334, 337, 338, 340, 345, 347, 349, 369, 385
Natolińczycy 68, 75
Niezależna Oficyna Wydawnicza – NOWA 120
„Nizza oder der Tod" 355
NKWD 65, 67, 119, 214
Ochotnicza Rezerwa Miliji Obywatelskiej (ORMO) 263
Orden „Pour le Mérite" 379, 380
Organisation für Sicherheit und Zusammenarbeit in Europa (OSZE) 310, 311, 312,
    313, 314, 315, 316, 317, 318, 319, 321, 323, 337, 338, 340, 398
OSZE-Troika 311, 314
Pałac Potockich 348
Parlamentarischer Bürgerklub (Obywatelski Klub Parlamentarny – OKP) 252, 269,
    270, 271, 272, 273, 274, 275, 276, 279, 282, 284, 286
„Partyzanci" („Partisanen") 75, 77, 87, 88, 89, 99
PHARE („Poland and Hungary: Aid for Restructuring of the Economies) 303, 304

Placówka 120
Podstawowa Organizacja Partyjna – POP (Grundorganisation der Partei) 70, 82, 91
Polityka 81, 84, 113, 117, 154, 159, 184, 190, 208, 229, 252, 284, 322
Polnische Republik (Rzeczypospolita Polska) 263
Polnische Sozialistische Partei (Polska Partia Socjalistyczna – PPS) 34, 43, 65, 128, 172, 282
Polnische Vereinigte Arbeiterpartei – PVAP (Polska Zjednoczona Partia Robotnicza – PZPR) 35, 37, 39, 40, 44, 47, 48, 50, 55, 57, 61, 65, 66, 68, 69, 70, 71, 72, 74, 75, 77, 79, 80, 82, 84, 85, 86, 87, 89, 90, 91, 92, 94, 95, 96, 97, 98, 99, 101, 105, 106, 109, 110, 111, 112, 114, 115, 116, 121, 126, 128, 131, 132, 135, 136, 139, 140, 142, 146, 147, 148, 149, 152, 153, 155, 159, 161, 162, 165, 173, 192, 193, 202, 205, 208, 211, 212, 214, 219, 220, 224, 225, 228, 230, 233, 234, 236, 237, 240, 241, 246, 247, 248, 249, 250, 251, 253, 254, 255, 256, 257, 261, 262, 263, 264, 267, 268, 269, 270, 273, 275, 276, 278, 279, 280, 282, 284, 289, 294, 376, 390, 392, 394, 397
Polnische Verfassung von 1997 297, 308
Polnische Volkspartei (Polskie Stronnictwo Ludowe – PSL) 34, 38, 40, 70, 163, 280, 281, 289, 291, 292, 293, 294, 297, 308, 322, 365
Polnische Volksrepublik (Polska Rzeczpospolita Ludowa – PRL) 44, 83, 100, 101, 104, 108, 109, 110, 113, 114, 127, 133, 188, 192, 202, 213, 229, 246, 252, 278, 287, 389, 390, 391, 393
Polskie Porozumienie Niepodległościowe – PPN 120, 121, 128
Polskie Towarzystwo Historyczne – Verband der polnischen Historiker 106
„popiwek" – podatek od powiesienia płac 264
Prager Frühling 69, 89, 336
Puławianie 68, 75
Puls 120
Rat für gegenseitige Wirtschaftshilfe (RGW) 307
Rat für Programmentwicklung und Konsultation (Rada Programowo-Konsultacyjna) 150
Recht und Gerechtigkeit (Prawo i Sprawiedliwość – PiS) 305, 306, 308, 343, 350
„Revisionismus" 65, 78, 79, 81, 90, 91, 97, 103, 171, 376
Robert Bosch Stiftung 382, 391
Robotnik 118, 119, 120, 132
Robotnik Wybrzeża 119
RSW-Prasa – Robotnicza Spółdzienia Wydawnicza Prasa – in sozialistischen Zeiten staatlicher Monopolist auf dem polnischen Pressemarkt 264
Runder Tisch (Okrągły Stół) 172, 180, 182, 203, 209, 216, 219, 225, 226, 227, 228, 229, 230, 231, 232, 234, 235, 236, 237, 238, 239, 240, 241, 242, 243, 246, 247, 248, 249, 250, 255, 256, 257, 269, 272, 273, 278, 296, 297, 375, 381, 388
Rzeczpospolita 61, 108, 271, 272, 363
Schengen-Acquis 329
Screening 323
Selbstverteidigung – Samoobrona 350, 364

Służba Bezpieczeństwa – SB (Sicherheitsdienst) 65, 76, 81, 96, 102, 106, 117, 122, 127, 132, 140, 145, 210, 224, 264
Solidarität der kleinen Privatbauern (Solidarność Rolników Indywidalnych) 261
Sozialdemokraten im Europaparlament (SPE) 351, 352
Sozialdemokratie der Republik Polen (Socjaldemokracja Rzeczypospolitej Polskiej) 280, 298
Stiftung „Erinnerung, Verantwortung und Zukunft" (EVZ) 328
Stiftungsinitiative der deutschen Wirtschaft 328
Towarzystwo Kursów Naukowych – TKN („Fliegende Universität") 47, 51, 118, 126, 127, 128, 129, 149
Transformationsrezession 264, 289
Trójka – Drittes Programm des öffentlich-rechtlichen Hörfunks 103
Tygodnik Solidarność 126, 147, 148, 152, 164, 166, 167, 170, 176, 241, 245, 250, 255, 265, 283, 398, 399
Überbetriebliches Streikkomitee (Międzyzakładowy Komitet Strajkowy – MKS) 134, 137, 138, 142, 143
Union der Arbeit (Unia Pracy – UP) 297, 350
Vereinte Nationen (UN) 200, 216, 314, 315, 316, 321, 340
Vertrag über konventionelle Streitkräfte in Europa (KSE) 312
„Vertrag von Lissabon" 357, 358
Wahlaktion der Solidarität (Akcja Wyborcza Solidarność – AWS) 294, 308, 309, 330, 331, 332, 341
Warschauer Pakt 237, 306, 307
Weimarer Dreieck 305, 326, 330, 338, 339, 340, 359
Więź 322, 398
Woodrow Wilson International Center for Scholars 93, 123, 277, 377
Zapis 120
Zentrumsallianz (Porozumienie Centrum – PC) 280, 283, 290, 291, 292, 293
Zjednoczenie Patriotyczne Grundwald – Patriotische Vereinigung Grunwald 153
Zmotoryzowane Odwody Milicji Obywatelskiej (ZOMO – in sozialistischen Zeiten spezielle, kasernierte Einsatzgruppen der Polizei) 115, 134, 155, 184, 188, 223, 224, 242, 248
Znak 97, 100, 110, 113
Związek Harcerstwa Polskiego (ZHP – Polnischer Pfadfinderverband) 81
Związek Młodzieży Polskiej (ZMP – kommunistischer Jugendverband bis 1957) 35, 44, 45, 46, 50, 71, 72, 73
Związek Młodzieży Socjalistycznej (ZMS – sozialistischer Jugendverband ab 1957) 81, 82

Fotonachweis

Umschlagabbildung Vorderseite: fot. Darek Redos/REPORTER
Umschlagabbildung Rückseite: Fotografin Teresa Vetter

S. 14: Privatarchiv Zofia Żukowska
S. 16: Privatarchiv Zofia Żukowska
S. 41: Fotograf Reinhold Vetter
S. 52: Privatarchiv Zofia Żukowska
S. 141: fot. archiwum Andrzeja Friszke/FOTONOVA
S. 164: Privatarchiv Zofia Żukowska
S. 175: fot. Wojtek Laski/EAST NEWS
S. 196: Privatarchiv Zofia Żukowska
S. 211: fot. Maciej Macierzyński/REPORTER
S. 228: fot. Czesław Czapliński/FOTONOVA
S. 231: fot. Wojtek Laski/EAST NEWS
S. 254: fot. Tomasz Wierzejski/FOTONOVA
S. 259: fot. Tomasz Wierzejski/FOTONOVA
S. 318: fot. EAST NEWS
S. 320: fot. John Ruthroff/AFP/EAST NEWS
S. 324: fot. Grzegorz Rogiński/REPORTER
S. 342: fot. Maciej Macierzyński/REPORTER
S. 370: fot. Jan Kucharzyk/EAST NEWS

Reinhold Vetter
Polens eigensinniger Held
Wie Lech Wałęsa die Kommunisten überlistete

Mit diesem Buch erscheint die erste, wissenschaftlich fundierte Biografie des berühmten Arbeiterführers Lech Wałęsa im deutschsprachigen Raum. Der Blick auf sein Lebenswerk offenbart eine Fülle von Material, das für die polnische und europäische Zeitgeschichte von großer Bedeutung ist, das grundlegende Erkenntnisse über die Ost-West-Beziehungen sowie das deutsch-polnische Verhältnis vor und nach der Wende vermittelt und das ebenfalls genug Stoff für die intellektuelle Durchdringung der Transformation in Ostmitteleuropa liefert. Schon 1970 revoltierte er gegen die unwürdigen Lebensbedingungen im sozialistischen Polen. 1980 stand er an der Spitze des Streiks, der zur Gründung der freien Gewerkschaft Solidarität führte. Im Dezember 1981 wurde er interniert. Im Frühjahr 1989 gelang es der Solidarität am Runden Tisch, den Systemwechsel in Polen und damit den epochalen Umbruch im gesamten Ostblock einzuleiten. Im Jahr 1990 bestimmte ihn die Mehrheit der Polen zum ersten frei gewählten Staatspräsidenten der nachsozialistischen Ära.

2010, 414 S., 16 s/w Abb., kart., 37,– €, 978-3-8305-1767-2
eBook PDF 33,– €, 978-3-8305-2544

BWV • BERLINER WISSENSCHAFTS-VERLAG
Markgrafenstraße 12–14 • 10969 Berlin
Tel. 030 / 841770-0 • Fax 030 / 841770-21
E-Mail: bwv@bwv-verlag.de • Internet: http://www.bwv-verlag.de